형법총론

김정환

박영사

머리말

형법총론은 법학전문대학원의 형법 강의에서 사용하고자 저술한 책입니다. 2006년 법학박사 학위 이후 2007년부터 형법 강의를 해 오면서 나름의 강의안을 만들어 사용해 왔는데, 이것을 바탕으로 형법총론을 출간하게 되었습니다. 그동안 강의하면서 온라인시스템을 통해 강의안을 학생들에게 전해줄 수 있었기에 형법총론의 출간을 미루었습니다. 또한 학생들에게 법학이라는 학문의 본질을 전하면서도 현실적으로 사안을 해결할 수 있도록 흥미를 주는 교과서를 작성해야 한다는 부담감으로 인해 출간의 결심을 미루어 왔습니다. 그러던 중 교과서의 출간을 요청하는 학생들도 있고 형사법 교수로서 일할 수 있는 기간의 절반을 훌쩍 넘기면서 이제는 형법총론을 출간해야 하는 시점이라고 판단하였습니다.

2009년 법학전문대학원 체제로 변화하였고 형법에 관한 교육의 환경이나 내용도 많은 변화와 발전이 있었지만, 조문과 판례를 단순히 전달하는 것이 교육이 아니라는 점은 변함이 없습니다. 현재 존재하고 사용되는 어떠한 제도나 규정은, 항상 존재해 왔던 것이 아니며 언제까지나 존재하는 것도 아닙니다. 현재의 제도나 규정의 사용뿐만 아니라 그것이 왜 존재하는지에 대한 이해와 고민이 함께 이루어질 수 있도록 하는 것이 대학에서의 법학 교육입니다. 많은 선학들께서도 이러한 내용을 전달하기 위해 노력해 오셨고, 저 또한 형법총론을 공부하는 학생들에게 이러한 내용이 전달되기를 기대하면서 형법총론을 서술하였습니다. 다만 학생들이 한정된 시간 속에서 형법총론을 공부해야 하는 현실이 있고 더 깊이 있는 내용은 논문 등을 찾아보면서 공부할 수 있으므로, 형법총론에서는 각 제도의 본질을 이해할 수 있는 내용을 압축하여 서술하였고 제도가 구체적 사안에 적용된 판례의 내용도 정리하였습니다.

전공지식을 배우고 사용하기 위해서 수강하는 학생들에게는 시험 등의 합격을 위해서 단순한 지식의 암기도 필요하지만, 교수의 강의를 통해 전달되어야 하는 것은 단순한 법률의 지식이 아니라 그러한 법률에 존재하는 본질, 즉 그것이 왜 규정되었는지입니다. 형법총론을 배우는 즐거움은 제도의 본질을 바로 알 때 생겨납니다. 그리고 바로 알 때 바로 사용할 수 있습니다. 많은 선학들이 강의를 통해 학생들에게 전해주고자 했던 것이 바로 이것이었고, 저 역시 강의를 통해 그것을 전해주고자 합니다. 이러한 차원에서 국가시험 등과 관련은 없지만 관련된 제도의 본질을 생각해 볼 수 있도록, 개별 제도의 역사적 배경 등을 본문 중의 상자 속에서 참고의 형태로 별도로 서술한 것입니다. 형법총론을 통해서 학생들에게 형법은 게임의 기술이 아니라 사회의 가치임을 전하고자 합니다. 학생들이 사회에 나가 실무를 수행할 때 가치를 생각하면서 일하길 기대합니다.

형법은 단순히 형법 조문과 판례를 사안에 적용하는 기술이 아니라는 것을 받아들이며 공부하는 학생들을 제자로 두게 되었고 즐겁게 강의할 수 있음에 감사드립니다. 그리고 형법총론의 출간을 위해 도와주시고 수고해 주신 조성호 이사님, 장규식 팀장님, 이수연 대리님께 감사의 말씀을 드립니다. 형법총론을 통해 형법을 공부하는 분들의 앞날에 우리 사회의 올바른 가치를 실현할 수 있는 큰 영광이 함께하길 기원합니다.

2025. 8.
김정환

차례

제1장 형법의 기초

제2장 범죄의 기초

제3장 객관적 구성요건

제4장 주관적 구성요건

제5장 위법성의 기초

제6장 개별 위법성조각사유

제7장 책임

제8장 위법성 인식과 면책사유

제9장 과실

제10장 부작위범

제11장 미수

제12장 공범

제14장 죄수

제15장 형벌

제16장 형의 유예와 보안처분

주요 참고문헌 약칭

강동욱, 강의 형법총론(제3판), 박영사, 2024. [약칭 : 강동욱]

김일수 · 서보학, 형법총론(제13판), 박영사, 2018. [약칭 : 김일수 · 서보학]

김종원(편집대표), 주석 형법총칙(상), 한국사법행정학회, 1988. [약칭 : 김종원(상)]

김종원(편집대표), 주석 형법총칙(하), 한국사법행정학회, 1990. [약칭 : 김종원(하)]

김태명, 형법총론강의(제3판), 정독, 2024. [약칭 : 김태명]

김혜정 · 박미숙 · 안경옥 · 원혜욱 · 이인영, 형법총론(제5판), 정독, 2024. [약칭 : 김혜정 · 박미숙 · 안경옥 · 원혜욱 · 이인영]

박상기 · 전지연, 형법학[총론 · 각론](제5판), 집현재, 2021. [약칭 : 박상기 · 전지연]

박상옥 · 김대휘(편집대표), 주석 형법[총칙 1], 한국사법행정학회, 2020. [약칭 : 박상옥 · 김대휘(1)]

박상옥 · 김대휘(편집대표), 주석 형법[총칙 2], 한국사법행정학회, 2020. [약칭 : 박상옥 · 김대휘(2)]

박찬걸, 형법총론, 박영사, 2025. [약칭 : 박찬걸]

배종대, 형법총론(제18판), 홍문사, 2024. [약칭 : 배종대]

서거석 · 송문호, 신 형법총론, 전북대학교출판문화원, 2017. [약칭 : 서거석 · 송문호]

성낙현, 형법총론(제3판), 박영사, 2020. [약칭 : 성낙현]

신동운, 형법총론(제16판), 법문사, 2024. [약칭 : 신동운]

이상돈, 형법강론(제5판), 박영사, 2024. [약칭 : 이상돈]

오영근 · 노수환, 형법총론(제7판), 박영사, 2024. [약칭 : 오영근 · 노수환]

이영란, 형법학[총론강의], 형설출판사, 2008. [약칭 : 이영란]

이용식, 형법총론, 박영사, 2018. [약칭 : 이용식]

이정원 · 이석배 · 정배근, 형법총론, 박영사, 2023. [약칭 : 이정원 · 이석배 · 정배근]

이재상 · 장영민 · 강동범, 형법총론(제12판), 박영사, 2024. [약칭 : 이재상 · 장영

민 · 강동범]

이주원, 형법총론(제2판), 박영사, 2023. [약칭 : 이주원]

이형국 · 김혜경, 형법총론(제7판), 법문사, 2023. [약칭 : 이형국 · 김혜경]

임웅 · 김성규 · 박성민, 형법총론(제14판), 법문사, 2024. [약칭 : 임웅 · 김성규 · 박성민]

정성근 · 박광민, 형법개론(전정3판), 성균관대학교 출판부, 2020. [약칭 : 정성근 · 박광민]

정성근 · 정준섭, 형법강의 총론(제2판), 박영사, 2019. [약칭 : 정성근 · 정준섭]

정영일, 신 형법총론, 학림, 2018. [약칭 : 정영일]

주호노, 형법총론(제2판), 법문사, 2022. [약칭 : 주호노]

천진호, 형법총론, 준커뮤니케이션스, 2016. [약칭 : 천진호]

한상훈 · 안성조, 형법개론(제3판), 정독, 2022. [약칭 : 한상훈 · 안성조]

홍영기, 형법(제2판), 박영사, 2024. [약칭 : 홍영기]

제1장

형법의 기초

제1절 | 형법의 의미와 역사

I. 형법의 의미

1. 법규범

(1) 도덕규범과 법규범

개인을 중시하여 자유주의적 사회를 철저히 추구하면 사회의 분열에 이를 수 있고, 공동체적 사회를 철저히 추구하면 개인의 가치가 존재하지 않는 전체주의에 이를 수 있다. 사회 속에서 일어나는 다양한 대립의 문제의 해결에 있어서, 개인을 중시할 것인지 아니면 공동체를 중시할 것인지를 생각하게 된다. 사회는 이것을 조정하기 위해서 개인의 일정한 행위를 명령하거나 금지하는 규칙을 설정하는데, 이러한 규칙의 총체를 '**규범**'이라고 한다.

규범 중에는 개인의 양심이나 윤리에 맡겨진 도덕규범도 있고, 국가의 강제력을 동원하는 법률상의 효과를 발생시키는 법규범이 있다. 법규범은 개인의 행위를 통제하는 '**행위규범**'과 이를 위반할 때 효과를 발생시키는 '**제재규범**'으로 이루어진다. 법은 불완전한 현실을 정돈하여 사회 균형의 유지와 회복을 통해 각자가 자신의 것을 누릴 수 있도록 하는 것을 목표한다. 여기서 법 개념의 최고 관심사는 '법적 안정성'을 이루는 것이고, 법 개념의 실현에 있어서 실정법이 법적 안정성을 보증하는 합목적적 사회질서로 기능하게 된다. 그래서 법을 다루는 법률가는 사회가 특정 개인에 의해서 혼란에 빠지지 않도록 올바른 방향으로 나아가는지를 물어야 하고, 실수 없이 나아갈 수 있는 방향을 제시해야 한다.

도덕규범과 법규범의 엄격한 분리가 옳다는 시각도 있지만, 법규범만 강조할 때는 개인과 공동체의 본질에 대한 고민을 경시할 수 있다. 특히 표현상 외적 형식만을 법규범이라고 오인하는 자(者)가 법규범을 단순히 게임의 규칙으로 전락시키는 것을 볼 수 있다. 법규범에 내포된 본연의 가치가 중요하고, 그것은 도덕규범과 연결되어 있다. 실정법으로 나타난 법 개념은 본연의 법 이념에 상응하는 정신이 반영될 때 생명력을 가진다.

(2) 형법규범

법규범 중 형법은 사형이나 징역 등과 같은 형벌이라는 법률상 효과를 발생시키는 법규범이다. 형법은 형벌이라는 제재규범을 통해 제재의 전제인 행위규범 위반행위를 통제하게 된다. 위반행위의 통제를 통해서 형법이 추구하는 바는 개인과 공동체 이익을 조화롭게 보호하는 것이다. 형법을 통해서 보호되는 이익을 '법익'이라고 하고, 그래서 형법의 임무는 '**법익의 보호**'라고 한다.

법익의 보호를 통해 사회의 도덕 · 윤리질서도 유지되는데, 도덕 · 윤리질서의 유지는 형법을 통한 부차적인 효과일 뿐이고 이것을 주된 이유로 하여 형법이 존재하는 것은 아니다. 도덕 · 윤리질서의 유지가 형법의 주된 이유로 보면, 사회에서 발생하는 모든 문제의 해결을 형법으로 하려는 상황이 초래될 수 있다. 법규범이 도덕규범과 연결된다는 것이 법규범의 목적이 도덕규범이라는 것을 의미하지는 않는다.

(3) 형법의 인간상[1)]

법이 전제하는 인간상은 현실의 인간(경험적 · 구체적 인간)이 아니라 법이 예정하는 인간의 모습을 의미하는데, 법의 역사는 인간상 변화의 역사라고도 한다. 법에 있어서 가장 기본적인 변화의 요인은 **인간과 법의 관계**에 대한 이해의 변화이기 때문이다. 일반적 · 추상적 성격의 법은 현실의 구체적 인간을 일정하게 정형화하고, **정형화된 인간 유형을 전제로 하여 규칙들을 배열**하게 된다. 따라서 한 시대의 법이 염두하고 있는 인간 유형(공통적인 인간형)이 법의 근본 성격을 규정하게 된다.

역사적으로 보면 시대마다 법이 전제하는 인간상이 있으며, 그것은 인간의 생

---

1) 김정환, "제7장 형법의 개념과 인공지능의 처벌", 「인공지능과 법」, 2023, 261~262면.

존방식 변화에 따라 함께 변화하였다. 로마법에서 인간은 개개인의 인간(Mensch)이 아니라 단지 물건(Sache)으로서의 인간이었듯이, **고대**에 각 개인은 공동체의 단순한 구성원으로서 존재할 뿐이었다. **중세**에서 법은 국가이념에 존재하는 자기목적으로 인식되었는데, 의무에 구속된 인간을 법의 출발점으로 삼았고 조합 질서나 봉건 질서와 같은 사회질서가 인간 위에 존재하였다. 문예부흥(Renaissance) · 종교개혁(Reformation) · 로마법수용(Rezeption)의 3R로 특징되는 **근대**는 사회로부터 개인을 해방하였다. 의무에 구속된 인간이 아니라 이익을 따르는 개인을 법의 출발점으로 삼았다. 의무와 사회에서 해방된 인간, 이기적이고 이성적이며 자유로운 인간은 자연히 서로 평등하다고 가정되었다. 헌법에서 사회계약설, 민법에서 계약자유, 형법에서 책임주의 등은 이러한 인간상 위에 기초한 것이다. **현대**의 법이 전제하고 있는 인간은 한편으로 자기의 이익을 위해서는 사소한 고통은 인내하는 상당히 계산적이고 이성적인 존재이며(**이기성**), 다른 한편으로 이기적이면서도 동시에 사회성을 가지고 있어서(**공동성**), 공동사회의 질서유지를 위해서 다소의 불이익은 감수할 줄 아는 존재이다.

형법은 인도주의(Humanität)를 바람직한 상으로 설정하고 그것을 위반하는 자에게 처벌을 가함으로써 인간성을 유지해 나가려는 윤리성이 매우 강한 법이라고 할 수 있으며, 법 가운데에서 인간성과 가장 직접 관련되는 법이라고 할 수 있다. 바람직한 인간성에 반한 행동을 할 때 그것이 범죄가 되므로, 형법이 어떤 인간상을 전제하느냐에 따라 형법이론과 형법개정의 방향이 달라진다. 예를 들어, 자유의사에 따라 합리적인 행위를 선택할 수 있는 인간상을 상정한다면, 형벌의 목적은 행위의 자유로운 선택에 대해 고통과 해악을 부과하는 방식으로 책임을 묻는 응보이론이 강조된다. 반면 인간의 자유의사가 과학적으로 증명될 수 없다는 전제에서 인간을 생물학적 특징 또는 사회환경적 요인에 의해 지배되는 존재로 본다면, 범죄가 발생하게 된 환경적 원인을 찾아 개선하려는 예방이론이 강조된다.

2. 형법의 개념

(1) 범죄 & 형벌

형법(刑法, Strafrecht)은 범죄행위 및 그에 대한 형벌을 규정한 법이다. 즉 요건인 '**범죄**'와 효과인 '**형벌**'로 이루어진 법이 형법이다(**형법 = 범죄+형벌**). 형벌의 측면에서 보면 범죄가 전제조건이라고 할 수 있다. 예를 들어, "사람을 살해한 자는 사형, 무기 또는 5년 이상의 징역에 처한다."라는 규정(형법 제250조 제1항)은 "사람을 살해한 자"라는 범죄와 "사형, 무기 또는 5년 이상의 징역에 처한다."라는 형벌로 구성되어 있으므로 형법이 된다. 형법은 범죄행위의 실체(종류와 구체적 내용)를 규정한 법이므로 '실체법'에 속하며, 범죄에 대한 수사 · 재판의 절차를 규정한 '절차법'인 **형사소송법**과 차이가 있다.

참고 형법과 형사소송법의 관계[2)]

형사소송법이란 '형법을 실현하기 위한 절차를 정한 법률'이라고 하는 것이 일반적인데, 이에 의하면 형법은 목적대상이고 형사소송법은 목적을 실현하는 수단으로서 양자를 주종의 관계로 본다는 의미로 오해할 수 있다. 그러나 이것은 형사소송법을 형법의 하위법이나 보조법으로 보는 의미가 아니라, 형법과 형사소송법은 서로의 역할을 달리하는 보완관계라는 의미이다. 형법은 범죄와 그에 대한 법률효과를 추상적으로 규정해 놓았는데, 이를 구체적인 사건에 적용하기 위한 절차를 형사소송법이 규정하고 이를 통해서 형사사건의 실체가 해명되도록 각 역할을 분담한 것이다.

형법은 범죄행위가 명확하게 존재한다고 전제하고, 즉 사실인정의 어려움이나 사실확정의 불명확성을 전제하지 않고 범죄행위에 대한 법률효과를 규정한 것이다. 그러나 불확실한 역사적 사실에 대한 결정 과정이 재판이라고 말하듯이, 과거의 범죄행위가 재판에서 다시 존재해야 하는데 형법은 범죄행위의 실체를 재구성할 수 있는 도구를 형사소송법에 넘겨 놓았다. 즉 **형법에 규정된 범죄행위와 형벌은 형사소송법이 범죄행위의 실체를 구성한 후, 즉 사실관계를 확정한 후에 적용될 수 있다.**

한편 형사소송법은 형법과 다른 독자적인 원리와 규칙에 따라 지배되는 것이라고 그 독자성을 강조하더라도, 형사소송법이 형법의 도구나 수단이 아니라는 것을 강조하는 것일 뿐 형법을 전제하지 않는다는 의미는 아니다. 형법을 전제하지 않는 형사소송법은 존재할 수 없기 때문이다. 실체가 존재하지 않는다면 실체의 내용을 찾는 절차라는 것이 존재할 수 없는 것은 당연하다.

이처럼 형법과 형사소송법은 **서로 의존하는 보완관계**라면, 양자가 추구하는 공통된 목적이 존재하는 것이 논리적이다. 형법의 목적이 형벌이라는 '합법화된 제도적 해악을 통하여 범죄행위를 처벌함으로써 범죄를 예방하고 나아가서는 개인과 사회적 안전을 이루는 것'이라면, 형사소송법도 같은 목적을 추구하는 것이다. 형법의 목적 측면에서 보면 범죄행위가 출발점이 되고, 그렇다면 출발점인 범죄행위를 재판에서 명확하게 재구성하는 것에 형사소송의 일차적 목적이 있는 것이다. 형사소송을 시작하게 하는 것은 범죄행위라는 실체이다.

따라서 실체적 진실의 발견은 형사소송법의 가장 중요한 이념이자 목적이다. 그렇다고 실체적 진실의 발견이 유일한 목적이 되지는 않는다. 형사소송법은 형법과 연결되어 있고, 그 연결은 형법이 지향하는 목적실현의 전제인 실체적 진실발견이 형사소송법의 절차에 맞추어 이루어져야 한다는 점

2) 김정환, "사실확정을 전제하는 형법이론과 사실미확정을 전제하는 형사절차의 조화", 「연세법학, 또 다른 백 년」, 2021, 82~83면.

에서 찾을 수 있다. 이때 재판에서 사실로 확정된 범죄행위에 대해서 국가형벌권이 정당화되는 것도, 범죄행위가 객관적 진실이기 때문이 아니라 형사소송법의 절차에 맞추어 확인된 사실이 존재하기 때문이다. 결론적으로 형사소송의 목적은 '적법절차를 통한 실체적 진실의 발견'이다.

(2) 광의와 협의의 형법

형법은 광의의 형법과 협의의 형법으로 구분해 볼 수 있다. '**광의의 형법**'은 범죄행위와 그에 대한 형사제재를 규정한 모든 법률을 의미하여 '**실질적 의미의 형법**'이라고도 한다. 이에는 1953년 '형법'이라는 명칭으로 제정 · 공포된 형법전 및 각종 형사특별법이 포함된다. 대표적인 형사특별법에는 특정범죄가중법, 특정경제범죄법, 폭력행위처벌법, 성폭력처벌법, 청소년성보호법 등이 있다. 그 외 각종 행정법규에도 형법규정이 존재하는데, 예를 들어 도로교통법 제43조에서는 무면허 운전의 금지를 규정하고 있고 동법 제152조에서는 이를 위반한 사람에 대한 형벌을 규정하고 있는데, 이러한 규정도 광의의 형법에 해당한다.

반면 '**협의의 형법**'은 1953년 '형법'이라는 명칭으로 제정 · 공포된 형법전만을 의미하고, 이를 '**형식적 의미의 형법**'이라고도 한다. 협의의 형법은 총칙(總則, Allgemeiner Teil)과 각칙(各則, Besonderer Teil)으로 이루어져 있는데, 총칙(형법 제1조~제86조)은 범죄행위의 성립 요건과 그 효과에 대하여 각종의 범죄유형에 공통으로 적용되는 일반규정들로서 추상적 성격의 규정이고, 반면에 각칙(형법 제87조~제372조)은 개별범죄의 구성요건과 그 형량으로서 구상적 성격의 규정이다.

참고 형법 총칙과 각칙의 구분[3)]

독일에서 총칙과 각칙의 구별은 16세기 말의 학문적 설명에 기인하는데, 이성을 통해서 형사실무를 통제하려는 노력 속에서 총칙과 각칙의 구별이 나타났다. 범죄행위의 공통점과 차이점을 정밀하게 이해할 수 있는 체계화를 통해 같은 것을 같게 다른 것은 다르게 다룰 수 있도록 하여 정의가 구현되었다. 또한 18세기 중반이래 모든 유럽의 형법전에서 형법을 총칙과 각칙으로 구분하였는데, 이는 입법 기술적으로 필요했기 때문이다.

이처럼 법률작업의 단순화를 위해서는 각칙의 많은 규정 중 중요한 규정들을 총칙에 통합해야 한다는 사고가 총칙과 각칙 구분의 기원이다. 각칙 전체 규정에 의미가 있는 규정들을 총칙으로 포함하고, 각칙에는 개별적인 범죄 종류와 개별적 범죄에 관련되는 규정들이 남겨진다. 실질적으

3) 김정환, "특정범죄가중처벌등에 관한 법률 제5조의4제1항(상습절도죄)에 있어서 형법 제25조제2항(미수범감경)의 적용가능성", 법조 제664호, 2012, 121~122면.

로 보면, 각칙에는 형법상 불법의 근거에 대한 구성적 규정들이 포함되는 반면 총칙은 그러하지 아니하므로, 총칙은 독자적으로 불법을 근거 짓는 기능이 없이 단지 각 범죄에 대하여 보충적인 기능을 가진다. 따라서 구체적인 사안을 해결함에 있어서는 항상 **각칙**이 **출발점**이 된다. 형법 제8조(총칙의 적용)에서도 모든 형법에 대한 총칙의 보충적 적용을 명시적으로 밝히고 있다.
구체적인 사안에서 총칙은 해결에 필요한 정도로만 관여하면 된다. 그러나 총칙의 관여가 언제, 어느 정도인지는 법률이나 교과서에 언급되지 않는다. 구체적인 사안에서 합리적인 판결에 도달할 수 있기 위해서 총칙의 어떤 부분들이 필요한지는, 단순히 기술적인 문제가 아니라 형법 연구의 가장 중요한 임무라고 할 수 있다.

3. 형법의 역할

(1) 보호적 기능

형법은 인간의 사회적 실존의 조건인 **법적 이익(법익)**의 **보호**에 이바지하는 수단으로 작용하는 것이다. 즉 형법은 인간의 사회적 실존의 조건인 생명, 신체, 자유, 명예, 재산 등의 법익 및 이러한 법익의 기반이 되는 국가나 사회의 존립과 권위 등을 보호하기 위한 역할을 담당한다. 비도덕적인 행위라 할지라도 본질적으로 개인의 사생활에 속하고 사회에 끼치는 해악이 그다지 크지 않거나 구체적 법익에 대한 명백한 침해가 없는 경우에는 국가권력이 개입해서는 안 된다(헌법재판소 2015.2.26. 선고 2009헌바17등 결정).

이와 같이 범죄로부터 법익을 보호하는 역할을 형법의 '**보호적 기능**'이라고 부른다. 다만 사회의 변화에 따라 보호하고자 하는 가치가 변화하면 형법이 보호하는 법익도 그에 따라 변화하게 되는데, 이처럼 법익의 근저에는 사회윤리적 행위가치가 자리잡고 있으므로, 형법은 부차적 효과로서 '**사회윤리적 행위가치의 보호**'의 역할도 수행한다. 국가는 **형벌**이라는 법적 수단으로 범죄를 억제하고 사회질서를 유지하면서 법익이라는 궁극적인 가치를 보호한다. 즉 범죄행위에 대한 사회적 · 공적 반가치 판단이 형벌이며, 형벌은 규범적인 평가로서의 성질을 갖는 것이다. 그 결과 형벌은 규범침해라는 사실을 근거로 하여 행위자에게 부과되는 국가의 부정적 가치판단이 된다.

참고 **형법의 탈도덕화**

형법은 사회의 도덕이나 풍속을 보호하기 위한 것이거나 도덕 · 윤리 감정을 만족시키기 위한 것도 아니다. 근대형법의 특징으로 '**형법의 탈도덕화**'가 제시되는데, 이것은 사회통제 수단 중 구체적이고도 강력한 제재인 국가형벌권을 사용하는 형법은 다른 사회통제 수단이 해결하지 못하는 갈등의 상황에서 최후에 투입되어야 한다는 의미로 '**형법의 보충성(최후수단성) 원칙**'과 연결된다. 과거 (구)형법의 간통죄나 혼인빙자간음죄 등의 폐지론도 형법의 탈도덕화와 관련되어 논의되었다. 간통죄(구형법 제241조)는 2015년 헌법재판소에서 위헌 결정되어 2016년 형법개정에서 삭제되었으며, 혼인빙자간음죄(구형법 제304조)는 2009년 헌법재판소에서 위헌 결정되어 2012년 형법개정에서 삭제되었다.

(2) 보장적 기능

본래 인간의 실존 조건을 해하는 범죄에 대한 징벌은 피해자의 사적(私的) 복수의 형태로 행해졌으나, 사적 복수는 복수의 범위가 확장되거나 끊임없이 연쇄적 복수를 일으키기 쉽고, 복수할 능력이 없는 사람은 징벌 자체를 포기하여야 하는 문제 등 발생하였다. 이에 국가의 존재가 확립되면서 범죄에 대한 사적 복수를 국가가 대신해 주는 것으로 변모하였고, 형법은 입법자를 법익 보호의 원칙에 엄격하게 구속하려는 방향으로 발전되었다.

인간의 공동생활 제반 조건을 유지하기 위하여 불가결한 행위에 대해서만 형벌로 대응해야 한다는 한계가 근대형법의 특징으로 자리 잡게 되었다. 그래서 형법은 국가가 처벌하는 내용을 명확하게 정하도록 하는데, 국가의 자의적인 형벌권 행사로부터 국민의 기본권을 보장하는 역할을 담당하게 된다. 이를 형법의 '**보장적 기능**'이라고 부른다. 형법은 범죄로부터 피해자를 보호하는 보호적 기능뿐만 아니라 범죄자 자체에 대한 보장적 기능의 역할을 하게 된다.

II. 한국 형법의 역사

1. 1945년 이전

1894년 갑오경장(甲午更張) 이후에 근대적 의미의 법령체계가 정비되어, 1905년 형법대전(刑法大全)이 제정되었다. 형법대전은 1905(光武 9). 4. 29. 법률 제2호로서 頒示(반시)되고 동시에 칙령 '刑法大全을 頒示하는 件'이 발포되었다. 형법대전의 시행은 갑오경장 당시 '新式法律頒示'(신식법률반시) 예고에 유래한 것으로 고종이 1895. 2. 17. 국민에게 선포한 洪範十四條(홍범십사조) 중의 '民法 · 刑法嚴明制定'(민법 · 형법 엄명제정)의 구체화이었다. 형법대전은 1906년 2월에 1차 개정, 1908년 7월에 2차

개정이 있었다. 형법대전은 1910년 편찬된 '韓國法典'(한국법전)에 刑法(형법)이라는 명칭으로 편입되어 대한제국 말기 법체계에 정착하였다.

국권피탈 후 (1912. 3. 18. 朝鮮刑事令 및 1912. 3. 25. 경찰범처벌규칙이 공포되어) 1912. 4. 1.부터 일본의 형법과 형법시행령 및 형사소송법, 폭발물취제법칙 등 12개의 일본 형사법이 의용(依用)되고, 형법대전이 폐지되었다. 1912년 4월부터 1953년 9월 형법이 제정되어 시행될 때까지 사용되었던 일본 형법을 **의용(依用)형법** 또는 **구(舊)형법**이라고 부르는데, 의용된 당시의 일본 형법은 1871년 독일제국형법의 영향을 강하게 받아 1907년에 제정되어 1908년부터 시행된 것이었다.

참고 의용형법(일본 형법)[4)]

일본에서 최초의 근대적 의미의 형법이라고 할 수 있는 것은 1880년에 제정되어 1882년에 시행되었던 형법(일본 구형법)인데, 이것은 보아소나드(Gustave Emile Boissonade, 파리대학교수)가 기초하여 프랑스 형법(나폴레옹 형법)을 모범으로 한 것이었다. 그런데 1880년대 중반 이후 근대산업의 발달에 따라 급격하게 증가한 범죄에 대해서 일본 구형법은 너무 관대하여 대처할 수 없게 되었다. 한편 일본은 1870년~1871년의 프로이센-프랑스 전쟁에서 프랑스가 독일에 패한 것에 충격을 받고 공화제를 취한 프랑스보다는 일본과 같이 입헌군주제를 취한 독일의 법을 연구하기 시작하였고, 독일법률용어를 번역하여 사용하기 시작하면서 '독일법이 아니면 법이 아니다'라는 풍조까지 생겨난 상황이었다. 1881년 천황제 국가 확립을 위해 프로이센헌법을 모방한 명치헌법(明治憲法)이 제정되는 등 일본의 법률제도 전반이 독일법으로 전환되면서 일본 구형법도 독일제국형법(1871년)을 모델로 하여 전면개정작업을 진행하였다. 일본 사법성(현 법무성)이 중심이 되어 제안된 1890년 개정형법초안, 1901년 개정안, 1902년 형법개정안을 거쳐 마련된 형법전면개정안이 1907. 4. 24. 법률로 제정되어 1908. 10. 1.부터 시행되었고, 이것이 지금까지 기본 형태를 유지하고 있는 일본 형법이다.

2. 1945년 이후

1945년 해방 이후 미군정은 해방 이전의 국가기구에 대하여 전폭적인 개편보다는 점진적인 개편을 추진하였고, 1945. 9. 7.부터 1948. 8. 15.까지 2년 11개월 동안 실체법상의 개혁보다는 사법운용조직(시스템)의 개편에 치중하였다. 이에 해방 이후에도 (1945. 10. 9. 미군정법령 제11호에 의해 이미 폐지된 정치범처벌법, 예비검속법, 치안유지법 등을 제외하고) 의용형법(구형법)은 미군정법령(1945. 11. 12. 군정법령 제21호 제

4) 김정환, "과잉방위 규정의 역사적 발전과정", 법학연구 제33권 제1호, 2023, 102면.

1조)에 따라 계속 사용되었고, 1948. 7. 17. 공포된 대한민국헌법 제100조에서도 계속 사용하도록 하였다.

미군정에 의하여 설치된 법제편찬위원회(法制編纂委員會)는 1948. 8. 15. 대한민국 정부가 수립된 이후 해체되고, 1948. 9. 15. 법전편찬위원회 직제(대통령령 제4호)가 공포되고 법전편찬위원회(法典編纂委員會)가 구성되었다. 미군정하의 법제편찬위원회에서 1948년 7월에 발표한 '형법요강'이 정부 수립 이후의 법전편찬위원회에 제출되어 1949. 11. 12. 전체 397개의 조항과 부칙 13개의 '법전편찬위원회 형법초안'이 완성되었다. 형법초안이유서에 의하면 특히 독일의 형법 및 형법개정안을 많이 참고하였고, 일본의 개정형법가안(改正刑法假案)도 중요하게 참고하였다.

형법초안은 1951. 4. 13. 정부안으로서 국회에 제출되었고 국회는 1953. 7. 8. 형법안을 통과시켰고, 정부로 이송된 형법은 1953. 9. 18. 제정(법률 제293호)되어 1953. 10. 3. 시행되었다. 형법은 1953년 제정 이후 2025년 5월까지 30번의 크고 작은 개정이 있었지만, 일부 범죄가 시대의 변화에 따라 신설되고 폐지 · 개정되었을 뿐이지 제정 당시의 내용과 구조는 근본적인 변화 없이 유지되어 오고 있다.

참고 1925년 독일 형법개정안[5]

독일 형법개정안 제안의 임무를 맡은 첫 번째 위원회가 1906년에 출범하여 1909년에 독일 형법초안(Vorentwurf zu einem Deutschen Strafgesetzbuch)이라는 명칭으로 완성되었고, 1911년 두 번째 위원회가 출범하여 1913년 형법위원회안(Entwurf der Strafrechtskommission)을 완성하였으나 제1차 세계대전의 발발로 공표되지 못하였다. 제1차 세계대전 이후인 1918년 개정작업이 개시되어 다음 해 공표된 새로운 독일제국의 개정안은 시기상 상대적으로 반향이 적었지만, 독일과 유사하게 형법개정작업이 진행 중이었던 오스트리아에서 큰 관심을 받았고 양국이 공동으로 법안을 만들자는 사고에 도달하여 실제로 1922년 독일제국 정부는 최종안을 제시했다. 당시 정치적 상황에서 법안에 대한 독일제국 정부 내의 심의는 어려운 상황이었지만 1년 후 정부의 심의가 행해졌고 법안은 거의 변경 없이 제안이유와 더불어 공개되었다. 1925년 독일형법개정안은 형법 전체의 개정을 위한 백년 노력의 첫 번째 결과인데, 그 노력은 독일에서 오늘날까지지도 결론에 도달하지 못하였다고 평가된다. 이 법안이 중요한 점은 독일형법과 오스트리아 형법이 일치되었다는 점과 특히 이후 형법대개혁을 위한 노력의 출발점이었다는 점인데, 이러한 노력은 오스트리아에서 1975. 1. 1. 형법개정에 이르렀고 독일에서도 다수의 형법개정을 이끌었다.

5) 김정환, "과잉방위 규정의 역사적 발전과정", 법학연구 제33권 제1호, 2023, 110면.

참고 1940년 일본 형법개정가안[6)]

일본은 1927년 형법개정 예비초안 이후 형법및감옥법개정조사위원회에서 1931년에 총칙편을 완성하여 공표하였고 1940년에 각칙편을 완성하여 각각 공표하였다. 총칙편과 각칙편을 합본한 일본 형법개정가안은 제2차 세계대전 이전 일본 형법개정작업의 총결산이라고 평가된다. 1953년 한국형법의 제정에 있어서 토대가 되었던 것이 바로 1940년 일본 형법개정가안이라고 한다. 18년 6개월에 걸친 개정작업 끝에 탄생한 1940년 일본 형법개정가안은 1926년 형법개정강령의 기본방향 속에서 독일, 이탈리아, 오스트리아의 초안을 취합하여 검토하였는데, 특히 1930년의 파쇼이탈리아 형법과 1933년 및 1935년 나치스독일 형법개정작업을 염두에 두었다. 1940년의 일본 형법개정가안은 고전학파와 실증학파의 제안을 함께 포섭하여 이루어진 근대 일본 형법학이 낳은 일대 금자탑이라고 평가되기도 하고, 반면 일본제국주의와 군국주의 체제의 유지 및 강화를 위한 개정안이었다고 평가되기도 한다. 그러나 일본 형법개정가안은 1940년대 제2차 세계대전의 전쟁 준비로 형법 개정으로 이어지지 못했다.

제2절 | 죄형법정주의

I. 의의

죄형법정주의(罪刑法定主義)는 한자 그대로 '죄(범죄)와 형(형벌)은 법에 정해 놓아야 한다.'는 의미이다. 형법 제1조 제1항에서는 "범죄의 성립과 처벌은 … 법률에 의한다."라고 하여 죄형법정주의를 가장 우선하여 밝히고 있다. 헌법재판소에 의하면, "죄형법정주의의 원칙은 법률이 처벌하고자 하는 행위가 무엇이며 그에 대한 형벌이 어떠한 것인지를 누구나 예견할 수 있고, 그에 따라 자신의 행위를 결정할 수 있도록 구성요건을 명확하게 규정할 것을 요구한다. 형법법규의 내용이 애매모호하거나 추상적이어서 불명확하면 무엇이 금지된 행위인지를 국민이 알 수 없어 법을 지키기가 어려울뿐더러 범죄의 성립여부가 법관의 자의적인 해석에 맡겨져 죄형법정주의에 의하여 국민의 자유와 권리를 보장하려는 법치주의의 이념은 실현될 수 없기 때문이다." (헌법재판소 1996.12.26. 93헌바65 결정).

죄형법정주의는 유럽대륙에서 프랑스혁명 이후 자유주의 사상의 소산으로서, 국가의 형벌권으로부터 국민의 자유와 권리를 폭넓게 보호하기 위한 원칙이다. 이는

6) 김정환, "과잉방위 규정의 역사적 발전과정", 법학연구 제33권 제1호, 2023, 115면.

형법의 제정에 있어서뿐만 아니라 해석에서도 관통하는 원칙으로 자리하고 있다. 오늘날 죄형법정주의는 "법률이 없으면 범죄도 없고 형벌도 없다."(nullum crimen, nulla poena sine lege)라고 표현되는데, 이러한 표현은 독일에서 법관의 자의적 판단에 반대하여 죄형법정주의를 강조한 포이어바흐(Feuerbach)에서 기인한다.

참고 포이어바흐의 심리강제설

포이어바흐는 행위의 가벌성이 법률적으로 인식할 수 있는 경우만 처벌할 수 있다는 심리강제설(Theorie der psychologischen Zwang)을 주장했는데, 이러한 심리강제설로부터 죄형법정주의를 도출했다. 행위자가 행위 이전에 자신 행위의 가벌성을 의식할 수 있도록 하기 위한 최소한의 필요조건이 죄형법정주의라고 보았다. 이때 죄형법정주의를 판단하는 기준은 행위 이전에 그 행위가 금지되어 있다는 사실이지, 형법 자체는 아니다.

II. 내용

죄형법정주의 원칙은 다음과 같은 구체적인 파생 원칙으로 설명된다.

1. 법률주의

(1) 성문법주의

법률주의 원칙은 '**관습법금지**'의 원칙과 '**성문법주의**' 원칙을 의미한다. 성문법주의는 형법의 내용인 범죄와 형벌을 입법부가 제정하는 형식적 의미의 법률로서 제정하여야 한다는 원칙이다. 국회가 적법한 입법 절차에 의해서 제정한 법률만이 국민과 국가기관 모두를 구속할 수 있다.

다만 입법자는 법률에서 구체적으로 범위를 정하여 행정부 등에 하위 법령의 제정을 위임할 수 있는데(헌법 제95조), 특히 다원화 · 전문화한 현대사회의 특성상 형사처벌(광의의 형법)을 명령 · 규칙 등에 위임하는 '**위임입법**'이 다수 존재한다. 입법자의 상세한 규율이 불가능하거나 상황의 변화에 탄력적으로 대응할 필요성이 강하게 요구되는 경우라면 위임법률이 구성요건에 있어서 처벌대상인 행위가 어떠한 것인지 이를 예측할 수 있을 정도로 구체적으로 정하고, 형벌에 있어서 형벌의 종류 및 그 상한과 폭을 명확히 규정하는 것을 전제로 위임입법이 허용된다(대법원 2010.4.29.

선고 2009도8537 판결). 예를 들어, (구)유해화학물질관리법에는 금지하는 환각물질을 구체적으로 명확하게 규정하지 않고서 다만 그 성질에 관하여 "흥분 · 환각 또는 마취의 작용을 일으키는 유해화학물질로서 대통령령이 정하는 물질"로 한계를 설정한 후 시행령에서 이를 구체적으로 규정하게 한 것은, 흥분 · 환각 또는 마취의 작용을 일으키는 유해화학물질이 과학 기술의 급격한 발전으로 수시로 생겨나는 것에 신속하게 대처하려는 데에 있고 위임의 한계를 벗어난 것으로 보지 않는다(대법원 2000.10.27. 선고 2000도4187 판결).

반면 법률의 시행령이 형사처벌에 관한 사항을 규정하면서 법률의 명시적인 위임범위를 벗어나 처벌의 대상을 확장한다면, 죄형법정주의의 원칙에 어긋나는 것이므로 무효이다(대법원 2017.2.16. 선고 2015도16014 전원합의체 판결). 예를 들어, (구)의료법 제41조는 각종 병원에 응급환자와 입원환자의 진료 등에 필요한 당직의료인을 두어야 한다고만 규정하고 있을 뿐, 각종 병원에 두어야 하는 당직의료인의 수와 자격에 아무런 제한을 두고 있지 않고 이를 하위 법령에 위임하고 있지 않은데도 시행령에서 각종 병원에 두어야 하는 당직의료인의 수를 규정하고 있다면, 이것은 형사처벌의 대상을 신설 또는 확장한 것으로서 위임입법의 한계를 벗어나 무효이다(대법원 2017.2.16. 선고 2015도16014 전원합의체 판결).

(2) 관습법금지

성문의 실정법이 아닌 관습법은 개념과 범위가 명확하지 않으므로, 국민이 예측하기 어려워 형법의 예측 가능성 및 **보장적 기능**을 위태롭게 한다. 따라서 관습법에 근거한 형사처벌은 금지된다.

다만 행위자에게 유리한 관습법의 적용까지 배제하지는 않는다. 위법성조각사유나 면책사유와 같이 범죄의 성립 범위를 축소하는 관습법은 형법의 보장적 기능에 반하지 않으므로 관습법이 적용될 수 있다. 또한 관습법이 해석의 자료로서 간접적으로 성문법의 해석에 영향을 미치는 '보충적 관습법'은 허용된다. 예를 들어 수리방해죄(형법 제184조)에서 수리권의 근거는 법령 · 계약은 물론 관습에 의한 경우도 포함되며(대법원 1968.2.20. 선고 67도1677 판결), 횡령죄(형법 제355조 제1항)가 성립하기 위해서는 재물의 보관자와 재물의 소유자(또는 기타의 본권자) 사이에 위탁관계가 있어야 하는데, 이러한 위탁관계는 계약으로 발생하는 것이 보통이지만 이에 한하지 않고 사무관리와 같은 법률의 규정, 관습이나 조리 또는 신의성실의 원칙에 의해서도 인정된다(대법원 2018.7.19. 선고 2017도17494 전원합의체 판결).

참고 형식적 죄형법정주의 vs. 실질적 죄형법정주의(정의)

독일 통일 이전에 독일민주주의공화국(동독) 주민의 탈출이 극심해지자 동독 정부에서는 국경수비대에게 발포 명령을 내리고, 서독으로 탈출하려는 동독 주민에 대한 무차별 발포가 이루어져 수년간 수많은 희생자가 생겼다. 당시 탈출하려는 자에 대한 총기의 사용을 정당화했던 법률로 동독 국경법(1982년 제정) 제27조 제2항 제1문("총격은 정황에 비추어 국경탈출이 발생하기 직전에 이를 저지할 목적에서 사용될 때에만 정당화 된다.") 및 동독 형법 제213조 제3항(공화국탈출죄)이 존재하였다.

탈출하는 동독 주민에 대한 발포 및 사살 행위가 독일 통일 이후 사법청산 과정에서 다루어졌고, 독일연방재판소는 동독 국경법 제27조 제2항 제1문 및 동독 형법 제213조 제3항(공화국탈출죄) 모두 「시민적 권리와 정치적 권리에 관한 국제협약」(1966)이 보장하고 있는 인권을 침해했다는 근거로 법적 효력을 부인하고, 총기를 사용한 국경수비대의 형사처벌을 인정한 원심을 확정하였다(BGHSt 39, 1). 즉 유럽인권협약 제7조 제2항과 시민적 권리와 정치적 권리에 관한 국제협약 제15조 제2항은 체계 초월적 작용을 하므로, 행위 시에 '문명화된 국민들에 의해 보편적으로 승인된 법원칙' 또는 '국제사회에서 승인된 보편적 법원칙'을 고려한다면 가벌적인 행위에 책임이 있는 자에 대해서는 (형식적) 죄형법정주의를 근거로 처벌을 배제해서는 안 된다는 것이다.

2. 명확성의 원칙

(1) 의미

명확성의 원칙은 범죄와 형벌에 관한 법률 규정이 판단자의 자의적인 해석이나 적용을 허용하지 않도록 구체적이어야 한다는 의미이다. 범죄의 구성요건에 관한 규정이 지나치게 추상적이거나 모호하여 그 내용과 적용 범위가 과도하게 광범위하거나 불명확한 경우에는 국가형벌권의 자의적인 행사가 가능하게 되어 개인의 자유와 권리를 보장할 수 없으므로 죄형법정주의의 원칙에 위배된다(헌법재판소 1995.9.28. 선고 93헌바50 결정).

그러나 모든 법규의 문언을 순수하게 서술적(기술적) 개념만으로 구성하는 것은 입법 기술적으로 불가능하기에 어느 정도 가치개념을 포함한 일반적 · 규범적 개념을 사용하지 않을 수 없다. 또한 개별 구성요건의 특수성과 그러한 법률이 제정되게 된 배경이나 상황이 다를 수 있으므로, 명확성 원칙은 모든 법률에 동일한 정도로 요구되는 것은 아니고 개개의 법률이나 법조항의 성격에 따라 요구되는 정도에 차이가 있다(대법원 2018.4.24.자 2018초기306 결정). 형법 규정은 명확하여야 하지만, 입법 기술적으로 그리고 형법의 탄력성이라는 측면에서, 모든 법적 문제에 적용되는 기본 규칙이 되는 **일반조항**과 다의적 가치개념을 포함하는 **일반적 개념**의 사용은 불가피하다. 다소 불분명한 부분이 있더라도 통상적인 해석방법으로 그것이 해소될 수 있다면 죄형법정주의의 명확성 원칙에 위배 되는 것은 아니다(헌법재판소 2011.6.30. 선고 2009헌바199 결정).

형법의 입법방식은 크게 ① 규율 대상에 포섭되는 모든 사례를 구성요건으로 열거하는 방식과 ② 규율 대상의 공통적인 징표를 모두 포섭하는 추상적 용어를 구성요건으로 규정하는 방식 등으로 나누어 볼 수 있다. 전자(①)는 규율 대상이 명확하다는 장점이 있지만 법규범의 흠결이 발생하는 것을 막을 수 없다는 단점이 있고, 반면에 후자(②)는 규율 대상을 모두 포섭할 수 있다는 장점이 있지만 법률을 자의적으로 해석 · 적용하여 규율 대상을 확대할 수 있는 단점이 있다. 이러한 두 가지 입법방식의 단점을 보완하기 위하여 ③ 이른바 '예시적 입법'이라는 방식을 채택하여, 규율 대상인 대전제를 규정함과 동시에 개별사례를 예시적으로 규정하기도 한다. 여기서 어떠한 입법방식을 사용하든지, 개별적 구성요건은 일반적인 해석방법을 통하여 그 의미 내용을 예견할 수 있어야 한다.

그런데 특히 범죄행위의 성립 요건과 그 효과에 대하여 각종의 범죄유형에 공통으로 적용되는 일반규정들로서 추상적 성격인 형법 총칙의 규정에 있어서는 명확성의 원칙의 위반이 다투어지는 경우가 많은데, 결국 법률해석을 통하여 그 의미를 구체화하여 사용한다. 예를 들어, 헌법재판소는 정당방위(형법 제21조 제1항)의 요건 중 '상당한 이유'가 명확성 원칙에 반하는 것인지가 다투어졌을 때, "'상당한 이유' 부분에 대해서는 대법원도 일찍부터 합리적인 해석기준을 제시하고 있어 건전한 상식과 통상적인 법 감정을 가진 일반인이라면 그 의미를 어느 정도 쉽게 파악할 수 있다고 할 것이므로 죄형법정주의에서 요구하는 명확성의 원칙을 위반하였다고 할 수 없다."라고 판단하였다(헌법재판소 2001.6.28. 선고 99헌바31 결정).

(2) 부정기형

명확성의 원칙은 형벌에도 적용되므로, 입법자는 형벌을 최대한 명확하게 규정하여야 한다. 다만 인간 능력의 한계로 인하여 유일하게 존재하는 하나의 정당한 형벌을 규정하는 것이 불가능하고 법관에게 사안에 적정한 양형을 할 수 있도록 재량이 부여되므로, 범죄를 규정하는 구성요건에 비해서 명확성의 원칙이 완화된다. 예를 들어, 비교적 단순한 구성요건인 살인죄도 형법은 "사형, 무기 또는 5년 이상의 징역"으로 규정되어 있다(형법 제250조 제1항).

그런데 더 나아가 형기가 형의 선고 시에 정하여지지 않고 형의 집행 단계에서 결정되는 부정기형도 명확성의 원칙에 반하지 않아 허용되는 것인지가 논의된다. 이에 대해서 형의 장·단기가 전혀 정해지지 않는 '절대적 부정기형'은 금지되지만, 장기와 단기가 규정되거나 장기가 규정되는 '**상대적 부정기형**'은 허용된다고 보는 것이 일반적이다. 소년이 건전하게 성장하도록 돕는 것을 목적으로 하여 반사회성(反社會性)이 있는 소년의 형사처분에 관한 특별 조치를 규정한 소년법에서는 "소년이 법정형으로 장기 2년 이상의 유기형(有期刑)에 해당하는 죄를 범한 경우에는 그 형의 범위에서 장기와 단기를 정하여 선고한다. 다만, 장기는 10년, 단기는 5년을 초과하지 못한다."고 하여(소년법 제60조 제1항), 상대적 부정기형을 규정하고 있다.

3. 소급효 금지의 원칙

(1) 의미

소급효 금지의 원칙은 법률 시행 이전의 행위를 처벌하기 위한 **소급입법의 금지**와 법률 시행 이전의 행위에 대한 신법의 **소급 적용의 금지**를 의미한다. 개인은 기본권에 대한 침해에 대해서 예견할 수 있어야 하고 국민의 신뢰이익은 보호되어야 하기 때문이다. 형법은 제1조 제1항에서 "범죄의 성립과 처벌은 행위 시의 법률에 따른다."라고 하여 소급효 금지를 나타내는 행위시법주의를 규정하고 있다. 형벌불소급원칙은 행위 시점의 법률에서 범죄를 구성하지 않는 경우뿐만 아니라, 행위 시점의 법률보다 형의 상한 또는 하한을 높인 경우에도 적용되며, 주형을 가중한 경우 외에도 부가형·병과형을 가중하는 때에도 적용된다(헌법재판소 2017.10.26. 선고 2015헌바239등 결정).

그러나 행위자에게 유리한 소급법의 적용은 형법의 보장적 기능에 반하지 않으므로 배제되지는 않는다. 범죄 후 법률이 변경되어 그 행위가 범죄를 구성하지 아니하게 되거나 형이 구법(舊法)보다 가벼워진 경우는 신법(新法)이 적용되고(형법 제1조 제2항), 재판이 확정된 후 법률이 변경되어 그 행위가 범죄를 구성하지 아니하게 된 경우에는 형의 집행을 면제한다(형법 제1조 제3항).

나아가 친족 간의 재산범죄(강도죄, 손괴죄, 점유강취죄 제외)에 대하여 친고죄 등의 형태로 정한 친족상도례의 특례와 같은 처벌의 조건도 행위자에게 유리한 소급적 적용은 가능하다. 친족상도례(형법 제328조 제1항, 제344조 등)가 적용되기 위한 친족관계는 원칙적으로 범행 당시에 존재하여야 하는 것이지만, 부(父)가 혼외자를 인지하는 사안에 있어서는 민법 제860조에 의하여 혼외자의 출생 시에 소급하여 인지의 효력이 생기는 것이며 이러한 인지의 소급효는 친족상도례에 관한 규정의 적용에도 미치므로, 인지가 범행 후에 이루어지더라도 그 소급효에 따라 친족상도례의 규정이 적용된다(대법원 1997.1.24. 선고 96도1731 판결).

(2) 적용 범위

소급효 금지 원칙이 적용되는지와 관련해서 논란이 되는 경우가 있다.

① 보안처분

형벌과 보안처분을 합하여 **형사제재**라고 하는데, 보안처분은 행위자에게 존재하는 장래의 범죄적 위험성을 이유로 재사회화를 위해 치료·교육 등을 통한 행위자의 개선과 이러한 행위자로부터 사회의 보안을 위해 과하여지는 (형벌 이외의) 형사제재를 말한다. 형사제재는 자유박탈적 보안처분(치료감호처분, 노동시설 수용처분 등)의 형태와 자유제한적 보안처분(보호관찰, 취업제한 등)의 형태가 있다.

보안처분에도 형벌과 마찬가지로 소급효 금지 원칙이 적용되는지에 대해서 견해가 대립한다. Ⓐ 범죄자의 자유를 제한한다는 점에서 보안처분은 형벌과 동일하므로, 소급효 금지의 원칙이 보안처분에도 적용된다는 '**적용설**'이 있다.[7] Ⓑ 형벌은 과거 행위에 대한 평가인 반면 보안처분은 장래 위험성에 대한 평가로서 양자의 기능과 적용 원리가 본질적으로 다르므로, 보안처분에는 소급효 금지의 원칙이 적용되지 않는다는 '**부적용설**'이 있다.[8] Ⓒ 형벌과 보안처분은 국민의 기본권에 대한 중대한 침해라는 점에서는 동일하므로 보안처분의 종류에 따라 기본권 침해가 중한 보안처분

---

7) 강동욱, 17면; 김일수·서보학, 43면; 김혜정·박미숙·안경옥·원혜욱·이인영, 25면; 박상기·전지연, 21면; 박찬걸, 43면; 오영근·노수환, 40면; 이상돈, 14면; 이용식, 14면; 이재상·장영민·강동범, 21면; 임웅·김성규·박성민, 27면; 정성근·박광민, 39면; 정영일, 46면; 주호노, 126면; 천진호, 53면; 홍영기, 23면.

8) 김종원(상), 45면; 배종대, 51면; 서거석·송문호, 32면; 이정원·이석배·정배근, 17면.

의 경우에는 소급효 금지의 원칙이 적용된다는 '**제한적 적용설**'이 있다.[9]

판례는 **제한적 적용설**의 입장이다. 형벌불소급원칙에서 의미하는 '처벌'은 형법에 규정되어 있는 형식적 의미의 형벌 유형에 국한되지 않으며, 범죄행위에 따른 제재의 내용이나 실제적 효과가 형벌적 성격이 강하여 신체의 자유를 박탈하거나 이에 준하는 정도로 신체의 자유를 제한하는 경우라면 형벌불소급원칙이 적용되어야 하므로, ⓐ 노역장유치는 그 실질이 신체의 자유를 박탈하는 것으로서 징역형과 유사한 형벌적 성격을 가지므로 형벌불소급원칙의 적용 대상이 된다(헌법재판소 2017.10.26. 선고 2015헌바239 등 결정). ⓑ 가정폭력처벌법에서 가정폭력범죄를 범한 자에 대하여 환경의 조정과 성행의 교정을 목적으로 부과하는 사회봉사명령은 의무적 노동을 부과하고 여가 시간을 박탈하여 실질적으로는 신체적 자유를 제한하게 되므로, 형벌불소급원칙에 따라 행위시법을 적용한다(대법원 2008.7.24.자 2008어4 결정). ⓒ 현재는 폐지된 (구)사회보호법의 보호감호처분은 피감호자의 신체의 자유를 박탈하는 수용처분이라는 점에서 자유형과 다름이 없으므로 소급효 금지의 원칙이 적용된다(헌법재판소 1989.7.14. 선고 88헌가5 등 결정).

반면 신체 자유의 제한이 중하지 아니한 경우는 소급효가 긍정되는데, ⓓ 형의 집행을 유예할 때 부과되는 보호관찰은 반드시 행위 이전에 규정되어 있어야 하는 것은 아니고 재판 시점의 규정에 따라 보호관찰을 받을 것을 명할 수 있다고 본다(대법원 1997.6.13. 선고 97도703 판결). ⓔ 성폭력처벌법에서 규정된 신상정보의 공개 명령 및 고지 명령의 경우도 제도의 시행 이전에 범죄를 범하였더라도 신상정보의 공개 명령 또는 고지 명령을 선고할 수 있다고 본다(대법원 2012.6.28. 선고 2012도2947, 2012전도65 판결).

② 형사소송법

실체법인 형법에 적용되는 소급효 금지 원칙이 절차법인 형사소송법에도 적용되는지에 대해서 견해가 대립한다. 이러한 논의는 특히 죄를 범하고 일정한 기간이 경과하면 국가의 소추권이 소멸하여 공소제기가 불가능하게 되는 '**공소시효**'와 공소제기를 위해서는 고소권자의 고소가 있어야 하는 '**친고죄의 고소기간**'의 법률 개정에 있어서 의미가 있다.

이에 대해서 Ⓐ 소급효 금지의 원칙은 실체법뿐만 아니라 절차법에도 적용된다는

9) 이형국 · 김혜경, 50면.

'**적용설**'이 있다.[10] 그러나 Ⓑ 절차법은 범죄의 성립 여부에 관한 것이 아니어서 형사처벌로 인한 기본권에 대한 침해에 대한 국민의 신뢰이익과 직접적으로 연결되지 않으므로, 소급효 금지의 원칙이 적용되지 않는다는 '**부적용설**'이 타당하다.[11] Ⓒ 한편, 원칙적으로는 부적용설을 취하면서도 신법의 시행 이전에 이미 고소기간이 도과한 경우나 공소시효가 완성된 경우는 소급효금지의 원칙이 적용된다는 '**제한적 부적용설**'도 존재한다.[12]

따라서 공소시효에 관한 소급효를 인정하는 법률의 제정이 가능한데, 예를 들어 아동학대범죄의 처벌 및 그 절차에 관한 특례를 규정한 아동학대처벌법 제34조 제1항에서는 "아동학대범죄의 공소시효는 형사소송법 제252조(시효의 기산점)에도 불구하고 해당 아동학대범죄의 피해아동이 성년에 달한 날부터 진행한다."라는 규정을 두고 있다.

판례는 이처럼 공소시효에 관하여 소급효를 인정하는 법률을 신설하면서 소급 적용에 관한 경과규정을 두지 않은 경우에 "그 조항을 소급하여 적용할 수 있는지에 관해서는 보편타당한 일반원칙이 존재하지 않고, 적법절차원칙과 소급금지원칙을 천명한 헌법 제12조 제1항과 제13조 제1항의 정신을 바탕으로 하여 법적안정성과 신뢰보호원칙을 포함한 법치주의 이념을 훼손하지 않는 범위에서 신중히 판단해야 한다."(대법원 2015.5.28. 선고 2015도1362, 2015전도19 판결)는 입장이다.

ⓐ 구체적으로 아동학대처벌법에 규정된 공소시효의 '정지'에 관한 규정이 소급 적용에 관하여 명시적인 규정을 두고 있지 않은 상황에서 이 규정은 시행 당시 피해아동이 이미 성년에 달한 경우는 공소시효의 진행이 정지되지 않는다고 보았다(대법원 2023.9.21. 선고 2020도8444 판결). 반면 ⓑ 1979. 12. 12.과 1980. 5. 18.을 전후하여 발생한 헌정질서 파괴범죄에 대한 공소시효 정지 등에 관한 사항 등을 규정함으로써 국가의 기강을 바로잡고 민주화를 정착시키며 민족정기를 함양함을 목적으로 제정되었던 5 · 18민주화운동법 제2조에서는 공소시효의 정지를 규정하여 "1979년 12월 12일과 1980년 5월 18일을 전후하여 발생한 「헌정질서 파괴범죄의 공소시

10) 김종원(상), 46면; 박찬걸, 46면; 이상돈, 16면.

11) 배종대, 51면; 이재상 · 장영민 · 강동범, 22면; 임웅 · 김성규 · 박성민, 29면.

12) 김일수 · 서보학, 41면; 김혜정 · 박미숙 · 안경옥 · 원혜욱 · 이인영, 26면; 박상기 · 전지연, 21면; 성낙현, 71면; 신동운, 50면; 이정원 · 이석배 · 정배근, 19면; 이형국 · 김혜경, 51면; 정성근 · 박광민, 40면; 정영일, 48면; 주호노, 129면.

효 등에 관한 특례법」 제2조의 헌정질서 파괴범죄행위에 대하여 해당 범죄행위의 종료일부터 1993년 2월 24일까지의 기간은 공소시효의 진행이 정지된 것으로 본다."고 규정하였는데, 이에 대해서 판례는 "헌정질서파괴범죄특례법 제2조의 헌정질서파괴범죄행위라고 특정하고 있으므로, 그에 해당하는 범죄는 위 법률 조항의 시행 당시 이미 형사소송법 제249조에 의한 공소시효가 완성되었는지의 여부에 관계없이 모두 그 적용대상이 됨이 명백하다"라고 보았다(대법원 1997.4.17. 선고 96도3376 전원합의체 판결).

③ 판례

범죄를 행할 당시의 판례에 의하면 형사처벌의 대상이 되지 않으나 판례가 변경되어 재판 당시의 판례에 의하면 형사처벌의 대상이 되는 것이 소급효 금지의 원칙에 반하는 것인지, 즉 **판례의 변경**에도 소급효 금지의 원칙이 적용되는지가 논의된다.

이에 대해서 Ⓐ 판례는 사실상의 구속력이 있으며, 법률보충적 판례에 대해서 일반 국민의 신뢰가 존재한다는 '**적용설**'이 있으나,[13] Ⓑ 소급효 금지의 원칙은 법률의 변경에 있어서만 적용되는 것이라는 '**부적용설**'이 일반적이다.[14] Ⓒ 그 외 정형적으로 확립되어 유지되고 있는 판례에 대해서는 예외적으로 소급효 금지의 원칙이 적용된다는 '**제한적 적용설**'도 있다.[15] 생각건대, 판례법 국가가 아니라 성문법 국가에서는 소급효 금지의 원칙이 성문의 법률에만 적용된다고 보는 것(부적용설)이 타당하다.

판례도 "형사처벌의 근거가 되는 것은 법률이지 판례가 아니고, 형법 조항에 관한 판례의 변경은 그 법률조항의 내용을 확인하는 것에 지나지 아니하여 이로써 그 법률조항 자체가 변경된 것이라고 볼 수는 없으므로, 행위 당시의 판례에 의하면 처벌대상이 되지 아니하는 것으로 해석되었던 행위를 판례의 변경에 따라 확인된 내용의 형법 조항에 근거하여 처벌한다고 하여 그것이 헌법상 평등의 원칙과 형벌불소급의 원칙에 반한다고 할 수는 없다."라고 하여(대법원 1999.9.17. 선고 97도3349 판결), 판례의 변경에는 소급효 금지의 원칙이 적용되지 않는다는 부적용설의 입장이다.

---

13) 이상돈, 16면; 이영란, 37면; 정성근 · 박광민, 42면.

14) 김혜정 · 박미숙 · 안경옥 · 원혜욱 · 이인영, 28면; 박찬걸, 47면; 배종대, 55면; 서거석 · 송문호, 35면; 성낙현, 42면; 신동운, 54면; 박상기 · 전지연, 21면; 오영근 · 노수환, 44면; 이재상 · 장영민 · 강동범, 24면; 이형국 · 김혜경, 53면; 정성근 · 정준섭, 15면; 정영일, 50면; 주호노, 131면; 홍영기, 25면.

15) 이정원 · 이석배 · 정배근, 21면.

참고 강간죄의 객체를 '부녀'로 한정하였던 (구)형법 강간죄의 적용에 있어서 성전환자에 대한 강간죄의 성립 여부에 대한 판례의 변화

– 변경 전 판례(대법원 1996.6.11. 선고 96도791 판결) : 강간죄 부정하고 강제추행죄 인정

[1] 형법 제297조는 '폭행 또는 협박으로 부녀를 강간한 자'라고 하여 객체를 부녀에 한정하고 있고 위 규정에서 부녀라 함은 성년이든 미성년이든, 기혼이든 미혼이든 불문하며 곧 여자를 가리키는 것이다. 무릇 사람에 있어서 남자, 여자라는 성의 분화는 정자와 난자가 수정된 후 태아의 형성 초기에 성염색체의 구성(정상적인 경우 남성은 xy, 여성은 xx)에 의하여 이루어지고, 발생과정이 진행됨에 따라 각 성염색체의 구성에 맞추어 내부생식기인 고환 또는 난소 등의 해당 성선이 형성되고, 이어서 호르몬의 분비와 함께 음경 또는 질, 음순 등의 외부성기가 발달하며, 출생 후에는 타고난 성선과 외부성기 및 교육 등에 의하여 심리적, 정신적인 성이 형성되는 것이다. 그러므로 형법 제297조에서 말하는 부녀, 즉 여자에 해당하는지 여부도 위 발생학적인 성인 성염색체의 구성을 기본적인 요소로 하여 성선, 외부성기를 비롯한 신체의 외관은 물론이고 심리적, 정신적인 성, 그리고 사회생활에서 수행하는 주관적, 개인적인 성역할(성전환의 경우에는 그 전후를 포함하여) 및 이에 대한 일반인의 평가나 태도 등 모든 요소를 종합적으로 고려하여 사회통념에 따라 결정하여야 한다.

[2] 피고인이 어릴 때부터 정신적으로 여성에의 성귀속감을 느껴 왔고 성전환 수술로 인하여 남성으로서의 내 · 외부성기의 특징을 더 이상 보이지 않게 되었으며 남성으로서의 성격도 대부분 상실하여 외견상 여성으로서의 체형을 갖추고 성격도 여성화되어 개인적으로 여성으로서의 생활을 영위해 가고 있다 할지라도, 기본적인 요소인 성염색체의 구성이나 본래의 내 · 외부성기의 구조, 정상적인 남자로서 생활한 기간, 성전환 수술을 한 경위, 시기 및 수술 후에도 여성으로서의 생식능력은 없는 점, 그리고 이에 대한 사회 일반인의 평가와 태도 등 여러 요소를 종합적으로 고려하여 보면 사회통념상 여자로 볼 수는 없다.

– 변경 후 판례(대법원 2009.9.29.선고 2009도3580 판결) : 강간죄 인정

[1] 강간죄의 객체는 부녀로서 여자를 가리키는 것이므로, 강간죄의 성립을 인정하기 위하여는 피해자를 법률상 여자로 인정할 수 있어야 한다. 종래에는 사람의 성을 성염색체와 이에 따른 생식기 · 성기 등 생물학적인 요소에 따라 결정하여 왔으나, 근래에 와서는 생물학적인 요소뿐 아니라 개인이 스스로 인식하는 남성 또는 여성으로의 귀속감 및 개인이 남성 또는 여성으로서 적합하다고 사회적으로 승인된 행동 · 태도 · 성격적 특징 등의 성역할을 수행하는 측면, 즉 정신적 · 사회적 요소들 역시 사람의 성을 결정하는 요소 중의 하나로 인정받게 되었으므로, 성의 결정에 있어 생물학적 요소와 정신적 · 사회적 요소를 종합적으로 고려하여야 한다.

[2] 성전환증을 가진 사람의 경우에도 남성 또는 여성 중 어느 한쪽의 성염색체를 보유하고 있고 그 염색체와 일치하는 생식기와 성기가 형성 · 발달되어 출생하지만, 출생 당시에는 아직 그 사람의 정신적 · 사회적인 의미에서의 성을 인지할 수 없으므로, 사회통념상 그 출생 당시에는 생물학적인 신체적 성징에 따라 법률적인 성이 평가된다. 그러나 출생 후의 성장에 따라 일관되게 출생 당시의 생물학적인 성에 대한 불일치감 및 위화감 · 혐오감을 갖고 반대의 성에 귀속감을 느끼

면서 반대의 성으로서의 역할을 수행하며 성기를 포함한 신체 외관 역시 반대의 성으로서 형성하기를 강력히 원하여, 정신과적으로 성전환증의 진단을 받고 상당기간 정신과적 치료나 호르몬 치료 등을 실시하여도 여전히 위 증세가 치유되지 않고 반대의 성에 대한 정신적 · 사회적 적응이 이루어짐에 따라, 일반적인 의학적 기준에 의하여 성전환수술을 받고 반대 성으로서의 외부 성기를 비롯한 신체를 갖추고, 나아가 전환된 신체에 따른 성을 가진 사람으로서 만족감을 느끼며 공고한 성정체성의 인식 아래 그 성에 맞춘 의복, 두발 등의 외관을 하고 성관계 등 개인적인 영역 및 직업 등 사회적인 영역에서 모두 전환된 성으로서의 역할을 수행함으로써 주위 사람들로부터도 그 성으로서 인식되고 있으며, 전환된 성을 그 사람의 성이라고 보더라도 다른 사람들과의 신분관계에 중대한 변동을 초래하거나 사회에 부정적인 영향을 주지 아니하여 사회적으로 허용된다고 볼 수 있다면, 이러한 여러 사정을 종합적으로 고려하여 사람의 성에 대한 평가 기준에 비추어 사회통념상 신체적으로 전환된 성을 갖추고 있다고 인정될 수 있는 경우가 있다. 이와 같은 성전환자는 출생시와는 달리 전환된 성이 법률적으로도 그 성전환자의 성이라고 평가받을 수 있다.

④ 양형기준

대법원 양형위원회의 양형기준은 법적 구속력을 가지지 아니하고(법원조직법 제81조의7 제1항 단서) 단지 법관의 양형에 있어서 그 존중이 요구되는 것일 뿐이므로, 양형위원회가 설정한 양형기준이 발효하기 전에 공소가 제기된 범죄에 대하여 양형기준을 참고하여 형을 양정한 것이 범죄자에게 불리한 법률을 소급하여 적용한 위법이라고 볼 수는 없다(대법원 2009.12.10. 선고 2009도11448 판결).

4. 유추해석 금지의 원칙

(1) 의미

일정한 사항에 대해서 직접 규정하고 있는 법률 규정이 없는 경우에 그 사항과 가장 유사한 사항을 규정하고 있는 법률 규정을 그 사항에 적용하는 해석을 법률의 '**유추해석**'이라고 한다. 국가형벌권의 자의적인 행사로부터 개인의 자유와 권리를 보호하기 위하여 죄와 형을 법률로 정할 것을 요구하는 죄형법정주의로부터 유추해석 금지의 원칙이 파생되는데, 성문의 규정은 엄격히 해석되어야 한다는 전제 아래 범죄자에게 불리하게 성문 규정이 표현하는 본래의 의미와 다른 내용으로 유추해석하는 것은 금지된다(대법원 1992.10.13. 선고 92도1428 전원합의체 판결).

법률 규정에 대한 해석은 형법의 보장적 기능을 훼손하지 않는 범위 내에서만 허용되고, 구성요건을 창설하거나 형벌을 가중하는 새로운 법규범의 창조는 허용되지 않는다. 문언의 가능한 의미를 벗어나 범죄자에게 불리한 방향으로 해석하는 것은 허용되지 않으므로(대법원 2016.3.10. 선고 2015도17847 판결), 법률을 해석할 때 입법 취지와 목적, 제 · 개정 연혁, 법질서 전체와의 조화, 다른 법령과의 관계 등을 고려하는 체계적 · 논리적 해석방법을 사용할 수 있으나, 문언 자체가 비교적 명확한 개념으로 구성되어 있다면 원칙적으로 이러한 해석방법은 활용할 필요가 없거나 제한될 수밖에 없다(대법원 2009.4.23. 선고 2006다81035 판결).

예를 들어, (구)축산물가공처리법에서 "소, 돼지, 말, 양을 위생처리시설이 아닌 장소에서 도축한 자는 3년 이하의 징역"에 처한다고 규정하고 있는 상황에서 자신이 키우던 흑염소를 흑염소 진액을 만들 생각으로 야산에서 도축한 행위를 위 규정 위반으로 처벌할 수 있는지가 다투어진 사안에서, 판례는 "'양'과 '염소'는 다 같이 우과에 속하는 반추하는 가축이기는 하나, 같은 동물이라고는 할 수 없다 할 것인즉, 죄형법정주의의 정신에 미루어서 보면 형벌법규인 축산물가공처리법 소정의 '수축' 중의 하나인 '양'의 개념 속에 '염소'가 당연히 포함되는 것으로 유추해석할 수는 없다." 라고 판단했다(대법원 1977.9.28. 선고 77도405 판결).

(2) 적용 범위

① 모든 가벌성 조건

유추해석 금지의 원칙은 형법 규정의 구성요건과 가벌성에 관한 규정에 적용되는데, 위법성조각사유, 면책사유 또는 실체법상 소추조건에 관하여 그 범위를 제한적으로 유추 적용하게 되면 행위자의 가벌성 범위는 확대되어 행위자에게 불리하게 되기 때문이다. 따라서 형의 면제 사유에 관하여도 법률 규정의 문언보다 축소하는 제한적 유추적용을 하게 되면 처벌되는 범위가 확대되어 행위자에게 불리하게 되므로 허용될 수 없다(대법원 2010.9.30. 선고 2008도4762 판결).

판례를 살펴보면, ⓐ 유추해석금지 원칙과 국가보안법 제1조 제2항, 제7조 제1항, 제5항에 비추어 볼 때, 블로그나 카페 등의 이름으로 개설된 인터넷 게시공간의 운영자가 인터넷 게시공간에 게시된 타인의 글을 삭제할 권한이 있는데도 이를 삭제하지 아니하고 그대로 두었다는 사정만으로는 운영자가 타인의 글을 국가보안법 제7조 제5항에서 규정하는 바와 같이 '소지'하였다고 볼 수는 없다(대법원 2012.1.27. 선고 2010도8336 판결). ⓑ (구)도시정비법 제84조는 "형법 제129조 내지 제132조의 적용에 있어서 조합의 임원과 정비사업전문관리업자의 대표자(법인인 경우에는 임원을 말한다) · 직원은 이를 공무원으로 본다."라고 규정하고 있는데, 도시정비법에서 정하는 '정비사업전문관리업자'가 주식회사인 경우에 공무원으로 의제되는 '임원'은 형법 제129조 내지 제132조에 해당하는 수뢰행위 당시 상업등기부에 대표이사, 이사, 감사로 등기된 사람에 한정된다고 보아야 하며, 설령 '실질적 경영자'라고 하더라도 해당 주식회사의 임원으로 등기되지 아니한 사람까지 도시정비법 제84조에 의하여 공무원으로 의제되는 정비사업전문관리업자의 '임원'에 해당한다고 해석하는 것은 행위자에게 불리한 방향으로 지나치게 유추하거나 확장해석하는 것으로서 허용되지 않는다(대법원 2014.1.27. 선고 2013도9690 판결). ⓒ (구)전자금융거래법은 대가를 '주고' 접근매체를 대여받거나 대가를 받고 접근매체를 대여하는 행위를 처벌하는데, 대가를 '약속받고' 접근매체를 대여하는 행위를 처벌할 필요성이 있다고 하더라도 그러한 행위를 (구)전자금융거래법에서 정한 대가를 받고 접근매체를 대여함으로 인한 (구)전자금융거래법 위반죄로 처벌하는 것은 형벌법규의 확장해석 또는 유추해석으로서 허용되지 않는다(대법원 2015.2.26. 선고 2015도354 판결). ⓓ 등급을 받지 아니한 게임물을 유통 · 이용에 제공하거나 이를 위하여 진열 · 보관하는 행위는 게임산업법 위반죄로 처벌되는데, 특별한 사정이 없는 이상 인터넷을 통해 접근하여 이용할 수 있는 상태에 자기가 지배하지 않는 서버 등에 저장된 게임물을 두고 이러한 상태를 유지하는 것은 게임물을 '보관하는 행위'로 평가되지 않는다(대법원 2024.12.24. 선고 2022도7294 판결).

② 행위자에게 유리한 유추해석의 허용

행위자에게 유리한 유추해석까지 배제되지는 않는다. 위법성조각사유나 면책사유와 같이 범죄의 성립 범위를 확대하는 관습법은 형법의 보장적 기능에 반하지 않기 때문이다. 예를 들어 군형법 제64조 제3항(상관명예훼손죄)에서는 '공연히 사실을 적시하여 상관의 명예를 훼손한 경우'에 대해 형법 제307조 제1항의 사실적시에 의한 명예훼손죄보다 형을 높여 처벌하도록 하면서도 이에 대해 형법 제310조와 같이 공공의 이익에 관한 때에는 처벌하지 아니한다는 규정을 별도로 두지 않고 있는데, 판례는 형법 제307조 제1항의 행위에 대한 위법성조각사유를 규정한 형법 제310조는 군형법 제64조 제3항의 행위에 대해 유추적용이 된다고 본다(대법원 2024.4.16. 선고 2023도13333 판결). 법규범의 체계, 입법 의도와 목적 등에 비추어 정당하다고 평가되는 한도 내에서 그와 유사한 사안에 관한 법규범을 적용할 수 있으므로, 군형법상 상관명예훼손죄와 형법상 명예훼손죄의 불법 내용에 본질적인 차이가 존재하지 않고, 상관명예훼손죄가 보호하고자 하는 군의 통수체계와 위계질서에 대한 침해 위험 등을 '공공의 이익에 관한 때'에 해당하는지를 심사할 때 추가적으로 고려하여 위법성조각사유의 해당 여부를 판단하면 충분하다고 보았다.

이처럼 형벌법규의 해석에 있어서 유추해석이나 확장해석도 범죄자에게 유리한 경우에는 가능한 것이나, 문언의 사전적 의미를 넘어서는 해석은 그렇게 해석하지 아니하면 그 결과가 현저히 형평과 정의에 반하거나 심각한 불합리가 초래되는 사안에 한정되어야 한다(대법원 2004.11.11. 선고 2004도4049 판결).

③ 형사소송법

죄형법정주의의 파생원칙인 '소급효 금지 원칙'은 형사소송법에는 적용되지 않는다는 '부적용설'이 일반적인 견해이다. 그러나 '유추해석 금지의 원칙'은 **형사소송법**에서도 **적용**된다고 보는 것이 타당하다. 형사소송법이 추구하는 적법절차 원칙은 소송절차의 시점을 기준으로 보게 되는데, 소송절차 당시에 규정되어 있는 절차에 따르지 않는 소송은 위법하게 된다. 따라서 소송절차 시점에서 법률에 직접 규정하고 있지 않은 수단을 그와 가장 유사한 사항을 규정하고 있는 법률 규정을 유추하여 적용하는 것은 적법절차라고 볼 수 없기 때문이다

판례도 형사소송절차 규정을 해석 · 적용할 때에는 절차적 안정성과 명확성이 무엇보다 중요하므로 문언의 객관적인 의미에 충실한 해석이 필수적이라고 보고(대법원 2023.7.17. 선고 2021도11126 전원합의체 판결), 형사절차에서 유추해석을 금지하고 있다. ⓐ 공정거래위원회의 고발이 있어야 공소를 제기할 수 있는 공정거래법상의 필요적 고발 사건의 경우에 공정거래위원회가 위반행위자 중 일부에 대하여만 고발을 한 사안에서 그 고발의 효력이 나머지 위반행위자에게도 미치는지가 다투어질 때, 형사소송법 제233조에서 친고죄에 관한 고소의 주관적 불가분원칙을 규정하고 있을 뿐 고발에 대하여 그 주관적 불가분의 원칙에 관한 규정을 두고 있지 않은 상황에서 친고죄에 관한 고소의 주관적 불가분원칙을 규정하고 있는 형사소송법 제233조가 공정거래위원회의 고발에도 유추적용된다고 해석한다면, 공정거래위원회의 고발이 없는 행위자에 대해서까지 형사처벌의 범위를 확장하는 것으로서 죄형법정주의에 반하여 허용될 수 없다고 본다(대법원 2010.9.30. 선고 2008도4762 판결). ⓑ 반의사불벌죄에 있어서 처벌불원의 의사표시 또는 처벌을 희망하는 의사표시의 철회는

의사능력이 있는 피해자가 단독으로 이를 할 수 있고, 청소년성보호법에 형사소송법과 다른 특별한 규정이 없는 한 위와 같은 반의사불벌죄에 관한 해석론은 청소년성보호법에도 그대로 적용되는데, 처벌불원의 의사표시 또는 처벌희망 의사표시의 철회는 소극적 소송조건에 해당하고 소송조건에는 죄형법정주의의 파생원칙인 유추해석 금지의 원칙이 적용되므로, 명문의 근거 없이 그 의사표시에 법정대리인의 동의가 필요하다고 보는 것은 유추해석에 의하여 소극적 소송조건의 요건을 제한하고 범죄자에 대한 처벌가능성의 범위를 확대하는 결과가 되어 유추해석금지의 원칙에 반한다(대법원 2009.11.19. 선고 2009도6058 전원합의체 판결).

(3) 유추해석의 한계

형법의 해석에서도 문언의 가능한 의미 안에서 입법취지와 목적 등을 고려한 법률 규정의 체계적 연관성에 따라 문언의 논리적 의미를 분명히 밝히는 체계적 · 논리적 해석방법은 규정의 본질적 내용에 가장 접근한 해석을 위한 것이어서 죄형법정주의의 원칙에 부합한다(대법원 2018.5.11. 선고 2018도2844 판결). 법률해석에 있어서 일반적으로 사용되는 Savigny의 4가지 문법적 · 역사적 · 체계적 · 목적론적 해석방법은 선택할 수 있는 해석방법이 아니라 하나로 결합되어 행하여져야 할 다수의 접근방법이지만,[16] 4가지 해석방법을 통한 해석의 결과가 일치하지 않은 경우는 현실적으로 해석자에게 유리한 해석방법을 취하게 된다. 또한 형법의 개별 규정에서 해당 문언의 사전적 의미만으로는 구성요건으로서의 적절한 의미 해석을 바로 도출해내기 어려운 경우는 유사한 다른 범죄구성요건과의 관계에서 체계적으로 해석할 수 밖에 없는데(대법원 2020.8.27. 선고 2019도11294 전원합의체 판결), 이것은 금지되는 유추해석과의 구별이 쉽지 않다.

이러한 경우는 '**헌법합치적 해석방법**'을 취하게 된다. 어떠한 법률조항을 해석 · 적용함에 있어서 한 가지 해석방법에 의하면 헌법에 위배 되는 결과가 되고 다른 해석방법에 의하면 헌법에 합치하는 것으로 볼 수 있을 때는 위헌적인 해석을 피하고 헌법에 합치하는 해석방법을 택하여야 한다는 것이 헌법합치적 해석방법이다.

예를 들어, ⓐ 공소시효를 정지 · 연장 · 배제하는 내용의 특례조항을 신설하면서 소급적용에 관한 명시적인 경과규정을 두지 아니한 경우에 판례는 적법절차원칙과

16) 김정환, "공갈죄의 본질과 공갈의 해석", 형사법연구 제20권 제2호, 2008, 125면.

소급금지원칙을 천명한 헌법 제12조 제1항과 제13조 제1항의 정신을 바탕으로 하여 법적안정성과 신뢰보호원칙을 포함한 법치주의 이념을 훼손하지 아니하도록 신중히 판단하여야 한다고 한다(대법원 2015.5.28. 선고 2015도1362, 2015전도19 판결). ⓑ 의료인의 비밀누설 금지의무는 개인의 비밀을 보호할 뿐만 아니라 비밀유지에 관한 공중의 신뢰라는 공공의 이익도 보호하고 있다고 보아야 하므로, 의료인과 환자 사이에 형성된 신뢰관계와 이에 기초한 의료인의 비밀누설 금지의무는 환자가 사망한 후에도 그 본질적인 내용이 변한다고 볼 수는 없다. (구)의료법 제19조에서 누설을 금지하고 있는 '다른 사람의 비밀'은 당사자의 동의 없이는 원칙적으로 공개되어서는 안 되는 비밀영역으로 보호되어야 하고, 이러한 보호의 필요성은 환자가 나중에 사망하더라도 소멸하지 않는다(대법원 2018.5.11. 선고 2018도2844 판결).

참고 특별법 우선의 원칙과 신법우선의 원칙

일반적으로 특별법이 일반법에 우선하고 신법이 구법에 우선한다는 원칙은 동일한 형식의 성문법인 법률이 상호 모순 · 저촉되는 경우에 적용된다. 이때 법률이 상호 모순 · 저촉되는지는 법률의 입법목적, 규정사항 및 적용범위 등을 종합적으로 검토하여 판단하여야 한다. (구)공공기관운영법은 공기업 · 준정부기관 임직원 등은 신분의 특성에 비추어 공무원에 버금가는 고도의 청렴성과 업무의 불가매수성이 요구되므로 이를 보장하려는 취지에서 담당업무의 성격을 불문하고 형법상 뇌물죄 규정을 적용할 때 한정하여 공무원으로 보도록 규정하고 있다. 반면 도로교통법은 도로교통공단이 공공기관운영법에 따라 공공기관으로 지정 · 고시되었는지를 불문하고 형법이나 그 밖의 법률에 따른 벌칙을 적용할 때 뇌물수수죄 등에 한정하지 아니하고 공무원으로 간주하도록 규정하고 있다. 이와 같이 (구)공공기관운영법 제53조와 도로교통법 제129조의2는 입법목적, 입법연혁, 규정사항 및 적용범위 등을 달리하여 서로 모순 · 저촉되는 관계에 있다고 볼 수 없으므로, 공공기관운영법에 따른 준정부기관인 도로교통공단의 임직원에 대하여 도로교통법 제129조의2가 특별법 내지 신법으로 우선하여 적용되고 공공기관운영법 제53조의 적용이 배제된다고 볼 수 없다(대법원 2016.11.25. 선고 2014도14166 판결).

제3절 | 적용 범위

I. 시간적 적용 범위

1. 행위시법주의

(1) 의의

① 원칙

제1조(범죄의 성립과 처벌) ① 범죄의 성립과 처벌은 행위 시의 법률에 따른다.
② 범죄 후 법률이 변경되어 그 행위가 범죄를 구성하지 아니하게 되거나 형이 구법(舊法)보다 가벼워진 경우에는 신법(新法)에 따른다.
③ 재판이 확정된 후 법률이 변경되어 그 행위가 범죄를 구성하지 아니하게 된 경우에는 형의 집행을 면제한다.

죄형법정주의의 파생원칙 중 **소급효 금지**의 원칙에 따르면 형법은 시행 이전의 행위에 대해서 적용할 수 없다. 이러한 소급효 금지를 나타내는 것이 행위시법주의인데, 형법 제1조 제1항에서 "범죄의 성립과 처벌은 행위 시의 법률에 따른다."라고 규정되어 있다. 일반적으로 행위자는 범죄를 결심한 후, 실행을 준비하고 나서, 범죄의 실행에 착수하게 되고, 이후 범죄의 구성요건을 충족시킨 후, 범죄를 종료하는데(범행의 결심 → 실행의 준비 → 실행의 착수 → 범죄의 기수→범행 종료), 행위시법주의에서 '행위 시'는 범행의 **종료시**를 의미한다(대법원 1994.5.10. 선고 94도563 판결).

공무원이 하나의 계속적 범의로 특정인으로부터 뇌물을 여러 차례에 걸쳐 수수한 경우와 같이 한 사람이 행한 다수의 행위가 포괄적으로 한 개의 구성요건에 해당하여 단순히 하나의 죄를 구성하는 경우를 '**포괄일죄**'라고 하는데, 포괄일죄에 있어서 개개의 범죄행위가 법률 개정의 전후에 걸쳐서 실행된 경우는 신·구법의 법정형에 대한 경중을 비교하여 볼 필요도 없이 범죄실행 종료 시의 법이라고 할 수 있는 신법을 적용하여 포괄일죄로 처단하게 된다(대법원 2022.9.16. 선고 2019도19067 판결). 포괄일죄의 경우는 범죄가 종료되기까지 전체가 1개의 행위로 평가되므로, 이들 범죄의 경우는 포괄일죄를 구성하는 최종의 실행행위가 종료될 시점에 유효한 법이 행위시법이기 때문이다.

예를 들어, A전자 구미공장에 설치된 수질오염방지시설인 폐수소각로 2대 중 1

대가 고장이 나고 나머지 1대로는 페놀수지의 생산공정에서 발생되는 폐수를 전부 소각할 수 없는 상황에서 1990. 10. 21.부터 1991. 3. 20.까지 배출허용기준에 적합하지 아니한 오염물질이 방류되도록 용인·방치한 행위에 대해서는, (이에 대한 형사처벌의 규정이 1991. 2. 1. 변경되어) 1991. 1. 31.까지 적용되던 (구)환경보전법에 따른 형벌(3년 이하의 징역 또는 1천5백만 원 이하의 벌금)이 아니라 1991. 2. 1. 시행된 수질환경보전법에 따른 형벌(제5년 이하의 징역 또는 3천만 원 이하의 벌금)이 적용된다(대법원 1992.12.8. 선고 92도407 판결).

② 예외

소급효 금지를 나타내는 행위시법주의는 법적안정성과 예측가능성의 측면에서 국민의 신뢰이익을 보호하기 위한 것이므로, 행위자에게 유리한 신법을 소급하여 적용하는 것은 죄형법정주의에 반하지 않는다. 형법 제1조 제2항과 제3항은 이처럼 행위자에게 유리한 예외적인 소급효를 규정하고 있다.

형법 제1조 제2항에서는 범죄 후 법률의 개정으로 그 행위가 범죄를 구성하지 아니하거나 형이 구법보다 가벼워지게 된 때에는 변경된 신법이 적용되도록 한다. 형법 제1조 제2항이 적용되는 경우는, 재판 확정 후 법률이 변경된 경우를 규정한 동조 제3항의 존재를 고려하여, 범죄의 실행행위 종료 후 그에 대한 재판의 확정 전을 의미한다. 범죄행위 시와 재판 시 사이에 여러 차례 법령이 개정되어 형의 변경이 있는 경우에는 개정된 전체 법령을 비교하여 그중 형이 가장 가벼운 법령을 적용한다(대법원 2012.9.13. 선고 2012도7760 판결).

형법 제1조 제2항의 문언상, 범죄 후 법률의 변경이 있더라도 형의 변경이 없는 경우라면 행위시법을 적용한다(대법원 2010.6.10. 선고 2010도4416 판결). 형의 경중의 비교는 원칙적으로 법정형을 표준으로 할 것이고, 법정형 중 병과형 또는 선택형이 있을 때는 이 중 가장 중한 형을 기준으로 하여 정하는 것이 원칙이다(대법원 1992.11.13. 선고 92도2194 판결). 다만 범죄 후 법률의 변경으로 형이 구법보다 가벼워지더라도 신법에 경과규정을 두어 신법의 적용을 배제하는 것은 허용되는데, 그렇게 하더라도 행위 시에 존재하는 규정에 따라 처벌되는 것이므로 형을 종전보다 가볍게 개정하면서 그 부칙에서 개정된 법의 시행 전의 범죄에 대해서는 종전의 형법규정을 적용하도록 하여도 소급효 금지의 원칙이나 신법우선의 원칙에 반한다고 할 수 없다(대법원 2011.7.14. 선고 2011도1303 판결).

형법 제1조 제3항에서는 재판의 확정 후 법률의 개정으로 그 행위가 범죄를 구성하지 아니하게 된 때에는 형의 집행을 면제하도록 한다. 범행 시에 존재하던 형사처벌 규정이 형사재판 이전에 개정되어 형이 폐지되었을 때는 유무죄의 실체판결이 아니라 면소판결을 하게 되는데(형사소송법 제326조 제4호), 이미 재판이 확정되어 형이 집행 중인 경우는 그대로 유죄인 상태로 남게 되는 것과의 형평성을 고려하여 형의 집행을 면제하도록 한 것이다. 다만 형법 제1조 제3항에서는 재판 확정 후 법률의 변경으로 비범죄화된 경우만을 규정하고 있을 뿐 형이 가볍게 변경된 경우는 규정하지 않고 있으므로, 재판 확정 후 법률의 변경으로 형이 구법보다 가볍게 변경된 경우는 확정된 형을 그대로 집행한다.

한편, 헌법재판소에서 위헌으로 결정된 법률 또는 법률의 조항은 그 결정이 있는 날부터 효력이 상실되지만, 예외적으로 형벌에 관한 법률 또는 법률의 조항에 대한 위헌결정은 소급효가 인정된다(헌법재판소법 제47조 제3항). 이때 형벌에 관한 법률 또는 법률의 조항이더라도 친족상도례(형법 제328조) 규정과 같이 처벌되지 않는 사유를 규정한 경우는 위헌결정의 소급효를 인정하면 오히려 그 조항에 따라 형사처벌을 받지 않았던 사람들에게 형사상의 불이익이 미치게 되므로, 이러한 위헌결정에는 헌법재판소법 제47조 제3항에 따른 소급효가 인정되지 아니하고 위헌결정이 있는 날부터 효력이 상실한다(대법원 2025.3.13. 선고 2024도19846 판결).

(2) 한시법

① 개념

한시법(限時法)은 특별한 일시적 사정에 대응하기 위해서 제정된 법률로서 유효기간을 명시적으로 정해 놓은 법률을 의미한다. 예를 들어, 미등기토지나 실제 권리관계와 일치하지 않는 토지의 등기 문제를 바로잡기 위하여 1977. 12. 31. 제정되어 1978. 3. 1. 시행되었던 「부동산소유권이전등기에관한특별조치법」이 대표적인 한시법이다. 이 법은 3년으로 예정했던 등기신청 기간이 만료되었을 때 추가적인 시행을 위해서 개정한 1982년의 법률 개정에서 동법의 유효기간을 "이 법은 1984년 12월 31일까지 효력을 가진다."라고 명시하였고(부칙 제2항), 제13조에 위반행위에 대해서 형사처벌을 규정하였다.

한편, 명시적으로 유효기간을 규정하지는 않더라도 법령의 내용과 목적이 임시적인 성격을 지닌 임시법령을 한시법의 개념에 포함하는 견해가 있지만(광의의 한시법설), 확정된 유효기간을 전제로 할 때 법률 효력의 시간적 범위에 관한 불확실성을 해소할 수 있으므로 유효기간을 명시적으로 정해 놓은 경우만으로 한시법의 개념을 이해하는 것이 타당하다(협의의 한시법설).

② 한시법의 추급효(追及效)

한시법의 유효기간 내에 발생한 범죄행위를 그 유효기간이 만료한 후에도 적용하여 처벌할 수 있는지가 다투어지는데, 이것이 한시법의 추급효 인정의 해석 문제이다. 물론 「부동산소유권이전등기에관한특별조치법」 부칙 제4항(경과조치) "이 법 시행중에 제13조의 죄를 범한 자에 대하여는 이 법의 유효기간 경과후에도 이 법을 적용한다."와 같이 개별법에서 추급효를 인정하는 경과규정을 둔 경우는 추급효 인정의 해석 문제가 발생하지 않지만, 이에 관한 형법의 일반규정이 존재하지 않는 상황에서 한시법의 추급효 인정 여부에 대해서 견해가 대립한다.

Ⓐ '**인정설**'이 있다.[17] 행위시법주의 원칙이 유지되어야 한다고 보는 이 견해는 첫째, 유효기간 중의 위반행위는 유효기간의 경과 후에도 비난의 가치가 있으며, 둘째, 한시법의 유효기간이 다가옴에 따라 급증할 수 있는 위반행위를 방지하여 법의 실효성을 담보하기 위해서는 추급효를 인정해야 한다고 본다. 그러나 추급효 인정설에 대해서는 입법부가 경과규정을 두지 않는 사안에 대해서 사법부가 추급효를 인정하는 것은 입법부의 결단에 반하여 해석을 통한 법의 창조하는 것이라는 비판이 있으며, 한시법의 유효기간이 만료한 것은 형법 제1조 제2항의 경우처럼 범죄 후 그 행위가 범죄를 구성하지 않는 것으로 볼 수 있는데 이에 대해서 형사처벌을 하는 것은 형법 제1조 제2항과 모순된다는 비판이 있다.

Ⓑ '**부정설**'이 있다.[18] 이 견해는 추급효를 인정하는 명시적인 경과규정이 없는 한 한시법의 유효기간이 만료하면 법률은 효력이 상실되어 추급효를 인정할 수 없다고 본다. 한시법의 실효도 형법 제1조 제2항의 '법률 변경'에 해당하고, 명시적인 경과규정이 없음에도 추급효를 인정하는 것은 죄형법정주의에 반한다고 본다.

---

17) 이정원 · 이석배 · 정배근, 30면.

18) 강동욱, 29면; 김일수 · 서보학, 29면; 김종원(상), 70면; 김혜정 · 박미숙 · 안경옥 · 원혜욱 · 이인영, 43면; 성낙현, 45면; 신동운, 66면; 박상기 · 전지연, 28면; 박상옥 · 김대휘(1), 72면; 박찬걸, 75면; 배종대, 80면; 오영근 · 노수환, 65면; 이상돈, 35면; 이영란, 52면; 이용식, 20면; 이주원, 34면; 임웅 · 김성규 · 박성민, 82면; 정성근 · 박광민, 64면; 정성근 · 정준섭, 15면, 30면; 정영일, 66면; 주호노, 179면; 홍영기, 34면.

© **'동기설'**이 있다. 법률 변경의 동기를 구별하여, 변경의 동기가 법률 이념의 변천이나 반성적 고려와 같은 **법적 견해의 변경**에 기인한 경우에는 추급효를 인정할 수 없지만, 단순히 사정의 변천과 같은 **사실관계의 변경**에 기인한 경우에는 추급효를 인정할 수 있다는 견해이다. 그러나 동기설은 형법 제1조 제2항과 배치되는 해석일 뿐만 아니라, 법적 견해의 변경과 사실관계의 변경은 상호 관련된 것이며 양자의 구분에 있어서 자의가 개입되어 법적안정성을 해친다는 비판이 있다.

판례는 '동기설'의 입장이다. 「부동산소유권이전등기에관한특별조치법」에 경과규정이 존재하였음에도 불구하고, 판례는 동법의 폐지는 제정의 이유가 된 법률 이념의 변경에 따라 종래의 처벌 그 자체가 부당하였다는 반성적 고려에서 기인한 것이 아니라 그 제정목적을 다하여 위 법을 존속시킬 필요성이 없다는 고려에서 폐지된 것이므로, 위 법 시행 당시에 행하여진 위반행위에 대한 가벌성을 소멸시킬 이유가 없어 위 법 시행기간 중의 위반행위는 그 폐지 후에도 행위당시에 시행되던 위법에 따라 처벌되어야 한다고 본다(대법원 1988.3.22. 선고 87도2678 판결).

생각건대, 한시법에서 추급효를 인정하는 명시적인 경과규정이 없는 한 한시법의 추급효를 부정하는 것이 타당하다(**부정설**). 법적 견해의 변경과 사실관계의 변경이라는 구분 기준에 따라 추급효 여부를 인정할 경우는 자의적인 판단이 개입할 위험이 있으며, 입법자가 추급효에 대한 명시적인 경과규정을 두지 않은 것에 대해서 해석을 통해 처벌을 확장한다면 죄형법정주의에 부합하지 않기 때문이다. 이것이 형법 제1조 제2항의 입법취지에도 부합한다.

(3) 형법 제1조 제2항과 동기설

① 2022년 이전의 판례

판례는 한시법의 추급효 인정의 해석에 있어서 '동기설'의 입장이다. 그런데 더 나아가 판례는 한시법의 개념을 광의의 개념으로 이해하면서 한시법의 추급효와 관련한 동기설을 형법의 시간적 적용 범위에 있어서 넓게 사용하였다. 판례는 행위 시 이후에 경하게 처벌하도록 법률의 변경이 있는 경우에 있어서 행위 시에 유효하였던 변경되기 전의 법률을 적용할 것인지 아니면 재판 시에 유효한 변경 후의 법률을 적용할 것인지를 동기설의 입장에서 판단하여 선택적으로 판단하였다.

예를 들어, ⓐ 행위 시의 (구)군형법 제79조는 "허가 없이 근무장소 또는 지정장소를 일시이탈하거나 지정한 시간 내에 지정한 장소에 도달하지 못한 자는 1년 이하의 징역이나 금고에 처한다"고 규정하였으나, 재판 시의 군형법 제79조는 "허가 없이 근무장소 또는 지정장소를 일시적으로 이탈하거나 지정한 시간까지 지정한 장소에 도달하지 못한 사람은 1년 이하의 징역이나 금고 또는 300만원 이하의 벌금에 처한다."라고 규정하여 벌금형이 법정형으로 추가된 상황에서, 판례는 법률 개정의 취지가 무단이탈의 형태와 동기가 다양함에도 죄질이 경미한 무단이탈에 대하여도 반드시 징역형이나 금고형으로 처벌하도록 한 종전의 조치가 과중하다는 데에서 나온 반성적 조치라고 보아야 하므로, 형법 제1조 제2항의 '범죄 후 법률의 변경에 의하여 형이 구법보다 경한 때'에 해당한다고 보았다(대법원 2010.3.11. 선고 2009도12930 판결). ⓑ 반면 미신고 자본거래 행위를 처벌하는 외국환거래법령의 형이 가볍게 개정되면서 형사처벌의 대상이 모든 미신고행위에서 미신고금액 10억 원을 초과하는 행위로, 다시 미신고금액 50억 원을 초과하는 행위로 변경된 사안에서, 위와 같은 법규 개정은 법률 이념의 변경이 아니라 다른 사정의 변천에 따라 그때그때의 특수한 필요에 대처하기 위하여 법령이 개폐된 경우로서 형법 제1조 제2항이 적용되지 않는다고 보았다(대법원 2012.4.26. 선고 2011도17639 판결).

이와 같이 과거의 판례는 형법 제1조 제1항에 따라 행위시법을 적용할 것인지 형법 제1조 제2항에 따라 행위시법의 예외를 인정할 것인지에 대한 판단기준도 한시법의 영역에서 사용되는 '동기설'을 사용하였고, 입법자가 행한 법률 변경의 동기에 대한 법관의 판단에 따라서 법률의 변경이 과거에 범죄로 보던 행위에 대하여 그 평가가 달라져 이를 범죄로 인정하고 처벌한 그 자체가 부당하였다거나 또는 과형이 과중하였다는(즉 과거의 형벌법규가 부당하다는) 반성적 고려에서 이루어진 경우(법적 견해의 변경)라고 판단한 경우는 구법의 추급효를 인정하지 않고, 반면에 단순히 일시적 사정의 변화나 사실관계의 변화 때문에 법률이 변경된 경우라고 판단한 경우는 구법의 추급효를 인정하였다.

형법 제1조 제2항의 적용에 있어서 동기설을 취하는 판례에 대해서는 비판이 가해졌다. 첫째, 형법 제1조 제2항은 법률 변경의 동기와 무관하게 규정되어 있으며, 둘째, 범죄 후 개정된 법률을 적용하지 않도록 하려면 입법자가 법률에 추급효를 인정하는 명시적 규정을 두어야 하는 것이며, 셋째, 법적 견해의 변경인지 사실관계의 변화인지에 관한 법관의 판단에 따라 추급효의 인정 여부를 구별하는 것은 법관의 자의가 개입되어 법적안정성을 침해할 수 있으며, 넷째, 독일에서 동기설은 '한시법'의 경우에 사용하는 개념이라는 점 등을 근거로 법률 개정의 동기와 무관하게 형법

제1조 제2항을 적용하여 처벌이 가벼운 신법을 적용해야 한다는 비판이 행해졌다.

② 2022년 이후의 판례

판례는 2022년 전원합의체 판결로 입장을 변경하여 행위 시 이후에 가볍게 처벌하도록 법률의 변경이 있는 경우에 있어서 법률 개정의 동기를 고려하지 않고 바로 형법 제1조 제2항을 적용한다. 즉 "종전 법령이 범죄로 정하여 처벌한 것이 부당하였다거나 과형이 과중하였다는 반성적 고려에 따라 변경된 것인지 여부를 따지지 않고 원칙적으로 형법 제1조 제2항과 형사소송법 제326조 제4호가 적용된다."라고 입장을 변경하였고, 다만 "법령이 개정 내지 폐지된 경우가 아니라, 스스로 유효기간을 구체적인 일자나 기간으로 특정하여 효력의 상실을 예정하고 있던 법령이 그 유효기간을 경과함으로써 더 이상 효력을 갖지 않게 된 경우"(한시법)에서만 동기설을 유지하고 있다(대법원 2022.12.22. 선고 2020도16420 전원합의체 판결).

(4) 백지형법에서 행위시법주의

백지형법(白地刑法)은 형벌의 종류와 한도만을 규정할 뿐 구성요건의 내용이 다른 법령에 위임하여 별도의 '**보충규범**'이 필요한 형법 규정을 의미한다. 대표적인 예시가 중립명령위반죄(형법 제112조)이다. 중립명령위반죄는 "외국간의 교전에 있어서 중립에 관한 명령에 위반한 자는 3년 이하의 금고 또는 500만원 이하의 벌금에 처한다."라고 규정되어 있는데, 여기서는 '중립에 관한 명령'에 따라 구성요건해당성 여부가 판단된다.

범행 시부터 형법은 변경이 없으나 범행 이후 재판 이전에 보충규범이 가볍게 처벌되도록 변경된 사안에서 행위시법을 적용할 것인지 재판시법을 적용할 것인지가 백지형법에서 다투어진다. 한시법의 추급효 인정 여부와 유사한 문제가 나타나므로, 한시법의 추급효에서의 논의와 마찬가지로 추급효 인정설, 추급효 부정설, 동기설이 주장되었다. 과거 판례는 동기설의 입장에서 판단하였는데, (구)식품위생법 제30조의 규정에 따라 단란주점의 영업시간을 제한하고 있던 보건복지부 고시가 유효기간 만료로 실효되어 그 영업시간 제한이 해제된 사안에서, 이와 같은 영업시간 제한의 해제는 법률 이념의 변천으로 종래의 규정에 따른 처벌 자체가 부당하다는 반성적 고려에서 비롯된 것이라기보다는 사회상황의 변화에 따른 식품접객업소의 영업시간 제한 필요성의 감소와 그 위반행위의 단속과정에서 발생하는 부작용을 줄이기 위한 특수한 정책적인 필요 등에 대처하기 위하여 취하여진 조치에 불과하므로, 위와 같이 영업시간 제한이 해제되었더라도 그 이전에 범하여진 피고인의 이 사건 위반행위에 대한 가벌성이 소멸하지 않는다고 보았다(대법원 2000.6.9. 선고 2000도764 판결).

그런데 판례가 2022년 전원합의체 판결로 입장을 변경하여 행위 시 이후에 경하게 처벌하도록 법률의 변경이 있는 경우에 있어서 법률 개정의 동기를 고려하지 않고 바로 형법 제1조 제2항의 적용하도록 하였는데, 이것은 형법 규정이 대통령령, 총리령, 부령과 같은 고시 등 행정규칙 · 행정명령, 조례 등에 구성요건의 일부를 수권내지 위임한 백지형법에서도 보충규범의 변경에 따라 범죄를 구성하지 아니하게 되거나 형이 가벼워졌다면 일반 형법 규정의 변경과 마찬가지로 바로 형법 제1조 제2항과 형사소송법 제326조 제4호가 적용된다(대법원 2022.12.22. 선고 2020도16420 전원합의체 판결). 다만 해당 형법 규정에 따른 범죄의 성립 및 처벌과 직접적으로 관련이 없는 보충규범의 변경으로 인하여 해당 형법 규정의 가벌성에 영향을 미치게 되는 사안이라면 형법 제1조 제2항과 형사소송법 제326조 제4호가 적용되지는 않는다(대법원 2022.12.22. 선고 2020도16420 전원합의체 판결).

II. 장소적 적용 범위

형법은 장소적 적용 범위와 관련해서 속지주의를 원칙으로 하고, 속인주의와 보호주의, 세계주의를 추가하고 있다.

1. 속지주의

제2조(국내범) 본법은 대한민국영역내에서 죄를 범한 내국인과 외국인에게 적용한다.
제4조(국외에 있는 내국선박 등에서 외국인이 범한 죄) 본법은 대한민국영역외에 있는 대한민국의 선박 또는 항공기내에서 죄를 범한 외국인에게 적용한다.

(1) 의의

자국의 영역 안에서 발생한 모든 범죄에 대하여 행위자의 국적과 관계없이 자국의 형법을 적용하는 것이 '**속지주의**'인데, 형법 제2조는 "대한민국영역내에서 죄를 범한 내국인과 외국인에게 적용한다."라고 하여 속지주의를 취하고 있다. 속지주의 속에는 '**기국주의**'도 포함되는데, 기국주의란 국외를 운항 중인 자국의 선박이나 항공기 내에서 발생한 범죄에 대하여 자국의 형법을 적용하는 것을 의미한다. 형법 제4조에서는 기국주의를 규정하여, 형법을 "대한민국영역외에 있는 대한민국의 선박 또는 항공기내에서 죄를 범한 외국인에게 적용"한다.

속지주의에 따르면 한국에서 발생한 모든 범죄에 대하여 형법이 적용되는데, 이 때 범죄의 행위지 또는 결과발생지 중 어느 하나가 한국이면 형법이 적용된다. 예를 들어, 다수의 사람이 범행을 모의하고 그에 따라 일부의 사람이 범죄를 실행하고 일부는 실행행위를 담당하지 않았을 때 실행행위를 담당하지 않은 공모자를 공동정범으로 인정하는 개념이 공모공동정범인데, 공모공동정범의 경우 형법 제2조를 적용할 때 공모지도 범죄지로 본다(대법원 1998.11.27. 선고 98도2734 판결).

(2) 범위

속지주의에 따라 행위자의 국적과 관계없이 대한민국 영역 내에서 발생한 범죄에 형법이 적용된다. 그런데 헌법 제3조에서는 "대한민국의 영토는 한반도와 그 부속도서로 한다."라고 하고 있지만, 대한민국의 실질적인 통치권이 미치지 않는 북한지역에서 발생한 범죄에 대해서도 형법이 적용되는 것인지에 대해서 견해가 대립한다.

Ⓐ '**통치권기준설**'에 따르면 형법의 적용 범위는 대한민국의 통치권이 실질적으로 미치는 지역으로 한정되지만,[19] Ⓑ '**영토주권기준설**'에 따르면 형법의 적용 범위는 헌법 제3조의 영토조항에 따르게 된다.[20] **판례**는 과거 영토주권기준설을 취하였으나 현재는 입장을 변경하여 **통치권기준설**의 입장이다.

참고 북한지역에 대한 형법의 적용 범위에 관한 판례의 변화

– 대법원 1976.5.11. 선고 76도720 판결(통치권기준설)

: 피고인이 외국인으로서 대한민국의 통치권이 행사되는 지역이 아닌 일본에서 소련을 거쳐 반국가단체의 지배하에 있는 지역으로 들어가고 일본 기타 제3국에서 반국가단체의 구성원과 통신 기타 연락을 하거나 반국가단체를 이롭게 한 행위는 외국인의 국외법에 해당하여 반공법을 적용

19) 박상기 · 전지연, 30면; 배종대, 84면; 신동운, 80면; 이상돈, 30면; 이정원 · 이석배 · 정배근, 34면.

20) 김종원(상), 74면; 김태명, 83면; 박찬걸, 80면; 오영근 · 노수환, 67면; 이영란, 55면; 이재상 · 장영민 · 강동범, 55면; 정성근 · 박광민, 68면; 정성근 · 정준섭, 33면; 정영일, 70면; 주호노, 158면.

하여 처벌할 근거가 없다.

- 대법원 1997.11.20. 선고 97도2021 전원합의체 판결(영토주권기준설)

: 헌법 제3조는 대한민국의 영토는 한반도와 그 부속도서로 한다고 규정하고 있어 북한도 대한민국의 영토에 속하는 것이 분명하므로, 캐나다 국적을 가진 피고인이 북한의 지령을 받기 위하여 캐나다 토론토를 출발하여 일본과 중국을 순차 경유하여 북한 평양에 들어간 행위는 제3국과 대한민국 영역 내에 걸쳐서 이루어진 것이고, 피고인이 북한의 지령을 받고 국내에 잠입하여 활동하던 중 그 목적수행을 위하여 서울 김포공항에서 대한항공편으로 중국 북경으로 출국한 후 중국 북경에서 북한 평양으로 들어간 행위는 대한민국 영역 내와 대한민국 영역 외에 있는 대한민국의 항공기 내 및 대한민국의 통치권이 미치지 아니하는 제3국에 걸쳐서 이루어진 것이라고 할 것인바, 이와 같은 경우에는 비록 피고인이 캐나다 국적을 가진 외국인이라고 하더라도 형법 제2조, 제4조에 의하여 대한민국의 형벌법규가 적용되어야 할 것이고, 형법 제5조, 제6조에 정한 외국인의 국외범 문제로 다룰 것은 아니다.

- 대법원 2008.4.17. 선고 2004도4899 전원합의체 판결(통치권기준설)

: 대한민국 국민이 아닌 사람이 외국에 거주하다가 그곳을 떠나 반국가단체의 지배하에 있는 지역으로 들어가는 행위는, 대한민국의 영역에 대한 통치권이 실지로 미치는 지역을 떠나는 행위 또는 대한민국의 국민에 대한 통치권으로부터 벗어나는 행위 어디에도 해당하지 않으므로, 이는 국가보안법 제6조 제1항, 제2항의 탈출 개념에 포함되지 않는다.

2. 속인주의

제3조(내국인의 국외범) 본법은 대한민국영역외에서 죄를 범한 내국인에게 적용한다.

자국의 국민이 범한 모든 범죄에 대하여 범죄의 발생지와 관계없이 자국의 형법을 적용하는 것이 '**속인주의**'이고, 형법 제3조는 "대한민국영역외에서 죄를 범한 내국인에게 적용한다."라고 하여 속인주의까지 속지주의에 보충하여 취하고 있다. 속인주의에 의하면, 행위지인 외국에서 그 행위가 범죄인지와 무관하게 한국 형법에 따라 범죄가 성립되어 처벌될 수 있게 된다. 예를 들어, 필리핀국에서 카지노의 외국인 출입이 허용된다고 하더라도 형법 제3조에 따라 필리핀국에서 도박한 한국인에게는 한국 형법이 당연히 적용된다(대법원 2001.9.25. 선고 99도3337 판결). 국가 정책적 견지에서 도박죄의 보호법익보다 좀 더 높은 국가이익을 위하여 예외적으로 내국인의 출입을 허용하는 폐광지역 개발 지원에 관한 특별법 등에 따라 카지노에 출입하는 것은 법령에 의한 행위로 위법성이 조각된다고 할 것이나, 도박죄를 처벌하지 않는 외국 카지노에서의 도박이라는 사정만으로 위법성이 조각되지는 않는다(대법원 2017.4.13. 선고 2017도953 판결).

다만 한국인의 해외에서의 범죄행위에 대해서 속인주의에 따라 한국 형법이 적용되더라도, 그 행위가 해외에서 외국인에게 행해진 때에는 범죄가 성립되지 않는 경우가 있다. 예를 들어, (구)의료법 제82조 제1항은 "안마사는 장애인복지법에 따른 시각장애인 중 다음 각호의 어느 하나에 해당하는 자로서 시 · 도지사에게 자격인정을 받아야 한다."라고 규정하고, (구)의료법 제88조 제3호는 위 제82조 제1항에 따른 안마사 자격인정을 받지 아니하고 영리를 목적으로 안마를 한 사람을 처벌하도록 규정하고 있는데, (구)의료법 제82조 제1항에 따른 안마사의 자격은 한국의 시 · 도지사의 자격인정에 의하여 부여되는 것으로서 안마사를 시 · 도지사의 자격인정을 받은 시각장애인으로 제한하는 위 규정의 목적이 시각장애인에게 안마업을 독점시킴으로써 그들의 생계를 지원하고 직업 활동에 참여할 수 있는 기회를 제공하려는 데 있음을 고려하면, 대한민국 영역 외에서 안마업을 하려는 사람에게까지 시 · 도지사의 자격인정을 받아야 할 의무가 있다고 보기는 어려우므로, 내국인이 대한민국 영역 외에서 안마업을 하는 경우는 (구)의료법 제88조 제3호의 구성요건 해당성이 없게 된다(대법원 2018.2.8. 선고 2014도10051 판결).

3. 보호주의

제5조(외국인의 국외범) 본법은 대한민국영역외에서 다음에 기재한 죄를 범한 외국인에게 적용한다.
1. 내란의 죄
2. 외환의 죄
3. 국기에 관한 죄
4. 통화에 관한 죄
5. 유가증권, 우표와 인지에 관한 죄
6. 문서에 관한 죄중 제225조 내지 제230조
7. 인장에 관한 죄중 제238조

제6조(대한민국과 대한민국국민에 대한 국외범) 본법은 대한민국영역외에서 대한민국 또는 대한민국국민에 대하여 전조에 기재한 이외의 죄를 범한 외국인에게 적용한다. 단 행위지의 법률에 의하여 범죄를 구성하지 아니하거나 소추 또는 형의 집행을 면제할 경우에는 예외로 한다.

외국인이 외국에서 행한 범죄에 대해서는 속지주의나 속인주의 모두 적용되지 않으므로 원칙적으로 한국의 형법이 적용되지 않는다. 예를 들어, 중국 북경시에 소재한 대한민국 영사관 내부는 중국의 영토에 속할 뿐 이를 대한민국의 영토로서 그 영역에 해당한다고 볼 수 없으므로 내국인이 아닌 범죄자가 위 영사관 내에서 사문서를 위조한 행위는 한국 형법으로 처벌할 수 없으며(대법원 2006.9.22. 선고 2006도5010 판결), 캐나다 시민권자인 사람이 캐나다에서 위조사문서를 행사한 것은 한국 형법으로 처벌할 수 없다(대법원 2011.8.25. 선고 2011도6507 판결).

그러나 예외적으로 외국인이 외국에서 자국이나 자국민에게 행한 범죄에 대해서 보호주의에 따라 형법을 적용하는 경우가 있다. 행위자의 국적 및 범죄의 발생지와 관계없이 자국의 중요한 보호법익을 침해하는 범죄에 대해서 자국의 형법을 적용하는 것이 '**보호주의**'인데, 형법은 제5조에서 '외국인의 국외범'을 규정하고 있고, 제6조에서 '대한민국과 대한민국국민에 대한 국외범'을 규정하고 있다.

형법 제5조(외국인의 국외범)는 국가의 존립과 기능에 중요한 보호법익에 대한 특정한 범죄(내란의 죄, 외환의 죄, 국기에 관한 죄, 통화에 관한 죄, 유가증권 · 우표와 인지에 관한 죄, 공문서에 관한 죄, 공인장에 관한 죄)에 대해서 행위자의 국적 및 범죄의 발생지와 관계없이 형법을 적용하도록 규정하고 있다. 이것을 '국기보호주의'라고도 한다. 이와 관련하여 사인위조죄는 형법 제6조의 대한민국 또는 대한민국국민에 대하여 범한 죄에 해당하지 아니하므로, 중국 국적자가 중국에서 대한민국 국적 주식회사의 인장을 위조한 경우는 외국인의 국외범으로서 그에 대하여 재판권이 없다(대법원 2002.11.26. 선고 2002도4929 판결).

형법 제6조(대한민국과 대한민국국민에 대한 국외범)는 대상 범죄를 특정하지 않고 대한민국 자체 또는 대한민국 국민에 대하여 형법 제5조에 기재한 이외의 죄를 범한 외국인에게 형법을 적용하도록 규정하고 있다. 예를 들어, 외국인 선원들이 외국 국적의 선박을 빼앗아 이용하기 위해서 한국인 선원들을 살해한 것은 해상강도살인죄(제340조 제3항)로 처벌할 수 있다(대법원 1997.7.25. 선고 97도1142 판결). 다만 한국 형법의 적용 범위가 지나치게 확장되지 않도록 행위지의 법률에서 범죄를 구성하지 아니하거나 소추 또는 형의 집행을 면제할 경우는 형법을 적용하지 않도록 규정하고 있다.

4. 세계주의

> 제296조의2(세계주의) 제287조부터 제292조까지 및 제294조는 대한민국 영역 밖에서 죄를 범한 외국인에게도 적용한다.

행위자의 국적이나 범죄의 발생지와 관계없이, 그리고 자국이나 자국민에 대한 피해와 관계없이 문명국가에서 인정되는 공통적인 법익을 침해하는 범죄에 대하여 자국의 형법을 적용하는 것이 '**세계주의**'이고, 형법 제296조에서는 약취 · 유인 · 인신매매의 죄에 대해서는 "대한민국 영역 밖에서 죄를 범한 외국인에게도 적용한다." 라고 하여 세계주의를 취하고 있다.

형법은 약취 · 유인 · 인신매매의 경우에 한정하여 세계주의를 규정하고 있는데, 이것은 2000. 12. 13. 서명한 UN 국제조직범죄방지협약 및 인신매매방지의정서의 국내적 이행을 위한 입법 중 하나로 2013년 인신매매 관련 형법 규정을 개정하면서 신설되었다. 형법에서는 세계주의를 포괄적 방식이 아니라 열거적 방식으로 약취 · 유인 · 인신매매의 죄에 제한적으로 규정하면서도 대상 범죄에 해당하는 경우는 특별한 제한이 없이 자국의 형법을 적용할 수 있는 절대적 세계주의를 표방하고 있는데, 실효성 있는 세계주의의 적용을 위해서 필요한 약취 · 유인 · 인신매매를 행한 행위자의 국내 체류 등을 함께 규정하지 않는다면 형법의 적용에 있어서 실효성이 담보될 수 없다는 비판이 제기된다.

5. 외국에서 집행된 형

> 제7조(외국에서 집행된 형의 산입) 죄를 지어 외국에서 형의 전부 또는 일부가 집행된 사람에 대해서는 그 집행된 형의 전부 또는 일부를 선고하는 형에 산입한다.

한국인이 외국에서 범죄를 행한 경우는 일반적으로 외국의 속지주의에 따라 행위지에서 형사처벌을 받는다. 이때 외국 판결은 한국에서는 기판력이 없어 여기에 일사부재리의 원칙이 적용될 수 없으므로(대법원 1983.10.25. 선고 83도2366 판결), 외국에서 처벌받은 한국인은 속인주의에 따라 다시 한국에 형사처벌을 받을 수 있다.

이처럼 한국인이 외국에서 범죄를 행한 사안에서 속지주의와 속인주의가 중복하여 적용되어 자신의 책임 이상으로 처벌될 위험이 존재한다. 이에 대응하여 형법 제

7조에서는 외국에서 형의 전부 또는 일부가 집행된 사람에 대해서는 그 집행된 형의 전부 또는 일부를 선고하는 형에 필요적으로 산입하도록 하고 있다.

다만 판례는 외국에서의 미결구금으로 인해 피고인이 받는 신체적 자유 박탈에 따른 불이익의 양상과 정도를 국내에서의 미결구금이나 형의 집행과 그 효과 면에서 서로 같거나 유사하다고 단정할 수 없으므로, 외국에서 형의 집행이 아니라 단지 미결구금 되었다가 무죄판결을 받았을 뿐인 사람의 미결구금일수는 형법 제7조에 의하여 국내에서 같은 행위로 인하여 선고받는 형에 산입하지는 않는다(대법원 2017.8.24. 선고 2017도5977 판결).

제2장

범죄의 기초

제1절 | 범죄의 개념과 범죄체계론

I. 범죄의 개념

1. 실질적 범죄

(1) 개념

형벌의 전제조건이 되는 범죄는 실질적 개념과 형식적 개념으로 나뉜다. 실질적 범죄개념은 형사정책적 관점에서 가벌적 행동의 실질적 기준이 무엇인가를 묻는 개념이다. 이것은 사회적 해악성에 기초를 둔 개념인데, 사회질서를 본질적으로 침해하는 행위만을 범죄로 처벌하고자 한다. 사회질서의 유지에 필수적인 법적 이익을 침해하는 행위를 범죄라고 한다면, 이것은 **실질적 범죄**의 개념을 말하는 것이다.

(2) 형벌 필요성

어떤 행위에 대한 형벌의 필요성(Straferforderlichkeit)과 형벌의 가치성(Strafwürdigkeit)이 실질적 범죄개념의 본질적 요소를 이루는데, '**형벌 필요성**'은 어떤 행위에 대하여 국가의 형벌이 개입할 필요가 있는지를 나타내는 개념으로 형법의 역할과도 관련된다. 형법의 역할은 인간의 사회적 실존의 조건인 법적 이익(법익)의 보호에 이바지함과 동시에 법익의 근저에 자리하는 사회윤리적 행위가치의 보호의 역할도 수행하므로, 법익 보호와 사회윤리적 행위가치의 보호가 필요한 경우를 범죄로 보게 된다.

예를 들어, 분묘발굴죄(형법 제160조)는 시신 등이 매장된 분묘의 평온을 유지하여 사자(死者)에 대한 추도의 감정 및 제사 · 예배 · 기념을 통해 수호 · 봉사하는 사회적 풍속을 보호하기 위한 것으로, 제사 · 예배 · 기념의 대상이 되는 분묘를 발굴한 행위를 일반예방적 효과가 있는 형벌로 처벌할 필요성이 있다(헌법재판소 2019.2.28. 선고 2017헌가33 결정).

형벌 필요성은 형벌의 '**보충성 또는 최후수단성**'(사회통제 수단 중 강력한 제재인 국가형벌권은 다른 사회통제 수단이 해결하지 못하는 상황에서 최후에 사용)과 형벌의 '**실효성**'(예를 들어, 낙태 행위를 범죄로 규정하여 처벌하는 것이 낙태 방지의 효과가 있는지)을 구체적 내용으로 한다.

(3) 형벌 가치성

'**형벌 가치성**'은 법치국가원리 중 비례성원칙의 형법적 투영인데, 형벌은 범죄자의 법익에 대한 중대한 침해를 의미하므로 범죄에 대한 국가의 형벌권 투입이 비례적이지 않게 보일 정도까지만 행해질 수 있다는 의미이다. 형벌 가치성은 침해되는 '법익의 가치'와 '침해행위의 정도'를 기준으로 그 내용이 정해진다.

예를 들어, 분묘발굴죄(형법 제160조)는 한국의 전통문화와 사상, 분묘에 대하여 가지는 국민 일반의 가치관 내지 법감정, 범죄 예방을 위한 형사정책적 측면 등 여러 가지 요소를 고려하여 볼 때, 벌금형을 선택적으로 규정함이 없이 5년 이하의 징역형으로 규정했더라도 입법재량의 범위를 벗어났다거나 법정형이 과중하다고 보지 않을 수 있다(헌법재판소 2019.2.28. 선고 2017헌가33 결정).

(4) 한계

실질적 범죄개념은 입법자에게 형사정책적 척도를 제공할 수 있지만, 시각에 따라 범죄의 개념이 다양할 수 있어서 통일적이고 일관된 범죄개념이 존재하기 어렵다. 실질적 범죄개념에 따라 재판을 하면 균질하고 공정한 재판의 결과를 기대하기 어렵게 되므로, 형법에서 범죄는 형식적 개념으로 사용하여 범죄개념을 통일시키고 있다.

2. 형식적 범죄

형법에서는 '**구성요건에 해당하고 위법하고 책임이 있는 인간의 행위**'라는 형식적 범죄개념을 약속하고 사용하고 있다. 다양한 유형의 범죄에 있어서 공통하여 사용할 수 있는 안정적인 체계를 세운 것이 '범죄체계'인데, '구성요건'에 해당하고 '위법'하고 '책임'이 있는 인간의 행위가 범죄라는 형식적 범죄개념은 3단계 범죄체계에서 나온 개념이다.

II. 범죄체계론

1. 문제중심형 사고와 체계중심형 사고

사회에서 발생하는 개별적 분쟁을 해결한다는 목표를 향해서 문제중심형 사고와 체계중심형 사고의 2가지 방식을 생각해 볼 수 있다. '**문제중심형 사고**'는 개별 사안을 중심에 놓고 그 사안 자체에 합당한 해결을 시도하는 방식으로서, 그 사안에 합당한 결론을 도출할 수 있다는 장점이 있다. 하지만 사안의 판단 기준이 사전에 제시되는 것이 아니어서 판단자가 어떠한 판단 기준을 적용하는지가 불명확하다는 단점, 즉 법적안정성에 있어서 단점이 존재한다.

반면 '**체계중심형 사고**'는 추상적인 판단 기준을 체계화한 후 개별 사안을 그 기준 체계에 따라 해결하는 방식으로서, 어떤 곳에서 누가 판단하든지 일정한 판단 기준이 적용되어 법적안정성[1]이 유지된다는 장점이 있다. 하지만 추상적 판단 기준에 구체적인 사안이 적용되어 기계적으로 결론이 도출되므로, 사안에 따라 동의하기 어려운 결론이 도출될 수 있다는 단점, 즉 구체적 타당성에 있어서 단점이 존재한다.

영미법계에서는 문제중심형 사고가 강조되는 반면, 독일로 대표되는 대륙법계에서는 체계중심형 사고가 강조된다. 문제중심형 사고와 체계중심형 사고는 서로 장단점이 대비되므로, 개별적 분쟁을 해결한다는 공통의 목표를 향한 문제중심형 사고방

---

1) '법적 안정성'이라는 용어는 19세기 말의 문헌에서 등장하는데, 그 개념은 16, 17세기 근대 사회의 격변기에 시작되어 사회의 분화에 따라 법률의 수요가 확대되면서 특정한 목적에 봉사하는 법체계가 아니라 그 자체만으로 기능을 갖는 법체계를 추구해 온 사고의 상징적 개념이다. 법적안정성이라는 개념이 받아들여지면서, 실정법은 그 자체로서 존중받을 수 있었고 자연법이 배후에서 실정법을 유지한다는 사고에서 벗어날 수 있게 되었다(프랑크잘리거 저/윤재왕 역, 「라드브루흐 공식과 법치국가」(제2판), 2011, 15면).

식과 체계중심형 사고방식 중 어느 한쪽이 우수하다고 말하기는 어렵고, 사회의 역사적 · 문화적 배경에 따라 문제해결에 있어서 선호하는 방식이 다르다고 이해하면 될 것이다.

한국 형법은 독일 형법을 계수하여 체계중심형 사고의 방식을 취하고 있다. 체계중심형 사고는 명확성의 원칙을 강조하는 죄형법정주의 원칙과도 잘 부합할 수 있고, 사법부나 수사기관에 대한 국민의 신뢰도가 높지 않은 한국의 상황에서는 법적 안정성의 측면에서 우수한 체계중심형 사고의 방식이 문제중심형 사고의 방식보다 적합하다고 생각된다.

2. 3단계 범죄체계론

(1) 의의

체계중심 사고의 방식에 따라 범죄의 성립 여부도 미리 만들어진 추상적인 판단기준에 따라 판단하게 된다. 범죄체계는 범죄성립 여부를 논하는 일련의 검토 과정(혹은 시스템)으로서 개별사건의 구체적 문제를 다루기 위한 출발점이다. 범죄체계에 따라 범죄의 성립 여부를 검토하면, 우선 형법을 해석 · 적용하는 데에 원칙과 한계가 설정되어 불합리하고 자의적인 판단이 배제되고 결과에 대한 예측이 가능해진다. 이에 따라 사법기관의 판단에 대한 국민의 신뢰를 높일 수 있다. 다음으로 범죄의 성립을 단계적으로 검토하게 되어 중요한 논점이 간과되지 않으며, 무엇보다도 법적용의 일관성과 형평성이 유지된다. 범죄체계(Deliktsaufbau)는 형법의 해석 · 적용에 있어서 **법적확실성**과 **예측가능성**을 담보하는 장치라고 할 수 있다.

다만 범죄체계에 따라 범죄의 성립 여부를 판단할 때는 개별 사안을 해결하는 데에 구체적 타당성이 부족할 수 있다. 체계종속적 태도는 (법감정 등에 비추어) 보다 설득력 있는 해결가능성을 감소시키며, 때로는 형사정책적으로 불합리한 결론을 이끌 수도 있다. 또한 추상적인 개념의 사용이 불가피하다는 단점도 존재한다.

그럼에도 법적안정성의 측면에서 우수하기에 범죄체계에 따라 범죄의 성립 여부를 검토하는데, 현재 사용되는 범죄체계는 3단계(구성요건-위법성-책임) 범죄체계이다. 이렇게 3단계 범죄체계를 사용하는 배경을 다음의 예시를 통해 생각해 볼 수 있다. 예를 들어, "사람의 신체를 상해한 자는 7년 이하의 징역, 10년 이하의 자격정지 또는 1천만원 이하의 벌금에 처한다."라는 상해죄(형법 제257조 제1항)가 적용될 수 있는 다음의 3가지 경우를 가정해 보자.

① 20살의 甲은 근거리에서 A의 얼굴에 공기총을 쏘았고, A는 공기총을 맞고 다쳤다.

② 20살의 甲은 A가 자신에게서 돈을 빼앗기 위해서 흉기를 들고 달려오자, 지니고 있던 공기총을 근거리에서 A의 얼굴에 쏘았고 A는 공기총을 맞고 다쳤다.

③ 7살의 甲은 근거리에서 A의 얼굴에 공기총을 쏘았고, A는 공기총을 맞고 다쳤다.

위 ①, ②, ③의 경우에 있어서, 甲이 쏜 공기총에 A가 맞고 다쳤다는 결과는 동일하지만, 甲의 처벌은 동일할 수 없다고 생각한다면, 어떻게 甲을 각 경우의 범죄에 맞게 처벌하도록 할 것인가를 생각해 보게 될 것이다. 다양한 유형의 범죄에 있어서 공통하여 사용할 수 있는 안정적인 체계를 세운 것이 '3단계 범죄체계'이다.

(2) 구체적 3단계

① 구성요건

3단계 범죄체계의 첫 번째 단계는 '**구성요건**(Tatbestand)'이다. 구성요건은 형법에 규정되어 있는 위법행위의 정형(定型)으로서, 입법자가 범죄의 모습을 추상적으로 기술한 것이다. 예를 들어, 형법 제257조 제1항(상해죄)에는 "사람의 신체를 상해한 자는 7년 이하의 징역, 10년 이하의 자격정지 또는 1천만원 이하의 벌금에 처한다."고 규정되어 있는데, 여기서 "사람의 신체를 상해한 자"가 구성요건이다. 어떤 구체적 행위가 상해죄 구성요건의 틀 속에 들어오면, '상해죄의 구성요건에 해당'한다고 표현한다.

② 위법성

3단계 범죄체계의 두 번째 단계는 '**위법성**(Rechtswidrigkeit)'이다. 위법은 어떠한 특정한 형법 규정에 위반된다는 의미가 아니라 **전체 법질서**(Recht, right)에 반한다는 의미인데, 구성요건에 해당하는 행위가 전체 법질서에 반하는 성질을 위법성이라고 한다. 예를 들어, 의사가 환자를 치료하기 위해서 수술하는 것은 사람의 신체를 상해하여 상해죄의 구성요건에 해당하지만, 전체 법질서에서 보면 허용되어야 하므로 위법성이 없다고 보는 것이다.

일반적으로 어떤 행위가 구성요건에 해당하면 일단 그 행위에는 위법성이 징표된다. 하지만 행위의 위법성은 일정한 경우에 제거될 수 있는데, 그것을 위법성 조각

(阻却)이라고 표현한다. 위법성조각사유로 정당행위(형법 제20조), 정당방위(형법 제21조), 긴급피난(형법 제22조), 자구행위(형법 제23조), 피해자의 승낙(형법 제24조)이 규정되어 있다. 어떤 제도의 성립 요건을 검토할 때 '소극적 요건'이란 그 요건이 없을 때 검토되는 제도가 성립하게 되는 요건을 말하는데, 구성요건은 위법성을 징표하므로 위법성 검토는 구성요건에 해당하는 행위에 있어서 위법성조각사유가 없는지를 소극적으로 검토하게 된다.

③ 책임

3단계 범죄체계의 세 번째 단계는 '**책임**(Schuld)'이다. 구성요건과 위법성은 특정한 '행위'에 관한 판단이지만, 책임은 구성요건에 해당하고 위법한 행위를 한 '**행위자**'의 개인적 특성에 관한 판단이다. 즉 책임이라는 것은 구성요건에 해당하고 위법한 행위를 한 사람에 대하여 그의 개인적 특성을 고려하여 행해지는 '**비난가능성**'을 의미한다. 구성요건에 해당하고 위법한 행위가 '너 때문이다.'라고 꾸짖는 것이 비난가능성이다. 예를 들어, 저항할 수 없는 폭력이나 자기 또는 친족의 생명, 신체에 대한 위해를 방어할 방법이 없는 협박에 기인하여 범죄행위를 한 사람에 대해서는 비난할 수 없으므로 책임을 인정하지 않는다(형법 제12조, 강요된 행위). 책임에는 책임능력이 전제되는데, 책임능력은 자신 행위의 불법성을 변별하고(변별능력) 그에 따라 행동을 조종할 수 있는 능력(조종능력)을 말한다. 형법에서는 만 14세 되지 아니한 사람은 책임능력이 없다고 규정하고 있으며(형법 제9조, 형사미성년자), 심신장애로 사물을 변별할 능력이 없거나 의사를 결정할 능력이 없는 사람도 책임능력이 없다고 규정하고 있다(형법 제10조 제1항, 심신상실자).

④ 기타

한편, 범죄의 성립에 필요한 3가지 요소 이외에 추가적인 요건(**처벌조건**)이 필요한 예외적인 경우가 있는데, 범죄의 처벌조건은 범죄에 대하여 국가의 형벌권을 미치게 할 수 있는 범죄자의 행위 외적인 요건이다. 처벌조건에는 사전수뢰죄(형법 제129조 제2항)에서 공무원 또는 중재인이 된 사실과 같은 '객관적 처벌조건'과 재산범죄의 친족상도례(형법 제344조)와 같은 '인적 처벌조각사유'가 있다.[2)]

---

2) 친족상도례를 인적 처벌조각사유로 보는 이유는, 범인은닉죄와 증거인멸죄에서 친족 간의 특례규정(형법 제151조 제2항, 제155조 제4항)은 "처벌하지 아니한다"라고 표현하지만, 친족상도례의 형법 제328조에서는 명시적으로 "형을 면제한다"라고 표현하고 있기 때문이다. 즉 형법전

참고 2단계 범죄체계론과 소극적 구성요건요소론

범죄론 체계를 '불법'과 '책임'의 2단계로 이해하는 견해가 2단계 범죄체계론이다. 2단계 범죄체계론은 첫 번째 단계로 불법을 검토하는데, 이것을 '총체적 불법구성요건'이라고 부르며, 총체적 불법구성요건은 적극적 구성요건과 소극적 구성요건으로 이루어진다고 본다. 여기서는 구성요건에 해당하는 행위를 정당화시키는 위법성조각사유는 소극적 구성요건요소, 정확하게는 위법성조각사유를 유형화하는 서술적 · 규범적 요소가 소극적 구성요건요소에 해당한다고 본다.

소극적 구성요건요소론에서는, 행위자에게 불법의 적극적 요소에 대한 인식이 있으면 고의가 인정되지만, 불법을 조각하는 요소를 인식한 때에는 고의가 부정된다고 한다. 즉 고의를 적극적 구성요건이 존재하고 소극적 구성요건은 존재하지 않는다는 것을 인식하는 불법고의로 이해한다. 따라서 위법성조각사유의 전제사실에 대한 착오도 구성요건 착오로서 형법 제13조(고의)가 바로 적용되어 고의를 조각한다고 한다. 그러면서도 책임 단계에서 금지착오를 인정하고, 위법성조각사유의 범위와 한계에 대한 착오를 금지착오라고 한다.

그러나 구성요건과 위법성을 구별하는 이유를 고려할 때, 소극적 구성요건요소론은 받아들이기 어렵다. 법익을 침해하지 않아서 불법이 아닌 행위와 법익을 침해했으나 법질서에서 허용될 수 있어서 불법이 아닌 행위는 구별되어야 하는데, 구성요건과 위법성이 개념이 구분될 때 그것이 가능하다. 목이 마른 상황에서 타인으로부터 승낙을 받고 타인의 음료수를 마신 행위와 타인의 승낙을 추정하고 승낙 없이 마신 행위를 양자 모두 처벌하지 않더라도 동일하게 평가하는 것은 바람직하지 않다. 비록 정당방위로 타인을 살해한 경우와 같이 구성요건해당성이 있으나 위법성이 조각되어 범죄가 성립되지 않더라도, 구성요건에 해당하는 행위로 인한 법익침해의 상황은 존재하는 것이고 이에 대한 부정적 평가는 남겨두는 것이 필요하다. 위법성과 구분하여 구성요건의 독자성을 인정할 때, 입법자가 구성요건으로 규정하여 금지한 행위의 사회에서 행위규범으로서의 역할도 부여될 수 있다.

3. 행위형법

3단계 범죄체계의 첫 번째와 두 번째 단계인 구성요건과 위법성은 모두 주체의 특성을 고려하지 않고, 즉 어떠한 사람이 행위를 하였는지와 무관하게 사람이 한 '**행위**'만을 고려하여 판단하는 단계이다. 이때 특정한 사안의 행위가 구성요건에 해당하고 위법성의 조각이 인정되지 않는다면, 그러한 행위를 형법상 '**불법행위**'라고 부르는데, 민법상 불법행위(민법 제750조, 고의 또는 과실로 인한 불법행위로 타인에게 손해를

에서는 "처벌하지 아니한다"는 것은 범죄가 성립하지 않는다는 것을 나타내고, "형을 면제한다"는 것은 범죄는 성립하지만 일정한 사유로 형벌권이 발생하지 않는다는 것을 규정하고 있다(김정환, "소극적 신분과 공동정범에서 불법조각신분과 책임조각신분의 구별", 형사법연구 제24권 제3호, 2012, 323면).

입히는 행위)의 개념과는 구별된다.

그리고 이러한 불법행위 시점에 있어서 행위자의 특성을 3단계 범죄체계의 세 번째 단계로서 책임에서 고려하는 것이다. 즉 범죄의 성립에 있어서 불법행위 시점 이전이나 이후의 행위자 특성은 원칙적으로 고려되지 않는다. 이러한 범죄성립의 검토 방식으로 인해서, 형법은 '**행위자형법**'이 아니라 '**행위형법**'이라고 하게 된다.

III. 포섭과 해석

1. 포섭

포섭(包攝, subsumere)은 어떤 개념이 그보다 일반적인 상위 개념에 포괄되는 관계, 즉 종속 · 예속되는 것을 의미한다. 법학에서 포섭은 사회에서 일어난 분쟁의 사안[3]을 어떤 법률조항에 편입시키는 것을 의미한다. 그렇기에 사안을 해결하는 법률가는 그 사안을 포섭할 수 있는 법질서를 찾는 작업을 거쳐 현실에 법을 적용하는 추론을 한다.

법 적용의 추론은 '**3단 논법**'(Syllogismus)을 통해 이루어지는데, 이것은 ① 상위에 대전제로서 법률 규정이 위치하고, ② 그 아래 소전제로서 사안이 위치하여, ③ 소전제인 사인이 대전제인 법률 규정에 포섭되는지의 결론을 도출하는 구조이다. 이때 사안이 법률에 포섭되는지를 단순하게 판단하기 곤란한 경우가 발생하므로, '**법률의 해석**'이 필요하게 된다. 법률의 해석은 포섭에 앞서 이루어지며 포섭할 수 있는 사안들을 염두하고 이루어지는데, 이러한 해석을 통해 법률 규정의 의미가 명확하게 된다.

법적인 사고(Legal Mind)는 3단 논법과 연결되는데, 사안에 적용될 법률 규정을 발견하고, 사안이 그 법률 규정에 들어맞는 상황인지를 발견하고 파악하는 것을 핵심으로 한다. 3단 논법은 판결문에도 적용되는데, 판결문에서는 해당 사안에 적용될 법률 규정을 제시하고 사안이 규정에 포섭된다 혹은 포섭되지 않는다는 결론을 제시

---

3) 논리학에서는 인식의 대상을 지칭하는 '사물(Sache)'과 한 대상이 다른 대상과 일정한 관계를 맺고 있을 때 지칭하는 '사태(Sachverhalt)'를 구분하는데, 이에 따르면 법적 분쟁의 대상이 되는 것은 '사태' 혹은 '법적 사태(Rechtssachverhalt)'라고 부르는 것이 타당하다. 그러나 일반적으로 소송의 대상이 되는 것을 '사안', '사건', '사례'라고 부르고 있으므로, 혼동을 피하고자 '사태'라는 용어를 사용하지 않고 일반적으로 사용되는 용어인 '사안', '사건' 또는 '사례'라는 표현을 사용한다.

한다. 예를 들어, "사람의 주거, 관리하는 건조물, 선박이나 항공기 또는 점유하는 방실에 침입한 자는 3년 이하의 징역 또는 500만원 이하의 벌금에 처한다."라는 주거침입죄(형법 제319조 제1항)가 '대전제'로서 존재하는 상황에서, A의 아내인 B와 내연관계에 있는 甲이 A와 B가 공동으로 거주하는 집에 A가 없는 시간을 이용하여 B가 열어 준 현관 출입문을 통해 B와의 불륜을 목적으로 A의 주거에 들어간 사안이 '소전제'로 발생하였다. 이에 대해서 대법원은 3단 논법의 방식으로, 사안이 주거침입죄에 포섭되지 않는다는 결론(대법원 2021.9.9. 선고 2020도12630 전원합의체 판결)을 아래와 같이 도출하였다.

> 주거침입죄의 구성요건적 행위인 침입은 주거침입죄의 보호법익과의 관계에서 해석하여야 한다. 따라서 침입이란 '거주자가 주거에서 누리는 사실상의 평온상태를 해치는 행위태양으로 주거에 들어가는 것'을 의미하고, 침입에 해당하는지 여부는 출입 당시 객관적·외형적으로 드러난 행위태양을 기준으로 판단함이 원칙이다. 사실상의 평온상태를 해치는 행위태양으로 주거에 들어가는 것이라면 대체로 거주자의 의사에 반하는 것이겠지만, 단순히 주거에 들어가는 행위 자체가 거주자의 의사에 반한다는 거주자의 주관적 사정만으로 바로 침입에 해당한다고 볼 수는 없다. 외부인이 공동거주자 중 주거 내에 현재하는 거주자로부터 현실적인 승낙을 받아 통상적인 출입방법에 따라 주거에 들어간 경우라면, 특별한 사정이 없는 한 사실상의 평온상태를 해치는 행위태양으로 주거에 들어간 것이라고 볼 수 없으므로 주거침입죄에서 규정하고 있는 침입행위에 해당하지 않는다.

참고 법적 판단과 사실 판단[4)]

법적 삼단논법은 법률을 대전제로 하고 사안을 소전제로 하여 결론을 도출하는 방식을 취하지만, 실무상 재판에서는 증거조사를 거쳐 사실을 인정한 다음 여기에 법률을 적용하여 도출한 결론을 판결 또는 결정의 형식으로 선언한다. 재판 실무에서 결론을 도출하는 과정은 법적 삼단논법의 대전제와 소전제가 바뀐 구조이고, 형사 재판에서 가장 중시되는 것은 '사실인정'이다. 형사 재판은 증거에 의하여 사실을 인정한 후(사실인정), 인정된 사실에 법률을 적용하여 유죄로 판단되면(법률적용), 그에 대해서 형을 정하는 과정(양형)으로 이루어진다.
그런데 사실인정의 문제는 그 판단 기준에 대한 논의가 다수의 시각에서 많이 축적되지도 않았고 구체적인 판단 기준이 제시되지도 않은 상황이므로, 판단 결과의 예견가능성이라는 안정성의 측면에서는 법적 판단의 문제보다 뒤떨어진다. 이것은 사실 판단과 법적 판단의 특성적 차이에서

4) 김정환, "사실확정을 전제하는 형법이론과 사실미확정을 전제하는 형사절차의 조화", 「연세법학, 또 다른 백 년」, 2021, 85면.

기인하는데, 사실 판단의 문제에 관련되는 사람은 사건의 당사자에 국한되지만, 반면 법적 판단의 문제는 실정법의 해석과 연결되어 모든 국민이 관련된다. 또한 사실 판단의 문제는 구체적인 소송 안에서 논의가 되지만 법적 판단의 문제는 구체적인 소송의 안과 밖에서 모두 논의가 된다. 판례가 구체적 타당성을 추구하더라도 법적안정성을 저해하지 않는 범위 내에서 추구한다고 제한하는 것(대법원 2009.4.23. 선고 2006다81035 판결)도 법률해석이라는 법적 판단의 영역일 뿐이고, 사실 판단의 문제에 대해서는 안정성이라는 측면이 강조되지 않는다. 구체적 타당성의 문제를 직접 다룬 연구도 많지 않은데, 이것은 구체적 타당성이라는 개념 자체의 비정형적 · 개별적 본질에 기인한다. 개별 사안들에 존재하는 고유한 사정들을 아우르는 하나의 보편적인 원리를 제시한다는 것 자체가 모순일 수 있다.

2. 법률의 해석

(1) 의의

사건에 대한 법원의 판단은 '합법률적'일 때, 즉 현행 실정법과 일치할 때 일반적으로 그 판단은 올바른 것으로 여겨진다. 올바른 판단의 기준으로 합법률성을 설정한다면, 법률에 대한 법원의 기속이 판단의 출발점이 된다. 그렇다면 법률이 특정의 사안을 특정하여 판단할 수 있도록 명백하게 지시할 때 올바른 판단이 나올 수 있게 된다.[5] 그러나 법원이 판단하여야 할 사안 중 일부의 경우에서만 법률에서 명확하게 규정할 수 있을 뿐, 사회에서 사람들 간에 일어나는 다양하고 오묘한 삶의 모습을 한정된 법률 규정들 속에 모두 규정하는 것은 불가능하다.

따라서 추상적인 법률 규정 속에 구체적인 사안을 적용할 때, 즉 포섭에 있어서는 추상적인 법규범(실정법률)을 다른 개념을 통해 자세히 설명하고 정의하게 되는데, 포섭의 과정에서 이루어지는 이와 같은 작업을 **'법률의 해석'**이라고 한다. 법률의 해석은 법조문의 의미 내용을 확정하는 것이고, (법률)해석의 결과를 법학자들은 흔히 '학설'이라고 부른다.[6] 추상적인 법률 규정을 어떻게 해석하느냐에 따라 포섭의 결과가 달라질 수 있다.

---

5) 칼 슈미트 저 · 홍성방 역, 「법률과 판결」, 2014, 21면.

6) 법학의 '학설'은 자연과학적인 '이론'과 같은 것처럼 보이지만, 양자는 구별된다. 자연과학적인 이론은 일정한 '인과법칙'을 의미하지만, 법학의 학설은 '논거(Argument)'라고 할 수 있다. 따라서 자연과학적인 이론은 다른 사실이 발견되면 곧바로 그 이론이 무효가 되지만, 법학의 학설은 그 논거의 설득력에 따라 다시 지배적인 견해가 될 수 있다(김영환, 「법철학의 근본문제」(제2판), 2008, 252면).

(2) 해석의 목적[7)]

해석의 목적은 크게 '주관적-역사적 해석'과 '객관적 해석'으로 구분할 수 있는데, 전자는 입법자의 의지를 밝혀내는 것을 중시하고, 후자는 입법자의 객관화된 의지를 중요하게 생각한다. 한편 해석의 방법(기준)으로는 문언적 해석, 체계적 해석, 역사적 해석, 목적적 해석이 일반적으로 사용되고 있다. 이때 어떠한 해석의 목적을 취하느냐에 따라 해석의 방법들이나 해석의 의미들은 여러 가지로 변화한다. 주관적-역사적 해석을 취한 경우에는 입법 당시의 언어사용과 입법 당시의 법률체계관련성이 중요하고 입법 당시의 입법자 의도가 입법 이유가 된다. 따라서 당시의 입법자료에 대한 조사를 통해 그 답을 찾게 된다. 그러나 객관적 해석을 취한 경우에는 현재의 언어사용에 기초해서 입법목적을 현재의 욕구에 따라 규정한다. 이때 법률제정사에는 보조적 가치가 부여될 뿐이고, 현재의 언어사용 중에서 체계와 입법목적을 객관적으로 규명함이 행해지게 된다.

법의 안정화기능을 고려한다면 일반적으로 주관적-역사적 해석을 우선하는 것이 바람직해 보이지만, 주관적-역사적 해석에 있어 입법 당시의 입법자 의도를 명확히 밝히는 것이 쉽지 않고, 법의 적용은 현재의 문제에 대한 해결을 임무로 하는 것이라고 비판을 받는다. 이런 이유 등으로 주관적-역사적 해석과 객관적 해석의 양자를 상호 보완하는 절충설이 등장하였고, 실무에서는 해석의 목적에 대한 논의보다는 해석의 방법(기준)에 대한 논의에 관심이 두어지고 있다.

(3) 해석방법[8)]

Savigny의 문언적 · 역사적 · 체계적 · 목적론적 해석의 방법이 일반적으로 사용되는데, 법률의 해석은 법적안정성을 저해하지 않는 범위 내에서 구체적 타당성을 찾는 데 두어야 하므로, 법을 해석하는 과정에서는 가능한 한 법률에 사용된 문언의 통상적인 의미에 충실하게 해석하는 것을 원칙으로 하고, 나아가 법률의 입법취지와 목적, 그 제 · 개정 연혁, 법질서 전체와의 조화, 다른 법령과의 관계 등을 고려하는 체계적 · 논리적 해석방법을 동원하여 타당한 해석이 되도록 하여야 한다(대법원 2017.12.7. 선고 2017도10122 판결).

---

7) 김정환, "건설산업기본법 위반죄(부정취득)와 배임수재죄의 관계", 형사판례연구 제19권, 2011, 564면.

8) 김정환, 위의 논문, 565~566면.

① 문언적 해석

법조문의 언어적 해석인 '**문언적 해석**'은 법률을 해석할 때 출발점이자 한계점이 되는데, 법률의 문언 자체가 비교적 명확한 개념으로 구성되어 있다면 원칙적으로 체계적 · 논리적 해석의 방법은 활용할 필요가 없거나 제한될 수밖에 없는데, 죄형법정주의 원칙이 적용되는 형벌 규정의 해석에서는 더욱 그러하다(대법원 2017.12.21. 선고 2015도8335 전원합의체 판결). 다만 문언적 해석은 순수한 문언 해석과 구별된다. 문언적 해석에서는 문언의 범위를 어의의 가능한 범위 안에서 목적론적으로 확대 또는 축소하는 것은 가능하고 또한 요청된다. 특히 규범적 구성요건요소에 대한 해석이 문제가 된 경우에는 순수한 문언해석 대신 체계적 해석방법과 목적론적 해석방법이 사용된다.

② 체계적 해석

다른 규범과의 맥락을 고려하는 '**체계적 해석**'에 있어서, 맥락은 외적인 체계와 내적인 체계로 구분된다. 관련 규정(혹은 관련법률)이 어떤 제목으로 · 어떤 장에 · 어떤 구조로 규범화되었는가가 외적인 체계이고, 한 법질서 내의 개별 규범들의 가치판단에서 모순이 존재하지 않아야 한다는 것이 내적인 체계이다. 내적인 체계에서는 '법질서의 통일성'이 해석에 영향을 미치게 된다.

③ 목적론적 해석

다음으로 법률의 해석은 법적용의 시점에 있어서 법률의 제정 이후 판례 · 학설의 전개와 정치적 · 경제적 · 사회적 변동도 함께 고려하여 법의 근본 취지를 발견하여야 한다고 본다면, '**목적론적 해석**'이 법률의 해석에서 중시될 수 있다. 법률규범의 목적을 살펴보면, 구체적 법률 목적과 추상적 법률 목적으로 나눌 수 있다. 각종 특별법의 제1조 등에서 법률의 목적이라고 명시한 규정으로부터 나오는 것이 '구체적 법률 목적'이고, 구체적인 사례에서의 규율과는 독립적으로 모든 법률에 공통적인 규범 목적들(결정의 정당성, 결과통제, 구성요건과 법적 효과 간의 의미연관성, 효율성, 실용성, 평등원칙)이 '추상적 법률 목적'이다. 특히 평등원칙은 목적론적 해석 방법에서도 중요한 의미를 가지는데, 우선 수범자의 범위를 올바르게 고정하고 다른 한편으로 가능한 한 통일적인 법적용을 이끄는 방안이 해석에서 선호되어야 한다.

그런데 목적론적 해석방법은, 그 배후에 판단자의 독자적 가치판단이나 주관적 판단이 숨어 있을 수 있으므로, 외관상 일정한 법률해석을 그럴듯하게 보이기 위한 근거제시 형식이라고 비판받기도 한다. 반대 논거에 대한 고려 없이 규범 목적만을 고려한 자신의 직관에 따라 해석하고 사안을 포섭하는 것은 신뢰할 수 없다.[9] 체계적 해석과 목적론적 해석 모두에서 '통일적인 법적용'에 중요한 의미가 있다.

④ 소결

결론적으로 문법적 · 역사적 · 체계적 · 목적론적 해석의 방법은 선택할 수 있는 법률해석의 네 가지 종류가 아니라 **하나로 결합**이 되어 행하여져야 접근방법이다. 그러나 동일한 법률 규정에 대해서 해석방법에 따라 각기 서로 모순되는 결과를 가져올 가능성이 존재한다. 실무에서는 충돌하는 해석방법 중에 어떤 해석방법이 우선하는지에 대한 충분한 고민 없이 사안에 따라 해석방법을 재량적으로 선택하기도 하는데, 주의해야 한다. 해석방법에 따라 문언의 범위 내에서 다양한 해석의 가능성이 존재하는 경우라면, 입법자의 의도와 규범의 목적에 가장 들어맞는 역사적 해석과 목적론적 해석이 우선되는 것이 바람직하다.[10]

특히 사안에 대해 먼저 결론을 내린 후 그것에 맞는 해석방법을 확인하며 접근하는 방식은, 가지고 있는 결론에 문제가 있다면 그 오류를 더 굳게 만들어 버린다는 결정적 단점이 존재한다. 문언의 가능한 의미 안에서 법률 규정에 대한 역사적 배경, 관련 규정들과의 관계, 법률에 공통적인 규범 목적을 모두 고려하여 법률 규정을 해석하는 일은 어려울 수 있으나, 우리가 추구해야 하고 실행해야 하는 것이다.

---

9) 김정환 "무고의 신고대상기관인 '공무소 또는 공무원' 개념의 확장에 대한 비판", 형사법연구 제25권 제2호, 2013, 203면.

10) 김정환, "조건부 구속의 도입론", 연세법학 제42호, 2023, 53면.

IV. 형법이론

1. 형법이론과 형법도그마틱[11)]

형법의 '**해석과 적용에 있어서 명확한 방법적 원리**'라는 이성적인 법 발견의 절차가 형법이론이다. 과거에는 주관주의와 객관주의, 상대주의와 절대주의, 신파이론과 구파이론의 대립이 형법이론이라고 이해하기도 했고, 판례와 입법의 영역에서 사용되는 법리라는 개념과 구별되는 범주로서 형법이론이라는 개념을 잘못 사용하기도 한다.

형법학을 형법이론(Strafrechtsdogmatik)과 형사입법론(Strafgesetzgebung)으로 구분한다면, 형법이론은 형법의 내용(범죄와 형벌)을 규명하고 현실을 대상으로 형법을 해석하여 실천적 의미를 획득하는 분야이고, 형사입법론은 정책적 관점에서 사회의 발전을 위해 형법의 폐지와 신설 등을 검토하는 분야이다. 이때 형법이론은 형사입법과 단절되는 것이 아니라, 형사입법과 연계하면서 구분되는 것이다. **실정법으로부터 출발해서 그 의미와 내용을 해석하고 체계화하여 법적 분쟁에 대한 실천적인 해결 방안의 합리적 근거를 제시하는 명제들의 집합체**가 '형법도그마틱'이고, 이것이 '형법이론'이라고 할 수 있다. 즉 형법이론은 **형법도그마틱**(Strafrechtsdogmatik)이라고 이해할 수 있다.

형법이론(형법도그마틱)은 '인간이 행한 특정한 행위를 범죄로 보고 처벌하는 것이 진리로서 필요한지'를 밝히는 것을 목표하면서, 개별 사안에 맞는 해결책을 제시하여야 하는데 이때 체계내적인 모순이 없어야 한다. 개별 사안 적합성과 체계적 일관성은 각각 실질적 정의와 법적 안정성을 담보하기 때문이다. 그래서 형법이론의 구체적 역할은, (현행법을 대상하여) '실정형법'의 해석과 체계화 그리고 형법학설적 논의를 연구대상으로 한다.

---

11) 김정환, "사실확정을 전제하는 형법이론과 사실미확정을 전제하는 형사절차의 조화", 「연세법학, 또 다른 백 년」, 2021, 42~43면.

참고 도그마와 도그마틱[12)]

도그마라는 용어는 그리스어의 동사인 'dokein'으로부터 유래하며 … 'dokei moi'라는 말은 '자명하다'는 뜻을 지닌다고 한다. 다시 말해, 도그마란 그 사안이 명백해서 의심할 바 없고, 따라서 권위적인 '명제'를 의미한다고 한다. 카톨릭 신학에 있어서 이와 같이 자명하고 권위적인 명제인 '도그마'는 신에 의해 직접적으로 계시된 진리를 의미하며, 이것은 교회를 통해 모든 신앙의 대상으로 공표된다고 한다. 그러나 프로테스탄트 신학은 … 교회의 공표가 단시 성서에 부합될 때에만 도그마가 될 수 있다고 주장함으로써, 결국 성서 자체를 도그마로 파악하게 된다. … 철학의 영역에서 다루기 시작한 것은 Christian Wolff라고 한다. 그는 학문적인 명제를 '사실적인 명제(facta)'와 도그마(dogmata)'로 나누고, 도그마를 '보편적인 명제로서 인류의 영복에 유익한 인식'이라고 말한다. 더 나아가 그는 '개별명제'는 도그마가 될 수 없다고 하면서 신학과도 거리를 두게 된다. … 이상에서 살펴 본 신학 및 철학에서의 도그마의 개념은, … '기본적인 진리'라는 속성을 지닌다는 점에서 공통적이다. 그러나 도그마의 개념이 기본적인 진리라는 의미를 갖게 되면서, … 도그마는 이제 단순히 '인식론상의 진리'를 넘어서서 대부분의 사람들이 무심코 받아들이는 '사회일반의 의식'을 지칭하게 된다. … 도그마는 과학적인 인식으로부터 도출되는 것이 아니라 오히려 사회일반의 의식으로부터 자명한 것으로 받아들여지는 것이기 때문에, 바로 이런 '자명성'에 힘입어 도그마는 권위를 지니게 되며, … 도그마의 개념이 인식의 연원(혹은 전제)을 의미한다면, 이에 반해 도그마틱은 인식의 절차(혹은 방법)를 의미한다. 달리 말해, 도그마틱의 임무는 도그마의 명제를 해석하고 이를 하나의 체계로 종합하는 절차를 지칭한다. 법학과 연관지워 비유한다면, 실정법이 도그마라면 이를 해석해서 하나의 법체계로 종합하는 방식이 법도그마틱이 되는 셈이다.

2. 형법이론의 기능[13)]

형법이론의 역할은 다양한데, 단순화시켜 체계화 기능과 비판적 기능으로 말할 수 있다.

첫째, **체계화 기능**이다. 형법이론은 무엇보다도 형법 규정의 의미와 구조를 밝혀내는 것이 일차적인 과제이다. 형법이론은 실정형법의 의미를 체계화는데, 이를 통해 형법적용과 형사입법에 국가기관의 자의가 개입하는 것을 막아 국가형벌권의 남용으로부터 개인의 자유를 보호한다. 이것을 형법이론의 '**체계화 기능**'이라고 한다. 형법이론의 체계화 기능은 범죄체계의 분야에서 가장 극대화되어 있다. 형법이론이 체계화 기능을 수행하는 것은 형식논리뿐만 아니라 보호된 가치와 관점에서 실질논리도 필요로 하는데, 이때 법률규정과 판례에 대한 분석과 비교 등을 통하여 입법과

12) 김영환, "법도그마틱의 개념과 그 실천적 기능", 법학논총 제13집, 1996, 62~63면.

13) 김정환, "사실확정을 전제하는 형법이론과 사실미확정을 전제하는 형사절차의 조화", 「연세법학, 또 다른 백 년」, 2021, 45~47면.

사법의 촉매 역할을 한다.

둘째, **비판적 기능**이다. 형법이론은 현행형법의 흠결을 찾아내어 당위적 상태를 추구하는 역할을 한다. 형법이론이 실정법의 문언 탐색에 머무르지 않고 형법의 본질과 연계하기에 가능한 역할이다. 판례가 행하는 법률해석에 대하여 형법이론이 비판적으로 분석하여 사법작용을 통제하는 역할을 한다. 법관은 담당한 사건에 적용할 형법규정에 대한 최종적 해석권한과 피고인에게 직접 형벌을 부과하는 권한을 가지고 있는데, 여기서는 입법 · 사법 · 행정의 권력분립의 원칙이 실질적으로 작용하지 않을 수 있으므로, 형법이론이 '제4의 권력'으로서 역할을 한다고도 본다.[14)]

범죄론은 형법이론의 핵심을 이루는 부분으로, 각론상의 개별적인 범죄행위를 포괄하는 일반적인 전제조건(추상적인 개념)들을 그 내용으로 하는데, 범죄론은 단순한 개별 구성요건들의 나열적인 총체가 아니라 이들 간의 내적 관련성을 토대로 범죄행위 전체를 논리적으로 가시화할 수 있도록 체계화하는 것을 목표한다. 이러한 범죄체계는 동시에 형사판결문의 체계적인 구성을 위한 기본적인 틀을 제공한다. 개념체계가 정립되고 이러한 체계에서 개별적 가벌성의 요건들이 검토될 때, 그 유사점 · 공통점 · 차이점 · 특이점을 쉽게 추출할 수 있으며, 해결을 위한 노력을 경감시킬 수 있는 실익이 있다. 적어도 심사단계의 논리적 순서를 엄격하게 지키는 것은 법률적용을 안전하게 그리고 검증이 가능하게 한다.[15)]

제2절 | 행위론

I. 의의

'구성요건에 해당하고 위법하고 책임이 있는 인간의 행위'라는 형식적 범죄 개념을 사용하는 형법은 인간의 행위를 전제로 하여 범죄를 규정하고 있다. 형법의 출발점은 인간의 행위가 되는데, 모든 범죄를 논리적으로 설명할 수 있는 인간의 행위란 무엇인지에 대한 논의가 '행위론'이다. 즉 형법상 구성요건에 해당하는 경우와 아닌

14) 김성돈, "형법이론학의 기능과 과제 찾기", 형사법연구 제23권 제3호, 2011, 11면 참조.

15) Urs KIndhäuser 저/하태영 역, "범죄구성의 논리에 관하여", 형사법의 신동향 제40호, 2013, 230면.

경우를 구분하면서 형법상 모든 구성요건을 포괄할 수 있는 인간의 행위를 설명하는 방식에 대한 논의가 '**행위론**'이다.[16]

행위는 구성요건해당성, 위법성, 책임의 판단에 앞선 실체로서 범죄 성립의 검토에 있어서 출발점이 되는데, 행위는 범죄체계의 개별 검토 단계와 모두 연결된다. 구성요건에 해당하는 행위가 있고, 위법성이 있는 행위가 있고, 행유책한 행위가 있고, 가벌적 행위가 있는 것이다. 이처럼 행위는 범죄체계의 개별 단계를 관통하고 각 단계를 연결하게 되는데(**결합기능**), 이러한 결합기능을 보유한 행위를 어떻게 이해하는지에 따라 범죄체계의 개별 단계에서 검토하는 내용이 달라진다. 즉 행위론에 따라서 범죄체계의 이해가 달라진다.

II. 인과적 행위론

1. 의의

행위론의 출발점이 되는 인과적 행위론은 '**자연적 행위론**'이라고도 하는데, 자연의 세계와 인간세계를 구분하여 인간세계에서는 인간의 의사에 기인한 신체의 동작을 통해 자연 세계 없던 결과를 나타내게 한 것이 '**행위**'라고 본다. 즉 행위란 인간의 정신작용으로 '**인해서**' 외부에 영향을 미친 신체적 동작이라고 하는데, 유의성(정신작용) · 거동성(신체동작) · 인과성의 3요소로 행위를 설명하는 시각이다.[17]

인간의 행위를 정신작용과 신체동작 간의 단순한 인과적 과정으로만 설명하는 인과적 행위론에서는 정신작용(의사)이 있고 이것이 신체동작을 일으킨다는 것을 고려할 뿐이고, 인간의 정신작용 속에 있는 내용이 무엇인지는 고려하지 않는다. 예를 들어, 인과적 행위론에 따르면 무심히 산기슭에서 농작물을 태우다가 큰 산불을 낸 사안에서 행위자에게 불을 붙인다는 의사가 있으면 그에 따른 신체 동작과 산불이라는 결과에 대한 행위가 인정되는 것이다. 산불을 내려고 불을 붙였는지 아닌지는 행위에 있어서는 고려하지 않으며, 단지 행위자의 속성으로 파악한다.

---

16) 행위론은 범죄체계와 연결되기에 형법을 처음 공부할 때는 그 내용을 이해하기가 쉽지 않으나, 책임론까지 공부한 후에는 이해하기가 수월해진다. 책임에서 위법성조각사유의 전제사실에 대한 착오에 관한 학설은 행위론과 연결되므로, 그때 공부하면서 행위론을 이해하는 것도 괜찮은 방법이다.

17) 이영란, 100면.

이러한 인과적 행위론에 대해서는 '부작위범'의 개념이나 '미수범'의 개념을 설명하기가 어렵다는 비판이 제기된다. 부작위범에서는 부작위 하겠다는 의사는 존재할 수 있지만 자연 세계에 없던 결과, 즉 신체동작이 존재하지 않기 때문이다. 살인미수와 상해는 인과적 행위론에 따르면 피해자를 칼로 찌른다는 의사가 양자 모두에 존재하고 그로 인한 결과도 동일하여, 구별되지 않는다.

2. 고전적 범죄체계

인과적 행위론에 의하면, 모든 객관적(인과적) 요소는 불법행위에 분류되고 모든 주관적(정신적) 요소는 책임에 분류하게 되는데, 이러한 범죄체계를 '**고전적(klassisch) 범죄체계**'라고 한다. 고전적 범죄체계는 19세기 후반의 실증주의를 배경으로 하는데, 현상적으로 증명할 수 없는 정신세계를 근거로 하는 형이상학적인 사고를 배척하면서 실증적으로 나타낼 수 있는 것에만 가치를 부여하는 사고를 바탕으로 한다.

고전적 범죄체계에서는 객관적 · 외적 요소는 구성요건과 위법성을 포함하는 불법에 속하고 주관적 · 내적 요소는 책임에 속하도록 분류한다. 고전적 범죄체계는 책임에 속하는 모든 주관적 · 내적 요소를 '고의'라고 명하였고 그래서 고의의 범죄체계적 지위가 '책임요소설'이 된다. 그리고 책임의 본질에 관하여 '심리적 책임론'을 취하여 인식 · 무인식, 의욕 · 무의욕, 주의의무 이행 · 불이행 등의 행위자의 행위에 대한 심리적 상황이 책임이라고 본다.

III. 목적적 행위론

1. 의의

'어떤 행동의 도덕적 가치는 그 결과가 아니라 동기에 있다'라는 칸트(Kant)의 사고를 중시하는 행위론이 목적적 행위론이다. 인간의 행위를 다음과 같이, 《행위자는 ① 목적을 설정하고, ② 목적의 달성에 적합한 수단을 선택하고, ③ 선택한 수단을 실행한다.》라고 이해한다. 이처럼 인간의 행위는 '**목적적 활동의 수행**'이라고 보는 견해를 '목적적 행위론'이라고 하고, 독일의 형법학자 벨첼(Welzel)에 의해서 20세기 중반에 완성되었다.

행위자에게 행위에 대한 의사(정신작용) 자체만 있으면 충분하다고 보는 인과적 행위론과 달리, 목적적 행위론에서는 의사의 구체적인 내용(**목적성**)이 중요하다고 본다. 행위는 단순한 인과적 사건이 아니라 목적적 사건이고, 이것은 행위자가 가지고 있는 인과적 지식을 바탕으로 행위의 결과를 예견한 후 목적을 달성하기 위해서 자신의 행위를 조종한 결과라는 것이다. 이처럼 신체동작으로 나타나는 의사(정신작용)의 내용을 매우 중요한 요소로 보는 목적적 행위론에서는, 이것을 강조하기 위해서 불법을 결과불법과 행위불법이라는 개념으로 구분하고 이중 신체동작으로 표현되는 의사의 내용을 의미하는 '**행위불법**'을 강조한다.[18]

이러한 목적적 행위론에 대해서는 '격정범'과 같이 합리적으로 수단을 선택하지 않는 경우나 목적성이 없는 형태인 '과실범'의 경우를 설명하기 어렵다는 비판이 제기된다.

2. 목적적 범죄체계

목적적 행위론에 의하면, 구성요건해당성을 검토하기 이전의 단계부터 의사(정신작용)의 내용을 매우 중요시하므로, 범죄체계의 첫 단계부터 의사(정신작용)의 내용을 중요하게 검토한다. 이러한 범죄체계를 '**목적적(final) 범죄체계**'라고 한다.

목적적 범죄체계에서는 구성요건을 객관적 구성요건과 주관적 구성요건으로 구성하고, 주관적 · 내적 요소 중 구성요건과 관련된 것만을 '고의'라고 명하면서 이를 주관적 구성요건의 요소로 검토한다. 그리고 주관적 · 내적 요소 중 구성요건과 관련된 것이 구성요건에서 고의라고 검토되면서, 고전적 범죄체계에서 고의 속에 포함되었던 위법성 인식이 독자적인 책임요소로 자리하게 되었다. 즉 목적적 범죄체계에서 고의의 범죄체계적 지위는 구성요건설이 되고, 위법성 인식의 범죄체계적 지위는 책임설이 된다. 그리고 책임의 본질에 관하여 '규범적 책임론'을 취하여, 불법행위를 한 행위자에 대한 평균적 일반인의 가치평가를 의미하는 비난가능성을 고의 · 과실과 관계없이 책임의 본질이라고 본다. 이러한 목적적 범죄체계가, 어떠한 행위론을 취하는지와 별개로, 현재 범죄 성립의 검토에서 사용되고 있는 범죄체계이다.

---

18) 행위불법과 결과불법의 개념은 제5장 제1절 II. 2. 참조.

IV. 사회적 행위론

1. 의의

실증주의적 시각인 인과적 행위론과 합리주의적 인식론의 시각인 목적적 행위론 간의 대립에서 벗어나, 중립적 입장에서 양자를 모두 포섭하면서 다른 방식으로 인간의 행위를 설명하는 방식이 20세기 중후반에 독일에서 등장하였다. '**사회적으로 중요한 인간의 행태**'가 행위라고 보는 '사회적 행위론'이다. 고의 · 과실, 작위 · 부작위, 기수 · 미수 등 모든 인간 행태에 있어서 공통적인 기준을 그와 연결된 '사회적 중요성'에서 찾는 견해이다.[19)]

인과적 행위론과 목적적 행위론 모두는 신체적 동작을 전제로 하여 행위를 설명하기에 아무런 신체적 동작을 수반하지 아니하는 부작위범을 설명하기 어려웠고, 목적적 행위론에서는 과실 형태의 범죄는 목적성이 없어서 설명하기 어려웠는데, 사회적 중요성이라는 기준에서 보면 이들 모두를 행위로 포함하여 설명할 수 있게 된다. 즉 사회적 행위론에서는 고의범뿐만 아니라 과실범, 부작위범 등까지 포함하여 사회적 중요성이라는 일관된 기준으로 설명할 수 있게 된다.

이러한 사회적 행위론에 대해서는 구성요건의 검토에 앞선 단계인 행위의 개념 검토에 있어서 구성요건을 고려한다는 비판이 제기된다. 사회적 중요성이라는 것은 그것을 판단하기 위한 기준이 필요하게 되는데, 구성요건을 고려하지 않고도 사회적 중요성을 판단할 수 있는지에 대해서 의문이 제기된다.

2. 합일태적 범죄체계

사회적 행위론은 인과적 행위론과 목적적 행위론을 합목적적으로 결합하므로, 범죄체계에서도 인과적 행위론의 고전적 범죄체계와 목적적 행위론의 목적적 범죄체계를 결합하여 사용한다. 즉 한 장의 OHP 필름에 고전적 범죄체계를, 다른 한 장의 OHP 필름에 목적적 범죄체계를 복사하여, 이를 한 장의 OHP 필름으로 합친 범죄체계로 만들어서 사용한다. 그래서 이러한 범죄체계를 '**합일태(合一態)적 범죄체계**'

---

19) 강동욱, 65면; 김혜정 · 박미숙 · 안경옥 · 원혜욱 · 이인영, 66면; 박찬걸, 100면; 신동운, 110면; 이용식, 42면; 이재상 · 장영민 · 강동범, 102면; 이형국 · 김혜경, 105면; 정성근 · 박광민, 104면; 정성근 · 정준섭, 65면; 정영일, 107면.

라고 한다. 이에 따르면 고전적 범죄체계와 목적적 범죄체계에서 공통되는 요소뿐만 아니라 양자에서 독자적인 요소들 모두 범죄체계에 나타난다.

합일태적 범죄체계의 특징은 고의와 과실이 구성요건과 책임에서 각각 존재한다는 점이다. 고의는 고전적 범죄체계에서 책임에 위치하고 목적적 범죄체계에서 구성요건에 위치하는데, 이것 모두가 인정되어 '**고의의 이중기능**'(구성요건의 고의와 책임의 고의)이 발생한다. 구성요건의 고의는 목적적 범죄체계에서의 개념과 마찬가지로 객관적 구성요건요소에 대한 인식과 그 실현 의사이고, 책임의 고의는 불법행위를 통해 표출된 심정반가치(행위규범에 대한 법적대적 · 무관심적 태도)라고 한다. 책임의 고의는 구성요건의 고의가 인정되면 추정된다고 본다. 그리고 목적적 범죄체계에서 위법성 인식은 독립적인 책임 요소로 인정되는데 이것 또한 인정하여, 책임 요소로서 책임 고의와 별개로 '**위법성 인식**'이 존재한다.

V. 평가

구체적인 형사사건을 대상으로 쟁점을 규명해 나가는 형사재판의 특성상 행위론은 무용하다는 '**행위론 무용론**'이 존재한다. 범죄는 행위의 개념을 사용하지 않고 '위법하고 유책한 구성요건의 실현'이라고 정의하면 충분하고, 형법상 의미 있게 논의되는 것들은 행위의 개념과 무관하게 형법규정과 그 해석으로부터 도출된다고 한다. 형법상 검토의 출발점은 법익 침해의 발생 또는 발생의 위험이고, 그래서 형법의 핵심은 단순한 행위가 아니라 구성요건적 행위라고 한다.[20)]

생각건대, 행위론을 무용한 논의라고 볼 수는 없다(**행위론 긍정론**). 근래 형사재판을 마치 양쪽 당사자의 게임으로 이해하고, 단순히 자신에게 유리한 법률 문구와 판례만을 가지고 형법을 기술적으로 사용하는 모습을 보게 된다. 개별 구성요건이 추구하는 가치, 나아가 형법이 추구하는 가치에 대한 고민이 사라진 시대가, 오히려 행위론에 대한 이해가 필요한 상황이라고 생각한다. 비록 행위론에 대한 20세기 중반의 열띤 논쟁은 역사의 한 부분으로 지나갔지만, 행위론을 통해서 우리는 형법상 추구해야 할 근본적 가치를 생각해 보고 거시적인 형법의 모습을 탐구할 수 있는 계기를 마련할 수 있다. 당사자에게는 문제가 된 형법의 규정에 사안이 적용되는 것인지

---

20) 오영근, "형법상의 행위개념", 「익헌박정근박사화갑기념논문집」, 1990, 26면.

아닌지만이 중요하겠지만, 법학자와 법률가는 사안을 하나의 사건으로만 생각하는 것이 아니라 그로 인한 사회적 의미 및 전체 형법과의 체계적 조화를 고민한다. 그리고 그러한 것이 법학도에게 전달되어야 하는 것이다.

그리고 현실적으로도 행위론은 구체적 사안의 해결에 있어서 기능하곤 한다. 무의식적 행동 · 반사 동작 · 절대적 힘에 의한 행동 등이 형법의 규율 대상에서 제외되는 것도 행위론을 통해 쉽게 설명할 수 있다. 특히 형법 총칙의 개념에 대한 이해나 그에 대해서 논의되는 학설의 대립은 행위론과 연관된 범죄체계에 따른 경우가 많으므로, 학설대립의 이해를 위해서도 행위론에 대한 이해가 필요하다. 예를 들어, 행위론과 그에 따른 범죄체계를 이해하지 않고는 고의를 구성요건의 단계에서 검토하는 이유를 이해할 수 없으며, 위법성 인식이 위법성 단계가 아니라 책임 단계에서 검토되는 것도 이해할 수 없으며, 위법성조각사유의 전제사실에 대한 착오에 대한 학설대립의 내용을 이해하기 어렵다.

제3장

객관적 구성요건

제1절 | 구성요건 일반론

I. 구성요건의 기능과 요소

1. 구성요건의 기능

형식적 범죄개념은 '구성요건에 해당하고 위법하고 책임이 있는 행위'이고, 범죄 성립의 3단계 요소 중 첫 번째 단계가 구성요건이다. 구성요건은 형법에 규정되어 있는 위법행위의 정형(定型)으로서, 입법자가 범죄의 모습을 추상적으로 기술한 것이다. 총칙과 각칙으로 이루어진 형법 중 각칙은 개별적인 구성요건의 총체이다.

형법은 인간의 사회적 실존의 조건인 생명, 신체, 자유, 명예, 재산 등의 법익 및 이러한 법익의 기반이 되는 국가나 사회의 존립과 권위 등의 법익을 보호하기 위한 역할을 담당하므로, 입법자는 보호법익을 위해서 가벌성이 인정되는 특정한 행위를 추출하여 구성요건으로 규정하고 있다. 따라서 구성요건은 인간의 여러 행위 중 가벌적 행위와 불가벌적 행위의 한계선을 제시하는 기능이 있다(**선별기능**).

그리고 형법은 법익을 보호하기 위해서 그에 대한 침해행위를 규정하고 있으므로, 어떤 행위가 구성요건을 충족시켰다면 이로부터 일단 그 행위는 전체 법질서(Recht, right)에 반한다는 판단을 내릴 수 있다(**징표기능**). 즉 구성요건에는 **'위법성 추정'**의 기능이 있다. 어떤 행위가 법규정의 문언상 일단 구성요건에 해당한다고 판단되는 경우라면, 예외적으로 그것이 정상적인 생활형태의 하나로서 역사적으로 생성된 사회생활 질서의 범위 안에 있는 것이라고 적극적으로 판단될 때 사회상규에 위배되지 아니하는 행위로서 그 위법성이 조각되어 처벌할 수 없게 된다(대법원 2004.4.9. 선고 2003도6351 판결).

2. 구성요건요소

구성요건을 이루고 있는 요소들을 '구성요건표지' 또는 '구성요건요소'라고 부르는데, 형법 규정에서는 "죄의 성립요소인 사실"이라고 표현되어 있다(형법 제13조, 제14조). 구분하는 기준에 따라 구성요건요소는 여러 가지 형태로 구분된다.

(1) 객관적 구성요건요소와 주관적 구성요건요소

객관적 구성요건요소는 범죄행위의 외관을 나타내는 표지(Merkmal) 또는 요소를 의미한다. 행위의 주체와 객체, 실행행위, 결과, 행위와 결과 간의 인과관계 등이 객관적 구성요건요소에 해당한다. 반면, 주관적 구성요건요소는 행위자가 범죄행위에 대해서 가지고 있는 내면적 상태를 의미한다. 고의, 목적 등이 주관적 구성요건요소에 해당한다.

객관적 구성요건요소와 주관적 구성요건요소를 구분하는 실익은, 범죄체계에 따른 범죄성립의 검토 순서에 있다. 사안의 해당 구성요건에 대한 포섭에 있어서 객관적 구성요건요소부터 검토한 후 모든 객관적 구성요건요소가 충족되었다면 주관적 구성요건요소를 검토하게 된다.

(2) 서술적(기술적) 구성요건요소와 규범적 구성요건요소

서술적 구성요건요소는 존재하는 대상을 그대로 보여주는 요소를 의미한다. 예를 들어, 살인죄(형법 제250조)의 구성요건을 보면 "사람을 살해한 자"라고 되어 있는데, '사람'이나 '살해'는 서술적 구성요건요소에 해당한다.

규범적 구성요건요소는 법령이나 도덕 등의 규범을 통해서 가치평가를 할 때 비로소 그 내용이 구체화되는 요소를 의미한다. 예를 들어, 공연음란죄(형법 제245조)에서 '음란'은 일반인들의 건전한 성도덕을 바탕으로 한 가치평가의 관점에서 판단되며, 공무집행방해죄(형법 제136조)에서 '적법한 공무집행'은 공무원의 추상적 권한에 속하고 구체적으로도 그 권한 내에 있어야 하고 직무행위로서의 중요한 방식을 갖추어야 하는데, 그 여부는 행위 당시의 구체적 상황에 기반하여 객관적 · 합리적으로 판단한다(대법원 2007.10.12. 선고 2007도6088 판결). 이와 같은 규범적 구성요건요소를 사용하더라도 죄형법정주의의 파생 원칙인 명확성의 원칙에 반하는 것은 아니다. 구성요건이 지나치게 구체적이고 정형적이면 부단히 변화하는 다양한 생활 관계를 제대로 규율할 수 없게 될 것이기 때문에, 통상의 해석방법에 따라 당해 규정의 보호법익과 그에 의하여 금지된 행위 및 처벌의 종류와 정도를 누구나 알 수 있도록 규정되어 있다면 보충적인 해석이 필요한 개념을 사용하는 것은 가능하다(헌법재판소 2000.4.27. 선고 98헌바95 등 결정).

서술적 구성요건요소와 규범적 구성요건요소를 구분할 때, 서술적 구성요건요소에 관한 착오는 단순히 구성요건의 착오가 되지만, 규범적 구성요건요소에 관한 착오는 사안에 따라 구성요건의 착오 또는 위법성의 착오(금지착오, 법률의 착오)에 해당할 수도 있다. 판례는 공무집행의 적법성에 대한 착오를 법률의 착오(형법 제16조)로 해결한다. 예를 들어, 공무집행방해죄로 기소된 피고인이 직무집행 중인 경찰관들을 치한이나 강도로 오인함으로써 이 사건 공무집행 자체 또는 공무집행의 적법성이나 자신의 경찰관들에 대한 유형력 행사의 위법성 등에 관하여 착오를 일으켰을 가능성을 배제하기 어려우므로, 피고인에게 착오가 인정된다면 그러한 착오에 정당한 사유가 존재하는지 여부 등에 관하여 면밀히 심리한 다음 범죄성립이 조각될 수 있는지를 신중히 판단하여야 한다고 밝혔다(대법원 2014.2.27. 선고 2011도13999 판결).

(3) 성문의 구성요건요소와 불문의 구성요건요소

성문의 구성요건요소는 구성요건에 명시되어 있는 요소를 의미한다. 대부분의 구성요건은 죄형법정주의의 파생 원칙인 명확성 원칙에 따라 성문의 구성요건요소만으로 이루어진다.

불문의 구성요건요소는 해석을 통해 추가적으로 요구되는 요소를 의미한다. 예를 들어, 절도죄(형법 제329조)의 구성요건은 “타인의 재물을 절취한 자”인데, 통설과 판례에서는 절도죄의 구성요건해당성이 인정되기 위해서는 성문의 구성요건요소 이외에 ‘불법영득의사’라는 요소가 추가적으로 요구된다. 권리자를 배제하고 타인의 물건을 자기의 소유물과 같이 그 경제적 용법에 따라 이용 · 처분할 의사를 의미하는 ‘불법영득의사’가 불문의 구성요건요소라고 보는 견해에 따르면, 불법영득의사를 불문의 구성요건으로 인정할 경우는 단순히 사용한 후 돌려줄 의도로 타인의 재물을 취득한 사용절도의 형태는 절도죄의 구성요건해당성이 인정되지 않는다. 그 외에 공무집행방해죄(형법 제136조)에서도 구성요건은 "직무를 집행하는 공무원에 대하여"라고 되어 있지만, 공무원의 위법한 직무집행에 대해서는 국민이 복종할 의무가 없고 적법한 직무집행만을 보호하기 위해서 추가적으로 '직무집행의 적법성'이 구성요건으로 요구된다.[1] 따라서 경찰이 조합원들을 체포하는 과정에서 체포의 이유 등을 제대로 고지하지 않다가 30~40분이 지난 후 항의를 받고 나서야 비로소 체포의 이유 등을 고지한 것은 형사소송법상 현행범인 체포의 적법한 절차를 준수한 것이 아니므로 적법한 공무집행이라고 볼 수 없으므로, 이러한 위법한 공무집행에 항의하면서 경찰에게 행한 폭행은 공무집행방해죄에 해당하지 않는다(대법원 2017.3.15. 선고 2013도2168 판결).

II. 구성요건의 분류

다양한 유형의 구성요건을 특정한 기준으로 구분해 볼 수 있는데, 아래에서는 주체 · 행위 형태 · 주관적 구성요건을 기준으로 구분해서 설명한다. 다만 개별 구성요건들의 일반적인 형태는, 예를 들어, 형법 제250조의 살인죄 · 형법 제257조 제1항의 상해죄 · 형법 제329조의 절도죄 · 형법 제136조의 공무집행방해죄 · 형법 제164조의 현주건조물방화죄 등과 같이, 일반범(비신분범) + 단독범 + 작위범 + 결과범 + 침해범 + 상태범 + 고의범의 형태이다.

1. 주체에 따른 분류

(1) 일반범

원칙적으로 누구나 구성요건의 행위를 실행하면 범죄가 성립한다. 예를 들어, 공연히 사실을 적시하여 타인의 명예를 훼손하는 행위를 한 사람이면 누구든지 명예훼손죄(형법 제307조 제1항)의 구성요건에 해당한다.

1) 공무집행방해죄의 법문에는 명시되지 않았지만, 직무집행의 적법성이 요구되는 근거로는 공무집행방해죄의 보호법익이 국가 · 공공기관의 기능이라면 공무원의 적법한 직무집행에 대해서만 보호할 가치가 있다는 점과 위법한 직무집행에 대해서는 국민의 정당방위와 저항권이 인정된다는 점이 제시된다. 판례도 "공무원의 직무집행이 적법한 경우에 한하여 공무집행방해죄가 성립"한다고 본다(대법원 2009.11.19. 선고 2009도4166 전원합의체 판결).

(2) 신분범

반면 일부 구성요건은 신분을 가진 사람만이 행위의 주체가 될 수 있도록 규정하고 있는데, 이것을 '신분범'이라고 한다. 신분이란 범죄에 관한 특별한 인적 표지로서 범인의 특수한 성질, 지위 또는 상태를 말한다. 성별 · 연령 · 심신장애 등 사람의 정신적 · 육체적 · 법적 특성이 '인적 성질'이고, 공무원 · 의사 · 친족관계 등과 같은 사람의 사회적 지위나 관계가 '인적 지위'이고, 기타 범죄자의 특별한 표지로서 업무성 · 상습성과 같은 것이 '인적 상태'이다.

신분범은 진정신분범과 부진정신분범으로 구분되는데, '**진정신분범**'은 행위자에게 일정한 신분이 있어야 범죄가 성립하는 경우이다. 예를 들어, 수뢰죄(형법 제129조)의 공무원 또는 중재인, 위증죄(형법 제152조)의 법률에 의하여 선서한 증인, 업무상비밀누설죄(형법 제317조)의 의사, 한의사, 치과의사 등, 횡령죄(형법 제355조 제1항)의 타인의 재물을 보관하는 자 등이다. 허위공문서작성죄(형법 제227조) 및 그 행사죄(형법 제229조)는 공무원만이 그 주체가 될 수 있는 신분범이므로, 신분상 공무원이 아님이 분명한 사람들의 업무가 국가의 사무에 해당한다거나 그들이 소속된 위원회의 행정기관성이 인정된다는 사정만으로는 그러한 죄로 처벌할 수는 없다(대법원 2009.3.26. 선고 2008도93 판결).

'**부진정신분범**'은 행위자에게 일정한 신분이 없어도 범죄는 성립하지만, 신분이 있음으로써 형이 가중되거나 감경되는 경우이다. 예를 들어, 존속살해죄(형법 제250조 제2항)의 직계비속, 업무상횡령죄(형법 제356조)의 업무자 등이 부진정신분이다.

(3) 단독범과 공범

범죄성립의 출발점이 되는 구성요건은 원칙적으로 1인의 행위자가 범행하는 것을 전제한다. 예를 들어 "타인의 재물을 절취한 자"라고 규정하고 있는 절도죄(형법 제329조)는 1인의 범죄자가 단독으로 타인의 재물을 절취하는 것을 전제로 한다. 이처럼 1인이 구성요건을 실현하였을 때 그를 '**단독정범**'이라고 부른다.

그런데 이렇게 1인의 행위자가 실현하는 것을 전제한 구성요건을 다수의 사람이 함께 실현하는 경우가 있는데, 이때 구성요건의 실현에 가담한 사람을 '**공범**'(共犯)이라고 부른다. 형법은 제1편 총칙 제2장 제3절의 제목을 '공범'이라고 하면서 공동정범(형법 제30조) · 교사범(형법 제31조) · 종범(형법 제32조) · 간접정범(형법 제34조) 등의 정범 형태를 포함한 4가지 다수 가담자의 형태를 규정하고 있다. 이처럼 형법은 정범과 공범을 구별하는 방식을 취하고 있다.

이처럼 공범은 단독정범이 실현하는 것을 전제하는 구성요건을 다수의 사람이 가담하여 실현한 경우인데, 단독정범에 의해서 실현될 수 있는 구성요건을 다수의 사람이 실현한 것이어서 '**임의적 공범**'이라고 부른다. 형법 제1편 제2장 제3절 '공범'은 임의적 공범을 전제로 한 것이다. 반면 그 실현에 있어서 반드시 2인 이상의 사람이 가담하여야 하는 구성요건이 있는데, 이를 '**필요적 공범**'이라고 한다. "다중이 집합하여 폭행, 협박 또는 손괴의 행위"를 한 경우를 처벌하는 소요죄(형법 제115조), "사람을 매매한 사람"을 처벌하는 인신매매죄(형법 제289조), "2인 이상이 합동하여 타인의 재물을 절취"한 경우를 처벌하는 특수절도죄(형법 제331조 제2항) 등이 대표적인 필요적 공범의 경우이다.

2. 행위 형태에 따른 분류

(1) 작위범과 부작위범

① 작위범

구성요건은 원칙적으로 행위자의 적극적 행위인 '**작위**'로 실행되고, 원칙적으로 범죄는 작위 행위를 전제로 한다. 살인죄(형법 제250조 제1항)는 행위자의 적극적인 살해 행위를 전제로 한다. 작위의 행위에 의한 범죄를 '작위범'이라고 한다. 작위범이 원칙인 형법은 법익보호를 위해서 일정한 행위를 금지하도록 규정하고 이러한 금지를 위반하면 처벌하도록 규정되어 있다. 그래서 형법을 '**금지규범**'이라고도 부른다.

② 부작위범

그런데 소극적 행위인 '**부작위**'의 행위로 실행되도록 규정된 일부 구성요건이 있다. 좀 더 정확하게는 이처럼 구성요건 자체가 부작위의 실행행위를 전제한 경우를 부작위범 중 '**진정부작위범**'이라고 하는데, 이 경우는 형법이 일정한 행위를 하도록 명령하고 이러한 명령을 이행하지 않은 경우를 처벌하도록 규정하고 있다(**명령규범**). "퇴거요구를 받고 응하지 아니한" 행위가 실행행위로 규정된 퇴거불응죄(형법 제319조 제2항)가 대표적인 진정부작위범이고, 그 외 전시계약불이행죄(형법 제103조 제1항), 다중불해산죄(형법 제116조), 전시공수계약불이행죄(형법 제117조 제1항), 집합명령위반죄(형법 제145조 제2항) 등이 진정부작위범이다.

이러한 진정부작위범과 구별되는 '**부진정부작위범**'의 개념이 존재하고, 형법 제18조에 규정되어 있다. 부진정부작위범은 작위의 행위를 전제로 하는 일반적인 구성요건을 부작위의 행위로 범한 경우를 의미하는데, 결과 발생을 방지할 의무 있는 자가 부작위에 의하여 작위범의 구성요건을 실현할 때 사용한다(부작위에 의한 작위범). 예를 들어, 선박의 운항을 지배하고 있는 선장은 선박의 침몰 등과 같은 조난사고로 승객이나 다른 승무원들이 스스로 생명에 대한 위협에 대처할 수 없는 급박한 상황이 발생한 상황에서 적극적인 구호활동을 통해 보호능력이 없는 승객이나 다른 승무원의 사망 결과를 방지하여야 할 작위의무가 있으므로, 구호의무를 이행함으로써 사망의 결과를 쉽게 방지할 수 있음에도 그에 이르는 사태의 핵심적 경과를 그대로 방관하여 사망의 결과를 초래하였다면, 부작위에 의한 살인죄가 성립한다(대법원 2015.11.12. 선고 2015도6809 전원합의체 판결).

(2) 결과범과 거동범

① 결과범

구성요건에서 결과의 발생이 요구되는 경우가 '**결과범**'이라고 한다. 예를 들어 살인죄(형법 제250조 제1항)에서는 살해행위로 인한 사망의 결과가 요구되고, 현주건조물방화죄(형법 제164조 제1항)에서는 불에 태움(소훼)이라는 결과가 요구된다.

② 거동범

반면 결과의 발생과 무관하게 실행행위만으로 구성요건이 충족되는 경우가 '**거동범**'이라고 한다. 구체적인 결과의 발생이 없더라도 실행행위만으로 사회적으로 유해하거나 법익침해를 가져올 위험이 있기에 거동범이 처벌된다. 어떻게 보면 사실상 모든 범죄에 법익의 침해 혹은 법익의 위태화라는 결과가 존재하지만, 구성요건적 행위와 구성요건적 결과가 분리되어 있느냐에 따라 결과범과 거동범을 구별한다. 대표적인 거동범으로는 ⓐ 공연음란죄(형법 제245조), ⓑ 명예훼손죄(형법 제307조) 등이 있다. 그리고 ⓒ 위증죄(형법 제152조 제1항)는 선서한 증인이 고의로 자신의 기억에 반하는 증언을 함으로써 성립하고, 그 진술이 재판의 결과에 영향을 미친 여부는 위증죄의 성립에 아무 관계가 없다(대법원 1981.8.25. 선고 80도2783 판결). ⓓ 입찰방해죄(형법 제315조)도 위계 또는 위력 기타의 방법으로 입찰의 공정을 해할 행위를 하면 그것으로 충분하고 현실적으로 입찰의 공정을 해한 결과가 발생할 필요가 없다(대법원 1994.5.24. 선고 94도600 판결).

③ 구별실익

결과범과 거동범을 구별하는 실익은, 첫째, 실행행위와 결과 간의 '인과관계의 검토'는 결과범에서만 하게 되며 거동범에서는 필요하지 않다. 결과범인 사기죄(형법 제347조)는 타인을 기망하여 착오에 빠뜨리고 그로 인하여 피기망자가 처분행위를 하도록 유발하여 재물 또는 재산상의 이익을 얻음으로써 성립하는 범죄이므로, 사기죄가 성립하려면 행위자의 기망행위, 피기망자의 착오와 그에 따른 처분행위, 그리고 행위자 등의 재물이나 재산상 이익의 취득이 있고, 그 사이에 순차적인 인과관계가 존재하여야 한다(대법원 2017.9.26. 선고 2017도8449 판결). 둘째, 미수의 형태에서 차이가 있다. 범죄의 결심이나 범행 의사를 실현하기 위한 행위로 나아가는 것을 실행의 착수라고 하며, 실행의 착수를 통해 행위자의 범행 의사가 표출되었으나 아직 객관적 구성요건의 일부 요소가 충족되지 아니한 상태가 '미수'이다. 미수는 범죄의 실행에 착수하였으나 행위를 종료하지 못한 경우 '**착수미수**'와 범죄의 실행에 착수하여 행위는 종료하였으나 결과가 발생하지 아니한 '**실행미수**'로 구분되는데, 결과범에서는 착수미수와 실행미수 모두가 가능하고 거동범에서는 착수미수만 가능하다.

(3) 침해범과 위험범

① 침해범

형법의 역할은 인간의 사회적 실존의 조건인 법익의 보호에 있는데, 구성요건은 법익 보호의 정도에 따라 침해범과 위험범으로 구별할 수 있다. '**침해범**'은 보호법익에 대한 현실적 침해를 구성요건상 필요로 하는 범죄인데, 침해범은 결과범과 거동범의 형태 모두에서 가능할 수 있다.

② 위험범

반면 '**위험범**'은 보호법익이 침해될 위험이 있으면 성립하는 범죄로서, '위태범'이라고도 한다. 위험범은 다시 구체적 위험범과 추상적 위험범으로 구분되는데, '**구체적 위험범**'은 특정한 행위 객체에 대한 위험의 발생을 통해 법익침해의 위험성이 구성요건에 구체적으로 명시된 범죄인데, 이때 위험의 발생은 구체적으로 입증되어야 한다. 물건에 대한 방화로 "공공의 위험 발생"까지 요구되는 일반물건방화죄(형법 제167조)의 경우가 대표적인 구체적 위험범이다. 구체적 위험범은 침해범과 함께 결과범에 해당한다.

한편 '**추상적 위험범**'은 오직 일반적인 위험성의 조건인 특정 행위만을 구성요건에 제시하여 그 행위가 있으면 입법자가 바로 법익침해의 위험성이 있는 것으로 간주하는 범죄인데, 행위 자체가 가지고 있는 일반적 위험성 때문에 행위 객체에 대한 구체적인 위험을 구성요건으로 요구하지 않는다. 추상적 위험범은 일반적으로 순수한 거동범의 성격을 나타내지만, 예외적으로 ⓐ 현주건조물방화죄(형법 제164조 제1항)는 추상적 위험범이지만 불을 놓는 행위 이외에 불에 태움(소훼)의 결과 발생을 요구하는 결과범이기도 하다. ⓑ 위증죄(형법 제152조), 업무방해죄(형법 제314조) 등이 대표적인 추상적 위험범이다. 그리고 ⓒ 협박죄(형법 제283조 제1항)가 성립하려면 일반적으로 사람으로 하여금 공포심을 일으키게 하기에 충분한 것이어야 하는데, 상대방이 그에 의하여 현실적으로 공포심을 일으킬 것까지 요구하는 것은 아니며, 그와 같은 정도의 해악을 고지하여 상대방이 그 의미를 인식한 이상, 상대방이 현실적으로 공포심을 일으켰는지와 관계없이 구성요건은 충족된다(대법원 2007.9.28. 선고 2007도606 전원합의체 판결). ⓓ 입찰방해죄(형법 제315조)도 위계 또는 위력 기타의 방법으로 입찰의 공정을 해하면 성립한다(대법원 1994.5.24. 선고 94도600 판결). ⓔ 일반교통방해죄(형법 제185조) 역시 추상적 위험범으로서 교통이 불가능하거나 현저히 곤란한 상태가 발생하면 바로 기수가 되고 교통방해의 결과가 현실적으로 발생하여야 하는 것은 아니다(대법원 2019.1.10. 선고 2016도19464 판결). ⓕ 도로교통법 위반(음주운전)죄도 운전자가 혈중알코올농도의 최저기준치를 초과한 주취 상태에서 자동차 등을 운전하면 구체적으로 정상적인 운전이 곤란한지와 상관없이 운전행위로 인하여 추상적으로 도로교통상의 위험이 발생한 것으로 본다(대법원 2008.11.13. 선고 2008도7143 판결).

③ 구별실익

침해범과 위험범의 구별은 구성요건에 대한 법률해석에 따르는데, 법익침해의 결과까지 요구하는 침해범은 상대적으로 형법의 보장적 기능의 측면에서 장점이 있고, 법익침해의 위험성만으로 충분한 위험범은 상대적으로 형법의 보호적 기능의 측면에서 장점이 있다.

참고 **실질범과 형식범**

범죄로부터 법익을 보호하는 형법의 역할을 고려하여 구성요건의 유형을 '실질범'과 '형식범'으로 구별하기도 하는데, '실질범'은 법익의 침해 결과 혹은 침해 위험이 발생한 경우를 전제하는 구성요건이다. 실질범에는 침해범과 위험범 모두가 포함된다. 반면 '형식범'은 침해 결과나 침해 위험과 무관하게 법령 위반의 사실만을 전제하는 구성요건을 말하는데, 행정법규 위반에 대한 처벌 규정에서 찾아 볼 수 있다.

(4) 상태범과 계속범

① 상태범

행위자가 범죄실행의 착수를 통해 구성요건의 모든 요소를 충족시킨 경우를 '**기수**'(旣遂)라고 하는데, 실행행위가 기수 이후에 계속될 수 있는지에 따라서 상태범과 계속범으로 구별된다. '**상태범**'은 기수에 도달하면 실행행위로 야기된 법익침해의 상태(결과범인 경우는 있어서는 발생한 결과, 예를 들어 절도죄에서는 재물 취득의 결과)로 범행은 종결되고, 그 이후의 동일한 실행행위는 구성요건에 해당하지 않는다. 대부분의 구성요건은 상태범인데, 예를 들어 ⓐ 살인죄(형법 제250조 제1항)는 살해 행위를 통하여 타인이 사망하면 그 사망의 상태가 계속되고, 더 이상의 살해의 침해행위는 존재하지 않는다. ⓑ 내란죄(형법 제87조)는 국토를 참절하거나 국헌을 문란할 목적으로 폭동한 행위로서, 다수인이 그러한 목적으로 결합하여 한 지방의 평온을 해할 정도의 폭행·협박행위를 하면 기수가 되고, 다수인이 한 지방의 평온을 해할 정도의 폭동을 하였을 때 이미 내란의 구성요건은 완전히 충족되므로 상태범으로 본다(대법원 1997.4.17. 선고 96도3376 전원합의체 판결). ⓒ 학대죄(형법 제273조 제1항)는 자기의 보호 또는 감독을 받는 사람에게 육체적으로 고통을 주거나 정신적으로 차별대우를 하는 행위가 있음과 동시에 범죄가 완성되는 상태범 또는 즉시범이고, 수십 회에 걸쳐서 계속되는 일련의 학대행위가 있었더라도 그중 위법성이 조각되는 부분이 있다면 그 부분을 따로 떼어 무죄의 판결을 할 수 있다(대법원 1986.7.8. 선고 84도2922 판결).

한편 '**즉시범**'이라는 개념도 사용되는데, 살인죄(형법 제250조)나 상해죄(형법 257조) 등과 같이 실행행위가 기수에 이르면 동시에 범행이 종결되는 경우이다. 상태범의 경우에는 기수와 종료 간의 시간적 간격이 존재하나, 즉시범의 경우에는 상태범보다 기수와 종료 간의 시간적 간격이 거의 존재하지 않는다는 차이가 존재하는데, 상태범과 즉시범 구별의 실익은 미미하므로 즉시범의 개념을 상태범의 개념 속에 포함하여 이해할 수 있다.

② 계속범

반면 '**계속범**'은 기수에 도달하더라도 범행이 종결되는 것이 아니라 행위자의 지속적인 범행의사에 의해 구성요건의 실현이 계속되는 경우이다. ⓐ 감금죄(형법 제276조)가 대표적인 계속범이다. ⓑ 일반교통방해죄(형법 제185조)에서 교통방해행위는 계속범의 성질을 가지는 것이어서 교통방해의 상태가 계속되는 한 위법상태는 계속 존재하고, 따라서 교통방해를 유발한 집회에 참가한 경우는 참가 당시 이미 다른 참가자들에 의해 교통의 흐름이 차단된 상태였더라도 교통방해를 유발한 다른 참가자들과 암묵적 · 순차적으로 공모하여 교통방해의 위법 상태를 지속시켰다면 일반교통방해죄가 성립한다(대법원 2019.4.23. 선고 2017도1056 판결). 그 외 ⓒ 직무유기죄(형법 제122조)는 그 직무를 수행하여야 하는 의무의 존재와 그에 대한 위반을 전제로 하고 있으므로, 그 의무를 수행하지 아니함으로써 구성요건에 해당하는 사실이 있었고 그 후에도 계속하여 그 의무를 수행하지 아니하는 위법한 상태가 계속되는 한 가벌적 위법상태는 계속 존재하며 이를 전체적으로 보아 1개의 죄로 처벌한다(대법원 1997.8.29. 선고 97도675 판결). ⓓ 체포죄(형법 제276조)는 계속범으로서 체포의 행위에 확실히 사람의 신체의 자유를 구속한다고 인정할 수 있을 정도의 시간적 계속이 있어야 기수에 이르고, 신체의 자유에 대한 구속이 그와 같은 정도에 이르지 못하고 일시적인 것으로 그친 경우에는 체포죄의 미수범이 성립할 뿐이다(대법원 2020.3.27. 선고 2016도18713 판결). ⓔ 청소년성보호법 위반(성착취물소지)죄는 아동 · 청소년성착취물임을 알면서 소지를 개시한 때부터 지배관계가 종료한 때까지 하나의 죄로 평가되는 계속범인데, 원칙적으로 계속범에 대해서는 실행행위가 종료되는 시점의 법률이 적용된다(대법원 2023.3.16. 선고 2022도15319 판결).

계속범의 경우 전체적으로 1개의 죄가 성립하므로 실행행위가 종료되는 시점에서의 법률이 적용되는 것이 일반적이지만, 법률이 개정되면서 그 부칙에서 "개정된 법 시행 전의 행위에 대한 벌칙의 적용에 있어서는 종전의 규정에 의한다."라는 경과규정을 두고 있는 경우라면 개정된 법이 시행되기 전의 행위에 대해서는 개정 전의 법률을, 그 이후의 행위는 개정된 법률을 각각 적용한다(대법원 2001.9.5. 선고 2001도3990 판결).

③ 구별실익

상태범과 계속범을 구별하는 실익은 첫째, 공범의 성립 시기와 관련하여 상태범에서는 기수 이후에 가담한 사람에게 그 범죄의 공범이 성립될 수 없지만, 계속범의 경우에는 기수 이후에도 공범의 성립이 가능하다. 둘째, 공소시효의 기산점은 범죄행위의 종료 시점이므로(형사소송법 제252조 제1항), 계속범의 경우에는 위법한 상태가 제거된 시점부터 공소시효가 진행된다. 셋째, 정당방위의 인정 범위에 있어서, 방위상황의 요건으로서 상대방의 공격행위가 상태범인 경우는 기수 이후에는 그에 대한 정당방위가 불가능하지만, 상대방의 공격행위가 계속범인 경우는 기수 이후에도 그에 대한 정당방위가 가능하다.

(5) 자수범

자수범(自手犯)은 구성요건을 직접 실행한 경우에만 범죄가 성립되는 유형으로, 대표적으로 위증죄(제152조)를 들 수 있다. 다수의 사람이 범행에 가담한 공범 중 타인을 사람이 아니라 마치 도구처럼 이용하여 자신의 범죄를 실현하는 '간접정범'의 형태가 성립할 수 없는 범죄가 자수범이다. 예를 들어, 농업협동조합법의 호별방문죄는 임원이 되고자 하는 자가 범죄주체로서 신분범이면서 신분자가 스스로 호별방문을 한 경우만을 처벌하는 자수범인데, 비록 신분자가 비신분자와 통모하였거나 신분자가 비신분자를 시켜 방문케 하였다고 하더라도 비신분자만이 호별방문을 한 경우에는 신분자는 물론 비신분자도 호별방문죄로 처벌할 수 없다(대법원 2003.6.13. 선고 2003도889 판결). 그러나 강제추행죄는 정범 자신이 직접 범죄를 실행하여야 성립하는 자수범이 아니므로, 처벌되지 아니하는 타인을 도구로 삼아 피해자를 강제로 추행하는 간접정범의 형태로도 범할 수 있으며 피해자를 도구로 삼아 피해자의 신체를 이용하여 추행하더라도 강제추행죄의 간접정범에 해당할 수 있다(대법원 2018.2.8. 선고 2016도17733 판결).

자수범으로 해석되는 범죄의 유형 중 첫째는, 행위자의 신체가 직접 구성요건의 실현에 사용되어야 하는 구성요건인 경우이다. 도주죄(형법 제145조 제1항), 공연음란죄(형법 제245조), 피감호자간음죄(형법 제303조 제2항), 음주운전죄(도로교통법 제148조의2 제3항) 등이 여기에 해당한다. 둘째, 행위자의 일신적 행위나 인격적 태도의 표출이 구성요건 실현의 핵심인 경우이다. 명예훼손죄(형법 제307조), 모욕죄(형법 제311조), 업무상비밀누설죄(형법 제317조) 등이 여기에 해당한다. 셋째, 전제되는 다른 법령의 요건으로 인해 행위자의 직접적인 행위가 요구되는 구성요건이 있다. 위증죄(형법 제152조 제1항), 허위감정죄(형법 제154조) 등이 여기에 해당한다.

3. 주관적 구성요건에 따른 분류

(1) 고의범과 과실범

형법은 **고의범** 처벌의 원칙을 가지고 있다. 민사상의 손해배상책임은 고의뿐만 아니라 과실에 의한 경우에도 인정되는 것(민법 제750조)과 대비가 된다. 고의는 객관적 구성요건에 대한 인식과 의욕을 의미하는데, 객관적 구성요건요소(범죄의 사실)를 인식하지 못한 행위는 범죄가 성립하지 않는다(형법 제13조 본문).

예외적으로 법률에 특별한 규정이 있으면 고의가 없더라도 처벌하는데(형법 제13조 단서), **과실범** 처벌 규정이 존재하는 경우가 이에 해당한다. 정상적으로 기울여야 할 주의(主意)를 게을리하여 죄의 성립 요소인 사실을 인식하지 못한 것이 '과실'인데(형법 제14조), 과실 행위는 법률에 특별한 규정이 있는 경우에만 처벌된다. 입법자는 고의범(미수 포함)의 처벌 한계를 극복하기 위한 경우, 즉 형사정책적 필요로 인해 과실범 처벌을 규정하기도 한다. 과실치상죄(형법 제266조), 과실치사죄(형법 제267조), 업무상과실치사상죄(형법 제268조), 실화죄(형법 제170조), 과실교통방해죄(제189조 제1항), 업무상과실장물취득죄(제364조) 등이 형법상 대표적인 과실범이다. 특별법에도 다수의 과실범 처벌 규정이 존재한다.

(2) 목적범

고의는 죄의 성립요소인 사실, 즉 객관적 구성요건요소를 그 대상으로 하므로, 원칙적으로 객관적 구성요건과 주관적 구성요건은 그 범위가 일치한다. 그런데 예외적으로 주관적 구성요건의 범위가 객관적 구성요건요소의 총체를 초과하는 '**초(超)주관적 구성요건요소**'를 포함하는 경우가 있는데, 목적범과 경향범이 그러하다.

목적범은 주관적 구성요건에서 고의 이외에 일정한 결과를 발생시키려는 내심의 목적이 요구되는 범죄인데, 입법자가 일정한 종류의 동기에서 발생한 고의행위만을 선별할 필요가 있다고 결단한 형태이다. 예를 들어, 내란죄(형법 제87조)는 "대한민국의 영토의 전부 또는 일부에서 국가권력을 배제하거나 국헌을 문란하게 할 목적"을 가지고 폭동을 일으킨 때에 성립한다.

목적은 행위자의 주관적 측면이 객관적인 구성요건해당 사실의 인식인 고의에서 초과하는 경우로서 불법의 존부 또는 강약에 영향을 미치는 때가 있다는 이해를 전제로 한다. 따라서 목적범의 해석 · 적용에 있어서는 소정의 목적을 가진 고의행위만이 처벌의 대상이 되고, 다른 목적을 가진 행위는 구성요건의 적용 범위 밖에 있는 것이다. 목적범에서 초주관적 구성요건요소인 범죄성립에 있어서 고의 외에 별도로 요구되는 것이므로, 행위자가 객관적 구성요건을 인식하고 행위를 하였더라도 목적이 인정되지 아니하면 구성요건은 충족되지 않는다(대법원 2011.10.13. 선고 2009도320 판결).

(3) 경향범

경향범은 주관적 구성요건에서 고의 이외에 행위자의 일정한 경향이 요구되는 범죄이다. 공연음란죄(형법 제245조)가 대표적인데, 공연음란죄의 구성요건인 "음란한 행위"는 일반인의 성욕을 자극하여 성적 흥분을 유발하고 정상적인 성적 수치심을 해하여 성적 도의관념에 반하는 것을 의미하는데, 주관적으로 성욕의 흥분, 만족 등의 성적인 목적이 있어야 성립하는 것은 아니지만 그 행위의 음란성에 대한 의미의 인식이 있어야 한다(대법원 2004.3.12. 선고 2003도6514 판결). 따라서 알몸의 신체를 과하게 노출한 행위자에게 일반인의 성욕을 자극하여 성적 흥분을 유발하고 정상적인 성적 수치심을 해한다는 경향이 없는 경우는, 공연음란죄가 인정되지 않고 단순히 경범죄처벌법상 과다노출(제3조 제1항 제33호)에 해당할 뿐이다.

III. 소송조건

1. 의의

형법을 실현하기 위한 절차를 규정한 형사소송법에서 사용되는 '**소송조건**'이라는 개념은, 소송이 성립하고 유지되기 위한 기본적인 조건, 즉 유 · 무죄의 실체재판을 위한 전제조건을 말한다. 소송조건이 결여되면 실체적 소송관계가 존재하지 않게 되어 법원이 실체에 대해서 심판을 할 수 없게 된다. 검사의 공소제기와 관련한 소송조건이 결여되면, 실체재판으로 나아가지 못하고 형식재판(공소기각판결, 형사소송법 제327조)으로 소송을 종결하게 된다. 형사소송법상의 소송조건 중 검사가 유효하게 공소를 제기하기 위한 소송조건이 형법에 규정되어 있는 개념이 있는데, 친고죄와 반의사불벌죄이다.

2. 친고죄

형사소송법 제246조는 "공소는 검사가 제기하여 수행한다"라고 규정하고 있는데, 예외적으로 국가소추주의에 대한 제약을 인정하는 것이 '친고죄'와 '반의사불벌죄'라고 할 수 있다. 이중 검사가 공소 제기하기 위해서 반드시 피해자 등 고소권자의 고소가 있어야 하는 범죄가 '**친고죄**'인데, 공소제기를 위해서는 고소권자의 고소를 소송조건으로 한다는 점에서 '정지조건부범죄'라고 부르기도 한다. 대표적인 친고죄는 모욕죄(형법 제311조)인데, 모욕죄는 "고소가 있어야 공소를 제기할 수 있다."라고 규정되어 있으며(형법 제312조 제1항), 그 외 비밀침해죄(형법 제316조), 업무상비밀누설죄(형법 제317조) 등이 친고죄로 규정되어 있다.

일반적으로 친고죄의 형태를 입법하는 이유는, 범죄를 소추해서 그 사실을 일반에게 알리는 것이 도리어 피해자에게 불이익을 줄 우려가 있는 경우(피해자의 명예 보호) 또는 비교적 경미하고 주로 피해자 개인의 법익을 침해하는 범죄에 있어서 피해자의 의사나 감정을 무시하면서까지 처벌할 필요가 없는 경우(피해법익의 경미성)라고 설명된다.

참고 과거 독일에서 친고죄 폐지론[2)]

독일에서는 19세기 말에 Binding이 친고죄에 대하여 강한 비판을 가하여, 친고죄의 경우 범죄소추를 피해자의 의사에 의존시킴으로써 소송관계가 불안정하게 되므로 친고죄는 폐지되어야 한다고 친고죄 폐지론을 주장하였다. 사형(私刑)이 극복된 시대에 사적 복수를 형법의 보호목적보다 우위에 두는 것은 타당하지 않으며, 친고죄 제도는 피고소인에 대한 강압수단으로 고소권을 활용하려는 악의의 고소인에게 유리하게 작용할 수 있다고 비판하였다.
그러나 다수는 이러한 비판론을 받아들이지 않았다. 왜냐하면 친고죄의 단점인 고소의 남용가능성보다는 화해사상에 근거하여 피해자의 특별한 이익을 보장할 수 있다는 친고죄의 장점이 더 중시되었기 때문이다.

2) 김정환, "저작권법상 범죄의 비친고죄화에 대한 형사법적 검토", 산업재산권 제23호, 2007, 251면.

생각건대 형벌은 다른 법률의 수단과는 비교할 수 없는 강력한 법률효과이며, 형법의 지나친 확대는 주의하여야 한다. 사회적 갈등의 발생 시에 피해자와 가해자 간의 자율적인 해결이 가능하다면, 국가형벌권의 개입 이전에 이러한 자율적 해결이 우선되어야 할 것이다. 그리고 국가형벌권이 개입되는 경우이더라도 친고죄의 형태를 통해 피해자와 가해자 간의 갈등이 해결될 수 있다면, 친고죄로 규정함이 타당하다.[3)]

3. 반의사불벌죄

피해자가 처벌을 희망하지 않는다는 명시적 의사표시에 반해서 검사가 공소를 제기할 수 없는 범죄가 '**반의사불벌죄**'이다. 친고죄와 달리 피해자의 고소가 공소제기의 요건은 아니고, 피해자가 처벌을 희망하는 의사를 명시적으로 표시하지 않았더라도 공소제기는 일단 유효하게 할 수 있다. 만약 검사가 공소를 제기한 후에 피해자가 제1심 판결선고 전에 처벌을 희망하지 않는다는 의사표시를 하면, 법원은 공소기각 판결을 하게 된다(형사소송법 제327조 제6호).

범죄자의 처벌을 희망하지 않는다는 피해자의 의사표시 존재가 공소제기의 해제조건이 되며, 그런 의미에서 '해제조건부범죄'라고도 부른다. 대표적인 반의사불벌죄는 명예훼손죄(형법 제307조)인데, 명예훼손죄는 "피해자의 의사에 반하여 공소를 제기할 수 없다."라고 규정되어 있으며(형법 제312조 제2항), 과실치상죄(형법 제266조 제2항), 폭행 · 존속폭행죄(형법 제260조 제3항), 협박 · 존속협박죄(형법 제283조 제3항) 등이 반의사불벌죄로 규정되어 있다.

반의사불벌죄는 (구)형법에 없던 새로운 독자적인 범죄유형을 1953년 형법 제정 시 도입한 것인데, 친고죄로 규정한 범죄보다 그 침해가 상대적으로 중하여 처벌의 필요성이 적지 않는데도 이를 친고죄로 한다면 피해자가 심리적 압박감이나 후환이 두려워 고소를 주저하여 법이 그 기능을 다하기 어려울 것에 대비한 범죄유형이며, 피해자에 대한 배상이나 당사자 사이의 개인적 분쟁 해결을 촉진하고 존중하려는 취지도 포함되어 있다(대법원 1994.4.26. 선고 93도1689 판결). 다만 피해자의 처벌불원 의사의 존부에 지나치게 무게중심을 두는 형사사법절차는 현실적으로 피해자에 대한 2차 가해와 같은 사회적 갈등이나 추가적인 법적 분쟁을 일으키는 주요한 원인이 될 위험도 존재한다(대법원 2023.7.17. 선고 2021도11126 전원합의체 판결).

---

3) 김정환, 앞의 논문, 255면.

제2절 | 행위주체

I. 인간과 인격[4)]

1. 개념

법학에서는 인간과 인격이라는 용어가 구분된다. 인간(Mensch)은 자연적 · 생물학적 존재를 말하고, 인격(Person)은 법이 법적 주체로서 인정하는 존재나 자격을 말한다. 즉 생물학적 인간과 규범적 인격이 구분되는데, 인격은 권리 · 의무 · 책임의 주체인 규범적 주체이다. 인격이라는 개념을 사용하는 것은 다음과 같은 이유 때문이다. 첫째, 인격체(인격을 부여받은 주체)를 보호할 수 있다. 권리주체가 된다는 것은 자신을 보호할 수 있는 권리를 누리는 것이다(주체보호기능). 둘째, 인격체와 법적 관계를 맺은 상대방을 보호할 수 있다. 인격체가 법적으로 잘못된 행위를 한 경우 그에 대한 책임을 부담시킬 수 있게 된다(책임귀속기능). 셋째, 인격체가 행사할 수 있는 권리의 범위나 부담하는 의무의 범위를 명확하게 확정하여, 법체계를 안정화할 수 있다(법체계안정화기능).

이처럼 인간은 실존적 존재이지만 인격은 규범적 존재로서 사회적 관계에서 형성되는 존재라고 할 수 있다. 규범적 존재로서 인격에 대한 이해는 고정된 것이 아니라 사회에 따라 다르게 이해될 수 있다. 규범적 존재로서 인격을 대할 때, '인간 이외의 존재도 인격으로 볼 수 있는가'라는 문제, 즉 법인(法人)이나 동물, 인공지능(AI) 등도 특정한 요건을 갖추면 인격이 인정되는가의 질문이 제기되는 것이다.

2. 인간중심적 시각의 인격

본래 인격이라는 개념은 근대에 인간중심적 시각에서 발전하였다. 인간의 사고와 행동의 설명에 있어서 유물론(인간의 정신, 의식, 마음의 요소는 물질의 작용으로 환원됨) 및 결정론(인간의 사고와 행동은 원인-결과로 이어지는 인과적 필연성에 의존됨)의 입장을 반대하는 시각에서 근대에 들어 본격적으로 인격의 개념이 사용되었다.

인간은 물질계로부터 파생된 존재가 아니라 고유한 정신적 존재이고, 인과법칙의 필연성에 종속되지 않고 자유의지를 통해 선택 · 결정하고 행위 할 수 있는 존재이며,

---

4) 김정환, "제7장 형법의 개념과 인공지능의 처벌", 「인공지능과 법」, 2023, 263~264면.

그렇기에 규범-당위의 요청이 의미 있게 성립되고 책임의 귀속이 가능한 존재라는 것이 근대적 인격의 관념이었다. 이것은 근대 이전에 제도적인 비인간(물건으로 취급된 노예나 신분상 극도로 부자유한 예속민)을 구별하던 것을 타파하기 위해서 노예나 예속민까지 포함하는 인간 보편의 본성적 징표가 필요했는데, '이성'(理性)이 유력한 징표가 되었다(**인간중심적 인격**).

현재에도 인간중심적 인격의 시각이 지배적인데, 이러한 시각에서 보면 인간은 생존하는 동안 인격을 소유한다. 이때 인격을 취득하는 인간은 자유의지에 따라 행위를 할 수 있는 자율적인 인간인 경우를 전제한다. 이러한 시각에서는 민법상 법인의 인격성이 바로 인정되지 않기 때문에, 인격성을 설명하기 위해서 법인의 인격성은 의제일 뿐이라거나(법인의제설) 사회에서 이미 인격체로 실재하고 있다고 하게 된다(법인실재설).

참고 **탈인간중심적 시각의 인격**[5)]

인간중심적 인격의 개념에 대해서 비판적인 시각(탈인간중심적 인격)이 현대에 나타났다. 루만(Luhmann)에 의하면 도덕은 고유의 존재 영역을 갖는 것이 아니라 체계의 기능적 일부일 뿐이며, 근대의 '도덕적-자율적 존재'가 아니라 체계의 요구에 따라 규정되는 '자연적-가변적 현존성'이 강조된다. 이에 의하면, 인격이란 실체가 아니라 일종의 인위적인 도구이고 사회의 문제를 해결하는 형식이다. 인간이 사회적 체계 안에 포함되기 위해서는 사회적 체계를 구성하는 소통에 자율적으로 참여할 수 있어야 하고, 법체계에서는 권리주체라는 인격으로서 각자의 소통에 참여하는 것이라고 한다. 이러한 시각에서는 소통의 주체에 인간만이 있는 것이 아니라 법인이나 법인과 유사한 단체 등도 포함될 수 있으므로, 이들에게도 인격이 부여될 수 있다고 본다. 그리고 소통에 자율적으로 참여할 수 있는 존재라는 의미는 스스로 목적을 설정하고 목적을 위해서 스스로 수단을 선택하고 선택한 수단의 결과를 반성적 시각에서 고찰할 수 있는 정도의 자율성이라고 한다. 사회적인 역할이나 기능에 주목하는 탈인간중심적 인격의 관점에서는 인공지능의 인격성을 긍정하기가 수월해진다.

II. 범죄능력

1. 의의

구성요건에 해당하고 위법하고 유책한 행위(즉, 범죄)의 주체로 등장할 수 있는 자격의 문제가 '**행위주체**'의 논의이다. 범죄행위의 주체가 될 수 있는 능력을 '**범죄능력**'

5) 김정환, "제7장 형법의 개념과 인공지능의 처벌", 「인공지능과 법」, 2023, 265면.

이라고 하는데, 범죄능력 또는 행위주체와 관련해서 자연인은 연령이나 정신상태 등과 무관하게 누구나 행위주체가 될 수 있으며 자연인만이 행위주체가 된다. 중세 이후 17세기에 이성의 시대로 들어서면서 합리적 이성을 가진 인간을 전제로 한 근대형법이 등장하였고, 근대형법은 현재까지 발전하면서 사용되고 있다. 근대형법에서는 합리적 이성을 가진 인간이 결정한 행위의 결과가 사회에 침해가 되면 국가가 형벌을 통해 행위자를 처벌한다.

범죄능력과 구별되는 개념으로 '**책임능력**'이 있다. 책임능력은 사회적 비난을 받을만한 자격인데, 범죄능력을 가진 행위주체 중에 행위의 불법성을 변별하고 이에 따라 자신의 행위를 조종할 수 있는 능력이 있는 경우가 책임능력이 인정된다. 즉 범죄능력이 있는 사람이 변별능력과 행위조종능력을 보유할 때 책임능력이 인정된다. 14세 되지 아니한 자(형법 제9조) 또는 심신장애로 사물을 변별할 능력이 없거나 의사를 결정할 능력이 없는 자(형법 제10조 제1항)도 범죄능력이 있어서 행위주체가 될 수 있지만, 책임능력이 인정되지는 않는다.

참고 중세의 동물재판[6]

유럽의 중세 시대에는 현대의 시선에서 이해하기 어려운 동물재판이 있었는데, 독일과 프랑스를 중심으로 12세기부터 행해졌으며 19세기 초까지 존재하였다. 최초의 동물재판은 1120년 프랑스 리옹에서 있었던 들쥐와 유충의 재판이었고, 1266년부터 1586년까지 프랑스에서는 60여 건의 동물재판이 있었고, 19세기까지 유럽에서 200여 건의 동물재판이 확인된다. 아이를 살해한 '돼지의 재판'이 다수이었고, 다음으로 고양이, 소 등의 가축이 일으킨 침해를 사람의 범죄와 동일시하여 재판에서 다루었고, 메뚜기 재판, 풍뎅이 재판, 쥐 재판 등도 있었다. 동물재판은 이후 마녀재판과 연결되었고 근대 계몽사상이 출현하면서 점차 사라졌다.
현재의 시선에서 보면 이해하기 어려운 중세의 동물재판은 단순히 재미로 하는 재판은 아니었다. 12세기이래 유럽에서 동물재판이 행해졌던 이유는 다음과 같이 설명된다. 첫째, 종교적 관념에 기인하여 동물도 영혼을 지니고 있다는 중세인들의 사고가 동물의 행동에 대해서도 책임을 물은 배경이고, 둘째, 고양이와 까마귀 같은 동물의 몸에는 마귀가 살고 있다는 믿음이 중세의 마녀재판과 함께 연결되어 동물재판이 행해지게 되었고, 셋째, 당시 재판관들이 동물재판을 하고 나서 고수익을 챙길 수 있었기에 동물재판을 부추겼다고 한다. 중세의 동물재판은 당시 사회의 상황에서 인간에게 필요했기에 존재했다. 인간이 동물과 공생하면서 발생하는 위험에 대응한 것인데, 종교가 지배했던 유럽의 중세 시대에 동물재판을 통해서 종교적 당위성을 합리화하고 피해를 본 인간에게 다시 주도권을 부여하여, 신이 인간과 동물 사이에 만들어 놓은 위계질서를 재건하려는 의지를 드러낸 것이라고 평가된다.

---

6) 김정환, "형법의 개념과 인공지능의 처벌", 「인공지능과 법」, 2023, 257~261면.

2. 법인의 범죄능력

(1) 의의

법에 의해서 권리능력이 부여되는 사단과 재단을 의미하는 **법인**(法人)은 법률상 권리와 의무의 주체가 될 수 있다. 법인이 민사법의 영역에서 권리와 의무의 주체뿐 아니라 형법의 영역에서 범죄능력이 인정되어 범죄의 행위주체가 인정될 수 있는지가 논의된다. 예를 들어, 어떤 회사가 유독한 화학물질을 정화하지 않고 배출하였는데 인근 주민들이 화학물질로 인한 호흡곤란과 두통 등으로 입원하게 된 사안에서, 회사 자체를 상해죄(형법 제257조 제1항)의 주체로서 처벌할 수 있는지가 논의된다. 이것이 **법인의 범죄능력**에 관한 논의이다.

근대형법은 합리적 이성을 가진 인간이 결정한 행위를 전제로 그 행위자를 처벌하는 것을 전제하고 있는데, 현대에 법인이 등장하여 여러 가지 사회활동을 담당하고 그로부터 이익을 누리는 상황에서 형사처벌의 부담을 지지 않는 것은 불합리하다는 법인 처벌의 필요성이 제기되었다. 형법에서는 법인의 범죄능력에 관하여 규정하지 않고 있으며, 이 상황에서 견해가 대립한다.

(2) 견해의 대립

Ⓐ 법인의 범죄능력 '**긍정설**'이 있다.[7] 그 논거는 다음과 같다. 임직원 등 법인기관의 행위는 법인 자체의 행위이고, 법인이 사회에서 실질적으로 권리와 이익을 누린다면 그에 상응하여 범죄행위의 주체가 되고, 법인에 속한 개인만을 처벌한다면 법인의 범죄행위는 계속될 수 있으므로 정책적으로 법인의 범죄능력 인정할 필요가 있고, 사형이나 징역형 같은 형벌도 법인의 해산이나 업무정지 형태로 적용 가능하다는 것이다.

Ⓑ 법인의 범죄능력 '**부정설**'이 있다.[8] 그 논거는 다음과 같다. 형벌은 범죄자의 비난가능성을 전제로 하는데 법인의 범죄능력을 인정하는 것은 이러한 전제에 반하고, 사형이나 징역형 같은 형벌은 강한 사회윤리적 비난에 바탕을 둔 것인데 법인 자

---

7) 김일수 · 서보학, 88면; 박찬걸, 107면; 이영란, 125면; 정성근 · 박광민, 89면.

8) 김혜정 · 박미숙 · 안경옥 · 원혜욱 · 이인영, 76면; 김태명, 91면; 성낙현, 112면; 박상기 · 전지연, 46면; 배종대, 130면; 이정원 · 이석배 · 정배근, 58면; 이재상 · 장영민 · 강동범, 110면; 이주원, 63면; 이형국 · 김혜경, 133면; 정영일, 88면; 주호노, 228면; 홍영기, 56면.

체는 사회윤리적 비난의 의미를 알지 못하며, 법인을 처벌하면 범죄와 무관한 법인의 구성원까지 처벌하는 것이 되어 자기책임의 원칙에 반하며, 자연인인 법인소속원을 처벌하면 충분하다는 것이다.

판례는 법인의 범죄능력 부정설의 입장에서 "법인은 기관인 자연인을 통하여 행위를 하게 되는 것이기 때문에, 자연인이 법인의 기관으로서 범죄행위를 한 경우에도 행위자인 자연인이 범죄행위에 대한 형사책임을 지는 것이고, 다만 법률이 목적을 달성하기 위하여 특별히 규정하고 있는 경우에만 행위자를 벌하는 외에 법률효과가 귀속되는 법인에 대하여도 벌금형을 과할 수 있을 뿐"이라고 본다(대법원 1994.2.8. 선고 93도1483 판결).

© 그 외 윤리적 가치 결단의 특성(비난가능성으로서의 책임)이 비교적 약하여 정책적 고려를 할 수 있는 영역에서는 제한적으로 범죄능력을 긍정하는 견해가 있다. 행정범에 대해서 범죄능력을 긍정하거나 양벌규정 등의 형사처벌 규정이 존재하는 영역에서 범죄능력을 긍정하는 '**부분적 긍정설**'의 입장이 존재한다.[9]

법인의 범죄능력을 인정할 것인지에 대해서는 각국의 입법례가 다른데, 예를 들어, 스위스의 형법에서는 법인의 범죄능력을 명시적으로 인정하고 있다. 기업에 관련된 업무의 수행으로 행해진 범죄가 특정한 행위자에게 귀속될 수 없는 경우는 기업에 벌금형을 처할 수 있도록 규정하고 있다(스위스 형법 제100조의4). 반면 한국 형법에는 법인의 범죄능력을 인정하는 규정을 두고 있지 않다.

(3) 소결

법인의 범죄능력 문제는 법인의 본질에 관한 논의로서 행위능력 · 책임능력과 연결되는 존재론적인 논의인데, 이것은 현재 양벌규정을 통해 법인을 처벌하는 현실에서 논의의 실익이 크지 않다. 일정한 목적의 달성을 위해 결성한 단체의 경우 구성원 모두를 주체로 삼을 수도 있지만, 그렇게 되면 거래관계에서 매우 불편하므로 구성원과 독립된 주체로서 단체 자체를 인정한 것이 민사상의 법인이다. 사회적 편의를 위해서 의인화한 단체에 법인이라고 법인격을 부여한 점을 고려해 보면, 법인의 범죄능력을 인정할 수 있는지에 있어서 중요한 것은 법인의 처벌 방법과 그 한계이며, 이를 결정하는 중요한 기준은 법인 처벌의 필요성에서 연유하는 처벌 효과이다.

---

9) 신동운, 140면; 이상돈, 57면; 임웅 · 김성규 · 박성민, 104면.

즉 법인의 범죄능력의 인정 여부를 법인의 본질론과 연결하기보다는 형사정책적 · 기능적 시각에서 규범적으로 판단하는 것이 중요하다. 형법은 자연인인 14세 미만자의 형사책임능력을 인정하지 않는데(형법 제9조), 이것도 형사책임능력의 인정에 있어서 규범적으로 판단된 것이지 자연인의 존재론적 측면인 심리적 · 정신적 판단에만 의존해서 결정되지는 않았다. 현재 법인의 형사처벌을 규정하는 방식인 양벌규정에 대해서는 항목을 바꾸어 설명한다.

III. 양벌규정

1. 개념

법인의 범죄능력을 긍정한다면, 형사처벌이 규정된 모든 범죄를 법인이 범할 수 있게 되고 그에 대한 형사처벌이 가능해진다. 그러나 현재의 형법은 근대 계몽주의 철학에 기초하고 있으며, 이에 따라 범죄의 주체는 의사의 자유, 즉 자유의지를 가진 자율적인 인간을 전제하고 있다. 이에 따라 형법에는 법인의 범죄능력을 인정하는 규정을 두고 있지 않다.

그러나 법인의 사회적 활동이 확대된 상황에서 현실적으로 법인 처벌의 필요성이 있는데, 자연인을 전제로 한 형법과의 모순을 피하면서 이러한 필요성을 충족시키기 위해서 수많은 각종 개별법률(중대재해처벌법 제11조, 의료법 제91조, 변호사법 제115조, 식품위생법 제100조, 감정평가법 제51조, 저작권법 제141조, 개인정보 보호법 제74조, 감염병 예방법 제82조, 가축전염병 예방법 제59조 등)에 법인을 처벌할 수 있는 특별규정을 양벌규정의 형식으로 두고 있다. 즉 법인의 범죄능력 부정에 따른 법인처벌의 흠결을 방지하기 위하여 '양벌규정'이라는 입법기술을 채택하고 있다. 예시로 약사법 제97조(양벌규정)를 보면 다음과 같다.

> 법인의 대표자나 법인 또는 개인의 대리인, 사용인, 그 밖의 종업원이 그 법인 또는 개인의 업무에 관하여 제93조, 제94조, 제94조의2, 제95조, 제95조의2 또는 제96조의 위반행위를 하면 그 행위자를 벌하는 외에 그 법인 또는 개인에게도 해당 조문의 벌금형을 과(科)한다. 다만, 법인 또는 개인이 그 위반행위를 방지하기 위하여 해당 업무에 관하여 상당한 주의와 감독을 게을리하지 아니한 경우에는 그러하지 아니하다.

'**양벌규정**'은 임직원 등 법인의 기관으로서 직접 불법행위를 한 사람을 형사처벌하고 동시에 법인이나 영업주도 함께 처벌하도록 규정하는 방식이다. 하나의 범죄행위와 관련한 직접 행위자와 제3자를 함께 처벌한다는 의미에서 '양벌'이라고 하는데, 직접적인 범죄행위자뿐만 아니라 범죄행위로 인한 이익의 귀속 주체를 함께 처벌함으로써 범죄행위를 근절하기 위한 입법의 방식이다. 양벌규정에 대하여 헌법재판소는 "양벌규정으로 사업주인 법인 또는 개인을 처벌하는 것은 위반행위를 한 피용자에 대한 선임 감독의 책임을 물음으로써 행정규제의 목적을 달성하려는 것이므로 형벌체계상 합리적인 근거가 있다."라고 본다(헌법재판소 2000.6.1. 선고 99헌바73 결정). 판례는 양벌규정에서 "'행위자가 아닌 법인 또는 개인'은 국가형벌권 행사의 대상으로서 구성요건에서 정한 위반행위의 방지를 위한 주의와 감독의 해태 등을 근거로 별도의 형벌규정에 따라 법인 또는 개인의 직접책임 내지 자기책임에 기초하여 처벌되는 것"으로 본다(대법원 2025.5.1. 선고 2024도15290 판결).

2. 기능

양벌규정은 기업 범죄의 처벌을 위한 근거로 역할을 한다. 예를 들어, 전기통신사업의 적절한 운영과 전기통신의 효율적 관리를 규정하고 있는 전기통신사업법에서는 전기통신업무에 종사하는 사람이 재직 중에 통신에 관하여 알게 된 타인의 비밀을 누설하면 5년 이하의 징역 또는 2억 원 이하의 벌금에 처하도록 규정되어 있는데(전기통신사업법 제94조 제2호), 이 경우 비밀을 누설한 사람을 처벌하는 외에 비밀을 누설한 사람이 법인에 속한 경우는 그가 속한 법인에 대해서 그리고 비밀을 누설한 사람이 법인에 속하지 않은 경우는 그의 사용자에 대해서 2억 원 이하의 벌금에 처하도록 규정되어 있다(전기통신사업법 제103조 본문).

다만 비밀을 누설한 사람이 속한 법인이나 그의 사용자가, 비밀을 누설한 사람의 위반행위를 방지하기 위하여 해당 업무에 관하여 상당한 주의와 감독을 게을리하지 아니한 경우는 처벌되지 않는다(전기통신사업법 제103조 단서). 종업원 등이 저지른 행위의 결과에 대하여 단순히 법인이 고용한 종업원 등이 업무에 관하여 범죄행위를 하였다는 이유만으로 법인에 대하여 형사처벌을 부과하는 형태의 양벌규정은 다른 사람의 범죄에 대하여 그 책임 유무를 묻지 않고 형벌을 부과하는 것이어서 책임주의에 반하여 허용되지 않는다.

3. 양벌규정에서 법인의 처벌 근거

범죄능력이 없는 법인도 양벌규정을 근거로 처벌을 할 수 있는데, 이때 직접 행위를 하지 않는 법인의 처벌에 대한 이론적 근거를 제시하기 위한 견해가 대립한다.

Ⓐ '**과실책임설**'은 법인이 종업원 등의 선임 · 감독을 태만한 점에 법인 처벌의 근거가 있다고 보는 견해로서,[10] 이에 따르면 종업원의 선임 · 감독에 대한 법인의 과실책임이 입증되어야 한다.

Ⓑ '**무과실책임설**'은 법인의 과실 여부를 묻지 않고, 법인규제라는 정책적 관점에서 법인을 처벌하는 것이라고 보는 견해로서, 종업원의 선임 · 감독에 대한 과실을 입증할 필요가 없게 된다.

Ⓒ '**무과실 · 과실추정설**'은 법인의 기관이 한 행위에 대해서는 무과실책임을 인정하지만, 단순한 종업원의 행위에 대해서는 과실을 추정할 뿐이고 과실 없음을 증명하면 형사처벌 면하게 된다.

과거에는 무과실책임설의 입장에서 입법된 양벌규정이 존재하기도 하였지만, 2007년 헌법재판소는 종업원의 범죄행위에 대해 영업주가 비난받을 만한 행위가 있었는지와는 전혀 관계없이 종업원의 범죄행위가 있으면 자동적으로 영업주도 처벌하도록 규정한 형태는 책임주의에 반하는 것으로 헌법에 반한다고 결정하였다(헌법재판소 2007.11.29. 선고 2005헌가10 결정).

이후 무과실책임설의 입장에서 규정되었던 기존의 양벌규정은 과실책임설의 입장으로 전면 개정되어, 현재 양벌규정은 과실책임설의 입장에서 입법되어 있다. 현재 양벌규정의 형식을 보면, 단서에서 "다만, 법인 또는 개인이 그 위반행위를 방지하기 위하여 해당 업무에 관하여 상당한 주의와 감독을 게을리하지 아니한 경우에는 그러하지 아니하다."라고 면책 규정을 두고 있다. 이러한 양벌규정의 단서 조항은 사용자의 처벌 조건으로서 과실을 요구하고 있으므로, 양벌규정에서도 사용자의 과실에 대한 입증책임은 검사에게 있다고 보게 된다.

참고 **헌법재판소 2007.11.29. 선고 2005헌가10 결정**

- 대상 조문: (구)보건범죄단속에 관한 특별조치법 제6조(양벌규정) 법인의 대표자 또는 법인이나 개인의 대리인 · 사용인 기타 종업원이 그 법인 또는 개인의 업무에 관하여 제2조 내지 제5

10) 김혜정 · 박미숙 · 안경옥 · 원혜욱 · 이인영, 80면; 성낙현, 117면.

조의 위반행위를 한 때에는 행위자를 처벌하는 외에 법인 또는 개인에 대하여도 각 본조의 예에 따라 처벌한다.

- 이 사건 법률조항은 종업원의 범죄행위에 대한 영업주의 가담 여부나 종업원의 행위를 감독할 주의의무의 위반 여부를 영업주에 대한 처벌 요건으로 규정하고 있지 않으며, 달리 영업주가 면책될 가능성에 대해서도 규정하고 있지 아니하다. 따라서 종업원이 (구)보건범죄단속에 관한 특별법 제5조를 위반한 범죄사실이 인정되면 영업주는, 그 종업원의 범죄에 가담하거나 그 범죄를 알면서 묵인하였는지, 아니면 그 범죄를 알지 못했고 알 수도 없었는지 등과 같은, 영업주 자신에게 관련된 사정들과는 아무런 관계없이 곧바로 이 사건 법률조항에 따라 종업원과 같은 형으로 처벌된다.
- '책임없는 자에게 형벌을 부과할 수 없다'는 형벌에 관한 책임주의는 형사법의 기본원리로서, 헌법상 법치국가의 원리에 내재하는 원리인 동시에, 국민 누구나 인간으로서의 존엄과 가치를 가지고 스스로의 책임에 따라 자신의 행동을 결정할 것을 보장하고 있는 헌법 제10조의 취지로부터 도출되는 원리이다. 이 사건 법률조항은 영업주가 고용한 종업원이 그 업무와 관련하여 무면허의료행위를 한 경우에, 그와 같은 종업원의 범죄행위에 대해 영업주가 비난받을 만한 행위가 있었는지 여부, 가령 종업원의 범죄행위에 실질적으로 가담하였거나 지시 또는 도움을 주었는지, 아니면 영업주의 업무와 관련한 종업원의 행위를 지도하고 감독하는 노력을 게을리 하였는지 여부와는 전혀 관계없이 종업원의 범죄행위가 있으면 자동적으로 영업주도 처벌하도록 규정하고 있다. 이것은 아무런 비난받을 만한 행위를 한 바 없는 자에 대해, 다른 사람의 범죄행위를 이유로 처벌하는 것으로서 형벌에 관한 책임주의에 반하는 것이라 하지 않을 수 없다.
- 이 사건 법률조항은 법정형에 나아가 판단할 것 없이 다른 사람의 범죄에 대해 그 책임 유무를 묻지 않고 형벌을 부과함으로써 형사법의 기본원리인 책임주의에 반하므로 결국 법치국가의 원리와 헌법 제10조의 취지에 위반하여 헌법에 위반된다.

4. 적용 요건

(1) 사용인

양벌규정의 취지는 법인 등 업무주(業務主)의 처벌을 통하여 벌칙조항의 실효성을 확보하는 데 있는 것이므로, 법인의 사용인에는 법인과 정식 고용계약이 체결되어 근무하는 자뿐만 아니라 그 법인의 업무를 직접 또는 간접으로 수행하면서 법인의 통제 · 감독하에 있는 자도 포함된다(대법원 2012.5.9. 선고 2011도11264 판결).

(2) 업무 관련성

양벌규정이 존재하고 법인의 기관 등 사용인이 직접 불법행위를 하였다고 해서 바로 법인이나 영업주도 함께 처벌되는 것은 아니다. 양벌규정은 법인의 기관 등 사용인이 법인 등 사업주의 업무에 관하여 한 행위에 적용되는 것이기 때문이다. 업무에 관하여 행한 것으로 보기 위해서는 객관적으로 법인의 업무를 위하여 행하는 것으로 인정할 수 있는 행위가 있어야 하고, 주관적으로는 사용인 등이 법인의 업무를 위한다는 의사를 가지고 행위 하는 것이 필요하다(대법원 1997.2.14. 선고 96도2699 판결).

(3) 상습성

상습성 등과 같은 행위자의 특성은 직접적으로 행위를 한 사람을 기준으로 판단하므로, 양벌규정의 적용에 있어서는 직접적인 행위자에게 상습성이 인정되면 법인이나 영업주의 상습성 여부는 검토하지 않아도 된다. 예를 들어, 저작권법 제140조 본문에서는 불법복제로 인한 저작권법 제136조 제1항의 죄를 친고죄로 규정하면서 제140조 단서 제1호에서는 상습적으로 불법복제를 한 경우를 반의사불벌죄고 규정하고 있는데, 저작권법 제141조에 존재하는 양벌규정의 적용에 있어서는 행위자의 상습성 유무에 따라 반의사불벌죄 또는 친고죄 해당 여부를 판단한다(대법원 2011.9.8. 선고 2010도14475 판결).

(4) 처벌 종속성 불요

양벌규정에 의하여 법인이나 영업주를 처벌하기 위해서는 법인의 기관으로서 직접 불법행위를 한 법인의 기관 등 사용인이 처벌되어야 하는 것은 아니다. 양벌규정에 의한 영업주의 처벌은 금지위반 행위자인 종업원의 처벌에 종속하는 것이 아니라 독립하여 그 자신의 종업원에 대한 선임 · 감독상의 과실로 인하여 처벌되는 것이므로 종업원의 범죄성립이나 처벌이 영업주 처벌의 전제조건이 될 필요는 없다(대법원 2006.2.24. 선고 2005도7673 판결). 양벌규정 중 법인의 대표자 관련 부분은 대표자의 책임을 요건으로 하여 법인을 처벌하는 것이지 그 대표자의 처벌까지 전제조건이 되는 것은 아니다(대법원 2022.11.17. 선고 2021도701 판결).

(5) 신분범

양벌규정이 존재하는 법률에서 의무 주체를 사업주만으로 한정한 사안(신분범)에서 신분은 없으면서 업무 관련성 있는 사용인이 의무를 위배한 행위에 대해서 양벌규정을 근거로 사용인 및 사용주를 처벌할 수 있는지가 다투어진다.

예를 들어, 개인정보 보호법상 개인정보처리자는 개인정보를 법률에 따른 범위를 초과하여 이용하거나 제3자에게 제공하여서는 아니 되고(동법 제18조 제1항), 이를 위반하면 형사처벌을 받는다(동법 제71조 제1호). 즉 개인정보 보호법 제71조 제1호 · 제18조 제1항의 위반행위 주체는 '개인정보처리자'에 한정되는데, 이때 개인정보 보호법 제74조에 규정된 양벌규정을 근거로 개인정보처리자가 아니면서 그러한 업무를 집행하는 사람이 있을 때 행위자 및 개인정보처리자인 법인 또는 개인에 대한 형사처벌을 인정할 수 있는지가 다투어진다.

판례는 ⓐ 개인정보 보호법을 위반하여 이용 범위를 초과하여 개인정보를 이용한 개인정보처리자를 처벌하도록 규정하면서, 법인의 대표자나 법인 또는 개인의 대리인, 사용인, 그 밖의 종업원이 그 법인 또는 개인의 업무에 관하여 위와 같은 위반행위를 하면 그 행위자를 벌하는 외에 그 법인 또는 개인에게도 해당 조문의 벌금형을 과하도록 하는 양벌규정을 두고 있는데, 개인정보 보호법을 위반하여 이용 범위를 초과하여 개인정보를 이용한 개인정보처리자를 처벌하는 벌칙규정의 적용대상자를 개인정보처리자로 한정하고 있지만, 양벌규정은 벌칙규정의 적용대상인 개인정보처리자가 아니면서 그러한 업무를 실제로 처리하는 자가 있을 때 벌칙규정의 실효성을 확보하기 위하여 적용대상자를 해당 업무를 실제로 처리하는 행위자까지 확장하여 그 행위자나 개인정보처리자인 법인 또는 개인을 모두 처벌하려는 데 그 취지가 있으므로, 양벌규정에 의하여 개인정보처리자 아닌 행위자도 벌칙규정의 적용대상이라고 본다(대법원 2021.10.28. 선고 2020도1942 판결). ⓑ 양벌규정의 취지가 건설공사 시공자가 아니면서 그러한 업무를 실제로 집행하는 자가 있을 때 벌칙 규정의 실효성을 확보하기 위하여 적용대상자를 해당 업무를 실제로 집행하는 자까지 확장하여 그 행위자도 아울러 처벌하려는 데 있다고 보고, 즉 해당 위반행위를 건설공사 시공자인 법인이나 개인이 직접 하지 않는 경우라도 그 행위자나 건설공사 시공자 쌍방을 모두 처벌하려는 것이므로, 양벌규정에 따라 건설공사 시공자가 아닌 행위자도 업무주인 건설공사 시공자에 대한 벌칙규정의 적용 대상이 된다고 본다(대법원 2017.12.5. 선고 2017도11564 판결). ⓒ 산업안전보건법에 정하여진 벌칙 규정의 적용 대상이 사업자임이 규정 자체에 의하여 명백하나, 양벌규정을 두고 있고 이 규정의 취지는 각 본조의 위반행위를 사업자인 법인이나 개인이 직접 하지 않더라도 그 행위자나 사업자 쌍방을 모두 처벌하려는 데에 있으므로, 이 양벌규정에 의하여 사업자가 아닌 행위자도 사업자에 대한 각 본조의 벌칙 규정의 적용 대상이 된다고 본다(대법원 2010.9.9. 선고 2008도7834 판결).

생각건대 판례의 입장은, 양벌규정에 대한 목적론적 해석을 통해 직접 행위자는 실질적으로 본인을 위한 행위자로서 의무를 부담하여 행위 주체가 될 수 있으며 양벌규정은 직접 행위자에게도 의무위반의 주체성을 확장하는 규정이라고 그 본질을 이해하는 것이다. 하지만 법률의 규정에서 명시적으로 행위 주체를 사업주로 한정한 이상 사업주 이외의 자는 처벌할 수 없는 것이다. 진정신분범의 구성요건에서 신분이 없는 주체의 범죄를 인정할 수는 없는 것이기 때문이다. 위반행위의 주체를 사업주로 한정한 것을 사업주가 악용하는 처벌을 피하는 문제는 양벌규정의 의미를 확대하여 해석 · 적용할 것이 아니라 입법적으로 해결하는 것이 타당하다.

5. 적용 범위

(1) 법인격 없는 단체

양벌규정이 존재하여 법인의 기관 등 사용인이 행한 범죄도 업무주(業務主)에게 처벌이 가능하다면, 법인이 아닌 단체의 사용인이 그러한 범죄행위를 한 경우에 있어서 법인 아닌 단체의 처벌이 가능한 것인지가 논의된다.

법인격 없는 기관에 대하여 양벌규정을 적용할 것인지에 대해서 명시적인 규정을 두고 있지 않다면, 죄형법정주의의 원칙상 법인격 없는 기관을 양벌규정에 의하여 처벌할 수는 없다(대법원 2021.10.28. 선고 2020도1942 판결). 자연인이 법인의 기관으로서 범죄행위를 한 경우에도 행위자인 자연인이 그 범죄행위에 대한 형사책임을 지는 것이고, 다만 법률이 그 목적을 달성하기 위하여 특별히 양벌규정을 두고 있는 경우에만 행위자를 벌하는 외에 법률효과가 귀속되는 법인에 대하여도 벌금형을 과할 수 있는 것이다.

따라서 법인이 설립되기 이전에 어떤 자연인이 한 행위의 효과가 설립 후의 법인에게 당연히 귀속된다고 보기 어려울 뿐만 아니라, 양벌규정에 의하여 사용자인 법인을 처벌하는 것은 형벌의 자기책임원칙에 비추어 위반행위가 발생한 그 업무와 관련하여 사용자인 법인이 상당한 주의 또는 관리감독 의무를 게을리한 선임감독상의 과실을 이유로 하는 것인데, 법인이 설립되기 이전의 행위는 법인에게 어떠한 선임감독상의 과실이 있다고 할 수 없으므로, 특별한 근거규정이 없는 한 법인이 설립되기 이전에 자연인이 한 행위에 대하여 양벌규정을 적용하여 법인을 처벌할 수는 없다(대법원 2018.8.1. 선고 2015도10388 판결).

(2) 지방자치단체

양벌규정으로 법인의 처벌이 가능한 사안에 있어서 국가기관이나 지방자치단체에도 적용할 수 있는지가 문제 된다. 예를 들어, 지방자치단체 소속 공무원이 지정항만순찰 등의 업무를 위해 관할관청의 승인 없이 개조한 승합차를 운행함으로써 (구) 자동차관리법을 위반한 사안에서, 양벌규정에 따라 지방자치단체를 처벌할 수 있는지가 다투어진다.

이와 관련하여 판례는 지방자치단체 '고유의 자치사무'와 '국가로부터 위임받은 기관위임사무'를 구별하여 전자에 대해서는 양벌규정이 적용된다고 보지만 후자에 대해서는 양벌규정이 적용되지 않는다고 본다. 기관위임사무의 경우에 있어서 지방자치단체는 국가기관의 일부로 볼 수 있으므로 항만순찰 등과 같이 지방자치단체의 장이 국가로부터 위임받은 기관위임사무에 해당하는 사안에 있어서는 지방자치단체가 양벌규정에 따른 처벌대상이 될 수 없지만, 지방자치단체가 그 고유의 자치사무를 처리하는 경우에 있어서 지방자치단체는 국가기관과는 별도의 독립한 공법인으로서 양벌규정에 의한 처벌의 대상이 되는 법인에 해당한다(대법원 2009.6.11. 선고 2008도6530 판결).

제3절 | 인과관계

I. 의의

> **제17조(인과관계)** 어떤 행위라도 죄의 요소되는 위험발생에 연결되지 아니한 때에는 그 결과로 인하여 벌하지 아니한다.

구성요건에서 결과의 발생이 요구되는 '결과범'이 성립하기 위해서는 행위자의 실행행위와 결과가 존재하고 나아가 행위와 결과 사이의 연결고리가 존재해야 하는데, 이것이 '**인과관계**'(Kausalzusammenhang)이다. 어떠한 행위가 존재하고 결과의 발생이 존재하는 상황이라면, 발생한 결과에 대해서 행위가 원인이 될 때 발생한 결과를 행위자의 책임으로 귀속시킬 수 있게 되며, 다른 요인이 발생한 결과에 원인이라면 행위자에게 책임을 물을 수 없다.

형법에서 객관적 구성요건으로 검토되는 인과관계는 자연과학의 인과관계와는 차별된다. 자연과학에서 인과관계는 실존하는 어떤 것(A)과 실존하는 다른 어떤 것(B) 사이에 원인과 결과의 관계를 의미하는데, 이것은 단순히 사실 판단 영역의 문제이다. 자연과학적 인과관계는 인과성(Kausalität)이라고 말하는 것이 타당한데, 자연과학적 인과관계는 사실 판단의 영역에서 원인행위로부터 결과를 도출하는 구조(행위 → 결과)를 취하게 된다.

반면 형법에서 인과관계는 단순한 존재의 사실 확인뿐만 아니라 귀속(Zurechnung)이라는 평가도 확인하는 문제, 즉 사실 판단 영역의 문제뿐만이 아니라 규범 판단 영역의 문제까지 포함한다. 규범 판단의 영역에서는 발생한 결과로부터 그것을 귀속시킬 수 있는 원인행위를 찾는 구조(결과 → 행위)를 취하게 된다. 즉 형법의 인과관계는 사실 판단의 인과성과 규범 판단의 객관적 귀속을 포괄한 개념으로 양자를 결합한 인과관계를 검토한다. 예를 들어, 수면제 등 약물을 투약하여 피해자를 일시적으로 수면 또는 의식불명 상태에 이르게 한 경우, 피해자가 외부적으로 드러난 상처가 없더라도 약물로 인하여 피해자의 건강 상태가 나쁘게 변경되고 생활기능에 징애가 초래되있다면 상해에 내한 인과관계를 인정한다(대법원 2017.7.11. 선고 2015도3939 판결).

이처럼 법학에서 인과관계를 사실적 측면과 규범적 측면의 두 가지로 구분하는 관점은 중세 이전부터 존재했으며, 영미법계에서도 인과관계는 사실상의 인과관계(factual causation)와 법적 인과관계(legal causation)로 구분한다. 사실상의 인과관계는 절대적 제약공식을 적용하여 판단하며, 법적 인과관계는 예견가능성(foreseeability)을 기초로 하여 다양한 관점이 제시된다. 법의 영역에서 인과관계는 발견되는 것이 아니라 선택되는 것으로서, 인과관계의 인정 여부는 정책적인 고려에 따른 가치판단이다.

형법 제17조에는 "어떤 행위라도 죄의 요소되는 위험발생에 연결되지 아니한 때에는 그 결과로 인하여 벌하지 아니한다."라고 인과관계를 규정하고 있는데, 이 규정 속에도 사실적 측면의 인과성("그 결과로 인하여")과 규범적 측면의 객관적 귀속("위험발생에 연결")이 모두 내포되어 있다고 볼 수 있다.

II. 인과관계의 판단기준

인과관계의 판단기준에 대한 이론적 논의를 '인과관계론'이라 하는데, 인과관계론은 크게 사실적 측면의 판단과 규범적 측면의 판단을 분리하여 이원적으로 검토하는 방식과 양 측면을 통합하여 일원적으로 검토하는 방식으로 구분할 수 있다.

1. 이원적 검토 방식

이원적으로 검토하는 방식은 사실적 측면에서 인과성을 검토한 후, 규범적 측면에서 객관적 귀속을 별도로 검토하는 방식이다.

(1) 사실적 측면(인과성)

① 조건설

조건설은 결과의 발생에 대한 모든 조건을 원인으로 보는 견해로서, 결과에 대한 여러 원인을 각기 동등한 원인으로 간주하여 '등가설'이라고도 한다. 이 입장에서는 '**절대적 제약공식**'(가설적 제거공식, conditio sine qua non, but-for test)을 이용할 때 어떠한 조건이 없었더라면 결과가 발생하지 않았을 것이라고 판단되는 모든 조건은 결과 발생의 원인이라고 본다. 절대적 제약 공식을 적용함에 있어서는 존재하는 원인이 된 행위를 없었을 것으로 가정하는 것은 허용되지만, 존재하지 아니한 원인행위를 존재하는 원인으로 가정하는 것은 허용되지 않는다.

조건설에 의하면 아무리 복잡한 사안이더라도 절대적 제약공식을 적용하여 인과관계를 간단하게 판단할 수 있다는 장점이 있다. 하지만 절대적 제약공식에 적용할 경우는 인과관계의 범위가 상식을 벗어나는 범위의 원인까지 무한히 확장될 수 있으며, 명확한 원인이 2가지 이상이 존재하는 경우는 그러한 원인 모두가 절대적 제약공식을 적용할 때 인과성인 부정될 수 있으며, 존재하지 아니한 원인행위를 존재하는 원인으로 가정하는 것을 허용하지 않으므로 부작위범이나 과실범에서 인과관계의 검토가 어렵다는 단점이 있다.

② 합법칙적 조건설

사실적 측면의 인과성을 절대적 제약공식을 통해 검토하는 조건설의 기본적 방향을 유지하면서 조건설의 단점을 보완하는 방식으로 등장한 것이 합법칙적 조건설이다. 조건설과 달리 결과의 발생에 대한 모든 조건을 절대적 제약공식에 대입하여 검토하지 않고, 조건의 범위를 합법칙적으로 제한한 뒤 절대적 제약공식에 대입하여 인과관계를 판단하는 견해이다.[11] 이때 '합법칙'이라는 것은 학술적 검증을 거쳤거나 일상생활 가운데서 경험으로 체득한 인과법칙과 같이 확인된 인과법칙을 의미한다.

합법칙적 조건설에 대해서도 절대적 제약공식을 사용하는 한 인과관계의 인정 범위가 확장될 수 있다는 점 및 심리적 인과관계에 대해서는 여전히 설명하기 어렵다는 비판이 제기된다. 이러한 문제점에 대해서 합법칙적 조건설에서는 사실적 측면의 인과성 검토와 별도로 규범적 측면의 검토(객관적 귀속론)를 통해 인과관계의 검토를 보완한다. 즉 조건설에 대해서 사실적 측면에서 '합법칙성'과 규범적 측면의 '객관적 귀속'이라는 추가 요건을 통해 수정하는 견해가 합법칙적 조건설이다.

(2) 규범적 측면(객관적 귀속)

① 의의

객관적 귀속(objektive Zurechnung)이란 결과를 '**행위**'에 귀책시키는 것을 의미하며, 책임(Schuld)의 영역에서 결과를 '**행위자**'에게 귀책시키는 것을 의미하는 '주관적 귀속'과 구별된다.[12] 형법상의 인과관계를 검토함 있어서 사실적 측면의 인과성은 필요조건이지만 충분조건이 되지 아니하여, 사실적 측면의 인과성을 규범적 판단의 측면에서 보완하고자 사용되는 개념이 객관적 귀속이다. 객관적 귀속론에서는 사실적 측면에서 인과성이 존재함에도 예외적으로 결과를 행위에 귀속시킴을 부인할 수 있는 근거와 사실적 측면에서 인과성이 부존재하더라도 예외적으로 결과를 행위에 귀속시킬 수 있는 근거를 도출하는 것을 내용으로 한다.

이처럼 인과성의 유무 확정이라는 사실적 판단과 형사책임의 귀속 범위의 확정이라는 규범적 판단은 동일한 차원에서 평가할 수 없다고 보고 양자를 분리하여 각각의 기준으로 판단하는 객관적 귀속론에 대해서는, 양 측면을 분리하여 검토하든 통

---

11) 강동욱, 80면; 김일수 · 서보학, 114면; 김혜정 · 박미숙 · 안경옥 · 원혜욱 · 이인영, 109면; 성낙현, 170면; 박상기 · 전지연, 79면; 이영란, 135면; 이용식, 53면; 이재상 · 장영민 · 강동범, 170면; 이형국 · 김혜경, 147면; 임웅 · 김성규 · 박성민, 159면; 정성근 · 박광민, 133면; 정성근 · 정준섭, 82면; 정영일, 139면; 한상훈 · 안성조, 55면.

12) '귀속(Zurechnung)'은 발생한 결과로부터 회고적으로 거슬러 가서 누구의 탓이라고 수 있는가의 개념으로서, 누구에게 결과에 대한 법률효과(형사제재)를 부과하는 것이 타당한지를 찾아가는 소급의 구성과정이다.

합하여 검토하든 사안 해결의 실제에 있어서 실질적인 차이가 없다는 비판이 일원적 검토 방식인 상당인과관계설의 입장에서 제기된다. 그렇지만 상당인과관계설이 인과관계의 판단 기준으로서 '상당성'이라는 추상적 기준만을 제시하는 것과 대조적으로, 객관적 귀속론은 검토 단계를 세분화하고 판단 기준을 구체화함으로써 자료제시를 통한 논증을 구현한다는 의미가 있다.

② 객관적 귀속의 기준

객관적 귀속론에서 제시되는 규범적 판단 기준은 논하는 사람의 시각에 따라 차이가 있고 통일된 기준이 제시되지는 못하고 있지만, 주요한 기준은 다음과 같다.

첫째, '**허용되지 않는 위험의 창출**'이다. 객체에 대하여 위험을 창출한 행위로 평가될 수 있을 때 객관적 귀속이 인정될 수 있다는 것이다. 이것은 다음의 경우에 있어서 사용할 수 있다. ⓐ 객체에 대하여 일상적으로 허용되는 위험을 창출한 행위, 예를 들어 낙뢰를 동반한 소나기가 내리는 날 의도적으로 피해자를 야외로 불러내어 낙뢰를 맞게 한 행위에 있어서는 객관적 귀속이 인정되지 않으며, 또한 ⓑ 객체에 대하여 위험을 감소케 한 행위, 예를 들어 상대방의 생명을 구하기 위한 행위로 인해서 상대방에게 상해를 유발한 행위에 있어서는 객관적 귀속이 인정되지 않으며, 그리고 ⓒ 그러한 행위가 없더라도 동일한 결과가 발생하는 경우, 예를 들어 제한속도를 위반하여 과속으로 승용차를 운전하던 중 횡단보도 앞에서 갑자기 무단횡단하는 통행자를 치어 상해케 한 경우에 제한속도를 준수하여 운전하더라도 신호를 위반하고 갑자기 횡단보도를 무단횡단하는 통행자를 피할 수 없는 경우라면 객관적 귀속이 인정되지 않는다.

둘째, '**보호 목적 관련성**'이다. 결과가 침해된 규범의 보호 목적 내에 있을 때 객관적 귀속이 인정될 수 있다는 것이다. 예를 들어 ⓐ 사기를 당한 피해자가 생활고에 시달리다 자살을 한 경우에 있어서는 피해자의 사망에 대해서는 사기죄의 보호 목적 관련성이 인정되지 않아 피해자의 사망에 대해서 기망행위에 객관적 귀속이 인정되지 않는다. 보호 목적 관련성은 특히 주의의무 규범의 경우에서 활용되어 과실범의 경우에 많이 활용되는데, 예를 들어 ⓑ 녹색신호에 따라 승용차를 운전하여 사거리를 통과하던 운전자가 반대차로에서 신호를 위반하여 도로중앙선을 침범하여 좌회전하는 차량과 충돌하여 상해를 가한 사고에 있어서 운전자가 사거리를 통과할 무렵 제한속도를 초과했다고 하더라도, 발생된 결과는 운전속도 제한의 규범의 보호 목적

범위 내라고 볼 수 없으므로 상해에 대해서 과속운전에 객관적 귀속이 인정되지 않는다.

2. 일원적 검토 방식

(1) 상당인과관계설

일원적으로 검토하는 방식은 사실적 측면과 규범적 측면을 통합하여 인과관계를 검토하는 방식이다. 일원적으로 검토하는 방식에서는 비록 객관적 귀속의 내용이 실질적으로는 통합되어 검토되어 있지만, 형식적으로는 별도의 객관적 귀속의 검토 단계가 존재하지 않는다. 따라서 일원적 검토 방식에서는 인과관계가 인정된다는 결론 이후에 다시 객관적 귀속을 검토하지는 않는다.

인과관계를 일원적으로 검토하는 견해가 '**상당인과관계설**'인데,[13] 이 견해는 인과관계의 판단기준으로 '상당성'을 제시한다. 상당성이라는 개념으로 사실적 판단과 규범적 판단을 일원적으로 하는데, 사실적 측면에서 조건관계가 인정되는 경우라도 다시 사람들이 일반적 생활경험으로 상당성이 인정되어야 인과관계를 긍정하게 된다. 만약 변칙적이고 상당하지 않은 인과과정이 진행된 경우라면, 인과관계가 부정되는 것이다. 이원적 검토 방식의 조건설이 소극적 판단방식(그와 같은 행위가 없다면 이러한 결과의 발생이 없는지)을 사용하는 반면, 상당인과관계설은 적극적 판단방식(그와 같은 행위가 있으면 일상적으로 이러한 결과가 발생하는지)을 사용한다.

상당인과관계설은 상당성이라는 단순한 개념으로 인과관계를 단순하게 판단할 수 있는 장점이 있지만, 상당성의 판단 기준이 불명확하므로 인과관계 판단자의 직관에 의존하기 쉽다는 단점이 있다. 또한 사실적 측면의 판단과 규범적 측면의 판단을 동일 차원에서 취급하여 사실적 측면의 인과성까지 규범적 측면의 기준인 상당성으로 판단한다고 비판된다.

(2) 판례

① 상당인과관계설

판례는 상당인과관계설의 입장에서 인과관계의 여부를 판단한다. 살인의 실행행

13) 박찬걸, 115면; 배종대, 143면; 오영근 · 노수환, 145면; 주호노, 264면; 홍영기, 61면.

위가 피해자의 사망이라는 결과를 발생하게 한 유일한 원인이거나 직접적인 원인이어야만 되는 것은 아니므로, 살인의 실행행위와 피해자의 사망과의 사이에 다른 사실이 개재되어 그 사실이 치사의 직접적인 원인이 되었더라도, 그와 같은 사실이 통상 예견할 수 있는 것에 지나지 않는다면 살인의 실행행위와 피해자의 사망과의 사이에 인과관계가 있는 것으로 본다(대법원 1994.3.22. 선고 93도3612 판결). 특히 판례는 결과적가중범(기본범죄를 범하였는데 기본범죄에 내포된 중한 결과가 발생하여 가중 처벌되는 범죄)의 경우에서 인과관계의 확장을 규제하려고 상당인과관계설을 사용한다. 예를 들어 교통방해치사상죄(형법 제188조)가 성립하려면 교통방해 행위와 사상(死傷)의 결과 사이에 상당인과관계가 있어야 하고 행위 시에 결과의 발생을 예견할 수 있어야 하는데, 교통방해 행위가 피해자의 사상이라는 사이에 피해자나 제3자의 과실 등 다른 사실이 개재된 때에도 그와 같은 사실이 통상 예견될 수 있으면 상당인과관계를 인정한다(대법원 2014.7.24. 선고 2014도6206 판결).

② 인과관계 긍정 사례

ⓐ 주먹으로 피해자의 복부를 1회 강타하여 장파열로 인한 복막염으로 사망케 하였다면, 비록 의사의 수술지연 등 과실이 피해자 사망의 공동원인이 되었더라도 폭력행위가 사망의 결과에 대한 유력한 원인이 된 이상 그 폭력행위와 치사의 결과 간에는 인과관계가 인정된다(대법원 1984.6.26. 선고 84도831,84감도129 판결). ⓑ 피해자의 멱살을 잡아 흔들고 주먹으로 가슴과 얼굴을 1회씩 구타하고 멱살을 붙들고 넘어뜨리는 등 신체 여러 부위에 표피박탈, 피하출혈 등의 외상이 생길 정도로 심하게 폭행을 가함으로써 평소에 (오른쪽 관상동맥폐쇄 및 심실의 허혈성심근섬유화증세 등의) 심장질환을 앓고 있던 피해자의 심장에 더욱 부담을 주어 나쁜 영향을 초래하도록 하였다면, 비록 피해자가 관상동맥부전과 허혈성심근경색 등으로 사망하였더라도 폭행과 피해자의 사망과 간에 상당인과관계가 인정된다(대법원 1989.10.13. 선고 89도556 판결). ⓒ 안방에서 취침하다가 일산화탄소(연탄가스) 중독으로 병원 응급실에 후송되어 온 환자가 치료받고 이튿날 퇴원할 당시 일산화탄소 중독으로 판명하고 치료한 담당 의사에게 자신의 병명을 문의하였는데도, 담당 의사가 아무런 요양방법을 지도하여 주지 아니하여 환자가 일산화탄소에 중독되었던 사실을 모르고 퇴원 후 사고 난 자기 집 안방에서 다시 취침하여 전신피부파열 등 일산화탄소 중독을 입은 경우, 요양방법의 지도의무를 태만하게 한 의사의 업무상과실과 재차의 일산화탄소 중

독과의 사이에 인과관계가 인정된다(대법원 1991.2.12. 선고 90도2547 판결). ⓓ 성수대교와 같은 교량이 그 수명을 유지하기 위해서는 건설업자의 완벽한 시공, 감독공무원들의 철저한 제작시공상의 감독, 유지 · 관리를 담당하는 공무원들의 철저한 유지 · 관리라는 조건이 합치되어야 하는 것이므로, 각 단계에서의 과실 자체만으로 붕괴 원인이 되지 못한다고 하더라도, 그것이 합쳐지면 교량이 붕괴될 수 있다는 점은 쉽게 예상할 수 있으므로 각 단계에 관여한 자는 전혀 과실이 없다거나 과실이 있다고 하여도 교량붕괴의 원인이 되지 않았다는 등의 특별한 사정이 있는 경우를 제외하고는 붕괴에 대한 공동책임을 면할 수 없다(대법원 1997.11.28. 선고 97도1740 판결).

③ 인과관계 부정 사례

ⓐ 강간을 당한 피해자가 집에 돌아가 음독자살한 원인이 강간으로 인하여 생긴 수치심과 장래에 대한 절망감 등이었더라도, 자살행위가 강간행위로 인하여 생긴 당연한 결과라고 볼 수는 없으므로 강간행위와 자살행위 사이에 인과관계가 인정되지 않는다(대법원 1982.11.23. 선고 82도1446 판결). ⓑ 고등학교 교사가 제자의 잘못을 징계코자 왼쪽 뺨을 때려 뒤로 넘어지면서 사망에 이르게 한 경우, 피해자는 두께 0.5㎜밖에 안 되는 비정상적인 얇은 두개골이었고 또한 뇌수송을 가진 사람으로서 좌측 뺨을 때리자 급성뇌성압상승으로 넘어지게 된 것이라면, 뺨을 때린 행위와 피해자의 사망 간에는 인과관계가 인정되지 않는다(대법원 1978.11.28. 선고 78도1961 판결). ⓒ 트럭을 도로의 중앙선 위에 왼쪽 바깥 바퀴가 걸친 상태로 운행하던 중 피해자가 승용차를 운전하여 피고인이 진행하던 차선으로 달려오다가 급히 자기 차선으로 들어가면서 피고인이 운전하던 트럭과 교행할 무렵 다시 피고인의 차선으로 들어와 그 차량의 왼쪽 앞부분으로 트럭의 왼쪽 뒷바퀴 부분을 스치듯이 충돌하고 이어서 트럭을 바짝 뒤따라가던 차량을 들이받은 경우, 피고인의 트럭이 중앙선 위를 달리지 아니하고 정상 차선으로 달렸다 하더라도 사고는 피할 수 없었으므로 피고인 트럭의 왼쪽 바퀴를 중앙선 위에 올려놓은 상태에서 운전한 것만으로는 사고의 직접적인 원인이 되었다고 할 수 없다(대법원 1991.2.26. 선고 90도2856 판결). ⓓ 녹색등화에 따라 왕복 8차선의 간선도로를 직진하는 차량의 운전자는 왕복 2차선의 접속도로에서 진행하여 오던 차량이 아예 허용되지 아니하는 좌회전을 감행하여 직진하는 자기 차량의 앞을 가로질러 진행하여 올 경우까지 예상하여 그에 따른 사고발생을 미리 방지하기 위하여 특별한 조치까지 강구할 주의의무는 없으므로, 운전자가 제한속도를 지

키며 진행하였더라면 피해자가 좌회전하여 진입하는 것을 발견한 후에 충돌을 피할 수 있었다는 등의 사정이 없는 한, 운전자가 제한속도를 초과하여 과속으로 진행한 잘못이 있더라도 그러한 잘못과 교통사고의 발생 사이에 상당인과관계가 있다고 볼 수는 없다(대법원 1998.9.22. 선고 98도1854 판결). ⓔ 선행 교통사고와 후행 교통사고 중 어느 쪽이 원인이 되어 피해자가 사망에 이르게 되었는지 밝혀지지 않은 경우, 후행 교통사고를 일으킨 사람의 과실과 피해자의 사망 사이에 인과관계가 인정되기 위해서는 후행 교통사고를 일으킨 사람이 주의의무를 게을리하지 않았다면 피해자가 사망에 이르지 않았을 것이라는 사실이 입증되어야 하고, 그 입증책임은 검사에게 있다(대법원 2007.10.26. 선고 2005도8822 판결).

제4장

주관적 구성요건

제1절 | 고의

I. 의의

제13조(고의) 죄의 성립요소인 사실을 인식하지 못한 행위는 벌하지 아니한다. 다만, 법률에 특별한 규정이 있는 경우에는 예외로 한다.

1. 고의와 고의범 처벌의 원칙

민사상의 손해배상책임은 고의뿐만 아니라 과실에 의한 경우에도 인정되지만(민법 제750조), 보호법익과 사회의 가치를 지키기 위해서 형벌권이라는 강력한 수단을 사용하는 형법은 보충적인 최후수단으로 작용하므로 원칙적으로 고의범만을 처벌한다. 현대의 형법은 한편으로는 이기적이며 다른 한편으로는 이타적인 특성을 가진 이성적 인간을 전제하는데, 행동을 스스로 조절할 수 있는 개인은 자신의 자유로운 결정에 의한 행위가 아닌 한 국가의 형벌권에 내맡겨질 수 없다는 것에 고의를 요구하는 주관적 구성요건의 기능이 존재한다.[1)]

형법 제13조는 고의범 처벌의 원칙을 규정하면서, 고의가 없는 과실범의 처벌은 법률에 특별한 규정이 있는 경우에만 예외적으로 가능하도록 규정하고 있다(형법 제

1) 김정환, “사실확정을 전제하는 형법이론과 사실미확정을 전제하는 형사절차의 조화”, 「연세법학, 또 다른 백 년」, 2021, 84면.

13조, 제14조). 일반적으로 고의는 '**구성요건을 인식하고 이를 실현하려는 의사**'라고 하여 객관적 구성요건요소에 대한 인식적 측면과 의욕적 측면 모두를 충족할 때 성립되는 것으로 이해되는데, 형법 제13조에서는 고의는 "죄의 성립요소인 사실을 인식"하는 것이라고 하여 최소한의 내용으로 규정하고 있다.

2. 고의의 대상

(1) 객관적 구성요건요소

실현된 객관적 구성요건을 행위자의 고의에 따른 결과로 귀속시키기 위해서는, 행위자는 범죄에 대하여 어떤 구체적인 형상을 가져야 하는지에 대한 논의가 전제된다. 형법은 고의개념에 대한 적극적인 정의를 회피하고, 소극적인 형태로 제13조에 "죄의 성립요소인 사실을 인식하지 못한 행위는 벌하지 아니한다."라고 규정하고 있다.

범죄행위를 벌하기 위해서는 최소한 '죄의 성립요소인 사실'을 인식해야 하는데, '죄의 성립요소인 사실'이 무엇을 의미하는지에 대하여 해석이 필요하게 된다. 이때 고의는 죄형법정주의 원칙상 특정한 구성요건을 대상으로 하는 것이며, 구성요건적 고의의 인식 대상은 객관적 구성요건요소의 총체이며, 행위자는 당해 구성요건의 본질적 부분, 즉 행위 · 객체 · 결과 · 인과관계에 관한 인식이 필요하다고 해석된다. 구성요건요소로 되어 있는 행위정황이나 형의 가중 · 감경사유에 대해서는 인식이 필요하지만, 반면 객관적 처벌조건과 소송조건은 인식의 대상이 아니다. 즉, 형법 제13조에서 죄의 성립요소인 사실은 객관적 구성요건요소를 의미하고, 객관적 구성요건요소를 인식하지도 못한 행위를 처벌할 수 없다는 최소한의 요건을 규정한 것이라고 이해된다.

객관적 구성요건요소에 대한 인식을 가진 상태로 행위를 하였다면, 다른 의도가 있더라도 그 구성요건에 대한 고의는 인정된다. 예를 들어, 회사의 감사인 사람이 회사 경영진과 불화로 한 달 가까이 결근하다가 회사 감사실에 침입하여 자신이 사용하던 컴퓨터에서 하드디스크를 떼어간 행위가 회사의 경영상 비리를 고발하기 위한 것이어서 절도의 고의가 없다고 주장하더라도, 절도죄의 고의는 인정된다(대법원 2011.8.18. 선고 2010도9570 판결).

(2) 인과관계

행위와 결과 간의 인과관계도 객관적 구성요건요소이므로 고의의 대상에 포함된다고 보는 것이 일반적이다.[2] 객관적 귀속을 가능하게 하는 행위 상황 전체에 대한 인식이 고의의 대상에 포함되는 것인데, 인과관계는 단순히 규범적 측면의 검토에 한정되는 것이 아니라 사실적 측면의 인과성을 전제로 하여 검토를 시작하므로 행위자가 행위 시점에 인식한 사실적 측면의 인과성은 고의의 대상이 되는 것이다. 반면 인과관계는 구체적으로 발생된 결과를 불법한 구성요건적 결과로 평가할 수 있는지를 판단하는 가치판단의 기준일 뿐으로서 인식의 대상이 아니라는 견해도 있다(인과관계 인식불요설).[3]

생각건대, 인과관계는 고의의 대상에 포함된다는 것은 고의의 일상적 개념 자체에서 당연히 추론된다(**인과관계 인식필요설**). 예를 들어, A가 죽기를 원한다는 기대 속에서 甲이 어떠한 행위를 한 경우 우연히 甲의 행위로 A의 사망이라는 결과가 발생했다면, 자신의 행위와 A의 사망 간의 인과관계에 대한 인식이 없는 甲의 행위를 고의라고 말할 수는 없을 것이고, 다만 甲의 소망이 실현되었다고 볼 수 있을 뿐이다. 객관적 구성요건요소의 인식이라는 고의의 인식 측면에는 자신의 행위가 객관적 구성요건을 실현할 것이라는 의식이 포함되는 것이다.[4]

(3) 행위 객체의 구체성

행위 객체는 행위자가 인식해야 할 대상에 포함이 되는데, 행위 객체에 대한 인식에 있어서 행위 객체를 불법유형적으로 인식하는 것으로 충분하다는 견해와 객체를 개별화하여 인식해야 한다는 견해가 대립한다.

Ⓐ 추상적 인식(규범적 인식)설

행위 객체에 대한 인식에 있어서 행위 객체를 불법유형적으로 파악하여 고의를 추상적 구성요건의 인식으로 충분하다는 견해이다. 이것은 행위자에게 어떠한 내용

---

2) 박상기 · 전지연, 82면; 박상옥 · 김대휘(1), 186면; 배종대, 157면; 서거석 · 송문호, 113면; 성낙현, 195면; 신동운, 204면; 이상돈, 69면; 이재상 · 장영민 · 강동범, 183면; 이주원, 91면; 임웅 · 김성규 · 박성민, 179면; 정영일, 144면.

3) 김종원(상), 307면; 이정원 · 이석배 · 정배근, 95면.

4) 김정환, “하자 있는 보험계약체결에 가담한 자에 대한 사기죄 실행착수여부의 판단과 방조범의 성립여부”, 법조 제692호, 2014, 273면.

의 표상이 있어야 고의를 인정할 수 있는지는 구성요건(혹은 구성요건의 해석)을 통해서 정해져야 하고, 모든 경우에 이러한 일반원칙이 동일하게 적용되어야 한다고 한다. 즉 고의라는 것도 법적 평가의 결과로서 인정되는 개념으로 본다.

살인죄를 규정한 형법 제250조 제1항의 경우, 행위 객체가 "사람"이라고만 규정되어 있지 어느 정도 구체적이어야 하는지에 관해서는 서술되어 있지 않다는 점을 강조한다. 법률 규정상으로 행위 객체의 구체화가 요구되지 아니하므로, 객체에 대해서는 구성요건적 종류의 인식, 즉 유형적인 파악(살인죄에서 사람, 절도죄에서 재물)만으로 충분하다고 본다. 다만 이러한 견해에서도 구체화된 고의의 경우를 부정하는 것은 아니고, 특정한 객체에 대한 고의는 구성요건적 종류에 해당하는 객체에 대한 고의를 필연적으로 포함한다고 한다.

Ⓑ 구체적 인식(현실적 인식)설

고의의 개념을 행위자가 구체적으로 목표했던 것으로 정해야 한다고 보고, 고의에는 범행 객체의 특정이 요구된다고 보는 견해이다. 행위자는 단순히 타인의 물건을 훔치기 위해서 절취를 하는 것이 아니라, 타인의 구체적인 특정한 물건을 훔치는 것이 절취라고 본다. 구성요건을 형법전에 규정한 것은 일상의 구체적 행위를 전제로 한 것이므로, 구성요건이 행위자에게 그의 실제적 행위가 법적으로 어떻게 평가되는가를 말한다고 하여 행위자가 구체적으로 행하고자 했던 것이 의미 없게 되지는 않는다고 본다. 법률은 행위자의 인식과 행동을 사후에 평가하는 것일 뿐 생활 속의 사실을 창조할 수는 없으므로, 행위자의 고의는 항상 구체적인 현실에 관한 것이지 추상적 · 논리적 개념이 아니라고 본다.

살인죄를 규정한 형법 제250조 제1항은, 모든 인간의 '생명' 자체를 보호하는 것이기도 하지만, 관념적 가치의 보호가 아니라 구체적인 행위 객체의 보호에 일차적인 의미가 있다는 점을 강조한다. 추상적 인식(규범적 인식)설에 의하면, 살인죄의 경우에 있어서 아무나 살해하려는 악의를 가지고 있다는 것을 근거로 살인미수범으로 처벌하는 결과로 되는데, 이것은 행위책임이 아니라 행위자책임에 해당하는 것이어서 받아들일 수 없다는 것이다. 행위자의 객체에 대한 구체적인 인식에 고의의 사실적 연결점이 존재하며 동시에 고의의 한계도 존재하게 되고, 이때 고의범 처벌의 원칙에 부합하는 고의책임 귀속 기능을 수행하게 된다고 본다.

© 소결(구체적 인식설)[5)]

행위 객체에 대한 인식의 정도에 관한 문제는, 근본적으로 고의를 법적 평가의 가치판단으로 개념을 정의할 것인지, 심리적 사실(事實)로서 개념을 정의할 것인지의 난해한 문제이다. 인식 정도에 관한 문제는 인간의 내적·정신적 세계를 대상으로 하는 것으로서 그 증명에 있어 어려움이 상당하다. 이 문제는 결국 어떠한 시각을 가지고서 접근하는가에 달려 있다. 즉 고의의 인식 정도의 문제는 논리의 문제로서가 아니라 형사정책적 문제로서 자리 잡고 있는데, 형사정책적으로 처벌의 흠결을 막는 것을 강조하는 시각에서는 인지작용에 의한 구체적 인식을 요구하지 않게 되고, 반면에 형사처벌 확대의 방지를 강조하는 시각에서는 개별화를 요구하게 된다.

개인적으로는 **구체적 범죄사실의 인식(현실적 인식)설**이 타당하다고 생각한다. 형법의 대상은 실제의 사실로부터 형법의 판단 사항을 찾아내는 것이다. 그렇다면 법 이전에 존재하는 현상의 구조는 당연히 정립할 법률 규정의 형성에 있어서 고려되어야 할 것이며, 고의가 추상적 법규범의 인식만으로 충분하다고 하는 것은 사실적 측면을 도외시하는 것이다. 예를 들어, 군중을 향해 폭탄을 던지는 경우를 가정해 보면, 개별적 특정인에 대한 인식은 없더라도 범행의 시간과 장소, 방법 등을 통해 어느 정도 특정된 범주의 사람들을 대상으로 한다. 이러한 경우는 대상이 불특정된 추상적 고의가 아니라 특정된 고의라고 볼 수 있고, 이러한 측면에서 범행 객체와 관련하여 어느 정도 특정된 범위에 대한 인식은 필요한 것이다.

기본적으로 고의는 평가적으로 규정되는 것이 아니라, 실제적인 의식이라고 생각한다. 범죄자는 자신의 의식 속에 구체적 상황들로 구성된 실제 사건(구체적으로 개별화된 사건)을 인식해야 한다. 법익 주체의 자유 영역을 사회적으로 용인할 수 없는 정도로 침입하여 형법적으로 보호되는 법익을 침해 혹은 위태롭게 한 것이 형법상 불법이다.

3. 고의의 종류

(1) 확정적 고의와 불확정적 고의

구성요건 실현의 '목표'를 가졌는지와 무관하게, 행위자가 구성요건의 실현에 대

5) 김정환, "교사자고의의 구체성", 형사법연구 제19권 제3호, 2007, 628면.

한 확실한 인식과 그에 대한 적극적 의욕을 가진 경우가 '**확정적 고의**'가 존재하는 경우이다. 강간을 당한 피해자가 자신의 장래를 책임지라고 하면서 강간범에게 추궁하자, 강간범이 피해자를 타이르던 중 피해자가 계속 반항하므로 순간적으로 살해할 것을 결의하고 양손으로 피해자의 목을 5~6분간 힘껏 졸라 그 자리에서 질식 사망케 한 사안은 범죄자에게 살인의 확정적 고의가 있는 경우이다(대법원 1986.11.11. 선고 86도1989 판결).

반면 구성요건 실현에 대한 인식과 의욕의 정도가 높지는 않더라도, 그러한 인식과 의욕이 존재하면 고의범으로 인정하는데, 이러한 경우가 '**불확정적 고의**'가 존재하는 경우이다. 즉 구성요건 실현의 가능성을 인식하면서 내심으로 그것을 받아들인 경우라면 고의범 성립을 인정하게 되고, 이때 법적 효과는 확정적 고의와 차이가 없다. 살인의 고의는 자기의 행위로 인하여 타인의 사망이라는 결과를 발생시킬 만한 가능성 또는 위험이 있음을 인식하거나 예견하면 충분한 것이고 그 인식이나 예견은 확정적인 것은 물론 '불확정적'인 것이라도 미필적 고의로 인정된다(대법원 2016.3.24. 선고 2015도19137 판결).

(2) 택일적 고의

(동일한 구성요건의 중복적이든 다른 구성요건이든) 실현될 다수의 구성요건 중 어느 하나만 실현되기를 원하면서도 어떠한 구성요건의 실현이어도 좋다고 생각하고 실행하는 경우가 '**택일적 고의**'가 존재하는 경우이다. 택일적 고의는 ① 사실관계에 대한 불확실한 인식으로 인한 경우와 ② 행위객체에 대한 불확정적 인식으로 인한 경우에 존재한다. 예를 들어 타인이 잠시 놓고 간 것인지 잃어버린 것인지 알 수 없는 상황에서 가방을 훔치는 경우는 하나의 행위객체에 대해서 다수의 구성요건 실현의 고의, 즉 절도죄(형법 제329조)와 점유이탈물횡령죄(형법 제360조)의 택일적 고의가 존재한다. 그리고 밀집한 다수인에 대하여 돌을 던지는 경우와 같이 행위객체의 범위는 특정되어 있으나 다만 목표물이 단일화되어 있지 않은 경우는 다수의 행위객체에 대한 상해의 택일적 고의가 존재한다.

택일적 고의가 존재할 때, 실현된 구성요건에 대해서는 기수범이 성립하지만 실현되지 않은 구성요건은 미수범이 성립하여 양죄(기수범과 미수범)의 상상적 경합이 존재한다. 만약 모든 구성요건이 실현되지 않았다면 모두에 대해서 미수가 존재할 뿐이고, 양 미수범의 상상적 경합이 존재한다고 볼 수 있다.

참고 개괄적 고의

개괄적 고의(dolus generalis)라는 개념을 고의의 한 종류로 설명하기도 한다.
먼저 많은 사람의 사상(死傷)을 일으킬 목적으로 공중이 밀집하는 장소에 폭탄을 설치하는 사안처럼, 행위자가 자신의 행위에 대한 의미를 확정적으로 인식하지 못하면서 행위한 경우, 즉 다수의 범죄실현 가능성에 대한 **포괄적 혹은 개괄적 인식과 의사**를 의미하는 경우로 설명하기도 한다. 그러나 이러한 경우는 '택일적 고의'의 개념과 차이가 없으므로 개괄적 고의라는 개념을 별도로 사용할 필요는 없다.
다음으로 개괄적 고의의 개념은 **인과관계의 착오**에 있어서 사용된다. 동일한 행위자의 두 개의 행위가 연결되어 원하던 결과가 발생하였으나, 행위자는 행위의 진행 과정을 오인하여 결과가 자신의 제1행위로 실현되었다고 믿은 사안의 해결을 위한 개념으로 개괄적 고의의 개념이 사용된다. 제1행위의 고의가 전체적 결과의 인과관계를 포괄하는 개념으로 이해하여 전체적으로 하나의 개괄적 고의를 가진 고의범이 성립한다고 설명한다. 행위자의 제1행위와 제2행위가 **단일한 범죄적 의사경향**에 의해 포괄될 수 있는 경우에 개괄적 고의를 인정하는 것이다. 그러나 행위형법에서 고의는 행위 시점에 존재해야 하는데, 제1행위와 제2행위로 구분되는 사안에서 제1행위 시점의 고의를 제2행위에 대해서 사용할 수는 없다. 이처럼 개괄적 고의를 사용하는 것은 사전고의를 인정하는 결과가 된다. 따라서 개괄적 고의라는 개념을 고의의 한 종류로서 인정할 수는 없다.

(3) 미필적 고의

① 개념

불확정적 고의의 대표적인 형태가 미필적 고의이다. 구성요건적 결과의 발생을 목적하거나 확신하지 않는 경우, 즉 필연적인 결과의 발생을 예상하지는 않는 경우이지만, 어떤 행위로 **구성요건적 결과가 발생할 가능성이 있음을 인식하면서 이를 인용**하고 그 행위를 행하는 경우가 '미필적 고의'가 존재하는 경우이다.

예를 들어, ⓐ 청소년출입금지업소의 업주와 종사자는 객관적으로 보아 출입자를 청소년으로 의심하기 어려운 사정이 없는 한 청소년일 개연성이 있는 연령대의 출입자에 대하여 주민등록증이나 이에 유사한 정도로 연령에 관한 공적 증명력이 있는 증거에 의하여 대상자의 연령을 확인하여야 할 것이고, 업주와 종사자가 이러한 연령 확인 의무를 위배하여 연령 확인을 위한 아무런 조치를 하지 아니하여 청소년이 당해 업소에 출입한 것이라면, 특별한 사정이 없는 한 업주와 종사자에게 청소년보호법 위반죄의 미필적 고의가 인정된다(대법원 2004.4.23. 선고 2003도8039 판결). ⓑ 무고죄(형법 제156조)에 있어서 고의는 미필적 고의로서도 충분하므로, 무고죄는 신고자가 진실하다는 확신 없는 사실을 신고함으로써 성립하고 그 신고 사실이 허위라는 것을 확신함을 필요로 하지 않는다. 따라서 A가 건물의 신축을 전후하여 B의 집에 세를 들어 살고 있었던 사실이 인정된다면, A가 B의 집에 거주한 사실이 없다면서 A와 B를 위증 및 위증교사로 고소한 사람에게는 허위 사실에 대한 무고죄의 미필적 고의가 인정된다(대법원 1996.5.10. 선고 96도324 판결).

② 미필적 고의와 인식 있는 과실의 구별

정상적으로 기울여야 할 주의를 게을리하여 죄의 성립요소인 사실을 인식하지 못한 행위가 '**과실**'인데, 과실은 행위자가 구성요건의 실현 가능성(자기행위의 위험성)을 현실적으로 인식하였는지에 따라 '인식 있는 과실'과 '인식 없는 과실'로 구분된다. 이 중 **인식 있는 과실**은 구성요건의 실현 가능성을 인식한다는 점에서 미필적 고의와 유사하지만, 자신의 경우에는 실현되지 않을 것이라고 믿는 경우(범죄 실현에 대한 의욕이 없는 경우)로서 미필적 고의와 구별된다.

과실의 행위는 원칙적으로 처벌하지 않고 예외적으로 특별한 규정이 있는 경우에만 처벌하므로(형법 제14조), 어떠한 행위에 대한 행위자의 (미필적) 고의가 인정되는지 그렇지 않고 (인식 있는) 과실이 인정되는지는 범죄 성립의 한계와 관련되어 중요하다. 이에 양자의 구별 기준에 대해서 견해가 대립한다.

Ⓐ 가능성설

가능성설은 행위자가 구성요건 실현의 가능성을 인식하면 그 구성요건에 대한 미필적 고의가 존재한다고 보는 견해이다. 고의에는 의욕적 요소가 요구되지 않고 인식적 요소만으로 충분하다는 시각인데, 결과발생의 가능성을 인식하면 미필적 고의가 인정된다고 본다. 가능성설의 입장에 따르면 인식 있는 과실까지 미필적 고의로 보게 되므로, 고의를 인정하는 범위가 너무 확장된다는 비판을 받는다.

살인죄에 대한 판례 중에는 "살인죄의 범의는 자기의 행위로 인하여 피해자가 사망할 수도 있다는 사실을 인식, 예견하는 것으로 족하지 피해자의 사망을 희망하거나 목적으로 할 필요는 없고, 확정적인 고의가 아닌 미필적 고의로도 족한 것"이라고 표현하는 경우가 다수 있는데(대법원 2002.10.25. 선고 2002도4089 판결), 살인죄와 같이 결과의 발생과 실행행위가 명료한 구성요건에 있어서는 인식적 측면에서 고의의 판단이 핵심이기 때문에 이와 같이 표현한 것일 뿐이지, 판례가 미필적 고의의 인정에 있어서 가능성설의 입장이기 때문은 아니다.

Ⓑ **개연성설**

개연성설은 행위자가 구성요건 실현의 가능성을 상당히 높게, 개연성이 있다고 인식하면 그 구성요건에 대한 미필적 고의가 존재한다고 보는 견해이다. 가능성설과 마찬가지로 고의에는 의욕적 요소가 요구되지 않고 인식적 요소만으로 충분하다는 시각인데, 다만 인식의 정도를 가능성설보다 높게 요구한다. 가능성설과 마찬가지로 고의를 인정하는 범위가 너무 확장된다는 비판을 받는다.

Ⓒ **감수설**

가능성설과 개연성설은 인식적 측면을 강조한 것인데, 반면 감수설은 인식적 측면과 의욕적 측면을 모두 강조하는 시각이다. 행위자가 구성요건 실현의 가능성을 인식하고서 그것을 신중하게 고려했음에도 받아들이고 행할 때 미필적 고의가 존재한다고 보는 견해이다.[6] '**묵인설**'이라고도 한다.

Ⓓ **용인설**

용인설은 감수설과 마찬가지로 인식적 측면과 의욕적 측면을 모두 강조하는 시각인데, 의욕의 정도를 감수설보다 높게 요구한다. 행위자가 구성요건 실현의 가능성을 인식하고서 그것을 내심으로 용인하거나 승낙하여 행할 때 미필적 고의가 존재한다고 보는 견해이다.[7] '**승낙설**'이라고도 한다.

판례는 용인설의 입장에서, "미필적 고의는 중대한 과실과는 달리 범죄사실의 발생 가능성에 대한 인식이 있고 나아가 범죄사실이 발생할 위험을 용인하는 내심의 의사가 있어야 한다."라고 밝히고 있다(대법원 2024.5.30. 선고 2022도14320 판결). 예를 들어, ⓐ 운전면허의 정기적성검사기간 내에 적성검사를 받지 않아 도로교통법 위반으로 기소된 사안에서, 운전면허증 소지자가 운전면허증만 꺼내 보아도 쉽게 알 수 있는 정도의 노력조차 기울이지 않는 것은 적성검사기간 내에 적성검사를 받지 못하게 되는 결과에 대한 방임이나 용인의 의사가 존재한다고 봄이 타당하므로, 적성검사기간 도래 여부에 관한 확인을 게을리하여 기간이 도래하였음을 알지 못하였더라도 적성검사기간 내에 적성검사를 받지 않는 데 대한 미필적 고의는 있었다고

---

6) 강동욱, 86면; 김일수 · 서보학, 131면; 김종원(상), 240면; 이재상 · 장영민 · 강동범, 191면; 임웅 · 김성규 · 박성민, 178면.

7) 김혜정 · 박미숙 · 안경옥 · 원혜욱 · 이인영, 125면; 배종대, 165면; 신동운, 220면; 이형국 · 김혜경, 168면; 정성근 · 정준섭, 96면; 정영일, 149면.

본다(대법원 2014.4.10. 선고 2012도8374 판결). ⓑ 甲은 乙과 함께 丙으로부터 B에 대한 가해의 협조 요청을 받고 이를 승낙하여 丙은 식도 한 자루를, 甲과 乙은 각기 각목 1개씩을 휴대하여 범행 장소에 도착하였는데, 丙과 B 간에 시비가 벌어져 丙이 B의 좌우대퇴부를 3회 찌를 때 이를 전후하여 甲과 乙은 소지한 각목으로 A의 머리와 어깨 등을 2, 3회씩 내리쳐서 A를 뇌좌상 및 급성실혈로 사망하게 한 사안에서, 피해자들에게 가해할 것을 사전에 합의하여 식칼과 각목을 휴대하여 가해하였다면 살해에 대한 미필적인 고의가 있었다고 본다(대법원 1979.9.25. 선고 79도1698 판결). ⓒ 인신구속에 관한 직무를 집행하는 사법경찰관으로서 체포 당시 상황을 고려하여 경험칙에 비추어 현저하게 합리성을 잃지 않은 채 판단하면 체포 요건이 충족되지 아니함을 충분히 알 수 있었는데도, 자신의 재량 범위를 벗어난다는 사실을 인식하고 그와 같은 결과를 용인한 채 사람을 체포하여 권리행사를 방해하였다면, 직권남용체포죄(형법 제124조)와 직권남용권리행사방해죄(형법 제123조)가 성립한다(대법원 2017.3.9. 선고 2013도16162 판결).

Ⓔ 소결(용인설)

인간의 내면에 인식적 요소와 의욕적 요소가 모두 존재한다고 전제한다면, 객관적 구성요건요소에 대한 인식만으로 충분하다고 보는 것은, 고의를 너무 쉽게 인정하게 되고 과실은 인식 없는 과실의 경우만으로 한정하게 되어 받아들이기 어렵다. 이때 인식적 측면 외에 의욕적 측면까지 고려하는 견해는 감수설과 용인설인데, 감수설은 구성요건의 실현을 어쩔 수 없는 것이라고 받아들이는 소극적 태도만 있어도 미필적 고의를 인정하는 반면, 용인설은 어쩔 수 없는 것이라고 받아들이는 소극적 태도를 넘어서 구성요건이 실현되어도 좋다는 긍정적 태도가 있어야 미필적 고의를 인정하는 차이가 있다. 행위자가 구성요건 실현에 대한 인식을 가진 상황에서 의지를 가지고 실제 행동한 상황을 가정하면, 감수설과 용인설의 차이가 명확하게 드러나는 경우를 상상하기는 쉽지 않다. 여기서 미필적 고의와 인식 있는 과실이라는 두 개념의 존재를 인정하고 양자를 구분해야 하는 상황을 고려한다면, 양자의 구분 기준으로는 의지적 측면의 정도를 강하게 표현하는 용인설을 사용하는 것이 타당하다고 생각한다.

4. 고의 존재의 시점

행위자가 객관적 구성요건요소에 대한 인식과 의욕을 가지고 있을 때 고의가 존재하는데, 행위형법에서 고의는 **범행 시점**에 존재해야 한다. 범행 이전에 존재하는 '**사전고의**'나 범행 이후에 존재하는 '**사후고의**'는 형법상 고의로 인정되지 않는다. 행위자가 결과 발생에 대한 인과관계가 인정되는 행위의 실행 시에 이들에 대한 인식과 의욕이 있으면 고의가 인정되므로, 범행 이후에 결과 발생에 대한 부정적 인식은 범죄의 성립에 있어서는 영향을 미치지 않는다.

예를 들어, 미성년자를 유인하여 포박 감금한 후 단지 그 상태를 유지하였을 뿐인데도 피감금자가 사망에 이르게 된 경우는 감금치사죄(형법 제281조 제1항)에 해당하고, 나아가서 그 감금상태가 계속된 어느 시점에서 살해의 범의가 생겨 피감금자에 대한 위험 발생을 방지함이 없이 포박감금상태에 있던 피감금자를 그대로 방치함으로써 사망케 하였다면 부작위에 의한 살인죄를 구성하게 된다(대법원 1982.11.23. 선고 82도2024 판결).

5. 고의 존재의 판단 방법

행위 시점에 고의가 존재해야 한다면, 이것을 어떻게 확인할 수 있는지가 문제 된다. 특정한 구성요건을 실행한 행위자에게 그것에 대한 고의가 존재한다는 것을 명확하게 입증할 수도 없고 반증할 수도 없다. 행위자의 인식과 의욕이라는 주관적 측면을 타인이 명확하게 인식할 수 없기에, 고의의 존재를 확인해서 존부를 결정하기는 쉽지 않다. 이러한 어려움에서 벗어나는 방법은, 일상생활의 판단에 있어서 판단하는 사람의 경험과 심리가 판단을 결정하듯이, 주관적 요소에 대한 사실인정을 불확실한 증거방법을 통해 추론하는 방법밖에 없다. 고의의 존재 여부를 간접적인 **정황증거**로 판단하는 방법을 취하게 되는 것이다.

예를 들어, 범행 당시 살인의 범죄 의사는 없었고 단지 상해 또는 폭행의 범의만 있었을 뿐이라고 주장하는 사안에서 범죄자에게 범행 당시 살인의 고의가 있었는지는 범행에 이르게 된 경위, 범행동기, 준비된 흉기의 유무 · 종류, 공격의 부위와 반복성, 사망의 발생가능성 정도 등 범행 전후의 객관적인 사정을 종합하여 판단할 수밖에 없는 것이다(대법원 2002.2.8. 선고 2001도6425 판결). 2인 이상이 공동으로 가공하여 범죄를 행하는 공동정범에 있어서 범죄자가 공모 및 범의를 모두 부인한다면, 주관적 요소로 되는 사실은 사물의 성질상 범의와 상당한 관련성이 있는 간접사실 또는 정황사실을 증명하는 방법으로 이를 입증할 수밖에 없으며, 이때 무엇이 간접사실에 해당하는지는 정상적인 경험칙에 바탕을 두고 치밀한 관찰력이나 분석력을 통해 합리적으로 판단하는 것이다(대법원 2006.2.23. 선고 2005도8645 판결).

제2절 목적

I. 목적범

목적범은 주관적 구성요건에서 고의 이외에 일정한 결과를 발생시키려는 내심의 목적이 요구되는 범죄이다. 예를 들어, 무고죄(형법 제156조)는 "타인으로 하여금 형사처분 또는 징계처분을 받게 할 목적"이 요구되며, 사문서위조죄(형법 제231조)는 "행사할 목적"이 요구된다.

목적범은 입법자가 일정한 종류의 동기나 목적에서 발생된 고의행위만을 선별할 필요가 있다고 결단한 형태이고, 목적은 행위자의 주관적 측면이 객관적인 구성요건요소의 인식인 고의를 초과하는 경우로서 불법의 존재 여부나 강약에 영향을 미치는 때가 있다는 이해를 전제로 한다. 따라서 목적범의 해석 · 적용에 있어서는 소정의 목적을 가진 고의행위만이 처벌의 대상이 되고, 다른 목적을 가진 행위는 구성요건의 적용 범위 밖에 있는 것이다. '**초(超)주관적 구성요건요소**'인 목적은 객관적 구성요건의 적용 범위를 확장하기 위해서가 아니라 제한하기 위해서 사용하는 수단이다.[8]

II. 목적

1. 구성요건해당성과 목적

목적범에서의 목적은 범죄성립을 위한 초(超)주관적 구성요건요소로서 고의 외에 별도로 요구되는 것이므로, 행위자가 객관적 구성요건을 인식하고 행위를 하였더

8) 김정환 "무고의 신고대상기관인 '공무소 또는 공무원' 개념의 확장에 대한 비판", 형사법연구 제25권 제2호, 2013, 208면.

라도 목적이 인정되지 않으면 구성요건은 충족되지 않는다(대법원 2011.10.13. 선고 2009도320 판결). 예를 들어, 국가보안법 제7조 제5항에서는 이적행위의 목적으로 문서 · 도화 기타의 표현물을 제작 · 소지 · 취득한 경우 등을 처벌하도록 규정하고 있는데, 행위자가 표현물의 이적성을 인식하고 그러한 행위를 하였더라도 이적행위를 할 목적이 인정되지 않으면 범죄가 성립하지 아니한다. 행위자가 이적표현물임을 인식하고 그러한 행위를 하였다는 사실만으로 그에게 이적행위를 할 목적이 있었다고 추정할 수도 없다(대법원 2015.3.26. 선고 2011도13066 판결).

반면 목적범에서 목적은 주관적 요소로서 행위자가 목적을 가지고 구성요건을 실행하면 구성요건해당성이 인정되며, 객관적으로 목적의 달성 유무는 범죄의 성립과는 무관하다. 예를 들어, 타인에 대해서 징계처분을 받게 할 목적으로 공무소 또는 공무원에 대하여 허위의 사실을 신고하면 무고죄가 성립하는 것이지, 신고한 타인이 징계처분을 받아야 무고죄가 성립하는 것은 아니다.

2. 목적범의 유형

목적범은 진정목적범과 부진정목적범으로 구분할 수 있다. '**진정목적범**'은 일정한 목적이 있어야 비로소 행위의 불법성이 인정되는 범죄유형으로서, 결과발생의 위험성을 내포하는 내적 지향성이 가벌성의 근거가 된다. 예를 들어, 다중불해산죄(형법 제116조), 통화위조죄(형법 제207조), 도박장소개설죄(형법 제247조) 등이 있다.

'**부진정목적범**'은 특정한 목적의 존재로 불법성이 가중되는 범죄유형인데, 결과발생의 위험성을 내포하는 내적 지향성이 가중처벌의 근거가 된다. 예를 들어 내란목적살인죄(형법 제88조)는 살인죄(형법 제250조)에 대해서, 무고죄(형법 제156조)는 위계공무집행방해죄(형법 제137조)에 대해서 목적으로 가중되는 범죄를 독립적으로 규정한 것이다. 진정목적범에 비해서 부진정목적범에서는 목적의 위험성이 불법의 핵심을 이루고 있다.

3. 목적의 인식 정도

목적범에서 목적은 범죄성립을 위하여 고의 외에 별도로 요구되는 것이므로, 행위자가 고의 이외에 목적의 내용을 인식해야 한다. 목적의 인식 정도와 관련해서, 목적은 특정한 목표에 도달하기 위한 것이므로 확정적 인식과 의욕이 필요하다는 견해가 있지만, 일반적으로는 고의와 마찬가지로 **미필적 인식과 의욕**으로 충분하다고 본다.

판례도 내란죄(형법 제87조)에서 국헌문란의 목적은 확정적으로 인식할 것이 요구되지 아니하며 미필적 인식이 있으면 충분하다고 보고(대법원 2015.1.22. 선고 2014도10978 전원합의체 판결), 무고죄(형법 제156조)에서도 형사처분을 받게 할 목적은 허위신고를 하면서 다른 사람이 그로 인하여 형사처분을 받게 될 것이라는 인식이 있으면 충분하고 그 결과의 발생을 희망할 필요까지는 없다고 본다(대법원 2022.6.30. 선고 2022도3413 판결).

생각건대, 고의는 행위 자체에 대한 인식이지만, 동기의 일종인 목적은 행위를 통해 얻을 것에 대한 인식을 의미한다. 그래서 동기와 목적의 증명은 고의를 증명하는 것보다 어렵고, 동기와 목적에 대한 증명은 행위자의 삶에 대한 정보가 폭넓게 수집되어야 가능할 수 있다. 이에 비추어 현실적으로 확정적 인식 형태의 목적만을 인정하게 되면, 목적을 가진 행위자를 독립한 범죄로서 가중하여 처벌(부진정목적범)하려는 입법자의 의사가 구현되기 어렵게 된다. 따라서 목적에 대한 인식도 고의와 마찬가지로 미필적 인식과 의욕으로 충분하다고 보는 것이 타당하다.

4. 목적의 판단 방법

목적도 고의와 마찬가지로 **범행 시점**에 존재해야 한다. 그리고 목적의 존재 여부도 고의와 마찬가지로 간접적인 **정황증거**로 판단하는 방법을 취한다. 예를 들어, 영업비밀 유출의 목적이 있었는지는 행위자의 직업, 경력, 행위의 동기 및 경위와 수단, 방법, 그리고 영업비밀 보유기업과 영업비밀을 취득한 제3자와의 관계 등 여러 사정을 종합하여 사회통념에 비추어 합리적으로 판단한다(대법원 2018.7.12. 선고 2015도464 판결). 공직선거법 위반행위에 있어서 요구되는 "선거에 영향을 미치게 할 목적"이 있었는지는 행위자의 사회적 지위, 행위자와 후보자 · 경쟁 후보자 또는 정당과의 관계, 행위의 동기 및 경위와 수단 및 방법, 행위의 내용과 태양, 행위 당시의 사회상황 등 여러 사정을 종합하여 사회통념에 비추어 합리적으로 판단한다(대법원 2009.5.28. 선고 2008도11857 판결).

제3절 | 구성요건의 착오

I. 형법상 착오

1. 착오의 개념

다른 법률보다 형법에서는 주관적 범죄 요소가 법률효과의 핵심적 실마리로 작용하는데, 주관적 범죄 요소를 인정할 때는 외부적으로 나타나 지각할 수 있는 모습의 '외적 현상'과 내부적으로 가지고 있는 모습의 '내적 표상'이라는 개념을 사용하게 된다. 행위자가 가지고 있는 '**내적 표상**'의 범죄 모습과 실제로 나타난 범죄 모습인 '**외적 현상**'의 **불일치**를 착오라고 한다. 단순하게 '**행위자의 인식**과 **객관적 사실**이 **불일치**'하는 경우가 착오라고 표현하기도 한다. 법적 판단은 행위자가 어떻게 생각하고 판단하는지가 아니라 공정한 제3자가 어떻게 평가하고 판단하는지가 본질적 특성인데, 행위자의 인식과 객관적 사실이 일치하지 않는 착오가 있을 때 어떻게 처리할 것인지가 '착오론'이라고 하여 이론상으로 중요하게 다루어진다.

2. 범죄체계의 단계별 착오

독일 형법을 계수한 한국 형법은 체계중심형 사고의 방식을 취하고 있는데, 범죄의 성립 여부를 범죄체계에 따라 검토한다. 현재 사용되는 범죄체계는 3단계 범죄체계(구성요건-위법성-책임)인데, 3가지 단계에서 각기 착오의 문제가 발생한다.

(1) 구성요건 단계의 착오

구성요건은 외적 현상인 객관적 구성요건과 내적 표상인 주관적 구성요건으로 이루어져 있는데, 객관적 구성요건은 충족되었으나 행위자에게 이에 대한 인식이 없는 경우가 '구성요건의 착오'로 다루어진다. 구성요건의 착오에 관해서는 형법 제13조(고의)와 제15조(사실의 착오)에서 규정하고 있다.

(2) 위법성 단계의 착오

구성요건에 해당하는 행위에 있어서 정당방위(형법 제21조) 등의 위법성조각사유가 없는지를 소극적으로 검토하게 되는 위법성 단계에서도, 외적으로는 정당방위 등 위법성조각사유가 있는데 행위자가 이것을 인식하지 못한 경우에서 착오의 문제가 발생한다. 그러나 형법에는 위법성 단계의 착오에 관해서는 규정하지 않고 있어서, 이러한 경우를 해석론상으로 '**허용구성요건의 착오**' 또는 '**주관적 정당화요소의 착오**'라는 이름으로 논의한다.

한편, 정당방위 등 위법성조각사유와 관련해서 외적으로는 정당방위 등의 위법성조각사유에 해당하지 않는데 행위자가 내적으로 정당방위 등 위법성조각사유에 해당하는 상황이라고 생각하고 행위한 경우에서도 착오의 문제가 발생한다. 이에 대해서도 형법에 규정이 없어서 해석론상 '**위법성조각사유의 전제사실에 대한 착오**'라고 하여 논의된다.

(3) 책임 단계의 착오

구성요건에 해당하고 위법한 불법행위를 한 사람의 개인적 특성을 고려하여 행해지는 비난가능성의 검토 단계인 책임에서는, 행위자에게 불법행위에 대한 인식이 없는 경우가 '**위법성의 착오**'로 다루어진다. 위법성의 착오에 관해서는 형법 제16조(법률의 착오)에서 규정하고 있는데, 그러한 오인에 정당한 이유가 있는 경우에만 처벌되지 않는다.

3. 착오와 구별 개념

형법에서 내적 표상(행위자의 인식)과 외적 현상(객관적 사실)이 불일치 하는 경우는 크게 2가지로 나누어 볼 수 있다. 불일치 하는 대상이 사실인지 규범적 판단인지에 따라 ① 객관적 구성요건요소의 사실에 대한 착오가 있는 사안(**구성요건의 착오** 또는 **사실의 착오**)이 있고, ② 법질서에 반하는 것인지에 대한 착오가 있는 사안(**위법성의 착오** 또는 **법률의 착오**)이 있다.

이중 객관적 구성요건요소의 사실에 대한 착오가 있는 경우(①)를 다시 구분해 볼 수 있는데, 먼저 ③ 범죄에 대한 내적 표상(행위자의 인식)은 있는데 외적 현상(객관적 사실)이 없는 사안이 있고, 다음으로 ④ 발생한 범죄에 대한 내적 표상(행위자의 인식)은 없지만 외적 현상(객관적 사실)이 있는 사안이 있다. 전자(③)의 경우는 형법에서 '**미수**'라는 개념을 사용하여 해결하고, 착오론에서 다루지 않는다. 행위자의 내적 표상에는 자신의 행위로 상대방의 사망한 범죄 모습을 가지고 있지만, 외적 현상으로는 자신의 행위로 상대방이 사망하지 않고 생존한 범죄 모습이 나타난 경우가 미수로 다루어진다.

위의 ①의 경우 중 후자(④)의 경우가 '**착오**'의 문제로서 다루어지는데, 이것은 다시 '**과실**'의 경우와 구별해야 한다. 객관적으로 범죄가 존재하더라도, 발생한 범죄에 대한 내적 표상(행위자의 인식)이 없는 경우(④)는 다시 2가지로 구분될 수 있다. 먼저 행위자에게 ⑤ 어떠한 범죄에 대한 내적 표상도 없는 경우와 다음으로 ⑥ 발생한 범죄가 아닌 다른 범죄에 대한 내적 표상이 있는 경우로 나눌 수 있는데, 전자(⑤)의 경우는 '**과실**'이라는 개념을 사용하여 해결하고, 착오론에서 다루지 않는다. 예를 들어, 합법적으로 사냥을 하던 중 사람을 들짐승으로 오인하고 발포하여 상해한 경우는 행위 객체에 대한 구성요건 착오(상해죄의 착오)의 개념으로 해결하는 것이 아니라 단순히 과실범(과실치상죄)의 성립 여부를 검토하게 된다.

위의 ④의 경우 중 후자(⑥)의 경우(발생한 범죄가 아닌 다른 범죄에 대한 내적 표상이 있는 경우)를 '**구성요건의 착오**'라는 개념을 사용하여 해결하게 된다. 예를 들어, 타인의 재물을 파손(손괴죄)하려고 공기총을 발사하였는데 예상치 못하게 사람을 상해(과실치상죄)한 경우는 행위객체에 대한 구성요건 착오의 개념으로 해결하는 것이다.

II. 구성요건의 착오

1. 의의

(1) 개념

구성요건의 착오는 행위자가 인식한 구성요건적 사실과 실제로 발생한 구성요건적 사실이 불일치하는 경우인데, **사실의 착오**라고도 한다. 실제로 발생한 구성요건에 대한 행위자의 고의, 즉 객관적 구성요건요소에 대한 인식과 의욕이 없으면 범죄가 성립하지 않게 되는데, 현실에서 행위자가 객관적으로 발생된 사실을 완전하게 인식한다는 것은 불가능하다. 범행에 있어서 행위자의 인식과 객관적 사실 사이에 항상 어느 정도의 불일치가 존재하는 상황에서, 어느 정도 불일치의 경우를 고의 불인정이라는 법적 효과를 부여할 경우로 볼 것인지의 논의가 구성요건의 착오론이다.

한편 '객관적 처벌조건'과 '소송조건'은 객관적 구성요건이 아니어서 행위자 인식의 대상이 아니다. 따라서 행위자가 범행 당시 객관적 처벌조건이나 소송조건에 대한 오인을 한 것은 구성요건의 착오에 해당하지 않으며, 범죄의 성립이나 처벌에 영향을 미치지 않는다(대법원 1966.6.26. 선고 66도104 판결).

(2) 형법 제13조와 제15조 제1항

> **제13조(고의)** 죄의 성립요소인 사실을 인식하지 못한 행위는 벌하지 아니한다. 다만, 법률에 특별한 규정이 있는 경우에는 예외로 한다.
> **제15조(사실의 착오)** ① 특별히 무거운 죄가 되는 사실을 인식하지 못한 행위는 무거운 죄로 벌하지 아니한다.

형법은 **제13조(고의)**와 **제15조(사실의 착오)**에서 구성요건의 착오를 규정하고 있다. 발생한 사실에 대한 내적 인식이 없는 경우는 원칙적으로 처벌되지 않고(형법 제13조), 기본적 구성요건에 대한 인식만이 있고 형의 가중적 사실에 대한 인식이 없는 경우에 가중적 사실이 발생하더라도 기본적 구성요건에 한정하여 책임지도록 하고 있다(형법 제15조).

표제가 '사실의 착오'라고 되어 있는 형법 제15조 제1항이 구성요건의 착오에 있어서 인식한 범죄보다 발생한 범죄가 중한 모든 경우에 적용되는 원칙적 규정이라고 보는 견해가 있으나, 조문에서 "특별히" 무거운 죄를 전제하고 있는 형법 제15조 제1항은 구성요건 착오의 모든 경우를 대상으로 하고 있지 않다. 따라서 구성요건의 착오에 있어서는 형법 **제13조**가 **원칙적인 규정**이고, 행위자가 인식한 범죄사실보다 실제로 발생한 범죄사실이 특별히 무겁게 처벌하도록 규정된 구성요건의 경우에 있어서는 형법 제15조 제1항이 적용되는 것으로 해석하는 것이 타당하며, 이러한 해석이 고의의 본질과도 부합한다. 구성요건의 착오는 고의와 표리관계에 있기 때문이다.

(3) 사용에 있어서 유의점

구성요건의 착오는 행위자에게 발생한 범죄에 대한 고의가 아닌 다른 범죄에 대한 고의가 있는 경우에 관한 해결을 도모하는 개념이다. 즉 발생한 범죄사실에 대한 고의가 없는 것을 전제하고 사용되는 개념이 구성요건의 착오이다. 따라서 행위자에게 발생한 범죄사실에 대한 어떤 형태의 고의라도 존재한다면, 구성요건 착오의 개념이 사용되는 경우가 아니게 된다.

예를 들어, ⓐ 甲이 살인의 의도를 가지고 소나무 몽둥이(길이 85㎝, 직경 9㎝)를 양손에 집어 들고 형수인 A에게 힘껏 후려친 후 그 가격으로 피를 흘리며 마당에 고꾸

라진 A와 A의 등에 업힌 A의 아들(1세) B의 머리 부분을 위 몽둥이로 내리쳐 B를 현장에서 두개골절 및 뇌좌상으로 사망케 한 사안에서(대법원 1984.1.24. 선고, 83도2813 판결), 甲이 A에 대한 살인의 고의가 있을 뿐이지 B에 대한 살인의 고의가 없다고 주장하더라도, 바로 B의 사망이라는 사실에 대한 구성요건의 착오를 검토하는 것이 아니다. 甲에게 A에 대한 살인의 확정적 고의와 B에 대한 살인의 미필적 고의가 선택적으로 존재하는 것으로 인정할 수 있다면, B에 대한 구성요건의 착오를 검토할 사안이 아니기 때문이다. ⓑ 성명불상자 3명과 싸우다가 힘이 달리자, 옆 포장마차로 달려가 길이 30㎝의 식칼을 가지고 나와 이들 3명을 상대로 휘두르다가 이를 말리면서 식칼을 뺏으려던 C의 귀를 찔러 상해를 입힌 경우도 상해를 입은 사람이 목적한 사람이 아닌 다른 사람이라 하여 과실상해죄에 해당한다고 할 수 없고 특수상해죄에 해당한다고 본 사안(대법원 1987.10.26. 선고 87도1745 판결)처럼 C에 대한 미필적 고의가 인정되는 상황이라면 구성요건의 착오를 검토할 필요가 없다.

따라서 발생한 사실에 대해서 구성요건의 착오를 인정하기에 앞서서, 발생한 사실에 대한 '미필적 고의'의 존재 여부 및 '택일적 고의'의 존재 여부를 검토하는 것이 필요하다. 그 결과 행위자에게 발생한 범죄사실에 대한 어떤 형태의 고의도 존재하지 않을 때, 발생한 범죄 이외의 다른 범죄에 대한 인식을 가졌던 행위자의 행위에 대해서 구성요건의 착오를 검토하게 된다.

(4) 유형

① 추상적 사실의 착오와 구체적 사실의 착오

추상적 사실의 착오와 구체적 사실의 착오는 행위자가 인식한 범죄의 구성요건과 발생한 범죄의 구성요건 간의 일치성 여부에 따라 구분한 것이다. '**추상적 사실의 착오**'는 행위자가 인식한 범죄의 구성요건과 실제로 발생한 범죄의 구성요건이 다른 경우이다. 추상적 사실의 착오는 다시 서로 다른 구성요건 간에 기본적 구성요건과 가중적 구성요건의 관계인 경우와 성격이 다른 구성요건의 관계인 경우가 있다. 예를 들어, A를 상해하려고 공기총을 쏘았는데 인식하지 못했던 B(A의 부)가 공기총에 맞아 상해를 입은 경우(형법 제257조 제1항 상해죄와 동조 제2항 존속상해죄) 및 A를 상해하려고 공기총을 쏘았는데 인식하지 못했던 B의 재물이 공기총에 맞아 파손된 경우(형법 제257조 제1항 상해죄와 제366조 재물손괴죄)가 이에 해당한다. 이중 서로 다른 구성요건 간에 기본적 구성요건과 가중 · 감경적 구성요건의 관계인 경우는 형법 제

15조(사실의 착오)에서 별도로 규정하고 있다.

반면 '**구체적 사실의 착오**'는 행위자가 인식한 범죄와 실제로 발생한 범죄가 동일한 구성요건의 범위 내에서 불일치가 존재하는 경우이다. 예를 들어, 동업자 C를 상해하려고 공기총을 쏘았는데, 인식하지 못했던 종업원 D가 공기총에 맞아 다친 경우이다(형법 제257조 제1항 상해죄).

② 객체의 착오와 방법의 착오

객체의 착오와 방법의 착오는 행위자가 인식한 대상의 일치성 여부에 따라 구분하는 방식이다. '**객체의 착오**'는 행위자가 객체를 혼동한 경우인데, 행위자가 인식한 대상에 결과가 발생한 경우이다. 예를 들어, 소총을 가지고 탈영한 병사가 원한이 있던 A를 살해하기 위해서 A의 집 앞에서 A를 부른 후 집 밖으로 나오는 사람을 A라고 생각하고 그를 명중하여 살해하였는데, 실제로 집 밖으로 나온 사람이 B이었고 B가 사망한 경우가 객체의 착오의 경우이다.

반면 '**방법의 착오**'는 행위자의 범죄 실행의 방법이 잘못되어 예상과 달리 의도한 대상이 아닌 (인식하지 못했던) 다른 대상에 결과가 발생한 경우인데, 행위자가 인식한 대상에 결과가 발생하지 않은 경우이다. 예를 들어, 소총을 가지고 탈영한 병사가 원한이 있던 A를 살해하기 위해서 A의 집 앞에서 A를 부른 후 집 밖으로 나오는 A에게 발사하였으나 총알이 빗나가 예상하지 못했던 B가 맞고 사망한 경우가 방법의 착오의 경우이다.

2. 구체적 사실의 착오 중 방법의 착오

구성요건의 착오 중 구체적 사실의 착오는 행위자가 인식한 범죄와 실제로 발생한 범죄가 동일한 구성요건의 범위 내에서 불일치가 존재하는 경우인데, 이때 '방법의 착오' 형태로 발생한 경우는 행위자에게 발생한 범죄에 대한 고의를 인정할 수 있는지에 대해서 견해가 대립한다.

(1) 법정적 부합설

법정적 부합설은 행위자가 인식한 범죄와 발생한 범죄가 법적으로 일치(부합)하면 발생한 결과에 대한 고의의 책임을 인정하는 견해이다. 법적으로 부합하지 않을 때는 인식한 사실에 대한 미수범과 발생한 사실에 대한 과실범의 성립을 인정하게 된다. 법정적 부합설은 법적 부합의 기준에 따라 구성요건부합설과 죄질부합설로 구분된다.

Ⓐ **구성요건부합설**은 행위자가 인식한 범죄와 발생한 범죄가 동일한 구성요건이라면 고의가 부합한다고 보는 견해로서, A를 살해하기 위해서 A의 집 앞에서 A를 부른 후 집 밖으로 나오는 A에게 발사하였으나 총알이 빗나가 예상하지 못했던 B가 맞고 사망한 사안에 있어서 살인죄(형법 제250조 제1항)라는 동일한 구성요건 내에서 착오가 존재하는 것이므로 B의 살해에 대한 고의가 존재하는 것으로 본다. 이 견해는 행위 객체에 대한 인식에 있어서 행위 객체를 불법유형적으로 파악하여 고의를 추상적 구성요건의 인식으로 충분하다고 보는 추상적 인식(규범적 인식)설의 입장이기도 하다.

Ⓑ **죄질부합설**은 행위자가 인식한 범죄와 발생한 범죄가 동일한 구성요건이 아니더라도 죄질이 동일하면 고의가 부합한다고 보는 견해인데, 죄질이 동일한 경우란 보호법익 등이 공통된 경우라고 본다.[9] 예를 들어, 타인의 물건에 대한 절도죄(형법 제329조) 및 점유이탈물횡령죄(형법 제360조 제1항)는 타인의 소유권을 보호법익으로 하는 점에서 죄질이 동일한 경우이다. 이러한 법정적 부합설은 행위자의 인식에 있어서 행위 객체를 불법유형적으로 인식하는 것만으로 충분하다는 '**추상적(규범적) 인식설**'의 입장에 따른 것인데, 행위 당시 행위자의 고의가 아니라 발생한 결과를 토대로 하여 착오 문제를 해결하려는 사고라고 비판을 받는다.

(2) 구체적 부합설

구체적 부합설은 행위자가 인식한 범죄와 발생한 범죄가 구체적으로 일치(부합)하는 경우에만 발생한 결과에 대한 고의의 책임을 인정하는 견해이다.[10] A를 살해하기 위해서 A의 집 앞에서 A를 부른 후 집 밖으로 나오는 A에게 발사하였으나 총알이 빗나가 예상하지 못했던 B가 맞고 사망한 경우는 인식한 범죄는 A에 대한 살인죄이었는데 발생한 범죄는 B에 대한 살인죄이므로 구체적으로 부합하지 않아, A에 대한 살인미수죄(형법 제254조)와 B에 대한 과실치사죄(형법 제267조)의 상상적 경합이 성립한다고 본다.

---

9) 서거석 · 송문호, 147면; 임웅 · 김성규 · 박성민, 192면; 정성근 · 박광민, 155면; 정성근 · 정준섭, 104면; 주호노, 336면.

10) 강동욱, 92면; 김일수 · 서보학, 153면; 김혜정 · 박미숙 · 안경옥 · 원혜욱 · 이인영, 132면; 배종대, 175면; 성낙현, 207면; 이영란, 192면; 이용식, 60면; 이재상 · 장영민 · 강동범, 200면; 이형국 · 김혜경, 184면; 정영일, 159면.

구체적 부합설은 고의의 개념을 행위자가 구체적으로 목표했던 것으로 정해야 한다고 보고, 고의에는 범행 객체의 특정이 요구된다고 보는 '**구체적(현실적) 인식설**'의 입장에 따른 것인데, 고의범의 인정 범위를 너무 좁게 보아서 법감정에 반한다는 비판을 받는다.

> **참고 추상적 부합설**
>
> 과거 일본에서는 '추상적 부합설'이 주장되었고 한국에서도 소개되었다. 이 견해는 행위자에게 범죄의 의사가 있고 범죄사실의 발생이 있으면, 행위자가 인식한 범죄와 발생된 범죄가 추상적으로 일치하는 한도 내에서 행위자는 적어도 어떤 고의 범죄의 기수범으로서 책임을 지는 것이 타당하다는 시각이다. 추상적 부합설에 따르면, 여러 구성요건을 추상화하면 공통적으로 남는 것은 '죄'라는 일반적 성질이므로, 구성요건의 착오 경우는 행위자가 인식한 범죄와 발생한 범죄 중 경미한 구성요건의 기수범을 인정하게 된다. 예를 들어, 손괴죄를 실현하려다 사람의 사망을 실현한 경우는 손괴죄의 기수와 과실치사죄의 상상적 경합이 성립하고, 살인죄를 실현하려다 손괴를 실현한 경우는 손괴죄의 기수와 살인미수죄의 상상적 경합이 성립한다고 본다.
> 이러한 추상적 부합설을 취하는 한국의 학자는 존재하지 않는다. 고의는 특정한 구성요건을 전제로 하는 것이며, 그 인식 대상의 구체성을 어느 정도로 볼 것인지에 대한 시각의 차이가 구성요건 착오의 인정 범위에 있어서 달라지는 것이다. 고의를 단순히 어떠한 죄라도 인식하는 것만으로 충분하다고 보는 추상적 부합설은 동의할 수 없다.

(3) 판례(법정적 부합설)

판례는 법정적 부합설의 입장이다. 판례의 입장이 법정적 부합설 중 구성요건부합설과 죄질부합설 중 어느 것인지는 확인되지 않지만, 甲이 A를 살해할 목적으로 발사한 총탄이 甲의 행위를 제지하려고 뛰어들던 B에게 명중되어 B가 사망한 사안에서 판례는 "사람을 살해할 목적으로 총을 발사한 이상 그것이 목적하지 아니한 다른 사람에게 명중되어 사망의 결과가 발생하였다 하더라도 살의를 저각하지 않는 것이라"고 하면서 甲의 B에 대한 살인죄의 성립을 인정하였다(대법원 1975.4.22. 선고 75도727 판결).

(4) 소결(구체적 부합설)

앞의 행위 객체의 구체성에 관한 논의에서 설명하였듯이,[11] 행위 객체에 대한 인

---

11) 앞의 제1절 Ⅰ. 2. (3) 참조.

식의 정도에 관한 문제는 **구체적 범죄사실의 인식(현실적 인식)설**이 타당하다고 생각한다. 고의가 추상적 법규범의 인식만으로 충분하다고 하는 것은 사실적 측면을 도외시하는 것이며, 고의는 실제적인 의식이라고 보는 것이 타당하다. 범죄자는 자신의 의식 속에 구체적 상황들로 구성된 실제 사건(구체적으로 개별화된 사건)을 인식해야 한다. 이에 따라 행위자가 인식한 범죄와 발생한 범죄가 구체적으로 일치(부합)하는 경우에만 발생한 결과에 대한 고의의 책임을 인정하는 구체적 부합설이 타당하다. 결국 구체적 부합설은 행위 객체의 특정화를 요구함으로써 형법의 행위책임의 원칙에도 잘 부합된다.

구체적 부합설에서 살인의 고의를 가지고 살인죄를 범한 행위자에게 살인미수와 과실치사만을 인정하는 것이 부당하다는 비판에 대해서 부언하자면, 방법의 착오가 논의되는 사안은 행위자가 실제로 발생된 객체에 대한 미필적 고의도 없는 경우라는 것을 고려해야 한다는 점이다. 행위자에게 행위 시점에 실제의 결과가 발생된 객체에 대해서 예견가능성이 존재하는 상황이었다면 착오의 경우가 아니라 발생된 객체에 대해서 고의가 바로 인정될 수 있는 경우이다. 방법의 착오는 대상에 대해서 어떠한 불확정적 고의도 없는 상황에서 우연히 결과가 발생한 경우인데, 이것에 대해서 고의를 인정하는 것이 타당하지 않다는 점에 구체적 부합설의 본질이 있는 것이다.

3. 구체적 사실의 착오 중 객체의 착오

甲은 자신이 운영하던 식당에서 아들 A와 말다툼을 한 이후 새벽 2시경 술에 취한 상태에서 A를 때리려고 둔기를 들고 집으로 가, 침대에서 자고 있던 남성이 아들 A라고 생각하고 둔기를 휘둘렀는데, 침대에서 자고 있던 사람은 이날 놀러와 자고 있던 A의 친구 B이었다.[12] 甲의 B에 대한 특수상해죄(형법 제258조의2 제1항)의 경우가 구체적 사실의 착오 중 객체의 착오의 경우이다. 인식한 범죄와 실제로 발생한 범죄가 동일한 구성요건의 범위 내에서 행위자가 객체를 혼동한 경우이다.

이와 같이 구체적 사실의 착오가 '객체의 착오'의 형태로 발생한 경우는 법정적 부합설이나 구체적 부합설 모두 발생한 결과에 대한 고의를 인정한다. 행위자가 행위 시점에 주관적으로 인식한, 즉 목표로 했던 객체에 결과가 발생한 것이어서, 인식한 대상과 결과가 발생한 대상은 일치하기 때문이다.

---

12) 연합뉴스, "'아들인 줄 알고 때렸는데' … 침대서 자는 아들 친구 폭행한 50대", 2024.7.17.자 기사.

4. 가중 · 감경적 구성요건의 착오

> 제15조(사실의 착오) ① 특별히 무거운 죄가 되는 사실을 인식하지 못한 행위는 무거운 죄로 벌하지 아니한다.

(1) 가중적 구성요건의 착오

'**가중적 구성요건**'이란 기본적 구성요건의 모든 요소를 포함하고 형벌을 가중하는 추가적인 요소까지 갖추고 있는 경우이다. 예를 들어 존속살해죄(형법 제250조 제2항)는 살인죄(형법 제250조 제1항)의 모든 요소를 포함하고 추가적으로 객체가 '자기 또는 배우자의 직계존속'인 사람이라는 특별한 표지를 포함하여서, 살인죄(5년 이상의 징역)보다 무겁게 처벌(7년 이상의 징역)한다.

행위자가 기본적 구성요건에 대한 고의로 실행하였지만, 가중적 구성요건이 실현된 경우가 '**가중적 구성요건의 착오**'라고 한다. 이러한 경우에 대해서는 형법 제15조 제1항에 "특별히 무거운 죄가 죄는 사실을 인식하지 못한 행위는 무거운 죄로 벌하지 아니한다."고 규정되어 있고, 이에 따라 해결하면 된다. 예를 들어, 진실이라고 믿은 사실을 적시하여 타인의 명예를 훼손하는 행위(형법 제307조 제1항)를 하였는데, 실제로는 적시된 사실이 허위이었던 경우(형법 제307조 제2항)에 있어서는 가중적 구성요건인 허위사실적시명예훼손죄가 아니라 기본적 구성요건인 사실적시명예훼손죄로 처벌된다.

(2) 감경적 구성요건의 착오

'**감경적 구성요건**'이란 기본적 구성요건의 모든 요소를 포함하고 형벌을 감경하는 추가적인 요소까지 갖추고 있는 경우이다. 촉탁 · 승낙살인죄(형법 제252조 제1항)는 살인죄(형법 제250조 제1항)의 모든 요소를 포함하고 추가적으로 객체의 '살인에 대한 촉탁이나 승낙'이라는 특별한 표지를 포함하여서, 살인죄(5년 이상의 징역)보다 가볍게 처벌(1년 이상 10년 이상의 징역)한다.

행위자가 기본적 구성요건에 대한 고의로 실행하였지만, 감경적 구성요건이 실현된 경우가 '**감경적 구성요건의 착오**'라고 한다. 예를 들어, 실제로는 피해자의 살인에 대한 촉탁이 존재하였음에도 행위자가 이것을 인지하지 못하고 살인의 고의로 실행행위를 한 경우가 감경적 구성요건의 착오에 해당한다. 감경적 구성요건의 착오에 대해서는 형법 제15조에서 규정하고 있지 않으므로, 해석의 문제가 발생한다.

Ⓐ 감경적 구성요건의 착오도 가중적 구성요건의 착오를 규정한 형법 제15조 제1항을 유추적용하여 가볍게 처벌하는 감경적 구성요건을 적용하여, 가벼운 감경적 구성요건의 죄로 처벌하자는 견해(**유추적용설**)와 Ⓑ 형법 제15조 제1항은 '행위자의 고의에 따라 처벌하자'는 취지를 규정한 것이므로 고의에 해당하는 구성요건을 적용하여, 기본적 구성요건의 범죄로 처벌하자는 견해(**유추적용 부정설**)[13]가 대립한다.

생각건대, 착오에 관한 명시적 규정이 없는 경우는 고의범 처벌의 원칙을 규정한 형법 제13조와 범죄체계에 따라 해결하는 것이 바람직하다(**유추적용 부정설**). 위의 예시 사안을 경우라면, 객관적으로 촉탁살인죄의 구성요건해당성이 있으나 촉탁이라는 감경적 요소에 대한 인식이 없으므로 촉탁살인죄의 구성요건해당성은 인정되지 않으며, 추가하여 보통살인죄를 검토하게 되는데, 보통살인죄의 객관적 구성요건과 주관적 구성요건 모두를 갖추고 있으므로 보통살인죄의 구성요건해당성이 인정되어 보통살인죄로 처벌하면 된다.

결국 형법 제15조 제1항은 고의범 처벌의 원칙을 규정한 제13조의 내용을 가중적 구성요건의 착오에 있어서 확인한 것으로서, 행위자의 고의 내용에 따라 처벌된다는 것을 의미하는 것이다.

(3) 가중적 구성요건의 고의와 기본적 구성요건의 발생

행위자가 가중적 구성요건에 대한 고의로 실행하였지만, 기본적 구성요건이 실현된 경우에서도 착오가 문제 된다. 예를 들어, 존속살해죄(형법 제250조 제2항)의 고의로 보통살인죄(형법 제250조 제1항)를 범한 경우 혹은 허위사실적시명예훼손죄(형법 제307조 제2항)의 고의로 사실적시명예훼손죄(형법 제307조 제1항)를 범한 경우 등이다. 이러한 경우는 형법에 직접적인 규정이 존재하지 않은데, 범죄체계에 따른 검토순서로 해결하면 된다. 즉 적용되는 객관적 구성요건을 대상으로 그에 대한 고의가 존재하는지를 검토하여 해결한다.

예를 들어, 객체를 혼동하여 존속살해죄의 고의로 보통살인죄를 범한 경우에서 실현된 객관적 구성요건을 먼저 검토한 후 주관적 구성요건을 검토하면, 가중적 구성요건의 고의는 기본적 구성요건의 고의를 포함하고 있으므로 보통살인죄의 구성

13) 박상기 · 전지연, 97면.

요건해당성이 인정된다. 다만 가중적 구성요건의 고의로 실행한 부분은 가중적 구성요건의 미수에 해당하므로, 결과적으로는 가중적 구성요건의 미수와 실행된 구성요건의 상상적 경합, 즉 존속살해죄의 고의로 보통살인죄를 범한 경우는 존속살해미수(형법 제254조)와 살인죄(형법 제250조 제1항)의 상상적 경합이 성립한다.

5. 인과관계의 착오

(1) 개념

행위자가 목표한 결과가 발생하였지만, 행위에 의한 결과 실현의 진행과정이 행위자가 생각한 진행과정과 불일치한 경우가 '**인과관계의 착오**'이고 '**인과과정의 착오**'라고도 한다. 인과관계의 착오는 행위자가 목표로 삼았던 대상에 예상했던 결과가 발생한 경우라는 점에서, 행위자가 목표로 삼았던 대상이 아닌 다른 대상에 대하여 예상했던 결과가 발생한 '방법의 착오'와 차이가 있다.

인간이 자신의 행위로 발생한 결과에 대해서 행위와 결과 사이의 인과관계를 모든 미세한 부분까지 내적으로 정확히 인식할 수는 없으므로, 모든 사안에 있어서 어느 정도의 인과관계 착오는 존재하게 된다. 따라서 인과관계의 착오가 존재하는 모든 사안에서 인과관계의 착오를 인정하여 법적 효과를 인정하지는 않으며, 인과관계 착오를 인정하여 법적 효과를 부여함에 있어서는 일정한 제한을 두게 된다. 즉, **어느 정도의 인과관계 불일치**를 인과관계의 착오로 볼 것인지에 대한 규범적 판단 문제가 '인과관계의 착오'의 논의이다.

(2) 객관적 귀속과의 관계

구성요건의 착오 문제는 주관적 구성요건인 고의의 존재에 대한 문제로서 객관적 구성요건이 충족된 것을 전제로 하여 논의된다. 인과관계의 착오를 검토하는 사안도 객관적 구성요건의 검토 시에 인과관계(인과성과 객관적 귀속)가 인정된 것을 전제한다. 만약 객관적 귀속이 불가능할 정도의 비전형적 인과과정을 거쳐 결과가 발생하였다면, 행위에 대해서 구성요건해당성이 인정되지 않으므로 더 이상 검토한 객관적 구성요건에 대한 고의 및 착오의 성립 여부에 대하여 논하는 것은 무의미하다.

객관적 구성요건에서 객관적 귀속을 포함한 인과관계를 검토하여 이것이 인정된 이후에 주관적 구성요건에서 다시 검토하는 것은, 두 가지 영역이 다른 의미를 갖기 때문이다. ① 인과관계의 판단을 포함한 객관적 구성요건의 판단은 이미 존재가 확인된 사실에 대한 '사후적 판단'(특히 객관적 귀속의 판단)이고, 주관적 구성요건인 고의의 판단은 행위 시점을 기준으로 하는 '사전적 판단'이다. ② 객관적 귀속은 인과성이 인정된 결과를 행위자의 행위에 객관적으로 귀속시킬 수 있는가를 검토한 것인데, 고의는 행위자가 행위의 상황을 지배하면서 자유롭게 결정한 것으로 볼 수 있는가를 검토하는 것이다. 따라서 결과가 행위에 객관적으로 귀속은 가능하지만, 주관적으로 행위자의 고의에 포함될 수 없을 정도로 변형된 과정을 통해 결과가 발생한 경우를 인과관계의 착오로 인정하게 된다.

(3) 인과관계 착오의 판단기준

모든 사안에 있어서 어느 정도의 인과관계 착오는 존재하는데, 그렇다면 고의의 불인정이라는 법적 효과를 부여할 수 있는 인과관계의 착오를 어떤 기준으로 인정할 것인지와 관련해서 '**인과관계의 본질적 부분**'에 대해서 불일치하면 착오를 인정한다는 것이 일반적인 견해이다. 본질적 부분의 착오라는 것은 '중요한 부분'의 착오 혹은 '현저한' 착오라고 할 수 있는데, 본질적 부분인지는 구체적으로 '**일반의 생활경험상 예상할 수 있는 범위**'를 기준으로 판단하게 된다. 일반 생활경험상 예상할 수 있는 범위 밖이어서 다른 행위로 평가할 수 있는 경우가 본질적 부분의 착오라고 인정하게 된다.

예를 들어, 예리한 식도로 피해자의 하복부를 찔러 직경 5㎝, 길이 15㎝ 이상의 자상을 입혀 피해자가 복강내출혈로 인한 혈복증으로 의식이 불명하고 우측외장골동 · 정맥 등의 완전 파열로 인한 다량의 출혈이 있어 병원에서 지혈시술과 함께 산소호흡을 시키고 다량의 수혈을 하였으나, 피해자가 부상한 후 1개월이 지난 후에 패혈증과 급성심부전증의 합병증으로 사망하였더라도 인과관계의 착오는 인정되지 않는다(대법원 1982.12.28. 선고 82도2525 판결).

(4) 인과관계 착오의 유형

① 본래 형태

형법의 기본 개념들은 원칙적으로 하나의 행위로 발생한 결과를 전제로 하고 있으며, 인과관계의 착오를 포함한 구성요건 착오의 개념도 마찬가지이다. 따라서 행위자의 한 개의 행위로 인한 결과의 발생을 전제로 하여 인과관계의 착오를 논의하는 것이다. 인과관계 착오의 경우로서 대표적인 교과서 사례로 언급되는 사안, 즉 강물에 익사시키려고 다리에서 피해자를 떨어뜨렸는데 피해자가 교각의 기초부분에 부딪혀 익사하지 않고 사망한 경우가 대표적인 경우이다.

② 특별한 형태

범행 결과가 동일한 객체에 대한 행위자의 두 개 이상의 행위로 발생한 경우, 즉 결과가 행위자의 (그러한 결과를 의도한) 첫 번째 행위에 의해서가 아니라 첫 번째 행위와 관련된 추가적인 (앞의 고의와 다른 의도의) 행위로 발생한 경우에서 인과관계의 착오가 논의된다. 이러한 경우를 '**개괄적 고의의 착오유형**'이라고 부른다. 이것을 인과관계 착오의 한 형태라고 보는 시각(인과관계 착오설)을 전제로 하여, 아래에서 별도의 항목으로 설명한다.

(5) 개괄적 고의의 착오유형

① 개념

행위자는 범죄에 대한 의도를 가지고 첫 번째 행위를 하였고 이때 결과가 발생하였다고 오인하였고, 이어서 행위자는 동일한 대상에 대해서 다른 의도를 가지고 행위를 하였는데 다른 의도의 행위로 인해서 첫 번째 행위 시점에 목표했던 결과가 발생한 경우가 개괄적 고의의 착오유형이라고 호칭한다. 이것을 인과관계 착오의 특별한 형태로 다룰 수 있다.

대표적인 사례로 '개울가 질식사망 사건'을 들 수 있는데, 甲은 지적장애가 있는 자기 부인에게 젖을 달라며 희롱하는 같은 마을에 사는 A를 죽일 의사로 돌을 내리쳐(1차 행위) A가 뇌진탕 등으로 인하여 정신을 잃고 축 늘어지자, 그가 죽은 것으로 오인하고 증거를 인멸할 목적으로 A를 개울가로 끌고 가 웅덩이를 파고 땅에 파묻었는데(2차 행위), 후에 검증해 보니 A는 질식으로 사망한 것으로 밝혀진 사안이다(대법원 1988.6.28. 선고 88도650 판결). 이 경우를 어떻게 처리할 것인지에 대해서 견해가 대립한다.

② 학설

개울가 질식사망 사건의 해결에 있어서, 인과관계 착오설은 인과관계 착오로 보고 해결하지만, 객관적 귀속설 · 미수설 · 개괄적 고의설은 착오의 개념으로 해결하지 않는다.

Ⓐ 인과관계의 착오라는 개념 자체를 인정하지 않는 '**객관적 귀속설**'이 있다. 사실적 측면의 인과성(Kausalität)만이 고의의 인식 대상이고 규범적 측면을 포함한 인과관계는 고의의 인식 대상이 아니라고 본다. 개괄적 고의의 착오유형을 포함한 모든 인과관계의 착오를 구성요건 착오의 문제로 처리할 필요 없이 객관적 구성요건의 문제로 해결하면 충분하다는 견해이다.[14] 즉 객관적 구성요건의 검토에서 인과관계가 인정되거나 인정되지 않거나 결정되면, 더 이상 인과관계를 검토할 필요가 없다고 본다.

이러한 견해에 대해서는, 객관적 귀속론으로 인과관계의 착오 문제를 대체하려는 것은 주관적 구성요건단계에서 범죄성립의 범위를 한 번 더 제한하려는 고의의 역할과 임무를 도외시하는 것이라고 비판된다.

Ⓑ 행위자의 행위별로 구분해서 범죄의 성립을 판단하는 '**미수설**'이 있는데,[15] 개괄적 고의의 착오유형은 두 개의 독립적인 행위(1차 행위, 2차 행위)가 존재하는 것이며, 고의는 범행 시에 존재하여야 한다는 일반원칙에 충실하게 해결하는 방식이다. 개울가 질식사망 사건의 경우 돌로 내리친 행위(1차 행위)에서 의도한 범죄의 미수(살인미수)와 땅에 파묻은 행위(2차 행위)로 발생한 결과에 대해서 과실(과실치사)을 인정하고, 양 죄를 실체적 경합범으로 처리하는 견해이다.

이러한 견해에 대해서는, 두 번째 행위로 발생한 결과에 대해서 과실범(과실치사)을 인정하기 위해서는 주의의무위반이 인정되어야 하는데, 두 번째 행위의 시점에 주의의무위반을 첫 번째 행위와 독립하여 인정하기는 쉽지 않다고 비판된다.

Ⓒ 개괄적 고의라는 고의의 형태를 인정하여 사용하는 '**개괄적 고의설**'이 있다. 최초의 행위 시점에 가지고 있던 고의는 이후에도 그 대상에 대해서 지속되고 있는 것이어서 행위가 구분된 이후에도 전체적으로 고의가 존재한다는 '개괄적 고의'라는 개념을 사용한다. 이 견해는 행위의 전(全) 과정을 하나의 범행 의사의 연속으로 보는 것이고, 첫 번째 행위 시점에 인정된 고의가 그 이후의 행위에 모두 고의로서 인정하게 된다. 이에 따르면 돌로 내리친 행위(1차 행위) 시점에 존재하던 고의는 결과 발생까지 이어진 행위(2차 행위)까지 작용하는 개괄적 고의의 형태로서, 살인죄의 고의범이 성립하고 착오가 존재하지 않게 된다.

이러한 견해에 대해서는, 고의는 일반적 내용을 대상으로 하는 것이 아니라 구체

---

14) 김종원(상), 249면; 이정원 · 이석배 · 정배근, 114면.

15) 성낙현, 212면; 오영근 · 노수환, 197면; 이용식, 61면.

적 내용, 즉 구성요건요소를 대상으로 하는데, 위의 사안을 보면 결과 발생의 시점에 행위자는 이미 종결된 첫 번째 행위의 고의(살인)와 다른 내용의 고의(사체의 은닉)를 가지고 있었다는 비판이 제기된다. 또한 돌로 내리친 행위(1차 행위)에 대한 고의를 파묻은 행위(2차 행위)의 고의로 원용함으로써 사전고의를 인정하는 결과가 된다고 비판된다.

Ⓓ 행위자의 행위별로 구분해서 범죄의 성립을 판단하지 않고 전체적으로 하나의 연결된 행위로 보고 판단하는 '**인과관계 착오설**'이 있다.[16] 전체적으로 하나의 행위로 발생한 범죄라고 보면, 결과가 행위자의 첫 번째 고의행위에 의해서가 아니라 이와 연결된 추가적인 두 번째 행위로 발생한 사안도 인과관계 착오를 적용할 수 있게 된다. 고의가 행위 시점에 존재하여야 한다는 의미는 실행행위의 착수 시점에 존재해야 하는 것을 의미하는 것이고 첫 번째 행위와 두 번째 행위를 묶어 전체적으로 연결된 행위로 볼 수 있는 경우이므로, 전체적으로 연결된 하나의 행위에서 발생한 인과관계의 착오로 보는 것이다. 이에 따르면 돌로 내리쳤으나 후에 땅에 파묻은 행위로 사망한 것은 생활경험상 예견할 수 없을 정도의 본질적 부분의 착오라고 볼 수 없으므로, 살인죄가 성립하게 된다.

이러한 견해에 대해서는, 인과관계의 착오를 인정할 정도로 본질적 부분의 착오라면 이미 객관적 구성요건의 단계에서 인과관계가 부정되었을 것이라고, 즉 객관적 구성요건의 검토에서 인과관계를 인정한 이후에 주관적 구성요건에서 인과관계의 착오가 인정되는 경우는 생각할 수 없다고 비판된다.

③ 판례

개울가 질식사망 사건에서 판례는 "전 과정을 개괄적으로 보면 피해자의 살해라는 처음에 예견된 사실이 결국은 실현된 것으로서 피고인들은 살인죄의 죄책을 면할 수 없다."라고 판단하였다(대법원 1988.6.28. 선고 88도650 판결). 이러한 판례의 입장은 개괄적 고의설이 아니라 인과관계 착오설이라고 이해할 수 있다. 개괄적 고의설은 사전고의를 인정하는 견해인데, 판례는 '개괄적 고의'라는 개념을 사용한 것이 아니라, "전 과정을 개괄적으로 보면"이라고 하여 돌로 내리친 행위(1차 행위)와 파묻은

---

16) 강동욱, 94면; 김태명, 182면; 김혜정 · 박미숙 · 안경옥 · 원혜욱 · 이인영, 139면; 박상기 · 전지연, 96면; 배종대, 183면; 서거석 · 송문호, 114면; 신동운, 250면; 이영란, 155면; 이형국 · 김혜경, 189면; 임웅 · 김성규 · 박성민, 200면; 정성근 · 박광민, 158면; 정성근 · 정준섭, 93면; 한상훈 · 안성조, 110면.

행위(2차 행위)를 묻어서 개괄적으로 판단한 것으로 이해할 수 있다. 전체를 개괄적으로 하나의 행위로 발생한 사건으로 보고, 인과관계에서 있어서 본질적 부분의 착오가 발생한 것으로 볼 수 없다는 판단에 따라 살인죄를 인정한 것으로 볼 수 있다.

④ 소결(인과관계 착오설)

사전고의를 인정하게 되는 개괄적 고의의 개념을 인정할 수는 없으므로 개괄적 고의설을 취하기는 어렵고, 객관적 귀속을 포함한 인과관계와 고의가 서로 다른 기능을 가지고 있는 점을 고려하면 객관적 귀속설을 취하기도 어렵다. 미수설은 형법의 개념은 하나의 행위를 전제로 한 것이라는 형법의 기본원리에 충실한 견해이기는 하지만, 다른 원인의 개입이 없는 상황에서 살인의 고의를 가졌던 행위자의 다수 행위가 이어져 발생한 사망의 결과에 대해서 살인의 미수를 인정하는 것은 구체적 타당성의 측면에서 받아들이기 어렵다.

행위자가 동일한 대상에 대해서 행한 돌로 내리친 행위(1차 행위)와 파묻은 행위(2차 행위)는 비록 사실적인 측면에서는 구분되더라도 살인죄라는 규범적인 측면에서는 묶을 수 있는 연결된 행위로 평가할 수 있다면, 이론적으로도 인과관계의 착오가 적용될 수 있는 경우이다.

6. 규범적 구성요건의 착오

(1) 의의

구성요건을 이루고 있는 구성요건요소는 구분하는 기준에 따라 여러 가지 형태로 구분되는데, 서술적(기술적) 구성요건요소와 규범적 구성요건요소로도 구분할 수 있다. 존재하는 대상을 그대로 보여주는 서술적(기술적) 구성요건요소와 달리, 규범적 구성요건요소는 법령이나 도덕 등의 규범을 통해서 가치평가를 할 때 비로소 그 내용이 구체화되는 요소를 의미한다. 공연음란죄(형법 제245조)에서 '음란'이나 공무집행방해죄(형법 제136조)에서 '공무집행의 적법성'이 대표적이다.

이러한 규범적 구성요건요소에 대해서 착오가 존재하는 경우가 **규범적 구성요건의 착오**로 다루어진다. 예를 들어, 적법한 공무집행을 하는 공무원에게 폭력행위를 한 행위자에게 공무집행방해죄(형법 제136조)가 성립하기 위해서는 공무집행의 적법성에 대한 인식도 요구되는데, 상대방이 공무원이라는 사실은 인식한 행위자가 내적으로 공무원의 행위가 적법하지 않다고 생각하고 공무원에게 폭행을 가하였지만 실제로는 공무원의 직무집행 행위가 적법한 경우에서 규범적 구성요건요소의 착오가 발생한다.

규범적 구성요건요소는 **구성요건의 일종**이라는 면과 **규범의 평가**라는 면의 **양면적 특성**을 내포하고 있으므로, 어떤 측면의 특성을 강조할 것인지에 따라 규범적 구성요건의 착오에 대한 해결의 방식이 달라진다. 규범적 구성요건의 착오도 구성요건의 착오로 보고 **형법 제13조**에 근거하여 해결할 것인지 아니면 법질서 영역의 규범판단을 전제로 하므로 위법성의 착오로 보고 **형법 제16조**에 근거하여 해결한 것인지가 논의된다.

(2) 해결방안

① 학설

적법한 공무집행을 하는 공무원의 공무집행이 위법하다고 인식하고 그에 대해서 폭력행위를 한 경우와 같은 규범적 구성요건의 착오에 대한 해결은 규범적 구성요건요소를 범죄체계에서 어떤 단계에 위치시키는지와 연동된다. 다음과 같이 학설이 대립한다.

Ⓐ 직무집행의 적법성을 구성요건의 요소로 보는 '구성요건요소설'에서는, 구성요건의 착오로 보고 형법 제13조를 적용하여 해결하게 된다. 형법 제13조를 적용하면, 위법한 공무집행에 대한 정당방위의 성립을 잘 설명할 수 있다는 장점이 있으나, 공무집행의 적법성을 경솔하게 오인한 경우를 공무집행방해죄로 처벌할 수 없는 단점이 있다. 그런데 일부 견해는 범죄체계에서는 구성요건요소설을 취하면서도, 규범적 구성요건의 착오에서는 규범적 구성요건요소의 규범성을 강조하면서 위법성의 착오로 해결한다.

Ⓑ 직무집행의 적법성을 위법성의 요소로 보는 '**위법성요소설**'에서는 위법성의 착오로 보고 형법 제16조를 적용하여 해결한다. 형법전에서는 착오를 구성요건의 착오와 위법성의 착오라고 표현하지 않고 사실의 착오와 법률의 착오라고 표현하고 있으므로, 규범적 요소에 대한 착오는 법률의 착오에 해당한다고 보는 것이 문언에 부합한다고 본다.[17] 이 견해는 경솔한 오인에 대해서도 형법 제16조의 정당한 이유의

17) 김태명, 299면.

판단을 통해 합리적으로 해결할 수 있는 장점이 있으나, 위법한 공무집행에 대한 저항행위도 구성요건해당성을 인정하는 단점이 있다.

ⓒ 적법성의 기초가 되는 직무행위의 '행위사정'에 대한 착오의 경우와 행위사정은 인식하면서도 직무행위의 '적법성' 자체에 대한 착오를 구분하는 '**구분설**'이 있다.[18] 전자의 경우에는 형법 제13조가 적용되고 후자의 경우에는 형법 제16조가 적용된다고 본다.

② 판례

판례는 규범적 요소가 존재하는 개별적 구성요건의 특성에 따라 구성요건의 착오로 해결하기도 하고 위법성의 착오로 해결하기도 한다.

ⓐ '공무집행의 적법성'에 대한 착오의 경우는 위법성의 착오(형법 제16조)로 해결한다. 공무집행방해죄에서 공무집행의 적법성에 관한 행위자의 잘못된 법적 평가로 인하여 자신의 행위가 금지되지 않는다고 오인한 경우는, 그 오인에 정당한 이유가 있는지를 살펴보아야 하고, 이때 오인에 정당한 이유가 있는지는 구체적인 행위 정황, 오인에 이르게 된 계기나 원인, 행위자 개인의 인식 능력, 행위자가 속한 사회집단에서 일반적으로 기대되는 오인 회피 노력의 정도와 회피 가능성 등을 고려할 때 행위자가 이러한 오인을 회피할 가능성이 있는지에 따라 판단하여야 한다는 입장이다(대법원 2024.7.25. 선고 2023도16951 판결).

반면, ⓑ 절도죄에 있어서 '재물의 타인성'에 대한 착오는 구성요건의 착오(형법 제13조)로 해결한다. 절도죄에 있어서 재물의 타인성을 오인하여 그 재물이 자기에게 취득(빌린 것)할 것이 허용된 동일한 물건으로 오인하고 가져온 경우는 범죄사실에 대한 인식이 있다고 할 수 없으므로 범의가 조각되어 절도죄가 성립하지 않는다(대법원 1983.9.13. 선고 83도1762,83감도315 판결). 또한 ⓒ 감염병예방법 위반죄에 있어서 '격리기간'에 대한 착오도 구성요건의 착오(형법 제13조)로 해결한다. 코로나19로 인한 팬데믹 기간인 2020. 4. 17. 07:10 해외에서 입국하여 감염병의심자로 분류되어 안양시장으로부터 입국일부터 2020. 5. 1. 24:00까지 거주지에 자가격리 하도록 통지[19]를 받은 사람이 격리기간 종료일이 격리 시작일로부터 14일째 해당하는 날의

---

18) 이영란, 149면.

19) 안양시장 명의 격리통지서 하단 말미에 "(입국일은 격리일수에 포함 안 됨)"이라고 기재되어 있지만, 격리통지서 상단 격리기간에는 시각의 기재 없이 "격리기간: 2020. 4. 17.~2020. 5. 1."이

24:00가 아닌 00:00인 것으로 오인하고 2020. 5. 1. 12:00경부터 개인 용무를 위해 격리장소를 무단으로 이탈한 사안에서, 외출 당시 행위자는 격리기간이 이미 종료되었다고 인식한 것이지 격리기간 내임에도 외출이 법령에서 허용된 행위라고 판단하고 있었던 것이 아니어서, 형법 제16조에서 규정하는 법률의 착오 문제가 아니라 형법 제13조의 구성요건적 착오, 즉 행위 당시 격리기간 내임에도 이탈한다는 인식과 의사가 있었는지에 관한 고의의 문제에 해당하며 이때 행위자에게 격리조치 위반의 고의가 인정되지 않는다(수원지방법원 2020.12.10. 선고 2020노4720 판결).

③ 소결(구성요건요소설)

착오의 문제에 대한 해석론에 있어서는, 형법전에 규정된 사실의 착오(형법 제13조)와 법률의 착오(형법 제16조) 중 하나의 규정으로 해결하게 된다. 두 규정의 문구와 존재 의미를 고려해 보면, 형법 제13조와 제16조의 문구에서 적용 대상의 핵심은 '죄의 성립요소'와 '법령'이라고 보는 것이, 3단계 범죄체계에 따라 형법 제13조와 제16조가 별개로 존재하는 입법 형식에 부합된다. 착오의 규정을 2개로 한 것은 행위자의 주관적 영역을 구성요건에 대한 주관과 위법성에 대한 주관으로 구분했음을 의미한다. 또한 구성요건은 적극적 방식으로 검토되므로 그것의 존재 여부만으로도 범죄성립에 영향을 줄 수 있지만, 위법성은 소극적 방식으로 검토되므로 존재의 여부 이외에 부존재에 대한 추가적인 요소, 예를 들어 정당한 이유의 존재를 덧붙인 것이다. 따라서 형법 제13조의 '죄의 성립요소'는 구성요건을, 형법 제16조의 '법령'은 위법성을 의미하는 것으로 보는 것이 타당하다.[20]

공무집행방해죄(형법 제136조)에서 법문에 명시적으로 존재하지 않는 '공무집행의 적법성'을 추가적인 요건으로 해석하는 것은 죄의 성립요소인 구성요건요소로서 추가하는 것에 핵심이 있지 위법성 인식의 요소로 추가하는 것에 핵심이 있지는 않다. 법질서를 의미하는 위법성의 영역에서는, 법질서에 반하는 공무원의 위법행위까지 공무로 볼 수 없다는 것이 자연스럽게 추론되는데 굳이 법문에 없는 공무집행의 적법성을 요건으로 추가할 필요는 없기 때문이다. 공무집행의 적법성을 구성요건으로 추가함으로써 위법한 공무집행에 대해서 행한 저항행위는 공무집행방해죄의 구성

라고만 기재되어 있음.

20) 김정환, "적법한 공무집행에 대해 오인한 저항행위에 있어서 오상방위 적용의 전제로서 정당방위상황의 판단기준", 인권과정의 제500호, 2021, 19면.

요건해당성이 없거나 정당방위가 성립하여 불법행위로 보지 않게 되는 것이다. 또한 서술(기술)적 구성요건요소라고 하더라도 재물의 타인성과 같이 규범을 통한 가치평가가 행해지기도 하므로, 구성요건요소에 대해서 규범을 통한 가치평가가 행해지더라도 위법성의 착오로 해결할 것이 아니라 구성요건의 착오로 해결하는 것이 타당하다.

이처럼 규범적 구성요건의 착오를 구성요건의 착오로 보고 형법 제13조를 적용하는 경우는, 행위자에게 구성요건의 착오가 존재한다고 인정하면 바로 그 구성요건은 성립하지 않게 되기 때문에, 행위자에게 착오가 존재한다는 사실인정의 문제가 매우 중요해진다.

제5장

위법성의 기초

제1절 | 의의

I. 위법성의 본질

1. 위법성과 구성요건

위법은 하나의 특정한 형법 규정에 위반된다는 의미가 아니라 **전체 법질서**(Recht, right)에 반한다는 의미인데, 구성요건에 해당하는 행위가 전체 법질서에 반하는 성질을 **위법성**(Rechtswidrigkeit)이라고 한다. 구성요건은 금지된 행위를 규정(금지규범)하고 있으므로, 구성요건에 해당하는 행위는 원칙적으로 위법하다. 즉 구성요건은 살인죄, 절도죄 등 형법으로 보호하여야 할 법익의 침해를 유형화하여 규정한 것이어서, 구성요건해당성이 인정되는 행위는 일단 위법성을 징표 한다(**구성요건의 위법성 추정**).

그러나 구성요건에 해당하는 행위가 항상 위법한 것은 아니고, 구체적 경우에 있어서 전체 법질서에 반하지 않는 것으로 평가된다면 예외가 인정될 수 있다. 예를 들어, 의사가 환자를 치료하기 위해서 수술하는 것은 사람의 신체를 상해하여 상해죄의 구성요건에 해당하지만, 전체 법질서에서 보면 허용되어야 하므로 위법성이 없다고 보는 것이다. 이처럼 구성요건에 해당하는 행위의 위법성이 일정한 경우에 제거될 수 있는데, 이것을 위법성의 조각(阻却)이라고 표현한다. 위법성을 조각시키는 사유들이 형법에 규정되어 있고, 위법성조각사유는 **허용규범**으로서 금지규범인 구성요건과 대비된다.

2. 위법성의 판단기준

(1) 형식적 위법성 vs. 실질적 위법성

전체 법질서에 반하는지, 즉 위법의 여부를 판단할 때 그 기준을 실정법에서 찾아 실정법에서 허용되지 않는 것이 위법하다고 보는 '**형식적 위법성론**'이 있고, 기준을 실정법뿐만 아니라 사회의 공동생활에서도 찾아 규범이 보호하고자 하는 법익의 실질적 침해에 위법의 본질이 있다고 보는 '**실질적 위법성론**'이 있다.

형식적 위법성론과 실질적 위법성론의 논의는, 어떤 행위에 대해서 구성요건해당성이 인정될 때 일단 위법성은 추정되는데, 이후 위법성을 조각할 수 있는 사유를 실정법에 규정된 위법성조각사유에 한정해서 인정할 것인지 아니면 규정이 없더라도 인정할 수 있는지에 있어서 논의의 실익이 있다. 그러나 이러한 논의는 일반적 위법성조각사유인 정당행위(형법 제20조)를 규정하고 있지 않은 독일 형법에 있어서는 의미가 있으나, '사회상규의 위배'를 위법성 판단의 기준으로 규정한 정당행위가 존재하는 한국 형법에서는 논의의 실익이 없다. 정당행위(형법 제20조)의 입법으로 인하여 형식적 위법성이든 실질적 위법성이든 적용 영역이 같게 되기 때문이다.

(2) 주관적 위법성 vs. 객관적 위법성

① 주관적 위법성론

예전에는 위법성을 행위자 개인의 주관적 의사결정규범에 대한 위반으로 이해하는 '**주관적 위법성론**'이 있었는데, 이에 따르면 책임능력이 있는 자만 규범의 수범자가 될 수 있고 그러한 사람에 대해서만 금지규범 명령의 위반이 위법하게 된다. 이 견해는 위법성 판단과 책임 판단을 결합하여 귀책가능성이 위법성의 본질이라고 하게 된다. 그러나 주관적 위법성론은 책임 판단의 문제와 위법성 판단의 문제를 혼동하였다고 비판을 받았고, 지금은 역사적 의미로만 존재한다.

② 객관적 위법성론

현재는 모든 법규범은 인간의 행위를 사회질서의 관점에서 평가할 수 있는 객관적 평가규범이라고 보는 '**객관적 위법성론**'으로 통일되어 있다.[1] 법규범은 간접적인

---

1) 김혜정 · 박미숙 · 안경옥 · 원혜욱 · 이인영, 168면; 성낙현, 220면.

의미에서만 의사결정규범이며 위법성(행위가 전체 법질서에 반하는 성질)에 있어서는 평가규범일 뿐이라는 것이다. 이 견해에서는 책임무능력자의 행위도 법규범에 의하여 법익침해로 평가되는 한 위법성이 인정된다. 판례도 객관적 위법성론을 취하여, 어떤 구성요건 해당 행위의 위법성이 조각되는지는 구체적인 사정 아래서 합목적적, 합리적으로 고찰하여 개별적으로 판단한다(대법원 2001.2.23. 선고 2000도4415 판결).

③ 소결(객관적 위법성론)

금지규범인 구성요건에 대해서 위법성조각사유는 허용규범이고 일반적 금지의 예외를 추구한다. 행위가 금지되는지 허용되는지는 행위의 실행 시점에 확정되어 있어야 하므로, 위법성조각사유가 존재하는지는 객관적으로 사전에 판단되는 것(객관적 위법성론)이 타당하다. 이때 주의할 점은, 객관적 위법성론은 위법성의 평가 기준(방법)이 객관적(일반적 · 보편적)이어야 한다는 것이지 평가의 대상까지 객관적 요소에 한정하는 것은 아니다.

3. 위법성조각사유

위법성을 조각시키는 사유들이 형법에 규정되어 있는데, 형법총칙에 일반적 위법성조각사유로 정당행위(형법 제20조), 정당방위(형법 제21조), 긴급피난(형법 제22조), 자구행위(형법 제23조), 피해자의 승낙(형법 제24조)이 규정되어 있다. 일단 위법성이 추정되는 구성요건해당성의 행위가 위법성조각사유로 인해서 위법하지 않은 것으로 평가되는 특성을 고려하여, 위법성조각사유를 '**정당화사유**'라고도 부른다. 어떤 제도의 성립 요건을 검토할 때 '소극적 요건'이란 그 요건이 없을 때 검토되는 제도가 성립하게 되는 요건을 말하는데, 구성요건은 위법성을 징표하므로 위법성 검토는 구성요건에 해당하는 행위에 있어서 위법성조각사유가 있는지를 소극적으로 검토하게 된다.

위법성조각사유 중 정당방위, 긴급피난, 자구행위는 '**긴급행위**'라는 공통점이 존재한다. 침해 발생의 예방 또는 회복을 국가가 할 겨를이 없는 긴급상황에서 보충적으로 개인이 스스로 보호하는 것을 허용하는 규범이다. 피해자의 승낙은 '**처분이 가능한 법익**'에 대해서 그 주체의 처분을 허용하는 규범이고, 정당행위는 다른 개별적 위법성조각사유가 적용될 수 없는 경우에서 보충적으로 적용될 수 있다는 '**일반적 허용규범**'이다.

그 외에 개별범죄의 특수한 상황을 고려하여 형법각칙에 개별적인 위법성조각사유를 규정하기도 한다. 도박죄에서는 "일시 오락의 정도에 불과한 경우"를 규정하고 있으며(형법 제246조 제1항), 명예훼손죄에서는 "진실한 사실로서 오로지 공공의 이익에 관한 때"를 규정하고 있다(형법 제310조).

II. 위법성과 불법

1. 불법

위법성과 함께 사용되는 개념으로 '불법'이 있다. 3단계 범죄체계의 검토에 있어서 어떤 행위가 구성요건에 해당하고 위법하면, 그러한 행위 자체를 형법상 '**불법행위**'라고 한다. 반대로 불법행위는 구성요건에 의해서 유형화·구체화된다고 말할 수 있고, 이러한 점에서 구성요건은 불법유형이라고 하며, 불법구성요건(Unrechtstatbestand)이란 용어가 사용되기도 한다.

위법성은 어떤 행위가 전체 법질서 전체에 위배된다는 부정적 관계(성질)의 판단으로 관계개념이며, 위법하다 혹은 위법하지 않다는 있음과 없음의 문제이다. 반면 **불법**은 구성요건에 해당하고 위법한 행위 그 자체를 말하는 실체개념이며, 불법이 크다 혹은 작다는 차등화가 가능하다.

판례는 위법성을 '**형식적 위법성**'으로 불법을 '**실질적 위법성**'으로 표현하기도 하는데, 예를 들어 준강도죄(형법 제335조)는 절도범인이 절도기수 후 또는 절도의 착수 후 그 수행의 범의를 포기한 후에 소정의 목적으로서 폭행 또는 협박하는 행위가 그 태양에 있어서 재물탈취의 수단으로서 폭행, 협박을 가하는 강도죄와 같이 보일 수 있는 실질적 위법성을 지니게 됨에 비추어 이를 엄벌하기 위한 취지로 규정한 것이라고 설명한다(대법원 1973.11.13. 선고 73도1553 전원합의체 판결). 또한 판례는 실질적 위법성을 구성요건의 해석에 있어서 사용하기도 하는데, 배임죄(형법 제355조 제2항)의 거래상대방은 기본적으로 배임행위의 행위자와 별개의 이해관계를 가지고 반대편에서 독자적으로 거래에 임한다는 점을 감안 한다면, 거래상대방이 배임행위를 교사하거나 배임행위의 전 과정에 관여하는 등에 이르지 아니하여 법질서 전체적인 관점에서 살펴볼 때 사회적 상당성을 갖춘 경우는, 비록 정범의 행위가 배임행위에 해당한다는 점을 알고 거래에 임하여서 외견상 방조(형법 제32조)행위로 인정될 수 있는 행위가 있었더라도 범죄를 구성할 정도의 위법성은 없다고 본다(대법원 2011.10.27. 선고 2010도7624 판결).

2. 위법성의 실질

어떤 행위가 구성요건에 해당하더라도 위법하지 않다는 가치판단, 즉 전체 법질서에 배치되지 않는다는 반가치 판단은 무엇을 대상으로 하여 내려지는가의 문제가 '위법성의 실질'이다. 이것은 구성요건에 해당하고 위법한 행위(불법행위)가 성립할 때, 그 불법의 실질(판단기준)은 무엇인지의 문제와도 같은데, 현재 결과불법(결과반가치)과 행위불법(행위반가치)의 개념으로 설명한다.

참고 위법성의 실질에 대한 독일에서의 발전 과정

위법성의 실질에 대한 견해는 독일에서 역사적으로 발전해 왔는데, 근대형법의 초창기에는 외형적인 침해인 결과불법을 강조하였다. 먼저 18세기 말에는 '권리침해설'이 나타났는데, 대표적으로 포이어바흐(Feuerbach)는 범죄란 타인의 권리를 침해하는 행위라고 이해하고 위법성의 실질을 권리침해로 파악하였다. 형법의 자유보장적 기능을 최대한 관철하고자 하는 계몽주의 정신에 충실한 이론이었고, 이러한 시각에서는 피해자 없는 범죄는 위법성이 없게 된다.

19세기에는 결과불법론의 일종이 '법익침해설'이 나타났다. 비른바움(Birnbaum)은 범죄로 침해되는 것은 권리 자체가 아니라, 권리의 객체인 재산이라고 보고서 재산의 침해 · 위태화가 범죄라고 보았다. 리스트(Liszt)는 개인의 재산에 대한 보호의 시각을 확대하여 범죄로부터 보호해야 할 대상을 국가공동체의 생활 조건으로 보고, 이를 '법익'이라고 칭하였다.

20세기 중반에 들어서 범죄의 내적 측면의 불법성에 중점을 두는 행위불법을 강조하는 견해가 나타났다. 대표적으로 법은 인간의 내적 의사에 금지 또는 명령을 지시한다는 법의 의사결정 규범적 성격을 강조하는 '인적불법론'은, 법은 모든 법익침해를 금지하는 것이 아니라, '일정한 행위형태'에 의한 법익침해(행위 관련적 행위불법)와 행위자의 '일정한 인적 사정'에 의한 법익침해(행위자 관련적 행위불법)를 금지하는 것이라고 보았다.

(1) 결과불법과 행위불법

① 결과불법

'**결과불법**'은 형법의 평가규범성을 강조하는 개념으로서, 객관적 시각에서 위법성을 평가하는 것이다. 즉 보호법익의 침해 또는 위태화를 초래하였다는 점이 결과불법이고, '**행위를 통해 외적으로 드러난 결과**'에 대한 부정적 가치판단(결과반가치)에 불법의 실질이 있다고 본다. 외적으로 드러난 것이 결과불법의 대상이므로, 객관적 구성요건을 이루는 요소(결과뿐만 아니라 행위를 포함)가 결과불법의 대상이 된다. 범죄행위의 영향과 법익침해의 정도는 법익 주체(피해자)의 침해와 위태화를 판단하는 기준이 된다. 법익침해의 위험이 있으면 미수이고, 법익이 침해되면 기수범이라고 본다.

② 행위불법

'**행위불법**'은 형법의 의사결정규범성을 강조하는 개념으로서, 위법성 평가에 있어서 행위자의 주관적 측면을 중시한다. 즉 법질서에 반하는 행위방식이라는 점이 행위불법이고, 객관적 요소와 주관적 요소로 함께 이루어지는 '**행위**' 자체에 대한 부정적 가치판단(행위반가치)에 불법의 실질이 있다고 본다. 즉 구성요건의 실현에 대해 행위자에게 비난할 수 있는 행태의 평가에 행위불법이 있는데. 주관적 구성요건을 이루는 요소(고의, 과실 등)가 행위불법의 대상이 된다.

(2) 결과불법 · 행위불법 이원론

'결과불법만을 강조하는 시각'에 대해서는, 형법은 평가규범으로서 사회윤리적 반가치판단을 동반하는 것이며 법익침해를 초래한 행위를 무시하고서 위법이라는 반가치판단을 할 수는 없다는 비판이 제기된다. 한편 '행위불법만을 강조하는 시각'에 대해서는, 고의범에서 기수와 미수를 동등하게 평가하여야 하고, 과실범에서 결과의 발생이 없더라도 주의의무 위반이 있으면 처벌해야 한다는 비판이 제기된다.

결국 위법성의 실질(전체 법질서에 배치된다고 하는 반가치 판단의 대상)은 결과불법 및 행위불법으로 구성된다고 보는 '**결과불법 · 행위불법 이원론**'이 타당하다. 헌법재판소도 행위불법을 강조하면서 아래와 같이 결과불법 · 행위불법 이원론을 밝히고 있다(헌법재판소 2009.7.30. 선고 2008헌가16 결정).

> 일반적으로 범죄는 법질서에 의해 부정적으로 평가되는 행위, 즉 행위반가치(行爲反價値)와 그로 인한 부정적인 결과의 발생, 즉 결과반가치(結果反價値)라고 말할 수 있으나, 여기서 범죄를 구성하는 핵심적 징표이자 형벌을 통해 비난의 대상으로 삼는 것은 '법질서가 부정적으로 평가한 행위에 나아간 것', 즉 행위반가치에 있다. 만약 법질서가 부정적으로 평가한 결과가 발생하였다고 하더라도 그러한 결과의 발생이 어느 누구의 잘못에 의한 것도 아니라면, 부정적인 결과가 발생하였다는 이유만으로 누군가에게 형벌을 가할 수는 없다.

III. 주관적 정당화 요소

1. 의의

(1) 개념

결과불법 · 행위불법 이원론에 따르면 구성요건에 해당하는 행위의 위법성을 조각하기 위해서는 위법성조각사유의 객관적 요건이 존재하는 것뿐만 아니라 행위자가 정당화 상황에 대한 인식과 정당화사유의 행위를 할 의사(주관적 요건)가 요구된다. 즉 정당방위에 있어서는 방위의사, 긴급피난에 있어서는 피난의사, 자구행위에 있어서는 자구의사, 피해자의 승낙에 있어서는 승낙에 대한 인식이 있어야 한다. 이처럼 위법성 조각의 정당화 상황과 정당화 행위에 대한 인식 및 의사를 '**주관적 정당화 요소**'라고 한다. 그런데 위법성조각사유가 인정되기 위해서 주관적 정당화 요소가 필요한 것인가에 대해서 견해가 대립한다.

(2) 학설

결과불법(결과반가치)만으로 위법성의 실질을 보는 시각에서는 객관적 구성요건을 충족하는 것만으로도 금지규범은 충족하는 것이고 위법성조각의 객관적 측면이 충족되면 허용규범을 충족하는 것이라고 본다. 주관적 정당화 요소는 필요하지 않다고 본다(**불필요설**).

반면 행위불법(행위반가치)만으로 위법성의 실질을 보는 시각에서는 객관적 구성요건을 충족하는 것만으로 금지규범은 충족되지 못하고 주관적 구성요건이 충족되어야 금지규범이 충족되는 것으로 본다. 허용규범을 충족하기 위해서는 주관적 정당화 요소를 갖추어야 한다고 본다(**필요설**).

결과불법 · 행위불법 이원론의 시각에서는 객관적 구성요건 및 주관적 구성요건이 충족되어야 금지규범이 충족되는 것으로 보고, 허용규범도 위법성조각의 객관적 측면의 충족과 함께 주관적 정당화 요소를 갖추어야 충족한다고 본다(**필요설**).[2)]

---

2) 김일수 · 서보학, 184면; 김혜정 · 박미숙 · 안경옥 · 원혜욱 · 이인영, 171면; 박찬걸, 177면; 배종대, 191면; 성낙현, 229면; 신동운, 299면; 오영근 · 노수환, 228면; 이상돈, 135면; 이영란, 224면; 이용식, 136면; 이정원 · 이석배 · 정배근, 120면; 이재상 · 장영민 · 강동범, 246면; 이주원, 153면; 임웅 · 김성규 · 박성민, 223면; 정성근 · 박광민, 171면; 정성근 · 정준섭, 114면; 정영일, 201면; 한상훈 · 안성조, 123면; 홍영기, 102면.

(3) 판례

판례는 위법성조각사유를 인정하기 위해서는 주관적 정당화 요소가 필요하다는 필요설의 입장이다. 5 · 18광주민주화운동에 대한 계엄군의 진압 행위에 대한 재판에서 피고인들이 "시위진압행위가 정당행위, 정당방위 · 과잉방위, 긴급피난 · 과잉피난에 해당하여 처벌할 수 없거나 그 형을 면제하여야 한다"라고 주장하였는데, 이에 대해서 "정당행위가 성립하기 위하여는 건전한 사회통념에 비추어 그 행위의 동기나 목적이 정당하여야 하고, 정당방위 · 과잉방위나 긴급피난 · 과잉피난이 성립하기 위하여는 방위의사 또는 피난의사가 있어야 한다고 할 것이다."라고 밝혔다(대법원 1997.4.17. 선고 96도3376 전원합의체 판결).

또한 형법각칙의 개별적인 위법성조각사유에 있어서도 "공연히 사실을 적시하여 사람의 명예를 훼손하는 행위가 진실한 사실로서 오로지 공공의 이익에 관한 때에는 형법 제310조에 따라 처벌할 수 없다. 여기서 … '오로지 공공의 이익에 관한 때'라 함은 적시된 사실이 객관적으로 볼 때 공공의 이익에 관한 것으로서 행위자도 주관적으로 공공의 이익을 위하여 그 사실을 적시한 것이어야 한다."라고 하였다(대법원 2020.8.13. 선고 2019도13404 판결).

(4) 소결(필요설)

위법성의 실질은 결과불법(결과반가치)과 행위불법(행위반가치)이 결합하여 구성된다. 그렇다면 위법성조각사유는 결과불법과 행위불법의 양 측면에서 소멸시킬 수 있는 근거를 갖추어야 하고, 위법성조각사유도 객관적 측면과 주관적 측면으로 구성된다고 보게 된다. 또한 구성요건해당성의 인정을 위해서 객관적 구성요건과 함께 주관적 구성요건이 존재해야 한다면, 법질서에서 허용하지 않는 구성요건해당행위를 대칭관계에서 예외적으로 허용하는 위법성조각사유에 있어서도 객관적 측면과 함께 주관적 측면의 요건을 갖추는 것이 타당하다.

위법성조각사유를 규정한 형법 제21조 · 제22조 · 제23조에서 "방위하기 위한", "피하기 위한"이라고 표현한 것도 주관적 정당화 요소가 있어야 한다는 의미이다. 즉 구성요건에 해당하는 행위의 위법성이 조각되기 위해서는 객관적 정당화사유의 존재와 동시에, 행위 당시에 행위자가 위법성이 조각되는 상황을 인식하고서 행위를 하는 것이 필요하다.

2. 주관적 정당화 요소의 착오

(1) 개념

위법성조각사유(정당화사유)의 객관적 요건이 갖추어진 상태인데, 행위자가 이것에 대한 인식 없이 구성요건에 해당하는 행위를 한 경우가 '**주관적 정당화 요소의 착오**'로 논의된다. 예를 들어, 자기 또는 타인의 법익에 대한 현재의 부당한 침해가 있는 정당방위의 상황이 존재함에도 이를 인식하지 못하고 침해자에게 구성요건에 해당하는 행위를 한 경우가 '**우연방위**'의 문제로 검토된다. 긴급피난에서는 '**우연피난**'의 문제로 검토된다.

(2) 학설

① '**위법성조각설**'이 있다. 위법성의 실질을 결과불법(결과반가치)만으로 이해하는 시각에서 주관적 정당화 요소 불필요설을 취할 때의 입장이다. 이러한 시각에서는 객관적 정당화사유가 충족되면 주관적 정당화 요소가 없더라도 위법성이 조각한다고 보게 된다.

② '**기수범설**'이 있다.[3] 위법성의 실질을 행위불법(행위반가치)만으로 이해하는 시각에서 주관적 정당화 요소 필요설을 취할 때의 입장이다. 이러한 시각에서는 주관적 정당화 요소가 없이는 위법성이 조각되지 않으므로, 구성요건에 해당하는 범죄가 성립한다고 보게 된다. 결과불법의 부존재나 감소는 양형에서 고려될 수 있다고 본다.

③ '**불능미수범설**'이 있다.[4] 위법성의 실질은 결과불법(결과반가치)과 행위불법(행위반가치)이 결합하여 구성된다고 보는 시각에서는 허용규범도 위법성조각의 객관적 측면의 충족과 함께 주관적 정당화 요소를 갖추어야 충족한다고 본다. 그런데 주관적 정당화 요소의 착오 사안을 보면, 객관적으로 위법성이 조각되는 상황이 존재하였으므로 결과불법이 인정되지 않으나, 주관적으로는 위법성 조각의 인식이 없었으므로 행위불법이 인정된다. 결과불법은 없으나 행위불법이 존재하는 구조가 불능미수의 불법구조와 유사하므로, 불능미수의 효과를 적용하는 것이 타당하다고 보게 된다.

---

3) 배종대, 193면; 이영란, 227면; 정영일, 212면; 홍영기, 104면.

4) 강동욱, 145면; 김일수 · 서보학, 187면; 김종원(상), 334면; 김혜정 · 박미숙 · 안경옥 · 원혜욱 · 이인영. 172면; 박상기 · 전지연, 117면; 박찬걸, 178면; 성낙현, 236면; 오영근 · 노수환, 229면; 이용식, 136면; 이정원 · 이석배 · 정배근, 121면; 이형국 · 김혜경, 196면; 임웅 · 김성규 · 박성민, 228면; 정성근 · 박광민, 172면; 정성근 · 정준섭, 116면; 한상훈 · 안성조, 123면.

(3) 소결(불능미수범설)

불능미수(형법 제27조)는 (행위자의 생각과는 달리) 행위의 성질상 구성요건이 실현될 수 없지만, 그 행위의 위험성 때문에 미수범으로 처벌되는 경우이다. 이것은 해당 구성요건의 실현이 객관적으로 불가능함에도, 행위불법의 측면을 강조하는 시각에서 구성요건의 실행행위가 관념상 존재하는 것으로 보고 미수의 한 형태로 규정한 것이다. 즉 불능미수는 객관적으로 구성요건이 실현될 가능성이 없음에도 불구하고 행위자가 주관적으로 구성요건 실현이 가능하다고 인식하고 실행한 경우로서 사실의 착오의 한 형태이다. 다만 객관적으로 실현된 구성요건에 대한 행위자의 인식이 없었던 경우에 적용되는 구성요건의 착오와 반대되는 형태로서 '구성요건 착오의 반전 형태'라고 할 수 있는데, 입법자는 착오의 개념을 통해 해결하지 않고 불능미수라는 개념을 통해 해결한다.

이와 같이 착오의 해결에 있어서 불법의 실질이 유사한 경우에 대해서 입법자가 규정하고 있다면, 그러한 법률효과를 적용하는 것이 본질에 맞는 착오의 효과를 인정하는 것이다. 특히 입법자가 불능미수의 법률효과를 원칙적으로 범죄는 성립하고 임의적으로 형을 감경이나 면제할 수 있도록 하고 있는데, 이러한 법률효과도 주관적 정당화 요소의 착오에 있어서 타당하다. 위법성조각사유의 인정을 위해서 필요한 주관적 정당화 요소가 없다면 위법성이 조각되지 않으므로 범죄는 성립하는 것이 타당하며, 다만 객관적인 정당화 상황이 존재하는 것을 양형에서 고려하면 되기 때문이다.

제2절 ❙ 정당행위

I. 의의

> 제20조(정당행위) 법령에 의한 행위 또는 업무로 인한 행위 기타 사회상규에 위배되지 아니하는 행위는 벌하지 아니한다.

1. 개념

위법의 의미는 전체 법질서에 반한다는 것이므로, 구성요건에 해당하는 행위가 위법한지 여부는 형법만을 기준으로 판단하는 것이 아니라 다른 법분야를 포함한 사회질서 전체를 기준으로 판단하게 된다. 전체 법질서에서 위법성조각사유들은 매우 다양하게 존재하며, 발전하고 변화한다. 정당행위는 이러한 상황을 반영할 수 있도록 마련된 형법상의 위법성조각사유이다. 독일 형법이나 일본 형법에서 찾아볼 수 없는 한국 형법의 독특한 규정인 형법 제20조에서는 "법령에 의한 행위 또는 업무로 인한 행위 기타 사회상규에 위배되지 아니하는 행위"를 정당행위로 규정하고 있다(형법 제20조).

정당행위는 사회윤리나 사회통념에 비추어 용인될 수 있는 기준을 의미하는 '**사회상규**'를 위법성 판단의 기준으로 제시하고 있어서, 모든 사안에 적용할 수 있는 '**일반적 위법성조각사유**'라고 할 수 있다. 사회상규와 같은 **일반개념** 혹은 **불확정개념**은 실정법의 엄격한 적용으로 생길 수 있는 불합리한 결과를 막고 구체적 타당성을 실현하기 위해서 구체적인 사안에서 법관이 개별적으로 판단하게 된다(대법원 2018.11.1. 선고 2016도10912 전원합의체 판결).

형법 제20조에는 정당행위로서 3가지 유형이 제시되어 있는데, ① 법령에 의한 행위, ② 업무로 인한 행위, ③ 기타 사회상규에 위배되지 않는 행위이다. 이중 법령에 의한 행위나 업무로 인한 행위는 사회상규에 위배되지 않는 행위의 예시 형태로 기술되어 있다.

2. 다른 위법성조각사유와의 관계

형법에는 위법성조각사유로 정당행위 이외에 정당방위, 긴급피난, 자구행위, 피해자의 승낙이 규정되어 있는데, 이러한 개별적 위법성조각사유와 일반적 위법성조각사유인 정당행위의 관계, 즉 정당방위의 적용 범위에 대해서 견해가 대립한다.

Ⓐ 정당행위는 일반적 위법성조각사유로서 모든 경우에 적용될 수 있는 위법성조각사유이고, 따라서 구체적 사안에서 개별적 위법성조각사유와 중첩적으로 적용될 수 있다는 '**중첩적 적용설**'이 있다. 반면 Ⓑ 정당행위는 일반적 위법성조각사유로서 모든 경우에 적용될 수 있는 위법성조각사유이지만, 구체적 사안에서 개별적 위법성조각사유가 적용될 수 있는 경우라면 특별법 우선의 원칙에 따라 개별적 위법성조각사유가 적용되고, 다른 개별적 위법성조각사유가 적용되지 않는 사안에서 보충적으

로 적용될 수 있다는 '**보충적 적용설**'이 있다.[5)]

판례는 정당행위를 보충적 적용설의 입장에서 이해하여, "'사회상규에 위배되지 아니하는 행위'는 형법 제21조부터 제24조까지의 개별적 위법성조각사유가 인정되지 않고, 법령이나 업무로 인한 행위로 포섭되기 어려운 경우 적용되는 일반적 위법성조각사유이다."라고 판시한다(대법원 2023.5.18. 선고 2017도2760 판결). 그러나 실제 재판에 있어서는 정당행위를 보충적으로 적용하는 것이 아니라 다른 개별적 위법성조각사유와 병렬적 · 선택적으로 적용하는 것을 볼 수 있으며,[6)] 정당방위가 적용될 상황에서 정당행위만을 적용(대표적으로 소극적 방어행위의 경우)하기도 한다.[7)]

생각건대, 정당행위는 다른 위법성조각사유가 적용되지 않는 상황에서 보충적으로 적용하는 것이 타당하다(**보충적 적용설**). 정당행위를 중첩적으로 적용할 수 있다고 해석한다면, 개별적 위법성조각사유의 의미가 상실될 수 있기 때문이다. 중첩적으로 적용하면 위법성의 검토는 사회윤리나 사회통념에 비추어 용인될 수 있는 행위(사회상규)인지를 검토하는 것이 되고, 사실상 구체적 기준 없이 위법성 판단이 이루어지게 될 위험이 있다. 입법자가 정당행위를 모든 경우에 우선적으로 적용될 수 있다고 생각했다면, 정당방위 이외에 다른 위법성조각사유들을 규정할 필요는 없었을 것이다. 보충적 적용설의 시각에서는, 정당행위가 특정 행위의 위법성을 조각하도록 적극적으로 기능하는 것이 아니라고 본다.

참고 **'정당한 이유'를 구성요건으로 명시한 경우**

형법은 사회윤리나 사회통념에 비추어 용인될 수 있는 행위를 의미하는 '사회상규'를 정당행위(형법 제20조)에서 위법성 조각의 판단기준으로 사용하는데, 범죄의 구성요건 자체에서 정당한 이유를 명시하고 있는 경우가 있다. 형법 각칙에서는 전시군수계약불이행죄(형법 제103조 제1

---

5) 강동욱, 147면; 김종원(상), 421면; 김태명, 258면; 박상옥 · 김대휘(1), 488면; 성낙현, 318면; 이영란, 290면; 이용식, 168면; 이주원, 199면; 이형국 · 김혜경, 205면; 정성근 · 박광민, 173면.

6) 예를 들어 "이는 정당행위 내지 긴급피난에 해당되어 그 위법성이 없는 경우에 해당된다"라고 하거나(대법원 1976.7.13. 선고 75도1205 판결), "행위는 … 사회통념상 허용될 만한 정도의 상당성이 있는 행위로서 형법 제20조의 정당행위에 해당하거나 또는 … 형법 제23조의 자구행위에 해당하여 위법성이 없다."라고 판시한다(창원지방법원 2016.9.29. 선고 2015노2836 판결).

7) 예를 들어, "피고인이 그 먼저 당한 폭행과 같은 새로운 폭행을 당하지 않으려고 본능적으로 한 소극적 방어행위(저항)에 지나지 않는다 할 것이어서 이는 사회상규에 어긋나는 행위라고는 볼 수 없다"라고 판시한다(대법원 1986.7.22. 선고 86도751 판결).

항), 전시폭발물제조죄(형법 제121조), 직무유기죄(제122조), 집합명령위반죄(형법 제145조 제2항) 등에서 "정당한 이유없이" 한 행위를 구성요건으로 규정하고 있다.
또한 입영기피죄(병역법 제88조 제1항)에서도 "정당한 사유 없이"를 구성요건으로 규정하고 있는데, 판례는 "정당한 사유는 구성요건해당성을 조각하는 사유"로서 "형법상 위법성조각사유인 정당행위나 책임조각사유인 기대불가능성과는 구별"된다고 보면서도, 그 판단에 있어서는 "병역법의 목적과 기능, 병역의무의 이행이 헌법을 비롯한 전체 법질서에서 가지는 위치, 사회적 현실과 시대적 상황의 변화 등은 물론 피고인이 처한 구체적이고 개별적인 사정도 고려해야 한다."라고 하여 위법성의 판단과 유사한 기준으로 판단한다(대법원 2018.11.1. 선고 2016도10912 전원합의체 판결).

II. 법령에 의한 행위

정당행위의 첫 번째 유형은 법령에 의한 행위이다. 법령에 근거한 권리를 행사하거나 의무를 이행한 행위는 법질서를 지키는 것이므로, 법질서의 통일성이라는 측면에서 위법성이 부정된다.

1. 공무집행행위

공무원의 직무집행 행위가 대표적인 법령에 의한 행위인데, 법령에 근거한 직무를 집행하는 경우와 상관의 적법한 명령을 집행하는 경우가 존재한다.

(1) 법령에 근거한 직무집행

공무원이 법령상의 직무를 집행한 것이 타인의 자유나 재산 등을 제한하여 구성요건에 해당하더라도, 이것은 정당행위로 위법성이 조각된다. 형사소송법상의 강제처분(구속, 압수 등)이나 민사소송법상의 강제집행 등이 대표적인 예이다.

법령에 근거한 공무 집행의 위법성을 조각하기 위해서는 적법한 절차에 따라 집행되어야 하고, 그렇지 않은 경우는 정당화되지 않는다. 예를 들어, 즉결심판 피의자의 정당한 귀가 요청을 거절한 채 다음날 즉결심판 법정이 열릴 때까지 피의자를 경찰서 보호실에 강제유치시키려고 함으로써 피의자를 경찰서 내 즉결피의자 대기실에 10~20분 동안 있게 한 행위는 위법성이 인정되어 불법감금죄(형법 제124조 제1항)에 해당하고, 피의자를 보호실에 밀어 넣으려는 과정에서 상해를 입게 하였다면 특정범죄가중법 위반(체포)죄에 해당한다(대법원 1997.6.13. 선고 97도877 판결).

(2) 상관의 명령에 근거한 직무집행

① 적법한 명령

상관의 명령에 따른 공무 집행도 법령에 의한 행위로서 위법성이 조각된다. 대표적인 법령을 보면, 국가공무원법 제57조에는 "공무원은 직무를 수행할 때 소속 상관의 직무상 명령에 복종하여야 한다."라고 복종의 의무가 규정되어 있고, 군인복무기본법 제25조에는 "군인은 직무를 수행할 때 상관의 직무상 명령에 복종하여야 한다."라고 복종의 의무가 규정되어 있다.

이때 복종의 의무는 적법한 직무 명령에 대한 복종을 의미하므로, 상관의 위법한 내용의 명령을 하는 경우는 법령에 의한 행위라고 보지 않는다. 판례도 "상관의 적법한 직무상 명령에 따른 행위는 정당행위로서 형법 제20조에 의하여 그 위법성이 조각된다고 할 것이나, 상관의 위법한 명령에 따라 범죄행위를 한 경우에는 상관의 명령에 따랐다고 하여 부하가 한 범죄행위의 위법성이 조각될 수는 없다."라고 한다(대법원 1997.4.17. 선고 96도3376 전원합의체 판결).

② 위법한 명령

구속력 있는 상관의 위법한 명령에 복종한 행위가 정당행위로 볼 수는 없더라도, 명령 복종의 의무로 인하여 적법행위에 대한 기대가능성이 결여되어 책임이 조각되거나 강요된 행위(형법 제12조)로 볼 수 있다는 견해가 있다.[8)]

생각건대 상관의 위법한 명령은 구속력이 존재한다고 말할 수 없다. 판례도 상관의 명령이 명백한 위법 혹은 불법한 명령인 경우(예를 들어, 참고인에 대한 가혹행위의 명령)는 직무상의 명령 자체를 인정하지 않고 이에 대한 복종 의무의 존재도 부정한다(대법원 1988.2.23. 선고 87도2358 판결). 상관의 위법한 명령을 적법하다고 믿고 이행한 경우는 법률의 착오(형법 제16조)의 문제로 해결하는 것이 바람직하고, 상관의 명령이 위법하다고 판단하고서도 이행한 경우는 적법행위의 기대가능성을 검토할 것이 아니라 공범으로서 다루어야 할 사안이다.

---

8) 성낙현, 323면; 이영란, 291면.

2. 징계행위

(1) 근거 법령

법령에 규정된 징계권자의 징계행위는 정당행위로서 위법성이 조각된다. 대표적인 법령을 보면, 초·중등교육법 제18조에는 "학교의 장은 교육을 위하여 필요한 경우에는 법령과 학칙으로 정하는 바에 따라 학생을 징계할 수 있다."라고 징계가 규정되어 있고, 보호소년법 제15조 제1항에서는 "원장은 … 보호소년등처우·징계위원회의 의결에 따라 … 징계를 할 수 있다."라고 징계가 규정되어 있다.

한편 (구)민법 제915조에 "친권자는 그 자를 보호 또는 교양하기 위하여 필요한 징계를 할 수 있고 법원의 허가를 얻어 감화 또는 교정기관에 위탁할 수 있다."라고 규정되어 있었던 친권자의 징계권은, 아동학대를 정당화하는 데 악용될 소지가 있어서 2021년 개정에서 삭제되었다. 친권자의 징계권이 민법에 존재하던 당시에도 친권자가 스스로의 감정을 이기지 못하고 야구방망이로 때릴 듯이 피해자에게 "죽여버린다."라고 말하여 협박하는 것(형법 제284조)은 그 자체로 피해자의 인격 성장에 장해를 가져올 우려가 커서 이를 교양권의 행사라고 볼 수도 없다(대법원 2002.2.8. 선고 2001도6468 판결).

(2) 교사의 체벌행위

학생에 대한 교사의 체벌행위가 초·중등교육법상 징계권자의 징계행위로서 위법성이 조각되는지가 다투어져 왔는데, (구)초·중등교육법 시행령 제31조 제8항에서는 "학교의 장은 … 도구, 신체 등을 이용하여 학생의 신체에 고통을 가하는 방법을 사용해서는 아니 된다."라고 규정하여 체벌의 불허용이 규정되어 있었으나, 2023년 개정에서 삭제되었다.

교사의 체벌행위에 대한 대표적인 판례(대법원 2004.6.10. 선고 2001도5380 판결)의 판시내용은 다음과 같다.

> 교사는 학교장의 위임을 받아 교육상 필요하다고 인정할 때에는 징계를 할 수 있고 징계를 하지 않는 경우에는 그 밖의 방법으로 지도를 할 수 있는데 그 지도에 있어서는 교육상 불가피한 경우에만 신체적 고통을 가하는 방법인 이른바 체벌로 할 수 있고 그 외의 경우에는 훈육, 훈계의 방법만이 허용되어 있는 것이다. 그러하니 교사가 학생을 징계 아닌 방법으로 지도하는 경우에도 징계하는 경우와 마찬

가지로 교육상의 필요가 있어야 될 뿐만 아니라 특히 학생에게 신체적, 정신적 고통을 가하는 체벌, 비하하는 말 등의 언행은 교육상 불가피한 때에만 허용되는 것이어서, 학생에 대한 폭행, 욕설에 해당되는 지도행위는 학생의 잘못된 언행을 교정하려는 목적에서 나온 것이었으며 다른 교육적 수단으로는 교정이 불가능하였던 경우로서 그 방법과 정도에서 사회통념상 용인될 수 있을 만한 객관적 타당성을 갖추었던 경우에만 법령에 의한 정당행위로 볼 수 있을 것이다. 따라서 교정의 목적에서 나온 지도행위가 아니어서 학생에게 체벌, 훈계 등의 교육적 의미를 알리지도 않은 채 지도교사의 성격 또는 감정에서 비롯된 지도행위라든가, 다른 사람이 없는 곳에서 개별적으로 훈계, 훈육의 방법으로 지도 · 교정될 수 있는 상황이었음에도 낯모르는 사람들이 있는 데서 공개적으로 학생에게 체벌 · 모욕을 가하는 지도행위라든가, 학생의 신체나 정신건강에 위험한 물건 또는 지도교사의 신체를 이용하여 학생의 신체 중 부상의 위험성이 있는 부위를 때리거나 학생의 성별, 연령, 개인적 사정에서 견디기 어려운 모욕감을 주어 방법 · 정도가 지나치게 된 지도행위 등은 특별한 사정이 없는 한 사회통념상 객관적 타당성을 갖추었다고 보기 어려운 것이다.

3. 노동쟁의행위

근로자의 쟁의행위는 "파업 · 태업 · 직장폐쇄 기타 노동관계 당사자가 그 주장을 관철할 목적으로 행하는 행위와 이에 대항하는 행위로서 업무의 정상적인 운영을 저해하는 행위"를 말하는데(노동조합법 제2조 제6호), 근로자가 쟁의행위를 할 때 **업무방해죄**(형법 제314조)의 성립 여부가 다투어지곤 한다.

노동조합법 제37조 이하에는 노동조합의 쟁의행위 요건 등이 규정되어 있으므로, 이 규정에 따른 쟁의행위는 정당행위로서 위법성이 조각된다. 이와 관련해서 판례는 근로자의 쟁의행위가 형법상 정당행위에 해당하려면, ① 주체가 단체교섭의 주체로 될 수 있는 자이어야 하고, ② 목적이 근로조건의 향상을 위한 노사 간의 자치적 교섭을 조성하는 데에 있어야 하며, ③ 사용자가 근로자의 근로조건 개선에 관한 구체적인 요구에 대하여 단체교섭을 거부하였을 때 개시하되 특별한 사정이 없는 한 조합원의 찬성결정 등 법령이 규정한 절차를 거쳐야 하고, ④ 수단과 방법이 사용자의 재산권과 조화를 이루어야 함은 물론 폭력의 행사가 아니하여야 한다는 조건을 모두 충족하여야 한다고 밝히며, 쟁의행위에 통상 수반되는 부수적 행위가 형법상 정당행위에 해당하는지를 판단할 때도 이러한 기준을 적용한다(대법원 2022.10.27. 선고 2019도10516 판결).

따라서 경영 주체의 고도의 경영상 결단에 속하는 사항으로서 원칙적으로 단체교섭의 대상이 될 수 없는 사항(예를 들어, 정리해고나 사업조직의 통폐합 등 기업의 구조조정 실시 여부)을 실질적으로 반대하기 위한 쟁의행위는, 비록 그로 인하여 근로자들의 지위나 근로조건의 변경이 필연적으로 수반되더라도, 쟁의행위의 주된 목적이나 실질적인 목적의 당부에 따라 판단할 때 목적의 정당성을 인정할 수 없고, 이러한 요구사항을 제외하였다면 쟁의행위를 하지 않았을 것이라고 인정되는 경우라면 쟁의행위 전체가 정당성을 갖지 못한다(대법원 2011.1.27. 선고 2010도11030 판결).

4. 현행범 체포행위

범죄를 실행하고 있거나 실행하고 난 직후의 사람을 현행범인이라고 하는데(형사소송법 제211조 제1항), 현행범인은 누구든지 영장 없이 체포할 수 있다(형사소송법 제212조). 따라서 사인(私人)의 현행범인 체포는 법령에 의한 행위로서 위법성이 조각된다.

현행범인 체포의 요건으로 ① 행위의 가벌성, ② 범인 · 범죄의 명백성, ③ 범죄의 현행성 · 시간적 접착성 외에 ④ 체포의 필요성 즉, 도망 또는 증거인멸의 염려가 있을 것이 요구되는데, 적정한 한계를 벗어나는 체포 행위는 그 부분에 관한 한 법령에 의한 정당행위로 볼 수 없다. 적정한 한계를 벗어난 행위인가 여부는 현행범인 체포의 요건을 갖추었는지에 따라 결정되어야 할 것이지 그 행위가 소극적 방어행위인가 적극적인 공격행위인가에 따라 결정되는 것은 아니다(대법원 1999.1.26. 선고 98도3029 판결).

예를 들어, A의 갑작스러운 폭행으로 B가 넘어져 상해를 입었는데 A가 아무런 사과 없이 그대로 도주하려고 하자, B와 전혀 관계없는 두 사람이 A를 쫓아가 체포하면서 양팔로 A의 목을 감싸안고 다리를 걸어 넘어뜨린 후 무릎과 양팔로 목, 어깨, 머리 등을 눌러 경찰관이 출동할 때까지 꼼짝하지 못하게 하여 3주간의 치료가 필요한 상해를 입혔더라도, 적법한 현행범인 체포행위로서 정당행위에 해당하여 위법성이 조각된다(헌법재판소 2014.4.24. 선고 2013헌마849 결정).

5. 소극적 안락사(존엄사)

(1) 안락사의 개념

안락사는 소생의 가능성이 없고 죽음이 임박한 환자의 고통을 덜어주기 위해서 생명의 단축을 가져오는 의료 조치를 하는 것을 말한다. 안락사는 생명윤리의 문제와 연결되어 있는데, 형법상으로는 촉탁 · 승낙살인죄(형법 제252조 제1항)와 자살방조죄(형법 제252조 제2항)의 성립과 연결된다.

(2) 안락사의 유형

안락사는 간접적 안락사와 직접적 안락사로 구분된다.

① 간접적 안락사

간접적 안락사는 고통을 덜어주는 조치에 수반하여 부수적으로 천천히 생명이 단축되는 경우(예를 들어, 극심한 고통을 제거하기 위한 마약의 사용으로 장기적으로 생명이 단축되는 경우)를 말하는데, 환자가 불치의 질병으로 사기(死期)가 임박해 있고, 환자의 고통이 극심하고, 환자의 고통을 제거 또는 완화의 목적으로 시행되고, 환자의 진지한 촉탁이나 승낙이 있고, 의사가 의료기관 등에서 시행한다면 형법상 범죄가 성립하지는 않는다.

② 직접적 안락사

직접적 안락사는 환자의 고통을 덜어주기 위해서 직접 사망시점을 앞당기는 경우를 말하는데, 다시 '적극적 안락사'와 '소극적 안락사'로 구분된다. **적극적 안락사**는 환자의 의사에 기반하여 환자에게 투약이나 주사 등의 적극적인 작위 행위를 하여 살해하는 경우인데, 이것은 촉탁 · 승낙살인죄(형법 제252조 제1항)에 해당하며, 적극적 안락사는 허용되지 않는다.

반면 **소극적 안락사**는 영양제 등의 공급을 더 이상 하지 않거나 연명치료를 더 이상 하지 않는 등과 같이 생명유지 조치를 소극적으로 중단함으로써 사기(死期)를 앞당기는 경우인데, 인간으로서의 존엄을 유지하면서 죽을 권리를 인정해야 한다는 의미로 '**존엄사**'라고도 부른다. 소극적 안락사에 대해서는 판례가, 회복불가능한 사망의 단계에 이른 후에 환자가 인간으로서의 존엄과 가치 및 행복추구권에 기초하여 자기결정권을 행사하는 것으로 인정되는 경우라면 특별한 사정이 없는 한 연명치료의 중단이 허용될 수 있다고, 2009년 민사사건에서 밝혔다(대법원 2009.5.21. 선고 2009다17417 전원합의체 판결). 이후 소극적 안락사에 대해서 연명의료결정법이 규제하고 있다.

(3) 연명의료결정법

임종 과정에 있는 환자의 연명의료와 연명의료중단 결정 및 그 이행에 필요한 사항을 규정함으로써 환자의 이익을 보장하고 자기결정을 존중하여 인간으로서의 존엄과 가치를 보호하는 것을 목적으로 연명의료결정법이 2016년 제정되어 2017년부터 시행되고 있다. '**연명의료**'는 임종 과정에 있는 환자에게 하는 심폐소생술, 혈액투석, 항암제 투여, 인공호흡기 착용 등의 의학적 시술로서 치료의 효과 없이 임종과정의 기간만을 연장하는 것을 말하는데, 임종 과정에 있는 환자에 대한 연명의료를 시행하지 아니하거나 중단하기로 하는 결정을 '연명의료중단등결정'이라고 한다(연명의료결정법 제2조 제5호, 제5호).

연명의료중단등결정은 **소극적 안락사**에 해당하는데, 연명의료결정법에서는 연명의료계획서, 사전연명의료의향서 또는 환자가족의 진술을 통해서 연명의료중단등결정을 원하는 환자의 의사가 확인되고, 임종과정에 있는 환자의 의사에도 반하지 아니하는 경우 담당의사는 연명의료중단등결정을 이행할 수 있다(연명의료결정법 제15조). 따라서 연명의료결정법의 절차에 따른 소극적 안락사에 있어서 촉탁살인죄(형법 제252조 제1항)의 구성요건해당성은 법령에 의한 행위로서 위법성이 조각된다.

6. 기타

형법상의 구성요건에 해당하는 행위가 각종 법률에 근거한 정당행위로서 위법성이 조각되는 경우가 다수 존재한다. 대표적인 몇 가지 경우를 보면, ⓐ **복권법**에 따라 발행되는 복권에 대해서는 사행행위규제법을 적용하지 않고(복권법 제3조), ⓑ **한국마사회법**에서는 마사회가 경마를 개최할 때 마권을 발매할 수 있도록 하고 있다(한국마사회법 제6조). 복표발매죄(형법 제248조)의 구성요건해당성은 이들 규정을 근거로 위법성의 조각이 가능하다.

ⓒ **폐광지역법**에서는 폐광지역 중 경제사정이 특히 열악한 지역으로서 대통령령

으로 정하는 지역의 한 곳에서는 관광진흥법 제21조에 따른 허가요건에도 불구하고 문화체육관광부장관이 카지노업의 허가를 할 수 있도록 하고 있다(폐광지역법 제11조). 도박죄(형법 제246조)와 도박장소개설죄(형법 제247조)의 구성요건해당성은 이를 근거로 위법성의 조각이 가능하다.

ⓓ **감염병예방법**에서는 감염병환자 등의 진단에 대한 의사 · 치과의사 · 한의사의 신고 의무를 규정하고 있고(감염병예방법 제11조), ⓔ **에이즈예방법**에서는 감염인을 진단하거나 감염인의 사체를 검안한 의사 또는 의료기관의 신고 의무를 규정하고 있다(에이즈예방법 제5조). 업무상비밀누설죄(형법 제319조)의 구성요건해당성은 이들 규정을 근거로 위법성의 조각이 가능하다.

III. 업무로 인한 행위

1. 의의

업무란 사람이 사회생활상의 지위에 기반하여 계속적 · 반복적 의사로 행하는 사무를 말하는데, 경제적인 수익과는 무관하다. 법령에 의한 행위에서 살펴본 바와 같이, 업무로 인한 행위 중에는 법령에 명시적으로 허용하는 규정을 둔 경우가 있는데, 그 경우는 바로 법령에 의한 행위로 정당행위를 인정하면 된다.

형법 제20조(정당행위)는 업무로 인한 행위가 구성요건에 해당할 때, 그에 대한 명시적 허용규정이 존재하는지와 무관하게 위법성을 조각시키는데, 이것은 법질서상으로 업무 자체에 정당성이 인정되는 경우이기 때문이다. 따라서 업무로 인한 행위라고 하여 모두가 그 자체만으로 정당화되는 것은 아니며, 업무 자체가 정당하여야 하고 행위가 전체 법질서 내에서 인정되는 업무의 범위 내에서 수행될 때 정당행위가 인정된다.

2. 변호사의 변론행위

변호사는 당사자 · 관계인의 위임이나 국가 · 지방자치단체 · 공공기관의 위촉 등에 의하여 소송에 관한 행위 및 행정처분의 청구에 관한 대리행위를 하는데(변호사법 제3조), 법정에서 행한 변론이 공연히 타인의 명예를 훼손하여 명예훼손죄(형법 제307조 제1항)의 구성요건에 해당할 수도 있고, 직무처리 중 지득한 타인의 비밀을 누설하여 비밀누설죄(형법 제317조 제1항)의 구성요건에 해당할 수도 있다. 이때 이러한 행위는 업무로 인한 행위로서 위법성이 인정되지 않는다.

그러나 변호사의 업무로 인한 행위가 정당행위로서 위법성이 조각되는 것은 의뢰인을 보호하고 그의 이익을 대변하기 위한 것이므로, 의뢰인의 이익은 법적으로 보호받을 가치가 있는 정당한 이익으로 제한되고, 변호인이 의뢰인의 요청에 따른 변론행위라는 명목으로 수사기관이나 법원에 대하여 적극적으로 허위의 진술을 하거나 의뢰인인 피고인 또는 피의자가 허위로 진술하게 하는 것은 정당화되지 않는다(대법원 2012.8.30. 선고 2012도6027 판결).

3. 성직자의 종교행위

천주교 사제는 고해성사를 통해 알게 된 사실에 대해서 비밀유지의 의무가 있고, 이것을 어기는 것은 파면의 사유가 된다. 따라서 신자가 반국가단체의 지령을 받고 간첩행위를 한 것을 고해성사로 알게 되었으나 수사기관이나 정보기관에 고지하지 않았을 때, 비록 불고지죄(국가보안법 제10조)의 구성요건에 해당하더라도 업무로 인한 행위로서 위법성이 인정되지 않는다.

그러나 성직자의 직무로 인한 행위가 정당행위로 위법성이 인정되지 않는 것은 직무로 인한 행위가 법질서상으로 정당성이 인정되기 때문이므로, 천주교 사제가 범죄자를 능동적으로 고발하지 않는 것에 머물지 아니하고 은신처 마련, 도피자금 제공 등 범죄자를 적극적으로 은닉 · 도피케 하는 행위는 정당한 직무에 속하는 것이라고 할 수 없어 위법성이 인정된다(대법원 1983.3.8. 선고 82도3248 판결).

4. 언론인의 취재행위

신문기자가 기사 작성을 위한 자료를 수집하기 위해 취재를 하면서 취재원에게 취재를 요청하고 취재한 내용을 관계 법령에 저촉되지 않는 범위 내에서 보도하는 것은 신문기자의 업무 범위에 속하는 것으로서 법질서상으로 업무 자체에 정당성이 인정되어 위법성이 인정되지 않는다.

예를 들어, 신문기자가 상대방에게 2회에 걸쳐 증여세 포탈에 대한 취재를 요구하면서 이에 응하지 않으면 자신이 취재한 내용대로 보도하겠다고 말하였지만, 폭언하거나 보도하지 않는 데 대한 대가를 요구하지 않았고 상대방에게 불리한 사실을 보도하는 경우 기자로서 보도에 앞서 정확한 사실 확인과 보도 여부 등을 결정하기 위해 취재 요청이 필요했던 점 등 제반 사정에 비추어, 신문기자의 행위가 협박죄(형법 제283조 제1항)의 구성요건에 해당하더라도 업무로 인한 행위로서 위법성이 인정되지 않는다(대법원 2011.7.14. 선고 2011도639 판결).

IV. 사회상규에 위배되지 아니하는 행위

1. 의의

형법 제20조(정당행위)는 법령에 의한 행위 또는 업무로 인한 행위가 아니더라도, 사회상규에 위배되지 않는 행위는 위법성을 조각시킨다. 사회상규라는 일반개념은 포섭에 있어서 논증을 생략하고 사용할 위험성이 존재하므로, 이것은 법령에 의한 행위와 업무로 인한 행위가 적용되지 않는 영역에서 보충적으로 사용하는 것이 바람직하다. 구성요건에 해당하는 행위에 대한 최종적인 위법성조각사유가 정당행위이고, 정당행위 내에서 최종적인 판단의 사유가 사회상규의 위배 여부이다.

사회상규는 '일반개념' 또는 '불확정개념'으로서 정형화된 내용이 있는 것이 아닌데, '상규'(常規)는 사전적으로 보통의 경우에 널리 적용되는 규칙이나 규정을 의미한다. 판례는 사회상규의 의미를 "법질서 전체의 정신이나 그 배후에 놓여 있는 사회윤리 내지 사회통념에 비추어 용인될 수 있는 행위"라고 판시하거나(대법원 2001.2.23. 선고 2000도4415 판결), "극히 정상적인 생활형태의 하나로서 역사적으로 생성된 사회질서의 범위 안에 있는 것"이라고 판시하거나(대법원 1996.5.10. 선고 95도2820 판결). "사회발전에 따라 전혀 위법하지 않다고 인식되고 그 처벌이 무가치할 뿐만 아니라 사회정의에 위반된다고 생각될 정도에 이를 경우나, 국가법질서가 추구하는 사회의 목적가치에 비추어 이를 실현하기 위하여서 사회적 상당성이 있는 수단으로 행하여졌다는 평가가 가능한 경우"라고 판시한다(대법원 1994.11.8. 선고 94도1657 판결).

참고 **사회적 상당성 이론과 사회상규의 구별**

독일의 형법에서 사용하는 용어로 '사회적 상당성 이론'(Lehre von der sozialen Adäquanz)이라는 개념이 있다. **'사회적 상당성'**은 구성요건해당성을 배제하는 개념으로 사용되는 것이므로, 위법성을 배제하는 정당행위의 근거가 되는 **'사회상규'**와 혼동해서 사용하지 않도록 주의해야 한다. 사회적 상당성 이론은 벨첼(Welzel)이 1939년 형법의 체계에 관한 연구(Studien zum

System des Strafrechts)라는 논문에서 처음으로 제시한 이래 많은 논의가 이루어졌다. 사회적 상당성 이론에 의하면, 정상적인 역사 속에서 형성된 사회생활질서의 범위 내에 있는 행위는, 비록 그 행위가 형식적으로 구성요건의 문언에 포섭되더라도 구성요건해당성을 인정하지 않는 것이다. 형법은 모든 법익침해를 금지해야 하는 것이 아니라 사회생활의 질서가 활기차게 기능하도록 하는데 필요불가결한 정도를 초과한 침해만을 금지하는 것이므로, 사회적 상당성을 일탈한 행위만을 규율해야 한다고 보는 것이다.

사회적 상당성의 기능이나 체계적 지위를 구성요건의 배제 사유로 볼 것인지 아니면 정당화사유로서 위법성의 배제 사유로 볼 것인지에 대해서 벨첼(Welzel) 자신도 여러 차례에 걸쳐 견해를 수정해 왔는데, 최종적으로는 사회적 상당성을 구성요건 제한의 일반적 해석원리로 파악하였다.[9] 사회적 상당성 이론의 적용 사례는 크게 2가지 유형이 있는데, 첫째, 공장, 교통, 운동경기 등에서 '허용된 위험의 범위 내에 있는 행위'들이고, 둘째, 경미한 판돈을 건 도박, 관례적인 새해 선물 등과 같이 '형식적으로 구성요건해당성을 갖추었더라도 역사적으로 형성된 사회생활질서와 합치하는 경미한 행위'들이다.

정당행위와 관련한 한국의 판례 중에는 "사회상규에 반하지 아니하는 행위라 함은 법규정의 문언상 일응 범죄구성요건에 해당된다고 보이는 경우에도 그것이 극히 정상적인 생활형태의 하나로서 역사적으로 생성된 사회질서의 범위 안에 있는 것이라고 생각되는 경우에 한하여 그 위법성이 조각되어 처벌할 수 없게 되는 것"이라고 하여(대법원 1994.11.8. 선고 94도1657 판결), 사회상규를 사회적 상당성과 유사하게 판시한 사례들도 다수 있다.

2. 판단기준

(1) 판례의 기준

구성요건에 해당하는 행위가 사회상규라는 일반개념에 위배되지 않는 정당행위인지는, 당연한 말이지만 구체적인 사정 아래서 합목적적, 합리적으로 고찰하여 개별적으로 판단된다(대법원 2000.4.25. 선고 98도2389 판결 등). 판례는 사회상규에 의한 정당행위의 인정 기준으로 5가지 요소를 제시하는데, ① 행위의 동기나 목적의 정당성, ② 행위의 수단이나 방법의 상당성, ③ 보호이익과 침해이익 간의 법익 균형성, ④ 긴급성, ⑤ 그 행위 외에 다른 수단이나 방법이 없다는 보충성 등의 요건을 갖추어야 정당방위를 인정한다(대법원 1986.10.28. 선고 86도1764 판결, 대법원 2009.2.19. 선고2008도7848 판결 등). 보충성의 의미는 다른 실효성 있는 적법한 수단이 없는 경우를 말하는 것이지 '일체의 법률적인 적법한 수단이 존재하지 않을 것'을 의미하는 것은 아니다(대법원 2023.5.18. 선고 2017도2760 판결).

9) 양화식, "형법상 사회적 상당성론", 법조 제38권 제8호, 1989, 58면.

판례는 5가지 요인 간의 관계에 대해서도 판시했는데, 먼저 독립적 요건과 부수적 참작 요건으로 구분하였고, 다시 독립적 요건 내에서 행위 측면의 독립적 요건과 결과 측면의 독립적 요건으로 구분하였다. 즉 목적의 정당성(①)과 수단의 상당성(②) 요건은 행위의 측면에서 독립적 요건이고, 보호이익과 침해이익 사이의 법익 균형성(③)은 결과의 측면에서 독립적인 요건인데, 반면 행위의 긴급성(④)과 보충성(⑤)은 수단의 상당성을 판단할 때 고려 요소의 하나로 참작하여야 하고 이를 넘어 독립적인 요건은 아니라고 본다(대법원 2024.8.1. 선고 2021도2084 판결).

(2) 구체적 사례

ⓐ 아파트 입주자대표회의 회장이 자신의 승인 없이 동대표들이 관리소장과 함께 게시한 입주자대표회의 소집공고문을 뜯어내 제거한 사안에서, 입주자대표회의 소집공고문은 입주자대표회의 회장 명의로 게시되어야 하고, 위 공고문이 계속 게시되고 방치되면 적법한 소집권자가 작성한 진정한 공고문으로 오인될 가능성이 매우 높고, 이를 신뢰한 동대표들이 해당 일시의 입주자대표회의에 참석할 것으로 충분히 예상되는 상황이었고, 게시판의 관리주체인 관리소장이 위 공고문을 게시하였더라도 소집절차의 하자가 치유되지 않는 점, 입주자대표회의 회장이 위 공고문을 발견한 날은 공휴일 야간이었고 다음 날이 위 공고문에서 정한 입주자대표회의가 개최되는 당일이어서 시기적으로 달리 적절한 방안을 찾기 어려웠던 점 등을 종합하면, 선행하는 위법한 공고문 작성 및 게시에 따른 위법상태의 구체적 실현이 임박한 상황에서 위법성을 바로잡기 위한 것으로 사회통념상 허용되는 범위를 크게 넘어서지 않는 행위로 볼 수 있다(대법원 2021.12.30. 선고 2021도9680 판결).

반면 ⓑ 기도자의 기도에 의한 염원이나 의사가 상대방에게 심리적 또는 영적으로 전달되는 데 도움이 된다고 인정할 수 있는 한도 내에서 상대방의 신체 일부에 가볍게 손을 얹거나 약간 누르면서 병의 치유를 간절히 기도하는 행위라면 목적과 수단 면에서 정당성이 인정될 수 있지만, 그러한 종교적 기도 행위를 마치 의료적으로 효과가 있는 치료행위인 양 내세워 환자를 끌어들인 다음, 통상의 일반적인 안수기도의 방식과 정도를 벗어나 환자의 신체에 비정상적이거나 과도한 유형력을 행사하고 신체의 자유를 과도하게 제압하여 환자의 신체에 상해까지 입힌 경우라면, 그러한 유형력의 행사가 비록 안수기도의 명목과 방법으로 이루어졌다 해도 사회상규상 용인되는 정당행위라고 볼 수 없다(대법원 2008.8.21. 선고 2008도2695 판결). ⓒ 불법

감청·녹음 등에 관여하지 아니한 언론기관이 그 통신 또는 대화의 내용이 불법 감청·녹음 등에 의하여 수집된 것임을 알면서도 이를 보도한 사안에서, 국가기관의 불법 녹음을 고발하기 위하여 불가피하게 도청자료에 담겨 있던 대화 내용을 공개하였다고 보기 어렵고, 위 대화가 보도 시점으로부터 약 8년 전에 이루어져 그 내용이 비상한 공적 관심의 대상이 되는 경우라고 보기도 어려우며, 보도한 언론기관이 위 도청자료의 취득에 적극적·주도적으로 관여하였다고 보는 것이 타당하고, 이를 보도하면서 대화 당사자들의 실명과 구체적인 대화 내용을 그대로 공개함으로써 수단이나 방법의 상당성이 결여되었고, 보도로 얻어지는 이익 및 가치가 통신비밀이 유지됨으로써 얻어지는 이익 및 가치보다 우월하다고 볼 수 없으므로, 정당행위라고 볼 수 없다(대법원 2011.3.17. 선고 2006도8839 전원합의체 판결).

3. 적용 유형

일반개념인 사회상규는 구성요건이 위법성의 단계에서 정형화된 기준에 따라 해결하기 어려운 사례들을 하나의 개념범주로 모아 놓은 '집합개념'이라고 평가되기도 한다. 사회상규의 개념이 불명확한 상황에서, 사회상규에 위배되지 않는 행위의 유형을 찾는 것이 사안의 해결에 있어서 현실적이라고 할 수 있다. 몇 가지 대표적인 유형은 아래와 같다.

(1) 소극적 방어행위

상대방의 부당한 침해행위에 대해서 소극적으로 저항하거나 방어한 행위는 정당방위(형법 제21조)를 검토하여 인정하는 것이 타당하지만, 판례는 1960년대부터 정당방위가 아니라 정당행위로 처리하고 있다.

구체적인 사례를 보면, ⓐ 자신이 뒷짐을 끼고 들고 가는 받침대를 상대방이 뺏으려고 잡자 이를 뺏기지 않으려고 확 채는 행위는 사회통념상 용인될 상당성이 있어서 위법성이 조각된다(대법원 1969.12.30. 선고 69도996 판결). ⓑ 택시 운전사가 승객의 요구로 택시를 출발시키려 할 때 승객의 남편이 부부싸움 끝에 도망 나온 승객을 강제로 끌어내리려고 운전사에게 폭언과 함께 택시 안으로 몸을 들이밀면서 양손으로 운전사의 멱살을 세게 잡아 단추가 떨어질 정도로 심하게 흔들어대자, 운전사가 남편의 손을 뿌리치면서 택시를 출발시켜 운행한 행위는 사회상규에 위배되지 않는다(대법원 1989.11.14. 선고 89도1426 판결). ⓒ 상대방과 그 일행으로부터 더 이상 맞지 않기 위하여 상대방의 손을 잡아 뿌리치고 목부분을 1회 밀어버림으로써 상대방이 땅에 넘어지게 된 사안은, 동기나 당시의 정황으로 보아 상대방 일행의 공격에서 벗어나기 위한 소극적 방어행위로서 사회상규에 위배되지 않는다(대법원 1990.3.27. 선고 90도292 판결). ⓓ 상대방이 함께 술을 마시던 자기의 뒤통수를 때리므로 순간적으로 이에 대항하여 손으로 상대방의 얼굴을 1회 때리고, 상대방이 주먹으로 자기의 눈을 강하게 때리므로 더 이상 때리는 것을 제지하려고 상대방을 붙잡았는데 상대방이 쇼크로 사망한 사안에서, 이러한 행위는 소극적 방어행위에 지나지 않아 사회통념상 허용될 수 있는 상당성이 있어 정당행위에 해당한다(대법원 1991.1.15. 선고 89도2239 판결). ⓔ 상대방이 술에 만취하여 아무런 관계도 없는 자기의 집에 들어와 유리창을 깨고 소변을 보는 등 행패를 부리고 나가자, 가정주부가 유리창 값을 받으러 상대방을 뒤따라가며 그 어깨를 붙잡았으나 상스러운 욕설을 계속하므로 가정주부가 더 이상 참지 못하고 잡고 있던 손으로 상대방의 어깨 부분을 밀치자, 술에 취하여 비틀거리던 상대방이 몸을 제대로 가누지 못하고 앞으로 넘어져 시멘트 바닥에 이마를 부딪쳐 쇼크로 사망한 사안에서, 가정주부의 행위는 상대방의 부당한 행패를 저지하기 위한 본능적인 소극적 방어행위에 지나지 아니하여 사회통념상 용인될 수 있는 정도의 상당성이 있어 정당행위에 해당한다(대법원 1992.3.10. 선고 92도37 판결). ⓕ 상대방으로부터 며칠간에 걸쳐 집요한 괴롭힘을 당해 온 데다가 상대방이 자신이 재직하고 있는 대학교의 강의실 출입구에서 진로를 막아서면서 물리적으로 저지하려 하자 극도로 흥분된 상태에서 그 행패에서 벗어나기 위하여 상대방의 팔을 뿌리쳐서 상대방이 상해를 입게 된 사안에서, 이러한 행위는 부당한 행패를 저지하기 위한 본능적인 소극적 방어 행위에 지나지 아니하여 사회통념상 허용될 만한 정도의 상당성이 있어 정당행위에 해당한다(대법원 1995.8.22. 선고 95도936 판결). ⓖ 상대방이 양손으로 자신의 넥타이를 잡고 늘어져 후경부피하출혈상을 입을 정도로 목이 졸리게 되어 상대방을 떼어놓기 위하여 왼손으로 자신의 넥타이를 잡은 상태에서 오른손으로 상대방의 손을 잡아 비틀면서 서로 밀고 당긴 사안에서, 이러한 행위는 목이 졸린 상태에서 벗어나기 위한 소극적인 저항행위에 불과하여 정당행위에 해당한다(대법원 1996.5.28. 선고 96도979 판결).

(2) 권한의 실행행위

자신의 권한을 실현하는 행위에 대해서 판례는 정당행위를 인정하곤 한다. 구체적인 사례를 보면, ⓐ 회사의 대표이사가 '회사의 직원이 회사의 이익을 빼돌린다'라는 소문을 확인할 목적으로, 직원이 비밀번호를 설정하여 사용하던 회사소유의 '개인용 컴퓨터의 하드디스크'를 떼어내어 다른 컴퓨터에 연결한 다음 의심이 드는 단어로 파일을 검색하여 메신저 대화 내용, 이메일 등을 출력하여 전자기록등내용탐지죄(형법 제316조 제2항)의 성립이 문제된 사안에서, 직원의 범죄혐의를 합리적으로 의심할 수 있는 상황에서 이것을 긴급히 확인하고 대처할 필요가 있었고, 열람의 범위를 범죄혐의와 관련된 범위로 제한하였으며, 직원이 입사 시 회사소유의 컴퓨터를 무단 사용하지 않고 업무 관련 결과물을 모두 회사에 귀속시키겠다고 약정하였고, 검색 결과 범죄행위를 확인할 수 있는 여러 자료가 발견된 사정 등에 비추어, 대표이사의 행위는 사회통념상 허용될 수 있는 상당성이 있는 행위로서 정당행위에 해당한다(대법원 2009.12.24. 선고 2007도6243 판결). ⓑ 임차인이 이미 주택에서 짐을 옮기기는 하였으나 출입문 열쇠를 계속 보관하여 점유를 잃지 아니한 상황에서 다시 주택에 들어간 행위는 정당행위에 해당한다(대법원 2012.11.15. 선고 2011도7958 판결).

반면 ⓒ 호텔 내 주점의 임대인이 임차인의 차임 연체를 이유로 계약서상 규정에 따라 주점에 대하여 단전 · 단수를 조치한 경우, 약정 기간이 만료되었고 임대차보증금도 차임연체 등으로 공제되어 이미 남아있지 않은 상태에서 예고한 후 단전 · 단수를 조치하였다면 정당행위에 해당하지만, 약정 기간이 만료되지 않았고 임대차보증금도 상당한 액수가 남아있는 상태에서 계약해지의 의사표시와 경고만을 한 후 단전 · 단수를 하였다면 정당행위로 볼 수 없다(대법원 2007.9.20. 선고 2006도9157 판결).

(3) 집회 · 시위행위 및 쟁의행위

옥외 집회와 시위행위가 집시법 위반죄와 도로교통법 위반죄의 구성요건에 해당할 때 그리고 근로자의 쟁의행위가 업무방해죄의 구성요건에 해당할 때, 사회상규에 반하지 않는 정당행위의 성립 여부가 다투어진다. 근로자의 쟁의행위가 형법상 정당행위가 되기 위해서는 ① 주체가 단체교섭의 주체로 될 수 있는 자라야 하고, ② 목적이 근로조건의 향상을 위한 노사 간의 자치적 교섭을 조성하는 데에 있어야 하며, ③ 사용자가 근로자의 근로조건 개선에 관한 구체적인 요구에 대하여 단체교섭을 거부하였을 때 개시하되 특별한 사정이 없는 한 조합원의 찬성결정 등 법령이 규정한 절차를 거쳐야 하고, ④ 수단과 방법이 사용자의 재산권과 조화를 이루어야 하고, ⑤ 폭력의 행사에 해당하지 아니하여야 한다는 여러 조건을 모두 구비 하여야 하는데, 쟁의행위에서 추구되는 목적이 여러 가지이고 그중 일부가 정당하지 못한 경우에는 주된 목적 혹은 진정한 목적의 당부에 따라 쟁의 목적의 당부를 판단한다(대법원 2008.9.11. 선고 2004도746 판결).

구체적인 사례를 보면, ⓐ 2차례 집회에서 노조원들이 고성능 앰프를 사용하여 노동가요를 제창하고 구호를 외쳐 소음이 발생하였고 최고경영진을 비난하는 함성을 지르는 행위로 인하여 직원들이 일부는 옥상으로, 일부는 창가로 가서 집회를 구경하는 등으로 사무실 등의 근무 분위기가 저하된 사안에서, 회사나 그 직원들에 대하여 수인할 수 없을 정도의 소음 내지 혼란스러운 분위기를 조성하였다고 인정할 수 없고 사회상규에 위배되지 아니하는 정당행위에 해당한다(대법원 2008.9.11. 선고 2004도746 판결). ⓑ 집회 · 시위에서 신고 내용에 포함되지 않은 삼보일배 행진을 한 사안에서, 장소, 형태, 내용, 방법과 결과 등에 비추어 시위의 목적 달성에 필요한 합리적인 범위에서 사회통념상 용인될 수 있는 다소의 피해를 발생시킨 것에 불과하고 신고제도의 목적 달성을 심히 곤란하게 하는 정도에 이른다고 볼 수 없으므로 사회상규에 반하지 아니하는 행위로서 정당행위에 해당한다(대법원 2010.4.8. 선고 2009도11395 판결).

반면 ⓒ 집회나 시위에서 합리적인 범위에서는 확성기 등 소리를 증폭하는 장치를 사용할 수 있고 확성기 등을 사용한 행위 자체를 위법하다고 할 수는 없으나, 집회나 시위의 목적 달성의 범위를 넘어 사회통념상 용인될 수 없는 정도로 타인에게 심각한 피해를 주는 소음을 발생시킨 경우는 위법한 위력의 행사로서 정당행위라고 할 수 없는데, 관할 경찰서장에게 옥외집회(시위)신고서를 제출한 후 2개월간 10여 회에 걸쳐 평균 15명 정도를 동원하여 승합차에 장착된 고성능 확성기, 앰프 등을 사용하여 "부당해고자 원직 복직, 중구청장 물러가라"라는 구호를 외치고 노동가를 불러 소음을 발생시켜, 중구청사 내에서는 전화통화, 대화 등이 어려웠으며, 밖에서는 부근을 통행하기조차 곤란하였고, 인근 음식점, 자전거대리점, 제과점 등의 상인들도 소음으로 인한 고통을 호소한 사안에서, 사회상규에 위배되지 아니하는 정당한 행위가 인정되지 않는다(대법원 2004.10.15. 선고 2004도4467 판결). ⓓ 근로자들이 사용자 이외에도 다른 사업자가 병존적으로 관리 · 사용하는 빌딩 로비에 쟁의행위를 이유로 침입하여 그중 일부를 점거하며 농성한 사안에서, 비록 그 공간의 점거가 사용자에 대한 관계에서 정당한 쟁의행위로 평가될 여지가 있더라도 이를 공동으로 관리 · 사용하는 제3자의 명시적 또는 추정적인 승낙이 없는 이상 제3자에 대해서까지 이를 정당행위라고 하여 주거침입의 위법성이 조각된다고 볼 수는 없다(대법원 2010.3.11. 선고 2009도5008 판결). ⓔ 확성장치 사용, 연설회 개최, 불법행렬, 서명날인운동, 선거운동기간 전 집회 개최 등의 방법으로 특정 후보자에 대한 낙선운동을 함으로써 공직선거법의 선거운동제한 규정을 위반한 행위는 시민불복종운동으로서 헌법상의 기본권 행사 범위 내에 속하는 정당행위이거나 형법상 사회상규에 위반되지 아니하는 정당행위로 볼 수 없다(대법원 2004.4.27. 선고 2002도315 판결).

(4) 모욕행위

사실적시 명예훼손죄(형법 제307조 제1항)에 대해서는 특별한 위법성조각사유(형법 제310조)를 규정하고 있지만, 모욕죄(형법 제311조)의 경우는 별도의 위법성조각사유가 규정되어 있지 않다. 이러한 상황에서 모욕죄의 구성요건에 해당하는 행위에 있어서 사회상규에 반하지 않는 정당행위가 검토되는데, 이때 행위자와 상대방의 지위와 그 관계, 표현행위를 하게 된 동기, 경위나 배경, 표현의 전체적인 취지와 구체적인 표현방법, 모욕적인 표현의 맥락 그리고 전체적인 내용과의 연관성 등을 종합적으로 고려한다(대법원 2022.12.15. 선고 2017도19229 판결).

어떤 글이 객관적으로 타당성이 있는 사실을 전제로 하여 그 사실관계나 이를 둘러싼 문제에 관한 자신의 판단과 피해자의 태도 등이 합당한가에 대한 의견을 밝히고 자신의 판단과 의견이 타당함을 강조하는 과정에서 부분적으로 다소 모욕적인 표현이 사용된 것에 불과하다면 사회상규에 위배되지 않는 행위로서 정당행위에 해당할 수 있으며, 또한 인터넷 등 공간에서 작성된 단문의 글도 그 내용이 자신의 의견을 강조하거나 압축하여 표현한 것이라고 평가할 수 있고 표현도 지나치게 모욕적이거나 악의적이지 않다면 마찬가지로 정당행위에 해당할 수 있다(대법원 2022.8.25. 선고 2020도16897 판결). 다만 근래 사회적으로 인종, 성별, 출신 지역 등을 이유로 한 혐오 표현이 문제 되고 있으며, 혐오 표현 중에는 특정된 사람에 대한 사회적 평가를 저하하여 모욕죄의 구성요건에도 해당하는 것이 적지 않은데, 그러한 범위 내에서는 모욕죄가 혐오 표현에 대한 제한 내지 규제로 기능하고 있는 측면을 고려하여야 한다(헌법재판소 2020.12.23. 선고 2017헌바456 결정).

구체적인 사례를 보면, ⓐ 방송국 홈페이지의 시청자 의견란에 게시한 글 중 일부의 표현은 이미 방송된 프로그램에 나타난 기본적인 사실을 전제로 하고, 그 사실관계나 이를 둘러싼 문제에 관한 자신의 판단과 나아가 이러한 경우에 상대방이 취한 태도와 주장한 내용이 합당한가 하는 점에 대하여 자신의 의견을 개진하고, 상대방에게 자신의 의견에 대한 반박이나 반론을 구하면서, 자신의 판단과 의견의 타당함을 강조하는 과정에서 부분적으로 "그렇게 소중한 자식을 범법행위의 변명의 방패로 쓰시다니 정말 대단하십니다."라는 등의 표현을 사용한 것은 사회상규에 위배되지 않는다(대법원 2003.11.28. 선고 2003도3972 판결). ⓑ 자신의 SNS에 상대방에 대한 비판적인 글을 게시하면서 "철면피, 파렴치, 양두구육, 극우부패세력"이라는 표현을 사용한 사안에서, 상대방이 과거 공적 활동을 할 당시 관여했던 일과 관련하여 사익을 추구했다는 이유로 고발을 당하였다는 기사가 보도되자 이를 공유하면서 위 표현이 포함된 글을 게시하였던 점, 표현 중 '파렴치', '철면피' 또는 '양두구육'은 상황에 따라 우리의 일상생활에서 '부끄러움을 모른다.', '지나치게 뻔뻔하다.' 또는 '겉 다르고 속 다른 이중성이 있다.'라는 뜻으로, 특히 언론이나 정치 영역에서 상대방에 대한 비판적 입장을 표명할 때 흔히 비유적으로 사용되는 표현이고, '극우부패세력'은 '부패'라는 범죄행위를 연상케 하는 용어가 포함되어 있기는 하지만 이념적 지형이 다른 상대방을 비판할 때 비유적으로 사용되기도 하는 점 등 제반 사정을 종합할 때, 위 표현은 사회상규에 위배되지 않는 정당행위에 해당한다(대법원 2022.8.25. 선고 2020도16897 판결).

한편 ⓒ 연예인의 사생활에 대한 모욕적인 표현에 대하여 표현의 자유를 근거로 모욕죄의 구성요건에 해당하지 않거나 사회상규에 위배되지 않는다고 판단하는 데에는 신중할 필요가 있는데, '국민첫사랑', '국민여동생' 등의 수식어로 불리며 대중적 인기를 받아 온 여배우가 남성 연예인과 데이트했다는 취지의 보도 직후 연인관계임을 인정한 상황에서 여배우가 출연한 영화의 개봉 기사에 "... 그냥 국민호텔녀"라는 댓글을 단 사안에서, '국민호텔녀'는 여배우가 종전에 대중에게 호소하던 청순한 이미지와 반대의 이미지를 암시하면서 성적 대상화를 하는 방법으로 비하하는 것으로서 정당행위에 해당하지 않는다(대법원 2022.12.15. 선고 2017도19229 판결).

V. 추정적 승낙

1. 의의

피해자(법익주체)의 처분 가능한 법익이 침해될 상황에서 피해자의 승낙의 의사표시가 존재하지 않지만, 객관적으로 판단해 볼 때 피해자의 처분 가능한 법익의 침해에 대해서 피해자가 승낙하였으리라고 추정된다면, 피해자의 승낙을 인정하는 것이 **추정적 승낙**이다. 판례도 추정적 승낙의 개념을 인정하여, 행위 당시 명의자의 현실적인 승낙은 없었지만, 행위 당시의 모든 객관적 사정을 종합하여 명의자가 행위 당시 그 사실을 알았다면 당연히 승낙했으리라고 추정되는 경우 역시 사문서의 위·변조죄가 성립하지 않는다고 본다(대법원 2003.5.30. 선고 2002도235 판결).

형법전에 존재하지 않는 추정적 승낙의 개념은 이론과 실무 모두에서 인정되는데, 추정적 승낙의 법률효과는 위법성의 조각이다. 현실적인 피해자의 동의가 없더라도, 전체 법질서에서 볼 때 피해자의 동의가 추정되면 침해행위가 허용되는 것으로 볼 수 있다는 것이 추정적 승낙이다. 다만 구성요건의 해당성을 조각하는 **양해**가 인정되기 위해서는 피해자의 동의가 실존할 때 가능한 것이고, 추정적 승낙이 구성요건을 조각할 수는 없다.

2. 유형

추정적 승낙으로 인정되는 경우는 2가지 유형이 있다.

첫째, 법익 주체인 **피해자의 이익**을 위해 침해행위를 한 경우이다. 예를 들어, 앞집에 불이 났는데 앞집에 아무도 없는 상황에서 창문을 깨고 들어가 불을 끈 경우라면, 재물손괴죄(형법 제366조)의 위법성이 추정적 승낙으로 조각될 수 있다. 이 경우는 행위자가 피해자의 큰 이익을 위해서 피해자의 작은 이익에 대한 침해행위를 하는 경우인데, 제3자(피해자)를 위한 긴급피난과 유사한 형태이다. 다만 긴급피난은 제3자의 의사에 반해서도 성립이 가능하지만, 반면 추정적 승낙은 침해행위가 피해자의 추정적 의사에 부합해야 한다는 점에서 차이가 있다.

둘째, 침해행위가 법익 주체(피해자)의 이익을 위한 경우가 아니라, **행위자** 또는 **제3자의 이익**을 위한 경우이다. 예를 들어, 임차한 방에서 의식을 잃고 쓰러져 있는 임차인을 구조하기 위해서 임대인의 연락처를 모르는 임차인의 친구가 펜치를 들고와 방문 손잡이를 부수고 들어가 임차인을 구조한 경우라면, 재물손괴죄(형법 제366조)의 위법성이 추정적 승낙으로 조각될 수 있다. 다만 문서명의인이 이미 사망하였는데도 문서명의인이 생존하고 있다는 점이 문서의 중요한 내용을 이루거나 그 점을 전제로 문서가 작성되었다면 이미 문서에 관한 공공의 신용을 해할 위험이 발생하였다 할 것이므로, 그러한 내용의 문서에 관하여 사망한 명의자의 승낙이 추정된다는 이유로 사문서위조죄(형법 제231조)의 성립을 부정할 수는 없다(대법원 2011.9.29. 선고 2011도6223 판결).

3. 법적 성질

추정적 승낙은 법률에 규정이 없음에도 불구하고 위법성조각사유로 인정하고 있는데, 그 근거를 어디에서 찾을 것인지가 논의된다.

Ⓐ '**긴급피난설**'은 추정적 승낙을 긴급피난의 일종으로 본다. 침해행위의 원인과 무관한 법익주체의 승낙을 얻을 수 없는 긴급상황에서 그 법익을 침해한다는 점에서 긴급피난의 상황과 추정적 승낙의 상황이 유사하다는 것이다. 이에 대해서는 추정적 승낙은 긴급상황이 아닐 때도 가능하며, 긴급피난은 행위자나 제3자의 이익을 위해서 피해자의 법익을 침해하는 것이지만 추정적 승낙은 피해자의 이익을 위해서도 피해자의 법익을 침해하는 것이며, 그래서 추정적 승낙의 본질은 우월한 이익의 보호에 있지 않고 피해자의 가설적 의사에 있다고 비판할 수 있다.

Ⓑ '**독자적 위법성조각설**'은 추정적 승낙을 긴급피난과 피해자 승낙의 중간에 위치하는 독자적 형태의 위법성조각사유로 본다.[10] 이익형량이 요건이 아니므로 긴급피난과 구별되고, 피해자의 승낙이 현실적으로 없는 점에서 피해자의 승낙과 구별된다고 본다. 이에 대해서는 일반적 위법성조각사유의 규정이 없는 독일 형법에서는 형법전에 없는 독자적 위법성조각사유를 인정할 수 있겠지만, 정당행위(형법 제20조)가 존재하는 한국 형법에서는 별도의 독자적 위법성조각사유를 인정할 필요가 없다고 비판할 수 있다.

Ⓒ '**승낙대체설**'은 사실상의 승낙을 받을 수 없는 상황에서 적용되는 추정적 승낙

10) 김혜정 · 박미숙 · 안경옥 · 원혜욱 · 이인영, 211면; 성낙현, 313면; 이재상 · 장영민 · 강동범, 301면; 이형국 · 김혜경, 240면; 임웅 · 김성규 · 박성민, 297면; 주호노, 496면.

은 피해자의 승낙과 동등한 법적 성질을 갖는다고 본다.[11] 이에 대해서는 추정적 승낙의 경우는 피해자에 대한 법익의 침해가 피해자 또는 제3자이든 누군가의 이익을 위해서 행해져야 한다는 점에서 피해자의 승낙과 다르다고 비판할 수 있다.

Ⓓ '**정당행위설**'은 추정적 승낙을 '사회상규에 위배되지 않는 행위'로서 정당행위로 본다.[12] 이에 대해서는 사회상규라는 개념 자체가 추상적이고 모호하다는 비판할 수 있다.

생각건대 정당행위설이 타당하다. 독일 형법과 달리 입법자가 일반적인 위법성조각사유로서 정당행위를 규정한 이상, 개별적인 위법성조각사유로 포섭되지는 않으면서 전체 법질서에서 허용되는 것으로 볼 수 있는 행위를 정당행위로 포섭하는 것이 입법자의 의사에 따른 위법성 관련 법률체계상 타당하다. 사회상규라는 개념은 본래 추상적인 불확정개념이지만, 현재의 해석론상 추정적 승낙의 요건에 대해서 어느 정도 견해가 일치되어 있다.

4. 성립 요건

(1) 법익주체(피해자)의 처분이 가능한 법익

추정적 승낙은 피해자의 현실적인 승낙이 없더라도 가정적인 승낙을 인정하는 것이므로, 피해자의 승낙과 같이 개인이 처분할 수 있는 법익에 대해서만 피해자의 승낙이 가능하다.

(2) 현실적 승낙의 불가능

추정적 승낙은 피해자의 현실적인 승낙이 없는 경우를 전제로 하는 개념인데(**추정적 승낙의 보충성**), 현실적인 승낙이 없다는 것은 사실적인 개념이면서 규범적인 개념이기도 하다. 법익에 대한 처분권이 피해자에게 존재하는 상황에서 이를 확인하지도 않고 타인이 법익을 침해함을 전체 법질서에서 허용할 수는 없으므로, 피해자의 현실적인 승낙이 없는 경우란 피해자의 현실적인 승낙을 확인할 수 없는 상황을 전

---

11) 박상기 · 전지연, 149면; 박상옥 · 김대휘(1), 639면; 배종대, 276면; 신동운, 368면; 이용식, 165면.

12) 강동욱, 189면; 김일수 · 서보학, 227면; 박찬걸, 219면; 서거석 · 송문호, 208면; 오영근 · 노수환, 277면; 이영란, 285면; 이정원 · 이석배 · 정배근, 160면; 정성근 · 박광민, 233면; 정성근 · 정준섭, 151면; 정영일, 251면.

제로 하는 것이다. 법익에 대한 처분권을 가진 사람의 의사를 확인할 수 있다면, 그 사람의 현실적인 의사에 따라 처분하는 것이 처분권의 개념을 인정하는 법질서에 부합하는 것이다.

(3) 승낙의 객관적 추정

침해행위 시점의 사정을 객관적으로 판단할 때 피해자의 승낙이 추정되어야 한다. 피해자가 침해행위의 내용을 알았더라면 침해를 승낙할 것을 객관적으로 기대할 수 있어야 한다. 예를 들어, 사문서의 위·변조죄의 행위 당시 명의자의 현실적인 승낙이 없더라도 행위 당시의 모든 객관적 사정을 종합하여 명의자가 행위 당시 그 사실을 알았다면 당연히 승낙했을 것이라고 추정되는 경우는 사문서의 위·변조죄가 성립하지 않는다(대법원 2011.9.29. 선고 2010도14587 판결).

반면 건물의 소유자라고 주장하는 행위자와 건물을 점유·관리하는 상대방 사이에 건물의 소유권에 대한 분쟁이 진행 중인 상황이라면 행위자가 그 건물에 침입하는 것에 대해서 상대방의 추정적 승낙이 있었다고 볼 수 없다(대법원 1989.9.12. 선고 89도889 판결). 또한 피해자의 이익을 위한 침해행위이더라도 침해행위에 대한 피해자의 반대 의사가 추정되는 상황이라면, 피해자의 승낙이 객관적으로 추정된다고 보기는 어렵다.

(4) 양심적 심사

위법성조각사유가 인정되기 위해서는 주관적 정당화 요소가 필요하고, 추정적 승낙도 마찬가지이다. 따라서 추정적 승낙이 인정되기 위해서는, 행위자가 법익침해에 대해서 피해자의 현실적 승낙을 확인할 수 없는 상황이라는 것을 인식할 뿐만 아니라, 피해자의 진정한 의사에 대해서 양심적 심사를 한 후 그에 따라 피해자의 법익을 훼손하는 행위를 하여야 한다. 예를 들어, 사문서의 위·변조죄의 행위 당시 명의자의 명시적인 승낙이나 동의가 없다는 것을 알고 있으면서도 명의자가 문서작성 사실을 알았다면 승낙하였을 것이라고 기대하거나 예측한 것만으로는 그 승낙이 추정된다고 단정할 수는 없다(대법원 2008.4.10. 선고 2007도9987 판결).

제6장

개별 위법성조각사유

제1절 | 정당방위

I. 의의

1. 개념

> 제21조(정당방위) ① 현재의 부당한 침해로부터 자기 또는 타인의 법익(法益)을 방위하기 위하여 한 행위는 상당한 이유가 있는 경우에는 벌하지 아니한다.

정당방위(형법 제21조 제1항)는 현재의 부당한 침해로부터 자기 또는 타인의 법익을 방위하기 위해서 침해자에 대해서 실행한 금지규범(구성요건) 위반의 행위를 말하는데, 방위행위의 상당성(상당한 이유)이 인정되면 위법성이 부정(조각)되어 범죄가 성립하지 않는다. 국가가 사회질서를 통제할 수 없는 예외적 상황이라면 침해를 당하는 개인 스스로 자신을 보호할 수 있는 것이 인간의 본능이라는 점에서, 정당방위는 법질서에 반하지 않는다고 본다. 비록 정당방위 남용의 위험성으로 인해서 재판에서 정당방위가 쉽게 인정되지는 않지만, 정당방위는 실제 생활이나 재판에서는 매우 많이 주장된다.

참고 정당방위의 역사

로마법이나 고전 게르만법에서 정당방위는 '단순한 복수의 실행'으로서 자연법적인 권리로 여겨졌고, 정당방위에 대한 구체적 규정은 발견되지 않는다. 중세 유럽에서 정당방위는 언제나 법률 이전의 정당한 권리이었고, 방위행위에 의해 살인이나 상해가 발생해도 일정한 벌금만 납부하면 처벌되지 않았다.

중세를 지나면서 자연법이나 교회법에 근거하여 개인의 폭력행사가 금지되기 시작하여, 개인은 더 이상 복수를 스스로 행사하지 못하게 되었다. 근대국가가 형성되면서 국가에 의한 폭력의 독점이 시작되었고, 근대국가는 시민의 안전에 대한 의무도 함께 부담하게 되었다. 이 시기에서 정당방위의 인정은 국가의 폭력독점에 대한 한계를 의미하게 되었다. 중세 이후 정당방위는 '평화교란에 대한 자기방어를 위한 권리'로 변모되었다. 그러면서 정당방위를 단순히 민사법으로 해결하느냐 아니면 적정 범위를 초과한 비윤리적 방위행위를 형사법으로 금지하느냐에 대해서 논의가 집중되었는데, 당시에는 정당방위를 자연권으로 이해하여 형법으로 정당방위를 제한할 수 없다는 관점이 주류이었다.[1)]

16세기 근대형법이 등장하면서 정당방위의 제한이 등장하였다. 독자적인 독일 형법이론의 출발점으로 평가되는 1507년 밤베르크 형법에서, 중세의 사적 복수와 결투에 의한 살인이라는 사회문제를 입법으로 해결하기 위해서 정당방위가 법률에 규정되었다. 당시 정당방위의 인정을 위한 요건으로 제시된 것은 결투 등에 사용된 무기를 단순히 비교하는 '무기 평등성'이었다. 다만 밤베르크 형법에서 정당방위는 살인죄에서만 규정되었다. 이후 절대주의 계몽국가사상에 기반하여 제정된 1794년 프로이센 일반란트법 제20장이 형법인데, 여기서 총칙이 별도로 등장하고 모든 범죄에 적용될 수 있는 총칙에 비로소 정당방위의 요건이 자세하고 엄격하게 규정되었다. 정당방위에는 보충성, 수단의 적합성, 필요성, 비례성이 요구되기 시작하였다.[2)]

2. 근거

정당방위에 대해서 위법성의 조각을 인정하는 근거(정당방위의 근거)를 정당방위의 '**기본사상**'이라고도 하는데, 이것의 이해가 정당방위의 입법 및 해석 · 적용에 있어서 출발점이 된다. 긴급피난에 비해서 정당방위의 요건에서 이익 균형성과 보충성을 엄격하게 요구하지 않는 것은 이러한 근거로부터 설명된다. 일반적으로 정당방위의 근거를 2가지 원리(개인보호원리, 법질서수호원리)로 설명하는데(2원설), 개인적으로는 개인보호원리 1가지 만으로 설명하는 것이 타당하다고 생각한다(1원설).

1) 신동일, "정당방위권 역사와 도그마틱 : 중세적 출발점과 현대적 수용", 형사정책연구 제24권 제3호, 2013, 8~9면.

2) 김정환, "과잉방위 규정의 역사적 발전과정", 법학연구 제33권 제1호, 2023, 93~96면.

(1) 개인 보호의 원리 및 법질서 수호의 원리(2원설)

정당방위의 근거에 대한 물음에 대해서, 일반적으로 '정(正)은 부정(不正)에 양보할 필요가 없다.'라는 것이 제시된다. 법규범 내의 일상적 삶인 정(正)은 타인의 부당한 침해인 부정(不正)에 대해서 희생당할 필요가 없다는 것인데, 일반적으로 이것을 '개인 보호의 원리(자기 보호 원리)'와 '법질서 수호의 원리'라고 2원적으로 구체화하여 설명한다. 개인은 위법한 침해자로부터 침해당할 필요가 없고(**개인보호원리**), 법은 불법을 회피할 필요가 없다(**법질서수호원리**)는 것이다.[3)]

이원적 사고는 정당방위와 긴급피난의 구분 필요성을 강조한다. 정당방위 행위자가 방어한 이익보다 그가 침해자에 대해서 행한 피해가 더 작을 필요가 없다는 것(이익 균형성의 포기)은 법질서 수호의 원리로부터 설명이 가능한 것이지 개인 보호의 원리로는 논증할 수 없다고 본다. 또한 정당방위 행위자에게 회피의무가 요구되지 않는 것(보충성의 포기)도 법질서 수호의 원리를 통해서 충분히 설명될 수 있다고 한다. 특히 개인 보호의 원리만으로는 제3자를 위한 정당방위가 설득력 있게 설명될 수 없다고 한다.

참고 '정(正)은 부정(不正)에 양보할 필요가 없다.'의 기원[4)]

정당방위의 특성을 잘 나타내는 표현이라고 사용되는 '정(正)은 부정(不正)에 양보할 필요가 없다.'는 독일에서 Berner가 "법(Recht)은 불법(Unrecht)에 굴복할 필요가 없다."라고 표현한 것에서 연유한다. 헤겔주의자이었던 Berner는 법질서에 대한 방위의 이익은 상위의 영역에 위치하여 모든 개인주의적 이익, 즉 침해자의 이익들에 우선한다고 생각하였고, 이러한 관념에서 표현한 것이다.

Hegel에 의하면 법(Recht)은 이성적이며 현실적이고, 반면에 불법(Unrecht)은 법의 현실성을 부정하는 비이성적 · 비현실적인 것이라고 한다. 불법은 국가의 형벌을 통해 다시 법으로 (변증법적으로) 바뀌어야 하는데, 이러한 역할은 원칙적으로 국가에 있지만 예외적으로 정당방위의 경우에는 피침해자에게 주어진다고 한다. Hegel의 사고에서 보면, 국가의 임무는 개인의 보호에 있는 것이 아니라, 오히려 불법을 벌함으로써 법을 관철하는 것에 있다. Hegel의 법이론에 기초

---

3) 김일수 · 서보학, 197면; 김종원(상), 422면; 김혜정 · 박미숙 · 안경옥 · 원혜욱 · 이인영, 173면; 박상기 · 전지연, 111면; 박상옥 · 김대휘(1), 530면; 배종대, 224면; 성낙현, 248면; 신동운, 303면; 오영근 · 노수환, 232면; 이상돈, 137면; 이재상 · 장영민 · 강동범, 248면; 이주원, 154면; 이형국 · 김혜경, 207면; 임웅 · 김성규 · 박성민, 251면; 정성근 · 박광민, 184면; 정영일, 204면; 주호노, 444면.

4) 김정환, "정당방위의 기본사상으로서 법질서수호원리?" 비교형사법연구 제8권 제2호, 2006, 4면.

한 헤겔주의자도 역시 절대적 국가의 이해로부터 출발했고 그에 상응해서 정당방위를 형벌과 비슷하게 법의 절대적 특징으로부터 논증했다. 예를 들어, Köstlin은 정당방위를 "절대적으로 불필요한 불법을 막는 시민의 신성한 의무"라고 설명했고, Berner는 좀 더 완화된 표현으로 "법은 불법에 굴복할 필요가 없다."라고 표현하였다.

(2) 개인 보호의 원리(1원설)[5)]

정당방위를 침해자와 정당방위 행위자 개인 간의 분쟁으로 시각을 좁혀 보는 것이 바람직하다고 생각하기에, 법질서 수호의 관점은 정당방위의 논거에서 사용하지 않고 개인 보호의 원리로만 정당방위의 근거를 설명한다. 구체적 이유는 다음과 같다.

첫째, "현재의 부당한 침해로부터 자기 또는 타인의 법익(法益)을 방위하기 위하여 한 행위"라고 하여(형법 제21조 제1항), 개인에 대한 침해가 요구됨을 전제한 정당방위 규정에는 개인주의적 사고의 논거만이 표현되었을 뿐이지, 법질서 수호의 원리는 드러나지 않는다. 그렇다면 법질서 수호의 원리가 필요하다는 것은 가치론적 측면에서 제시되는 것이다.

가치론적 측면에서 보자면, 둘째, 특정 정당방위의 행위가 법질서 전체를 보호한다는 것은 침해자의 개별적 침해행위가 전체 법질서를 위협한다는 것을 전제하는 것인데, 특정한 법규범(구성요건)의 효력을 제한하는 것에서 전체 법규범의 효력에 대한 보편이익을 인정하는 것은 모순이다. 예를 들어, 하나의 절도 행위를 통해 법질서 전체가 위협된다고 말하는 것은 무리이며, 절도 행위로 인해 절도의 금지라는 특정 법규범의 효력이 위협되는 것일 뿐이다.

셋째, 법질서 수호의 원리를 근거로 사용한다면, 이는 다른 개념의 근거로도 활발히 사용될 수 있음에도 그렇지가 않다. 예를 들어, 함정수사의 불처벌에 있어서 기수의 고의가 필요한 교사범에 있어서 미수의 고의에 불과하여 처벌할 수 없음이 근거로 제시되고 있지, 법질서 수호의 원리가 제시되지는 않는다. 함정수사야말로 법질서 수호의 원리로 불처벌을 설명함이 가능할 수 있지만 그러하지 않듯이, 법질서 수호의 원리는 특정한 제도의 논거로 사용되는 것은 자제된다.

넷째, 타인을 위한 정당방위는 법질서 수호의 원리가 아니라 개인 보호의 원리로 설명하는 것이 타당하다. 법질서 수호의 원리에 의하면 타인을 위한 정당방위는 피

---

5) 김정환, 앞의 논문, 20~21면.

침해자의 의사와 상관없이 가능하게 되는데, 이것은 부당하다. 피해자의 승낙(형법 제24조) 등 개인의 자율권을 존중하는 제도와의 조화를 고려한다면, 타인을 위한 정당방위는 피침해자의 (명시적 혹은 추정적) 의사에 종속하는 것이 타당하다. 실제로 피해자의 동의나 승낙으로 인해 위법한 침해가 존재하지 아니함에도 불구하고, 타인을 위한 정당방위가 허용되는 것은 옳을 수 없다.

II. 성립요건

1. 정당방위 상황

정당방위는 자기 또는 타인의 법익에 대한 현재의 부당한 침해의 상황에서 허용된다.

(1) 자기 또는 타인의 법익

정당방위는 자기의 법익을 보호하기 위해서뿐만 아니라 타인의 법익을 보호하기 위해서도 가능하다. 일반적으로 보호법익은 법익 향유의 주체에 따라 개인적 법익, 사회적 법익, 국가적 법익으로 구분하는데, 생명 · 신체 · 자유 · 재산 · 명예 등과 같은 개인적 법익의 보호를 위한 정당방위가 허용된다. 이것은 정당방위의 근거에 있어서 개인은 위법한 침해자로부터 침해당할 필요가 없다는 **개인보호원리**로부터 도출된다.

타인의 법익에 대한 침해를 방위하기 위한 행위를 독일에서는 '긴급구조'(Nothilfe)라고도 하는데, 형법 제21조 제1항에서는 타인의 개인적 법익 보호를 위한 정당방위도 허용한다. 보호되는 개인적 법익의 주체는 자연인뿐만 아니라 법인도 포함된다. 예를 들어, 연립주택 후문의 차량 통행을 둘러싸고 연립주택 거주자들 사이에 갈등이 있던 중 오후 10:15경 후문 열쇠를 보관하고 있던 A로부터 열쇠를 받아 문을 연 상대방이 이후 열쇠를 캄캄한 곳으로 던져 버리고 자신의 승용차에 올라타 문안으로 운전하여 들어가려 하자 A가 승용차 앞을 가로막으며 열쇠를 찾아주고 가라고 하자, 상대방이 A를 향하여 승용차를 3m가량 전진시켰고 승용차 부근에 서 있던 A의 아들이 승용차를 정지시키기 위하여 승용차의 운전석 창문을 통하여 상대방의 머리털을 잡아당겨 전치 약 10일간의 흉부좌상 등을 입힌 사안은, 아버지의 생명 · 신체에 대한 현재의 부당한 침해를 방위하기 위한 행위로서 상당한 이유가 있는 때에 해당하여 정당방위가 인정된다(대법원 1986.10.14. 선고 86도1091 판결).

타인을 위한 정당방위가 허용되는데, 나아가 **사회적 법익이나 국가적 법익을 보호하기 위한 정당방위**까지 허용되는 것인지에 대해서 견해가 대립한다. Ⓐ '**예외적 허용설**'이 있는데,[6] 국가나 사회의 존립에 치명적인 영향을 미칠 긴급상황의 경우 등에서는 예외적으로 국가나 사회를 위한 정당방위가 허용된다고 보는 견해이다. Ⓑ '**불허용설**'이 있는데,[7] 정당방위는 개인을 보호하기 위한 것이지 국가나 사회를 보호하기 위한 제도는 아니므로 허용되지 않는다고 보는 견해이다. 다만 불허용설에서도 사회적 법익이나 국가적 법익에 대한 침해가 동시에 개인적 법익에 대한 침해인 경우까지 정당방위를 허용하지 않는 것으로 보지는 않는다.

판례는 불허용설의 입장으로, 국군보안사령부의 민간인에 대한 정치사찰을 폭로하기 위해서 군무를 이탈한 행위는 정당방위나 정당행위에 해당하지 않는다고 보았다(대법원 1993.6.8. 선고 93도766 판결).

생각건대, 국가나 사회를 위한 정당방위는 허용되지 않는다고 본다(**불허용설**). 이를 인정하면 국가질서 · 사회질서를 교란하는 행위까지 정당방위라고 주장하는 것을 저지하기 어렵게 되기 때문이다.[8] 법질서 수호의 원리를 정당방위의 근거로서 인정하지 않는 것도 이러한 측면과도 연결이 되는데, 정당방위의 근거로 개인 보호 원리로만 설명하는 견해에서는 논리적으로 국가나 사회를 위한 정당방위를 인정하지 않게 된다. 사회적 법익이나 국가적 법익을 보호하기 위한 긴급한 상황에서 실행된 개인의 구성요건 해당 행위에 대해서는 법익의 균형성을 요구하는 긴급피난이나 보충적 위법성조각사유인 정당행위를 통해 검토하는 것이 바람직하다. 다만 국가적 법익이나 사회적 법익의 침해가 동시에 직접적으로 개인적 법익의 침해에 관련된 경우라면, 이것은 개인적 법익의 보호를 위한 정당방위로서 가능할 수 있다.

---

6) 신동운, 307면; 이재상 · 장영민 · 강동범, 253면; 정영일, 206면.

7) 김혜정 · 박미숙 · 안경옥 · 원혜욱 · 이인영, 175면; 박상기 · 전지연, 114면; 박찬걸, 189면; 서거석 · 송문호, 172면; 성낙현, 251면; 오영근 · 노수환, 238면; 이용식, 139면; 정성근 · 정준섭, 120면.

8) 19세기 독일에서는 정부에 의한 헌법침해나 위법행위에 대하여 정당방위의 법적 근거로부터 국민이 저항권을 가질 수 있다고 하여 국가를 위한 정당방위(Staatsnotwehr)가 인정되었으나, 20세기 초반 바이마르 공화국 시대에 정국이 극도로 불안한 가운데 국가를 구한다는 명분으로 정치테러가 빈발하고 이때 국가를 위한 정당방위가 주장되자, 독일법원은 국가를 위한 정당방위를 부정하기 시작하였다(김태명, "정당방위의 요건으로서 상당성에 관한 연구", 2000, 245면).

(2) 현재의 부당한 침해

① 침해

정당방위는 자기 또는 타인의 법익에 대한 침해가 있을 때 가능한데, '침해'는 **인간**에 의해 행해지는 법익에 대한 위해(危害)를 말하고, 고의 · 과실 · 부작위 등 모든 인간의 행위가 포함된다. 동물 등 자연물에 의한 위해는 정당방위의 상황이 아니라 긴급피난의 상황에 해당하고 긴급피난의 성립 여부를 검토하게 된다.

② 침해의 부당성

가) 부당성의 의미

정당방위는 자기 또는 타인의 법익에 대한 침해가 부당할 때 가능하다. 예를 들어, 경찰관의 체포가 적법한 공무집행을 벗어나 불법하게 체포한 것이라면, 피의자가 그 체포를 면하려고 반항하는 과정에서 경찰관에게 상해를 가한 것은 불법체포로 인한 신체에 대한 현재의 부당한 침해에서 벗어나기 위한 행위로서 정당방위에 해당하여 위법성이 조각된다(대법원 2017.9.21. 선고 2017도10866 판결).

침해가 **부당**하다는 의미는 Ⓐ 침해행위가 법질서 전체에 비추어 위법함을 의미한다고 보는 것이 일반적이다(**위법성설**).[9] 반면 Ⓑ 부당성은 위법성보다 넓은 개념으로, 고의 · 과실 없는 침해행위에 대해서도 정당방위를 인정할 수 있다는 견해도 있다(**독자성설**).

판례는 위법성설을 취하여, 어떠한 행위가 정당방위로 인정되려면 그 행위가 자기 또는 타인의 법익에 대한 현재의 부당한 침해를 방어하기 위한 것으로서 상당성이 있어야 하므로, 위법하지 않은 정당한 침해에 대한 정당방위는 인정되지 않는다고 본다(대법원 2017.3.15. 선고 2013도2168 판결).

생각건대 정당방위는 법질서에 반하는 위법한 불법행위에 대해서 인정하는 것이다(**위법성**). 위법성조각사유로는 정당방위뿐만 아니라 긴급피난도 규정하여 구분하고 있는데, 법질서에 반하지 않는 위법하지 않은 행위에 대해서는 '방위'라는 개념보다는 '피난'이라는 개념을 사용하여 좀 더 엄격한 기준(이익 균형성, 보충성)을 적용하도록 한 것으로 이해하는 것이 입법체계에 부합한다. 정당방위나 정당행위 등 위법성

---

9) 김혜정 · 박미숙 · 안경옥 · 원혜욱 · 이인영; 176면; 박상기 · 전지연, 112면; 성낙현, 254면; 이영란, 230면; 이형국 · 김혜경, 211면.

조각사유에 해당하여 위법성이 없는 행위에 대응한 행위에 있어서는 정당방위가 인정되지 않는다.

나) 싸움

한편 '**싸움**'의 경우에도 부당한 침해로서 정당방위가 가능한 것인지가 문제 된다. 서로 폭행을 주고받는 쌍방 폭력행위인 싸움의 특정 시점에 일방 당사자의 시각에서 보면 정당방위로 볼 수 있는 상황이지만, 싸움 전반을 보면 정당방위의 상황을 인정하기 어렵다. 싸움은 상대방에게 공격과 방어를 동시에 하는 성질이 있어 어느 한편은 정당하고 다른 한편은 부당하다고 판단할 수 없으므로, 원칙적으로 정당방위가 불성립한다. 판례는 서로 공격할 의사로 싸우다가 먼저 공격을 받고 이에 대항하여 가해하게 된 경우, 그 가해행위는 방어 행위인 동시에 공격 행위의 성격을 가지므로 정당방위라고 볼 수 없다고 한다(대법원 2000.3.28. 선고 2000도228 판결).

다만 ⓐ 상호 격투하는 사람 중의 한 사람의 공격이 그 격투에서 예상할 수 있는 정도를 초과하여 살인의 흉기 등을 사용하는 경우는 부당한 침해라고 아니할 수 없으므로 이에 대해서는 정당방위가 인정된다(대법원 1968.5.7. 선고 68도370 판결). ⓑ 외관상 서로 격투하는 것처럼 보이더라도 실제로는 한쪽 당사자가 일방적으로 불법한 공격을 가하고 상대방은 이러한 불법한 공격으로부터 자신을 보호하고 이를 벗어나기 위한 저항 수단으로 유형력을 행사한 경우라면, 그 행위가 적극적인 반격이 아니라 소극적인 방어의 한도를 벗어나지 않는 한 위법성이 조각된다(대법원 1999.10.12. 선고 99도3377 판결). ⓒ 주점에서 손님 3인이 외상술을 마시면서 영업시간이 지나도 귀가하지 않고 접대부와의 동침 요구를 거절한 것에 불만을 품고 위층 내실까지 들어와 영업주의 아내가 있는 데서 소변까지 보므로 영업주가 항의하자, 손님 중 1인이 주먹으로 영업주의 안면을 강타하고 아래층의 주점으로 끌고 가 다른 일행 2명과 함께 구타하자 영업주가 손님 1인을 업어치기 하여 12일간의 상해를 입힌 사안은, 겉으로는 서로 싸움을 하는 것처럼 보이더라도 실제로는 한쪽 당사자가 일방적으로 위법한 공격을 가하고 상대방은 이러한 공격으로부터 자신을 보호하고 이를 벗어나기 위한 저항 수단으로서 유형력을 행사한 경우이고, 행위자가 주점의 주인이고 피해자가 손님이란 사정이 있더라도 이 행위는 정당방위로서 죄가 되지 않는다(대법원 1981.8.25. 선고 80도800 판결). ⓓ 자신을 찾아온 2명의 남녀가 아파트 현관문을 발로 차는 등 소란을 피우다가 출입문을 열어주자 곧바로 자신을 밀치고 신발을 신은 상태로 거실로 들어와 함께 구타하자, 이를 벗어나기 위하여 손을 휘저으며 발버둥 치는 과정에서 상대방 등에게 상해를 가하게 된 사안은, 겉으로는 서로 싸움을 하는 것처럼 보이더라도 실제로는 한쪽 당사자가 일방적으로 위법한 공격을 가하고 상대방은 이러한 공격으로부터 자신을 보호하고 이를 벗어나기 위한 저항수단으로서 유형력을 행사한 경우이므로, 그 행위가 새로운 적극적 공격이라고 평가되지 아니하는 한, 사회관념상 상당성 있는 방어행위로서 위법성이 조각된다(대법원 2010.2.11. 선고 2009도12958 판결).

③ 침해의 현재성

가) 현재성의 의미

정당방위는 자기 또는 타인의 법익에 대한 부당한 침해의 현재성이 인정될 때 가능하다. 침해의 **현재성**은 침해행위가 시작된 시점부터 종료되기 이전까지의 시점을 말한다. 침해의 현재성은 자기 또는 타인의 법익에 대한 침해 상황이 종료되기 전까지를 의미하고 침해행위가 형식적으로 기수에 이르렀는지에 따라 결정되는 것이 아니다. 따라서 일련의 연속되는 행위로 인해 침해 상황이 중단되지 아니하거나 일시 중단되더라도 추가 침해가 곧바로 발생할 객관적인 사유가 있는 경우에는 그중 일부 행위가 범죄의 기수에 이르렀더라도 전체적으로 침해 상황이 종료되지 않은 것으로 볼 수 있다(대법원 2023.4.27. 선고 2020도6874 판결).

그러나 가정폭력 가해자가 공격을 종료하고 잠자고 있는 상황은 침해의 현재성을 인정할 수 없게 된다. 상대방의 침해행위가 종료된 이후에는 국가가 사회질서를 통제할 수 없는 상황이라고 할 수 없으므로, 피침해자가 침해자에게 구성요건에 해당하는 행위를 하는 것은 보복행위로서 별개의 침해행위가 된다. 침해행위에서 벗어난 후에 분풀이의 목적에서 나온 공격행위는 정당방위에 해당하지 않는다(대법원 1986.2.11. 선고 85도2642 판결).

나) 도둑뇌사사건

'**도둑뇌사사건**'이라고 불리는 사안이 침해의 현재성이 다투어진 대표적인 경우이다. 귀가하던 19세의 청년이 새벽 3시경 아무도 없는 자기의 집에 불이 켜져 있는 것을 의아하게 생각하면서 현관문을 열었는데, 타인의 주거에 침입하여 훔칠 물건을 찾다가 방에서 거실로 나오던 50대의 도둑과 마주쳤다. 도둑이 도망가려고 하자, 청년은 달려가 주먹으로 도둑의 얼굴을 여러 차례 강하게 때려 그를 넘어뜨렸고, 피를 흘리며 바닥에 쓰러진 도둑이 일어나려고 하자 다시 주먹과 발로 도둑의 몸을 여러 차례 가격하였다('최초 폭행'). 청년이 아래층에서 경찰에 전화로 신고하려고 현관문을 나서려고 하는데 도둑이 몸을 반쯤 일으켜 세 발 정도 기어가는 것을 보고, 도망가지 못하도록 완전히 제압하기 위해서 운동화를 신은 발로 도둑의 뒤통수를 여러 차례 세게 걷어찬 다음 엎드린 도둑을 알루미늄 빨래건조대로 여러 차례 내리치고 허리에 차고 있던 가죽 벨트를 풀어 여러 차례 때렸다('추가 폭행'). 도둑은 중상해를 입고 의식불명의 상태로 치료를 받던 중 사망하였다. 이 사안은 최초 폭행과 추가 폭행을 하나의 연속적인 행위로 묶어 파악할 수가 없으므로, 청년의 행위는 비록 처음에는 현재의 부당한 법익침해에 대한 반격이었을지라도, 나중에는 법익을 방위할 의사를 완전히 대체할 정도로 공격의사가 압도적이었을 뿐만 아니라 사회통념상 상당성을 갖추었다고 볼 수도 없어, 정당방위가 인정되지 않는다(대법원 2016.5.12. 선고 2016도2794 판결).

다) 예외적으로 폭력행위처벌법의 예방적 정당방위

한편, 폭력행위처벌법에서는 침해의 현재성에 대한 예외를 규정하여 잠재적 침해의 예방을 위한 '**예방적 정당방위**'를 규정하고 있다. 폭력행위처벌법 제8조 제1항에서는 "이 법에 규정된 죄를 범한 사람이 흉기나 그 밖의 위험한 물건 등으로 사람에게 위해(危害)를 가하거나 가하려 할 때 이를 예방하거나 방위(防衛)하기 위하여 한 행위는 벌하지 아니한다."라고 규정하고 있는데, 이것은 집단으로 자행되는 폭력행위 등이 자주 발생하고 그 피해가 큰 점을 고려한 규정이다.

2. 방위행위

(1) 방위로서 적합한 수단

정당방위의 상황에서 허용되는 것은 '방위행위'이다. 방위행위는 위법한 침해를 방지하기 위한 행위를 말하는데, 방위행위는 침해의 특성을 고려하여 침해의 배제에 적합한 수단이어야 한다(**수단의 적합성**). 일반적으로 수단의 적합성은 상당한 이유의 내용으로 검토하지만, 침해를 배제하는데 적합하지 않은 수단을 사용한 경우는 방위행위 자체가 아닌 것으로 설명할 수 있다.

예를 들어, ⓐ 상대방의 폭력행위에 대한 대응으로 상대방의 재물을 절취하는 것은 침해를 배제하는 적합한 수단이 아니며 방위행위라고 할 수 없다. 반면 ⓑ 술에 취한 상대방이 오인하여 행위자의 승용차를 세우고 타려고 하여 서로 몸싸움하던 중 행위자의 바지가 찢어졌고 상대방과 함께 땅바닥에 넘어졌는데, 넘어진 상대방의 배 위에 올라타 양 손목을 잡고 경찰관이 현장에 도착할 때까지 3분가량 피해자를 누르고 있었던 행위는 방위로서 적합한 수단이고, 침해되는 법익의 종류, 정도, 침해의 방법, 침해행위의 완급 등에 비추어 볼 때 사회통념상 허용될 만한 정도의 상당성까지 인정된다(대법원 1999.6.11. 선고 99도943 판결).

(2) 공격방위

위법한 침해에 대한 방위행위는 보호방위에 제한되는 것이 아니라 공격방위도 가능하다. 판례는 '방어행위'라고도 표현하는데, 다만 방어라고 하면 소극적인 행위만을 의미하고 적극적인 행위는 포함하지 않는 것처럼 오인될 수 있다. 그렇기에 판례는 정당방위의 성립 요건으로서의 방위행위에는 순수한 수비적 방어뿐 아니라 적극적 반격을 포함하는 반격방어의 형태도 포함된다고 밝힌다(대법원 2023.4.27. 선고 2020도6874 판결).

(3) 방위행위의 대상

방위행위의 핵심은 위법한 침해를 배제하기 위해서 '**침해자**'에 대한 행위라는 점이다. 정당방위의 상황에서 침해자가 아닌 제3자에게 행하는 행위는 방위행위가 아니고, 긴급피난이 검토될 수 있다,

3. 상당한 이유(상당성)

(1) 의미

정당방위가 마치 사적 형벌이 허용되는 것처럼 남용되지 않도록 제한해야 하므로, 정당방위의 상황에서 침해자에게 한 방위행위가 모두 정당방위로서 인정되는 것은 아니고 방위행위에 '상당한 이유'(상당성)가 있는 경우에만 위법성을 조각시키는 정당방위로 인정된다. 정당방위에서 상당한 이유(상당성)의 입법과정을 살펴보면, 1951년 정부 초안 제21조에서는 "필요행위"라고 하였는데, 1952년 국회 법제사법

위원회 수정안에서 필요행위라는 정당방위의 요건이 “상당한 이유”로 수정되었다. 방위행위의 범위를 융통성 있게 해석할 수 있도록 한 것이며, 필요성의 요건을 상당성으로 개정하는 근대 형법학설의 추세를 반영한 것이라고 수정 이유를 밝혔다. 법제사법위원회의 수정안은 1925년 독일형법개정안의 규정을 참조하여 그것과 유사한데, 1925년 독일형법개정안에서는 기존에 정당방위가 쉽게 인정되던 것의 제한을 위해서 기존의 ‘필요성’(erforderlich) 요건을 ‘상당성’(in einer den Umstanden angemessenen Weise)으로 변경하고자 하였다.[10]

상당한 이유(상당성)란 침해에 대한 방위행위가 사회상규에 비추어 상당한 정도를 넘지 아니하고 당연시되는 것을 의미하는데(헌법재판소 2001.6.28. 선고 99헌바31 결정), 형법은 추상적이고 포괄적인 상당한 이유(상당성)의 개념에 관해서 정의하지 않고 해석을 통해서 내용을 구체화하도록 한다. 이때 입법 배경 및 정당방위의 근거(기본사상)에 연결하여 상당한 이유(상당성)를 해석하는데, 구체적 내용으로 ‘**방위의 필요성**’과 ‘**수단의 적정성**’ 등이 제시된다.

참고 ‘상당한 이유’의 죄형법정주의(명확성 원칙) 위반 여부

정당방위의 요건 중 ‘상당한 이유’가 죄형법정주의 원칙 중 명확성의 원칙에 반하는 것인지가 다투어졌다. 이에 대해서 헌법재판소는 다음과 같은 논거로 합헌을 결정하였다(헌법재판소 2001.6.28. 선고 99헌바31 결정).

정당방위와 같은 위법성조각사유는 사회변동에 따른 동적 성격을 띠기 때문에 구성요건처럼 입법자에 의해 일일이 구상될 수 있는 것이 아니다. 다방면으로 복잡하게 변화하는 사회에서 입법자가 다양한 모든 정당방위 상황을 일일이 구체적 · 서술적으로 열거하는 명확성의 산술적 관철은 입법 기술상으로 불가능하거나 현저히 곤란하며, 변화하는 사회에 대한 법규범의 적응력을 확보하기 위해서는 어느 정도 망라적인 의미를 가지는 내용으로 입법하는 것이 불가피하다. ‘상당한 이유’는 정당방위의 성립에만 필요한 요건이 아니고, 긴급피난과 자구행위의 성립에도 필요한 요건이다. 따라서 ‘상당한 이유’는 그것 자체가 독자적으로 중요한 의미를 가지는 용어라기보다는 침해되는 법익과 보호되는 법익 사이에 이루어지는 형량을 의미하는 것이고, 그 형량의 정도는 위법성조각사유 유형에 따라 달라진다.

중요한 것은 정당방위에서의 ‘상당한 이유’의 의미를 법규 수범자들이 짐작할 수 있느냐 여부인데, 대법원은 일찍부터 정당방위가 성립하려면 침해행위에 의하여 침해되는 법익의 종류, 정도, 침해의 방법, 침해행위의 완급과 방위행위에 의하여 침해될 법익의 종류, 정도 등 일체의 구체적 사정들을 참작하여 방위행위가 사회적으로 상당한 것이어야 한다고 판시함으로써 ‘상당한 이유’에 대한 합리적인 해석 기준을 제시하고 있다. 결국 정당방위의 규정은 건전한 상식과 통상적인

10) 김정환, “과잉방위 규정의 역사적 발전과정”, 법학연구 제33권 제1호, 2023, 102면.

법 감정을 가진 일반인이라면 그 의미를 어느 정도 쉽게 파악할 수 있다고 보이고, 법관의 자의적인 해석으로 확대될 염려도 없다고 할 것이므로 죄형법정주의에서 요구하는 명확성의 원칙을 위반하였다고 할 수 없다.

(2) 방위의 필요성

침해로부터 법익을 보호하기 위해서 방위행위가 필요한 상황에서 정당방위가 허용된다. 방위의 필요성은 방위의 요구성 또는 허용성으로도 말해진다. 정당방위가 사회윤리적으로 제한되는 경우가 방위의 필요성이 인정되지 않는 경우로서 설명된다(**사회윤리적 제한**). 구체적으로는 ⓐ 아이의 공격행위와 같이 책임능력 없는 사람의 침해에 대한 방위, ⓑ 가족 내의 경우처럼 방위행위자와 침해자 사이에 긴밀한 인적 관계가 있는 경우, ⓒ 침해가 매우 가벼운 경우, ⓓ 침해행위를 유발하고 그에 대해서 방위를 하는 도발된 침해에 대한 방위의 경우가 방위의 필요성이 없는 경우라고 언급된다.

방위의 필요성이 부정된 경우를 보면, 자기의 밤나무 단지에서 상대방이 밤 18개를 자루에 주워 담는 것을 보고 자루를 뺏으려다가 반항하는 상대방의 뺨과 팔목을 때려 상해를 입힌 행위는 비록 절취행위를 방지하기 위한 것이었다고 하여도 긴박성과 상당성이 결여되어 정당방위가 인정하지 않는다(대법원 1984.9.25. 선고 84도1611 판결). 방위행위자가 상대방을 살해하려고 먼저 가격한 이상 상대방의 반격이 있었더라도 살해한 행위는 정당방위로 인정되지 않는다(대법원 1983.9.13. 선고 83도1467 판결).

(3) 수단의 적정성

침해로부터 법익을 보호하기 위해서 사용한 방위행위의 수단이 적정해야 하는데, 수단의 적정성은 침해를 배제할 수 있는 여러 적합한 수단 중에 침해자에게 상대적으로 침해의 위험성이 낮은 수단을 선택하여야 한다는 의미이며, 방위행위로 선택한 수단이 방위하는데 필요한 한도를 넘어서는 안 된다는 의미이다. 수단의 적정성은 **수단의 균형성**이라고도 할 수 있는데, 방위행위가 유일한 방법일 것을 요구하는 것은 아니다.

특히 흉기를 사용하지 않은 침해행위에 대해서 흉기를 사용한 방위행위의 경우가 수단의 적정성(균형성)에 있어서 문제 되는데, 수단의 적정성(균형성)은 침해행위에 의해 침해되는 법익의 종류와 정도, 침해의 방법, 침해행위의 완급, 방위행위에 의해 침해될 법익의 종류와 정도 등 구체적 사정들 모두를 참작하여 판단하므로(대법원 2023.4.27. 선고 2020도6874 판결), 사용한 수단이 유사하더라도 상황에 따라 상당성 인정의 여부가 달라질 수 있다.

예를 들어, ⓒ 고시원 내 주방에 남성과 여성 2인만이 있는 상황에서 남성이 주방 밖으로 나가지 못하게 여성의 손목을 잡아 적극적으로 막으면서 가슴을 갑자기 움켜쥐어 추행하자, 여성이 들고 있던 사기그릇을 남성의 머리에 1회 휘둘러 상해한 행위는, 당시의 급박한 상황에 비추었을 때 다른 방어방법을 취할 것을 기대하기는 어려우므로 상당한 이유가 인정된다(헌법재판소 2021.2.25. 선고 2019헌마929 결정). ⓓ 인적이 드문 심야에 혼자 귀가 중인 여성에게 2명의 남성이 공동으로 뒤에서 느닷없이 달려들어 양팔을 붙잡고 어두운 골목길로 끌고 들어가 담벼락에 쓰러뜨린 후 그 중 1인이 여성의 음부를 만지며 반항하는 여성의 옆구리를 무릎으로 차고 억지로 키스를 하자, 여성이 신체를 지키려는 일념에서 엉겁결에 상대방의 혀를 깨물어 혀 절단상을 입힌 행위는 그 행위에 이르게 된 경위와 그 목적 및 수단, 행위자의 의사 등 제반 사정에 비추어 상당성이 인정된다(대법원 1989.8.8. 선고 89도358 판결).

반면 ⓔ 이혼소송 중인 남편이 찾아와 가위로 폭행하고 변태적 성행위를 강요하는 데에 격분하여 처가 침대 밑에 숨겨두었던 칼(길이 34㎝, 칼날 길이 21㎝) 한 자루를 꺼내 들고 남편의 복부 명치 부분을 1회 힘껏 찔러 복부자창을 가하여 그 자리에서 사망에 이르게 한 행위는 자신을 보호하기 위한 방위행위로서의 한도를 넘어선 것이어서 상당한 이유가 인정되지 않는다(대법원 2001.5.15. 선고 2001도1089 판결). ⓕ 함께 술을 마시던 남성이 오후 9시 30분경 성관계를 요구하며 라이브카페에서 강제로 키스하려 하자 남성의 혀를 깨물어 혀의 절단상을 입힌 행위는 상당성이 부정되어 정당방위가 인정되지 않는다.[11]

(4) 법익의 균형성

일반적으로 위법성의 판단에 있어서는 더 큰 이익을 보호하기 위해서 작은 이익을 희생하는 행위는 법질서상 허용될 수 있다(**이익의 균형 원칙**). 다만 법익의 균형성은 위법성 판단에 있어서 항상 엄격하게 요구되는 것이 아니라, 상황에 따라 다를 수

---

11) 법률신문, "강제 입맞춤 남성 혀 깨물어 절단한 50대 여성 집행유예", 2017. 4. 21.자 기사.

있다. 헌법재판소가 '상당한 이유'는 그것 자체가 독자적으로 중요한 의미를 가지는 용어라기보다는 침해되는 법익과 보호되는 법익 사이에 이루어지는 형량을 의미하는 것이고, 그 형량의 정도는 위법성조각사유 유형에 따라 달라진다고 보는 것도 이러한 의미이다(헌법재판소 2001.6.28. 선고 99헌바31 결정).

정당방위는 현재의 부당한 침해의 상황을 전제하므로, 침해되는 법익과 보전되는 법익 간의 이익의 균형성을 엄격하게 요구하지 않는다.[12] 방위행위 수단의 적정성(균형성)이 인정되는 이상, 방위행위로 발생한 침해의 결과가 보호하려던 법익보다 크더라도 정당방위가 인정될 수도 있다. 긴급피난에 비해서 정당방위는 결과가 아니라 행위를 중심으로 상당한 이유를 판단하는데, 예를 들어, 아들이 아버지에게 식도까지 들고 대들어서 주위의 사람들이 식도를 뺏는 한편 문밖으로 피신한 아버지를 쫓아와 폭행하려고 하여, 아버지가 아들을 1회 구타하여 그 폭행으로 아들이 돌이 있는 지면에 넘어져서 사망하더라도, 정당방위가 인정되어 폭행치사죄(형법 제262조)가 성립하지 않는다(대법원 1974.5.14. 선고 73도2401 판결).

다만 정당방위도 법질서라는 위법성의 관점에서 판단할 때, 특히 정당방위의 근거(기본사상)를 자기 보호의 원리로서 설명할 때는 더욱, 침해자의 이익과 방위행위자의 이익과의 충돌에 있어서 누구의 이익을 보호할 것인지의 문제가 정당방위의 본질이라고 할 수 있다. 따라서 정당방위에서 상당한 이유를 판단할 때 법익의 균형성을 전혀 고려하지 않을 수는 없다. 방위의 필요성 검토에 있어서 '침해가 매우 가벼운 경우'를 사회윤리적 제한 사유로 다루는 것도 법익의 균형성을 고려하는 경우라고 볼 수 있다.

판례는 '싸움'의 경우에서 법익의 균형성을 고려하여 상당한 이유(상당성)를 판단하는 경우가 많다. 판례는 정당방위가 성립하기 위한 조건인 사회적으로 상당한 방위행위인지는 일체의 구체적 사정들을 참작하는데, 여기에는 침해의 방법이나 침해행위의 완급뿐만 아니라 침해되는 법익의 종류 · 정도 및 침해될 법익의 종류 · 정도

---

12) 정당방위의 경우에 법익의 균형성이 요구되지 않는 것은 일반적으로 정당방위의 근거(기본사상) 중 법질서 수호의 원리로 논증한다. 그러나 자기 보호 원리의 측면에서도 설명 가능하다. 허용되는 방위의 정도는 일반예방적 목적의 틀에 따르는 것이 아니라, 개인 간의 구체적인 충돌 상황에서 개인의 침해 방위를 위하여 상당한 한도에서 인정되는 것이기 때문이다. 기준점은 단지 방위행위자의 개별이익이다. 그리고 자기 보호를 위한 개인주의적 논거에 기반한 정당방위의 개인주의적 권한은 일반법 원칙에 따라 사용된다. 즉 헌법상의 기본권도 필요한 경우에는 제한될 수 있으며, 민법상의 권리남용금지 원칙(민법 제2조 제2항)에 의하여 개인의 권리의 행사는 제한된다. 이러한 일반원칙이 정당방위에서 '상당성'으로 규정되어 있는 것이다.

를 포함한다(대법원 2009.6.11. 선고 2009도2114 판결). 예를 들어, ⓐ 시비가 붙은 상대방이 먼저 자신을 할퀴고 고환을 잡고 늘어지는 등 폭행을 하자, 인체의 급소를 잘 알고 있는 무술교관 출신의 행위자가 무술의 방법으로 피해자의 울대(聲帶)를 가격하여 사망케 한 사안에서 정당방위는 인정되지 않았다(대법원 2000.8.18. 선고 2000도2231 판결). ⓑ 술에 취한 처남이 자기의 아내와 말다툼하다가 아내의 머리채를 잡고 때리는 것을 목격하고 화가 나서 처남과 싸우게 되었는데, 몸무게가 85㎏을 넘는 처남이 62㎏인 자신을 침대 위에 넘어뜨리고 가슴 위에 올라타 목부분을 누르자 호흡이 곤란하게 되어 허둥대다가 침대 위에 놓여있던 과도로 피해자에게 상해를 가한 사안에서 정당방위가 인정되지 않았다(대법원 2000.3.28. 선고 2000도228 판결). ⓒ 상대방과 말다툼하다가 건초더미에 있던 낫을 들고 반항하는 상대방으로부터 낫을 빼앗아 그 낫으로 상대방의 가슴, 배, 등, 뒤통수, 목, 왼쪽 허벅지 부위 등을 10여 차례 찔러 다발성 자상에 의한 기흉 등으로 사망케 한 사안에서 정당방위는 인정되지 않았다(대법원 2007.4.26. 선고 2007도1794 판결).

(5) 상당한 이유(상당성)의 판단 시점(時點)

상당한 이유(상당성)는 방위행위자의 시각에서 주관적으로 판단하는 것이 아니라, 일반인의 시각에서 객관적으로 판단한다. 이때 객관적 판단의 시점(時點)을 방위행위 시점에서 판단하는 '**사전판단설**'과 방위행위로 발생한 결과의 시점에서 판단하는 '**사후판단설**'이 대립한다. 사전판단설에 의하면 상당성이 인정되는 방위행위라도 사후판단설에 의하면 상당성이 부정될 수도 있다는 점에 논의의 실익이 있다.

생각건대 **사후판단설**이 타당하다. 첫째, 정당방위의 모든 요건을 갖추었을 때 구성요건에 해당하는 방위행위는 정당화되는데, 이때 방위행위만이 정당화되는 것이 아니라 방위행위로 인한 결과도 정당화되는 것이다. 특히 정당방위는 결과적 가중범을 포함한 과실범에서도 적용될 수 있는데, 과실범에서는 사후판단을 할 수밖에 없다. 둘째, 금지규범(구성요건)을 위반한 방위행위가 허용규범(정당방위)을 통해 정당화되는 것인데, 금지규범의 결과불법을 행위뿐만 아니라 결과의 발생까지 포함해서 사후적으로 판단한다면 이를 허용하는 규범의 결과불법도 행위와 결과 발생 모두 포함해서 사후적으로 판단해야 정당화가 이루어질 수 있다. 셋째, 정당방위의 상황이 존재하지 않음에도 행위자가 정당방위의 상황이라고 오인하고 방위행위를 한 오상방위의 경우는, 방위행위 시점에서 사전판단을 하게 되면 오상방위는 정당방위로 볼 수밖에 없게 되어, 오상방위라는 개념 자체가 존재할 수 없게 된다.

4. 방위의사

구성요건에 해당하는 행위의 위법성을 조각하기 위해서는 위법성조각사유의 객관적 요건이 존재하는 것뿐만 아니라 주관적 요건으로 행위자가 정당화 상황에 대한 인식과 정당화사유의 행위를 할 의사가 요구된다. 형법 제21조 제1항에서도 "방위하기 위하여 한 행위"라고 표현하여 방위의사를 요구하고 있고, 따라서 정당방위가 성립하기 위해서는 행위자에게 방위의사가 있어야 한다(대법원 1981.8.25. 선고 80도800 판결). 타인을 위한 정당방위의 경우는 피침해자의 (명시적 혹은 추정적) 의사에 종속하므로, 정당방위로 보호되는 타인에게 방위의사가 명시적 또는 추정적으로 존재한다는 의사도 있어야 한다.

자기 또는 타인의 법익에 대한 현재의 부당한 침해가 있는 정당방위의 상황이 존재함에도 이를 인식하지 못하여 방위의사 없이 침해자에게 구성요건에 해당하는 행위를 한 경우를 '**우연방위**'라고 한다. 이 경우는 '**주관적 정당화 요소의 착오**'로 논의되는데, 이 경우는 행위불법은 있으나 행위불법이 없는 형태로서 불능미수의 불법형태와 유사하므로, 불능미수의 효과를 적용하는 것이 타당하다.

III. 과잉방위

1. 의의

(1) 개념

> 제21조(정당방위) ② 방위행위가 그 정도를 초과한 경우에는 정황(情況)에 따라 그 형을 감경하거나 면제할 수 있다.
> ③ 제2항의 경우에 야간이나 그 밖의 불안한 상태에서 공포를 느끼거나 경악(驚愕)하거나 흥분하거나 당황하였기 때문에 그 행위를 하였을 때에는 벌하지 아니한다.

'**정당방위**'는 자기 또는 타인의 법익에 대한 현재의 부당한 침해의 상황에서 그러한 침해를 벗어나기 위하여 피침해자가 방위의 의사를 가지고 침해자에게 행한 방위행위가 상당한 이유가 있을 때 인정된다(형법 제21조 제1항). 이때 방위행위가 상당한 이유를 인정할 수 없는 경우라면 '**과잉방위**'가 인정될 수 있다(형법 제21조 제2항). 현재의 부당한 침해의 정당방위 상황에서 방위의 의사로 실행한 행위가 상당한 정도를 넘는 때는 정당방위가 인정되지 않는데, 이때 입법자는 바로 범죄가 성립한다고 단정하지 않고 과잉방위라는 제도를 두어 처벌에 있어서 고려하도록 하고 있다. 행위자가 단순히 구성요건에 해당하는 행위를 한 것과 부당한 침해를 당해서 침해자에게 구성요건에 해당하는 행위를 한 것에 있어서 불법의 차이를 고려한 것이다.

정당방위의 상황이 인정되지 않는 경우, 방위행위 자체가 인정되지 않는 경우 또는 방위의사가 없는 경우는 과잉방위의 개념이 적용되지 않는다. 예를 들어 야간에 도둑이 침입한 것과 같은 현재의 부당한 침해의 정당방위 상황에서 도둑에 대한 방위행위를 통해서 도둑이 더 이상 침해를 계속할 수 없는 침해 종료의 상태는 정당방위의 상황으로 볼 수 없으므로, 침해 종료 이후의 행위는 정당방위 및 과잉방위에도 해당하지 않는다. 다만 이러한 경우는 상대방이 사건의 발단을 제공한 점과 침해하는 상대방을 제압하는 상황에서 벌어진 일이라는 점이 양형으로 고려될 수 있다(서울고등법원 2016.1.29. 선고 (춘천)2015노11판결).

과잉방위의 경우는 범죄의 성립은 부정되지 않으나, 구성요건에 해당하는 방위행위에 대해서 정황에 따라 형을 감경하거나 면제할 수 있도록 하고 있다(형법 제21조 제2항). 이때 감경 또는 면제할 정황이 있는 경우라면 추가하여 기대가능성이 없는 상황(불안한 상태에서 공포 · 경악 · 흥분 · 당황)까지 검토한 후 면책하여 범죄가 성립되지 않을 수도 있게 한다(형법 제21조 제3항). 재판에서 형벌의 감경 · 면제나 면책의 법률효과가 인정된 과잉방위의 경우가 드물지만, 과잉방위는 폭력을 사용한 사건에서 정당방위 주장에 부가하여 자주 주장된다.

(2) 용어의 혼용

정당방위의 상황에서 행한 방위행위가 상당성을 초과한 모든 경우를 과잉방위라고 하기도 하고, 그중 형법상의 법률효과(감면 · 무죄)를 인정하는 경우를 과잉방위라고 하기도 한다. 전자와 같이 정당방위의 상황에서 행한 방위행위가 상당성을 초과한 모든 경우를 '**광의의 과잉방위**'라고 할 수 있고, 후자와 같이 광의의 과잉방위 중 형법상의 법률효과를 인정할 수 있는 경우를 '**협의의 과잉방위**'라고 할 수 있다.

판례에서 자주 등장하는 "그 행위는 방위행위로서의 한도를 넘어선 것으로 사회통념상 용인될 수 없다는 이유로 정당방위나 과잉방위에 해당하지 않는다"라는 판시

(대법원 2001.5.15. 선고 2001도1089 판결 등)에서 과잉방위는 협의의 과잉방위를 의미한다. 과잉방위의 효과 인정의 출발점이 형의 임의적 감면이라는 양형의 형태로 규정되어 있어서(형법 제21조 제2항), 과잉방위의 개념이 광의와 협의의 2가지 개념 형태가 혼용되어 사용되는 것이라 할 수 있다.

생각건대, 과잉방위의 개념을 광의로 이해할 것인지 협의로 이해할 것인지는 특별한 법적 효과가 없는 경우까지 과잉방위의 종류에 포함할 것인지의 차이에 불과하여 실익이 미미하다. 오히려 법적 효과를 부여할 수 있는 경우가 언제인지, 즉 법적 효과를 부여하는 정황이 어떤 경우인지에 대한 해석이 실질적으로 의미가 있다. 다만 과잉방위를 검토하는 것은 법률효과를 인정하기 위한 목적이 있으므로, 아래에서는 형벌의 감면 또는 면책이라는 법률효과를 내포하는 협의의 개념으로 과잉방위의 개념을 사용한다.

(3) 유형

① 질적 과잉방위와 양적 과잉방위

정당방위의 상황에서 행한 방위행위가 정도를 초과할 때, 초과하게 된 방식에 따라 질적 과잉방위와 양적 과잉방위로 구분하기도 한다. '**질적 과잉방위**'는 연속적이지 않은 단순한 방위행위가 상당성을 넘는 강한 반격을 한 경우를 말하고, 전형적으로 과잉방위로 다루어지는 경우이다. 이 경우는 방위행위의 상당성 판단으로 해결된다.

반면 '**양적 과잉방위**'(외적 과잉방위, 확장적 과잉방위)는 일련의 연속적인 방위행위 중간에 이미 침해를 그만둔 침해자에게 방위행위가 계속된 경우를 말한다. 이 경우는 과잉방위가 적용되는지에 대한 문제가 발생한다. 예를 들어, 거주자와 알고 지내던 3명의 청년 일행이 쇠파이프, 각목, 목검을 들고 주거에 침입하여 거주자를 갑자기 폭행하기 시작하여, 거주자가 대항하여 칼을 들어 그중 1명의 허벅지를 찌른 후 일행이 집 밖으로 물러나는 상황에서 그 사람의 등 쪽을 다시 칼로 찌른 사안에서, 침해행위 이후에 돌아가려는 침해자의 등을 찌른 행위만을 따로 떼어 이를 바로 침해의 현재성이 없다고 단정할 수는 없고, 오히려 연속된 일련의 행위 속에서 방위행위가 시간적으로 초과하여 이루어진 양적 과잉방위로 볼 여지가 있다(서울북부지방법원 2009.1.15. 선고 2007노876 판결). 이처럼 방위행위자가 다수의 방위행위를 하였더라도 전체를 **연속적인 하나의 행위**로 볼 수 있는 경우라면 과잉방위로서 다루어지지만, 도둑뇌사 사건(대법원 2016.5.12. 선고 2016도2794 판결)처럼 정당방위의 상황에서 시작된 방위

행위(제1행위)로 상황이 종결되어 다시 침해행위로 나올 가능성이 없는 상황이 된 이후에도 계속하여 방위행위(제2행위)가 행하여진 경우는, 일련의 하나의 행위로 볼 수 없고 두 번째 행위의 시점에는 정당방위의 상황이 존재하지 않으므로 과잉방위라고 볼 수 없다. 결국 양적 과잉방위가 검토되는 상황은 두 행위를 일련의 행위로서 평가할 것인지, 구분하여 개별적으로 평가할 것인지가 핵심적인 판단 사항이다.

② 고의의 과잉방위와 과실의 과잉방위

정당방위의 상황에서 행한 방위행위의 초과를 인식하고서 행한 경우가 '**고의의 과잉방위**'이고, 과실로 정도를 초과하여 행한 경우가 '**과실의 과잉방위**'이다. 고의의 과잉방위뿐만 아니라 과실의 과잉방위도 과잉방위에 해당한다. 상당한 이유(상당성)는 방위행위자의 시각에서 주관적으로 판단하는 것이 아니라, 일반인의 시각에서 객관적으로 판단한다. 따라서 방위행위자가 상당한 이유(상당성)의 초과를 인식할 필요가 없으며, 과실로 상당성을 초과하는 방위행위를 한 경우(예를 들어, 흉기를 소지하지 않은 2명의 사람으로부터 심한 폭행을 당하는 상황에서 주위에 있던 나무 자루를 잡고 휘둘러 그로 인해 상대방이 사망하였는데, 휘두른 것이 실제로는 나무 자루가 아니라 도끼였던 경우)도 과잉방위에 해당할 수 있다.

2. 형법상 과잉방위의 종류

형법에서는 2가지 종류의 과잉방위, 즉 형벌감면적 과잉방위와 불가벌적(면책적) 과잉방위를 규정하고 있다.

(1) 형벌감면적 과잉방위

① 법적 성격

형법 제21조 제2항에 규정된 과잉방위를, "형을 감경하거나 면제할 수 있다."라는 법적 효과를 고려하여 형벌감면적 과잉방위라고 한다. 형벌감면적 과잉방위의 법적 성격에 관해서 Ⓐ 피침해자의 정당한 이익을 지킨다는 근거의 **불법감소설**, Ⓑ 정당방위 상황의 특수성으로 비난가능성이 감소한다는 근거의 **책임감소설**,[13] Ⓒ 정당

---

13) 김종원(상), 427면; 박상기 · 전지연, 122면; 박상옥 · 김대휘(1), 563면; 이용식, 146면; 이정원 · 이석배 · 정배근, 132면; 이재상 · 장영민 · 강동범, 262면; 이형국 · 김혜경, 215면.

한 이익의 유지 측면과 비난가능성 감소의 측면 모두를 근거로 하는 **불법 및 책임감소설**, Ⓓ 응보와 예방이라는 형벌의 목적이 감소한다는 근거의 **처벌 필요성 감소설** 등이 있다.

생각건대, 형벌감면적 과잉방위는 '**불법 및 책임감소설**'로 이해하는 것이 타당하다.[14] 어떤 제도의 법률효과를 면제로 규정하였더라도 반드시 그 제도의 법적 성격을 양형의 일종으로 보아야만 하지는 않고, 불법이 감소된 형태인 중지미수나 장애미수에서도 면제를 법률효과로 규정하고 있다. 특정 제도의 법적 성격을 이해함에 있어서는 제도의 본질을 생각해 보는 것이 타당한데, 과잉방위의 경우는 정당방위의 상황에서 행위자가 방위의사를 가지고 방위행위를 한 것이므로, 즉 부당한 침해자에게 방위행위를 행한 것이므로 비난가능성이 낮을뿐만 아니라 주관적 정당화 요소가 존재하므로 행위불법이 상쇄된 상황이다. 다만 방위행위가 상당성을 초과해서 결과불법이 완전하게 상쇄되지는 않고 구성요건을 통해 발생된 불법은 일정 부분 존재하므로, 법률효과를 형의 감경이나 면제로 규정한 것이라고 본다. 형벌감면적 과잉방위의 법적 성격을 불법감소설로 이해하면, 형법 제21조 제2항에서 과잉방위 인정의 한계 기준으로 설정한 '정황'을 형벌론의 양형기준으로 해석하는 것이 아니라, 범죄론의 요건으로 보는 것이 타당하다.

② 요건

가) 정당방위 상황과 방위행위의 초과

현재의 부당한 침해라는 정당방위의 상황이 존재해야 하고, 그 침해자에 대해서 방위행위를 하였는데 방위행위의 상당성이 인정되지 않은 상황이어야 한다. 형법 제21조 제2항은 이것을 "방위행위가 그 정도를 초과한 경우"라고 표현하고 있다. 침해의 현재성이 인정되지 않는 상황에서는 과잉방위가 사용되지 않는다. 예를 들어, 침해의 현재성이 없는 보복 공격의 경우는 과잉방위가 적용되지 않는다. 행위자는 자신의 방위행위가 상당성을 초과한다는 사실까지 인식할 필요는 없다. 다만 정당방위 상황에서 행한 방위행위의 상당성이 초과할 때 자동으로 형의 감경이나 면제의 효과가 인정되는 것은 아니다. 방어가 아닌 공격을 위한 행위나 사회통념상 방위행위로

---

14) 과거 형벌의 목적을 고려해서 불필요한 처벌을 피할 수 있는 양형의 일종이라고 취했던 입장(김정환, "도둑뇌사사건을 통해 본 과잉방위의 의미와 인정기준", 형사판례연구 제28호, 2020, 40면)을 변경한다.

의 한도를 넘은 것이 분명한 행위는 정당방위는 물론 과잉방위로도 보지 않는다(대법원 2001.5.15. 선고 2001도1089 판결, 2000.3.28. 선고 2000도228 판결). 예를 들어, 상대방의 일곱 곳을 식칼로 찔러 사망케 한 행위는 상대방의 구타행위가 원인이 되어 유발된 것이었다는 사정만으로는 정당방위뿐만 아니라 과잉방위에도 해당하지 않는다(대법원 1983.9.27. 선고 83도1906 판결).

나) 정황

과잉방위의 효과를 인정하기 위해서는 형을 감경 또는 면제할 '**정황**'이 존재해야 한다. 정당방위에서 방위행위의 상당성은 수단의 적정성과 최소한의 법익 균형성을 의미한다고 보면, 수단의 적정성이 없는 경우 또는 최소한의 법익 균형성이 인정되지 않는 경우는 방위행위의 상당성이 부정된다. 이때 형법 제21조 제2항에서는 상당성이 부정되는 모든 경우를 형의 감경이나 면제의 효과가 인정되는 과잉방위로 보지 않고 '정황'이라는 요건을 갖춘 경우만을 과잉방위로 인정할 수 있도록 하고 있다.

이것은 법익 균형성과 수단의 적정성이 모두 인정되지 않는 경우까지 과잉방위로 보지는 않겠다는 의미라고 할 수 있다. 즉 과잉방위가 인정될 수 있는 것은 법익 균형성이 인정되지 않으나 수단의 적정성은 인정되는 경우 또는 수단의 적정성이 인정되지 않으나 법익 균형성은 인정되는 경우라고 할 수 있다.

이것은 과잉방위가 인정된 판례에서도 확인된다. 과잉방위가 인정된 판례들을 살펴보면, 방위행위로 침해자가 사망한 경우처럼 법익침해 간에 현저한 불균형이 있더라도 방위행위의 수단이 과하지 않은 경우, 방위행위로 발생한 침해가 가벼운 경우, 방위행위자의 개인적 특성(외국인, 노인 등)이 고려된 경우 등이 있다.[15)]

③ 인정 사례

ⓐ 32세의 건장한 甲은 연인의 집에서 연인과 함께 잠을 자고 있는데, 연인의 전 남친(40세, 건장한 남성)이 연인에게 새벽에 여러 차례 전화하였음에도 받지 않자, 알고 있던 비밀번호를 눌러 현관문을 열고 들어온 후 텔레비전을 집어던지고 연인의 뺨을 때리고 주먹으로 자기의 얼굴을 때리자, 그의 몸을 붙잡아 방바닥에 넘어뜨린 다음 머리를 왼쪽 옆구리에 끼우고 목 부위를 왼팔로 감싸안아 제압한 후 경찰관이 출동할 때까지 약 9분간 계속 팔로 목 부위를 강하게 졸랐는데, 당시 A를 제압한

---

15) 김정환, "과잉방위를 인정한 판례의 형벌감면 정황 요인", 연세법학 제44호, 2024, 529면.

직후에는 B에게 방안의 조명을 켜게 함으로써 A의 상태를 관찰하고 어두움으로 인한 공포 · 당황에서 벗어날 수 있었음에도 경찰이 출동할 때까지 9분 이상 동안 조명을 켜지 않았고, 의식을 잃은 A는 응급실로 후송된 후 사망한 사안에서, 통상 경부(頸部)압박에 의한 질식으로 인한 사망은 호흡곤란상태(거칠게 호흡하면서 격렬하게 움직임), 정지상태(의식을 상실하여 죽은 듯이 보임), 경련상태, 약한 맥박만 뛰는 말기호흡상태 또는 무호흡상태 등의 약 3~5분간 과정이 진행되는 점을 고려할 때, 면책적 과잉방위는 인정되지 않고 형벌감면적 과잉방위가 인정되어 형이 감경되었다(대법원 2019.12.12. 선고 2019도14364 판결).

ⓑ 특별한 이유 없이 길거리에서 자신에게 욕설하는 3명(A, B, C)에게 대꾸하자, C가 면도칼을 들이대며 위협을 하여 식품점 안으로 일단 피신을 하였는데, 가게주인이 나가라고 요구하여 가게 밖으로 나오자 C가 소주병을 깨뜨려 던져서 손목을 맞히고, A는 사이다병을 깨뜨려 던져 맞히고, B는 시멘트벽돌을 집어던지 등의 행위를 하였다. 이에 자신이 공사 도구로 사용하던 곡괭이를 집어 들고 약 50m 도망갔는데, C는 각목을 들고 A는 전화케이블선을 들고 계속 쫓아와 마구 휘두르며 때리므로 들고 있던 곡괭이를 휘둘렀는데 C가 머리를 맞아 사망하였고 A는 상해를 입은 사안에서, 형벌감면적 과잉방위가 인정되어 형이 감경되었다(대법원 1985.9.10. 선고 85도1370 판결).

ⓒ 투자금 반환 문제로 경찰서에 출석하는 자신을 무작정 기다리다가 경찰서 로비에서 자신을 다그치면서 투자금 반환을 요구하는 상대방(고령의 여성)의 손목을 잡고 바닥으로 밀어 넘어트려 3주 진단의 상해를 가한 사안에서, 형벌감면적 과잉방위가 인정되어 형이 면제되었다(서울남부지방법원 2012.2.20. 선고 2911고정3710 판결).

(2) 불가벌적(면책적) 과잉방위

① 법적 성격

형법 제21조 제3항에 규정된 과잉방위를, "벌하지 아니한다."라는 법적 효과를 고려하여 불가벌적 과잉방위라고 한다. 불가벌적 과잉방위의 법적 성격은 행위자의 상황을 고려할 때 적법행위에 대한 **기대가능성**이 부정되어 책임이 없는 것이라고 할 수 있다. 현재의 부당한 침해에 대해서 방위행위를 했는데, 비록 그 방위행위가 상당성을 초과하였더라도, 그것이 불안한 상태라는 외적 정황과 공포 · 경악 · 당황 등이라는 내적 정황에서 행해진 것이라면, 행위자에게 적법행위에 대한 기대가능성을 요구할 수 없게 되어 책임을 인정하지 못하게 된다. 그래서 '면책적 과잉방위'라고도 칭한다.

② 요건

가) 형벌감면적 과잉방위의 성립

형벌감면적 과잉방위를 인정할 수 있는 정황이 존재하여야 한다. 불가벌(면책)적 과잉방위를 규정한 형법 제21조 제3항은 "제2항의 경우"라고 요건을 명시하고 있다. 형법 제21조 제3항의 불가벌(면책)적 과잉방위에서 제2항의 경우는 '**방위행위가 그 정도를 초과하여 그 정황에 따라 형을 감면할 수 있는 경우**'이다. 만약 방위행위가 상당한 정도를 넘은 때에 형을 감면할 만한 정황의 인정 유무와 무관하게 불안한 상태에서 공포나 경악 등으로 방위행위를 한 경우를 면책적 과잉방위로 인정할 의도였다면, 형법 제21조 제3항의 문구를 제2항의 문구와 마찬가지로 "방위행위가 그 정도를 초과한 경우"라고 규정했으면 되었을 것이기 때문이다. 또한 형법 제21조 내의 3개 항의 체계적 위치를 고려하더라도, 제3항에서 "제2항의 경우에"라고 규정한 것은 제2항 전체를 전제로 하는 것이라고 보는 것이다.

나) 외적 · 내적 정황

기대가능성이 부정될 수 있는 외적 및 내적 상황이 존재하여야 한다. 방위행위의 상당성이 인정되지 않았어도 형을 감경 또는 면제할 정황이 있는 경우에서, 나아가 "야간이나 그 밖의 불안한 상태에서 공포를 느끼거나 경악(驚愕)하거나 흥분하거나 당황"한 상태에서 방위행위를 해야 한다. 즉 야간이나 불안한 상태라는 외적 정황 및 내적으로 극히 불안한 상태라는 내적 정황이 요구된다. 이때 흥분이나 당황이 기대가능성이 부정될 수 있는 내적 정황인지에 대해서는 논란이 있는데, 행위자가 심리적으로 극히 불안한 상태에 처한 경우로 볼 수 있는지가 핵심적인 판단기준이 된다.

③ 인정 사례

ⓐ 야간에 아내와 함께 귀가하던 중 상대방이 길거리에서 소변을 보면서 소녀들에게 키스하자고 달려드는 것을 보고 그에게 술에 취했으니 돌아가라고 타이르자, 상대방이 뺨을 때리고 돌을 들어 구타하려고 따라오는 것을 피하자, 상대방이 자기의 아내를 땅에 넘어뜨려 깔고 앉아서 구타하고 돌로 때리려는 순간 농구화 신은 발로 상대방의 복부를 한차례 차서 상대방이 사망한 사안에서, 비록 상대방이 사망한 점에서 방위행위의 상당성이 인정되지 않았지만, 양형에서 참작할 정황이 존재하고 상대방의 야간 행패로 인한 불안스러운 상태의 공포, 경악, 흥분 또는 당황에 기인한 행위로서 무죄가 선고되었다(대법원 1974.2.26. 선고 73도2380 판결).

ⓑ 평소 가족들에게 행패할 뿐만 아니라 술에 취하면 행패가 더욱 심한 오빠가 장사를 마치고 집에 돌아온 어머니에게 심한 욕설과 술값을 요구하면서 선풍기를 집어던져 부수는 등의 난동을 하였고, 어머니와 동생 및 자신 모두 안방으로 피해 들어가 문을 잠그고 오빠가 잠들기를 기다렸으나, 오빠가 안방 문을 주먹으로 치고 발로 차는 등의 행패를 5시간 계속하여 안방 문이 거의 부서질 지경에 이르러 어머니가 방문을 열고 마루로 나가자, 오빠가 식칼을 찾아 꺼내어 죽여 버리겠다고 소리치며 달려들어 칼을 어머니의 얼굴 가까이에 들이대어 어머니는 놀라서 기절하였고, 그 순간 동생이 뛰어나가 오빠의 칼을 뺏으려 하였으나 오히려 오빠가 동생의 목을 앞에서 움켜쥐어 동생이 숨쉬기가 곤란할 지경에 이르렀다. 방안에서 이를 보기만 하고 있던 여동생이 남동생의 생명을 구하기 위하여 오빠에게 달려들었고 뒤로 넘어진 오빠의 몸 위에 타고 두 손으로 계속 목을 누르던 중, 남동생이 어머니의 상태를 살피는 등 다소 지체한 후에 여동생이 오빠의 몸 위에서 두 손으로 목을 계속 누르고 있는 것을 인지하고 소리 치자, 여동생은 오빠의 목에서 손을 떼면서 일어났으나 오빠가 사망한 사안에서, 비록 상대방이 제압된 이후에 계속하여 목을 졸라 사망한 점에서 방위행위의 상당성이 인정되지 않았지만, 양형에서 참작할 정황이 존재하고 오빠가 야간에 식칼을 들고 자신을 포함한 가족들의 생명, 신체를 위협하는 행패를 하여온 불안스러운 상태에서 공포, 경악, 흥분 또는 당황 등으로 인하여 발생한 것이므로 무죄가 선고되었다(대법원 1986.11.11. 선고 86도1862 판결).

IV. 기타 쟁점

1. 우연방위

자기 또는 타인의 법익에 대한 현재의 부당한 침해가 있는 정당방위의 상황이 존재함에도 행위자가 이를 인식하지 못하고 침해자에게 구성요건에 해당하는 행위를 한 경우가 **우연방위**이다. 이에 대해서는 법률에 규정이 없어서 해석론으로 해결하는데, 위법성조각설, 기수범설, 불능미수범설이 있다.[16]

우연방위의 경우는 객관적으로 위법성이 조각되는 상황이 존재하였으므로 결과불법이 인정되지 않으나, 주관적으로는 위법성 조각의 인식이 없었으므로 행위불법

16) 앞의 제5장 제1절 Ⅲ 3 주관적 정당화 요소의 착오 참조.

이 인정된다. 결과불법은 없으나 행위불법이 존재하는 구조가 불능미수의 불법구조와 유사하므로, 불능미수의 효과를 적용하는 것이 타당하다고 본다.

2. 오상방위

오상방위는 현재의 부당한 침해라는 정당방위의 상황이 존재하지 않음에도 행위자가 정당방위의 상황이라고 오인하고 구성요건에 해당하는 방위행위를 한 경우를 말한다.

정당방위의 상황에 대한 착오가 존재하는지의 **판단 시점**은, 상당한 이유(상당성)의 판단 시점과 같이, 제3자의 시각에서 사후적이다. 오상방위라는 개념이 존재하고 그에 대해서 논의하는 이유는, 사후에 정당방위의 상황이 존재하지 않는 것이 확인되지만 방위행위 시점에서는 방위행위자가 정당방위의 상황이 존재하는 것으로 볼 수 있었던 경우를 어떻게 처리해야 할 것인지를 생각해 보는 것이다. 제3자의 시각에서 사전판단을 하여 정당방위의 상황을 판단할 때는 오인을 인정하기 어려워 오상방위 자체를 인정하지 않고 정당방위로 해석하게 되며, 오상방위의 개념이 존재하기 어렵다.[17)]

객관적 측면에 대한 검토는 사후 시점으로 하게 되는 것이고, 행위자의 주관적 측면에 대한 검토는 사전 시점으로 하게 된다. 오상방위의 구체적인 내용에 대해서는 책임론에서 위법성조각사유의 전제사실에 대한 착오에서 다룬다.

3. 오상과잉방위

오상과잉방위는 오상방위와 과잉방위가 결합한 형태인데, 오상방위와 같이 현재의 부당한 침해라는 정당방위의 상황이 존재하지 않음에도 행위자가 정당방위의 상황이라고 오인하고 구성요건에 해당하는 방위행위를 하였는데 그 행위가 상당한 정도를 초과하기까지 한 경우를 말한다. 이 경우는 정당방위의 상황이 존재하지 않는 경우이므로 과잉방위로 다루지 않고, 오상방위의 개념으로 해결한다.

판례 중에는 오상과잉방위를 다룬 경우는 확인되지 않지만, 오인한 정당행위(형법 제20조)의 과잉이 다루어진 사안이 있다. 교사가 학생이 욕설하였는지를 확인도 하지

17) 김정환, "적법한 공무집행에 대해 오인한 저항행위에 있어서 오상방위 적용의 전제로서 정당방위상황의 판단기준", 인권과정의 제500호, 2021, 24면.

못할 정도로 침착성과 냉정성을 잃은 상태에서 욕설을 하지도 아니한 학생을 오인하여 구타한 사안에서, 비록 교사가 교육상 학생을 훈계하기 위하여 한 것이라고 하더라도 이는 징계권의 범위를 일탈한 위법한 폭력행위로서 폭행치상죄(형법 제262조)가 인정되었다(대법원 1980.9.9. 선고 80도762 판결).

제2절 | 긴급피난

I. 의의

1. 개념

> **제22조(긴급피난)** ① 자기 또는 타인의 법익에 대한 현재의 위난을 피하기 위한 행위는 상당한 이유가 있는 때에는 벌하지 아니한다.
> ② 위난을 피하지 못할 책임이 있는 자에 대하여는 전항의 규정을 적용하지 아니한다.

긴급피난은 현재의 위난으로부터 자기 또는 타인의 법익을 보호하기 위해서 금지규범(구성요건)을 위반하여 제3자에게 실행한 행위를 말하는데, 피난행위의 상당한 이유가 인정되면 위법성이 조각되어 범죄가 성립하지 않는다(형법 제22조 제1항). 긴급피난은 정당방위와 마찬가지로 국가로부터 보호받을 수 없는 긴급한 상황에서 국가를 대신해 개인이 자기 보호를 할 수 있는 **긴급행위**의 성격을 갖고 있다.

다만 긴급피난은 긴급상황(위난)의 원인이 피난의 피해자에게 있는 것이 아니며 위난의 원인과 무관한 제3자의 희생이 발생한다는 점에서 정당방위와 다른 특성이 있다. 이러한 점에서 일반적으로 정당방위의 특성은 '정(正) 대 부정(不正)'의 관계이지만, 긴급피난의 특성은 '정(正) 대 정(正)'의 관계라고 설명된다. 긴급피난의 요건도 이러한 특성에 따라 정당방위와 차이점이 발생하게 된다. 특히 긴급상황(위난)의 원인과 무관한 제3자의 법익을 침해하는 것이기에 피난자의 이익과 제3자의 이익 중 무엇을 어느 정도 보호해야 하는지가 긴급피난의 본질적인 물음으로 나타난다.

2. 법적 성격

(1) 학설

긴급피난을 처벌하지 않는 것을 범죄체계에서 어떻게 설명할 것인지에 대해서 다른 시각들이 존재한다.

Ⓐ '**이원설**'이 있다.[18] 위법성을 조각하는 긴급피난과 책임을 조각하는 긴급피난의 2가지 형태로 구분하여, 긴급피난으로 보호되는 법익이 침해되는 법익보다 우월한 가치가 있는 경우는 위법성을 조각하는 긴급피난이고 그렇지 않은 경우는 책임을 조각하는 긴급피난으로 보는 견해이다. 이에 대해서는 2가지 유형의 긴급피난을 입법한 독일 형법과 달리 한국 형법은 긴급피난을 하나의 형태로만 입법하고 있다는 비판이 제기된다.

Ⓑ '**책임조각설**'이 있는데, 위난의 원인과 무관한 제3자의 법익을 침해하는 것은 위법하고, 다만 위난 상황에서 적법행위에 대한 기대가능성이 없어서 책임이 조각된다고 보는 견해이다. 이에 대해서는 타인의 법익을 보호하기 위한 긴급피난을 기대가능성으로 설명하기는 어렵다는 비판이 제기된다.

Ⓒ '**위법성조각설**'이 있는데, 정당방위와 마찬가지로 긴급상황에서 국가를 대신해 개인이 스스로 보호한 것을 위법하다고 볼 수 없다는 견해이다.[19] 위난의 원인과 무관한 제3자의 희생이 피난행위로 발생한다는 점에서 긴급피난으로 보호되는 법익이 침해되는 법익보다 우월한 가치가 있는 경우만이 위법하지 않다고 보는 것이다. 다만 그 외의 경우에서 적법행위에 대한 기대가능성이 인정될 수 없다면 책임이 조각될 수 있지만, 이것을 긴급피난의 형태에 포함하지는 않는다.

생각건대 해석론으로는 위법성조각설이 현행 법률의 형식과 체계에 부합한다. 형법 제22조는 제1항에서만 긴급피난을 규정하고, 제2항에서는 긴급피난의 배제를 제3항에서는 과잉피난을 규정하고 있다. 피난행위의 상당한 이유가 인정되지 않는 과잉피난을 긴급피난이라고 이해할 수는 없으므로, 긴급피난은 위법성조각사유로서

---

18) 김일수 · 서보학, 210면; 배종대, 249면; 성낙현, 275면; 신동운, 330면; 이정원 · 이석배 · 정배근, 137면; 임웅 · 김성규 · 박성민, 270면.

19) 김혜정 · 박미숙 · 안경옥 · 원혜욱 · 이인영, 187면; 박상기 · 전지연, 124면; 오영근 · 노수환, 247면; 이재상 · 장영민 · 강동범, 269면; 이형국 · 김혜경, 219면; 정성근 · 박광민, 203면; 정영일, 224면; 주호노, 466면.

입법된 것이라고 할 수 있다. 과잉방위의 규정을 준용하는 과잉피난은 형벌감면사유와 면책사유로서 존재하는 것이다.

참고 독일의 긴급피난 규정

독일 형법은 1969년 형법 개정에서 이원설을 취하여 위법성을 조각하는 긴급피난과 책임을 조각하는 긴급피난을 구분하여 입법하고 있다. 규정은 다음과 같다.

제34조 정당화 긴급피난(Rechtfertigender Notstand) 생명, 신체, 자유, 명예, 재산 또는 다른 법익에 대한 피할 수 없는 현재의 위험(Gefahr) 상황에서 자기 또는 타인에 대한 위험을 피하기 위해서 범행을 실행한 사람은, 상충하는 이익, 즉 관련된 법익들 및 그 법익들에 대한 위험의 정도를 고려할 때 보호되는 이익이 침해되는 이익보다 본질적으로 우월하다면 위법한 행위를 한 것이 아니다. 다만 이것은 범행이 그 위험을 피함에 있어서 적절한 수단인 경우에만 적용된다.

제35조 면책적 긴급피난(Entschuldigender Notstand) ① 생명, 신체 또는 자유에 대한 피할 수 없는 현재의 위험 상황에서 자기, 친족 또는 기타 밀접한 관계에 있는 사람에 대한 위험을 피하기 위해서 위법성이 인정되는 범행을 실행한 행위자에게는 책임(Schuld)이 인정되지 않는다. 다만 이것은 정황상, 즉 행위자가 그 위험을 자초하였거나 특별한 법적 지위에 있기에 그 위험을 감내할 것이 기대되는 한도에서는 적용되지 않는다. 다만 행위자가 특별한 법적 지위를 고려하더라도 그 위험을 감내해야 하는 것이 아니라면, 형이 독일 형법 제49조 제1항(법률상 특별 감경사유)에 따라 감경될 수 있다.

② 행위자가 범행 시점에 제1항에 따라 면책이 되는 상황으로 오인하면, 그가 착오를 피할 수 있었던 경우에만 처벌된다. 형은 독일 형법 제49조 제1항에 따라 감경될 수 있다.

(2) 위법성조각의 근거

형법 제22조 제1항에 규정된 긴급피난의 법적 성격은 위법성조각사유라고 보게 되는데, 위난의 원인과 무관한 제3자의 법익을 침해하는 행위를 전체 법질서에 반하지 않는다고 정당화 근거는 '우월한 이익의 원리'와 '연대성 원리'로 설명된다.[20] **우월한 이익의 원리**는 공동체 원리 속에 내포된 위험분산의 원칙에 의하여 타인의 더 큰 법익을 보호하기 위하여 자신의 작은 법익을 희생하는 것은 사회구성원 간에 양해가 되어 있다는 것을 의미하고, **연대성 원리**는 사회공동체를 유지하기 위해서 공동체 구성원 각자에게는 위험에 처해 있는 구성원으로부터 어쩔 수 없는 법익침해가 발생할 때 그것을 받아들일 것이 요구된다는 의미이다.[21]

---

20) 성낙현, 276면.

21) 김혜경, "예방적 정당방위의 성립가능성", 형사판례연구 제15권, 2007, 33~34면.

이것은 정당방위에 있어서 위법성조각의 근거가 개인보호원리에 있는 것과 대비되며, 정당방위와 긴급피난에서 허용되는 행위의 범위가 다르게 해석되는 이유이다. 개인보호원리에 기반한 정당방위는 원칙적으로 개인적 보호법익에 대해서만 허용되는 것이고, 반면 우월이익원리와 연대성원리에 기반한 긴급피난은 보편적 보호법익에 대해서도 허용하게 된다. 또한 그 행위의 상당성의 판단에 있어서 상충하는 이익간에 형량이 긴급피난에서는 중요한 기준이 되지만, 정당방위에서는 상대적으로 덜 중요하다.

II. 성립요건

1. 긴급피난 상황

긴급피난은 자기 또는 타인의 법익에 대한 현재의 위난 상황에서 허용된다.

(1) 자기 또는 타인의 법익

정당방위와 마찬가지로 긴급피난도 자기의 법익을 보호하기 위한 경우뿐만 아니라 타인의 법익을 보호하기 위해서도 가능하다. 그런데 부당한 침해의 상황에서 사용되고 개인보호원리에 기반한 정당방위는 원칙적으로 개인적 보호법익에 대해서만 허용되고, 반면 위난의 상황에서 사용되는 긴급피난은 우월이익원칙과 연대성원리에 근거를 두고 있어서 개인적 보호법익뿐만 아니라 국가적 보호법익이나 사회적 보호법익에 대해서도 허용된다. 예를 들어, 도로교통의 원활한 소통을 위한 행위나 화재의 진화를 위한 행위도 긴급피난으로 가능한 것이다.

(2) 현재의 위난

위난은 '**법익침해가 발생할 수 있는 위험이 있는 상태**'를 의미하는데, 그 원인은 불문한다. 법익침해의 위험은 자연이나 동물에 의해서 발생할 수 있고, 사람에 의해서도 발생할 수 있다. 사람에 의한 법익침해의 위험에 대해서 행한 구성요건의 실행행위에 긴급피난이 적용될 수 있고, 이때는 '부정(不正) 대 정(正)'의 관계라고 할 수 있다. 긴급피난이 항상 '정(正) 대 정(正)'의 관계에만 제한적으로 적용되는 것은 아니다. 위법한 위난의 경우는 정당방위와 긴급피난이 모두 가능하다.

예를 들어, 의사가 시행한 낙태시술과 치료과정에서 임산부가 사망한 사안에서, 임신의 지속이 모체의 건강을 해칠 우려가 현저하고 기형아를 출산할 가능성마저도 없지 않다고 판단한 아래 부득이 임산부에게 낙태시술을 하게 된 것으로서 (구형법에서 존재하던 낙태죄의 구성요건해당성은) 긴급피난에 해당하여 위법성이 인정되지 않는다(대법원 1976.7.13. 선고 75도1205 판결).

그리고 위난의 **현재성**이 요구되는데, 위난은 법익침해가 발생한 것이 아니라 **발생할 위험**이 존재하는 것을 의미하므로 정당방위의 현재성보다 더 넓은 개념으로 이해된다. 즉 위난이 곧 발생할 것으로 예견되는 경우와 같이 지속적(혹은 계속적)인 위난 상황도 현재성이 인정되며, 급박성이 인정되는 경우는 미래의 위험도 포함될 수 있다.

(3) 자초위난

긴급피난이 적용될 수 있는 위난의 원인은 불문하지만, 행위자가 위난을 이용할 목적으로 위난을 자초한 경우까지 긴급피난을 인정하는 것은 법질서에 부합한다고 볼 수 없다. 따라서 자초위난의 경우에는 긴급피난이 허용되는 위난 상황이라고 볼 수 없다. 예를 들어, 자신이 스스로 행한 강간의 범행 중에서 강간의 피해자가 행위자의 손가락을 깨물며 반항하자, 물린 손가락을 비틀며 잡아 뽑다가 강간의 피해자에게 치아결손의 상해를 입힌 행위를 법질서에서 허용되는 피난행위로 보지는 않는다(대법원 1995.1.12. 선고 94도2781 판결).

반면 선장 등이 피조개양식장에 피해를 주지 아니할 의도에서 선박의 닻줄을 7샤클(175m)에서 5샤클(125m)로 감아놓았으나 태풍이 오자 닻줄을 50m 더 늘여서 7샤클로 묘박한 상황에서 선박이 태풍에 밀려 피조개양식장을 침범하여 손해를 입힌 경우는, 비용이 많이 들어 선박을 다른 해상으로 이동을 하지 못하고 있는 사이에 태풍을 만나게 된 위급한 상황이 인정되어 긴급피난으로서 위법성이 조각된다(대법원 1987.1.20. 선고 85도221 판결).

2. 피난행위

긴급피난의 상황에서 위난을 피하기 위한 행위가 피난행위이다. 피난행위는 위난의 특성을 고려하여 위난의 회피에 적합한 수단이어야 한다(**수단의 적합성**). 즉 위난으로 침해가 발생할 위험이 있는 법익을 보호하는데 적합하지 않은 수단은 피난행위 자체가 인정되지 않는다.

피난행위의 상대방은 원칙적으로 위난의 원인과 무관한 제3자이다. 이 점이 정당방위와 핵심적인 차이이기도 하다. 다만 위난이 사람에 의한 법익침해의 위험에 대해서도 인정될 수 있으므로, 이 경우는 위난의 야기자와 피난으로 침해받는 사람이 동일할 수도 있다.

3. 상당한 이유

(1) 의미

현재의 위난 상황에서 제3자에게 한 피난행위가 모두 긴급피난으로서 인정되는 것은 아니고, 피난행위에 '상당한 이유'(상당성)가 있는 경우에만 위법성을 조각시키는 긴급피난으로 인정된다. 피난행위는 상당성은 위난의 원인과 무관한 제3자에 대한 행위에 있어서 인정되는 것이므로, 부당한 침해를 야기한 사람에 대한 행위에 있어서 적용되는 방위행위의 상당성보다 엄격한 기준에 따라 판단한다.

이에 대해서 판례는, '상당한 이유 있는 피난행위'는 ① 위난에 처한 법익을 보호하기 위한 유일한 수단이어야 하고(최후의 수단), ② 피해자에게 가장 경미한 손해를 주는 방법을 택하여야 하고(최소 침해성), ③ 보전되는 이익은 피난행위로 침해되는 이익보다 우월해야 하고(법익의 우월성), ④ 사회윤리나 법질서 전체의 정신에 비추어 적합한 수단일 것(사회윤리성) 등의 요건을 갖추어야 한다는 기준을 제시하고 있다(대법원 2006.4.13. 선고 2005도9396 판결).

(2) 최후의 수단(보충성)

피난행위는 위난상황과 무관한 제3자의 법익에 대한 침해를 가져오므로, 피난행위자에게 그러한 침해를 회피할 수 있는 다른 수단이 있었음에도 제3자에 대한 침해를 가져오는 수단을 사용하는 것은 정당화를 인정하기 어렵다.

예를 들어, ⓐ 정당의 당직자 등이 국회 외교통상 상임위원회 회의장 앞 복도에서 출입이 봉쇄된 회의장 출입구를 뚫을 목적으로 회의장 출입문 및 그 안쪽에 쌓여있던 책상, 탁자 등 집기를 손상하거나, 국회의 심의를 방해할 목적으로 소방호스를 이용하여 회의장 내에 물을 분사한 사안에서, 그러한 공용물건손상죄(형법 제141조 제

1항) 및 국회회의장소동죄(형법 제138조)의 구성요건에 해당하는 행위는 국민의 대의기관인 국회에서 서로의 의견을 경청하고 진지한 토론과 양보를 통하여 더욱 바람직한 결론을 도출하는 합법적 절차를 외면한 채 곧바로 폭력적 행동으로 나아가 방법이나 수단에 있어서도 상당성의 요건을 갖추지 못하여 긴급피난의 요건을 갖춘 행위로 볼 수 없다(대법원 2013.6.13. 선고 2010도13609 판결). ⓑ 성명불상의 3명과 싸우다가 힘에 부치자 옆 포장마차로 달려가 길이 30㎝의 식칼을 가지고 나와 3명을 상대로 휘두르다가 이를 말리면서 식칼을 뺏으려던 제3자의 귀를 찔러 상해를 입힌 사안에서, 싸움의 경위, 범행방법 등 제반사정에 비추어 긴급피난에 해당하는 것으로 볼 수 없다(대법원 1987.10.26. 선고 87도1745 판결). ⓒ 무면허인 한의사가 같은 아파트단지에서 혼자 거주하던 68세의 노인이 오전 8시경 심한 두통과 어지러움 증상 등을 호소하자, 급히 노인의 집으로 가서 살펴본 후 중풍의 전조증상이라고 판단하고 손과 발 등에 침을 놓아 사혈을 하고 노인의 증상이 다소 완화되자 그를 부축하여 자신의 차량에 태운 다음 운전하여 약 1㎞ 정도 떨어진 한의원으로 간 사안에서, 비록 노인을 신속히 병원으로 옮겨야 하는 현재의 위난을 피하여야 할 긴급상태이더라도 택시 등 대중교통수단은 물론 119나 구급차량을 이용할 수 있는 지역이고, 택시나 구급차량 등을 호출하는 데 소요되는 시간과 아파트에서 도로까지의 거리 및 응급조치로 증상이 다소 완화된 노인이 거동이 가능하였던 점 등 여러 사정에 비추어, 긴급피난의 성립요건인 보충성이 충족되지 못하므로 무면허운전행위를 긴급피난에 해당한다고 볼 수 없다(청주지방법원 2006.5.3. 선고 2005노1200 판결).

반면 ⓓ 비가 내려 노면이 미끄러운 상태에서 편도 1차선의 아스팔트 포장도로에 제한속도(시속 60㎞) 안에서 운행하던 중 우회전을 하다가 전방에 정차하고 있는 버스를 발견하고 급제동을 취하였으나 빗길 때문에 미끄러져 멈추지 못하고 중앙선을 침범하여 차량을 충돌한 사안에서, 이 행위는 버스를 피할 수 있는 다른 적절한 조치를 할 방도가 없는 상황에서 부득이 중앙선을 침범하게 된 것이므로 교통사고처리법위반죄에 해당하지 않는다(대법원 1990.5.8. 선고 90도606 판결).

(3) 최소 침해성

피난행위자는 현재의 위난 상황을 피함에 있어서 피해자에게 최소한의 침해를 가져오도록 수행해야 한다. 피난행위자가 실행한 것보다 가벼운 침해를 가져올 수 있었다면 피난행위의 상당성이 인정되지 않는다.

예를 들어, 타인의 개(犬)로부터 자기의 진돗개를 보호하기 위하여 주위에 있던 기계톱으로 타인의 개를 내리쳐 등 부분에서 배 부분까지 절단한 사안에서, 몽둥이나 기계톱 등을 휘둘러 타인의 개들을 쫓아버리는 방법으로 자기의 진돗개를 보호할 수 있었을 것이므로 피해견을 기계톱으로 내리쳐 등 부분을 절개한 것은 피난행위의 상당성을 넘은 행위로서 긴급피난이 인정되지 않는다(대법원 2016.1.28. 선고 2014도2477 판결).

(4) 법익의 우월성

피난행위의 상당성 판단에 있어서 핵심적인 기준은 보호법익이 침해법익보다 우월해야 한다는 것이다. 위난의 원인과 무관한 제3자의 법익을 침해하는 행위가 정당화되기 위해서는 전체 법질서의 관점에서 피난행위로 더 큰 법익을 보호했다는 것이 요구된다.

예를 들어, 음주 상태에서 귀가하기 위해 대리기사를 호출하였는데, 대리기사가 출발하여 잠시 운전하는 도중에 목적지까지의 경로에 대하여 이견이 생겨 갑자기 차를 도로에 정차한 후 그대로 하차하여 가버리자, 혈중알코올농도 0.097%의 술에 취한 상태에서 자동차로 약 3m 정도 운전하여 도로교통법 위반(음주운전)죄로 기소된 사안에서, 대리기사가 이탈한 직후 차량 뒤쪽에서 다른 승용차의 진로가 막히게 되자 조수석에서 하차하여 뒤쪽 승용차 운전자에게 양해를 구하면서 다른 대리운전 호출을 시도하였고 얼마 후 차량 앞쪽으로 들어오려는 택시까지 나타나자 비로소 진로 공간을 확보해 주기 위하여 음주운전을 한 상황을 고려할 때, 음주운전 행위로 인하여 타인의 생명과 안전에 발생하는 위험은 그다지 크지 않은 것으로 평가되는 반면, 그로 인하여 확보되는 법익이 침해되는 이익보다 우월한 것으로 평가할 수 있으므로, 현재의 위난을 피하기 위한 행위로서 상당한 이유가 있어 긴급피난에 해당한다(서울중앙지방법원 2020.3.23. 선고 2019고정2908 판결).

반면 ⓑ 저수지에 투신자살하려고 하는 상대방의 생명을 구할 의도로 그의 목을 안아 둑으로 끌어 올리는 과정에서 목이 죄어 상대방이 결국 사망한 폭행치사죄(형법 제262조)의 사안을 보면, 자살 기도로 상대방의 생명에 대한 현재의 위난의 상황에서 생명을 구조할 피난의사로서 한 피난행위는 인정이 되지만, 상대방의 팔이나 허리 또는 의복 등을 잡아당기지 아니하고 목을 잡아끈 피난 방법이 부적절하였고, 피난행위 중 도리어 피해자의 생명이 침해되었다는 피해 결과 등에 비추어 피난행위는 상당한 이유가 있다고 할 수 없다(대구고등법원 1987.9.16. 선고 87노787 판결).

4. 피난의사

(1) 주관적 정당화요소

구성요건에 해당하는 행위의 위법성을 조각하기 위해서는 위법성조각사유의 객관적 요건이 존재하는 것뿐만 아니라 주관적 요건으로 행위자가 정당화 상황에 대한 인식과 정당화사유의 행위를 할 의사가 요구된다. 형법 제22조 제1항에서도 "피하기 위한 행위"라고 표현하여 피난의사를 요구하고 있으며, 긴급피난이 성립하기 위해서는 행위자에게 피난의 의사가 있어야 한다. 예를 들어, 12·12군사반란으로 군의 지휘권을 장악한 후, 국정 전반에 영향력을 미쳐 국권을 사실상 장악한 사람들이 1980년 5·18민주화운동에 대해서 계엄군의 진압행위 이용하여 국헌문란의 목적을 달성하려고 한 행위는 그 행위의 동기나 목적이 정당하다고 볼 수 없을 뿐만 아니라 피난의사를 인정할 수도 없어 긴급피난에 해당한다고 할 수 없다(대법원 1997.4.17. 선고 96도3376 전원합의체 판결).

(2) 신중한 법익형량

피난의사의 내용에 있어서 '피난의사만으로 충분'하다는 견해와 '신중한 검토의 의무까지 요구'된다는 견해가 대립한다.

Ⓐ 위난의 상황에 대한 인식을 전제로 하여 **위난 상황을 피한다**는 의사가 있으면, 피난의사가 인정된다는 견해가 일반적이다.[22] 긴급피난의 핵심은 현재의 위난이라는 상황 자체에 있다는 논거, 피난의사를 엄격하게 요구하면 과실범에 대해서는 긴급피난을 인정하기 어렵게 된다는 논거 등을 제시한다.

Ⓑ 생각건대, 행위자에게는 위난 상황을 인식하고 이것을 피한다는 **피난의사** 이외에 침해되는 법익과 보호되는 법익을 **신중하게(gewissenhaft) 검토**하는 것도 필요하다. 긴급피난은 부당한 침해가 전제되지 않기에 우월한 이익을 보호한다는 이익형량이 중요한데, 침해되는 법익과 보호되는 법익을 신중하게 검토하지 않고도 우연히 우월한 이익을 보호했다고 긴급피난을 인정할 수는 없다.

---

22) 박상기 · 전지연, 130면; 성낙현, 287면.

행위자가 신중한 검토를 통해서 피난행위를 했으나 보호법익의 우월성이 인정되지 않는 경우라면, 위법성 인식의 착오(형법 제16조)로서 오인에 정당한 이유가 있는지를 검토하여 해결하게 된다.

(3) 우연피난

자기 또는 타인의 법익에 대한 현재의 위난이 있는 긴급피난의 상황이 존재함에도 이를 인식하지 못하여 피난의사 없이 침해자에게 구성요건에 해당하는 행위를 한 경우를 '**우연피난**'이라고 한다. 이 경우는 앞서 설명한 '**주관적 정당화 요소의 착오**'로 논의된다.

5. 긴급피난의 배제

위난을 피하지 못할 책임이 있는 자에게는 긴급피난(형법 제22조 제1항)의 규정을 적용하지 않는데(형법 제22조 제2항), 위난을 피하지 못할 책임이 있는 자는 군인, 경찰관, 소방관, 의사, 간호사 등과 같이 직무의 속성상 직무의 수행 과정에서 발생하는 일정한 법익침해의 위험을 감수해야 하는 사람을 말한다. 다만 전체 법질서가 이들에게도 절대적으로 위난을 피하지 못하도록 의무를 지우지는 않으므로, 직무의 속성에 요구되는 위험감수의무의 한도를 넘는 위난에 대해서는 피난행위를 할 수 있다.

따라서 직무상 특별의무자에게 긴급피난을 배제한다는 의미는 피난행위 자체가 금지된다는 의미가 아니라 피난행위의 **상당성 인정이 매우 엄격**하다는 의미이다. 예를 들어, 항해 중이던 선박의 선장 · 1등 항해사 · 2등 항해사 등이 승객 등에 대한 구호조치를 전혀 취하지 않고 침몰하는 선박에서 탈출하여 승객 등으로 하여금 사상에 이르게 한 행위는 '상당한 이유 있는 행위'에 해당한다고 볼 수 없다는 것이다(대법원 2015.11.12. 선고 2015도6809 전원합의체 판결).

III. 과잉피난

1. 개념

> 제22조(긴급피난) ③ 전조 제2항과 제3항의 규정은 본조에 준용한다.

긴급피난의 상황에서 한 피난행위가 상당한 이유가 없으면, 즉 그 정도를 초과하면 긴급피난이 인정되지 않는다. 다만 형법에서는 피난행위가 상당성을 초과한 과잉피난의 경우는 정황에 따라 형을 감경하거나 면제할 수 있도록 하고 있으며(형벌감면적 과잉피난, 형법 제21조 제2항, 제22조 제3항), 감경 또는 면제할 정황이 있는 경우라면 나아가 기대가능성이 없는 상황까지 검토한 후 면책하여 범죄가 성립되지 않을 수도 있게 한다(면책적 과잉피난, 형법 제21조 제3항, 제22조 제3항).

2. 대표적 유형

과잉피난이 검토되는 대표적인 경우는 **보호법익의 우월성**이 인정되지 않아 피난행위의 상당한 이유가 부정된 경우이다. 피난행위의 상당성 판단의 핵심은 보호법익의 우월성이다. 긴급피난은 위난행위의 원인과 무관한 제3자의 보호법익을 침해한 것을 허용하는 것이므로, 긴급피난의 상황에서 피난행위로 보호되는 이익이 그로 인해 침해되는 이익보다 우월한 경우에만 위법하지 않다고 보게 된다. 만약 긴급피난의 상황에서 피난행위로 보호되는 이익이 침해되는 이익보다 열등하거나 대등하다면 피난행위의 상당성이 인정되지 않고, 형법 제22조 제3항에 해당하는 과잉피난의 인정 여부가 검토된다.

구체적 사례를 보면, ⓐ 저수지에서 투신자살하려고 하는 상대방의 생명을 구할 의도로 그의 목을 안아 둑으로 끌어 올리는 과정에서 목이 죄어 상대방이 결국 사망한 폭행치사죄(형법 제262조)의 사안을 보면, 자살 기도로 상대방의 생명에 대한 현재의 위난의 상황에서 생명을 구조할 피난의사로 한 피난행위는 인정이 되지만, 상대방의 팔이나 허리 또는 의복 등을 잡아당기지 아니하고 목을 잡아끈 피난 방법이 부적절하였고, 피난행위 중 도리어 피해자의 생명이 침해되었다는 피해 결과 등에 비추어 피난행위의 상당성이 인정되지 않지만, 정황상 형벌감경적 과잉피난에 해당한다(대구고등법원 1987.9.16. 선고 87노787 판결).

반면 ⓑ 타인의 개(犬)로부터 자기의 진돗개를 보호하기 위하여 주위에 있던 기계톱으로 타인의 개를 내리쳐 등 부분에서 배 부분까지 절단한 사안에서, 몽둥이나 기계톱 등을 휘둘러 타인의 개들을 쫓아버리는 방법으로 자기의 진돗개를 보호할 수 있었을 것이므로 피해견을 기계톱으로 내리쳐 등 부분을 절개한 것은 피난행위의 상당성을 넘은 행위로서 긴급피난이 인정되지 않을 뿐만 아니라, 당시 피해견이 진돗

개의 소유자를 공격하지도 않았고 피해견에 평소 공격적인 성향이 있었다고 볼 자료도 없는 이상 책임조각적 과잉피난(형법 제22조 제3항)에도 해당하지 않는다(대법원 2016.1.28. 선고 2014도2477 판결).

제3절 | 자구행위

I. 의의

> 제23조(자구행위) ① 법률에서 정한 절차에 따라서는 청구권을 보전(保全)할 수 없는 경우에 그 청구권의 실행이 불가능해지거나 현저히 곤란해지는 상황을 피하기 위하여 한 행위는 상당한 이유가 있는 때에는 벌하지 아니한다.
> ② 제1항의 행위가 그 정도를 초과한 경우에는 정황에 따라 그 형을 감경하거나 면제할 수 있다.

1. 개념

자구행위는 법률에서 정한 절차에 따라서는 청구권을 보전할 수 없는 경우에 그 청구권의 실행이 불가능해지거나 현저히 곤란해지는 상황을 피하기 위해서 금지규범(구성요건)을 위반한 행위를 말하는데, 자구행위의 상당한 이유가 인정되면 위법성이 조각되어 범죄가 성립하지 않는다(형법 제23조 제1항). 예를 들어, 도망 중인 채무자를 우연히 만나 채무변제를 독촉하여 채무를 변제받는 과정에서 발생한 구성요건에 해당하는 행위는 자구행위로 위법성이 부정될 수 있다. 자구행위는 국가로부터 자신의 청구권을 보호받을 수 없는 긴급한 상황에서 국가를 대신해 개인이 자기 보호를 할 수 있는 긴급행위의 성격을 갖고 있다.

민법 제209조 제1항에는 "점유자는 그 점유를 부정히 침탈 또는 방해하는 행위에 대하여 자력으로써 이를 방위할 수 있다."라고 하여 '자력구제'가 규정되어 있는데, 이에 대한 형법상의 위법성조각사유를 별도로 규정한 것이 자구행위이다. 자구행위는 독일 형법이나 일본 형법에는 규정되어 있지 않은 한국 형법 특유의 위법성조각사유인데, 정당행위(형법 제20조)로 처리될 수 있는 유형을 형법 제23조에서 자구행위라는 독립된 위법성조각사유로 규정하고, 위법성의 조각을 검토한다. 다만 실무에서는 자구행위와 정당행위가 병렬적으로 사용되기도 한다.[23)]

2. 특징

사법(私法)상 타인에게 일정한 행위를 요구하는 권리인 청구권은 원칙적으로 국가권력에 의하여 보전되어야 하지만, 사법상 청구권 보전에 대한 국가권력의 행사를 기대할 수 없는 상황에서는 '자구행위'를 통해 개인에 의한 직접적인 보호조치를 인정하고 있다. 자구행위는 보전이 가능한 자신의 청구권을 위해서 인정되며 타인의 청구권을 위해서는 인정되지 않는다. 청구권을 사전적으로 보호하기 위한 것이 아니라 이미 침해된 자신의 청구권 보전을 위한 사후적인 긴급행위이다.

특히 자구행위는 청구권의 이행을 직접 추구하는 권리가 아니라 채권자의 지위를 확보하기 위한 보전적 성격의 제도이므로, 보전이 가능하지 않은 생명, 신체, 자유 등의 권리는 자구행위의 대상에 포함되지 않으며, 보충성의 원칙이 엄격하게 적용되어 법률에 정한 절차로는 청구권을 보전할 수 없는 긴급상황에서만 예외적으로 인정된다.

II. 성립요건

자구행위가 인정되기 위해서는 ① 법률에서 정한 절차에 따라서는 청구권을 보전할 수 없는 상황이어야 하고(자구행위 상황), ② 청구권의 실행불능 또는 현저한 실행곤란을 피하기 위한 행위이어야 하고(자구행위), ③ 상당한 이유가 있어야 한다(자구행위의 상당성).

---

23) 예를 들어 "피고인의 이 사건 행위는 … 사회통념상 허용될 만한 정도의 상당성이 있는 행위로서 형법 제20조의 정당행위에 해당하거나 또는 … 형법 제23조의 자구행위에 해당하여 위법성이 없다."(창원지방법원 2016.9.29. 선고 2015노2836 판결), "형법 제20조의 정당행위에 해당하거나 또는 … 형법 제23조의 자구행위에 해당하여 위법성이 있다고 볼 수 없다."(부산지방법원 2015.9.11. 선고 2015노1466 판결), "채권자가 그 채권을 확보하기 위한 정당한 권리 행사로서 형법 제23조의 자구행위 내지 제20조의 정당행위에 해당하여 벌할 수 없음에도, 원심은 사실을 오인하거나 법리를 오해하여 그 판시 범죄사실을 유죄로 인정한 위법을 저질렀다는 데 있다."(제주지방법원 1997.4.2. 선고 96노384 판결)라고 판시한다.

1. 자구행위 상황

(1) 청구권의 범위

청구권이 존재하여야 한다. 예를 들어, 임대인의 승낙 없이 임차인으로부터 지하실을 전차하였더라도 전차인이 불법침탈 등의 방법으로 점유를 개시한 것이 아니고 그동안 평온하게 음식점 등 영업을 하면서 점유를 계속하여 온 이상 전차인의 업무를 업무방해죄에 의해서 보호받지 못하는 권리라고 단정할 수 없으므로, 임대인이 지하층의 열쇠를 새로 만들어 잠그고 전차인 소유의 의자, 탁자 등을 들어내게 한 행위는 자구행위에 해당한다고 볼 수 없다(대법원 1986.12.23. 선고 86도1372 판결).

정당방위의 규정(형법 제21조 제1항)이나 긴급피난의 규정(형법 제22조 제1항)에서는 타인의 법익을 위한 행위도 포함하도록 규정하고 있으나, 자구행위의 규정(형법 제23조)에서는 타인의 청구권을 위한 경우를 규정하지 않고 있다. 따라서 자신의 청구권에 대한 자구행위만이 인정되며, 청구권자로부터 자구행위의 실행을 위임받은 사람의 경우는 자구행위가 가능하다.

자구행위의 규정(형법 제23조)에서는 청구권의 종류에 대해서 제한을 두고 있지 않으므로, 청구권이 재산권일 필요도 없고, 친족권이나 상속권도 포함된다. 다만 자구행위의 본질이 청구권의 보전을 위한 것이므로, 보전이 가능한 청구권만이 그 대상이 되고 침해된 후 원상회복이 불가능한 생명 · 신체 · 자유 · 성적 자기결정권 · 명예 등의 권리는 자구행위의 대상에 포함되지 않는다. 상대방이 다른 사람들 앞에서 자신의 전과 사실을 폭로함으로써 명예를 훼손하기 때문에 상대방을 구타하였더라도 자구행위가 인정되지 않는다(대법원 1969.12.30. 선고 69도2138 판결).

(2) 청구권 보전의 불가능

자구행위에서 '**보충성의 원칙**'이 적용되는데, 법률에 정한 절차(법정절차)에 따라서는 청구권의 보전이 불가능한 상황이어야 한다. 법정절차는 민사소송법상의 가압류 · 가처분과 같은 청구권보전절차 등을 의미하는데, 법정절차가 절대적으로 불가능할 것을 의미하는 것은 아니고, 장소적 · 시간적 제약 관계 등 당시의 상황으로 인하여 불가능한 경우를 의미한다.

구체적 사례를 보면, ⓐ 사이비종교단체의 위험성을 알리기 위해서 적법하게 집회신고를 한 후 사이비종교 피해자들 50여 명과 함께 집회하고 있는데, 상대방이 집회참가자들의 동의 없이 참가자들의 얼굴을 근접하여 카메라로 촬영하자 집회참가자가 사이비종교단체에 영상이 전송되면 보복행위 대상이 되는 것이 염려되어 영상을 삭제해 달라고 요청하였으나 상대방이 응하지 아니하였고, 주변에 있던 경찰관의 도움을 받아 촬영한 영상을 삭제하도록 재차 요구하였으나 완강히 거부당하였고, 그 자리를 벗어나려는 상대방의 카메라가 들어 있는 가방 줄을 붙잡고 밀고 당기는 등의 유형력을 행사한 것은 법정절차에 의하여 청구권을 보전하는 것이 불가능하거나 현저히 어려운 경우에 그 청구권의 실행불능 또는 현저한 실행곤란을 피하기 위한 상당한 행위로서 형법 제23조의 자구행위에 해당한다(부산지방법원 2015.9.11. 선고 2015노1466 판결).

반면 대부분의 사안에서는 보충성이 부정되는데, ⓑ 채무자가 부도를 낸 후 도피하였고 다른 채권자들이 채권확보를 위하여 채무자의 물건들을 가지고 갈 수도 있다는 사정만으로는 법정절차에 의하여 채무자에 대한 자신의 청구권을 보전하는 것이 불가능한 경우라고 볼 수 없다(대법원 2006.3.24. 선고 2005도8081 판결). ⓒ 토지의 소유자가 토지의 사용대차계약을 체결한 상대방에게 사용대차계약을 해지하고 토지의 인도를 청구했으나 상대방이 응하지 않자 그 토지로 들어가는 진입로를 폐쇄한 사안에서, 적법한 절차를 따르는 것이 곤란하였던 것으로 볼 수 없다(대법원 2007.5.11. 선고 2006도4328 판결).

(3) 청구권 침해의 위험

법정절차에 의한 청구권 보전이 불가능한 상황의 의미가 청구권이 이미 침해된 경우만을 전제하는 것인지 청구권의 침해가 없는 상황에서도 가능한 것인지에 대해서 견해가 대립한다.

① 학설

Ⓐ 청구권 침해설

자구행위는 자신의 청구권을 사전적으로 보호하기 위한 제도가 아니라 이미 침해된 청구권 보전을 위한 사후적인 긴급행위이므로 과거의 침해에 대해서만 가능하다고 보는 견해가 청구권 침해설이다.[24] 논리적으로 법정절차에 의한 청구권의 보전

24) 강동욱, 178면; 박상옥 · 김대휘(1), 598면; 배종대, 265면; 이형국 · 김혜경, 228면.

이 불가능한 상황이라는 것은 청구권의 침해를 전제로 하며, 민사소송법상의 가압류 · 가처분과 같은 법정 청구권보전절차는 국가기관에 의한 권리구제절차로서 법정절차에 의한 권리구제는 권리에 대한 위법한 침해를 전제함을 근거로 한다. 자구행위는 위법한 침해의 상태에 대해서 가능하고, 반면 위법한 침해행위에 대해서는 정당방위가 가능하다고 본다.

Ⓑ 청구권 침해 무관설

자구행위에 있어서는 청구권에 대한 위법한 침해가 이미 발생한 경우만으로 제한되지는 않는다는 견해가 청구권 침해 무관설이다.[25] 채무의 변제기일 직전 외국으로 도주하려는 채무자에 대해서 청구권 보전이 불가능한 상황이라면 청구권의 침해가 발생하지 않은 상태에서도 자구행위를 허용하는 것이 타당하기 때문이라고 한다. 법정절차에 의해서 청구권 보전이 불가능한 상황이라면, 청구권이 침해될 위험이 명확한 경우에도 자구행위는 허용될 수 있다고 본다.

② 사견(청구권 침해설)

생각건대 자구행위의 본질이 원칙적으로 청구권을 사전적으로 보호하기 위한 것에 있는 것이 아니라 이미 침해된 자신의 청구권 보전을 위한 것에 있고, 그래서 자구행위는 사후적인 긴급행위라고 할 수 있다. 이때 사후적인 긴급행위라는 점은 법률에 정한 절차(법정절차)에 따라서는 청구권의 보전이 불가능한 상황에서 허용되는 점에 핵심이 있으며, 청구권의 보전이 법정절차에 의해서는 불가능한 상황은 청구권이 침해된 상황을 전제로 하는 것이다.

2. 자구행위

(법정절차에 따라서는 청구권을 보전할 수 없는 상황에서) 청구권의 실행불능 또는 현저한 실행곤란을 피하기 위한 행위가 자구행위로 인정된다. 즉 자구행위의 상황에서 청구권의 보전을 위한 행위가 자구행위로 허용되는 것이지 청구권을 직접 실행하는 것까지 자구행위로 인정되지는 않는다.

예를 들어, ⓐ 채무자가 부도를 낸 후 도피하였으나 피해자 소유의 가구점에 관리종업원이 있음에도 불구하고 가구점의 시정장치를 쇠톱으로 절단하고 들어가 가구

25) 김혜정 · 박미숙 · 안경옥 · 원혜욱 · 이인영, 199면; 성낙현, 297면.

들을 무단으로 가지고 간 행위는 채무자에 대한 청구권의 실행불능이나 현저한 실행곤란을 피하기 위한 행위라고 할 수 없다(대법원 2006.3.24. 선고 2005도8081 판결). 반면 ⓑ 소나무가 식재되어 있는 임야의 소유권에 관해서 종중 대표자와 소유명의자 간에 임야의 소유권에 관한 분쟁 중인 상황에서 소유명의자가 임야에 식재되어 있는 소나무를 반출하려고 하자 종중 대표자가 반출을 저지할 목적으로 소나무 31주에 래커로 종중재산이라는 취지의 문구를 기재한 사안에서, 임야의 소유권에 관한 분쟁 및 종중이 가지는 분묘기지권의 범위 문제 등으로 소나무의 소유권 자체에 다툼의 여지가 있었고, 종중이 소유명의자를 상대로 소나무 등 반출금지가처분 결정을 받아 둔 상태였고, 가처분에 반하여 일단 소나무가 반출되고 나면 양수인의 선의취득, 소나무의 고사 등으로 원상회복이 곤란할 수 있는 점 등을 고려하면, 종중 대표자의 행위는 자구행위에 해당한다(창원지방법원 2016.9.29. 선고 2015노2836 판결).

3. 상당성

법률에서 정한 절차에 따라서는 청구권을 보전할 수 없는 상황이 인정될 때, 청구권의 실행불능 또는 현저한 실행곤란을 피하기 위한 행위는, 즉 자구행위는 '상당한 이유'가 있어야 인정된다. 자구행위의 상당성에 대해서는 정당방위나 긴급피난 등에 비해서 상대적으로 논의가 미미하지만, 다음의 2가지 정도의 구체적 내용으로 설명할 수 있다.

첫째, 자구행위가 인정되는 상황에서 자구행위는 청구권 보전에 필요한 범위에 한정되어야 한다는 '**수단의 적정성**'이 요구된다. 청구권의 실행불능 또는 현저한 실행곤란을 피하기 위한 행위의 수단이 적정해야 한다. 수단의 적합성은 청구권 보전에 적합한 수단이어야 한다는 의미인데, 채무자를 감금하거나 채무자에게 가혹한 행위를 하는 것은 적정한 수단이라고 할 수 없다.

예를 들어, ⓐ 중소기업체 사장이 고의로 부도를 내고 잠적한 거래업자를 찾아낸 상황은 자구행위가 인정될 수 있는 상황이지만, 이때 거래업자를 발견한 후 수사기관에 신고하고 넘기지 않고 자신들이 직접 오랜 기간 감금하고 감금 과정에서 거래업자에게 상당한 정도의 폭행을 가하여 거래업자의 반항을 억압하고 약속어음 등을 강취하고 지불각서 등을 강제로 작성하게 한 것은 수단의 적정성을 초과한 것이다(서울고등법원 2005.5.31. 선고 2005노502 판결). ⓑ 상대방이 자기의 토지와 인접한 토지에서 토석을 굴착하여 국유지에 쌓아 두어 행위자의 토지의 이용을 방해하자 이를 긁어내어 다른 곳으로 운반한 사안에서, 당시 상대방에 대한 방해배제청구권을 법정절차에 의해 보전하기 불가능한 상황이 아닐 뿐만 아니라, 행위자는 상대방이 적치한 토사만을 채취한 것이 아니라 토지로부터 상당량의 토석을 파내어 채취하기까지 한 사실이 인정되므로 자구행위로서 위법성이 조각되지 않는다(대법원 1996.12.20. 선고 95도1497 판결).

둘째, 자구행위가 인정되는 상황에서 자구행위를 통한 청구권 보전의 이익과 자구행위로 인한 침해 이익 간에 '**법익의 균형성**'이 요구된다. 자구행위는 보전이 가능한 청구권만이 그 대상으로 하고 원상회복이 불가능한 권리는 자구행위의 대상에 포함되지 않는데, 원상회복의 관점은 법익의 균형을 전제로 하게 된다.

4. 자구의사

위법성조각사유가 인정되기 위해서 주관적 정당화 요소가 필요하고, 자구행위도 마찬가지이다. 따라서 자구행위가 인정되기 위해서는, 행위자가 법률에서 정한 절차에 따라서는 청구권을 보전할 수 없는 상황(자구행위 상황)을 인식하고 청구권의 실행 불능이나 현저한 실행 곤란을 피하기 위한 의사로 행위를 하여야 한다.

III. 과잉자구행위

제23조(자구행위) ② 제1항의 행위가 그 정도를 초과한 경우에는 정황에 따라 그 형을 감경하거나 면제할 수 있다.

자구행위의 상황에서 행한 자구행위가 그 정도를 초과하면 정황에 따라 형을 임의적으로 감경하거나 면제할 수 있다(형법 제23조 제2항). 이러한 경우를 과잉자구행위라고 한다. 다만 정당방위나 긴급피난의 경우는 형벌감면적 경우와 면책적 경우의 2가지 유형이 존재하지만, 자구행위에서는 면책적 과잉자구행위는 규정되어 있지 않다. 청구권 보전이 법정절차에 의해서 불가능한 상황과 현재의 부당한 침해 · 현재의 위난 상황이라는 상황 요건의 차이를 고려한 것으로 이해할 수 있다.

과잉자구행위가 인정된 대표적인 사례는 다음과 같다. 제작업자는 중소기업으로부터 스테인레스 강재를 대량으로 구입한 후 이를 가공하지 않은 채 원자재 그대로 헐값에 처분하고 그대로 잠적하기로 미리 계획하고 고의로 부도를 내고 잠적하였고 지명수배된 상태로 낚시터를 전전하다가 스테인레스 강재를 납품한 중소기업 사장들에게 발견되었다. 중소기업 사장들이 제작업자를 감금한 후 약속어음 등을 강취하고 지불각서 등을 강제로 작성하게 한 행위는 사기 피해액 상당의 민사상 청구권을 통상의 민사소송절차 등 법정 절차로 보전하기에 사실상 불가능한 경우에 그 청구권의 실행불능 내지 현저한 실행곤란을 피하기 위한 자구행위에 해당할 여지가 있으나, 제작업자를 수사기관에 넘기지 않고 자신들이 직접 오랜 기간 감금하고 감금 과정에서 그가 적지 않은 상처를 입었고 그의 반항을 억압하여 금품이나 점유를 취득한 행위는 자구행위의 정도를 초과한 것이고 여러 정황에 비추어 과잉자구행위에 해당한다(서울고등법원 2005.5.31. 선고 2005노502 판결).

제4절 | 피해자의 승낙

I. 의의

1. 개념

> 제24조(피해자의 승낙) 처분할 수 있는 자의 승낙에 의하여 그 법익을 훼손한 행위는 법률에 특별한 규정이 없는 한 벌하지 아니한다.

피해자의 승낙은 처분이 가능한 법익의 주체가 법익의 훼손을 승낙하여 실행한 침해에 대해서는 위법성을 조각시키는 것을 말한다(형법 제24조). 위법성조각사유 중 정당방위, 긴급피난, 자구행위는 국가로부터 보호받을 수 없는 긴급한 상황에서 국가를 대신해 개인이 자기를 보호하는 '**긴급행위**'의 성격이 있지만, 피해자의 승낙은 그렇지 않다.

다만 피해자의 승낙과 무관하게 처벌하도록 하는 **특별한 규정**이 있는 경우는 피해자의 승낙이 있더라도 위법성이 부정되지 않는다. 그러한 규정으로는 형법전에 승낙살인죄(형법 제252조 제1항), 아동혹사죄(형법 제274조), 미성년자유인죄(형법 제287조), 피감호자간음죄(형법 제303조 제2항), 미성년자의제강간죄(형법 제305조) 등이 있고, 기타 법률에 군형법상 근무기피목적상해죄(제41조 제1항),[26] 병역법의 신체손상죄(제86조)[27] 등이 있다.

2. 위법성 조각의 근거

국가가 개인을 보호해 줄 수 없는 긴급한 상황이 아님에도, 피해자의 승낙이 있으면 위법성을 조각시키는 근거에 대해서 여러 견해가 제시된다.

Ⓐ '**법률행위설**'이 있는데, 승낙은 상대방에게 침해의 권리를 부여하는 법률행위이고, 이에 따라 권리를 행사하는 것은 허용된다는 것이다. 형법이 추구하는 것이 민법과 항상 일치하는 것은 아니라는 비판을 받는다.

Ⓑ '**이익포기설**'이 있는데, 법질서는 법익 자체(법익침해)뿐만 아니라 법익주체의 처분권(보호의사)도 함께 보호하는 것인데 피해자의 승낙은 보호의사를 포기하여 침해가 허용된다는 것이다. 이것은 법익주체가 포기한 법익을 형법이 보호할 필요가 없다는 시각인데, 개인의 이익포기가 국가의 법익보호의무를 단순히 면제시킬 수 없다는 비판을 받는다.

Ⓒ '**상당성설**'이 있는데, 피해자의 승낙에 따른 침해행위는 사회적으로 상당성이 인정된다는 것이다. 상당성의 의미가 추상적이라는 비판을 받는다.

Ⓓ '**법률정책설**'이 있는데,[28] 자기 법익에 대한 처분권은 개인의 자유권으로서 사회적 가치로 인정되어야 하고 처분권의 행사로 인하여 침해되는 법익보다 개인의 자유권 가치가 우월한 경우 위법성이 조각된다고 본다. 이러한 경우는 법률정책적으로 위법성이 부정된다고 판단한다.

생각건대, 정당행위라는 일반적 위법성조각사유를 입법하면서 별도로 피해자의 승낙을 규정한 것은, 처분가능한 법익에 대한 개인의 처분에 대해서 국가의 형벌권이 작용할 영역이 아니라고 본 것이다. 이것을 이익포기설로 설명할 수도 있고, 법률정책설로 설명할 수도 있을 것이다. 다만 이익포기설과 법률정책설의 차이점은 개인의 처분가능한 법익에 대한 처분행위의 한계를 인정할 것인지에 있다. 전체 법질서의 관점에서 위법성을 판단할 때, 개인의 처분행위를 무한정으로 인정할 수는 없으

---

26) "근무를 기피할 목적으로 신체를 상해한 사람은 다음 각 호의 구분에 따라 처벌한다."

27) "병역의무를 기피하거나 감면받을 목적으로 도망가거나 행방을 감춘 경우 또는 신체를 손상하거나 속임수를 쓴 사람은 1년 이상 5년 이하의 징역에 처한다."

28) 김혜정 · 박미숙 · 안경옥 · 원혜욱 · 이인영, 206면; 성낙현, 305면; 이형국 · 김혜경, 235면.

므로 가치의 균형성으로 제한을 두는 '**법률정책설**'이 타당하다.

II. 양해

1. 의의

(1) 개념

구성요건 중에는 특정한 침해 형태가 구성요건으로 규정되어 있어서, 법익 주체의 사전 동의로 구성요건해당성 자체가 조각되는 경우가 있다. 예를 들어, 주거권자의 동의를 받아 주거에 들어간 것은 주거의 '침입'에 해당하지 않아 주거침입죄(형법 제319조 제1항)의 구성요건에 해당하지 않고, 상대방의 동의하에 성관계를 맺은 것은 '강간'에 해당하지 않아 강간죄(형법 제287조)에 해당하지 않고, 상대방의 동의하에 물건을 가져간 것은 '절취'에 해당하지 않아 절도죄(형법 제329조)에 해당하지 않는다. 자동차불법사용죄(형법 제331조의2)처럼 "권리자의 동의 없이"를 명시적으로 규정한 구성요건도 있다. 이처럼 피해자의 승낙이 구성요건을 배제하는 경우를 '**양해**'(Einverständnis)라고 하여 위법성을 배제하는 '**피해자의 승낙**'(Einwilligung)과 구별한다.

(2) 구별 실익

법익침해에 대한 법익주체의 동의가 구성요건해당성을 배제하는 **양해**의 경우에서는, 동의가 없음에도 동의가 있다고 오인하고 구성요건을 실행한 경우는 '구성요건의 착오'에 해당하고, 반대로 상대방의 동의가 존재하는 것을 모르고 구성요건을 실행한 경우는 '불능미수'에 해당한다.

반면 법익침해에 대한 법익주체의 동의가 위법성을 조각하는 **피해자 승낙**의 경우에서는, 동의가 없음에도 동의가 있다고 오인하고 구성요건을 실행한 경우는 '위법성조각사유의 전제사실에 대한 착오'에 해당한다.

이처럼 양해와 피해자 승낙의 구별에 실익이 있으므로, 양자를 구별하는 것은 필요하다. 이때 어떤 기준으로 양자를 구별할 수 있는지가 문제인데, 자동차불법사용죄(형법 제331조의2)처럼 "권리자의 동의 없이"를 구성요건에 명시적으로 규정한 경우는 간단히 양해로 보면 되는데, 그 외의 경우는 개별 구성요건의 본질과 행위 태양을 고려한 해석에 따라서 피해자의 법익침해에 대한 동의가 행위 자체를 배제하는 것인지 아닌지를 판단하게 된다.

(3) 판례

판례는 양해라는 용어를 명시적으로 사용하지는 않지만, 절도나 문서범죄 등에 있어서 피해자의 승낙이 있는 경우를 구성요건에 해당하지 않는다고 본다.

예를 들어, ⓐ 밍크 45마리에 대해서 자신에게 권리가 있다는 허위의 주장을 하면서 가져간 데 대하여 상대방의 묵시적인 동의가 있다면 절도죄(형법 제329조)의 절취행위에 해당하지 않는다고 하고(대법원 1990.8.10. 선고 90도1211 판결), ⓑ 공문서의 위조는 행사할 목적으로 공무원 또는 공무소의 문서를 정당한 작성 권한 없는 자가 작성 권한 있는 자의 명의로 작성하는 것이므로, 공문서의 작성 권한자가 지시하여 자기의 서명을 흉내 내어 대신 서명케 한 경우는 공문서위조죄(형법 제225조)의 구성요건해당성이 조각된다(대법원 1983. 5. 24. 선고 82도1426 판결). ⓒ 카메라 등 이용촬영죄를 정한 (구)성폭력범죄의 처벌 및 피해자보호 등에 관한 법률의 규정에서 말하는 '그 촬영물'이란 성적 욕망 또는 수치심을 유발할 수 있는 타인의 신체를 그 의사에 반하여 촬영한 영상물을 의미하고, 타인의 승낙을 받아 촬영한 영상물은 포함되지 않는다(대법원 2010.10.28. 선고 2010도6668 판결).

III. 성립 요건

1. 처분이 가능한 법익

개인이 처분할 수 있는 법익에 대해서만 피해자의 승낙이 가능하다. 개인이 처분할 수 있는 법익은 **개인적 법익**이고, 국가적 법익이나 사회적 법익은 원칙적으로 개인이 처분할 수 있는 법익이 아니다. 따라서 본인으로부터 소각의 승낙을 받고 방화하였더라도 공공의 위험을 발생하게 하였다면 자기소유일반물건방화죄(형법 제167조 제2항)가 성립하고, 승낙한 소유자도 자기소유일반물건방화죄의 공범이 성립한다.

다만 **사회적 법익**에 대한 범죄도 개인이 처분할 수 있는 경우가 있는데, 이때는 피해자의 승낙이 가능하다. 예를 들어, ⓐ 분묘발굴죄(형법 제160조)는 사자(死者)에 대한 일반인의 경외심을 보호법익으로 하는데, 실질상 자손이 끊겨 수호 관리하기 힘든 묘를 화장 방식으로 바꾸기로 한 종중의 결의에 따라 망인의 사망 당시 호주의 사후양자로 호주상속하여 망인의 가(家)를 계승한 양손자의 승낙하에 종교적 예를 갖추어 그 분묘를 발굴한 사안은, 비록 그 발굴 전에 망인의 출가한 양손녀들의 승낙을 얻지 아니하였다 하더라도 이를 위법하다고 보지 않는다(대법원 1995.2.10. 선고 94도1190 판결). 그 외 문서위조죄의 경우에는 피해자의 승낙을 '양해'로 보고 구성요건해당성을 조각시키는데, ⓑ 문서에 대한 공공의 신용을 보호법익으로 하는 사문서의 위 · 변조죄는 작성권한 없는 자가 타인 명의를 모용하여 문서를 작성하는 것을 말하므로 사문서를 작성 · 수정함에 있어 명의자의 명시적이거나 묵시적인 승낙이 있었다면 사문서의 위 · 변조죄에 해당하지 않는다(대법원 2003.5.30. 선고 2002도235 판결).

2. 법익주체의 승낙

(1) 법익주체

피해자 승낙의 주체는 승낙에 의한 행위로 침해되는 법익의 주체에 한정되고, 다만 법익주체의 위임을 받은 대리인도 승낙할 수 있다. 피해자 승낙의 주체는 승낙의 의미를 이해할 능력이 있는 사람이어야 하는데, 민법상의 법률행위가 아니므로 민법상의 행위능력을 의미하지 않고 일반적 판단 능력을 의미한다. 미성년자의제강간죄(형법 제305조)를 고려할 때 성행위에 대해서는 13세부터 승낙의 주체를 인정할 수 있다.

(2) 유효한 승낙

피해자의 승낙은 자유의사에 의한 진지한 승낙이어야 한다. 강제 · 기망 등에 의하지 않은 의사의 흠결이 존재하지 않는 상태에서의 승낙이어야 한다. 승낙한 사람이 혜택을 누리고 다른 사람들이 해를 입지 않거나 승낙한 사람이 혜택을 누리지 않더라도 다른 사람들이 혜택을 누리는 경우처럼 승낙이 상호 간에 이득이 될 때 존중할 가치가 있다. 강압이나 속임수 등이 개입되거나 제3자에게 해로울 수 있는 경우는 서로에게 이득이 될 수 없다.[29] 골프를 친 후 컨트리클럽 내 식당에서 식사를 하면서 그곳에서 근무 중인 여종업원들에게 함께 술을 마시자고 요구하였다가 거절당

29) 레오 카츠 저/이주만 역, 「법은 왜 부조리한가」, 2012, 31면.

하였음에도 불구하고, 컨트리클럽의 회장과의 친분을 내세워 여종업원들에게 어떠한 신분상의 불이익을 가할 것처럼 협박하여 여종업원들로 하여금 자신과 러브샷의 방법으로 술을 마시게 한 사안에서, 이러한 행위는 강제추행죄(형법 제298조)의 구성요건인 '강제추행'에 해당하고, 피해자의 유효한 승낙이 있었다고 볼 수 없다(대법원 2008.3.13. 선고 2007도10050 판결).

자유의사에 의한 진지한 승낙이 되기 위해서는 피해자에게 침해 사항에 대한 설명이 전제될 수 있다. 예를 들어, 환자로부터 치료의 승낙을 받기 전에 의사의 설명의무가 존재하는 것도 환자의 자유의사에 의한 진지한 승낙을 받기 위한 것이다. 의사가 환자의 병증이 자궁외임신인지, 자궁근종인지를 판별하기 위한 정밀한 진단방법을 실시하지 아니한 채 병명을 자궁근종으로 오진하고 환자에게 자궁적출술의 불가피성만을 강조하였을 뿐 진단상의 과오가 없었으면 당연히 설명받았을 자궁외임신에 관한 내용을 설명받지 못한 피해자로부터 수술 승낙을 받은 것은 부정확 또는 불충분한 설명을 근거로 이루어진 승낙에 의한 것으로서 수술의 위법성을 조각할 유효한 승낙이라고 볼 수 없다(대법원 1993.7.27. 선고 92도2345 판결).

(3) 승낙의 시점

구성요건의 실행행위 시점에 정당화사유가 존재해야 하므로, 피해자의 승낙은 실행행위 이전이나 적어도 행위 시점에 있어야 한다(**사전승낙**). 법익침해 이후의 사후적 승낙은 위법성을 조각시키지 못한다. 예를 들어, 진정하게 성립된 근무성적평정서를 작성권자의 사전 동의 없이 수정하도록 공모하여 지시하고 그에 따라 진정하게 성립된 근무성적평정서가 수정된 이상 곧바로 공문서변조죄(형법 제225조)가 성립(공동정범)하고, 근무성적평정서의 작성명의자들로부터 수정한 부분에 도장을 받아 놓으라는 지시는 사후적인 승낙을 받으라는 것에 불과하여 공문서변조죄의 성립에 영향이 없다(대법원 2012.1.27. 선고 2010도11884 판결).

(4) 승낙의 표시

피해자의 승낙이 외부에 표시되어야 하는지에 대해서 견해가 대립한다. 명시적으로 외부에 표시되어야 한다는 견해(**객관설**), 승낙자의 내부적 승낙 의사만 있으면 충분하고 외부적 표시는 필요 없다는 견해(**주관설**), 어떤 방식으로든 외부에서 승낙사실

을 인식할 수 있어야 한다는 견해(**절충설**)가 있다.[30]

생각건대 주관설은 법적 안정성의 측면에서 취하기 어렵고, 추정적 승낙도 법적 효과를 인정한다면 명시적인 의사표시가 없더라도 외부에서 인식할 수 있는 상황이라면 피해자의 승낙을 인정할 수 있다(**절충설**). 판례도 절충설의 입장이라고 할 수 있다. 행위자가 계원들에게 자신을 계주로 믿게 하여 계금을 지급하고 불입금을 받았더라도 행위자에게 다액의 채무를 부담하고 있던 계주로서는 채권확보를 위한 행위자의 요구를 거절할 수 없었기 때문에 행위자가 계주의 업무를 대행하는 것을 승인 혹은 묵인한 사실이 인정된다면, 업무방해죄(형법 제314조 제1항)는 계주의 승낙이 있었던 것으로서 위법성이 조각되어 범죄가 성립되지 않는다(대법원 1983.2.8. 선고 82도2486 판결).

(5) 승낙의 철회

승낙은 원칙적으로 구성요건의 실행행위 이전에 언제든지 자유로이 **철회**가 가능하고, 철회의 방법에는 제한이 없다(대법원 2011.5.13. 선고 2010도9962 판결). 임대차계약서에 '임대인이 임차인에게 단전조치 등을 요구할 수 있다.'라는 취지의 규정이 있더라도, 임차인이 임대인의 단전조치에 대해 즉각 항의하였다면 그 승낙은 이미 철회된 것으로 본다(대법원 2006.4.27. 선고 2005도8074 판결). 임차인은 임대차계약 체결 당시 임대인과 상가건물을 전부 인도받는 시점에 임대차보증금 잔금을 지급하기로 합의한 후 상가건물을 인도받았으나, 임대인에게 임대차보증금 잔금 지급의 일주일 유예를 요청하여 승낙받고도 유예기간이 경과한 후 임대인의 지급 요구에도 임대차보증금 잔금을 지급하지 않은 상황에서 임대인으로부터 임대차보증금 잔금을 지급하지 않았으므로 즉시 공사를 중단하고 상가건물에서 퇴거하여 달라는 취지의 요구를 받자, 이에 화가 나서 인근 바닥에 있던 도끼를 집어 던져 상가건물의 유리창을 손괴한 사안에서 임대차보증금 잔금 미지급을 이유로 하여 공사 중단 및 퇴거를 요구하는 임대인의 의사표시는 임대인에게 한 상가건물의 시설물 철거에 대한 동의 철회라고 볼 수 있고, 임대차계약 해지의 의사표시가 기재된 내용증명 우편의 도달 여부와 무관하다(대법원 2011.5.13. 선고 2010도9962 판결).

---

30) 김혜정 · 박미숙 · 안경옥 · 원혜욱 · 이인영, 207면; 성낙현, 308면; 이형국 · 김혜경, 237면.

3. 상당한 이유

정당방위, 긴급피난, 자구행위는 국가로부터 보호받을 수 없는 긴급한 상황에서 국가를 대신해 개인이 자기 보호를 할 수 있는 긴급행위의 성격이 있으나, 반면 피해자의 승낙은 긴급한 상황을 전제로 하지 않는 위법성조각사유로서, '상당한 이유'가 요건으로 규정되어 있지 않다. 그럼에도 피해자의 승낙을 인정하기 위해서는 상당한 이유(상당성)를 요건으로 해석할 것인지에 대해서 견해가 대립한다.

문언상 상당한 이유를 요건으로 하지 않으므로 피해자의 승낙에 있어서는 상당한 이유가 요구되지 않는다는 견해가 있으나, 일반적으로는 피해자의 승낙에서도 상당한 이유를 요구한다. 피해자의 승낙도 위법성조각사유로서 존재하는 것이고, 그렇다면 처분이 가능한 법익에 대한 피해자의 승낙이 사안에 따라 전체 법질서에 반하는 경우라면 허용규범으로 인정하기는 어렵기 때문이다.

판례도 상당한 이유를 요구하여, "피해자의 승낙은 해석상 개인적 법익을 훼손하는 경우에 법률상 이를 처분할 수 있는 사람의 승낙을 말할 뿐만 아니라 그 승낙이 윤리적, 도덕적으로 사회상규에 반하는 것이 아니어야 한다"라고 한다(대법원 1985.12.10. 선고 85도1892 판결). 예를 들어, ⓐ 상대방과 공모하여 교통사고를 가장하여 보험금을 편취할 목적으로 상대방에게 상해를 가하였다면 피해자의 승낙이 있었다고 하더라도 이는 위법한 목적에 이용하기 위한 것이므로 피해자의 승낙에 해당하지 않는다(대법원 2008.12.11. 선고 2008도9606 판결). ⓑ 자신을 때려 주면 돈을 주겠다는 요청을 받고 상대방을 폭행하였고, 그 과정에서 상대방이 다발성 좌상 등의 상해를 입게 된 경우, 비록 상대방이 먼저 때려 달라고 요청하였더라도 그러한 요청은 윤리적 · 도덕적으로 사회상규에 어긋나는 것이어서 피해자의 승낙에 해당하지 않는다(대법원 2010.4.29. 선고 2010도2745 판결).

4. 주관적 정당화 요소

위법성조각사유가 인정되기 위해서는 주관적 정당화 요소가 필요하고, 피해자의 승낙도 마찬가지이다. 따라서 피해자의 승낙이 인정되기 위해서는, 행위자가 피해자의 승낙을 인식하고 피해자의 법익을 훼손하는 행위를 하여야 한다.

IV. 생명 · 신체에 대한 승낙

사람의 생명이나 신체를 처분할 수 있는 법익으로 볼 것인지가 다투어진다. 생명의 경우는 형법에 승낙살인죄(형법 제252조 제1항)가 규정되어 있듯이 언뜻 처분할 수 없는 것으로 생각되는데, 그렇다면 수술 중 사망하거나 권투시합 중 사망하는 경우는 피해자의 승낙으로 위법성을 조각시킬 수 없는 것인지가 다투어진다.

(1) 의료행위

수술과 같은 의료행위는 형식적으로는 상해죄의 구성요건에 해당하는 행위이다. 그러나 의료행위를 허용되지 않는다고 볼 수는 없는데, 무죄를 논증하는 방식에 있어서 견해가 대립한다.

Ⓐ 구성요건해당성이 없다고 설명하는 견해(**구성요건배제설**)가 있다. 성공한 치료행위의 경우는 상해라는 결과가 없으므로 결과불법이 부정되고, 실패한 치료행위의 경우는 통상의 의술에 따라 행했다면 고의 · 과실이 부정되어 행위불법 부정된다고 한다. 이에 대해서는 환자의 의사를 무시한 의료행위 모두를 정당화하고 의료과실을 부정하는 것은 타당하지 않다고 비판할 수 있다.

Ⓑ 위법성조각사유 중 업무로 인한 정당행위라고 설명하는 견해(**정당행위설**)가 있다. 이에 대해서는 환자의 자기결정권이 무시하고 전단적 의료행위를 허용하는 것은 타당하지 않다고 비판할 수 있다.

Ⓒ 위법성조각사유 중 피해자의 승낙으로 설명하는 견해(**피해자의 승낙설**)이 있다.[31] 의료행위를 형식적으로 파악하여, 일단 상해죄의 구성요건해당성을 인정한 후 피해자 승낙의 문제로 접근하는 것이다. 이러한 방식을 취할 때 의료인의 설명의무가 실효적으로 기능을 하게 된다.

판례는 과거에는 정당행위설을 취하기도 했으나, 근래는 피해자의 승낙설을 취한다. 의사의 부정확 또는 불충분한 설명을 근거로 이루어진 수술의 경우, 수술의 위법성을 조각할 유효한 승낙이 없으므로 위법성이 조각되지 않는다고 판시한다(대법원 1993.7.27. 선고 92도2345 판결).

---

31) 김혜정 · 박미숙 · 안경옥 · 원혜욱 · 이인영, 222면.

(2) 운동경기

운동경기 중에는 타인의 생명 · 신체의 침해를 가져오는 경기가 있는데, 권투와 같이 두 사람이 맞서서 치고받으며 싸움을 벌여 승패를 가리는 격투기 경기가 대표적이다. 격투기 경기 중 상대방의 상해나 사망의 결과가 발행하더라도 피해자의 승낙에 해당하여 위법성이 조각된다. 다만 고의적인 반칙에 의한 상해나 사망의 결과는 승낙의 범위 밖이거나 승낙의 상당성이 인정될 수 없으므로 위법성이 조각되지 않는다.

제7장

책임

제1절 | 의의

I. 범죄체계와 책임

3단계 범죄체계에서 불법(Unrecht)한 행위에 형사제재가 부과되기 위해서 갖추어야 하는 요소가 책임(Schuld)이다. 책임은 행위자가 범한 구성요건에 해당하며 위법한 구체적인 행위(불법행위)를 대상으로 하여, 그러한 행위를 한 행위자의 옳고 그름을 판단하는 것이다(**행위책임원칙**). 책임 단계에서 비난은 불법행위에 대한 비난을 의미하는 것이지 책임 자체에 대한 비난이 아니다. 책임 단계에서 불법에 대해서 행위자에게 비난할 수 없는 특별한 사정이 있는지를 확인하고 특별한 사정이 없다면 불법이 그대로 통과하여 범죄가 성립하게 된다.

불법과 책임을 구분한 것이 범죄체계의 최고 업적이라고 평가되며, 불법과 책임을 구분하는 것에 대해서는 의견의 합치가 존재한다. 불법과 책임을 엄격하게 구분함에 따라, 위법성조각사유와 면책사유를 구분하는 것이 입법상 또는 해석상으로 중요하게 되며, 책임이 없는 불법행위에 대해서 정당방위가 허용될 수 있다는 설명 및 책임이 없는 불법행위에 있어서 (협의의) 공범이 성립할 수 있다는 설명 등이 논리적으로 가능하게 되었다.

불법을 구체적인 행위자의 탓으로 돌리는 것을 '**주관적 귀속**'이라고 하는데, 책임의 영역에서 결과를 '**행위자**'에게 귀책시키는 것이다. 행위자에게 형법상 책임이 인정되기 위해서는 행위자 개인에게 형사책임능력이 있어야 하고, 행위자가 자기 행위의 위법성을 인식하고 있어야 하고, 행위자에게 적법행위에 대한 기대가능성이 존재하고 있어야 한다.

II. 책임주의

1. 의의

형법은 근대에 종교개혁이나 계몽주의, 시민혁명 등을 통해 법질서의 중심이 신으로부터 인간으로 넘어온 인간중심적 시각에 기초하고 있다. 인간중심적 시각은 형법의 책임주의에서 명확히 드러난다. '책임 없는 사람에게 형벌을 부과할 수 없다'라는 **책임주의**(혹은 책임원칙)는 형법의 기본 원리인데, 형벌을 부과하기 위해서는 행위자의 책임이 전제(**형벌의 근거**)되어야 하고, 동시에 형벌은 책임의 정도를 넘어서는 안 된다(**형벌의 한계**)는 것이다. 형법에 책임주의가 명시적으로 규정되어 있지는 않지만, 책임주의는 형법의 기본 원리로서 헌법상 법치국가의 원리에 내재하는 원리인 동시에, 국민 누구나 인간으로서의 존엄과 가치를 가지고 스스로 책임에 따라 자신의 행동을 결정할 것을 보장하고 있는 헌법 제10조의 취지로부터 도출되는 원리이다(헌법재판소 2007.11.29. 선고 2005헌가10 결정).

책임주의는 형벌권을 독점하는 국가로부터 개인을 보호하는 기능을 하는데, 개인을 형벌의 객체가 아니라 자기의 범행에 대하여 스스로 책임을 부담하는 성숙한 시민으로 간주하는 것이다. 책임은 행위자가 행위 시점에 실제로 행한 것과 다르게 행위 할 수 있었다는 것을 전제하는데, 행위자에게 의사결정의 자유가 존재한다는 전제에서 가능하다. 만약 행위자에게 여러 가능성 중에서 어느 하나를 자유로이 결정할 여지가 없다면, 비난의 여지가 없다고 본다. 책임주의는 행위자 개인의 회피가능성을 독자적인 관점으로 고려하도록 함으로써, 범죄의 성립 판단에 있어서 행위자에게 유리하게 작용하는 원칙이다.

2. 자유의지[1)]

(1) 결정론 vs. 비결정론

책임주의는 인간 누구나 스스로 행동을 결정할 수 있음을 전제로 하는데, 인간이 자신의 행위를 자유롭게 결정할 수 있다는 비결정론의 시각에 연결된다. '**비결정론**'에 의하면, 인간에게는 합법과 불법 가운데 선택해서 그에 따라 행동할 수 있는 자유로운 의사가 있으므로, 불법을 선택한 개인에게 책임을 부과하는 것이고 책임의 개념이 인정된다. 반면 '**결정론**'에 의하면, 인간의 행동은 소질과 환경에 의해 인과적으로 이미 결정되어 있고, 범죄란 소질과 환경의 산물에 불과한 것이라고 본다. 판례는 책임능력의 판단 요소인 사물을 판별할 능력 또는 의사를 결정할 능력은 자유의사를 전제로 한 의사결정의 능력에 관한 것이라고 하여(대법원 1968.4.30. 선고 68도400 판결), 비결정론의 입장이다.

생각건대 인간에게 자유의사가 존재하는지는 증명될 수 없다고 하더라도, 형사 사안이 어떻게 발생했는가의 인과성의 관점을 넘어 그것은 누가 의도하고 실행했으며 누구의 책임인가라는 책임성의 관점에서 설명하고자 한다면, 이때 필요한 것은 고유한 규범적 특성을 가진 특정한 행위자의 관념이다. 이런 시각에서 보면, 결정론에 따른 인간 행위를 전제로 하여서는 형사책임의 주체를 특정하기 어렵게 된다. 따라서 비결정론에 따른 인간의 행위를 전제로 하는 것이 필요하다. 이것은 아래의 사례에서 확인할 수 있다.

(2) 비결정론에 따른 해결

이혼소송 중이던 남편 甲은 아내 A와 심한 다툼 후 A를 자신의 승용차 조수석에 태우고 양주시 장흥면의 국도를 운전하고 있었는데, 甲이 운전하던 승용차 우측면이 도로 옆에 설치된 대전차 방호벽의 안쪽 벽면을 들이받아 당시 안전벨트를 매지 않았던 A가 사망하고 甲은 가벼운 상해를 입었다(대법원 2011.5.26. 선고 2011도1902 판결 참조). 이 사안에서 남편 甲에게 아내 A에 대한 살인의 의사가 있었다면 사형, 무기 또는 5년 이상의 징역이 규정된 살인죄(형법 제250조 제1항)가 적용될 것이지만, 남편 甲에게 A에 대한 살인의 의사가 없었고 단순히 운전 부주의로 인한 사고였다면 5년 이하의 금고 또는 2천만 원 이하의 벌금이 규정된 교통사고처리법 위반죄(제3조 제1

---

1) 김정환, "형법의 개념과 인공지능의 처벌", 「인공지능과 법」, 2023, 267~271면.

항)가 적용될 것이다.

우리는 인간이 타인을 죽게 하였다는 것을 범죄라고 하여 형법에 규정하고 있는데, 인간이 범죄를 저질렀다는 것은 단순히 어떤 결과의 발생에 대한 원인행위를 하였다는 것만을 의미하지는 않는다. 사안에서 甲이 사고 차량을 운전하였고, 사고가 발생하였고, A가 사고로 사망하였다는 객관적(외적) 사실 이외에 甲이 사고와 A의 사망에 대한 의사를 가졌는지의 증명이 어려운 주관적(내적) 사실도 고려하여 甲의 처벌을 판단한다. 여기서 범죄자의 주관적(내적) 사실의 의미를 인정함에는 전제가 필요한데, 그것은 인간의 의사 혹은 의지이다. 자신의 운전 행위로 A를 사망케 한 甲에게 살인죄가 성립한다고 판단하여 처벌하는 이유는 甲의 운전과 그로 인한 A의 사망이라는 외적 사실 이외에 甲에게 A의 사망에 대한 의사가 있었기 때문이다. 甲에게 A의 사망에 대한 의사가 없었다면 甲을 살인죄로 처벌하지는 않는다.

또한 자유의지의 인정은 인간의 책임능력에 대해서도 실질적으로 중요한 의미를 지니는데, 인간이 자유롭게 행동할 수 없다면 인간의 권리에 관한 사고는 공허하게 된다. 예를 들어, 자신의 처지를 비관하여 오던 중 뒷산에서 산상기도를 하다가 갑자기 '백목사는 사탄이고 큰 자이므로 작은 자인 자신이 살아남는 길은 큰 자인 백목사를 죽이는 것이다. 공자 · 맹자도 천당에 못 갔다는데 자신도 분명히 천당에 못 갈 것이므로, 백목사를 죽여야만 자신이 큰 자가 되어 천당에 갈 수 있다.'라는 정신분열증의 상태에서 백목사를 살해하기로 마음먹고, 집으로 돌아와 부엌에서 사용하던 식도를 허리춤에 넣은 후 05:10경 예배당에 도착하여 신도 1,000여 명을 모아놓고 단상에서 설교하고 있는 백목사에게 접근한 후 가지고 간 식도를 허리춤에서 꺼내어 오른손에 들고서 백목사의 우측 가슴 등을 힘껏 3회 찔러 백목사를 사망에 이르게 한 사람을 살인죄로 처벌하는 것이 타당한가에 대한 의문이 제기되는 것이다(대법원 1990.8.14. 선고 90도1328 판결). 이 사안에서 제1심법원과 제2심법원은 피고인에게 범행 당시 사물을 변별할 능력이나 의사를 결정할 능력이 미약한 상태에 불과하다고 판단하여 무기징역의 형을 선고하였으나, 대법원은 피고인은 범행 당시 정신분열증에 의한 망상에 지배되어 사물의 선악과 시비를 구별할 만한 판단능력이 결여된 상태에 있었다는 무죄의 취지로 사건을 파기하고 제2심법원에 환송하였다. 이처럼 정신분열증의 상태에서 자신의 행위를 자유롭게 선택할 수 없었던 사람의 살인행위와 자유롭게 선택할 수 있었던 사람의 살인행위를 동등하게 평가하지 않는 것에도 비결정론에 따른 자유의지가 전제되어 있다.

참고 자유의지의 수용

만약 인간에게 자유의지가 없다고 전제한다면, 타인을 살해한 사람에게 어떻게 형사책임을 부과할 것인지에 대한 답변은 다음과 같을 것이다. 일반적으로 사람들은 다른 사람들에 의해 죽임을 당하지 않기를 원하므로, 그들은 의도적으로든 그렇지 않든 간에 자신들에게 그런 행위를 한 사람들로부터 자신을 보호할 권리가 있다는 것이다. 이러한 권리를 보호하기 위해서 국가가 범죄자를 처벌한다고 설명할 것이다. 즉 인간이 어떠한 의도나 의사에 의해서 범죄행위를 한 것인지에 의미가 두어지지 않고, 범죄행위로 피해받은 사람의 보호차원에서만 가해자의 형사처벌이 판단되는 것이다.

누구나 잠재적으로 범죄자가 되어 처벌받을 수 있다는 것을 상정할 때, 자신의 자유의지를 인정하지 않고 자신의 삶을 국가가 판단하도록 내맡길 것인지, 아니면 (비록 환상이라고 할지라도) 자신의 자유의지를 인정하여 자유로운 의사에 따른 선택에 대한 책임을 부담하고 국가가 단순히 책임 부담의 집행만을 하도록 할 것인지를 결정하면 된다.

형법은 일정한 행위를 범죄로 하고 그에 대하여 국가가 형사제재를 부과하는데, 이때 일정한 행위가 가치에 반하고 위법하다고 평가한 것으로서 '평가규범'의 성격을 가진다. 다른 한편으로 형법은 국민에게 형법이 무가치하다고 평가한 불법을 결정하여서는 안 된다는 의무를 부과하는 것으로 '의사결정규범'의 성격을 가진다. 이러한 형법의 평가규범적 · 의사결정규범적 성격을 인정함에는 수범자인 국민에게 적법행위를 결정할 수 있는 일정한 자유의지를 전제하게 된다. 비록 이것이 환상이라 할지라도, 이러한 환상을 갖는 것이 우리에게 유용하다. 결국 우리는 자유의지를 전제로 할 때 형법의 존재와 의미를 올바로 설명할 수 있다.

3. 책임의 본질

불법행위를 행위자에게 귀책시키는 책임의 본질(핵심 내용)이 무엇인지에 대해서 견해가 범죄체계와 관련해서 대립한다.

(1) 심리적 책임론

인과적 행위론에 기반한 고전적 범죄체계는 불법의 내용을 객관적 요소로만 파악하고, 책임은 불법행위에 대한 행위자의 주관적 요소로 파악하여 고의와 과실을 책임의 유형으로 본다. 즉 고전적 범죄체계에서는 인식 · 무인식, 의욕 · 무의욕, 주의의무 이행 · 불이행 등의 행위자의 행위에 대한 심리적 상황이 책임이라고 보았기에, 심리적 책임론이라고 한다.

심리적 책임론에서는 행위에 대한 행위자의 주관적 · 정신적 관계가 책임의 본질이라고 보는데, 불법행위를 자유의지에 따라 결정한 행위자에게 고의나 과실이 인정되면 행위자에게 불법을 귀책시킬 수 있게 된다.

(2) 규범적 책임론

심리적 책임론이 행위에 대한 행위자의 심리적 상황을 책임의 본질로 본 것에 반해서, 규범적 책임론은 행위에 대한 행위자의 심리적 상황에 대한 규범적 평가에서 책임의 본질을 본다. 즉 불법행위를 하려는 의사의 형성과 실현에 대한 '**비난가능성**'에서 책임의 본질을 찾는데, 현재의 통설적 입장이다.[2] 비난가능성은 불법행위를 한 행위자에 대한 평균적 일반인의 가치평가인데, 평균적 일반인은 신호등의 빨간불 앞에서는 멈추고 초록불 앞에서 통행하는 것을 아는 사람을 의미이다. 행위자가 법에 맞게 행위를 결정할 수 있어서 합법적으로 행위를 할 수 있었음에도 불법으로 결정하여 법에 맞게 행위를 하지 않았다고 비난받는 것이다.

규범적 책임론에서 책임은 평가 자체를 의미하며, 행위가 지니는 사회적 위험성에 대해서 법공동체가 평가하는 것이다. 따라서 책임은 상대적이고 법질서의 구체적인 사회문화적 상황에 의존하게 된다. 규범적 평가를 위해서 전제되는 책임의 요소에는 책임능력, 위법성 인식, 기대가능성 등이 포함되는데,[3] 이때 적법행위의 기대가능성이 책임의 중심적 요소가 된다. 행위자가 의사를 결정하고 그에 따라 실행하는 것이 평균적 일반인처럼 결정하지 않았는지를 확인하는 것이 핵심이다.

(3) 기능적 책임론(예방적 책임론)

심리적 책임론이나 규범적 책임론에서는 개인의 자유 영역의 근본적 보장을 위해서 '자유와 책임'이라는 책임의 실체가 존재함을 전제하고, 책임의 실체에는 인간의 자유의지를 전제로 하고 있다. 이에 반해서 책임의 실체를 부정하고, 범죄예방의 목적을 고려하여 책임을 기능적으로 이해하는 견해가 기능적 책임론 또는 예방적 책임론이다.

자유의지란 무시할 수 있는 것이며,[4] 책임은 개별적인 타행위가능성을 척도로 하

---

2) 김혜정 · 박미숙 · 안경옥 · 원혜욱 · 이인영, 235면; 박상기 · 전지연, 154면; 이정원 · 이석배 · 정배근, 175면; 이형국 · 김혜경, 261면; 정성근 · 박광민, 247면; 정성근 · 정준섭, 171면.

3) 사회적 행위론에 기반하여 고의와 과실의 2중적 지위를 인정하는 합일태적 범죄체계는 책임고의와 책임과실도 책임의 요소에 포함한다.

4) Günther Jakobs, Strafrecht Allgemeiner Teil(2.Aufl.), 1993, 17. Absch. RN. 23.

여 판단되는 것이 아니고 사회공동체를 위한 형벌 목적의 필요성에 따라 기능적으로 형성되어야 한다고 본다. 이때 형벌 목적은 적극적 일반예방(일반인의 규범준수에 대한 신뢰성 확보)의 차원이고, 일반적인 규범승인의 유지가 중요하다고 한다.[5] 이러한 입장에서 책임은 순전히 형식적인 개념이며, 질서신뢰의 안정화를 뜻하는 적극적 일반예방이라는 목적만이 책임에 내용을 제공한다고 본다. 범죄체계에서 책임의 단계는 일반적 반가치판단인 불법의 다음에 나오는 '형사정책적으로 개별사안에 대해 제재가 필요한가의 여부'라는 것이다. 금지착오, 과잉방위 등과 같은 면책사유는 범죄에 의해 발생한 사회적 갈등이 처벌 외에 다른 방법으로 해소될 수 있기에 형벌의 일반예방적 필요성이 사라진 경우라고 설명한다.

(4) 소결(규범적 책임론)[6]

현재 책임의 본질에 관해서는 크게 두 가지 입장으로 정리할 수 있다. 첫째는 행위자의 책임은 사회규범에서 요구하는 일정한 수준의 유형적 평균인과 행위자의 비교를 통하여 도출될 수 있으므로, 이러한 책임 확정으로 행위자에게 책임을 귀속시키는 것은 정당화될 수 있다고 하는 규범적 책임론이다. 둘째는 범죄예방을 통한 사회질서유지와 법익보호라는 목적을 달성하기 위한 하나의 수단으로 책임을 파악하는 기능적(예방적) 책임론이다.

여기서 기능적 책임론으로 책임주의를 설명하는 것에는, 형사정책적 형벌 목적에 일정한 내용을 과도하게 부여함으로써 개인의 자유보호를 책임이라는 개념을 통해 추구하는 형법의 본질을 침식할 수 있다는 문제점이 있다. 책임주의는 형벌을 정당화하고 근거 짓는 의미 이외에 다른 한편으로 형벌을 제한하는 의미가 있기 때문이다. 책임의 개념을 예방으로 대체한 기능적 책임론은 책임주의가 가지고 있는 형벌 제한적 기능을 잃게 한다. 또한 형법은 일반 국민에게 형법이 무가치하다고 평가한 불법을 결정하여서는 안 된다는 의무를 부과하는 의사결정규범의 성격을 가지는데, 형법의 의사결정규범 성격이란 수범자인 국민에게 적법행위를 결정할 수 있는 일정한 자유의지를 전제로 하고 있다. 따라서 책임을 형벌 목적을 달성하기 위한 수단만으로 파악하는 것은 타당하지 않다.

---

5) Günther Jakobs, 앞의 책. RN. 22; Claus Roxin, Strafrecht Allgemeiner Teil I(4.Aufl.), 2006, § 19 RN. 3.

6) 김정환, "성폭력범죄에서 책임능력", 법학논총 제23권 제1호, 2010, 164~166면.

결국 책임은 행위자가 법규범에 따라 자신의 행위를 할 가능성이 있었음에도 그렇게 하지 않은 것에 대한 비난으로 이해할 수 있다(규범적 책임론). 형법 제10조 제1항에서도, "심신장애"라는 생물학적 요소와 "사물을 변별할 능력"과 "의사를 결정한 능력"이라고 하는 심리학적 요소를 결합하여 책임능력을 판단하도록 하고 있는데, 사물변별능력 · 의사결정능력이라는 요소를 사용하는 것은 자유의지를 전제하는 상대적 의사자유론의 입장에 합치한다.

규범적 책임론에서도 책임의 본질과 형벌 목적의 관련을 부정하지 않는다. 규범적 책임론에서는 범죄자가 달리 행동했을 수도 있다는 전제를 가정하기에 범죄자의 책임 판단에 있어서 이미 일반화의 요소를 포함하고 있다. 즉 책임 판단을 범죄자의 상황 속에서 평균적인 일반인을 관련시키고 있는데, 이는 형법상 책임개념이 형사정책의 요구들에 부응하는 것이다.

제2절 | 책임능력

I. 의의

1. 개념

불법행위에 대해서 책임이 인정되기 위해서는 행위 시에 행위자에게 책임능력이 있었을 것이 전제된다. 사회질서를 유지하기 위하여 형법이 불법으로 평가해서 금지한 행위를 구성원이 한 경우에, 그는 책임주의에 따라 불법을 범하지 않을 능력이 있는 한 자신이 행한 불법에 대해서 책임지게 된다. 책임능력이란 불법행위를 한 행위자가 행위의 불법성(법질서에서 금지하거나 요구하는 행위라는 것)을 변별하고(**변별능력**) 이에 따라 행동을 조종할 수 있는 능력(**조종능력**)을 의미한다. 책임능력은 재판 시점을 기준으로 하는 것이 아니라 행위 시점을 기준으로 판단하는 것으로서(행위와 책임능력의 동시존재원칙), '**행위 시점**'의 '**타행위가능성**'이라고 할 수 있다. 행위자가 평소 간질병 증세가 있었더라도 범행 당시에는 간질병이 발작하지 아니하였다면 책임감면사유에 해당하지 않는다(대법원 1983.10.11. 선고 83도1897 판결).

형법전에서는 책임능력에 대한 적극적 규정을 두지 않고, 소극적으로 책임능력이 배제되거나 제한되는 사유를 제9조부터 제11조에 규정하고 있다. 한편, 성폭력처벌법

제20조[7]와 청소년성보호법 제19조[8]에서는 형법의 책임능력에 관한 일반규정을 적용하지 않을 수 있도록 하여, 성폭력범죄를 일반 범죄와는 다르게 취급하고 있다.

2. 판단 방법

행위 시에 책임능력이 존재하는지를 판단하는 방법으로는 생물학적 방법, 심리학적 방법, 양자의 결합적 방법이 있다. '생물학적 방법'은 행위자의 생물학적 혹은 정신병리학적 결함 등의 비정상성 유무에 따라 책임능력을 판단하는 방법이고, '심리학적 방법'은 행위자가 사물을 변별하고 의사를 결정할 수 있는 심리상태이었는지에 따라 책임능력을 판단하는 방법이다. '결합적 방법'은 행위자의 비정상적 상태를 생물학적 방법으로 판단하고 이러한 생물학적 요소가 사물의 변별능력이나 의사결정능력에 영향을 미쳤는지를 심리학적으로 판단하는 방법이다. 결합적 방법에서는 생물학적 요소가 심리학적 요소에 영향을 미쳤는지를 규범적으로 판단하므로 규범적 판단 방법이라고도 한다.

형법은 원칙적으로 결합적 방법을 취하여 책임능력을 판단하고(형법 제10조), 예외적으로 형사미성년자(형법 제9조)와 청각 및 언어 장애인(형법 제11조)을 규정하여 생물학적 방법으로 책임능력을 판단하고 있다.

II. 책임무능력자

1. 심신상실자

(1) 의의

> **제10조(심신장애인)** ① 심신장애로 인하여 사물을 변별할 능력이 없거나 의사를 결정할 능력이 없는 자의 행위는 벌하지 아니한다.

---

7) 제20조(「형법」상 감경규정에 관한 특례) 음주 또는 약물로 인한 심신장애 상태에서 성폭력범죄(제2조제1항제1호의 죄는 제외한다)를 범한 때에는 「형법」 제10조제1항 · 제2항 및 제11조를 적용하지 아니할 수 있다.

8) 제19조(「형법」상 감경규정에 관한 특례) 음주 또는 약물로 인한 심신장애 상태에서 아동 · 청소년대상 성폭력범죄를 범한 때에는 「형법」 제10조제1항 · 제2항 및 제11조를 적용하지 아니할 수 있다.

심신장애로 인하여 사물을 변별할 능력이 없거나 의사를 결정할 능력이 없는 사람을 '**심신상실자**'라고 하고, 책임능력이 부정된다(형법 제10조 제1항). 심신장애라는 생물학적 요소와 사물을 변별할 능력 또는 의사를 결정할 능력이라는 심리학적 요소가 결합되어 있는데, 먼저 심신장애의 생물학적 요인이 존재하여야 하고, 이것이 사물변별능력이나 의사결정능력의 심리학적 요소에 영향을 주어야 한다. 심신장애의 생물학적 요인이 있는 사람이더라도 범행 당시 사물변별능력이나 의사결정능력이 정상적이었다면 심신상실로 볼 수 없다.

심신상실자라고 하려면 범행 당시에 심신장애로 인하여 사물의 시비선악을 분별할 능력이나 그 분별하는 바에 따라 행동할 능력이 없어 그 행위의 위법성을 의식하지 못하고 또는 이에 따라 행위를 할 수 없는 상태에 있어야 하는데, 범행을 기억하고 있지 않다는 사실만으로 바로 심신상실 상태에 있었다고 단정할 수는 없다(대법원 1985.5.28. 선고 85도361 판결). 반면 사물변별능력이나 의사결정능력은 판단능력 또는 의지능력과 관련된 것으로서 사실의 인식능력이나 기억능력과는 반드시 일치하는 것이 아니므로, 범행 당시 정신분열증으로 심신장애의 상태에 있었던 행위자가 피해자를 살해한다는 명확한 의식이 있었고 범행의 경위를 소상하게 기억하고 있다고 하더라도 범행 당시 사물의 변별능력이나 의사결정능력이 결여된 정도가 아니라 미약한 상태에 있었다고 단정할 수도 없다(대법원 1990.8.14. 선고 90도1328 판결).

(2) 생물학적 요소

생물학적 요소인 **심신장애**는 정신병(정신질환), 정신박약 또는 비정상적 정신상태와 같은 정신적 장애를 의미하는데(대법원 1992.8.18. 선고 92도1425 판결), ① '**정신병**'은 정신분열증(조현증), 조울증, 간질 등이 대표적이고, 우울증이나 알코올중독증 등도 이에 해당한다(대법원 1989.3.14. 선고 89도94 판결). 예를 들어, ⓐ 어린 시절부터 간질을 앓았고 사건 2년 전부터는 간질 발작이 심화하면서 편집성 정신병에 걸렸으며 이후에는 정신병 증상이 악화하여 공연히 부인에게 욕하고 문을 걸어 방에 들어오지도 못하게 하는 등 피해망상에 사로잡혔던 아버지가 자기의 말을 잘 듣지 않는 아들이 전생의 원수이고 가문의 역적이니 죽여야 한다는 망상 속에서 아들을 살해한 사안에서, 판례는 심신장애로 인하여 사물을 변별한 능력과 의사를 결정할 능력이 없는 자의 행위라고 판단하였다(대법원 1984.8.21. 선고 84도1510, 84감도229 판결). ⓑ 두통증세가 있어서 어머니가 우황청심환을 사다 주어 복용하였으나 두통이 더 심하여졌다는 이유로 아들이 주먹으로 어머니의 머리를 2회 때리고 우측 팔목을 잡아 비틀어 넘어뜨려 8주간의 치료가 필요한 우측 척골 간부골절상을 가한 사안에서, 아들은 정신분열증으로 인한 심신상실의 상태에서 거주지를 방화하여 치료감호판결을 선고받고 치료감호소에 수용되어 정신장애를 치료받고 3년 전 출소하였으나, 그 후에도 정신분열증의 증상이 지속되었고 형편이 어려워 전문적인 치료를 받지 못한 채 점차 증세가 악화하였고, 정신분열증은 급격하고 난폭한 흥분 발작이 예고 없이 나타나는 경우가 있는데 범행 당시도 이러한 흥분 발작으로 인하여 자신과 단둘이 살고 있는 노년의 어머니에게 갑자기 폭력을 행사한 상황에서, 이때는 먼저 아들의 정신장애 내용 및 그 정도 등에 관하여 정신과 전문의로 하여금 감정을 하게 한 다음, 그 감정결과를 중요한 참고 자료로 삼아 제반 사정을 종합하여 범행 당시의 심신상실 여부를 규범적으로 판단하여 그 당시 심신상실의 상태에 있었던 것으로 인정되는 경우라면 무죄를 선고하였어야 한다(대법원 1998.4.10. 선고 98도549 판결).

② '**정신박약**'은 선천적 또는 후천적으로 정신발달이 저지되거나 지체된 상태를 말한다. 예를 들어, 지능지수가 낮고 발음이 어눌하여 어릴 때부터 바보라는 소리를 듣기도 하고 초등학교를 졸업한 학력이 전부인 행위자가 혼자서 술을 마시기 시작하여 소주 5병 정도를 마시고 난 후 만취 상태에서 심한 성적 충동에 사로잡힌 나머지 길가는 아무 여자나 만나면 강간이라도 해 볼 작정으로 무작정 밤길을 헤매고 돌아다니다가 새벽에 혼자 귀가 중이던 피해자를 발견하고 주택가 및 상가 한가운데의 골목길에 있는 타인의 주택 대문 앞에서 피해자의 손과 발로 무수히 때리고 짓밟아 결국 피해자를 속발성 쇼크에 빠뜨려 살해한 다음, 피해자가 얼굴도 분간할 수 없을 정도로 일그러지고 전신에 유혈이 낭자하여 외견상 끔찍하고도 처참한 상태에서 15분간에 걸쳐 자신도 옷을 다 벗고 강간한 후, 인근 동네를 헤매다가 자신의 휴대전화로 119 구급대를 불러 병원에 가서 강간 과정에서 입은 찰과상의 치료를 받았고 그 과정에서 자신의 성명과 보호자의 연락처를 순순히 사실대로 진술한 사안에서, 판례는 단지 주취의 정도만을 따져보는 것만으로는 충분하지 않고 전문가에게 범행 당시 행위자의 정신상태에 어떤 장애는 없었던 것인지를 확실히 판단해 보아야 한다고 보았다(대법원 2002.11.8. 선고 2002도5109 판결).

③ '**비정상적 정신상태**'는 음주로 인한 명정상태, 극심한 피로나 충격에 의한 심한

의식장애 등을 말한다. 예를 들어, 새벽에 인력시장에 일을 구하러 나갔는데, 일감이 없어 평소 알고 지내던 인부들과 함께 막걸리와 소주 등을 마셔 상당히 취한 상태에서 버스를 탄 후 집 근처 정류장에서 08:12경 하차한 후 초등학교 5학년생의 오른쪽 점퍼 소매를 잡으며 '가자'고 하자 피해자가 그 팔을 뿌리치고 옆으로 비켜서니 피해자의 뒤편 바닥에 앉아서 피해자에게 '학교가기 싫으냐. 집에 가기 싫으냐. 우리 집에 같이 자러가자'라고 말한 사안에서, 판례는 당시 행위자가 술에 많이 취한 상태였다고 하더라도 버스에서 내려 집으로 가는 중이었다는 점 등의 사정에 비추어 심신상실의 상태에까지 이르렀다고는 보기 어렵고 추행약취죄(형법 제288조)의 실행행위를 인정하였다(대법원 2009.7.9. 선고 2009도3816 판결).

④ 기타 '**성격적 결함**'을 보유한 사람에게는 자신의 충동을 억제하고 법을 준수하도록 요구하는 것이 가능하므로, 성격적 결함은 원칙적으로 심신장애의 사유로 고려될 수 없지만 예외가 인정될 수 있다. 예를 들어, ⓐ 소아들을 상대로 한 성행위를 중심으로 성적 흥분을 강하게 일으키는 공상, 성적 충동, 성적 행동이 반복되어 나타나는 '소아기호증'은 성적인 측면에서의 성격적 결함으로 인하여 나타나는데, 소아기호증과 같은 질환이 있다는 사정은 자체만으로는 형의 감면사유인 심신장애에 해당하지 아니하지만, 그 증상이 매우 심각하여 정신병이 있는 사람과 동등하다고 평가할 수 있거나, 다른 심신장애 사유와 혼합된 경우는 심신장애를 인정할 여지가 있다(대법원 2007.2.8. 선고 2006도7900 판결). ⓑ 옷 등을 성적 각성과 희열의 자극제로 믿고 이를 성적 흥분의 고취에 사용하는 '성주물성애증'이라는 정신질환도, 그러한 사정만으로는 절도 범행에 대한 형의 감면사유인 심신장애에 해당한다고 볼 수 없지만 그 증상이 매우 심각하여 정신병이 있는 사람과 동등하다고 평가할 수 있거나 다른 심신장애 사유와 혼합된 경우는 심신장애를 인정할 수 있다(대법원 2013.1.24. 선고 2012도12689 판결).

(3) 규범적(심리학적) 판단

행위자가 정신박약과 주의력결핍 과잉행동장애로 인하여 사물을 변별하거나 의사를 결정할 능력이 미약해진 상태에서 저질러졌다고 볼 가능성이 있다면, 범행 당시 심신장애의 상태에 있었는지에 대한 감정을 실시하여 그 결과까지 종합하여 범행 당시 행위자가 심신상실 또는 심신미약의 상태에 있었는지를 판단한다(대법원

2011.6.24. 선고 2011도4398 판결). 이때 행위자가 행위 시점에 심신장애가 있더라도 바로 책임능력이 부정되는 것이 아니라, 나아가 심리학적 요소인 사물변별능력이나 의사결정능력이 없어야 한다.

심신장애가 원인이 되어 행위자가 사물을 변별할 지적 능력이 없거나 사물을 변별하였더라도 자신의 행위를 통제할 능력이 없다는 것은 자연과학적 사실의 판단이 아니라, 법적 판단의 문제이다(규범적 판단). 형법 제10조에 규정된 심신장애의 유무 및 정도의 판단은 법률적 판단으로서 반드시 전문감정인의 의견에 구속되지는 않고, 정신질환의 종류와 정도, 범행의 동기, 경위, 수단과 태양, 행위자의 범행 전후의 행동, 반성의 정도 등 여러 사정을 종합하여 법원이 독자적으로 판단할 수 있다(대법원 2007.11.29. 선고 2007도8333,2007감도22 판결).

다만 이때 공소사실을 뒷받침하는 과학적 증거는 전제로 하는 사실이 모두 진실인 것이 입증되고 추론의 방법이 과학적으로 정당하여 오류 가능성이 전혀 없거나 무시할 정도로 극소한 것으로 인정되는 경우라면 법관이 사실인정을 하는데 상당한 정도로 구속력을 가지는데, 이를 위해서는 그 증거가 전문적인 지식 · 기술 · 경험을 가진 감정인에 의하여 공인된 표준검사기법의 분석을 거쳐 법원에 제출된 것이어야 하고, 채취 · 보관 · 분석 등 모든 과정에서 자료의 동일성이 인정되고 인위적인 조작 · 훼손 · 첨가가 없었다는 것이 보장되어야 한다(대법원 2011.5.26. 선고 2011도1902 판결).

참고 치료감호법의 치료감호

1. 의의

책임주의 원칙에 따라 불법행위를 한 심신장애인에 대하여 심심상실자로 처벌하지 않거나 심신미약자로 형을 감경할 수 있다. 그러나 범죄로부터 사회의 보호라는 측면에서는 심신장애인의 범죄에 대한 적절한 대책이 요구되는데, 이에 치료감호법상의 치료감호제도와 치료명령제도가 존재한다. 이중 치료감호를 살펴보면 다음과 같다.

2. 치료감호대상자(치료감호법 제2조)

다음 어느 하나에 해당하는 자로서 치료감호시설에서 치료받을 필요가 있고 재범의 위험성이 있는 자를 말한다.

① 형법 제10조 제1항에 따라 벌할 수 없거나 동조 제2항에 따라 형을 감경할 수 있는 심신장애자로서 금고 이상의 형에 해당하는 죄를 지은 자

② 마약 · 향정신성의약품 · 대마, 그밖에 남용되거나 해독을 끼칠 우려가 있는 물질이나 알코올을 식음 · 섭취 · 흡입 · 흡연 또는 주입받는 습벽이 있거나 그에 중독된 자로서 금고 이상의 형

에 해당하는 죄를 지은 자

③ 소아성기호증, 성적가학증 등 성적 성벽이 있는 정신성적 장애자로서 금고 이상의 형에 해당하는 성폭력범죄를 지은 자

3. 치료감호사건 처리절차

(1) 검사는 치료감호대상자가 치료감호를 받을 필요가 있는 경우 항소심 변론종결 시까지 관할 법원에 치료감호를 청구할 수 있다.

(2) 법원은 공소제기된 사건의 심리결과 치료감호를 할 필요가 있다고 인정할 때는 검사에게 치료감호 청구를 요구할 수 있다. 이때 비록 치료감호청구 요구 여부가 법관의 재량이더라도, 공소제기된 사건의 심리 결과 피고인의 재범 가능성과 아울러 일정한 강제력을 수반하는 감호 상태에서 치료받아야 할 필요성에 관한 구체적인 사정이 명백하게 확인되었는데도 그러한 요구 권한을 행사하지 아니한 것이 매우 불합리하다고 인정되는 경우라면 그러한 권한의 불행사는 재량의 한계를 현저하게 벗어난 것으로 위법하다(대법원 2024.12.26. 선고 2024도9537 판결).

(3) 검사는 다음의 어느 하나에 해당하는 경우는 공소를 제기하지 아니하고 치료감호만을 청구할 수 있다.

① 피의자가 형법 제10조 제1항에 해당하여 벌할 수 없는 경우

② 고소 · 고발이 있어야 논할 수 있는 죄에서 그 고소 · 고발이 없거나 취소된 경우 또는 피해자의 명시적인 의사에 반하여 논할 수 없는 죄에서 피해자가 처벌을 원하지 아니한다는 의사표시를 하거나 처벌을 원한다는 의사표시를 철회한 경우

③ 피의자에 대하여 형사소송법 제247조(기소편의주의)에 따라 공소를 제기하지 아니하는 결정을 한 경우

(4) 법원은 치료감호사건을 심리하여 그 청구가 이유 있다고 인정할 때는 판결로써 치료감호를 선고하여야 하고, 이유 없다고 인정할 때 또는 피고사건에 대하여 심신상실 외의 사유로 무죄를 선고하거나 사형을 선고할 때는 판결로써 청구기각을 선고하여야 한다.

(5) 치료감호사건의 판결은 피고사건의 판결과 동시에 선고하여야 한다.

4. 치료감호의 집행

(1) 피치료감호자를 치료감호시설에 수용하는 기간은 최장 15년을 초과할 수 없다.

(2) 치료감호시설은 충남 공주에 있는 '국립법무병원'(500병상) 및 '지정법무병원'(법무부장관이 지정한 국립정신의료기관)을 말한다.

(3) 치료감호와 형이 병과된 경우는 치료감호를 먼저 집행한다. 이 경우 치료감호의 집행기간은 형 집행기간에 포함한다.

2. 형사미성년자

제9조(형사미성년자) 14세되지 아니한 자의 행위는 벌하지 아니한다.

14세 미만자는 형사미성년자라고 하여 책임능력을 부정한다(형법 제9조). 육체적 · 정신적으로 미성숙한 소년의 경우 사물의 변별능력과 그 변별에 따른 통제능력이 없어서 그 행위에 대한 비난가능성이 없고, 형사정책적으로도 소년은 교육적 조치에 의한 개선의 가능성이 있다는 점에서 형벌 이외의 수단에 의존하는 것이 타당하다는 고려에서 입법된 것이다(헌법재판소 2003.9.25. 선고 2002헌마533 결정).

형법은 형사미성년자의 책임능력 판단에 있어서 개인의 지적 능력, 의지력 등을 바탕으로 연령에 따라 판단하는 방법을 취하지 않고, 14세라는 생물학적 기준에 따라 일률적으로 책임능력을 판단하는 방법을 취하고 있다. 이러한 형사미성년자 제도는 로마법에서 시작된 이래 독일법을 통해 현재까지 이어져 오고 있다. 로마법에서는 7세 미만의 자를, 독일에서는 1923년 소년법원법 제정 이후부터 취학 종료 연령인 14세를 기준(종교적으로 14세부터 성년으로 의제하는 것도 배경)으로 14세 미만의 자를 절대적 형사미성년자로 취급해 왔다. 이것이 현행 형법 제14조에까지 이어지고 있다.

이처럼 형사미성년자의 책임능력을 14세의 생물학적 기준에 따라 일률적으로 판단하는 방식에 대해서, 헌법재판소는 일정한 정신적 성숙의 정도와 사물의 변별능력이나 통제능력의 존부 · 정도를 개인마다 판단 · 추정하는 것은 곤란하고 부적절하므로 일정한 연령을 기준으로 하여 일률적으로 정한 것은 합리적인 방법이며, 형사책임의 연령을 몇 세로 할 것인지의 문제는 현저하게 불합리하고 불공정한 것이 아닌 한 입법자의 재량에 속하는 것이며, 14세 미만이라는 연령기준은 다른 국가들의 입법례에 비추어 보더라도 지나치게 높다고 할 수 없다고 판단하였다(헌법재판소 2003.9.25. 선고 2002헌마533 결정).[9)]

다만 14세 미만자의 행위는 책임능력이 부정되어 형사처벌은 불가능하지만, 소년법에 따른 보호처분은 가능하다.

---

9) 형사미성년자의 연령을 비교해 보면, ① 영국과 호주는 10세 미만, ② 프랑스는 13세 미만, ③ 독일, 이탈리아, 일본은 14세 미만, ④ 덴마크, 핀란드, 노르웨이, 스웨덴은 15세 미만, ⑤ 포르투갈은 16세 미만, ⑥ 벨기에, 룩셈부르크는 18세 미만으로 정하고 있다(이혜미, "형사미성년자 연령 하향조정의 논의와 쟁점", 이슈와 논점 제372호, 2012).

참고 **소년법의 특칙**

1. 적용 대상

소년이 건전하게 성장하도록 돕기 위해서 형사처분에 관한 특별조치와 품행교정을 위한 보호조치를 규정한 것이 소년법인데, 소년법은 10세 이상 19세 미만의 소년을 대상으로 한다(소년법 제2조). 2008년 이전의 소년법은 대상 소년의 연령을 12세 이상 20세 미만으로 규정하였으나, 2008년부터 10세 이상 19세 미만으로 연령을 하향하였다. 소년법이 적용되는 상한 연령을 19세 미만으로 한 것은 청소년의 성숙 정도, 다른 법률에서 규정한 청소년의 연령과의 통일성, 19세부터 대학생인 점 등을 고려한 것이며, 하한 연령을 10세 이상으로 한 것은 범죄를 범하는 청소년의 연령이 낮아지는 추세를 고려하면서도 초등학교 3~4학년까지의 소년에 대해서는 사법작용보다는 교육적 기능에 맡기고자 한 것이다.

2. 처리 절차

소년사건은 소년보호사건과 소년형사사건으로 구분되어 처리된다. 소년보호사건에서는 보호적 · 교육적 시각에서 특별한 보호처분의 절차를 행하고, 소년형사사건은 일반 형사소송절차에 따른다. 다만 수사단계에서는 보호처분과 형사처분 모두가 고려되고, 소년보호절차의 개시 후에도 소년형사사건으로 변경될 수 있고(소년법 제7조) 소년형사절차의 개시 후에도 소년보호사건으로 변경될 수 있다(소년법 제50조).

(1) 소년보호사건

소년보호사건의 대상에는 범죄소년, 촉법소년, 우범소년이 있다. 형법 제9조에 따라 14세 미만자의 행위는 책임능력이 부인되어 벌금형이나 징역형 등의 형사처벌이 불가능하나, 소년법에서 이들을 촉법소년이라고 하여 이들에 대한 보호처분을 규정하고 있다. 즉 '**촉법소년**'이란 형법과 기타 법령에 저촉되는 행위를 한 10세 이상 14세 미만인 소년이다(소년법 제4조 제1항 제2호). '**범죄소년**'은 형법과 기타 법령에 저촉되는 행위를 한 14세 이상 19세 미만의 소년 중 보호처분의 대상이 된 소년을 말한다.

(2) 소년보호처분

소년보호처분의 종류는 가장 가벼운 1호처분(보호자 또는 보호자를 대신하여 소년을 보호할 수 있는 자에게 감호 위탁)부터 가장 무거운 10처분(장기 소년원 송치, 12세 이상의 소년, 2년 이내)까지 10가지이다(소년법 제32조 제1항). 10가지 보호처분의 종류가 있지만, 소년원 송치처분의 폭이 넓지 않아서 적절한 처분이 결정되지 못하는 측면이 있다. 소년보호처분 중 가장 무거운 처분은 2년 이내의 장기 소년원송치이므로, 2년 이상의 소년원송치가 필요하다고 판단되는 사안(예를 들어, 13세인 소년이 살인을 범한 경우나 상습적으로 절도를 범한 경우)에서 적합한 조치를 할 수 없는 상황이다.

(3) 소년형사사건

소년형사사건은 형벌을 수단으로 하는 제재로서 일반형사사건과 마찬가지로 처리된다. 다만 약간의 특별규정이 존재하는데, ① 선도조건부기소유예(선도유예)가 존재한다. 검사는 소년과 소년의 친권자 · 후견인 등 법정대리인의 동의를 받아 피의자에 대하여 범죄예방자원봉사위원의 선도나 소년의 선도 · 교육과 관련된 단체 · 시설에서의 상담 · 교육 · 활동 등을 받게 하고, 피의사건에 대한 공소를 제기하지 아니할 수 있다(소년법 제49조의3). ② 소년에 대한 구속영장은 부득이한 경우가 아니면 발부하지 못하고, 소년을 구속하는 경우는 특별한 사정이 없으면 다른 피의자나 피고인과 분리하여 수용하여야 한다(소년법 제55조). ③ 소년에 대하여 변호인이 없거나 변호인이 출석하지 아니한 때에 법원은 반드시 국선변호인을 선정하여야 한다(형사소송법 제33조 제1항, 제283조).

(4) 형벌의 집행

소년형사사건은 형의 집행에서 몇 가지 특칙이 존재한다. 죄를 범할 당시 18세 미만인 소년에 대하여 사형 또는 무기형으로 처할 경우는 15년의 유기징역으로 한다(소년법 제59조). 그리고 형기의 상한과 하한을 정하여 일정 범위 내에서 부정기형을 선고하는 상대적 부정기형이 인정되는데, 소년이 법정형으로 장기 2년 이상의 유기형에 해당하는 죄를 범한 경우는 그 형의 범위에서 장기(10년 이내)와 단기(5년 이내)를 정하여 선고한다(소년법 제60조 제1항). 그 외에도 벌금 또는 과료를 선고받고 이를 납입하지 않은 성인은 유치기간을 정하여 노역장유치를 선고하게 되는데(형법 제70조 제1항), 18세 미만인 소년에게는 노역장 유치선고를 하지 못한다(형법 제62조).

III. 한정책임능력자

책임능력과 책임무능력 사이의 중간에 한정책임능력의 개념이 존재한다. 생물학적 요소에 있어서는 책임무능력자와 마찬가지로 심신장애가 존재하지만, 규범적(심리학적) 요소에 있어서 사물변별능력이나 의사결정능력이 어느 정도 존재하는 상태가 한정책임능력이다. 형법전에는 한정책임능력자로 심신미약자(형법 제10조 제2항)와 청각 및 언어 장애인(형법 제11조)의 2가지 유형을 규정하고 있다.

1. 심신미약자

제10조(심신장애인) ② 심신장애로 인하여 전항의 능력이 미약한 자의 행위는 형을 감경할 수 있다.

심신장애로 인하여 사물을 변별할 능력이 없거나 의사를 결정할 능력이 미약한 사람을 '**심신미약자**'라고 하고, 심신미약자의 범죄는 형이 감경될 수 있다(형법 제10조 제2항). 심신상실과 심신미약은 모두 심신장애에 관한 것으로 그 정도를 달리하는 차이가 있을 뿐인데, 심신상실은 심신장애로 인하여 사물의 시비선악을 변별할 능력이나 그 변별하는 바에 따라 행동할 능력이 없는 경우이고 심신미약은 능력이 그렇게 결여된 정도는 아니고 미약한 경우이다(대법원 1985.5.28. 선고 85도361 판결).

정신의학적으로 심신미약에 해당될 수 있는 경우는 조현병, 중증의 양극성장애, 치매, 지적장애 등이다. 예를 들어, 지적장애 3급의 장애인으로 전체지능이 45점 수준이었고 주의력결핍 과잉행동장애(ADHD)가 있으며 가게에서 물품대금을 계산하지 못하고 하루가 몇 시간인지 등 일상생활에서 쉽게 접할 수 있는 기초적 상식조차 습득되어 있지 않으며 언어적 이해력과 표현력 등이 상당히 빈약한 14세의 행위자가, 집에서 텔레비전을 시청하다가 지하철 안에서 어떤 남자가 마스크를 쓰고 여자를 위협하여 강제추행을 하는 모습을 보고 따라 해 보고 싶은 충동에서, 칼과 마스크를 준비하여 자신이 다녔던 중학교의 여자화장실에 들어가 과거 자신을 체벌했던 여교사가 화장실 안으로 들어오기를 기다린 후 여교사에게 강제추행을 한 사안에서, 판례는 정신박약과 주의력결핍 과잉행동장애로 인하여 사물을 변별하거나 의사를 결정할 능력이 미약해진 상태에서 저질러진 행위라고 판단하였다(대법원 2011.6.24. 선고 2011도4398 판결). 정신분열증과 같은 정신질환의 경우에는 범행의 충동을 느끼고 범행에 이르게 된 과정에 있어서 범인의 의식 상태가 정상인과 같아 보이더라도 범행의 충동을 억제하지 못한 것이 정신질환과의 연관이 있을 수 있고, 그러한 경우에는 정신질환으로 말미암아 행위통제능력이 저하된 것이어서 심신미약이라고 볼 여지가 있다(대법원 1992.8.18. 선고 92도1425 판결).

심신미약자의 행위에 대한 법률효과는 형의 **임의적 감경**이다. 과거에는 필요적으로 감경하도록 규정하였던 것을, 일부 범죄자들이 심신미약을 감형의 수단으로 악용하려 하면서 심신미약 감경에 반대하는 국민적 비판의 여론이 거세지자 2018년 개정에서 임의적 감경으로 개정되었다.

2. 청각 및 언어 장애인

> 제11조(청각 및 언어 장애인) 듣거나 말하는 데 모두 장애가 있는 사람의 행위에 대해서는 형을 감경한다.

듣거나 말하는 데 모두 장애가 있는 사람을 청각 및 언어 장애인이라고 하고, 청각 및 언어 장애인의 범죄는 형이 감경된다(형법 제11조). 과거 농아자(聾啞者)라고 표현하였던 것을 2020년 개정에서 청각 및 언어 장애인으로 개정하였다.

청각 및 언어기능의 장애는 신체기능의 장애로서 정신적 장애는 아니고, 심신미약자와 달리 형을 필요적으로 감경하도록 하고 있다. 청각 및 언어 장애인을 특별히 규정한 것은, 사람이 의사능력을 형성하는데 의사소통 기능이 중요한 역할을 하는 바, 말하고 듣는 능력이 선천적으로 결핍된 장애우의 경우 범죄에 책임을 질 만한 의사결정능력이 길러지지 않았다고 보기 때문이다.

최근 특수교육의 발달로 선천적 청각 · 언어 장애인도 의사소통방법을 배울 수 있으므로 굳이 청각 및 언어 장애인만을 특별히 규정할 필요가 없다며 형법 제11조를 폐지하자는 논의가 있으며, 일본 형법은 책임능력에 관한 일반규정을 적용하면 충분하다는 이유에서 음아자(瘖瘂者)에 관한 규정을 1995년 삭제하였다.

제3절 | 원인에 있어서 자유로운 행위

I. 의의

1. 개념

> 제10조(심신장애인) ③ 위험의 발생을 예견하고 자의로 심신장애를 야기한 자의 행위에는 전2항의 규정을 적용하지 아니한다.

책임능력이 있는 행위자가 범행을 의도하여 혹은 범행을 예견할 수 있는 상황에서 자의적으로 스스로 심신장애의 상태에 빠져 범행하는 것을 '**원인에 있어서 자유로운 행위**'(actio libera in causa)라고 한다. 원인에 있어서 자유로운 행위가 적용될 수 있는 전형적인 경우는 알코올이나 약물 등에 의한 명정상태이다. 예를 들어, 살인을 결심한 사람이 실행의 용기를 얻기 위해서 음주 후 명정상태에서 살인을 실행하는 경우나 운전사가 운전해야 한다는 것을 알면서도 음주 후 운전하다가 사고를 낸 경우가 원인에 있어서 자유로운 행위의 경우이다. 원인에 있어서 자유로운 행위라는 표현 속에는 자의적으로 심신장애를 초래하는 원인설정행위가 책임능력이 있는 상태, 즉 자유롭게 의사를 결정할 수 있는 상태에서 행하여진 것이라는 점을 강조한다.

원인에 있어서 자유로운 행위는 두 가지 행위(원인설정행위와 범죄실행행위)로 이루어져 있는데, 심신장애를 초래하는 **원인설정행위**는 책임능력이 있는 상태에서 행하여지나 구성요건해당성이 없어서 범죄행위가 아니고, 반면 **범죄실행행위**는 구성요건해당성이 있지만 책임능력이 없거나 미약한 상태에서 행해진 특성이 있다. 이처럼 원인설정행위는 구성요건해당성이 없어서 범죄가 되지 않고 범죄실행행위는 책임능력이 없어서 범죄가 되지 않는데, 이때 원인행위와 실행행위 사이에 존재하는 '**자의적인 야기**'라는 연결고리를 통해 범죄로 평가할 수 있다는 것이 원인에 있어서 자유로운 행위라는 개념을 사용하는 이유이다.

형법전에서는 제10조 제3항에 "위험의 발생을 예견하고 자의로 심신장애를 야기한 자의 행위에는 전2항의 규정을 적용하지 아니한다."라고 하여 원인에 있어서 자유로운 행위를 규정하고 있는데, 이것은 행위자의 책임능력을 인정하여 불법행위에 대해서 책임이 배제되거나 감경되지 않는다는 의미이다.

참고 미국 형법상 원인에 있어서 자유로운 행위[10)]

대륙법계에서는 원인에 있어서 자유로운 행위를 형법 제10조 제3항처럼 책임능력과 관련하여 논의하나, 영미법에서는 '자발적 명정의 항변'을 범죄 성립의 주관적 요건(고의)을 중심으로 논의한다. 이때 일반 고의범과 특정 고의범(specific intent crime)을 구별하여 법률효과를 인정하는데, 먼저 일반 고의범의 경우에는 커먼로 원칙에 따라 자발적 명정(voluntary intoxication)은 항변사유가 되지 않는다는 것이 미국 각 주의 판례의 일반적인 입장이다. 예를 들어, 일반 고의범인 강간죄의 경우 강간범이 자발적 명정으로 인하여 행위 시점에 피해자에 대한 강간의 고의가 없었다고 항변하는 것은 인정되지 않는다.

반면, 특정 고의범에 대해서는 자발적인 명정이 항변사유가 된다. 예를 들어, 미국 대부분의 주에서 1급살인은 의도적 · 계획적으로 사전에 준비하여(willful, deliberate, permeditated) 살인하는 것을 의미하는데, 피고인이 명정으로 인하여 사전에 계획하거나 준비하여 살인한 것이 아니라고 항변한다면, 피고인은 1급 살인이 아니라 2급 살인으로 처벌될 수 있다.

2. 가벌성의 근거

'행위와 책임능력의 동시존재원칙'(Simultanitätsprinzip)에 엄격히 따르면 원인에 있어서 자유로운 행위는 처벌할 수 없거나 단순히 예비행위에 불과하게 된다. 하지만 이를 처벌할 형사정책적 필요성에서 형법 제10조 제3항에서 책임능력을 인정하

10) 김종구, "미국 형법상 원인에서 자유로운 행위의 가벌성", 법학연구 제24권 제2호, 2014, 103면 이하.

여 처벌하도록 하고 있는데, 이때 가벌성의 근거에 대해서 견해가 대립한다. 견해의 대립은 고의범의 경우에 실행착수의 시점에 있어서 차이를 가져온다.

(1) 원인설정행위설

원인설정행위설은 행위자가 자신의 심신장애를 초래하는 원인설정행위에 가벌성의 중점이 있다고 보는 견해로서, '행위와 책임능력의 동시존재원칙'을 유지하는 견해이다.[11] 책임능력이 없거나 미약한 상태에서 행해지는 범죄실행행위는 원인설정행위로부터 시작되는 것이고, 원인설정행위가 법익 침해의 결과나 위험에 결정적 원인이라고 보는 시각이다. 책임능력은 범행을 개시할 때 존재하면 충분하고 범행을 종료할 때까지 존속해야 할 필요는 없는데, 원인설정행위시에는 책임능력이 있으므로 책임비난이 가능하게 된다. 구성요건의 범위를 원인설정행위로 확장하여 구성요건의 실행행위를 인정하므로 '**구성요건모델**'이라고도 한다. 원인설정행위설에서는 원인설정행위 시점을 실행행위의 착수 시점으로 본다.

실행행위의 시점을 구성요건의 직접적 실행으로부터 앞당기는 것은 원인에 있어서 자유로운 행위뿐만이 아니라, 간접정범(형법 제34조 제1항)에서도 마찬가지이다. 간접정범의 본질은 타인을 도구로 이용하여 자신의 범죄를 실현하는 것에 있으므로, 간접정범이 피이용자를 사주하거나 이용하는 행위를 개시한 시점에서 실행착수가 인정된다. 원인에 있어서 자유로운 행위에서는 자신을 책임능력이 결여된 도구로 만들어 자신의 범죄를 실현하는 것으로서 자신을 이용하는 원인설정행위시에 실행착수가 인정된다고 본다.

그러나 원인설정행위설에 대해서는 실행행위와 무관한 원인설정행위 자체만으로 가벌성의 근거를 인정하는 것은 가벌성의 범위를 부당하게 확장하는 것이며, 간접정범의 경우는 행위자와 도구가 동일인이 아닌데 원인에 있어서 자유로운 행위는 행위자와 도구가 동일인이어서 차이가 있다는 비판이 제기된다.

(2) 범죄실행행위설

범죄실행행위설은 책임능력의 결함 상태에서 행한 범죄실행행위에 가벌성의 중점이 있다고 보는 견해로서, 행위와 책임능력의 동시존재원칙의 예외를 인정하는 견

---

11) 김일수 · 서보학, 271면; 성낙현, 371면.

해이다.[12] 그래서 범죄실행행위설을 '**예외모델**'이라고도 한다. 행위자가 범행을 염두하고 자신의 책임능력 결함을 만든 것과 범행 시점에 책임능력의 흠결은 상쇄되므로, 범죄실행행위 시점에 존재하는 책임능력의 흠결이 가벌성에 영향을 주지 않는다는 시각이다. 원인설정행위는 범죄의 예비행위에 불과하고 범죄의 실행행위는 책임능력 결함 상태에서 행한 구성요건 실행행위이므로, 범죄실행행위의 시점을 원인에 있어서 자유로운 행위의 착수 시점으로 본다.

그러나 범죄실행행위설에 대해서는 행위와 책임능력이 동시에 존재하여야 한다는 형법의 대원칙인 행위책임원칙에 반한다는 근본적인 문제가 있으며, 범죄실행행위를 지나치게 강조할 경우는 원인에 있어서 자유로운 행위라는 개념 자체를 인정하지 않는 것과 마찬가지라고 비판할 수 있다.

(3) 결합설

결합설은 원인설정행위와 범죄실행행위를 '**불가분적 연관성**' 속에서 행해진 것이라고 전체적으로 보아서 행위자의 책임능력을 인정하는 견해이다.[13] 원인설정행위와 범죄실행행위의 불가분적 연관성이 행위와 책임능력의 동시존재원칙의 예외를 인정할 수 있는 근거라는 것이다. 행위자가 법익 침해를 계획하거나 예견하면서 유책하게 원인설정행위를 하고 이에 따라 구성요건을 실현하였다는 점에서 원인설정행위는 범죄실행행위의 필요적 전단계이고, 양자의 상관관계를 인정할 수 있다는 시각이다. 결합설도 범죄실행위설과 마찬가지로 범죄실행행위의 시점을 원인에 있어서 자유로운 행위의 착수 시점으로 본다.

그러나 결합설에 대해서는 불가분적 연관성이라는 용어를 사용하였을 뿐이지 범죄실행행위설과 본질적으로 차별되지 않는다고 비판할 수 있다.

(4) 판례

판례의 입장은 명확하지 않다. 미수의 사안에서 원인에 있어서 자유로운 행위를

12) 강동욱, 206면; 신동운, 426면; 박찬걸, 258면; 이정원 · 이석배 · 정배근, 187면; 이재상 · 장영민 · 강동범, 351면; 한상훈 · 안성조, 181면; 홍영기, 130면.

13) 김종원(상), 183면; 김혜정 · 박미숙 · 안경옥 · 원혜욱 · 이인영, 252면; 박상기 · 전지연, 161면; 배종대, 297면; 이영란, 336면; 이용식, 180면; 이형국 · 김혜경, 277면; 임웅 · 김성규 · 박성민, 329면; 정성근 · 박광민, 260면; 정성근 · 정준섭, 181면; 정영일, 291면.

인정한 판례가 확인되지 않기 때문이다. 다만 과실의 음주운전사고의 사안에서 지속적으로 판례는 "음주운전을 할 의사를 가지고 음주만취한 후 운전을 결행하다가 교통사고를 일으킨 경우에는 음주시에 교통사고를 일으킬 위험성을 예견하였는데도 자의로 심신장애를 야기한 경우에 해당하므로 형법 제10조 제3항에 의하여 심신장애로 인한 감경 등을 할 수 없다"라고 하면서(대법원 2007.7.27. 선고 2007도4484 판결), 판결이유에서 원인설정행위를 강조하고 있다.

(5) 소결(원인설정행위설)

원인에 있어서 자유로운 행위의 사안은 구성요건의 직접적 실행행위 시점에서는 행위자의 책임능력 흠결로 인하여 범죄의 성립을 인정하기 어렵다. 그러나 범죄행위를 의도하거나 예상하면서도 자의적으로 책임능력의 흠결을 유발한 행위자에게는 불법행위에 대한 책임을 묻지 않을 수 없다는 판단에서, 원인에 있어서 자유로운 행위라는 개념을 만들어 사용하는 것이다. 이 개념의 출발점은 범죄실행행위를 원인설정행위와 분리하여 평가할 수 없다는 점이고, 이것은 원인설정행위와 범죄실행행위를 개괄적으로 묶어 평가하는 것이라고 할 수 있다. 원인설정행위와 범죄행위를 개괄한다는 것은 하나의 연결된 행위라고 보는 것이고, 그렇다면 원인설정행위부터 행위라고 의미를 부여하는 것이다. 원인설정행위 시점에 실행의 착수가 인정되는 것이다. 간접정범은 타인을 도구로 이용한 범죄의 형태이고 원인에 있어서 자유로운 행위는 자신을 도구로 이용한 범죄의 형태로 이해할 수 있다. 즉 책임능력이 있는 행위자가 책임능력이 없는 타인을 도구로 이용하여 자신의 범죄를 실행한다면 간접정범에 해당하고, 책임능력이 있는 행위자가 책임능력이 없는 자신을 도구로 이용하여 범죄를 실행한다면 원인에 있어서 자유로운 행위에 해당한다.

II. 유형

원인에 있어서 자유로운 행위는 크게 2가지 유형으로 설명할 수 있다. 범죄실행행위를 기준으로 고의범을 실행한 경우와 과실범을 실행한 경우로 구분할 수 있는데, 판례는 이를 '고의에 의한 원인에 있어서의 자유로운 행위'와 '과실에 의한 원인에 있어서의 자유로운 행위'라고 표현한다(대법원 1992.7.28. 선고 92도999 판결).

1. 고의범을 실행한 경우

행위자가 법익 침해를 인식 또는 예견하면서 자의적으로 자신을 심신장애의 상태에 빠뜨리고 심신장애 상태를 이용하여 고의의 구성요건을 실현한 경우가 고의에 의한 원인에 있어서의 자유로운 행위이다. 이 경우는 원인설정행위시의 고의와 범죄실행행위는 그 내용이 일치하여야 한다.

예를 들어, 이미 범행을 예견하고도 대마초를 흡연하여 자의로 심신장애를 야기한 후 피해자를 유인하여 잔인한 방법으로 살해하여 매장한 다음, 곧이어 피해자의 행방을 찾고 있던 피해자의 애인까지 같은 범행장소 부근으로 유인하여 살해하여 매장한 사안에서, 피고인들에게 형법 제10조 제3항에 의하여 심신장애로 인한 감경 등을 할 수 없으며 사형이 선고되었다(대법원 1996.6.11. 선고 96도857 판결).

2. 과실범을 실행한 경우

행위자가 법익 침해의 위험을 예견하면서 자의적으로 자신을 심신장애의 상태에 빠뜨리고 부주의하게 과실의 구성요건을 실현한 경우가 과실에 의한 원인에 있어서의 자유로운 행위이다.

예를 들어, 음주운전을 할 의사를 가지고 음주만취한 후 운전을 결행하다가 교통사고를 일으킨 경우는 음주 시점에 교통사고를 일으킬 위험성을 예견하였는데도 자의로 심신장애를 야기한 경우로서 형법 제10조 제3항에 의하여 심신장애로 인한 감경 등을 할 수 없다(대법원 2007.7.27. 선고 2007도4484 판결).

III. 성립 요건

1. 위험의 발생 예견

행위자는 위험의 발생을 예견해야 하는데, 이것은 현실적인 위험의 발생에 대한 예견뿐만 아니라 위험 발생의 가능성에 대한 예견까지 포함한다. 입법자가 원인에 있어서 자유로운 행위를 고의범에 한정시키도록 하고 있지는 않으므로, 범행을 의도하고 있지는 않더라도 심신장애의 상태에서 범죄를 과실로 실행할 수도 있다는 예견도 포함되는 것이다. 오히려 일반의 과실범의 경우보다 원인에 있어서 자유로운 행위 형태의 과실범에 있어서 결과 발생에 대한 예견가능성은 높을 수 있다. 운전자가 자신의 승용차를 운전하여 술집에 가서 술을 마신 후 귀가하기 위해서 운전하여 교통사고를 일으킨 경우는, 운전자가 음주할 때 교통사고를 일으킬 수 있다는 위험성을 예견하면서 자의로 심신장애를 야기한 경우에 해당한다(대법원 1994.2.8. 선고 93도2400 판결).

2. 자의적인 심신장애 야기

행위자가 자의적으로 심신장애를 야기해야 한다. 형법 제10조 제3항에서는 심신장애의 야기에 있어서 '고의'나 '과실'이라는 표현을 사용하지 않고 '자의'라고 규정하고 있는데, 이것은 자의(自意)라는 문언 그대로 책임능력이 있는 상태에서 자기의 생각이나 의견에 따라 행위한 것을 의미한다. 살인죄를 범하기 위한 것처럼 특정한 목적을 위해서 스스로 음주 등을 하여 심신장애를 야기하는 경우뿐만 아니라, 이후에 업무 등을 해야 하는 상황에서 심신장애의 상태에 빠질 것을 알면서도 특정한 목적 없이 스스로 음주 등을 하여 심신장애에 빠진 경우도 자의에 의한 경우이다.

3. 심신장애 상태에서 실행행위

행위자가 심신장애의 상태에서 범죄를 실행해야 한다. 심신장애의 상태는 심신상실의 경우와 심신미약의 경우 모두를 의미한다. 이때 주의할 점이 두 가지 있는데, 첫째, 행위 시점에 행위자에게 사물을 변별할 능력과 의사를 결정할 책임능력이 인정되는 경우라면, 원인에 있어서 자유로운 행위가 적용되지 않는다는 점이다. 예를 들어, 사고 당시 주취상태에 있었던 운전자가 사고 사실을 알고도 도주하였는데, 사고 및 도주 당시 사물을 변별할 능력이나 의사를 결정할 능력이 없었거나 미약한 상태에 있지 않았다면, 음주할 때 교통사고를 일으킬 수 있다는 위험성을 예견하고도 자의로 심신장애를 야기한 경우가 아니고 심신미약으로 인한 형의 감경을 할 수 있는 경우도 아니다(대법원 1995.6.13. 선고 95도826 판결).

둘째, 심신장애 상태에서 실행된 범죄가 행위자가 원인행위설정 시점에 예견하였던 위험의 발생이 아니라면, 원인에 있어서 자유로운 행위가 성립하지 않는다.

제8장

위법성 인식과 면책사유

제1절 | 위법성 인식

I. 의의

1. 개념

규범적 책임론에 따르면, 책임은 불법행위를 하려는 의사의 형성과 실현에 대한 비난가능성에 그 본질이 있다. 행위자가 법에 따라 행위하고 법에 합치되게 스스로 결정할 수 있었음에도 법에 합치되게 결정하여 행위하지 않았다는 점에서 행위자를 비난하는 것이다. 행위의 불법성을 변별하고 이에 따라 행동을 조종할 수 있는 책임능력을 가지고 있는 행위자의 개념에는, 행위자에게 법과 불법에 관한 인식이 존재한다는 것이 전제된다. 즉 위법성의 인식이 전제된다.

구성요건에 해당하는 행위가 전체 법질서에 반하는 성질을 위법성(Rechtswidrigkeit)이라고 하는데, **위법성 인식**은 행위가 전체 법질서에서 요구하는 금지나 명령에 반한다는 인식을 의미한다. 위법성 인식에 대해서 형법상 직접적인 규정은 존재하지 않고, 위법성 인식이 없는 법률의 착오(형법 제16조)를 규정하는 형태로 소극적 형식으로 위법성 인식이 규정되어 있다. 즉 불법행위를 한 행위자에게 책임능력이 있는 경우에는 위법성 인식의 부존재를 인정할 만한 근거(법률의 착오)가 없는 한 위법성 인식의 존재는 추정된다.

위법성 인식은 법적 평가에 대한 내적 작용을 의미하는데, 고의가 사실관계에 대한 내적 작용을 의미하는 것과 구별된다. 그리고 위법성 인식의 형태에 있어서 구체적 · 현재적일 것이 요구되지는 않고 '잠재적 인식'의 형태도 충분하다. 행위자가 행위 시점에 법질서의 측면을 고려하여 자신의 행위를 평가하면서 불법행위를 하지는 않기 때문이다. 행위자의 인식능력에 비추어 불법행위의 위법성을 인식할 수 있으면 되는 것이다. 이러한 위법성 인식도 '행위 시점'에 존재해야 한다.

2. 인식의 내용

위법성 인식은 행위자가 자신의 불법행위가 윤리나 도덕에 반한다는 인식이 아니라, 법질서에 반함을 인식하는 것이다(**법적 인식**). 자신의 행위가 법질서에 반한다는 인식이란, 형법 규정의 내용까지 인식해야 하는 것을 말하는 것은 아니다. 일반 국민에게 형법 규정의 구체적 내용까지 인식하는 것을 요구할 수는 없다. 예를 들어, 자신의 불법행위가 형법상의 허위공문서작성죄(형법 제227조)에 해당하는 줄 몰랐다고 하더라도 이것만으로 위법성의 인식이 없었다고 보지는 않는다(대법원 1987.3.24. 선고 86도2673 판결).

다만 위법성 인식이 개별 불법행위의 특유한 불법 내용까지 결여된 추상적인 위법성 인식을 의미하는 것도 아니어서, 예를 들어, 위증죄(형법 제152조 제1항)의 경우라면 '사회는 법정에서 증인에게 알고 있는 대로 진술하라고 요구한다'라는 인식이 위법성의 인식이라고 할 수 있다. 이처럼 위법성 인식은 구체적 · 개별적 불법행위에 대한 위법성 인식을 말하는 것이고(실질적 위법성 인식), 일상생활에서 평소에 가지고 있는 전반적인 위법성 인식을 의미하지는 않는다.

3. 확신범

확신범이란 행위자가 자신의 정치적, 종교적 또는 윤리적 신념에 따라 특정한 행위를 해야 한다고 생각하여 실정법에 반하는 불법행위를 한 경우를 말한다. 판례는 어떤 사람의 성장교육과정을 통하여 형성된 내재적인 관념이나 확신으로 인하여 행위자 스스로의 의사결정이 사실상 강제되는 결과라고 표현한다(대법원 1990.3.27. 선고 89도1670 판결). 확신범 중에서 특히 양심의 갈등에서 비롯된 것을 가리켜서 '양심범'이라고 한다.

확신범 형태의 범죄자는 자신이 내리는 옳고 그름에 대한 판단은 자신의 인격을 확인하는 것이므로, 그러한 판단이 존중되지 않는다면 자신의 존재가치 자체가 부인된다고 생각하게 된다. 그래서 확신범에 대해서는 정당행위로서 위법성을 조각시키거나 위법성 인식이 없어서 책임을 조각시키거나 양형에 있어서 일반인에 비하여 유리하게 조치하여야 한다는 시각 등이 존재할 수 있다.

그러나 법질서는 사회구성원 모두의 개별적 동의를 전제로 하여 효력을 발생하는 것이 아니고, 범죄의 성립과 처벌이라는 법적 판단에 있어서 개인 자신이 가지는 정치적 · 종교적 · 윤리적 의무를 법질서 존중이라는 의무보다 앞세울 수는 없다. 범죄체계에서 책임이란 행위자에게 법과 불법에 관한 인식이 존재하였고 이에 따라 행위자가 행위를 조종할 수 있었음에도 불법행위를 하였다는 점에서 비난하는 것을 말하지, 윤리나 종교 등에 대한 인식을 기준으로 판단하여 비난하는 것이 아니다. 따라서 확신범에 대한 범죄의 불성립이나 형벌의 감경은 인정되지 않는다

II. 위법성 인식의 범죄체계상 지위

위법성 인식의 범죄체계상 지위를 어떻게 보는지에 따라서 위법성 인식이 결여된 법률의 착오를 처리하는 방법이 달라진다.

1. 고의설

인과적 행위론에 기반한 고전적 범죄체계는 불법의 내용을 객관적 요소로만 파악하고, 책임은 불법행위에 대한 행위자의 주관적 요소로 파악하여 고의를 책임의 유형으로 본다. 고전적 범죄체계는 모든 주관적 요소가 고의의 요소로 이해하게 되고, 위법성 인식도 고의의 요소로 이해한다. 이것을 '**고의설**'이라고 한다. 고의설에서는 행위자가 불법행위의 위법성을 인식하지 못하였을 때는 고의의 핵심 요소가 결여되어 고의가 인정되지 않는다.

그런데 고의설은 고의에 구성요건에 대한 인식과 위법성에 대한 인식이 모두 포함하는 것으로 이해하므로, 구성요건의 착오와 위법성의 착오를 구별하는 것은 무의미하다. 양자 모두가 형법상의 착오로서 고의가 부정되는 것이다. 이것이 고의설의 장점이 되는데, 구성요건의 착오와 법률의 착오를 구별해야 한다는 문제를 검토하지 않아도 되게 한다.

반면 고의설은 법적으로 무관심한 태도를 가진 행위자일수록 고의가 배제되어 유리하게 된다는 단점이 존재하고, 이러한 단점을 극복하기 위해서 비판을 극복하기 위해서 위법성의 인식을 현실적으로 요구하는 것이 아니라 그 가능성만으로 충분하다고 보고 행위자가 법맹목성이나 법적대적 태도 때문에 위법성이 없는 경우라면 고의를 인정하자는 '**제한적 고의설**'이 제안되기도 한다. 그러나 제한적 고의설도 위법성 인식을 배제하는 기준이 모호하다는 단점이 있다.

2. 책임설

목적적 조종활동을 행위로 보는 목적적 행위론에 기반한 목적론적 범죄체계는 정신작용의 내용을 범죄체계의 첫 단계부터 검토하여, 즉 고의를 구성요건단계에서 검토한다. 또한 사회적으로 의미 있는 인간의 행태를 행위로 보는 사회적 행위론에 기반한 합일태적 범죄체계도 정신작용의 내용을 범죄체계의 첫 단계부터 검토하는 것을 받아들여 고의를 구성요건단계에서 검토한다.

이러한 입장에서는 주관적 요소 중 구성요건에 관련된 인식만 고의라고 하여 구성요건에서 사용하고, 그 외 주관적 요소인 위법성 인식은 고의의 개념으로 포섭하지 않고 독자적인 책임요소로 사용한다.[1] 그래서 '**책임설**'이라고 하는데, 이에 따르면 위법성 인식의 결여는 고의에 영향을 미치지 않고, 책임 요소가 결여된 것으로서 책임을 배제하게 된다. 책임설에서는 고의가 불법에 대한 현실적 인식으로 보고 책임비난을 근거하는 것은 불법의 현실적인 인식이 아니라 잠재적인 인식만으로 충분하다고 보는데, 반면 고의설에서는 고의의 책임 관련적 불법은 행위자의 법에 대한 의도적인 거부라고 본다.[2]

책임설은 구성요건에 대한 인식을 고의라고 하고 위법성에 대한 인식을 독자적인 책임요소로 이해하므로, 구성요건의 착오와 위법성의 착오를 구별하게 된다. 구성요건의 착오는 고의가 부정되고, 위법성 인식의 착오는 책임이 부정된다.

---

1) 박상기 · 전지연, 166면; 배종대, 302면; 성낙현, 385면; 신동운, 453면; 정성근 · 박광민, 271면; 정성근 · 정준섭, 192면; 주호노, 541면.

2) 유스투스 크륌펠만 저/김영환 역, "형법상 착오의 처리", 「형법상의 착오」, 1999, 6면.

3. 판례

고의설을 취한 것으로 보이는 판례가 있다. 예를 들어, ⓐ 유선비디오 방송은 전기통신기본법의 허가 대상이 아니라는 담당 부처 장관의 답변을 믿은 유선비디오 방송업자들이 허가를 받지 않고 시행한 사안에서, 유선비디오 방송업자들의 범행에 범의가 없었다고 할 수 없다(대법원 1989.2.14. 선고 87도1860 판결). ⓑ 징계사유가 존재하고 당시 사정으로 보아 사용자가 당해 징계처분을 할 만한 정당한 이유가 있다고 판단한 것이 무리가 아니었다고 인정되는 경우는 사후에 그 징계처분이 사법절차에서 정당한 사유가 없는 것으로 인정되어 무효로 되었더라도 사용자에게 근로기준법을 위반하여 정당한 이유 없이 근로자에 대하여 해고 등의 불이익처분을 한다는 인식 즉 고의를 인정할 수 없다(대법원 1994.5.27. 선고 93도3377 판결).

반면 고의설로 볼 수도 있고 책임설로 볼 수도 있는 판례도 있다. 예를 들어, ⓒ 인원수의 제한 없이 중개보조원을 채용하는 것이 허용된다는 부동산중개업협회의 자문을 믿고서 부동산중개업법을 위반한 사안에서, 행위자에게 자신의 행위가 법령에 저촉되지 않는 것으로 오인함에 정당한 이유가 있는 경우로 보거나 범의가 없었다고 볼 수는 없다(대법원 2000.8.18. 선고 2000도2943 판결). ⓓ 부동산중개업자가 아파트 분양권의 매매를 중개할 당시 일반주택이 아닌 일반주택을 제외한 중개대상물을 중개하는 것이어서 교부받은 수수료가 법에서 허용되는 범위 내의 것으로 믿고서 부동산중개업법을 위반한 사안에서, 그러한 사정만으로는 자신의 행위가 법령에 저촉되지 않는 것으로 오인함에 정당한 사유가 있는 경우로 보거나 범의가 없었다고 볼 수는 없다(대법원 2005.5.27. 선고 2004도62 판결).

4. 소결(책임설)

위법성 인식에 대한 해석은 형법의 규정을 전제로 하게 되는데, 형법전에 사실의 착오(형법 제13조, 제15조 제1항)와 법률의 착오(형법 제16조)가 구별되어 규정된 상황에서 고의설은 적합하지 않다. 구성요건에 대한 인식과 위법성에 대한 인식이 모두 고의에 포함되는 것으로 이해하는 고의설에서는 착오의 규정을 구별하여 규정할 필요가 없기 때문이다. 착오에 관해서 이처럼 구성요건의 착오와 위법성 인식의 착오를 구분하여 규정한 방식은 책임설에 부합하는 것이다.

형법은 행위형법이면서 책임원칙이 적용되는 것이며 범죄의 성립에 있어서 불법행위과 책임을 구분하여 판단하는 것을 받아들인다면, 형법에서 고의와 위법성의 인식은 범죄체계상 구별되는 것이다. 고의는 구성요건에 해당하는 구체적 사실에 대한 인식을 내용으로 하는 것이고, 위법성 인식은 자신의 행위가 법적으로 금지되거나 요구된다는 것의 인식을 내용으로 한다.

제2절 위법성 인식의 착오

> **제16조(법률의 착오)** 자기의 행위가 법령에 의하여 죄가 되지 아니하는 것으로 오인한 행위는 그 오인에 정당한 이유가 있는 때에 한하여 벌하지 아니한다.

I. 의의

1. 개념

행위가 전체 법질서에서 요구하는 금지나 명령에 반한다는 인식이 위법성의 인식인데, 행위자가 비록 자신의 행위가 구성요건에 해당하지만 법적으로 금지되지 않고 허용되어 있다고 잘못 믿고 있는 경우가 '**위법성 인식의 착오**'이다. 즉 행위자는 법질서에서 허용된 행위라고 생각하고 있지만 법질서에서는 금지된 경우이고, 그래서 '**금지착오**' 또는 '**허용착오**'라고도 부른다. 형법 제16조에는 행위에 대한 법적 평가에 오인이 있었다는 점에서 '**법률의 착오**'라고 명하면서, "자기의 행위가 법령에 의하여 죄가 되지 아니하는 것으로 오인한 행위는 그 오인에 정당한 이유가 있는 때에 한하여 벌하지 아니한다."라고 규정하고 있다.

참고 독일에서 금지착오(Verbotsirrtum)의 규정 과정

독일에서 20세기 초에는 인과적 행위론에 기반한 고전적 범죄체계에 따라 모든 주관적 요소가 고의라는 개념에 포함되어 책임에서 고의가 검토되었다. 당시 독일제국법원 판례는 사실의 착오와 법률의 착오를 구별하면서, 사실의 착오에 대해서만 법률효과(고의 배제)를 인정할 뿐 위법성에 관한 착오는 원칙적으로 고려하지 않았다. 다만 위법성 인식의 착오가 민법 등의 다른 법영역에서 유래한 경우라면 사실의 착오와 동일하게 취급하였다. 이처럼 형법의 영역에 존재하는 법적 개념에 대한 착오는 고려되지 않았다.
20세기 중반 책임의 본질을 규범적 책임론으로 보게 되면서, 즉 불법행위를 하려는 의사의 형성과 실현에 대한 '비난가능성'에서 책임의 본질을 찾으면서 형법상의 법적 개념에 대한 착오도 중요한 의미가 있다고 평가되기 시작하였다. 1952년 독일연방법원이 "책임은 비난가능성이다."라고 판시하면서(BGHSt 2, 200), 위법성 인식의 착오에 의미를 부여하게 되었다. 이후 독일 형법에서 위법성 인식의 착오에 관한 규정이 1975년 형법 전면개정에서 신설되었는데, 제16조 행위상황에 대한 착오(Irrtum über Tatumstände)의 규정에 이어서 제17조에 금지착오(Verbotsirrtum)라는 명칭으로 규정되어 있다.[3)]

2. 환상범

불법행위를 한 행위자가 ① 위법한 행위를 위법하지 않다고 오인한 경우와 ② 위법하지 않은 행위를 위법하다고 오인한 경우가 있을 수 있는데, 이 중 전자(①)의 경우를 위법성 인식의 착오라고 하고, 후자(②)의 경우를 '**환상범**' 또는 '**환각범**'이라고 부른다. 예를 들어, 수사기관에 자신의 범죄행위에 대해서 허위로 진술하면 처벌된다고 인식하면서도 허위의 진술을 하는 경우이다. 환상범은 위법성 인식의 착오에 대한 반대형태이어서 '반전된 법률의 착오'라고도 부른다.

환상범은 처벌되지 않는다. 환상범의 행위에 대한 구성요건이 존재하지 않으므로, 구성요건해당성이 존재하지 않아 범죄가 성립하지 않는다.

II. 유형

1. 위법성 인식의 직접적 착오

행위자가 행위에 적용되는 금지규범 자체를 인식하지 못하여, 즉 행위의 위법성을 전혀 인식하지 못하여 그 행위가 허용된다고 오인한 경우를 위법성 인식의 직접적 착

---

3) § 17 **Verbotsirrtum** Fehlt dem Täter bei Begehung der Tat die Einsicht, Unrecht zu tun, so handelt er ohne Schuld, wenn er diesen Irrtum nicht vermeiden konnte. Konnte der Täter den Irrtum vermeiden, so kann die Strafe nach § 49 Abs. 1 gemildert werden. (범행 시점에 행위자에게 불법을 한다는 인식이 없는 경우에서 행위자가 이러한 착오를 회피할 수 없었다면 책임 없는 행위이다. 행위자가 착오를 회피할 수 있었던 경우라면 제49조 제1항에 따라 형이 감경될 수 있다.)

오라고 한다. 직접적 착오는 3가지 유형(포섭의 착오, 효력의 착오, 법률의 부지)이 있다.

(1) 포섭의 착오

포섭의 착오는 행위자가 행위와 관련된 금지규범을 알고 있으나 금지규범이 자신의 행위에는 적용되지 않는다고 잘못 해석한 경우이다. 즉 법규범의 효력 범위에 관하여 자신에게 유리하게 잘못 해석한 경우이다. 예를 들어, 자식의 훈육을 위해서 부모가 자식을 학대하더라도 학대죄에 해당하지 않는다고 오인하고 자식을 학대하는 경우이다.

판례를 보면, 건설폐기물 처리업 허가를 받은 사람이 예정사업지에 건설폐기물 처리시설을 설치한 후 변경허가를 받음으로써 변경허가 없이 그 시설의 소재지를 변경하였다고 기소된 사안에서, 예정사업지에 시설 등을 미리 갖춘 후 실제 영업행위를 하기 전에 변경허가를 받으면 된다고 오인한 경우가 포섭의 착오로 볼 수 있고, 이때 오인에 있어서 정당한 이유가 인정된다(대법원 2015.1.15. 선고 2013도15027 판결). 반면 부동산중개업자가 아파트 분양권의 매매를 중개하면서 중개수수료 산정에 관한 지방자치단체의 조례를 잘못 해석하여 법에서 허용하는 금액을 초과한 중개수수료를 수수한 경우는 정당한 이유가 인정되지 않는다(대법원 2005.5.27. 선고 2004도62 판결).

(2) 효력의 착오

효력의 착오는 행위자가 행위와 관련된 금지규범을 알고 있으나 금지규범이 더 이상 효력이 없다고 오인한 경우이다. 예를 들어, 사실 적시 명예훼손죄(형법 제307조 제1항)가 헌법재판소의 위헌결정으로 무효라고 오인한 상황에서, 자신의 행위가 위법하지 않다고 생각하고 타인의 명예에 관한 사실을 적시한 경우가 이에 해당한다.

(3) 법률의 부지

① 개념

법률의 부지는 행위자가 행위와 관련된 금지규범이 존재한다는 것을 모르고 행위한 경우이다. 포섭의 착오와 효력의 착오는 금지규범의 존재 자체는 알고 있는 경우이지만, 법률의 부지는 금지규범의 존재 자체를 모르는 경우이다. 예를 들어, 자기소유일반물건방화죄(형법 제167조 제2항)의 존재를 모르는 상황에서 자신의 물건을 불태워 공공의 위험을 발생시킨 경우가 이에 해당한다.

② 판례

학계에서는 법률의 부지는 전형적인 위법성 인식의 착오라고 보는데,[4] 판례는 법률의 부지가 위법성 인식의 착오에 포함되지 않는다고 본다. "형법 제16조에서 … 규정하고 있는 것은 일반적으로 범죄가 되는 경우이지만 자기의 특수한 경우에는 법령에 의하여 허용된 행위로서 죄가 되지 아니한다고 그릇 인식하고 그와 같이 그릇 인식함에 정당한 이유가 있는 경우에는 벌하지 아니한다는 취지이다."라는 것이 일관된 판례의 입장이다(대법원 2002.1.25. 선고 2000도1696 판결 등 참조).

예를 들어, ⓐ 제2종 지구단위계획구역 안에서의 건축이 건축법상 허가대상인 줄 몰랐다면 이는 단순한 법률의 부지에 불과하여 건축법 위반죄의 성립에 아무런 영향을 미치지 못한다(대법원 2011.10.13. 선고 2010도15260 판결). ⓑ 토지의 소유명의자로부터 직접 매수하거나 매수인의 상속인도 아닌 사람이 부동산소유권이전등기등에 관한특별조치법에 따라 소유명의자로부터 직접 매수한 양 보증서를 작성, 행사하여 확인서를 발급받아 이를 행사하였다면, 그 같은 행위가 법에 위반되는 줄 몰랐다 하더라도 이는 단순한 법률의 부지에 불과하여 정당한 이유가 있다고 볼 수 없다(대법원 1995.12.12. 선고 95도1891 판결). ⓒ 일본 영주권을 가진 재일교포가 영리를 목적으로 관세물품을 구입한 것이 아니라거나 국내 입국시 관세신고를 하지 않아도 되는 것으로 착오하였다는 등의 사정만으로는 법률의 착오에 해당하지 않는다(대법원 2007.5.11. 선고 2006도1993 판결). ⓓ 유흥접객업소의 업주가 만 18세 이상의 고등학생이 아닌 미성년자는 경찰의 단속대상에서 제외되어 있어서 유흥접객업소의 출입이 허용되는 것으로 알고 있었더라도 이는 미성년자보호법 규정을 알지 못한 단순한 법률의 부지에 해당하고 이를 법률의 착오에 기인한 행위라고 할 수는 없다(대법원 1985.4.9. 선고 85도25 판결).[5]

---

4) 김혜정 · 박미숙 · 안경옥 · 원혜욱 · 이인영, 266면; 박상기 · 전지연, 169면; 박상기 · 전지연, 169면; 박찬걸, 266면; 성낙현, 388면; 이상돈, 212면; 이재상 · 장영민 · 강동범, 367면; 이주원, 246면; 정영일, 301면; 정성근 · 박광민, 272면; 정성근 · 정준섭, 193면; 주호노, 571면.

5) 이 사안은 미성년자보호법의 규정 자체를 인식하지 못한 것이 아니라 그 적용 대상인 미성년자의 범위에 대해서 잘못 해석한 것이므로, 법률의 부지의 경우라기보다는 포섭의 착오로 보는 것이 타당하다.

③ 소결

문언상으로 형법 제16조는 "자기의 행위가 법령에 의하여 죄가 되지 아니하는 것으로 오인한 행위"라고 규정하고 있으므로, 법률의 부지는 포함되지 않는 것으로 해석할 수 있다. 법률의 부지에 대해서 법률효과를 부정하는 것은, 자신의 행위가 위법한 것임을 몰랐다는 행위자의 변명을 받아주지 않기 위한 것으로서 로마법에서 '법률의 부지는 용서받지 못한다'(ignorantia juris non excusat)라는 법언에서 출발하여 20세기 초반 독일제국법원에서도 이어졌고, 지금도 대법원 판례에서 유지되고 있다.

그러나 형법 제16조의 문언에 얽매여 법률의 부지를 위법성 인식의 착오로 보지 않는 시각은 개선되어야 한다. 1953년 형법 제정 당시와 비교하여 지금의 사회 상황은 매우 달라졌기 때문이다. 상해나 절도 등의 형법전의 일반범죄에 대해서는 행위자가 이에 대한 불인식을 주장하더라도 이에 대한 사실판단에 있어서 착오를 인정할 수는 없을 것이므로 법률의 부지가 실제로 문제되지는 않지만, 각종 특별법에 존재하는 형법규정은 일반 국민이 법규범의 존재를 인식하지 못하는 경우가 발생한다. 특히 사회가 복잡해지면서 수많은 행정형법이 존재하는 상황에서 일반 국민은 처벌법규의 존재를 모르고 행위하는 경우가 많은데, 이러한 경우에 판단의 여지 없이 일괄적으로 행위자의 비난가능성을 인정하는 것은 위법성 인식을 요구하는 책임주의에 부합하지 않는다. 입법론상으로 법률의 부지를 포함할 수 있도록 형법 제16조를 개정하는 것이 필요하겠지만, 해석상으로 법률의 부지를 법률의 착오에 포함하더라도 죄형법정주의에 반하지는 않는다. 법률의 부지 경우도 위법성 인식의 착오로 보고 정당한 이유의 판단을 통해 해결하는 것이 책임주의에 부합한다.

2. 위법성 인식의 간접적 착오

행위자가 행위에 적용되는 금지규범에 대해서는 인식하였으나 정당화하는 허용규범(위법성조각사유)으로 인해서 그 행위가 허용된다고 오인한 경우를 위법성 인식의 간접적 착오라고 한다. 즉 자신의 행위가 일반적으로는 위법하지만 특별히 자신의 경우는 위법성조각사유인 법령에 의하여 허용되므로 범죄가 되지 아니한다고 오인한 경우이다. 위법성조각사유(허용규범)와 관련된 착오라고 할 수 있다.

간접적 착오는 3가지 유형을 생각해 볼 수 있는데, ① 첫째, 자신의 행위에 특별히 적용되는 위법성조각사유가 존재하는 것으로 오인한 경우이다(허용규범의 착오).

② 둘째, 자신의 행위에 적용되는 위법성조각사유의 허용한계 오인하여 유리하게 해석한 경우이다(허용한계의 착오). ③ 위법성조각사유의 전제사실이 존재하지 않음에도 존재한다고 오인한 경우이다(위법성조각사유의 전제사실에 대한 착오, 허용상황의 착오).

위법성 인식의 간접적 착오도 위법성 인식의 착오이고, 따라서 형법 제16조가 적용되어 그 오인에 정당한 이유가 있는 때에는 책임이 조각된다.

III. 정당한 이유

1. 의의

구성요건의 착오는 행위자가 구성요건을 이루는 요소를 알지 못하는 사실관계에 대한 착오로서 착오가 인정되면 바로 고의가 조각되지만, 위법성 인식의 착오는 범죄의 사실관계에 대해서는 올바른 인식이 있지만 법적 평가에 대한 착오가 있는 경우로서 착오가 인정되더라도 그 오인에 정당한 이유가 인정될 경우만 책임이 조각된다. 반면 위법성 인식의 착오가 있더라도 정당한 이유가 인정되지 않으면, 불법행위에 대해서 책임이 인정되어 범죄가 성립되며, 다만 양형에서 감경의 요소로 고려될 수 있다.

위법성 인식을 착오한 행위자는 비록 자신의 행위가 위법한 것을 알지 못하더라도 자신이 법익의 침해나 위험을 유발하는 행위를 하고 있다는 것은 알고 있기에, 착오가 있더라도 바로 법률효과를 인정하지는 않는다. 형법 제16조에서는 "오인에 정당한 이유가 있는 때"에 책임을 조각시키고, 독일 형법 제17조에서는 행위자가 착오를 회피(vermeiden)할 수 있었던 경우에 책임을 조각한다. 판례는 정당한 이유의 판단에 있어서 "그렇게 오인함에 어떠한 과실이 있음을 가려낼 수 없어 정당한 이유가 있는 경우"라고 하거나(대법원 1983.2.22. 선고 81도2763 판결), "오인을 회피할 가능성이 있는지"라고 한다(대법원 2024.7.25. 선고 2023도16951 판결).

2. 판단기준

책임은 행위자에게 불법행위에 대한 비난가능성을 검토하는 것이므로, 행위자의 지적 인식능력을 기초로 하여 행위자가 행위의 위법성을 현실적으로 인식할 수 있는 능력을 전제로 하여 판단한다. 이때 행위자가 위법성을 현실적으로 인식할 능력이 있었는지는 '**사회적 평균인**'인 제3자의 시각에서 객관적으로 판단하는 것이다. 즉 행위의 구성요건해당성을 인식한 행위자가 자신의 지적 인식능력을 바탕으로 그 행위에 대해서 법적 평가를 하여 법질서에 위반되지 않았다고 판단한 것을, 제3자인 사회적 평균인의 시각에서도 받아들일 수 있는 경우에 책임이 배제되는 것이다. 반면 행위자의 지적 인식능력에서 행위의 위법성을 알 수 있었거나 알았어야 하는 경우라면 정당한 이유가 인정되지 않는다.

예를 들어, 전자담배제조업에 관한 허가 기준이 마련되어 있지 않더라도 궐련담배제조업에 관한 허가 기준이 이미 마련되어 있는 상황에서, 담배제조업 관련 법령의 허가 기준을 준수하거나 허가 기준이 새롭게 마련될 때까지 법 준수를 요구하는 것이, 사회적 평균인의 입장에서 불가능하거나 현저히 곤란한 것을 요구하는 것이라고 보지는 않는다(대법원 2018.9.28. 선고 2018도9828 판결).

정당한 이유의 유무를 사회적 평균인이라는 제3자의 객관적 시각을 고려하지 않고 행위자의 인식능력을 기준으로만 판단하면, 자기 확신에 근거해서 행위한 사람의 경우는 위법성을 인식할 가능성이 존재하지 않기 때문에 항상 정당한 이유가 인정된다는 문제점이 있다. 판례는 정당한 이유를 아래와 같이 '행위자 개인' 및 '그가 속한 사회집단'을 기준으로 하여 행위자가 회피하기 위한 진지한 노력을 다하였는지에 따라 판단한다(대법원 2018.9.28. 선고 2018도9828 판결).

> 행위자에게 자기 행위의 위법의 가능성에 대해 심사숙고하거나 조회할 수 있는 계기가 있어, 자신의 지적 능력을 다하여 이를 회피하기 위한 진지한 노력을 다하였더라면 스스로의 행위에 대하여 위법성을 인식할 수 있는 가능성이 있었음에도, 이를 다하지 못한 결과 자기 행위의 위법성을 인식하지 못한 것인지 여부에 따라 판단하여야 할 것이다. 이러한 위법성의 인식에 필요한 노력의 정도는 구체적인 행위정황과 행위자 개인의 인식능력 그리고 행위자가 속한 사회집단에 따라 달리 평가되어야 한다.

3. 판례

판례는 정당한 이유의 인정에 있어서 엄격하다. 예를 들어, ⓐ 임대를 업으로 하는 사람이 임차인에게 계약상의 의무이행을 강요하기 위한 수단으로 계약서의 조항을 근거로 임차물에 대하여 일방적으로 단전 · 단수를 조치하면서 자신의 행위가 죄가 되지 않는다고 오인하더라도, 특별한 사정이 없는 한 그 오인에 정당한 이유가 인정되지 않는다(대법원 2007.9.20. 선고 2006도9157 판결). ⓑ 대법원의 판례에 비추어 자신의 행위가 무허가 의약품제조 · 판매행위에 해당하지 아니하는 것으로 오인하였더라도, 이는 사안을 달리하는 사건에 관한 대법원 판례의 취지를 오해하였던 것에 불과하여 그와 같은 사정만으로는 그 오인에 정당한 사유를 인정할 수 없다(대법원 1995.7.28. 선고 95도1081 판결). ⓒ 풍속영업규제법 위반행위를 한 사안에서 그 이전에 그와 유사한 행위로 '혐의없음' 처분을 받은 전력이 있다거나 일정한 시청차단장치를 설치하였다는 등의 사정만으로는 정당한 이유가 인정되지 않는다(대법원 2010.7.15. 선고 2008도11679 판결).

특히 전문가나 관련 부처의 단순한 자문을 거친 것만으로는 정당한 이유가 바로 인정되지는 않는데, ⓓ 장례식장의 식당(접객실) 부분을 증축함에 있어 홍성군과 증축에 관한 협의 과정을 거쳤고 건설교통부에 관련 질의도 했더라나, 홍성군과의 협의는 증축 부분이 장례식장이 아닌 '병원'의 부속건물임을 전제로 한 것이고 건설교통부의 질의회신도 종합병원의 경우 일반적으로 장례식장의 설치나 운영이 그 부속시설로서 허용된다는 취지가 아니라 종합병원에 입원한 후 사망한 환자의 장례의식을 위한 시설의 설치는 부속용도로 볼 수 있다는 취지라면, 그러한 협의나 질의를 거쳤다는 사정만으로 자신의 행위가 죄가 되지 않는 것으로 오인한 것에 정당한 이유가 있었다고 할 수 없다(대법원 2009.12.24. 선고 2007도1915 판결). ⓔ 변호사 등의 자문내용이 구체적이고 상세한 것으로서 신뢰할 만하다고 볼 수 있는 자료가 없는 상황에서, 변호사 등에게 문의하여 자문받았다는 사정만으로는 자신의 행위가 죄가 되지 않는다고 믿는 데에 정당한 이유를 인정할 수 없다(대법원 1992.5.26. 선고 91도894 판결).

반면, ⓕ 행정청의 허가가 있어야 함에도 허가를 받지 아니하여 처벌대상의 행위를 한 경우에 허가를 담당하는 공무원이 허가를 요하지 않는 것으로 잘못 알려 주어 이를 믿었기 때문에 허가를 받지 아니한 것이라면 허가를 받지 않더라도 죄가 되지 않는 것으로 착오를 일으킨 데 대하여 정당한 이유가 있는 경우에 해당한다(대법원 2005.8.19. 선고 2005도1697 판결). ⓖ 국회의원선거에 영향을 미칠 목적으로 의정보고서를 작성하여 선거구민들에게 배부하였더라도, 의정보고서의 작성 · 배부에 앞서 미리 사하구 선거관리위원회 지도계장으로부터 지지지수 조사결과를 의정보고서에 게재하는 것은 무방하다고 자문받았고, 의정보고서 초안을 작성하여 같은 선거관리위원회 지도담당관에게 보여준 후 간략한 정도로 수정하면 무방하다는 취지의 직접적인 답변을 듣고 지적대로 수정한 의정보고서를 선거구민들에게 배부한 이상, 이러한 의정보고서 배부가 공직선거및선거부정방지법에 위반되지 않는다고 오인함에 있어서 정당한 이유가 있는 경우에 해당한다(대법원 2005.6.10. 선고 2005도835 판결). ⓗ 가감삼십전대보초와 한약 가지수에만 차이가 있는 십전대보초를 제조하고 그 효능에 관하여 광고를 한 사실에 대하여 이전에 검찰의 혐의없음 결정을 받은 적이 있다면, 비록 한의사 약사 한약업사 면허나 의약품판매업 허가가 없이 의약품인 가감삼십전대보초를 판매하였더라도 자기의 행위가 법령에 의하여 죄가 되지 않는 것으로 믿을 수밖에 없었고, 또 그렇게 오인함에 있어서 정당한 이유가 있는 경우에 해당한다(대법원 1995.8.25. 선고 95도717 판결).

제3절 | 위법성조각사유의 전제사실에 대한 착오

I. 의의

1. 개념

위법성조각사유의 전제사실이 존재하지 않은데도 행위자가 존재한다고 오인하고 구성요건에 해당하는 행위를 한 경우가 '**위법성조각사유의 전제사실에 대한 착오**'이다. 위법성조각사유를 허용구성요건이라고도 하므로, '**허용구성요건의 착오**' 또는 '허용상황의 착오'라고도 한다. 예를 들어, 현재의 부당한 침해라는 정당방위의 상황이 존재하지 않은데도 행위자가 이를 존재한다고 오인하고 구성요건에 해당하는 행위를 방위행위로 한 경우이다. 위법성조각사유마다 그 전제사실의 착오가 발생할 수 있고, 오상방위 · 오상피난 · 오상자구행위 · 오상피해자의승낙 등이 위법성조각사유의 전제사실에 대한 착오의 경우이다.

예를 들어, 2008. 6. 6. 01:20경 고양시 일산동구 ○○동 '파리바게뜨' 가게 앞에서, 김밥나라 여주인이 앞서 뛰어가는 성명불상의 학생 2명을 쫓아가며 "계산하고 가야지."라고 하는 말을 듣고, 15m 정도 뒤쫓아 가 부근에 있던 다른 학생인 김○연의 멱살을 잡고 약 10~15m 끌고 온 사안에서, 행위자는 김밥나라 여주인을 위한 정당방위로 김○연에게 폭행의 행위(형법 제260조 제1항)를 하였는데, 실제로 김○연은 현재의 부당한 침해를 하지 않아 정당방위가 성립하지 않는 상황이다(헌법재판소 2010.10.28. 선고 2008헌마629 결정).

2. 특성

위법성조각사유의 전제사실에 대한 착오는 위법성 인식의 간접적 착오의 형태 중 하나로서, 위법성 인식의 착오에 포함된다. 그런데 위법성조각사유의 전제사실에 대한 착오는 위법성 인식의 착오에 대한 논의와 별개로 논의되는데, 이것은 위법성 인식의 착오와 다른 법률효과를 인정하려는 시각이 있기 때문이다.

위법성조각사유의 전제사실에 대한 착오는 구조적으로 '구성요건의 착오' 및 '위법성 인식의 착오'와 모두 공통점을 가지는데(**양면성**), 먼저 행위자는 자신의 행위가 구성요건에 해당하지만 위법하지 않다고 믿은 점에서 결과적으로 자신 행위의 위법성을 인식하지 못하는 위법성 인식의 착오와 유사한 측면이 있고, 다음으로 규범적 평가에 대한 착오가 아니라 조각사유의 전제사실이라는 사실에 대한 착오라는 점에서 구성요건의 착오와도 유사한 측면이 있다. 형법전에는 위법성조각사유의 전제사실에 대한 착오에 관하여 규정하고 있지 않아서, 착오의 규정과 관련한 해석론으로 해결하고 있다.

참고 **입법적 해결**[6)]

① 총칙 규정의 입법(오스트리아)

오스트리아는 위법상조각사유의 전제사실에 대한 착오에 대한 총칙의 규정을 두어 입법적으로 해결하고 있다. 오스트리아 형법 제8조에 의하면, 위법성조각사유의 전제사실을 착오한 사람은 고의범으로 처벌할 수 없고, 다만 그 착오가 과실에 기인한다면 과실범 규정이 있는 경우에 과실범으로 처벌할 수 있다.

"**오스트리아 형법 제8조 위법성조각의 사안에 대한 착오적 수용**. 행위의 위법성을 조각하는 사안을 착오로 수용한 사람은 고의범으로 처벌될 수 없다. 그는 착오가 과실에 기인하고 과실행위의 처벌규정이 있는 경우에 과실범으로 처벌된다."

② 각칙 규정의 입법(독일)

독일은 위법성조각사유의 전제사실에 대한 착오에 대한 일반규정을 두고 있지는 않지만, 공무집행에 대한 오상방위의 문제를 해결할 수 있도록 공무집행방해의 착오에 대한 특별규정을 두고 있다. 독일 형법 제113조에는 공무집행방해죄가 규정되어 있는데, 동조 제1항에서는 기본적 구

---

6) 김정환, "사실확정을 전제하는 형법이론과 사실미확정을 전제하는 형사절차의 조화", 「연세법학, 또 다른 백 년」, 2021, 94~99면.

성요건을, 제2항에서는 가중적 구성요건을 규정한 후, 제3항에서는 위법한 공무집행에 대해서는 공무집행방해죄가 성립하지 않도록 규정하고 있다. 그리고 동조 제4항에서는 적법한 공무집행을 위법한 공무집행으로 오인한 경우를 규정하고 있다. 독일 형법 제113조 제4항은 오상방위를 엄격책임설의 입장에 따라 규정한 것인데, 사실의 착오나 법률의 착오와 구별되는 독자적인 규정으로서 사실의 착오나 법률의 착오 등 총칙상의 착오이론은 적용되지 않는다.

"**독일 형법 제113조 공무집행공무원에 대한 저항** ④ 행위자가 범행 시 직무집행이 적법하지 않다고 오인하였는데 그 착오를 피할 수 있었다면, 법원은 재량으로 형을 감경하거나(제49조 제2항) 책임이 경한 경우에는 형을 면제할 수 있다. 행위자가 그 착오를 피할 수 없었으며 행위자가 인식한 정황에 비추어 볼 때 위법하게 추정된 공무집행에 대하여 법적 수단으로 저항할 것을 기대할 수 없었다면, 범행은 제1항과 제2항으로 처벌되지 않는다; 행위자가 인식한 정황에 비추어 볼 때 위법하게 추정된 공무집행에 대하여 법적 수단으로 저항할 것을 기대할 수 있었다면, 법원은 재량으로 형을 감경하거나(제49조 제2항) 면제할 수 있다."

II. 학설

입법자가 형법에 위법성조각사유의 전제사실에 대한 착오에 대해서는 명문의 규정을 두지 않은 상황에서, 이에 대해서는 착오의 규정과 관련한 해석론으로 해결하게 된다. 이때 위법성 인식이라는 측면을 중시하면 형법 제16조(법률의 착오)를 적용하여 해결하고자 할 것이고, 사실의 착오라는 측면을 중시하면 제13조(고의)를 적용하여 해결하고자 할 것이다. 결국 오상방위 등 위법성조각사유의 전제사실에 대한 착오에 대한 논의는 사실의 착오(형법 제13조)로 해결할 것인지 법률의 착오(형법 제16조)로 해결할 것인지의 논의이다.

1. 엄격책임설

위법성 인식의 범죄체계상 지위와 관련하여 '**책임설**'은 구성요건에 대한 인식을 고의라고 하고 위법성에 대한 인식을 독자적인 책임요소로 이해하므로, 구성요건의 착오와 위법성의 착오를 구별하게 된다. 구성요건의 착오는 고의가 부정되고, 위법성 인식의 착오는 책임이 부정된다. 위법성 인식의 착오에는 직접적 착오의 형태와 간접적 착오의 형태가 있고, 위법성 인식의 간접적 착오의 형태에는 허용규범의 착오, 허용한계의 착오, 위법성조각사유의 전제사실에 대한 착오 등 3가지 유형이 있는데, 여기서 위법성조각사유의 전제사실에 대한 착오도 위법성 인식의 착오로 보고

형법 제16조에 따라 해결하는 견해가 '**엄격책임설**'이다.[7)]

이에 대해서는 위법성조각사유의 전제사실에 대한 착오는 일반적인 위법성 인식의 착오와 달리 위법성 판단에 관한 착오가 아니라 사실관계에 관한 착오라는 점을 고려하지 않는다는 비판이 제기된다.[8)]

2. 제한적 책임설

(1) 의의

위법성 인식의 범죄체계상 지위와 관련하여 책임설을 취하여 위법성의 인식을 독자적인 책임요소로 이해하고 구성요건의 착오와 위법성의 착오를 구별하지만, 위법성조각사유의 전제사실에 대한 착오에 대해서는 위법성 인식의 착오로 보지 않는 견해를 '제한적 책임설'이라고 한다. 책임설이 위법성조각사유의 전제사실에 대한 착오의 경우를 제외한 경우에서 인정하여 제한적 책임설이라고 한다.

제한적 책임설은 조각사유의 전제사실이라는 사실에 대한 착오라는 점을 강조하여, 위법성조각사유의 전제사실에 대한 착오를 위법성 인식의 착오가 아니라 '**구성요건의 착오**'로 보고 형법 제13조를 적용하는 견해이다. 특히 위법성조각사유를 겨냥하면서 행한 구성요건의 실행행위는 모험적인 행위로서 주의의무가 수반되는 것이고, 이때의 주의의무는 과실범의 판단에 있어서 주의의무와 마찬가지로서 과실범의 판단 척도가 위법성조각사유의 전제사실에 대한 착오의 불법을 결정하는 기준이라고 본다.[9)]

구성요건의 착오로 해결하면, 정당한 이유의 검토 없이 범죄불성립의 법률효과가 바로 인정되는데, 제한적 책임설은 논거에 따라 2가지 견해(구성요건착오 유추적용설 및 법효과제한적 책임설)로 나뉜다.

(2) 구성요건착오 유추적용설

행위자에게 불법(구성요건해당성+위법성)을 실현하려는 의사가 결여되어 행위반가

---

7) 김태명, 297면; 오영근 · 노수환, 352면; 이주원, 257면; 정성근 · 박광민, 284면; 정성근 · 정준섭, 202면.

8) 박상기 · 전지연, 174면.

9) 유스투스 크룀펠만 저/김영환 역, "형법상 착오의 처리", 「형법상의 착오」, 1999, 49면.

치가 부정되므로 구성요건의 착오에 관한 규정(형법 제13조)을 유추적용하여 고의를 인정하지 않는 견해이다.[10] 즉 위법성조각을 인식한 행위가치가 고의의 구성요건행위의 행위반가치에 대응하고, 전자에 의해서 후자가 제거된다고 본다. 위법성조각사유의 전제사실의 존재는 행위자가 좌우할 수 있는 것이 아니므로, 이에 대해서는 단지 과실범의 성립 여부만이 가능한 상황이라고 본다.[11] 구성요건착오 유추적용설에 의하면 불법행위가 배제되고, 공범의 제한적 종속성에 따를 때 착오자의 행위에 대한 공범(교사범 · 방조범)은 성립할 수 없게 된다.

(3) 법효과제한적 책임설

위법성조각사유의 전제사실에 대한 착오를 독자적인 형태의 착오로 파악하여, 주관적으로는 위법성조각사유를 실현한다고 준법적으로 행동한 행위자가 비난받아야 할 점은 전제사실을 오인한 '부주의성'에 있으며, 이러한 착오는 과실책임의 경우에 비견할 수 있다고 본다. 따라서 법효과 측면에서 구성요건의 착오와 같이 취급하여 형법 제13조가 적용된다고 보는 견해가 '법효과제한적 책임설'이다.[12]

다만 구성요건의 고의는 위법성조각사유와 관련된 착오에 영향을 받지 않으므로, 구성요건의 착오에 관한 규정은 직접적으로 적용될 수 없다고 본다. 위법성조각사유의 전제사실에 대한 착오에서는 '구성요건의 고의'가 배제되지 않고 '**책임요소의 고의**'가 배제된다고 한다. 즉 '합일태적 범죄체계'의 시각에서 고의의 이중기능을 인정하여, 구성요건으로서의 고의와 책임으로서의 고의를 인정하고 이중 심정반가치라고 하는 책임요소의 고의가 존재하지 않는 경우가 위법성조각사유의 전제사실을 착오한 경우라고 한다. 법효과제한적 책임설에 의하면 행위자의 구성요건적 고의는 존재하고 다만 책임요소의 고의만이 없는 것이어서, 공범의 제한적 종속성에 따를 때 착오자의 행위에 대한 공범(교사범 · 방조범)은 성립할 수 있게 된다고 한다.[13]

---

10) 김일수 · 서보학, 194면; 성낙현, 247면; 이정원 · 이석배 · 정배근, 197면.

11) 유스투스 크룀펠만 저/김영환 역, 위의 논문, 46면.

12) 강동욱, 224면; 김혜정 · 박미숙 · 안경옥 · 원혜욱 · 이인영, 270면; 박상기 · 전지연, 175면; 배종대, 307면; 신동운, 477면; 이영란, 352면; 이재상 · 장영민 · 강동범, 371면; 이형국 · 김혜경, 297면; 임웅 · 김성규 · 박성민, 365면; 정영일, 311면; 주호노, 513면; 홍영기, 143면.

13) 이러한 논거에는 문제점이 존재한다. 위법성조각사유의 전제사실을 착오한 행위자(정범)에 대해서 2중의 고의를 가지고 교사하는 경우가 존재할 수 있다는 전제에서, 법효과제한적 책임설은 구성요건착오 유추적용설과 구별된다고 하는데, 이러한 경우가 실제로 존재한다면 공범의 형태 중 착오자를 이용하는 간접정범인 것이지 교사범의 경우는 아니다.

III. 판례

판례에서 위법성조각사유의 전제사실에 대한 착오가 인정되는 경우는 대부분 오상방위의 사안인데, 판례가 명확하게 견해를 밝히지는 않는다. 다만 엄격책임설에 따라 형법 제16조를 적용하여 오인에 정당한 이유가 있는지를 판단하는 듯한 표현을 사용하고 있다.

예를 들어, ⓐ 피해자에게 피고인을 상해할 의사가 없고 객관적으로 급박하고 부당한 침해가 없었다고 가정하더라도 피고인으로서는 현재의 급박하고도 부당한 침해가 있는 것으로 오인함에 정당한 사유가 있는 경우(기록에 의하면 피해자가 술에 취하여 초소를 교대하여야 할 시간보다 한 시간 반 늦게 왔었고, 피고인의 구타로 동인은 코피를 흘렸다는 것이며, 동인은 코피를 닦으며 흥분하여 "월남에서는 사람하나 죽인 것은 파리를 죽인 것이나 같았다. 너 하나 못 죽일 줄 아느냐"라고 하면서 피고인의 등 뒤에 카빈총을 겨누었다고 한다)에 해당된다고 아니할 수 없음에도 불구하고, 원심이 피고인의 주장을 배척한 것은 오상방위에 관한 법리를 오해한 위법이 있다(대법원 1968.5.7. 선고 68도370 판결). ⓑ 피고인이 복싱클럽 관장과 회원인 피해자(17세)의 몸싸움을 지켜보던 중 피해자가 왼손을 주머니에 넣어 휴대용 녹음기를 꺼내어 움켜쥐자 피해자가 호신용 작은 칼 같은 흉기를 꺼낸 것으로 오인하여 피해자의 왼손 주먹을 강제로 펴게 함으로써 피해자에게 약 4주간의 치료가 필요한 좌 제4수지 중위지골 골절을 가한 사안에서, 피고인에 대하여 유죄로 판단한 원심판단에 위법성조각사유의 전제사실에 대한 착오, 정당한 이유의 존부에 관한 법리를 오해하여 판결에 영향을 미친 잘못이 있다고 보아 이를 파기 · 환송하였다(대법원 2023.11.2. 선고 2023도10768 판결). ⓒ 경찰관 A와 B가 사복 차림으로 야간에 승용차에 타고 잠복근무를 하던 중 혼자 걸어가는 甲을 발견하고 A는 승용차에서 내려 경찰공무원증을 제시하면서 甲에게 다가갔음에도 A와 B를 퍽치기 강도로 오인한 甲이 곧바로 도망하자, A는 뛰어서 B는 승용차를 타고 甲을 쫓아갔고 甲이 150~200m 도망가다가 B가 승용차로 앞을 가로막자 굴러 넘어졌고 이에 A는 甲이 일어나 도망하려는 것을 제지하려고 하였는데 甲은 A와 B에게 주먹을 휘두르고 발길질하여 A에게 약 3주간의 치료가 필요한 안면부좌상 등을, B에게 약 3주간의 치료가 필요한 경부염좌상 등의 상해를 입게 한 사안에서, 甲이 공무집행 자체 또는 공무집행의 적법성이나 자신의 경찰관들에 대한 유형력 행사의 위법성 등에 관하여 착오를 일으켰을 가능성을 배제하기 어려우므로, 원심으로서는 당시 피고인이 자신이 처한 상황을 어떻게 인식하였는지, 피고인에게 착오가 인정된다면 그러한 착오에 정당한 사유가 존재하는지 등에 관하여 면밀하게 심리한 다음 범죄 성립이 조각될 수 있는지를 신중히 판단하여야 한다(대법원 2014.2.27. 선고 2011도13999 판결).

그 외 명예훼손죄의 특유한 위법성조각사유(형법 제310조)와 관련해서 판례는, ⓓ 명예훼손죄에 있어서는 개인의 명예보호와 정당한 표현의 자유보장이라는 상충 되는 두 법익의 조화를 꾀하기 위하여 형법 제310조를 규정하고 있으므로 적시된 사실이 공공의 이익에 관한 것이면 진실한 것이라는 증명이 없다 할지라도 행위자가 진실한 것으로 믿었고 또 그렇게 믿을 만한 상당한 이유가 있는 경우에는 위법성이 없다고 본다(대법원 1996.8.23. 선고 94도3191 판결).

IV. 소결(엄격책임설)[14)]

위법성조각사유의 전제사실에 대한 착오에 대한 학설은 결론을 도출하는 과정에서 범죄체계 전반에 걸쳐 관련성을 갖는 논거를 제시하고 있는데, 이 점에서 현학적이고 비현실적인 논의라고 비판되기도 한다. 그렇지만 논거를 범죄체계 전반에 걸쳐 제시하여 결론을 도출하는 것은 법적 안정성에 도움이 된다. 법관이 홀로 사건의 사실인정과 법률적용을 모두 하는 형태의 재판에 있어서는, 법적 안정성을 확보하는 방안이 필요하다. 법관을 통제할 수 있는 재판절차에 관한 제도적 장치들을 마련하는 것도 필요하지만, 재판의 근거가 되는 법률적용을 다른 전반적 사안들과 논리적으로 연결하여 법적 안정성을 높이는 것이 필요하다. 그래서 위법성조각사유의 전제사실에 대한 착오 등을 포함한 착오의 문제를 형법이론의 영역에서 논의하는 것이다. 이때 현행형법에 따라 구성요건의 착오(형법 제13조)와 위법성 인식의 착오(형법 제16조) 중 하나의 규정으로 해결하게 되는데, 두 규정의 문구와 존재 의미를 고려해 보면, 개인적 입장은 위법성 인식의 착오(형법 제16조)로 해결하는 것이다.

형법 제13조는 "죄의 성립요소인 사실을 인식하지 못한 행위"를 대상으로 규정하고 있고, 형법 제16조는 "법령에 의하여 죄가 되지 아니하는 것으로 오인한 행위"를 대상으로 규정하고 있다. 오상방위의 경우라면 정당방위의 상황을 인식하지 못한 것을 '죄의 성립요소인 사실을 인식하지 못한 것'으로 보는 것이 타당한지, '법령에 의

14) 김정환, "적법한 공무집행에 대해 오인한 저항행위에 있어서 오상방위 적용의 전제로서 정당방위상황의 판단기준", 인권과정의 제500호, 2021, 18~20면.

하여 죄가 되지 아니하는 것으로 오인한 것'으로 보는 것이 타당한지로 단순하게 생각해 볼 때, 형법 제13조를 적용하는 견해는 "죄의 성립요소인 사실"이라는 문구 중 '사실'에 방점을 둔다. 그런데 형법 제13조는 모든 '사실'이 아니라 '죄의 성립요소인' 사실로 한정되는데, 형법 제13조가 의미하는 죄의 성립요소인 사실은 '객관적 구성요건요소'이다. 그렇다면 객관적 구성요건요소의 착오가 아닌 위법성조각사유의 전제사실에 대한 착오를 형법 제13조로 해결하는 것은 타당하지 않다. 형법 제13조와 제16조의 문구에서 적용대상의 핵심은 '죄의 성립요소'와 '법령'이라고 보는 것이, 범죄체계에 따라 불법행위와 책임을 구별하고 형법 제13조와 제16조를 별개로 규정한 것에 부합된다. 따라서 형법 제13조의 '죄의 성립요소'는 구성요건을, 형법 제16조의 '법령'은 위법성을 의미하는 것으로 보는 것이 타당하고, 위법성과 관련된 착오는 모두 형법 제16조가 적용되는 것이다.

다만 이와 같은 해석론에 따른 사안의 해결에는 전제이자 한계가 존재한다. 위법성조각사유의 전제사실에 대한 착오에 관한 이론은 위법성조각사유의 전제사실이 존재하지 않을 때 사용되는 것이므로, 전제사실의 부존재와 그에 대한 오인의 존재라는 사실인정이 선행되어야 한다. 즉 오상방위의 경우에 '정당방위 상황 판단'과 '정당방위 상황의 오인 판단'은 동시에 같은 지점에서 일어나고, 양자는 같은 것을 정당방위와 오상방위에서 각각 표현하는 것이다. 이론적으로는 사실인정이 된 것을 전제하여 위법성조각사유의 전제사실에 대한 착오에 관한 형법이론으로 해결하려고 하지만, 실무에서 법원은 정당방위 상황의 인식에 대한 행위자의 주장에 대한 사실인정의 문제로 해결하는 경우가 많다. 즉 위법성조각사유의 전제사실에 대한 오인이 존재함을 인정하지 않는다면, 위법성조각사유의 전제사실에 대한 착오 개념이 적용될 수 있는 사안이 아니어서 위법성조각사유의 전제사실에 대한 착오의 형법이론은 적용되지 않는다.

제4절 | 면책사유

I. 책임배제사유와 면책사유

불법행위에 대해서 행위자에게 비난할 수 없는 특별한 사정이 있는지를 책임 단계에서 확인하게 되는데, 행위자의 특수한 사정을 고려하여 일정한 기준에 따라 처벌의 필요성을 부정하는 사유를 '**책임조각사유**'라고 한다. 즉 책임조각사유는 행위자가 일상적인 상황이 아닌 예외적인 한계상황에서 행동하였기에 비난받을 만한 심정의 표출이라고 볼 수 없다는 점에서 책임이 감소 · 면제되는 경우이고, 책임조각사유는 책임배제사유(Schuldausschließungsgründe)와 면책사유(Entschuldigungsgründe)로 구분할 수 있다.

'**책임배제사유**'는 책임의 내재적인 제한 사유로서, 책임의 성립을 위해 본래 요구되는 표지(책임능력, 위법성인식)가 충족되지 않아 책임의 성립 자체가 부정되는 것을 말한다. 예를 들어, 책임무능력(형법 제9조, 제10조)이나 법률의 착오(형법 제16조)가 책임배제사유에 해당한다. 이러한 경우는 행위자에게 위법성의 인식이 처음부터 없는 것이어서, 비난할 근거가 존재하지 않는다.

반면 '**면책사유**'는 책임의 후행적 감면사유로서, 책임의 성립을 위해 본래 요구되는 표지가 충족되었으나 '규범합치적 행위에 대한 기대가능성'이 결여되거나 불충분하여, 일단 성립된 책임에 대해 비난을 배제하도록 이끄는 사유를 말한다. 예를 들어, 강요된 행위(형법 제12조), 과잉방위(형법 제21조 제3항), 과잉피난(형법 제22조 제3항) 등이 면책사유에 해당한다. 이러한 경우는 행위자에게 책임능력이나 위법성의 인식은 존재하고, 다만 행위자의 외부에 존재하는 '객관적 부수사정'이 비난을 감경 또는 면제하게 하여 형벌의 감경 · 면제나 책임의 조각을 이끄는 사유를 말한다. 면책사유의 근거가 되는 기본사상은 '규범합치적 행위에 대한 기대가능성'이다. 예외적인 갈등상황이나 비정상적인 동기유발상황에서 행위자가 규범합치적인 행위를 할 것을 기대할 수 없다는 점에서 면책사유의 근거를 찾을 수 있다.

II. 기대가능성

1. 의의

(1) 개념

행위자에게 불법행위가 아니라 적법행위를 기대할 수 있다는 것을 '**기대가능성**'이라고 하는데, 적법행위에 대한 기대가능성이 없는 사유가 있다면 '면책사유'라고 보게 된다. 기대가능성의 개념은 불법행위를 하려는 의사의 형성과 실현에 대한 '비난가능성'에서 책임의 본질을 찾는 규범적 책임론으로부터 도출된다. 규범적 책임론에서는 행위자가 법에 맞게 행위를 결정할 수 있어서 합법적으로 행위를 할 수 있었음에도, 즉 적법한 타행위가능성이 있었음에도 불법으로 결정하여 법에 맞게 행위를 하지 않았다는 점에 책임비난의 근거가 있다. 기대가능성은 특수한 상황에 있는 행위자의 책임을 인정하여 처벌할 것인지를 판단하는 순수한 형법적 평가로서 위법성의 평가와 달리 법질서 전체의 입장을 고려하지 않는다.

(2) 규정

기대가능성에 대해서 형법상 직접적인 규정은 존재하지 않고, 적법행위의 기대불가능성을 이유로 한 개별적 면책사유가 규정되어 있다. 형법총칙에는 강요된 행위(형법 제12조), 면책적 과잉방위(형법 제21조 제3항), 면책적 과잉피난(형법 제22조 제3항), 면책적 과잉자구행위(형법 제23조 제2항)가 규정되어 있으며, 각칙에는 친족 간의 범인은닉(형법 제151조 제2항), 친족 간의 증거인멸(형법 제155조 제4항)이 규정되어 있다.

2. 판단기준

(1) 학설

적법행위에 대한 기대가능성의 판단기준으로 견해가 대립한다.

Ⓐ '**행위자표준설**'은 행위자의 능력과 행위자가 처한 특별한 상황에서 적법행위에 대한 기대가능성을 판단하는 견해이다.[15] 책임은 행위자에 대한 비난가능성이므로 행위자의 능력이나 상황을 고려하지 않고 비난할 수 없다는 시각이다. 이에 대해서는 개별적인 행위자의 능력을 기준으로 적법행위에 대한 기대가능성을 판단하는 것은 불분명하므로 이를 기준으로 가벌성을 판단한다면 형법에 대한 신뢰를 유지할 수 없다는 비판이 제기된다.

Ⓑ '**평균인표준설**'은 개별적인 행위자를 기준으로 하는 것이 아니라, 사회적 평균인을 기준으로 행위 당시의 상황에서 사회적 평균인도 적법행위를 기대할 수 없는 경우인지를 판단하는 견해이다.[16] 이에 대해서는 사회적 평균인이라는 기준이 추상

15) 배종대, 326면; 이정원 · 이석배 · 정배근, 204면; 이형국 · 김혜경, 301면.

16) 강동욱, 228면; 김혜정 · 박미숙 · 안경옥 · 원혜욱 · 이인영, 281면; 박찬걸, 279면; 성낙현, 407면; 오영근 · 노수환, 328면; 이상돈, 222면, 이재상 · 장영민 · 강동범, 387면; 임웅 · 김성

적이며, 결국 사회적 평균인을 법관이 어떻게 보는지에 따라 판단하게 된다는 비판이 제기된다.

© '**국가표준설**'은 적법행위를 기대하는 국가의 가치관이 이념에 따라 적법행위의 기대가능성을 판단하는 견해이다. 이에 대해서는 국가는 항상 적법행위를 기대하고 있으므로 기대가능성의 존재 의미가 없어진다는 비판이 제기된다.

(2) 판례

판례는 "행위 당시의 구체적인 상황 하에 행위자 대신에 사회적 평균인을 두고 이 평균인의 관점에서 그 기대가능성 유무를 판단하여야 한다."라고 하여 **평균인표준설**의 입장이다(대법원 2008.10.23. 선고 2005도10101 판결).

예를 들어, ⓐ 양심적 병역거부의 판단에 있어서 "행위 당시의 구체적 상황하에서 행위자 대신에 사회적 평균인을 두고 이 평균인의 관점에서 그 기대가능성 유무를 판단하여야 할 것"이라고 하면서 "양심적 병역거부자의 양심상의 결정이 적법행위로 나아갈 동기의 형성을 강하게 압박할 것이라고 보이기는 하지만 그렇다고 하여 그가 적법행위로 나아가는 것이 실제로 전혀 불가능하다고 할 수는 없다"라고 판단하였다(대법원 2004.7.15. 선고 2004도2965 전원합의체 판결). ⓑ 입학시험에 응시한 수험생이 자신이 직접 부정한 방법으로 탐지한 것이 아니고 우연한 기회에 미리 출제될 시험문제를 알게 되어 그에 대한 답을 암기하였을 경우, 암기한 답을 입학시험 답안지에 기재하여서는 아니 된다는 것을 일반 수험생에게 기대한다는 것은 불가능하다(대법원 1966.3.22. 선고 65도1164 판결). ⓒ 동해에서 명태잡이를 하다가 기관 고장과 풍랑으로 표류하던 선원들이 북한의 함정에 납치되어 납북된 후 북한을 찬양, 고무 또는 이에 동조하고 한국으로 송환됨에 있어 북한의 여러 가지 지령을 받아 수락한 것은 살기 위한 부득이한 행위로서 적법행위의 기대가능성이 없다(대법원 1967.10.4. 선고 67도1115 판결). ⓓ 전자장치를 이용해 흡입할 수 있는 니코틴이 포함된 용액을 만드는 방법으로 담배제조업 허가 없이 담배를 제조하였다고 하여 담배사업법 위반으로 기소된 사안에서, 담배사업법의 위임을 받은 기획재정부가 전자담배제조업에 관한 허가기준을 마련하지 않고 있으나 궐련담배제조업에 관한 허가기준은 이미 마련되어 있는 상황에서 담배제조업 관련 법령의 허가기준을 준수하거나 허가기준이 새롭게 마련될 때

규 · 박성민, 370면; 정성근 · 박광민, 292면; 정성근 · 정준섭, 209면; 정영일, 316면; 주호노, 546면.

까지 법 준수를 요구하는 것이, 사회적 평균인의 입장에서도 기대가능성이 없는 행위를 요구하는 것은 아니다(대법원 2018.9.28. 선고 2018도9828 판결).

(3) 소결(평균인표준설)

행위자표준설에 의하면, 기대가능성이 다투어지는 많은 경우에서 행위자에게 적법행위의 기대가능성이 인정되지 않게 되며, 특히 타행위의 기대가능성이 없는 확신범이나 무모한(無謀漢)의 경우는 처벌의 흠결이 발생할 수 있다. 행위자라는 사람의 능력을 국가의 시각으로 판단할 경우는 전체주의 사회를 만들 위험이 존재할 수 있다.

생각건대, 적법행위의 기대가능성은 사회적 평균인을 기준으로 판단하는 평균인표준설이 타당하다. 객관적이고 일반적인 기준으로 판단하는 평균인표준설에 따를 때, 기대가능성의 판단에 있어서 좀 더 균형성이 유지될 수 있다. 평균인표준설에 존재하는 사회적 평균인이라는 기준이 법관의 주관에 의해 판단될 수 있다는 단점은, 기대가능성의 판단기준만의 문제가 아니라 일반적 기준을 제시하는 모든 경우에 있어서 마찬가지이다. 예를 들어, 과실범에서 주의의무의 판단기준으로 통설과 판례는 법은 보편적으로 적용되어야 한다는 시각에서 객관설을 취하는데, 객관설은 사회 일반인 또는 평균인의 능력을 기준으로 주의의무를 판단한다.

3. 초법규적 책임조각사유의 인정

형법전에 기대가능성에 대해서 직접적으로 규정되어 있지 않고 기대불가능성을 이유로 한 개별적 면책사유가 규정되어 있는 상황에서, 적법행위의 기대가능성을 초법규적 책임조각사유로 인정할 것인지에 대해서 견해가 대립한다.

(1) 학설

Ⓐ '**긍정설**'은 기대가능성을 독자적인 책임조각사유로 인정하는 견해로서, 실정법에 존재하지 않는 초법규적 책임조각사유를 인정하는 시각이다.[17] 적법행위가 기대불가능한 경우를 모두 실정법에 규정하는 것은 입법기술상 불가능하므로, 기대가능

17) 강동욱, 226면; 김일수 · 서보학, 291면; 김혜정 · 박미숙 · 안경옥 · 원혜욱 · 이인영, 284면; 박찬걸, 284면; 서거석 · 송문호, 260면; 이재상 · 장영민 · 강동범, 385면; 이형국 · 김혜경, 303면; 정성근 · 정준섭, 208면; 정영일, 320면.

성을 초법규적 책임조각사유로 인정하여 구체적인 사정에 따라 처벌을 완화하도록 하는 것이 필요하다고 본다.

Ⓑ '**부정설**'은 기대가능성을 독자적인 책임조각사유로 인정하지 않는 견해로서, 실정법에 존재하지 않는 면책사유를 인정하지 않는 시각이다.[18] 기대가능성은 기대불가능성으로 책임이 조각되는 개별적인 규정들의 공통요소를 나타내는 집합개념일 뿐이고, 기대불가능성을 본질로 하는 개별적인 책임조각규정에 따라 판단하면 충분하다고 본다. 초법규적 책임조각사유를 인정하면 재판에서 불안정적인 적용으로 법적 안정성이 침해될 우려가 있다고 비판된다.

(2) 판례

판례는 범죄 성립의 판단에 있어서 적법행위의 기대가능성을 초법규적 책임조각사유로 인정하여, 형법에 규정된 면책사유와 무관하게 기대가능성을 면책의 독립적인 기준으로 판단하여 기대가능성이 없는 경우는 처벌하지 않는다.

예를 들어, ⓔ 증인도피죄(형법 제155조 제2항)는 "타인의 형사사건 또는 징계사건에 관한 증인을 은닉 또는 도피하게 한" 경우에 성립하고 친족이나 동거의 가족이 본인을 위해서 한 경우에는 면책되는데(형법 제155조 제4항), 친족이 아니더라도 자신이 직접 형사처분이나 징계처분을 받게 될 것을 두려워한 나머지 자기의 이익을 위하여 증인이 될 사람을 도피하게 하였다면, 그 행위가 동시에 다른 공범자의 형사사건이나 징계사건에 관한 증인을 도피하게 한 결과가 된다고 하더라도 증인도피죄로 처벌하지 않는다(대법원 2003.3.14. 선고 2002도6134 판결). ⓕ 기업이 불황이라는 사유만으로 사용자가 근로자에 대한 임금이나 퇴직금을 체불하는 것은 허용되지 않지만, 모든 성의와 노력을 다했어도 임금이나 퇴직금의 체불이나 미불을 방지할 수 없었다는 것이 사회통념상 긍정할 정도가 되어 사용자에게 더 이상의 적법행위를 기대할 수 없거나 불가피한 사정이었음이 인정되는 경우라면 근로기준법이나 근로자퇴직급여 보장법에서 정하는 기일 내 지급의무 위반죄의 책임조각사유로 된다(대법원 2015.2.12. 선고 2014도12753 판결). ⓖ 이미 유죄의 확정판결을 받은 경우는 일사부재리의 원칙에 의해 다시 처벌되지 아니하므로 증언을 거부할 수 없는바, 이미 유죄의 확정판결을 받은 사람은 공범의 형사사건에서 그 범행에 대한 증언을 거부할 수 없고 나아가 사실대로

---

18) 박상기 · 전지연, 176면; 배종대, 320면; 성낙현, 406면; 신동운, 484면; 이영란, 370면; 이정원 · 이석배 · 정배근, 215면.

증언하여야 하며, 설사 자신의 형사사건에서 시종일관 그 범행을 부인하였다 하더라도 이를 이유로 위증죄(형법 제152조 제1항)의 성립에 있어서 사실대로 진술할 것을 기대할 가능성이 없다고 볼 수는 없다(대법원 2008.10.23. 선고 2005도10101 판결).

(3) 소결(부정설)

적법행위의 기대가능성이 범죄의 성립에 있어서 요구되는 것은 당연하므로, 이것을 근거로 하는 면책사유들이 규정되어 있다. 그런데 실정법상 면책규정이 없더라도 기대가능성을 초법적인 면책사유로 인정하는 것은 형법의 주관화를 초래할 위험이 있다. 적법행위의 기대가능성이 구체적 내용으로 제시된 법률상의 개념을 통해 운영하는 것, 즉 적법행위의 기대가능성이 결여된 경우의 불처벌도 실정법의 적용과 해석을 통해 이루어지는 것이 형법의 안정성에 합치한다. 이것은 적법행위 기대가능성의 판단기준에 있어서 평균인기준설을 취하는 것과도 같은 맥락이다.

그리고 평균인기준설에 따라 판단한다는 것을 생각해 보면, 적법행위의 기대가능성은 독자적인 사유가 아니라 형법에 규정된 개념의 보정원칙으로서 범죄 유형에 따라 이미 적용 범위와 한계의 해석에 구체적으로 작용하는 것을 알 수 있다. 과실범의 경우에는 기대가능성의 이념이 주의의무의 판단에 있어서 보정원칙으로 작용하고 있으며, 부작위범의 경우도 적법행위의 기대가능성이 성립 요건으로 작용하고 있다. 그 외 일반적인 고의작위범의 경우도, 기대가능성을 초법규적 책임조각사유로 인정하지 않더라도 실정법에 존재하는 개념을 통해 해결이 가능하다. 예를 들어, 기대불가능성을 이유로 무죄를 판결한 사안에 있어서 ⓑ의 경우는 강요된 행위(형법 제12조)를 통해, ⓒ · ⓔ · ⓕ의 경우는 정당행위(형법 제20조, 의무의 충돌 포함)를 통해 무죄의 판단이 가능할 수 있다.

III. 강요된 행위

1. 의의

제12조(강요된 행위) 저항할 수 없는 폭력이나 자기 또는 친족의 생명, 신체에 대한 위해를 방어할 방법이 없는 협박에 의하여 강요된 행위는 벌하지 아니한다.

행위자가 자신의 행위에 대해서 위법성을 인식하고 책임능력이 있더라도 외부의 부득이한 강요로 인하여 불법행위를 실행한 경우는 적법행위에 대한 기대가능성이 존재하지 않을 수 있다. 이러한 경우는 '**강요된 행위**'라고 하여 책임이 조각된다(**면책사유**). 형법 제13조에서 "저항할 수 없는 폭력이나 자기 또는 친족의 생명, 신체에 대한 위해를 방어할 방법이 없는 협박에 의하여 강요된 행위는 벌하지 아니한다."라고 규정하고 있다.

강요된 행위는 자기 또는 친족의 생명, 신체에 대한 위해라는 긴급상황에서 제3자에게 불법행위를 한다는 점에서 '**긴급피난**'과 유사하다. 그러나 긴급피난의 경우는 위난의 원인과 무관한 제3자의 법익을 침해하는 행위가 정당화되기 위해서 법질서 전체의 관점에서 보호법익이 침해법익보다 우월해야 한다는 이익형량이 중요한데, 강요된 행위는 법질서 전체의 측면을 고려하지 않고 행위자에 대한 비난가능성을 판단하는 것으로서 이익형량과 무관하게 적법행위에 대한 기대가능성이 없는 상황이라는 것이 중요하다.

또한 강요된 행위는 행위자가 성장과정에서 내적으로 형성된 정치적 · 종교적 · 윤리적 확신에 따라 불법행위를 한 경우인 '**확신범**'과도 구별된다. 1987년 KAL기 폭파 사건에서 판례는 형법 제12조에서 말하는 강요된 행위는 "어떤 사람의 성장교육과정을 통하여 형성된 내재적인 관념이나 확신으로 인하여 행위자 스스로의 의사결정이 사실상 강제되는 결과를 낳게 하는 경우"에 적용되지 않는다는 점을 명확히 밝혔다(대법원 1990.3.27. 선고 89도1670 판결).

2. 성립 요건

(1) 강요된 상황

① 저항할 수 없는 폭력

적법행위에 대한 기대가능성이 없는 상황으로 형법 제12조에서는 "저항할 수 없는 폭력"이 제시된다. 폭력은 절대적 폭력과 강제적 폭력으로 구분할 수 있는데, 사람을 저항할 수 없도록 물리적 힘을 이용하여 신체의 동작을 유발하는 '**절대적 폭력**'은 강요된 상황으로 포섭되지 않는다. 예를 들어, 타인이 밀어서 넘어지게 되면서 제3자의 재물을 손괴한 행위는 의사활동에 기인한 것이 아니어서 이미 형법상의 행위에서 제외된다. 형법 제12조 소정의 저항할 수 없는 폭력은, 심리적인 의미에 있어서 육체적으로 어떤 행위를 절대적으로 하지 아니할 수 없게 하는 경우와 윤리적 의미에 있어서 강압된 경우를 말한다(대법원 1983.12.13. 선고 83도2276 판결). 즉 강요된 행위로 인정되는 상황은 사람을 저항할 수 없도록 심리적 힘을 이용하여 의사의 형성을 유발하는 '**강제적 폭력**'을 의미한다.

강제적 폭력의 수단이나 방법은 제한이 없어서, 18세 소년이 취직할 수 있다는 감언에 속아 도일(渡日)하여 조총련 간부들의 감시 내지 감금하에 강요에 못 이겨 공산주의자가 되어 북한에 가기로 서약한 것은 강요된 행위에 해당한다(대법원 1972.5.9. 선고 71도1178 판결).

② 방어할 방법이 없는 협박

적법행위에 대한 기대가능성이 없는 상황으로 형법 제12조에서는 그 외에 "방어할 방법이 없는 협박"이 제시된다. 협박은 사람에게 공포심을 일으킬 목적으로 해악을 가할 것을 구두 · 거동 · 서면으로 고지하는 것으로서, 해악의 발생 여부가 행위자의 의사에 의해 좌우되거나 좌우될 수 있어야 한다. 강요된 상황이 인정되는 협박은 자기 또는 친족의 생명, 신체에 대한 위해를 내용으로 하는 경우이다. 이러한 경우는 피협박자에게 자유로운 의사결정을 하지 못하게 하면서 특정한 행위를 하게 한다(대법원 1983.12.13. 선고 83도2276 판결). 예를 들어, 어로작업중 북한에 납치되어 북한의 활동을 찬양하고 그 구성원의 물음에 대하여 아는 사실을 답하고 물품을 받는 등의 한 사안에서, 당시 대한민국으로의 귀환이 가능한지가 확실하지 아니한 상태라면 자신의 생명, 신체에 대한 위해를 방어할 방법이 없는 협박에 의한 강요된 행위라고 본다(대법원 1968.11.5. 선고 68도1334 판결). 강요된 행위의 인정에 있어서 반드시 유형적인 협박을 받는 것을 요건으로 하지는 않는다(대법원 1969.1.28. 선고 68도1815 판결).

한편, 협박의 위해 내용이 생명이나 신체 이외의 재산이나 명예, 자유 등에 관한 경우라면, 형법 제12조의 강요된 행위에 포섭할 수는 없다. 이때 기대가능성의 초법규적 책임조각사유를 인정하는 견해에서는 기대불가능성을 근거로 면책을 인정하는 견해도 있으나,[19] 긴급피난(형법 제22조)이나 정당행위(형법 제20조, 의무의 충돌 포함)의 위법성조각사유를 검토하여 판단하는 것이 타당하다. 입법자가 강요된 행위로서 방어할 방법이 없는 협박의 경우를 "자기 또는 친족의 생명, 신체에 대한 위해"의 경우만으로 제한한 상황에서, 면책사유를 재산이나 명예, 자유 등에 대한 위해까지 넓히

---

19) 김혜정 · 박미숙 · 안경옥 · 원혜욱 · 이인영, 289면.

게 되면 면책사유에 대한 자의적인 판단의 위험이 따른다.

③ 자초한 강요 상황

행위자가 강요된 상황을 자초한 경우는 행위자에게 비난가능성이 없다고 할 수 없으므로 강요된 행위의 상황 요건을 인정할 수 없다. 예를 들어, 어로작업 중 북한 지역임을 알고 자의로 북한 지역으로 들어간 이상 만일의 경우에는 북한의 기관원에게 체포될 것을 예기하지 못하였다고 믿을 만한 특별한 사정이 없는 한 강요된 행위가 적용되지 않는다(대법원 1973.9.12. 선고 73도1684 판결).

(2) 강요된 행위

강요된 상황으로 인해 피강요자의 의사결정이 강제되어 불법행위를 하였을 때 강요된 행위가 적용된다. 피강요자의 행위가 구성요건에 해당하지 않거나 위법성이 조각될 경우는 책임의 조각을 검토하지 않고 바로 무죄가 된다. 그리고 저항할 수 없는 폭력이나 방어할 방법이 없는 협박과 피강요자의 불법행위 간에는 인과관계가 인정되어야 한다.

3. 상관의 위법한 명령

구속력 있는 상관의 위법한 명령에 복종한 행위자에게 적법행위에 대한 기대가능성이 결여를 인정하여 강요된 행위로 보거나 초법규적 책임조각사유의 기대불가능성 사안으로 보는 시각이 존재한다.[20] 판례도 이러한 경우에 기대가능성을 초법규적 책임조각사유로 검토하는데, 다만 직장 상사의 범법행위에 가담한 부하에 대하여 직무상 지휘 · 복종의 관계에 있다는 이유만으로 범법행위에 가담하지 않을 기대가능성이 없다고는 인정하지 않는다(대법원 2007.5.11. 선고 2007도1373 판결). 예를 들어, 상명하복 관계가 비교적 엄격한 국정원의 조직특성을 고려하더라도, 허위의 공문서를 작성하라는 지시는 위법한 명령에 해당할 뿐만 아니라, 피고인이 이러한 위법한 명령을 거부할 수 없는 특별한 상황에 있었다고 보기 어려우므로, 강요된 행위 등으로서 적법행위에 대한 기대가능성이 없는 경우로 보지 않는다(대법원 2015.10.29. 선고

20) 김혜정 · 박미숙 · 안경옥 · 원혜욱 · 이인영, 286면; 박상기 · 전지연, 181면; 이형국 · 김혜경, 311면.

2015도9010 판결).

먼저 강요된 행위를 규정한 제13조는 위해 내용이 생명이나 신체 이외의 재산이나 명예, 자유 등에 관한 협박의 경우는 규정하지 않고 있으므로, 상관의 위법한 명령이 자신이나 친족의 생명 · 신체에 대한 협박이나 저항할 수 없는 강제적 폭력에 해당하면 강요된 행위를 적용하면 되고 그 외의 경우는 강요된 행위로 볼 수 없다. 그리고 기대가능성을 초법적인 면책사유로 인정하는 것은 형법의 주관화를 초래할 위험이 있으므로, 독립적으로 기대가능성을 초법규적 책임조각사유로 검토하는 것도 타당하지 않다. 상관의 위법한 명령은 본질적으로 구속력이 존재한다고 말할 수 없으므로 이에 대한 복종 의무의 존재도 부정되며, 상관의 위법한 명령을 적법하다고 믿고 이행한 경우는 법률의 착오(형법 제16조)의 문제로 해결하는 것이 바람직하고, 상관의 명령이 위법하다고 판단하고서도 이행한 경우는 적법행위의 기대가능성을 검토할 것이 아니라 공범으로서 다루어야 할 사안이다.

제9장

과실

제1절 | 과실범

I. 의의

1. 개념

제14조(과실) 정상적으로 기울여야 할 주의(注意)를 게을리하여 죄의 성립요소인 사실을 인식하지 못한 행위는 법률에 특별한 규정이 있는 경우에만 처벌한다.

형법 제14조에서는 "정상적으로 기울여야 할 주의(主意)를 게을리하여 죄의 성립요소인 사실을 인식하지 못한 행위"를 과실이라고 정의한다. 이것은 주의의무위반이라는 규범적 요소와 사실미인식이라는 실재적 요소를 결합한 개념이다. 죄의 성립요소인 사실의 인식은 '고의'의 개념으로 규정되어 있으므로(형법 제13조), 고의와 죄의 성립 요소인 사실을 인식하지 못한 과실은 동일한 행위에 있어서 동시에 존재할 수 없는 '배척관계'이다.

주의의무위반이라는 것은 결과 발생에 대한 예견이 가능함에도 결과의 발생을 회피할 적절한 행위를 하지 않은 것을 의미하고, 작위뿐만 아니라 부작위에 의해서도 가능하다. 예를 들어, 야간에 2차선의 굽은 도로상에 미등과 차폭등을 켜지 않은 채 화물차를 주차하여 놓음으로써 오토바이가 추돌하여 오토바이 운전자가 사망한 사안에서, 운전자가 차량의 등을 켜지 않은 부작위에서 과실이 인정된다(대법원

1996.12.20. 선고 96도2030 판결).

민사상의 손해배상과 달리 형법은 고의범 처벌을 원칙으로 하므로, 과실 행위는 "법률에 특별한 규정이 있는 경우에만 처벌한다."(형법 제14조) 입법론상 과실범은, 법익의 침해가 가볍지 않고 그에 대한 고의를 입증하기가 어려운 경우 등에서 고의범(미수 포함) 처벌의 흠결을 극복하기 위한 형사정책적 필요에서 규정되기도 한다. 형법에는 실화죄(형법 제170조 · 제171조), 과실폭발성물건파열죄(형법 제173조의2), 과실일수죄(형법 제181조), 과실교통방해죄(형법 제189조), 과실치사상죄(형법 제266조 이하), 업무상과실장물취득죄(형법 제364조)가 규정되어 있고, 그 외 특별법에 다수의 과실범 처벌이 규정되어 있다. 과실범은 법률에 특별한 규정이 있는 경우에 한하여 처벌되며 형벌법규의 성질상 과실범을 처벌하는 특별규정은 그 명문에 의하여 명백 · 명료하여야 한다(대법원 1983.12.13. 선고 83도2467 판결).

참고 과실범 처벌의 발전 과정[1)]

고대 로마의 역사가 시작된 기원전 753년에서 510년까지의 황제시대에서는 살인죄가 의도적 경우(dolus)와 인과적 경우(casus)로 구분되었는데, 인과적 경우(casus)의 살인죄에서 오늘날의 과실범을 포함하는 범죄유형이 등장한다. 기원전 452~450년경의 12표법에서도 의도적 경우와 인과적 경우의 구분은 살인죄에서만 존재하였다. 이후 기원전 약 287~286년경의 아퀼리아법(Lex Aquilia)에서 비의도적 행위가 공범죄(crimina publica)는 아니지만 사범죄(delicta privata)로 인정되었고, 하드리안 황제(기원후 117~138년)의 칙령에서 비로소 몇 가지 범죄(특히 살인과 방화)에서 공범죄로, 즉 오늘날의 형사범죄로 인정되었다. 비고의적인 범행이라는 독자적인 개념이 여기서 출발하였고, 새로운 학문적 용어인 'culpa'(과실)로 응축되었다. culpa는 3단계로 세분되어, culpa levissima(과오), culpa levis(경과실), culpa lata(중과실)로 나뉘었다. 이 중 culpa lata(중과실)는 해하는 행위에 존재하는 명백한 부주의였는데, 이것에 공범죄로서의 비난이 정당화되었다.

로마법의 과실(culpa) 개념은 독일에 전승되어 1532년의 카롤리나 형법전에서 처음으로 고의나 우발적인 사건과 구별되는 과실규정이 각칙의 구성요건으로 규정되었다(제146조, 과실치사). 이후 1813년의 바이에른 형법전(Bayerisches Strafgesetzbuch)에서 과실이 2단계의 종류(경과실과 중과실)로 구분되었는데, 이때 오늘날의 중과실 개념이 등장하였다.

1) 김정환, "형사상 중과실 해석 · 적용의 판단기준", 연세법학 제38호, 2021, 321~322면.

2. 본질

(1) 학설

과실은 주의의무위반이라고 할 수 있는데, 범죄체계와 연결되어 주의의무위반의 내용을 무엇으로 볼 것인지의 견해가 대립한다.

Ⓐ 예견가능성설

과실의 실체는 결과 발생에 대한 행위자의 예견가능성이라고 보고, 주의의무는 곧 결과예견의무라고 보는 견해가 예견가능성설이다. 이것은 인과적 행위론에 따라 모든 주관적 요소를 책임의 단계에서 검토한 고전적 범죄체계에 따른 견해인데, 고전적 범죄체계는 불법행위를 객관적 요소(행위 · 결과 · 인과관계)로 이해하고, 고의와 과실을 책임의 요소로 파악하였다. 그래서 '**책임요소설**' 또는 '구과실이론'이라고도 부른다.

Ⓑ 결과회피의무설

과실의 실체는 결과 발생의 회피를 위한 의무의 위반으로 보고, 주의의무는 곧 결과회피의무라고 보는 견해가 결과회피의무설이다. 이것은 목적적 조종활동을 행위의 본질이라고 보는 목적적 행위론에 따라 결과불법과 행위불법 중 행위불법이 불법의 핵심이라고 보는 목적적 범죄체계에 따른 견해이다. 과실범의 주관적 구성요건은 생활에 있어서 일반적으로 지켜져야 하는 '행위수행방식'에 있다고 본다. 그래서 '**구성요건요소설**'이라고도 부른다.

한편 과실의 범죄체계상 지위를 위법성의 단계에서 파악하는 견해가 있는데, 이를 '**신과실이론**'이라고 한다. 허용된 위험(교통수단, 건설공사, 공장 가동, 과학적 실험, 의사의 수술 등과 같이 행위 자체가 위험성을 내포하고 있지만, 사회적 유용성 · 필요성으로 인하여 위험수반행위를 금지할 수 없는 경우)의 경우는 **결과회피의무**가 **완화**되는데, 이것은 위법성의 단계에서 주의의무위반을 전제로 한다고 본다.

다른 한편 일본에서 환경범죄와 관련하여 등장한 '**불안감(위구감)설**'이 있다. **결과회의의무**를 **강화**하여, 위험이 결과로 나타나는 것을 구체적으로 예견하지 못하더라도 유해한 결과가 발생할 수도 있다는 불안감(위구감)이 있으면 주의의무위반을 인정할 수 있다고 본다.

ⓒ 객관적 주의의무위반과 주관적 주의의무위반

사회적 행위론에 따라 합일태적 범죄체계에서 과실의 실체는 불법의 측면과 책임의 측면 모두에 존재하는 것으로 보고, 불법의 측면에서 객관적 주의의무위반을 검토하고 책임의 측면에서 주관적 주의의무위반을 검토하는 견해이다.[2] 즉 법익침해를 회피하기 위해 객관적으로 어떤 행동이 요구되는지를 구성요건의 단계에서 검토하고 그러한 행동이 행위자의 개인적 능력에 비추어 요구될 수 있는지를 책임의 단계에서 검토하므로, '**이중적 지위설**'이라고도 부른다.

(2) 판례

판례는 일반적으로 주의의무위반을 구성요건 단계에서 판단한다. 예를 들어, ⓐ 죄의 구성요건으로서의 책임조건인 과실은 정상인의 통상적인 주의를 태만함으로 인하여 죄의 성립요소인 사실을 인식하지 못하는 것이며(대법원 1983.12.13. 선고 83도2467 판결), ⓑ 의료사고에 있어서 의사의 과실을 인정하기 위해서는 의사가 결과 발생을 예견할 수 있었음에도 그 결과 발생을 예견하지 못하였고, 그 결과 발생을 회피할 수 있었음에도 그 결과 발생을 회피하지 못한 과실이 검토되어야 하고, 그 과실의 유무를 판단함에는 같은 업무와 직무에 종사하는 일반적 보통인의 주의 정도를 표준으로 하여야 하며, 이에는 사고 당시의 일반적인 의학의 수준과 의료환경 및 조건, 의료행위의 특수성 등이 고려된다(대법원 2003.1.10. 선고 2001도3292 판결).

(3) 소결

과실범의 요건인 주의의무는 결과의 예견가능성과 회피가능성을 모두 포함한 의무라고 보는 것이 타당하다. 입법자가 법익침해의 결과에 있어서 과실범을 규정한 것은 단순히 결과의 발생에 초점을 둔 것이 아니고, 그러한 결과의 방지를 위한 주의의무에 초점을 맞춘 것이다. 법익침해라는 결과가 발생할 수 있는 상황에서 사회공동체의 구성원으로서 지켜야 하는 행위가 주의의무이고, 이러한 상황을 일반인으로서 예견하고 회피할 수 있다는 점에서 불법이 성립한다고 할 수 있다. 특히 인식 있는 과실과 인식 없는 과실 모두를 인정하는데, 인식 없는 과실은 예견가능성만으로

---

2) 김일수 · 서보학, 317면; 김혜정 · 박미숙 · 안경옥 · 원혜욱 · 이인영, 143면; 박상기 · 전지연, 184면; 성낙현, 435면; 이정원 · 이석배 · 정배근, 344면; 이재상 · 장영민 · 강동범, 211면; 이형국 · 김혜경, 320면; 정영일, 165면; 주호노, 349면.

주의의무의 내용을 설명할 수 있지만 인식 있는 과실에 있어서 주의의무는 예견가능성과 함께 회피가능성까지 포함하는 것으로 이해할 수 있다.

다만 범죄체계상 과실범에서는 구성요건을 객관적 구성요건과 주관적 구성요건으로 구분하여 검토하기 어렵지만, 책임의 검토는 고의범과 구별되지 않는다. 행위가 아니라 행위자를 판단하는 책임의 본질인 행위자에 대한 비난가능성은 과실의 행위자에게도 마찬가지이다. 따라서 과실의 이중적 지위를 인정하여 이것을 주관적 주의의무위반이라고 별도로 검토할 필요는 없다.[3)]

II. 유형

1. 인식 있는 과실과 인식 없는 과실

과실은 고의와 배척관계에 있는데, 고의는 객관적 구성요건요소에 대한 인식뿐만 아니라 이에 대한 의욕까지 요구한다. 객관적 구성요건요소에 대한 인식은 있으나 의욕이 없는 경우는 고의가 인정되지 않고, 과실이 인정될 수 있다. 이에 따라 행위자가 구성요건이 실현될 가능성(행위의 위험성)을 현실적으로 인식하였는지에 따라 인식 있는 과실과 인식 없는 과실로 구분된다.

판례도 인식 있는 과실과 인식 없는 과실의 개념 모두를 인정하는데(대법원 1984.2.28. 선고 83도3007 판결), 인식 있는 과실과 인식 없는 과실 모두 과실범 성립에 있어서 차이가 없으며, 양형위원회의 양형기준에서도 양자를 구별하지 않는다.

다만 인식 있는 과실의 판례를 찾아보기는 쉽지 않은데, 그것은 첫째, 인식 없는 과실과 달리 인식 있는 과실은 미필적 고의와 매우 유사하여 실무상으로 구성요건실현에 대한 미필적 인식이 있는 행위를 인식 있는 과실로 평가하는 경우는 드물기 때문이다. 둘째, 형법에는 (독일 형법에 없는) 업무상과실의 개념이 존재하는데, 인식 있는 과실의 많은 경우가 업무상과실로 처리되어 행위자의 인식 여부가 문제되지 않기 때문이다. 특히 도로교통이나 산업현장 등에서 인식 있는 과실은 업무상과실로 다룰 수 있어서 구성요건 실현가능성에 대한 인식의 문제가 아니라 업무성의 문제로 다루어진다.[4)]

---

3) 정성근 · 박광민, 339면.

4) 김정환, “형사상 중과실 해석 · 적용의 판단기준”, 연세법학 제38호, 2021, 353면.

2. 중과실

(1) 개념

중과실은 주의의무위반의 정도가 무거운 경우에 대한 과실의 가중적 형태로서, 조금만 주의하였으면 피할 수 있었던 결과를 무모함 또는 경솔함으로 인하여 발생하게 한 경우이다.[5] 형법에는 중실화죄(형법 제171조), 중과실폭발성물건파열죄(형법 제173조의2 제2항), 중과실교통방해죄(형법 제189조 제2항), 중과실치사상죄(형법 제268조), 중과실장물취득죄(형법 제364조)가 있고, 기타 특별법에 다수의 중과실 규정이 존재한다.

형법에는 중과실 이외에 업무상과실이 존재하는데, 업무상과실이 규정된 경우는 업무자에게 구체적인 주의의무위반의 정도와 관계없이 중한 비난을 바로 적용할 수 있다. 과실의 입법형식을 보면, 업무상과실과 중과실이 함께 선택적으로 규정된 경우가 있고 중과실만이 단독으로 규정된 경우가 있다. 이것은 업무상과실과 중과실에 대해서 별도의 기능을 부여한 것으로 볼 수 있다. 주의의무가 업무성과 관련이 있으면 업무상과실의 규정으로 중하게 처벌하고, 주의의무가 업무성과 관련이 없으면 주의의무위반의 불법이 큰 경우에만 중과실로 중하게 처벌하자는 취지라고 이해할 수 있다. 따라서 중과실의 가중된 행위불법을 인정할 수 있는 상황, 즉 구성요건실현이 쉽게 예견되고 이를 쉽게 회피할 수 있었음에도 그렇게 하지 않은 경우에서 중과실을 인정할 수 있다.[6]

참고 입법형식

중과실을 규정한 입법형식에 따라 구분해 보면 5가지 형태가 존재한다.
① 일반 과실의 처벌에 대한 가중적 구성요건으로 규정한 경우이다. 예를 들어, 형법 제266조 과실치상죄와 제267조 과실치사죄에 대하여 제268조에서 중과실치사상죄를 규정한 경우가 대표적이고, 그 외 도로법 제113조(벌칙) 제5항에서는 일반 과실로 고속국도를 파손하여 교통을 방해하거나 교통에 위험을 발생하게 한 자를 처벌하도록 규정하고, 동조 제6항에서는 중과실로 그러한 행위를 한 자를 처벌하고 있다.

---

5) 미국의 "모범형법전은 종래 수많은 용어로 난립하던 커먼로의 주관적 범죄 요건을 목적(purpose), 인식(knowledge), 무모(recklessness), 과실(negligence)과 같은 4가지 요건으로 압축했다."(강우예, "대법원 양형기준의 동기요소에 대한 분석", 홍익법학 제15권 제3호, 2014, 328면).

6) 김정환, 위의 논문, 355면.

② 일반 과실은 처벌하지 않고 업무상과실 및 중과실만을 구성요건으로 규정한 경우이다. 예를 들어, 형법 제364조 업무상과실·중과실 장물취득죄가 대표적이고, 환경범죄단속법 제5조 등과 같이 환경범죄와 관련해서 업무상과실·중과실만을 구성요건으로 규정한 경우가 많다.
③ 일반 과실과 업무상과실의 규정은 없고 중과실만을 구성요건으로 규정한 경우이다. 형법에는 이러한 경우가 없지만, 특별법에서는 이러한 형태의 입법이 다수 존재한다. 대표적인 예는 공공기록물법 제51조 제2호와 제3호의 공공기록물 중과실 멸실죄와 손상죄이다.
④ 중과실을 감면의 소극적 요건으로 규정한 경우이다. 예를 들어, 응급의료법 제5조의2에서는 응급처치 담당자가 아닌 자가 생명이 위급한 응급환자에게 응급의료 또는 응급처치를 제공하여 발생한 재산상 손해와 사상에 대하여 고의 또는 중대한 과실이 없는 경우 그 행위자는 민사책임과 상해에 대한 형사책임을 지지 아니하며 사망에 대한 형사책임은 감면한다.
⑤ 중과실을 독립된 구성요건으로 규정한 경우이다. 예를 들어, 특정범죄가중법 제5조의11(위험운전 등 치사상)과 제5조의13(어린이 보호구역에서 어린이 치사상의 가중처벌)은 대인교통사고에 있어서 중과실에 해당하는 행위를 업무상과실 또는 중과실이란 표현을 사용하지 않으면서 독립된 죄명을 부여하고 일반예방적 효과를 높이기 위해서 중한 형벌을 규정하고 있다.

(2) 구체적 사례

결과 발생이 쉽게 예견되고 행위자가 이를 쉽게 회피할 수 있었는지는 결과 발생 당시의 상황에서 객관적으로 판단되므로, 결과 발생 당시에 구성요건의 실현이 쉽게 예견되고 이를 쉽게 회피할 수 있었던 상황이라면, 즉 구성요건 실현의 개연적 상황이었다면 중과실이 인정될 수 있다.[7] 무모한(無謀漢)이나 의도적으로 무지한 사람의 행위에 대해서도 중과실은 인정될 수 있다.

판례는 중과실의 판단은 구체적인 경우에서 사회통념을 고려하여 결정될 문제라고 하지만(대법원 1960.3.9. 선고 4292형상761 판결), 중과실이 인정된 판례를 보면 결과 발생 당시의 상황에서 행위자의 결과 발생에 대한 인식과 관계없이 객관적으로 구성요건의 결과나 위험의 발생을 인식할 수 있다고 평가할 수 있는 경우에 중과실로 평가되었다.

예를 들어, ⓐ 모텔 방에 투숙하여 담배를 피운 후 재떨이에 담배를 껐으나 담뱃불이 완전히 꺼졌는지를 확인하지 않은 채 불이 붙기 쉬운 휴지를 재떨이에 버리고 잠들어 담뱃불이 휴지와 옆에 있던 침대시트에 옮겨붙은 사안에서 중실화죄(형법 제171조)가 성립한다(대법원 2010.1.14. 선고 2009도12109, 2009감도38 판결). ⓑ 사람이

7) 김정환, "형사상 중과실 해석 · 적용의 판단기준", 연세법학 제38호, 2021, 355면.

나 자동차의 출입이 빈번하고 근처에 거주하는 어린이들이 출입구 문주의 근방에서 놀이를 자주 하던 주차장의 관리인이 주차장 출입구 문주의 하단에 금이 가 출입문이 넘어질 위험성에 대하여 소유자에게 그 보수를 요구하였을 뿐 보수가 있을 때까지 임시라도 받침대를 세우는 등의 행위를 하거나 그 근처에 사람이나 자동차 등의 근접을 막지 않은 상황에서 출입구 문주가 쓰러져 상해가 발생한 사안에서 중과실이 인정된다(대법원 1982.11.23. 선고 82도2346 판결). ⓒ 84세 여자와 11세의 여자에게 안수기도를 하면서, 그들을 바닥에 눕혀 놓고 "마귀야 물러가라", "왜 안 나가느냐"는 등의 소리를 치고 손으로 그들의 배와 가슴 부분을 세게 때리고 누르는 등의 행위를 각 20분과 30분간 반복하여 그들을 사망케 한 사안에서 중과실이 인정된다(대법원 1997.4.22. 선고 97도538 판결).

3. 업무상과실

(1) 의의

업무상과실은 당해 업무의 내용과 성질 또는 담당자의 업무상 지위 등에 비추어 요구되는 주의의무를 게을리하여 결과 발생을 예견하거나 회피하지 못한 경우를 말하는데(대법원 2025.4.15. 선고 2024도20371 판결), 중과실과 마찬가지로 과실의 가중적 형태이다. 업무상과실은 본래 중과실의 일종이라고 할 수 있는데, 중과실과 구별되는 독자적인 유형으로 규정되어 있다. 중과실의 입증은 쉽지 않으나, 반면에 업무상과실의 입증은 수월하여 과실에 대한 가중적 구성요건으로 업무상과실이 적극 활용된다. 형법에는 업무상실화죄(형법 제171조), 업무상과실폭발성물건파열죄(형법 제173조의2 제2항), 업무상과실교통방해죄(형법 제189조 제2항), 업무상과실치사상죄(형법 제268조), 업무상과실장물취득죄(형법 제364조)가 있고, 기타 특별법에 다수 존재한다.

업무상과실에 있어서 업무는 사회생활상의 지위를 바탕으로 계속적 · 반복적으로 수행하는 일을 말하므로, 일상생활에서의 사무(식사, 수면, 육아, 가사 등)는 업무로 보지 않는다. 업무는 자신의 사회생활상 위치에서 행하는 행위로서 사회적으로 용인될 수 있는 것이면 되고, 반드시 적법한 사무일 필요는 없다. 업무상과실을 보통의 과실에 비해서 무겁게 처벌하는 것은 계속적 · 반복적으로 업무를 수행하여 결과 발생에 대한 예견가능성이 높다고 보기 때문이다(**책임가중설**).

(2) 의사의 주의의무

의사가 의료행위를 할 때는 사람의 생명 · 신체 · 건강을 관리하는 업무의 성질에 비추어 환자의 구체적 증상이나 상황에 따라 위험을 방지하기 위하여 요구되는 '최선의 조치'를 해야 하고, 환자에게 적절한 치료를 하기 어려운 사정이 있다면 신속히 전문적인 치료를 할 수 있는 다른 병원으로의 전원조치 등을 취하여야 한다(대법원 2006.12.21. 선고 2005도9213 판결). 특히 미용성형을 시술하는 의사로서는 고도의 전문적 지식에 준거하여 시술 여부, 시술의 시기, 방법, 범위 등을 충분히 검토한 후 그 미용성형 시술의 의뢰자에게 생리적, 기능적 장해가 남지 않도록 신중하여야 할 뿐 아니라, 회복이 어려운 후유증이 발생할 개연성이 높은 경우 그 미용성형 시술을 거부 내지는 중단하여야 할 의무가 있다(대법원 2007.5.31. 선고 2007도1977 판결).

의료사고에서 의사의 과실을 인정하기 위해서는, 의사가 결과 발생을 예견할 수 있었음에도 이를 예견하지 못하였거나 결과 발생을 회피할 수 있었음에도 이를 회피하지 못하였는지를 검토하여야 하고, 과실 유무를 판단할 때는 같은 업무 · 직무에 종사하는 일반적 평균인의 주의 정도를 표준으로 하여 사고 당시의 일반적 의학의 수준과 의료환경 및 조건, 의료행위의 특수성 등을 고려하여야 한다(대법원 2023.1.12. 선고 2022도11163 판결). 또한 의사는 진료에 있어 환자의 상황과 당시의 의료 수준 그리고 자기의 지식 경험에 따라 적절하다고 판단되는 진료방법을 선택할 수 있는 상당한 범위의 재량이 있고, 그것이 합리적인 범위를 벗어나지 않은 한 진료의 결과를 놓고 그중 어느 하나만이 정당하고 이와 다른 조치를 한 것을 과실이 있다고 볼 수는 없다(대법원 2008.8.11. 선고 2008도3090 판결).

이러한 주의의무 판단은 한의사의 과실에서도 마찬가지이다. 당뇨 병력이 있는 환자나 당뇨병성 족병변에 대하여 침을 놓거나 사혈을 하는 것이 금지되지는 않고, 일반적인 한의사의 주의 정도를 표준으로 하였을 때 당뇨 병력이 있는 환자에게 침을 놓거나 사혈을 한 한의사의 행위 자체만으로 어떠한 과실이 있다고 단정할 수는 없다(대법원 2014.7.24. 선고 2013도16101 판결).

(3) 운전자의 주의의무

차량의 운전자가 운행 중 대인사고를 발생시킨 경우, 통설과 판례는 업무상과실치사상죄(형법 제268조)를 적용한다. 직업적 운전이 아닌 일상생활의 운전 중에 발생한 대인사고도 실무상 모두 업무상과실치사상죄(형법 제268조)를 적용하여 교통사고처리법으로 해결한다. 이러한 관행은 자동차가 보급되기 시작하던 시절에 운전의 행위를 업무로 볼 수 있었고, 그러한 해석의 관행이 지금까지 이어진 것으로 추측된다. 사회변화에 맞는 형법의 적용을 생각해 볼 상황이다.

참고 교통사고처리법

교통사고에 적용되는 교통사고처리법은 자동차의 운전이 국민생활의 기본요소로 되어가는 현실에 부응하여 교통사고를 일으킨 운전자에 대한 형사처벌 등의 특례를 정함으로써 교통사고로 인한 피해의 신속한 회복을 촉진하고 국민생활의 편익을 증진하려는 목적에서 1981. 12. 31. 제정되어 1982년부터 시행되었다.

교통사고처리법의 실질적 의미는 업무상과실 · 중과실치사상죄(형법 제268조)와 업무상과실 · 중과실재물손괴의 도로교통법 위반죄에 관한 특칙을 규정함에 있다. 교통사고처리법의 핵심 규정은 제3조인데, 제1항에서는 차의 운전자가 교통사고로 업무상과실 · 중과실치사상죄(형법 제268조)를 범한 경우의 처벌을 규정하면서 제2항에서는 '치사'의 경우를 제외한 '업무상과실 · 중과실치상' 및 '업무상과실 · 중과실재물손괴'의 경우에 대한 처벌의 특례를 규정하고 있다. 즉 제3조 제2항에서는 '업무상과실 · 중과실치상' 및 '업무상과실 · 중과실재물손괴'의 경우를 반의사불벌죄로 규정하고, 제4조 제1항에서 차가 손해배상금 전액을 보상하는 보험이나 공제에 가입된 경우를 원칙적으로 처벌불원의 의사표시로 간주하여 공소를 제기하지 못하도록 규정하고 있다.

다만 제3조 제2항의 단서에서 반의사불벌죄로 보지 않는 반의사불벌죄의 12개 예외 사유를 규정하고, 제4조 제1항 단서에서 제3조 제2항의 단서의 경우(반의사불벌죄로 보지 않는 경우)와 중상해의 경우를 처벌불원 의사표시의 간주에서 제외하고 있다.

III. 성립 요건

1. 구성요건

(1) 고의의 부존재

고의와 과실은 배척관계에 있어서, 동일한 행위에 대해서 고의가 인정되면 과실은 존재할 수 없다. 행위에 대해서 형법상 고의범 처벌의 원칙에 따라 고의가 인정되는지를 판단하여, 고의가 인정되지 않을 때 과실을 검토하게 된다. 행위자가 주변 상황에 대해서 명확하게 인식하고 행위를 하였다면 발생한 결과에 대한 의욕이 추정되어 미필적 고의가 인정될 수 있고, 이때 과실은 검토하지 않게 된다.

행위자가 결과 발생의 가능성에 대한 인식조차 없는 경우는 과실의 성립이 가능하고, 그 외에 결과 발생의 가능성에 대한 인식이 있더라도 의욕이 없는 경우라면 미필적 고의가 인정되지 않으므로 인식 있는 과실의 성립이 가능하다. 즉 결과 발생의 가능성에 대한 인식이 있는 상황이더라도, 결과의 발생을 원하지 않았거나 결과의 불발생을 신뢰한 경우는 과실이 인정될 수 있다.

(2) 주의의무위반

① 내용

형법 제14조에서는 주의의무위반을 "정상적으로 기울여야 할 주의(主意)를 게을리"한 것이라고 기술되어 있는데, 이것은 사회생활을 함에 있어서 구성원으로 지켜야 할 주의를 지키지 않은 경우를 의미한다. 주의의무위반은 사회생활상 요구되는 주의를 게을리하여 예견이 가능하고 그래서 회피가 가능하였던 결과를 일으킨 것을 말한다. 즉 결과의 **예견가능성**과 **회피가능성**을 모두 포함한 의무(예견가능성+회피가능성)에 대한 위반행위가 주의의무위반이다. 이것은 사회적 규범에 따라 판단하게 되는데, 이것을 형법 제14조에서 "정상적"이라고 표현하고 있다. 사회생활에 있어서 요구되는 주의의무의 발생 근거를 법률에 규정하지 않고 있는데, 발생 근거는 법령에 한하지 않고 계약 · 사무관리 · 관습 · 조리 · 생활경험 등에 따라 구체적으로 인정된다.

결과의 예견가능성의 측면에서 '**인수책임**'이 문제 된다. 자신이 감당할 수 있는 능력의 범위 밖의 의무를 인수한 후 스스로는 능력을 최대한 발휘하였더라도, 구성요건에 해당하는 결과가 발생하였다면 주의의무위반이 인정된다. 자신이 감당할 수 없는 위험이 예견되는 행위를 인수한 것에 주의의무위반이 인정되는 것이다.

결과에 대한 회피가능성은 예견가능성을 전제로 하는데, 이러한 회피의무와 관련하여 조회의무가 문제 된다. '**조회의무**'는 자신의 행위로 인한 결과의 발생이 예견된다면 행위를 실행하기 이전에 필요한 정보 등을 조사하고 검토해야 하는 것을 의미한다. 예를 들어, 환자가 치료를 받기 전에 몸에 이상이 있음을 설명했다면 의사는 이를 조사하고 검토해야 하는데, 그렇지 않고 바로 치료로 들어가 침해가 발생한 경우는 주의의무위반이 인정될 수 있다.

한편, (동의하지는 않지만) 과실의 이중적 지위설의 설명에서는 과실범의 구성요건에서 검토하는 주의의무를 '객관적 주의의무'라고 부르고, 행위자에 대한 책임에서 검토하는 비난가능성을 '주관적 주의의무'라고 부르는데, 이러한 입장에 따르면 객관적 주의의무가 예견가능성과 회피가능성으로 구성된 것이라고 하게 된다.

② 판단기준

사회생활상 요구되는 주의의무를 어떤 기준으로 판단할 것인지에 대해서 견해가 대립한다.

Ⓐ '**객관설**'은 법은 보편적으로 적용되어야 한다는 시각에서 사회 일반인 또는 평균인의 능력을 기준으로 주의의무를 판단하는 견해로서, '평균인표준설'이라고도 한다.[8] 이때 사회 일반인 또는 평균인은 행위자가 속한 집단(전문직, 학생, 주부 등)에서 조심성 있는 사람을 말하는 것이고, 행위자가 전문지식이나 능력이 있는 집단에 속하는 경우라면 그 집단의 일반적인 전문지식이나 능력이 고려된다.

Ⓑ '**주관설**'은 개인에게 불가능한 것을 요구할 수 없다는 시각에서 행위자 개인의 능력을 기준으로 주의의무를 판단하는 견해로서, '행위자표준설'이라고도 한다. 평균인 이상의 능력이 있는 행위자라면 그 능력에 부합하는 주의의무에 따라 위반을 판단하게 되고, 평균인 이하의 능력이 있는 행위자라면 비난가능성(책임)의 검토 이전에 구성요건해당성이 부정될 수 있다.

Ⓒ '**절충설**'은 객관설과 주관설의 장점을 결합하여 주의의무 판단의 하한선은 객관설을 취하고 상한선은 주관설을 취하는 견해로서, 평균인 이하의 능력자에게는 평균인의 능력을 기준으로 주의의무를 판단하고 평균인 이상의 능력자에게는 그의 능력을 기준으로 주의의무를 판단하게 된다.

판례는 '객관설'의 입장에서 행위자가 속한 집단에 종사하는 평균인의 능력을 기준으로 판단한다. 예를 들어, ⓐ 골프를 치던 중 스윙을 하면서 좌측 발이 뒤로 빠진 채 골프공을 쳐서 골프공이 뒤쪽으로 날아가 행위자의 등 뒤쪽 약 8m 지점에 서 있던 경기보조원(캐디)에게 상해를 입힌 경우는 주의의무를 현저히 위반하여 사회적 상당성의 범위를 벗어난 행위로서 과실치상죄가 성립한다(대법원 2008.10.23. 선고 2008도6940 판결). ⓑ 의료사고에 있어서 의사의 과실 유무를 판단함에는 같은 업무와 직무에 종사하는 일반적 보통인의 주의 정도를 표준으로 하여야 하며, 이때 사고 당시의 일반적인 의학의 수준과 의료환경 및 조건, 의료행위의 특수성 등을 고려한다(대

---

8) 김혜정 · 박미숙 · 안경옥 · 원혜욱 · 이인영, 146면; 성낙현, 445면; 이정원 · 이석배 · 정배근, 346면; 이형국 · 김혜경, 324면; 임웅 · 김성규 · 박성민, 561면; 정성근 · 박광민, 344면; 정영일, 169면; 한상훈 · 안성조, 76면.

법원 2003.1.10. 선고 2001도3292 판결).

생각건대 주관설의 입장은 모든 국민에게 평등하게 적용되어야 할 형법이 주관화 · 상대화될 위험이 있고 특히 무뢰한(無賴漢) 등과 같이 부주의한 사람에게 유리하고 사려 깊은 사람에게 불리하게 되므로 동의하기 어렵고, 책임의 판단이 아닌 불법의 판단에 있어서는 행위자가 기준이 아니라 행위가 기준이 되는 것이므로 사회생활상의 일반인을 기준으로 주의의무를 판단하는 '객관설'이 타당하다.

③ 신뢰의 원칙(주의의무의 제한)

사회공동체의 구성원에게 다른 구성원의 주의의무위반까지 예상하여 통상의 수준을 넘는 고도의 주의의무는 요구되지 않는다. 예를 들어, 교통규칙을 준수하는 운전자는 상대방도 교통규칙을 준수하리라는 것을 신뢰하면 충분하지, 상대방이 교통규칙을 위반하는 경우까지 예상하여 이에 대한 방어 조치까지 해야 할 의무는 없다. 이처럼 도로교통에 있어서 교통규칙을 준수한 운전자는 다른 운전자도 교통규칙을 준수하리라고 신뢰하고 운행하면 충분하고, 다른 운전자가 교통규칙을 위반하는 것까지 예상하여 운전할 주의의무는 없다는 것이 '**신뢰의 원칙**'이다.

예를 들어, ⓐ 톨게이트 하이패스 구간 등의 차량의 안전지대 횡단은 일반적으로 금지되어 있으므로, 안전지대의 표시에도 불구하고 차량의 안전지대 횡단이 특별히 허용되고 있었던 사정이 인정되지 않는 한 안전지대 옆을 통과하는 차량의 운전자로서는 그 부근을 운행하는 다른 차량이 위 안전지대를 횡단하여 자기차량의 진로 앞에 달려드는 일은 없으리라고 신뢰하는 것이 당연하고, 안전지대를 횡단하려는 차량을 상당한 거리에서 미리 발견하여 안전지대의 횡단을 예상할 수 있는 특별한 사정이 없는 한, 운전자에게 위 안전지대를 횡단하여 오는 차량이 있을 것을 미리 예상하고 운전할 업무상 주의의무를 기대할 수는 없다(대법원 2025.6.12. 선고 2025도1049 판결). ⓑ 야간에 전조등이나 후미등을 켜지 않고 자전거를 타면서 차도를 무단횡단하는 경우까지 운전자가 예상하여 제한속도를 감속하고 잘 보이지 않는 반대차선의 동태까지 살피면서 서행 운행할 주의의무는 인정되지 않는다(대법원 1984.9.25. 선고 84도1695 판결). ⓒ 차량의 운전자는 횡단보도의 신호가 적색인 상태에서 반대차선에 정지하여 있는 차량의 뒤로 보행자가 건너오지 않을 것이라고 신뢰하는 것이 당연하며 그렇지 아니할 상황까지 예상하여 그에 대한 주의의무를 다할 것이 요구되지는 않는다(대법원 1993.2.23. 선고 92도2077 판결).

도로교통에 발생하는 교통사고와 관련하여 **주의의무**를 합리적으로 **제한**하도록 독일판례를 통해 형성된 이론이 신뢰의 원칙인데, 그 밖에 도로교통과 유사하게 참여자 각자에게 특별한 주의를 요구하고 상호신뢰 하에 공동작업이 행해지는 분야, 예를 들어 의료, 산업 등에서도 신뢰의 원칙이 확장된다. 예를 들어, ⓓ 약사가 의약품을 판매하거나 조제함에 있어서 의약품이 포장상 약사법 소정의 검인 합격품이고 또한 부패 변질 변색되지 아니하고 유효기간이 경과되지 아니함을 확인하고 조제판매한 경우라면, 특별한 사정이 없는 한 관능시험 및 기기시험까지 할 주의의무가 없으므로 그 의약품의 표시를 신뢰하고 이를 사용한 경우는 과실이 인정되지 않는다(대법원 1976.2.10. 선고 74도2046 판결).

이와 같은 신뢰의 원칙은 자신과 상대방의 규칙준수를 전제한다. 그렇기에 자신이 스스로 규칙을 위반한 경우, 상대방이 비정상적인 행태를 보이는 등 규칙을 위반할 것이 명백하거나 예상되는 특별한 사정이 있는 경우에는 신뢰의 원칙은 '**제한**'된다. 예를 들어, ⓔ 고속도로를 운행하는 자동차의 운전자는 고속도로를 횡단하는 보행자가 있을 것까지 예견하여 보행자와의 충돌사고를 예방하기 위하여 급정차 등을 조치할 수 있도록 대비하면서 운전할 주의의무는 없지만, 운전자가 상당한 거리에서 보행자의 무단횡단을 예상할 수 있는 사정이 있었고, 그에 따라 즉시 감속하거나 급제동하는 등을 조치하였다면 보행자와의 충돌을 피할 수 있었다는 등의 특별한 사정이 있는 경우는 운전자의 과실이 인정될 수 있다(대법원 2000.9.5. 선고 2000도2671 판결). ⓕ 택시의 운전자가 신호등이 적색 등화임에도 횡단보도 앞 정지선 직전에 정지하지 않고 상당한 속도로 정지선을 넘어 횡단보도에 진입하여 횡단보도에 들어선 이후 차량 신호등이 녹색 등화로 바뀌자 계속 직진하여 교차로에 진입하자마자 교차로를 거의 통과하였던 타인의 승용차를 추돌한 경우는 운전자의 신호위반행위를 교통사고 발생의 직접적인 원인으로 본다(대법원 2012.3.15. 선고 2011도17117 판결). ⓖ 정박선은 항행선과의 충돌 위험을 회피하기 위하여 먼저 적극적으로 피항조치를 하여야 할 주의의무를 부담하지 않지만 이미 충돌 위험이 발생한 상황에서 항행선이 스스로 피항할 수 없는 상태에 처해 있다면 정박선으로서도 충돌 위험을 회피하는 데 요구되는 적절한 피항조치를 하여야 할 주의의무가 인정된다(대법원 2009.4.23. 선고 2008도11921 판결).

그리고 행위자가 경계의무를 게을리하여 상대방의 비정상적인 행태를 미리 인식하지 못한 경우에도 신뢰의 원칙은 적용되지 않는다(대법원 2009.4.23. 선고 2008도

11921 판결). ⓗ 횡단보도의 보행자 신호가 녹색신호에서 적색신호로 바뀌는 예비신호 점멸 중에도 횡단보도를 건너가는 보행자가 흔히 있으며 또한 횡단 도중에 녹색신호가 적색신호로 바뀐 경우에도 그 교통신호에 따라 정지함이 없이 나머지 횡단보도를 그대로 횡단하는 보행자도 있으므로, 보행자 신호가 녹색신호에서 정지신호로 바뀔 무렵 전후에 횡단보도를 통과하는 자동차 운전자는 보행자가 교통신호를 철저히 준수할 것이라는 신뢰만으로 자동차를 운전할 것이 아니라 좌우에서 이미 횡단보도에 진입한 보행자가 있는지를 살펴보는 등 그와 같은 상황에 있는 보행자의 안전을 위해 어느 때라도 정지할 수 있는 태세를 갖추고 자동차를 운전하여야 할 업무상의 주의의무가 있다(대법원 1986.5.27. 선고 86도549 판결).

④ 허용된 위험

산업사회에서 행해지는 광산 채굴, 공장 가동, 건설공사, 과학실험 등과 같은 행위는 행위 자체가 사고의 위험성을 내포하고 있지만, 사회적 유용성이나 필요성 때문에 금지할 수는 없다. 산업 분야에서 일정한 수준의 안전장치를 전제로 해서 허용되는 활동에 내포된 위험을 **허용된 위험**이라고 하며, 허용된 위험이 내포된 분야에서 일하는 사람이 기본적인 주의를 한 경우에는 그 위험으로부터 발생한 결과를 이유로 과실의 책임을 물을 수 없다는 것이 허용된 위험론이다.

허용된 위험은 과실범에서 주의의무를 판단하는 기준으로 작용한다고 할 수도 있고, 주의의무를 제한하는 기준으로 작용한다고도 할 수 있다. 허용된 위험은 고의범에 있어서 객관적 귀속을 판단하는 기준으로서 구성요건해당성을 배제하는 역할을 하는데, 과실범에서는 주의의무를 부정하여 구성요건해당성을 배제하는 역할을 한다.

⑤ 관리 · 감독의 과실

의료나 화재, 공사장 등의 사고 발생에 있어서 결과에 직접적으로 관여한 사람의 주의의무위반을 인정하는 것 외에, 배후에 있는 사람의 '**관리 · 감독의 과실**'이 인정되는지가 다투어진다. 일종의 부작위에 의한 과실의 인정 여부의 문제라고도 할 수 있다.

관리 · 감독자의 과실을 인정한 판례를 보면, ⓐ 의사가 다른 의사와 의료행위를 분담하더라도 자신이 환자에 대하여 주된 의사의 지위에 있거나 다른 의사를 사실상 지휘 감독하는 지위에 있다면, 그 의료행위의 영역이 자신의 전공과목이 아니라 다른 의사의 전공과목에 전적으로 속하거나 다른 의사에게 전적으로 위임된 것이 아닌 이상, 의사는 자신이 주로 담당하는 환자에 대하여 다른 의사가 하는 의료행위의 내용이 적절한 것인지를 확인하고 감독하여야 할 주의의무가 있고, 만약 의사가 이와 같은 업무상 주의의무를 소홀히 하여 환자에게 위해가 발생하였다면, 의사는 그에 대한 과실 책임을 면할 수 없다(대법원 2007.2.22. 선고 2005도9229 판결). ⓑ 호텔의 사장과 영선과장은 계단과 복도 등을 차단하는 방화문을 항상 자동 개폐되도록 하며 숙박객들이 신속하게 탈출 대피할 수 있도록 각 층의 비상문을 언제라도 내부에서 밀기만 하면 그대로 열리도록 설비관리하고 화재 시는 즉시 감지기, 수신기, 주경종, 지구경종이 정상적으로 작동하도록 시설을 관리하여야 할 업무상의 주의의무가 있는데, 오작동이 잦다는 이유로 자동화재조기탐지 및 경보설비인 수신기의 지구경종 스위치를 내려 끈 채 그 위를 스카치테이프로 봉하고 영업상 미관을 해친다는 이유로 종업원 등으로 하여금 방화문을 열어 두게 한 경우는 관리 · 감독자의 과실이 인정된다(대법원 1984.2.28. 선고 83도3007 판결).

반면 ⓒ 호텔을 경영하는 주식회사에 대표이사가 따로 있고 동 회사의 실질적인 책임자로서 업무 전반을 총괄하는 전무 밑에 상무, 지배인, 관리부장, 영업부장 등이 소관 업무를 분담 처리할 뿐만 아니라, 방화관리자까지 선정하여 소방훈련 및 화기사용 또는 취급에 관한 지도 · 감독 등을 하도록 하고 있다면, 회사의 업무에 관여하지 않고 있던 회장에게는 호텔 종업원의 부주의와 호텔 구조상의 결함으로 발생한 화재에 대한 관리 · 감독자의 과실이 인정되지 않는다(대법원 1986.7.22. 선고 85도108 판결).

⑥ 주의의무위반의 특정

단순한 가능성 · 개연성 등 막연한 사정을 근거로 함부로 과실을 인정할 수는 없으므로, 검사가 (업무상)과실로 평가할 수 있는 행위의 존재 또는 그 (업무상)과실의 내용을 구체적으로 특정하고 이를 증명하여야 한다. 만약 과실로 평가할 수 있는 행위의 존재나 그 내용이 특정되지 못한 경우는 (업무상)행위와 그로 인한 결과 사이에 인과관계 인정되더라도, 과실을 인정할 수 없다.

예를 들어, 작업치료사의 작업치료행위와 환자에게 발생한 상해 등 결과 사이에 인과관계가 인정되더라도, 작업치료행위 과정에서 치료대상자에게 상해 등 결과가 발생하였다는 사정만으로 작업치료사의 업무상과실을 추정하거나 단순한 가능성 · 개연성 등 막연한 사정을 근거로 과실을 인정할 수는 없다(2025.4.15. 선고 2024도20371 판결).

(3) 결과 발생

과실범은 원칙적으로 **결과범**의 경우에만 성립하므로, 구성요건에 해당하는 결과나 위험의 발생이 있을 때 과실범을 검토하게 된다. 그런데 결과범임에도 불구하고 과실범에서 미수는 처벌하지 않는다. 실수로 타인을 다치게 할 뻔하였으나 다행히도 타인이 다치지 않은 경우와 같이 과실범의 **미수범**은 처벌의 대상이 아니다. 미수범은 고의를 전제로 하여 실행착수 후 결과의 미실현을 전제로 한 개념이기 때문이다. 또한 과실의 미수범을 규정할 경우는 국민이 일상적인 사회생활을 유지해 나가기 어려울 수 있다.

다만 과실범의 결과범 원칙에 대한 예외로서 **거동범**에서도 과실범을 규정한 경우가 있는데, 과실교통방해죄(형법 제189조)가 그러하다. 일반교통방해죄(형법 제185조)는 현실적인 교통방해 결과의 존재나 구체적으로 공공의 위험이 발생해야 할 필요가 없고, 교통이 현저히 곤란한 상태만으로 범죄가 성립한다. 이러한 행위를 과실로 한 경우에 성립하는 과실교통방해죄는 주의의무 위반행위만으로도 구성요건에 해당하게 된다.

(4) 인과관계

① 주의의무위반 관련성

결과범에서는 행위와 결과 간에 인과관계(객관적 귀속 포함)가 인정되어야 하므로, 과실의 결과범에서도 구성요건적 결과는 행위자의 주의의무에 위반한 행위로 야기된 것이어야 하고, 그 구성요건적 결과는 행위자의 행위에 객관적으로 귀속될 수 있어야 한다. 이중 인과성 측면의 판단에 관련된 부분을 '**주의의무위반 관련성**'이라고 한다. 행위자의 주의의무위반이 있더라도 발생된 결과가 주의의무위반에 기인한 것이 아니라면 과실범이 인정되지 않는다.

예를 들어, 야간에 2차선의 굽은 도로상에 미등과 차폭등을 켜지 않은 채 화물차를 주차하여 놓음으로써 오토바이가 추돌하여 오토바이 운전자가 사망한 사안에서, 화물차 운전자의 주차 행위와 사고 발생 사이에 인과관계가 인정된다(대법원

1996.12.20. 선고 96도2030 판결). 주의의무위반 관련성은 공동으로도 인정되는데, 실화죄에 있어서 공동의 과실이 경합하여 화재가 발생한 경우라면 각 과실이 화재의 발생에 대하여 하나의 조건이 된 이상은 공동의 원인을 제공한 사람들은 각자 실화죄의 책임을 면할 수 없다. 판례는 각자 담배를 피던 두 사람이 20초 정도의 간격을 두고 분리수거장 방향으로 담배꽁초를 던져 버리고 현장을 떠난 후 화재가 발생하여 각각 실화죄로 기소된 사안에서, 두 사람 각자에게 자신과 상대방이 버린 담배꽁초 불씨가 살아 있는지를 확인하고 이를 완전히 제거하는 등 화재를 미리 방지할 주의의무가 있음에도 이를 게을리한 채 만연히 현장을 떠난 과실이 인정되고 이러한 피고인들 각자의 과실이 경합하여 위 화재를 일으켰다고 보아, 두 사람 각자의 실화죄 책임을 인정한 경우가 있다(대법원 2023.3.9. 선고 2022도16120 판결).

② 적법한 대체행위(준인과관계)

고의범의 인과관계 판단에서 이원적 방식은 사실적 측면에서 인과성을 검토한 후, 규범적 측면에서 객관적 귀속을 별도로 검토하는 방식이다. 이때 인과성의 판단은 사실적 측면의 판단이기에 반대의 상황을 가정하지 않고, 존재하는 사실과 존재하는 결과 간의 인과성을 검토한다. 그런데 과실범에서는 고의범과 달리 반대 상황에 대한 가정의 방식을 사용하여 인과성을 판단한다.

과실범에서 행위와 결과 간의 인과성은 주의의무위반 관련성인데, 주의의무위반으로 인하여 발생한 법익침해의 결과가, 주의의무를 준수한 상황을 가정(**적법한 대체행위**)하더라도 발생하였으리라고 예상되면 주의의무위반 관련성을 인정할 수 없다고 본다. 인과관계의 판단에 있어서 본래 사용할 수 없는 가정의 방식을 허용하는 것이어서, '준인과관계'라고도 말한다. 적법한 대체행위의 경우에서도 주의의무위반 관련성이 인정되지 않는다면 회피할 수 없는 결과에 해당하므로 행위자에게 결과를 귀속시킬 수 없다고 본다. 과실범을 처벌하는 근본 이유가 법익침해의 결과가 발생하였기 때문만이 아니라, 주의의무를 준수하여야 할 행위자가 이를 준수하지 않았고 바로 그것으로 인하여 결과가 발생한 사안에서만 형사책임을 인정하는 것이기 때문이다.

예를 들어, ⓐ 담당 의사가 췌장 종양 제거수술 직후의 환자에 대하여 1시간 간격으로 4차례 활력징후를 측정하라고 지시하였는데, 일반병실에 근무하는 간호사가 일반병실에서는 그러할 필요가 없다고 생각하여 2회만 측정한 채 3회차 이후 활력징후를 측정하지 않았고, 근무 교대한 간호사 역시 자신의 근무시간 내 4회차 측정 시각까지 활력징후를 측정하지 아니하여 환자가 4회차 측정 시각으로부터 약 10분 후 심폐정지상태에 빠진 후 과다출혈로 사망한 사안에서, 간호사 2인은 의사의 지시를 수행할 의무가 있음에도 3회차 측정 시각 이후 4회차 측정 시각까지 활력징후를 측정하지 아니한 업무상과실이 있으며 1시간 간격으로 활력징후를 측정하였더라면 출혈을 조기에 발견하여 수혈, 수술 등 치료를 받고 환자가 사망하지 않았을 가능성이 인정되어 책임이 인정된다(대법원 2010.10.28. 선고 2008도8606 판결). ⓑ 한의사가 환자에게 문진하여 과거 봉침을 맞고도 별다른 이상 반응이 없었다는 답변을 듣고 부작용에 대한 충분한 사전 설명 없이 환부인 목 부위에 봉침 시술을 하였는데, 환자가 봉침 시술 직후 쇼크반응을 나타내는 등 상해를 입은 사안에서, 한의사가 봉침 시술에 앞서 설명의무를 다하였더라도 환자가 반드시 봉침시술을 거부하였을 것으로 볼 수 없으므로, 한의사의 설명의무 위반과 피해자의 상해 사이에 인과관계는 인정되지 않는다(대법원 2011.4.14. 선고 2010도10104 판결).

이처럼 요구되는 의무를 적법하게 이행하였더라면 결과의 발생에 대한 회피가능성이 인정될 때 인과관계가 부정되는데, 적법한 대체행위를 수행한 결과가 구성요건의 실현으로 나타날 것인지가 불분명한 경우에도 인과관계를 인정하기가 어렵다. 선행 교통사고와 후행 교통사고 중 어느 쪽이 원인이 되어 피해자가 사망에 이르게 되었는지 밝혀지지 않은 경우, 후행 교통사고를 일으킨 사람의 과실과 사망 사이에 인과관계가 인정되기 위해서는 후행 교통사고를 일으킨 사람이 주의의무를 게을리하지 않았다면 사망에 이르지 않았을 것이라는 사실이 증명되어야 하고, 그 증명 책임은 검사에게 있다(대법원 2007.10.26. 선고 2005도8822 판결).

③ 보호목적 관련성

과실범에서 구성요건의 결과가 주의의무위반 행위에 객관적으로 귀속될 수 있어야 하는데, 이때 대표적으로 '규범의 보호목적 관련성'을 검토한다. 규범이 설정한 보호 목적의 범위에서 결과가 발생한 경우라면 주의의무위반이 인정된다는 것인데, 형법규범의 일반적인 의미나 목적이 아니라 침해된 규범의 구체적인 주의의무의 보호영역을 고려하여 판단하는 것이다.

예를 들어, 자동차의 운전자가 그 운전상의 주의의무를 게을리하여 열차건널목을 그대로 건너는 바람에 자동차가 열차의 좌측 모서리와 충돌하여 20여 m쯤 끌려가면서 튕겨 나갔고 타고 가던 자전거에서 내려 자동차 왼쪽에서 열차가 지나가기를 기다리던 사람이 자동차의 충돌사고로 놀라 넘어져 상처를 입은 것은, 비록 위 자동차와 피해자가 직접 충돌하지는 아니하였더라도 자동차 운전자의 과실과 피해자가 입은 상처 사이에는 상당한 인과관계가 인정된다(대법원 1989.9.12. 선고 89도866 판결). 반면 운전자가 차를 이미 정차하였음에도 뒤에서 운행하던 다른 차량의 추돌로 인하여 앞차를 충격하여 사고가 발생한 경우, 설사 피고인에게 안전거리를 준수치 않은 위법이 있었더라도 그것이 피해 결과에 대하여 인과관계가 있다고 할 수 없다(대법원 1983.8.23. 선고 82도3222 판결).

2. 위법성

(1) 위법성조각사유

과실범에도 모든 위법성조각사유가 적용된다. 예를 들어, ⓐ 자신을 공격하는 침해자로부터 방위하려고 낚싯대를 들어 휘둘렀는데 예상치 못하게 상대방에게 상해를 입힌 경우는 과실치상의 구성요건해당성은 **정당방위**로 위법성이 조각될 수 있다. ⓑ 생명이 위급한 환자를 응급실로 후송하던 구급차가 운행 중 교통사고를 일으켜 상해를 입힌 경우도 업무상과실치상의 구성요건해당성은 **긴급피난**으로 위법성이 조각될 수 있다. ⓒ 화물을 많이 실은 트럭의 짐칸에 동승을 요구하여 탑승한 후 타고 가던 중 짐칸의 화물이 떨어져 탑승자에게 상해를 입힌 경우도 **피해자의 승낙**으로 위법성이 조각될 수 있다. ⓓ 운동경기에 참가하는 자가 경기규칙을 준수하는 중에 또는 그 경기의 성격상 당연히 예상되는 정도의 경미한 규칙 위반으로 상해의 결과를 발생시킨 경우는 사회적 상당성의 범위를 벗어나지 아니하는 행위라면 **정당행위**로서 과실치상죄가 성립하지 않는다.

(2) 주관적 정당화 요소

구성요건에 해당하는 행위의 위법성을 조각하기 위해서는 정당화 상황에 대한 행위자의 인식과 정당화사유의 행위를 할 의사, 즉 주관적 정당화 요소가 요구된다. 그런데 구성요건에 해당하는 행위가 고의범이 아닌 과실범에서도 주관적 정당화사유가 존재하여야 하는지에 대해서 견해가 대립한다.

Ⓐ '**필요설**'은 과실범에서도 객관적 주의의무위반이라는 행위반가치를 상쇄하기 위해서는 주관적 정당화 요소가 필요하다고 본다. Ⓑ '**불필요설**'은 과실범의 경우는

행위자가 위법성조각의 객관적 상황에서 행위를 하면 행위불법이 바로 상쇄되므로 주관적 정당화 요소가 필요하지 않다고 본다.[9] © '**부분적 필요설**'은 결과 관련적 과실범에서는 주관적 정당화 요소가 필요하지 않지만, 행위 관련적 과실범에서는 필요하다고 본다.[10]

생각건대, 행위불법은 결과의 발생이라는 침해나 침해의 위험을 인식하고 행위를 하였기에 존재하는 것인데, 과실의 행위에는 이러한 인식이 존재하지 않는다. 과실범에서는 발생된 결과를 전제하고 형사책임을 검토하는 것이고, 결과불법이 불법의 핵심이다. 따라서 행위불법의 존재가 미미한 과실범에 있어서는 이를 상쇄할 주관적 정당화 요소가 요구된다고 할 수 없다.

3. 책임

과실범에서도 고의범과 마찬가지로 책임능력, 위법성 인식, 기대가능성이 요구된다. 과실의 이중적 지위설에서는 책임의 단계에서 별도로 '주관적 주의의무위반'도 요구한다. 행위자가 자신의 개인적 능력과 지식 등에 비추어 객관적 주의의무를 인식하고(주관적 예견가능성) 그 의무를 이행할 수 있었음에도 그렇게 하지 않은 것(주관적 회피가능성)에 주관적 주의의무위반이 인정되고, 이때 책임 비난이 가능하다고 본다.

그러나 생각건대 과실의 이중적 지위를 인정하여 책임의 검토에 있어서 주관적 주의의무위반을 별도로 검토할 필요는 없다. 행위가 아니라 행위자를 판단하는 책임의 본질인 행위자에 대한 비난가능성은 과실의 행위자에게도 마찬가지이고, 과실의 행위를 한 행위자의 개별적 능력에 비추어 비난가능성을 검토하면 충분하기 때문이다. 객관적 주의의무위반과 주관적 주의의무위반을 구별하는 과실의 이중적 지위설을 따르더라도, 사안의 해결에 있어서 과실을 판단함에는 고의와 마찬가지(구성요건으로서의 고의가 있으면 책임요소로서 고의의 추정)로 양자를 구분하지 않고 주의의무위반의 여부만을 판단하게 된다. 행위자가 속한 사회집단의 평균인을 기준으로 객관적 주의의무위반이 인정되고 책임능력, 위법성 인식, 기대가능성까지 존재하는 행위자에게 결과에 대한 주관적 예견가능성과 회피가능성이 없는 경우는 사실상 존재하지 않을 것이다.

---

9) 김혜정 · 박미숙 · 안경옥 · 원혜욱 · 이인영, 152면; 성낙현, 460면.

10) 이형국 · 김혜경, 333면.

도로횡단을 중단하고 중앙선에 서 있는 동료의 팔을 갑자기 잡아끌고 동료로 하여금 도로를 횡단하게 만든 사람은, 무단횡단을 하는 도중에 지나가는 차량에 충격 당하여 사망하는 교통사고가 발생할 가능성이 있으므로 이 경우 동료의 안전을 위하여 차량의 통행 여부 및 횡단 가능 여부를 확인하여야 할 주의의무가 있는데, 비록 당시 자신이 술에 취해 있었더라도 심신상실이나 심신미약을 이유로 책임이 조각되거나 감경되는 것과 별론으로 이러한 주의의무가 없어지는 것은 아니며, 또한 자신 역시 위 차량에 충격 당하였다고 하여서 동료의 무단횡단에 앞서서 차량이 진행하여 오는 것을 확인하거나 그 횡단 가능 여부를 판단할 수 있는 기대가능성이 없었다고 할 수도 없다(대법원 2002.8.23. 선고 2002도2800 판결). 이처럼 주의의무는 행위자가 속한 사회집단의 평균인을 기준으로 객관적 주의의무를 검토하면 충분하고, 행위자의 개인적 능력이나 지식 등을 기준으로 주관적 주의의무를 별도로 검토할 필요는 없다.

4. 과실범의 미수

구성요건의 일부 요소를 갖추지 못한 경우에도 처벌하기 위한 개념으로 미수(未遂, Versuch)가 존재한다. 미수는 실행행위의 착수를 통해 행위자의 범행 의사가 표출되었으나 아직 객관적 구성요건 요소의 일부가 충족되지 아니한 상태로서, 행위불법의 측면은 기수와 대등할 수 있지만 결과불법의 측면은 기수보다 낮은 경우이다. 일부 객관적 구성요건 요소를 갖추지 못한 경우도 처벌하는 것은 구성요건을 실현하려는 행위자의 범행 의사가 실행행위를 통하여 표출되었기 때문이며, 그래서 미수는 고의범에서만 인정되고 과실범에서는 인정되지 않는다.

5. 과실범과 공범

2인 이상의 사람이 각자 주의의무를 위반하여 과실범의 결과를 발생하게 한 경우에 **과실의 공동정범**을 인정할 수 있는지가 문제이다. 삼풍백화점 붕괴 사고나 성수대교 붕괴 사고 등과 같은 대형 사고에 있어서 건설공사에 분업적으로 참여한 사람들이 사고 발생의 원인을 부분적으로 제공했을 때 과실의 공동정범 형태로 처벌할 수 있는지가 다투어진다. 이에 대한 논의는 제12장 제2절에서 후술한다.

그리고 **과실의 간접정범 · 교사범 · 방조범**은 인정되지 않는다. 과실의 행위를 통해서는 타인의 범행에 대한 의사지배를 인정하기 어려우므로 과실의 간접정범은 인정되지 않으며, 교사범이나 방조범은 2중의 고의가 요구되어 교사범에서는 피교사자에게 교사를 한다는 교사행위 자체에 대한 고의(교사의 고의)가 요구되고 방조범에서는 정범의 실행을 방조한다는 방조의 고의가 요구되기 때문이다.

한편 '**과실의 공동정범**'의 문제와 구별되는 경우로서 결과 발생에 대한 각자의 과실이 문제되는 경우(**공동의 과실 경합**)가 있다. 공동정범이 성립되기 위해서는 정범 간에 공모가 요구되는데, 실화죄 등에서 주의의무를 위반한 다수인 간에 공모행위를 인정할 수 있는 행위가 없더라도, 공동의 과실이 경합되어 화재가 발생한 경우에 적어도 각 과실이 화재의 발생에 대하여 하나의 조건이 된 이상은 그 공동적 원인을 제공한 각자에 대하여 실화죄의 죄책을 묻는다(대법원 1983.5.10. 선고 82도2279 판결). 공동의 과실 경합은 특히 부작위범에서도 나타나는데, 분리수거장 근처에서 각자 담배를 피우던 두 사람이 20초 간격으로 분리수거장 방향으로 담배꽁초를 던져 버리고 현장을 떠난 후 화재가 발생한 사안에서, 판례는 두 사람 각자에게 본인 및 상대방이 버린 담배꽁초 불씨가 살아 있는지를 확인하고 이를 완전히 제거하는 등 화재를 미리 방지할 주의의무가 있음에도 이를 게을리한 채 만연히 현장을 떠난 과실이 인정되고 이러한 각자의 과실이 경합하여 화재를 일으켰다고 보아, 두 사람 각자의 실화죄 책임을 인정한다(대법원 2023.3.9. 선고 2022도16120 판결).

제2절 | 결과적가중범

I. 의의

1. 개념

> 제15조(사실의 착오) ② 결과 때문에 형이 무거워지는 죄의 경우에 그 결과의 발생을 예견할 수 없었을 때에는 무거운 죄로 벌하지 아니한다.

고의로 범죄를 범하였으나 행위자가 본래 의도했던 결과를 초과하여 의도하지 않았던 무거운 결과를 발생시켜 그 형이 가중되는 범죄를 **결과적가중범**이라고 한다. 고의의 기본범죄 자체로 가벌성이 인정되는데, 무거운 결과의 발생으로 형벌이 가중되는 형태이다. 형법 제15조 제2항에서는 "결과 때문에 형이 무거워지는 죄의 경우에 그 결과의 발생을 예견할 수 없었을 때에는 무거운 죄로 벌하지 아니한다."라고 결과적가중범을 규정하고 있다.

결과적가중범은 기본범죄에 내포된 전형적인 불법이 결과로 실현된 것으로서, 동일한 결과이더라도 단순한 과실범의 경우보다 불법이 무겁다고 평가된다. 대표적인 결과적가중범인 상해치사죄(형법 제259조 제1항)의 법정형은 3년 이상의 유기징역으로서 과실치사죄(형법 제267조)의 법정형(2년 이하의 금고 또는 700만원 이하의 벌금)보다 무겁게 규정되어 있다. 살인죄와 과실치사죄만 존재할 때 그 중간에 존재하는 불법행위에 대한 가벌성의 공백을 메우는 역할을 상해치사죄가 한다.

단순한 과실범보다 결과적가중범에 대해서 무겁게 벌하는 것이 정당화되기 위해서는, 기본범죄와 무거운 결과 사이의 인과관계는 물론 무거운 결과에 대하여 적어도 과실을 요구함으로써 책임주의와의 조화도 요구된다. 무거운 결과에 대한 과실은 무거운 결과 발생의 예견가능성과 회피가능성을 의미하는데, 무거운 결과 발생의 회피가능성 위반은 이미 행위자가 기본범죄를 범한 때에 위반한 것으로 볼 수 있으므로 무거운 결과에 대한 예견가능성이 무거운 결과에 대한 과실에 있어서 검토된다.

2. 종류

(1) 진정 결과적가중범

진정(echt)은 본래(original)의 모습을 나타내는 용어인데, 살인죄와 과실치사죄 사이에 존재하는 불법행위에 대한 가벌성의 공백을 메우기 위해서 등장한 상해치사죄와 같이 고의에 의한 기본범죄와 **과실에 의한 무거운 결과의 발생**으로 이루어진 본래의 결과적가중범을 진정 결과적가중범이라고 하고, 결과적가중범의 일반적인 형태이다.

예를 들어, 상해치사죄(형법 제259조), 폭행치사죄(형법 제262조), 교통방해치사상죄(형법 제188조), 유기치사상죄(형법 제275조), 체포 · 감금치사죄(형법 제281조 제1항 제2문), 강간치상죄(형법 제301조), 강간치사죄(형법 제301조의2), 강도치상죄(형법 제337조), 강도치사죄(형법 제338조) 등이 있다.

(2) 부진정 결과적가중범

부진정(unecht)은 본래의 모습이 아니라 모조(copy)의 모습을 나타내는 용어인데, 부진정 결과적가중범은 고의에 의한 기본범죄와 **과실에 의한 무거운 결과**의 발생으로 이루어진 본래의 진정 결과적가중범을 **고의에 의한 무거운 결과**의 발생까지 포함하도록 모조하여 사용한다는 의미이다. 부진정 결과적가중범을 인정하는 것은 무거운 결과에 대하여 고의가 있음에도 불구하고 무거운 결과에 대하여 과실이 있는 경우보다 가볍게 처벌하는 형의 불균형을 바로잡기 위해서, 즉 양형상의 불균형을 법률의 해석을 통해 시정하기 위해서이다.[11] 부진정 결과적가중범의 예로는, 특수공무집행방해치상죄(형법 제144조 제2항), 현주건조물발화치사상죄(형법 제164조 제2항), 교통방해치사상죄(형법 제188조), 중상해죄(형법 제258조), 체포 · 감금치상죄(형법 제281조 제1항 제1문), 중손괴죄(형법 제368조 제1항) 등이 있다.

예를 들어, 상해죄의 가중적 구성요건인 **중상해죄**(형법 제258조)는 상해로 인한 생명에 대한 위험이나 불구 등의 결과가 과실로 발생하게 된 경우뿐만 아니라 고의로 발생하게 된 경우도 포함하는 것으로 해석된다. 고의로 타인을 상해하여 과실로 타인을 불구에 이르게 한 경우는 중상해죄(1년 이상 10년 이하의 징역)에 해당하는데, 만약 중상해죄를 진정 결과적가중범으로 해석한다면 고의로 타인을 불구로 만들기 위해서 타인을 상해하여 불구에 이르게 한 경우는 중상해죄가 적용되지 않고 단지 상해죄(7년 이하의 징역, 10년 이하의 자격정지 또는 1천만원 이하의 벌금)에 해당하게 된다. 이때 중상해죄를 부진정 결과적가중범으로 해석한다면 고의로 타인을 불구로 만들기 위해서 타인을 상해하여 불구에 이르게 한 경우가 중상해죄(1년 이상 10년 이하의 징역)에 해당하게 된다.

부진정 결과적가중범을 인정하지 않는 견해도 있으나, 통설과 판례는 부진정 결과적가중범을 인정한다. 예를 들어, 특수공무집행방해치상죄(형법 제144조 제2항)는 중한 결과에 대하여 예견가능성이 있었음에 예견하지 못한 경우에 벌하는 진정 결과적가중범이 아니라 그 결과에 대한 예견가능성이 있었음에도 예견하지 못한 경우뿐만 아니라 고의가 있는 경우까지도 포함하는 부진정 결과적가중범이라고 본다(대법원 1995.1.20. 선고 94도2842 판결). 생각건대, 무거운 결과에 대한 과실이 있는 경우를

---

11) 부진정 결과적가중범의 개념을 부정하는 견해(정성근 · 박광민, 456면)도 존재하는데, 이에 따르면 결과적가중범과 고의범의 상상적 경합을 인정한다.

처벌하는 결과적가중범 규정을 과실보다 불법 · 책임이 더 큰 고의가 있는 경우에도 적용하는 것은 '물론해석' 혹은 '당연해석'으로 가능하다고 본다.

부진정 결과적가중범에서, 고의로 중한 결과를 발생하게 한 행위가 별도의 구성요건에 해당하고 그 고의범에 대하여 결과적가중범에 정한 형보다 더 무겁게 처벌하는 규정이 있는 경우에는 그 고의범이 성립하고 결과적가중범과 상상적 경합의 관계에 있지만, 기본범죄의 고의범에 대하여 더 무겁게 처벌하는 규정이 없는 경우에는 결과적가중범이 고의범에 대하여 **특별관계(법조경합)**에 있으므로 결과적가중범만 성립하고 고의범은 별도로 성립하지 않는다(대법원 2008.11.27. 선고 2008도7311 판결).

3. 개괄적 과실

결과적가중범의 개념은 행위자의 범죄행위가 한 개의 행위라고 전제하고, 이 행위만으로 발생한 무거운 결과에 대해서 무겁게 처벌하도록 한 것이다. 그런데 고의의 기본범죄 행위 이후에 행위자의 **추가적인 별도의 과실 행위**가 개입되어 무거운 결과가 발생한 경우에서 '개괄적 과실'이라는 개념이 사용된다. 개괄적 과실의 개념을 인정하는 시각에서는, 전체적으로 하나의 범죄로 보고 결과적 가중범을 인정한다.

대표적인 사례를 보면, 1993. 10. 3. 01:50경 A와 함께 양양의 호텔 325호실에 투숙한 다음 손으로 A의 뺨을 수회 때리고 A의 우측 가슴부위를 수회 때리고 멱살을 잡아 A의 머리를 벽에 수회 부딪치게 하고 바닥에 넘어진 A의 우측 가슴부위를 수회 때리고 밟아서 A에게 우측 흉골골절 및 우측 제2, 3, 4, 5, 6번 늑골골절상과 이로 인한 우측심장벽좌상과 심낭내출혈 등의 상해를 가하여 A가 바닥에 쓰러진 채 정신을 잃고 빈사 상태에 빠지자, A가 사망한 것으로 오인하고 A가 자살한 것처럼 가장하기 위하여, 같은 날 03:10경 A를 베란다로 옮긴 후 베란다 밑 약 13m 아래의 바닥으로 떨어뜨려 A가 현장에서 좌측 측두부 분쇄함몰골절에 의한 뇌손상 및 뇌출혈 등으로 사망한 사안에서, 판례는 **포괄하여 단일의 상해치사죄**(형법 제259조 제1항)에 해당한다고 보았다(대법원 1994.11.4. 선고 94도2361 판결).

이에 대해서는 과실 행위인 제2의 행위에 의한 결과의 발생은 기본범죄에 전형적으로 내포된 위험이라고 볼 수 없으므로 결과적 가중범이 성립할 수 없다고 비판된다. 개괄적 과실을 인정하지 않는 견해에 의하면, 위의 사례는 제1행위에 의한 상해죄(형법 제257조 제1항) 또는 중상해죄(형법 제258조 제1항)가 성립하고 제2행위에 의한 과실치사죄(형법 제267조)가 성립하고 양 죄는 실체적 경합의 관계라고 본다.

II. 성립 요건

1. 기본범죄의 실현

결과적가중범이 성립하기 위해서는 고의의 기본범죄가 실현되어야 한다. 과실에 의한 기본범죄에 의해서 무거운 결과가 발생한 경우도 결과적가중범으로 인정하는 소수설이 있으나, 그러한 경우는 과실범의 경우일 뿐이고 기본범죄는 고의범에 한한다고 보는 것이 통설이다. 형법전에서는 고의의 기본범죄만을 규정하고 있는데, 예외적으로 기본범죄가 과실범이고 그로 인하여 무거운 결과가 과실로 발생한 경우를 규정한 법률도 존재한다. 업무상과실 또는 중대한 과실로 오염물질을 불법 배출하여 사람의 생명이나 신체에 위해를 끼치거나 상수원을 오염시킴으로써 사람을 죽거나 다치게 한 경우를 가중하여 처벌하는 규정(환경범죄단속법 제5조 제2항)이 있다.

기본범죄의 실현이란 기본범죄의 기수를 의미하는 것이 아니라, 실행의 착수를 의미한다. 결과적가중범의 본질은 기본범죄에 내포된 전형적인 불법이 무거운 결과로 실현된 점에 있는데, 기본범죄에 실행의 착수 시에 범죄에 내포된 전형적인 불법이 존재하기 때문이다. 강간이 미수에 그친 경우라도 그 수단이 된 폭행으로 피해자가 상해를 입었으면 강간치상죄(형법 제301조)가 성립하는 것이며, 미수에 그친 것이 행위자의 자의로 중지한 경우이든 실행에 착수하여 행위를 종료하지 못한 경우이든 무관하다(대법원 1988.11.8. 선고 88도1628 판결).

2. 무거운 결과의 발생

과실에 의한 무거운 결과의 발생이 있어야 하는데, 다만 부진정 결과적가중범에서는 고의에 의한 경우도 가능하다. 무거운 결과는 기본범죄 안에 내재하던 전형적인 잠재적 위험성이 실현된 것으로서, 그 형태는 침해뿐만 아니라 위험발생도 해당하여 사람의 사망이나 상해뿐만 아니라 생명 · 신체에 대한 위험 등의 경우도 가능하다.

3. 인과관계

결과적가중범이 성립하기 위해서는 기본범죄와 무거운 결과 간에 인과관계(객관적 귀속 포함)가 존재하여야 한다. 즉 기본범죄와 무거운 결과 간에 내적 관련성이 존재하여야 하는데, 객관적 귀속론의 관점에서 보면 개별적인 기본범죄의 구성요건이

지향하는 가중적인 결과 발생의 저지라는 규범의 보호목적 범위 내의 결과이어야 한다. 특히 기본범죄에 내포된 전형적인 위험성이 무거운 결과로 실현되었다고 하기 위해서는 무거운 결과가 기본범죄로부터 직접 초래되었다고 볼 수 있어야 한다(**직접성의 원칙**).

예를 들어, ⓐ 아파트 안방 문에 못질하여 동거녀가 술집에 나갈 수 없게 감금하고 옷을 벗기고 때리는 등 가혹한 행위를 하여 동거녀가 동거남이 거실로 나오는 사이에 갑자기 안방 창문을 통하여 알몸으로 아파트 아래 잔디밭에 뛰어내리다가 사망한 사안에서, 중감금(형법 제277조 제1항) 행위와 사망 사이에는 인과관계가 인정된다(대법원 1991.10.25. 선고 91도2085 판결). ⓑ 학원장이 자신이 경영하는 학원의 강사에게 학습교재를 설명하겠다는 구실로 유인하여 호텔 객실에 감금한 후 강간하려 하자 완강히 반항하던 강사가 학원장이 전화하는 사이에 객실 창문을 통해 탈출하려다가 지상에 추락하여 사망한 사안에서, 강간미수(형법 제300조) 행위와 사망과의 사이에 인과관계가 인정된다(대법원 1995.5.12. 선고 95도425 판결).

반면 ⓒ 강간을 당한 피해자가 집에 돌아와 음독자살하기에 이른 원인이 강간으로 인하여 생긴 수치심과 장래에 대한 절망감 등에 있었다 하더라도 그 자살행위가 바로 강간행위로 인하여 생긴 당연한 결과라고 볼 수는 없으므로 강간행위와 자살행위 사이에 인과관계는 인정되지 않는다(대법원 1982.11.23. 선고 82도1446 판결).

4. 결과에 대한 예견가능성

무거운 결과의 발생에 대해서 행위자에게 예견가능성이 있어야 한다. 고의의 기본범죄를 행하는 행위자에게는 무거운 결과에 대한 과실(주의의무위반)이 있어야 하는데, 결과적 가중범에서 과실은 무거운 결과의 실현을 예견하고 이를 회피해야 할 의무에 있다. 다만 행위자가 기본범죄를 실현한 위반행위에서 회피의무 위반이 인정되므로 무거운 결과에 대한 예견가능성만을 검토하게 된다. 형법 제15조 제2항에서도 "그 결과의 발생을 예견할 수 없었을 때에는 무거운 죄로 벌하지 아니한다."라고 규정하고 있다.

예견가능성의 판단기준에 있어서, Ⓐ '주관설'은 구체적인 행위자가 무거운 결과의 발생을 예견할 수 있었던 경우라고 보지만, Ⓑ 통설과 판례인 '객관설'은 평균적 일반인을 기준으로 무거운 결과의 발생을 예견할 수 있었던 경우라고 본다. 주관설에 따르면 형법이 주관화 · 상대화될 위험이 있으므로, 객관설에 따라 판단하는 것이 타당하다.

예를 들어, ⓐ 피해자를 감금하여 4일가량 물조차 제대로 마시지 못하고 잠도 자지 아니하여 거의 탈진 상태에 이른 피해자의 손과 발을 17시간 이상 묶어 두고 좁은 차량 속에서 움직이지 못하게 감금한 행위와 묶인 부위의 혈액 순환에 장애가 발생하여 혈전이 형성되고 그 혈전이 폐동맥을 막아 사망한 사안에서, 행위자에게 사망의 결과에 대한 예견가능성이 인정된다(대법원 2002.10.11. 선고 2002도4315 판결).

반면 ⓑ 군인이 속칭 '생일빵'을 한다는 명목으로 동료를 가격하여 사망에 이르게 한 경우, 폭행과 사망 간에 인과관계는 인정되지만, 폭행의 부위와 정도, 서로의 관계, 피해자의 건강상태 등 제반 사정을 고려하여 볼 때 행위자가 폭행 당시 피해자가 사망할 것이라고 예견할 수는 없었다고 판단한다(대법원 2010.5.27. 선고 2010도2680 판결). ⓒ 공장에서 동료 사이에 말다툼하던 중 자신의 삿대질을 피하고자 상대방이 두어 걸음 뒷걸음치다가 회전 중이던 십자형 스빙기계 받침대에 걸려 넘어지면서 머리를 바닥에 부딪쳐 두개골절로 사망한 사안에서, 당시 바닥에 위와 같은 장애물이 있어서 뒷걸음치면 장애물에 걸려 넘어질 수 있다는 것까지는 예견할 수 있었다고 하더라도 그 정도로 넘어지면서 머리를 바닥에 부딪쳐 두개골절로 사망한다는 것은 이례적인 일이어서 통상적으로 일반인이 예견하기 어려운 결과라고 하지 않을 수 없다(대법원 1990.9.25. 선고 90도1596 판결).

제10장

부작위범

I. 의의

1. 개념

구성요건은 원칙적으로 행위자의 적극적 행위인 '**작위**'로 실행되고, 범죄는 작위 행위를 전제로 한다. 예를 들어, 살인죄(형법 제250조 제1항)는 행위자의 적극적인 살해 행위를 전제로 한다. 작위의 행위에 의한 범죄를 '작위범'이라고 한다. 작위범이 원칙인 형법은 법익 보호를 위해서 일정한 행위를 금지하도록 규정하고 이러한 금지를 위반하면 처벌하도록 규정되어 있다. 그래서 형법을 '**금지규범**'이라고도 부른다.

그런데 법익침해가 소극적 행위인 '**부작위**'의 행위로 발생할 수 있다. 예를 들어, 사람들과 떨어져 젖먹이 아기와 살고 있던 어머니가 삶을 비관한 나머지 아기를 죽도록 방치하여 아기가 사망한 경우는 살인죄라고 평가할 수 있다. 이처럼 법익침해의 방지를 위해 자신에게 부여된 의무를 이행하지 않는 경우도 적극적인 작위 행위에 동등하게 평가할 수 있다. 단순한 무위(無爲)가 아니라 특정인에게 법질서에서 요구(규범적 요구)하는 행위를 그 특정인이 하지 않아 법익침해가 발생한 경우를 형법에서는 부작위범이라고 한다. 형법 제18조는 "위험의 발생을 방지할 의무가 있거나 자기의 행위로 인하여 위험발생의 원인을 야기한 자가 그 위험발생을 방지하지 아니한 때에는 그 발생된 결과에 의하여 처벌한다."라고 하여 부작위범을 규정하고 있다.

참고 부진정부작위범의 법률효과

부진정부작위범을 규정한 형법 제18조에서는 법률효과를 "그 발생된 결과에 의하여 처벌한다." 라고 하여 작위범과 동등하게 처벌하도록 하고 있다. 부작위범을 작위범과 동등하게 처벌하는 것이 타당하다는 견해의 논거를 보면, ① 행위의 동가치성 요건을 엄격하게 적용할 경우는 작위와 부작위는 법률효과에서 동등하게 취급해야 하고, ② 법률효과를 임의적 감경으로 할 경우는 오히려 부진정부작위범을 너무 쉽게 인정할 가능성이 있고, ③ 정상참작감경(형법 제53조)의 규정을 두고 있는 상황에서 굳이 법률적 감경을 규정할 필요까지는 없다고 한다.
반면 작위뿐만 아니라 부작위를 처벌하는 것은 작위와 부작위의 '불법'이 동등하다는 의미가 아니라 구성요건 실현의 양상이 작위 또는 부작위로 가능하다는 의미인 것이며, 부작위에 의한 법익침해의 대부분 경우는 그 불법성이 작위에 비해 작으므로 부진정부작위범에 임의적 감경을 규정하여야 한다는 시각이 존재한다. 임의적 감경에 대한 찬성 논거를 보면, ① 행위의 동가치성 여부의 판단은 어렵고, ② 부진정부작위범의 불명확성으로 형사처벌이 지나치게 확대되는 것(유추적용의 위험)을 방지하는 것이 필요하고, ③ 부작위에 의한 결과 발생은 작위에 의한 것보다 행위불법의 측면에서 충분히 고려할 가치가 있다고 한다.
부작위범(Begehen durch Unterlassen)을 규정하고 있는 독일 형법 제13조는 제1항에서 요건을 규정한 후 제2항에서 법률효과를 규정하고 있는데, 부작위범의 법률효과를 '임의적 감경'으로 규정하고 있다(Die Strafe kann nach § 49 Abs. 1 gemildert werden). 2011년 정부의 형법개정안에서도 임의적 감경으로 규정하기도 하였다.[1]

2. 종류

(1) 진정부작위범

소극적 행위인 '**부작위**'의 행위로 실행되도록 규정된 일부 구성요건이 있다. 구성요건 자체가 부작위의 실행행위를 전제한 경우를 부작위범 중 '**진정부작위범**'이라고 하는데, 이 경우는 형법이 일정한 행위를 하도록 명령하고 이러한 명령을 이행하지 않은 경우를 처벌하도록 규정하고 있다(**명령규범**).

"퇴거요구를 받고 응하지 아니한" 행위가 실행행위로 규정된 퇴거불응죄(형법 제319조 제2항)가 대표적인 진정부작위범이고, 그 외 전시계약불이행죄(형법 제103조 제1항), 다중불해산죄(형법 제116조), 전시공수계약불이행죄(형법 제117조 제1항), 집합명령위반죄(형법 제145조 제2항) 등이 진정부작위범이다. 그 외 특별법에도 진정부작위범이 존재하는데, 보호의무자 확인 서류 등 수수 의무 위반으로 인한 (구)정신보건법

1) 2011년 개정안은 국회에서 심의되지 못하고 회기를 넘겨 자동 폐기되었다.

위반죄는 구성요건이 부작위에 의해서만 실현될 수 있는 진정부작위범에 해당하고(대법원 2021.5.7. 선고 2018도12973 판결), 일정한 기간 내에 잘못된 상태를 바로잡으라는 행정청의 지시를 이행하지 않은 것을 구성요건으로 하는 (구)주택건설촉진법 위반죄도 진정부작위범에 해당한다(대법원 1994.4.26. 선고 93도1731 판결).

(2) 부진정부작위범

> **제18조(부작위범)** 위험의 발생을 방지할 의무가 있거나 자기의 행위로 인하여 위험발생의 원인을 야기한 자가 그 위험발생을 방지하지 아니한 때에는 그 발생된 결과에 의하여 처벌한다.

진정부작위범과 구별되는 '**부진정부작위범**'의 개념이 존재하고, 형법 제18조에 규정되어 있다. 작위범이 원칙인 형법은 법익 보호를 위해서 일정한 행위를 금지하도록 규정하고 있어서 형법을 '**금지규범**'이라고도 부르는데, 부진정부작위범은 작위의 행위를 전제로 하는 일반적인 구성요건을 부작위의 행위로 범한 경우를 의미한다. 결과 발생을 방지할 의무 있는 자가 부작위에 의하여 작위범의 구성요건을 실현할 때 사용한다(부작위에 의한 작위범).

예를 들어, 선박의 운항을 지배하는 선장은 선박의 침몰 등과 같은 조난사고로 승객이나 다른 승무원들이 스스로 생명에 대한 위협에 대처할 수 없는 급박한 상황이 발생한 상황에서 적극적인 구호 활동을 통해 보호 능력이 없는 승객이나 다른 승무원의 사망 결과를 방지하여야 할 작위의무가 있는데, 조난상황에서 구호 의무를 이행함으로써 사망의 결과를 쉽게 방지할 수 있음에도 그대로 방관하여 사망의 결과를 초래하였다면, 부작위에 의한 살인죄가 성립한다(대법원 2015.11.12. 선고 2015도6809 전원합의체 판결).

3. 작위와 부작위의 구별

(1) 의의

법익침해의 결과나 위험이 행위자의 적극적인 참여 활동을 통해 야기되거나 유도된 경우는 '작위'의 경우라고 볼 수 있고, 행위자의 의도적인 불참여로 인해 법익침해의 결과나 위험이 진행되도록 방치된 경우가 '부작위'의 경우이다. 그런데 사안에 따라서는 법익침해의 결과나 위험이 행위자의 작위에 의해서 발생한 것인지 부작위에 의해서 발생한 것인지 불분명하다. 예를 들어, 담당 의사가 환자 가족의 요청에 따라 환자의 인공심폐기 작동을 정지시킨 행위는 작위(심폐기를 정지시킨 행위)의 요소와 부작위(환자를 구조하지 않은 행위)의 요소가 동시에 포함되어 있으며, 과실범의 경우는 본질적으로 주의의무 위반행위라는 작위의 요소와 주의의무를 다하지 않는다는 부작위의 요소를 동시에 내포하고 있다. 작위범과 부진정부작위범은 성립 요건이 달라 부진정부작위범의 경우에는 추가적인 요건이 필요하고, 양형에서도 부작위는 피고인에게 유리하게 고려될 수 있다. 따라서 법익침해의 결과나 위험이 작위에 의해서 발생한 것인지 부작위에 의해서 발생한 것인지 구별하는 것이 필요하다.

(2) 구별기준

Ⓐ '**규범적 평가설**'은 행위의 사회적 의미, 즉 행위에 대한 비난의 중점이 어디에 있는지를 기준으로 구별하는 견해로서 '평가적 관찰방법'이라고도 한다.[2] 이 견해에 대해서는 비난의 중점이 어디에 있는지는 범죄 성립요건에 대한 심사를 마친 후에야 비로소 밝혀진다고 비판된다.

Ⓑ '**작위 우선설**'은 작위범을 원칙으로 하는 형법에서는 작위와 부작위의 구별이 모호한 경우는 작위부터 검토한다는 견해이다.[3] 일단 객관적으로 신체활동이 확인되고 그로부터 야기된 일정한 결과가 있으면 작위의 사안으로 보는 것이다. 작위 우선의 원칙을 취하되 보충적으로 규범적 평가에 의한 보충이 필요하다는 수정된 견해도 존재한다.

Ⓒ '**인과관계설**'은 작위와 부작위의 구별이 모호한 경우는 법익침해의 결과를 초래한 원인행위가 무엇인지를 중심으로 판단하는 견해이다.[4] 먼저 일정한 법익침해의 결과를 지향하는 적극적 활동이 있었는지 그리고 그러한 적극적 행위와 발생한 결과 간에 인과관계를 검토하는데, '자연적 관찰방법'이라고도 한다.

판례는 "어떠한 범죄가 적극적 작위에 의하여 이루어질 수 있음은 물론 결과의 발생을 방지하지 아니하는 소극적 부작위에 의하여도 실현될 수 있는 경우에, 행위

---

2) 강동욱, 118면; 박상옥 · 김대휘(1), 446면; 신동운, 144면; 이정원 · 이석배 · 정배근, 370면; 임웅 · 김성규 · 박성민, 589면; 정성근 · 박광민, 371면; 정성근 · 정준섭, 375면; 정영일, 111면.

3) 김혜정 · 박미숙 · 안경옥 · 원혜욱 · 이인영, 83면; 배종대, 519면; 성낙현, 487면; 오영근 · 노수환, 200면; 이재상 · 장영민 · 강동범, 135면.

4) 박상기 · 전지연, 56면; 이영란, 197면; 이형국 · 김혜경, 360면.

자가 자신의 신체적 활동이나 물리적 · 화학적 작용을 통하여 적극적으로 타인의 법익 상황을 악화시킴으로써 결국 그 타인의 법익을 침해하기에 이르렀다면, 이는 작위에 의한 범죄로 봄이 원칙이고, 작위에 의하여 악화된 법익 상황을 다시 되돌이키지 아니한 점에 주목하여 이를 부작위범으로 볼 것은 아니"라고 하여 '**작위 우선설**'의 입장이다(대법원 2004.6.24. 선고 2002도995 판결). 공무원이 어떠한 위법 사실을 발견하고도 직무상 의무에 따른 적절한 조치를 하지 아니하고, 위법 사실을 적극적으로 은폐할 목적으로 허위공문서를 작성 · 행사한 경우는 직무위배의 위법 상태는 허위공문서작성 당시부터 그 속에 포함되는 것으로 작위범인 허위공문서작성(형법 제227조) 및 그 행사죄(형법 제229조)만이 성립하고 (부진정)부작위범인 직무유기죄(형법 제122조)는 별도로 성립하지 않는다(대법원 2004.3.26. 선고 2002도5004 판결).

생각건대, 규범적 평가설은 행위자의 주관적 판단에 영향을 많이 받아서 자의적 판단의 위험이 존재한다. 다음으로 작위 우선설과 인과관계설은 실질적으로는 같은 입장이라고 할 수 있다. 두 견해 모두 작위와 부작위의 구별이 모호한 경우에 작위부터 법익침해에 대해서 인과관계를 검토하기 때문이다. 작위와 법익침해의 결과나 위험 간에 인과관계가 인정되지 않거나 인정되더라도 그 작위가 주의의무 위반행위라고 볼 수 없는 경우에 부차적으로 부작위를 검토하면 된다. 결국 작위범 우선의 원칙에 따라 작위의 행위부터 검토하는 것이 타당하다(작위 우선설).

참고 작위와 부작위 구별의 실익 : 부작위범의 경우는 추가적 요건으로 보증인지위의 필요

- 통신비밀보호법

제3조(통신 및 대화비밀의 보호) ① 누구든지 이 법과 형사소송법 또는 군사법원법의 규정에 의하지 아니하고는 우편물의 검열 · 전기통신의 감청 또는 통신사실확인자료의 제공을 하거나 공개되지 아니한 타인간의 대화를 녹음 또는 청취하지 못한다.

제16조(벌칙) ① 다음 각호의 1에 해당하는 자는 1년 이상 10년 이하의 징역과 5년 이하의 자격정지에 처한다.

1. 제3조의 규정에 위반하여 우편물의 검열 또는 전기통신의 감청을 하거나 공개되지 아니한 타인간의 대화를 녹음 또는 청취한 자

- 사실관계

: 기자가 신문사 빌딩에서 휴대폰의 녹음기능을 작동시킨 상태로 재단법인 △장학회 이사장의 휴대폰으로 전화를 걸어 약 8분간의 전화 통화를 마친 후 상대방에 대한 예우 차원에서 전화를 바로 끊지 않고 △장학회 이사장이 전화를 먼저 끊기를 기다리던 중, △장학회 이사장의 집무실에 이사장과 평소 친분이 있는 □방송 기획홍보본부장이 들어와 이사장과 인사를 나

누면서 전략기획부장을 소개하는 목소리가 휴대폰을 통해 들려오자, 때마침 △장학회 이사장이 실수로 휴대폰의 통화종료 버튼을 누르지 아니한 채 이를 이사장실 내의 탁자 위에 놓아두자, 기자는 이사장의 휴대폰과 통화연결 상태에 있는 자신의 휴대폰 수신 및 녹음기능을 이용하여 △장학회 이사장과 □방송 기획홍보본부장 및 전략기획부장의 대화를 청취하면서 녹음하였다.

- 피고인의 주장
  : 자신이 △장학회 이사장과 청취 및 녹음하던 상황이 △장학회 이사장과 □방송 기획홍보본부장 및 전략기획부장의 대화에까지 계속 이어진 것이므로 이 대화는 '공개되지 아니한 타인간의 대화'에 해당하지 아니하고, 가사 이 대화가 '공개되지 아니한 타인간의 대화'라고 하더라도 이 대화를 청취 · 녹음한 것은 부작위에 의한 청취 및 녹음행위에 불과하고, 통신비밀보호법 위반의 부진정부작위범으로 처벌하기 위해서는 대화에 대한 청취 및 녹음행위를 중단할 작위의무가 있어야 하는데 자신에게는 이를 중단할 작위의무가 없다.
- 제2심(서울중앙지방법원 2013.11.28. 선고 2013노2841 판결)
  : 대화를 청취 · 녹음한 행위를 과연 부작위라고 평가할 수 있는지를 살펴보면, △장학회 이사장과 피고인(기자)의 대화가 종료된 이후 계속적으로 이어진 피고인의 청취 및 녹음행위는 청취와 녹음에 관련된 '물리적 행위'를 기준으로 판단할 것이 아니라 청취와 녹음의 대상이 되는 '대화'를 기준으로 평가하여야 할 것이다. 즉, △장학회 이사장과 □방송 기획홍보본부장 및 전략기획부장의 대화는 통신비밀보호법 제3조의 '공개되지 아니한 타인의 대화'에 해당하고, 피고인이 이러한 사실을 인식한 순간, 피고인에게는 통신비밀보호법 제3조에 따라 '이 사건 대화를 청취 및 녹음하지 말아야 할 의무'가 생기는 것이다.
- 대법원(대법원 2016.5.12. 선고 2013도15616 판결)
  : 어떠한 범죄가 적극적 작위에 의하여 이루어질 수 있음은 물론 결과의 발생을 방지하지 아니하는 소극적 부작위에 의하여도 실현될 수 있는 경우에, 행위자가 자신의 신체적 활동이나 물리적 · 화학적 작용을 통하여 적극적으로 타인의 법익 상황을 악화시킴으로써 결국 그 타인의 법익을 침해하기에 이르렀다면, 이는 작위에 의한 범죄로 봄이 원칙이다.

II. 부작위범의 성립 요건

1. 공통 요건

(1) 구성요건적 상황

부작위범이 성립하기 위해서는 일정한 작위가 요구되는 상황이 전제된다. 진정부작위범의 경우는 개별 규정에 그러한 상황이 규정되어 있는데, 예를 들어 퇴거불응죄(형법 제319조 제2항)의 경우는 주거 등의 장소에서 퇴거 요구를 받은 상황의 존재가 필요하다.

부진정부작위범의 경우는 해당 구성요건이 실현될 위험한 상황이 존재해야 한다. 이후에 그러한 위험이 실현되어 결과가 발생하면 기수에 해당하고, 결과가 발생하지 않으면 미수에 해당한다.

(2) 요구된 행위의 부작위

일정한 작위가 요구되는 구성요건적 상황에서 행위자가 요구된 행위를 이행하지 않아야 한다. 진정부작위범의 경우는 요구되는 행위가 법문에 규정되어 있는데, 예를 들어 퇴거불응죄(형법 제319조 제2항)의 경우는 퇴거의 행위가 요구된다.

부진정부작위범의 경우는 해당 구성요건에서 구체적으로 어떤 행위가 요구되는지가 개별 사안에 따라서 검토된다. 만약 행위자가 요구되는 행위를 하였더라도 결과가 발생한 경우는 부작위범이 성립하지 않고, 과실범의 성립 여부가 검토될 수 있다.

2. 부진정부작위범의 추가 요건

(1) 요건 추가의 이유

금지규범 형태의 일반적 구성요건은 작위의 행위를 전제하여 이를 금지하는 것임에도 불구하고, 부작위의 행위를 작위범과 동등하게 처벌하는 것은 죄형법정주의에 반할 위험성을 안고 있다. 이러한 문제점으로 부진정부작위범의 책임의 한계를 명확히 하기 위해서 '보증인지위'와 '행위 동가치성'이라는 요건을 추가하여 적용한다.

예를 들어, 살인죄와 같이 일반적으로 작위를 내용으로 하는 범죄를 부작위에 의하여 범하는 부진정부작위범의 경우에는 보호법익의 주체가 그 법익에 대한 침해위협에 대처할 보호능력이 없고, 부작위 행위자에게 그 침해위협으로부터 법익을 보호해 주어야 할 법적 작위의무가 있을 뿐 아니라, 부작위 행위자가 그러한 보호적 지위에서 법익침해를 일으키는 사태를 지배하고 있어 그 작위의무의 이행으로 결과발생을 쉽게 방지할 수 있어야 그 부작위로 인한 법익침해가 작위에 의한 법익침해와 동등한 형법적 가치가 있는 것으로서 범죄의 실행행위로 평가될 수 있다(대법원 2015.11.12. 선고 2015도6809 판결).

(2) 보증인지위

① 의의

형법 제18조에서는 "위험의 발생을 방지할 의무가 있거나 자기의 행위로 인하여 위험발생의 원인을 야기한 자"라고 보증인지위가 규정되어 있다. 부진정부작위범은 구성요건 실현을 방지할 작위의무 있는 보증인만이 주체가 될 수 있는 진정신분범의 성격을 띤다. 부진정부작위범에서 보증인지위는 불문의 구성요건이고 규범적 구성요건인데, 보증인지위가 없는 사람은 부진정부작위범의 주체가 될 수 없다.

② 보증인지위와 보증의무의 체계상 지위

보증인지위는 도덕적 · 윤리적 의무에 의해서 발생하는 것이 아니라 법적 의무에 의해서 발생하는데, 보증인지위와 보증인의 법적 의무와의 범죄체계상 지위에 있어서 견해가 대립한다. 이러한 견해의 대립은 착오의 문제에 대한 해결에 있어서 다른 결과를 가져온다.

Ⓐ '**구성요건설**'은 부진정부작위범에서는 보증인의 부작위에 작위와 동등한 의미가 부여될 수 있으므로 보증인지위는 구성요건요소가 되며, 그 기초가 되는 보증의무도 구성요건요소로 본다.[5] 구성요건설에서는 보증인지위나 보증의무에 대한 착오 모두 구성요건의 착오로 본다.

Ⓑ '**위법성설**'은 보증인지위와 보증의무가 모두 위법성 요소라고 보는 견해이다. 본래 작위 행위를 전제로 한 구성요건에 있어서 부작위 행위는 원칙적으로 위법성을 징표 하지 못하고, 구성요건의 실현을 방지할 의무가 있는 보증인이 의무를 위반하여 부작위를 행하였을 때 비로소 위법성이 인정된다고 본다. 위법성설에서는 보증인지위나 보증의무에 대한 착오 모두 위법성의 착오로 본다.

Ⓒ '**이원설**'은 보증인지위는 부진정부작위범의 주체에 해당하는 요건이므로 구성요건요소에 속하나, 보증인지위의 내용을 이루는 작위의무는 법적 의무로서 법질서에 관련되는 것이므로 위법성요소라고 보는 견해이다.[6] 이원설에서는 보증인지위에

---

5) 강동욱, 126면; 이상돈, 122면; 정영일, 116면; 주호노, 312면.

6) 김일수 · 서보학, 359면; 김혜정 · 박미숙 · 안경옥 · 원혜욱 · 이인영, 95면; 성낙현, 498면; 박상기 · 전지연, 59면; 박상옥 · 김대휘(1), 449면; 서거석 · 송문호, 157면; 이영란, 207면; 이용식, 71면; 이재상 · 장영민 · 강동범, 144면; 이형국 · 김혜경, 381면; 임웅 · 김성규 · 박성민, 598면; 정성근 · 정준섭, 381면; 홍영기, 96면.

대한 착오는 구성요건의 착오로 보고, 보증의무에 대한 착오는 위법성의 착오로 본다.

생각건대, 우선 보증인지위는 범죄 주체에 관한 요소이므로 구성요건요소로 보는 것이 옳다. 그리고 작위범에 있어서 법적 의무를 구성요건요소가 아니라 위법성의 요소로 보는데 부작위범에서 법적 의무를 구성요건요소로 보기는 어렵다(**이원설**). 부진정부작위범에서 작위의무에 대한 인식이 없는 것은 법적 명령에 대한 인식이 흠결된 것으로서 위법성의 착오로 보는 것이 타당하다.

③ 보증의무의 발생 근거

보증의무(법적 의무)의 발생 근거를 설명하는 방식으로 실질설과 형식설이 존재한다. '실질설'은 기능설이라고도 하는데, 특정 법익에 대한 보호의무(자연적 결합관계, 밀접한 공동체관계, 보호적 지위의 자발적 인수)와 특정 위험원인에 대한 안전조치의무(선행행위로 인한 보증의무, 위험원인에 대한 방지의무, 제3자의 위험행위에 대한 감독의무)로 분류하여 보증의무를 분류하는 견해이다.

'형식설'은 보증의무를 형식적 요건에 따라 분류하여 설명하는 견해인데, 형식설에 따라 보증인의무의 발생 근거를 보면, 작위의무는 법령, 법률행위, 선행행위로 인한 경우는 물론, 신의성실의 원칙이나 사회상규 혹은 조리상 작위의무가 기대되는 경우도 인정된다(대법원 2015.11.12. 선고 2015도6809 전원합의체 판결). 실질설이든 형식설이든 보증의무의 내용은 별다른 차이가 없고, 아래에서는 편의상 형식설에 따라 설명한다.

a) 법령

작위의무는 법령에 근거하여 발생한다. 대표적으로 부부간의 부양의무(민법 제826조 제1항), 친권자의 보호의무(민법 제913조), 생계를 같이 하는 친족간의 부양의무(민법 제974조), 사고차량 운전자와 동승자의 구호조치의무(도로교통법 제54조), 경찰관의 보호조치의무(경찰관 직무집행법 제4조), 의료인의 진료의무(의료법 제15조) 등이 있다.

예를 들어, 절도범이 공원 옆 인도에 옆으로 누워 잠들어 있는 피해자를 발견하고 주변을 살피다가 피해자의 오른쪽 바지 주머니에서 지갑을 꺼냈고 이러한 상황을 잠복 중이던 차량에서 지켜보고 있던 경찰관들이 절취행위 이후 바로 뛰어나가 절도범을 체포한 사안에서, 노상에 정신을 잃고 쓰러져 있는 피해자를 발견한 경찰관들로서는 만취한 취객을 상대로 한 범죄가 빈발한다는 첩보를 입수하고 잠복 중이더라도 적절한 조치를 강구하지 아니하고 오히려 그러한 상태를 이용하여 잠재적 범죄행위에 대한 단속 및 수사에 나아가는 것은 수사의 한계를 넘어선 것이다(대법원 2007.5.31. 선고 2007도1903 판결).

b) 계약

작위의무는 계약에 근거하여 발생한다. 예를 들어, 백화점에서 특정매장에 관한 상품관리 및 고객들의 불만사항 확인 등의 업무를 담당하는 직원은 자신이 관리하는 매장의 점포에 가짜 상표가 새겨진 상품이 진열 · 판매되고 있는 사실을 발견하였다면 점주 등에게 즉시 그 시정을 요구하고 상급자에게 보고하여 이를 시정하도록 할 근로계약상 · 조리상의 의무가 있다(대법원 1997.3.14. 선고 96도1639 판결).

c) 선행행위

작위의무는 선행행위에 의해서도 발생한다. 예를 들어, 모텔 방에 투숙하여 담배를 피운 후 재떨이에 담배를 껐으나 담뱃불이 완전히 꺼졌는지를 확인하지 않은 채 불이 붙기 쉬운 휴지를 재떨이에 버리고 잠을 잔 과실로 담뱃불이 휴지와 침대 시트에 옮겨붙게 함으로써 모텔에 화재가 발생한 사안에서, 과실 있는 선행행위로 화재가 발생한 이상 화재를 소화할 의무가 있다(대법원 2010.1.14. 선고 2009도12109,2009감도38 판결). 조카(10세)를 살해하기로 마음먹고 저수지로 데리고 가서 미끄러지기 쉬운 제방 쪽으로 유인하여 함께 걷다가 우연히 조카가 물에 빠지자 구호하지 아니하여 조카를 익사하게 한 사안에서, 익사의 위험에 대처할 능력이 없는 나이 어린 조카를 익사의 위험이 있는 저수지로 데리고 갔던 숙부로서는 조카가 물에 빠져 익사할 위험을 방지하고 피해자가 물에 빠지는 경우 그를 구호하여 주어야 할 법적인 작위의무가 있다(대법원 1992.2.11. 선고 91도2951 판결).

다만 형법은 일반적인 구조의무(선한 사마리아인 법)를 인정하지 않으므로 자신의 행위가 위법성이나 책임이 조각되어 범죄가 성립하지 않는 경우는 보증인지위를 인정하기 어렵고, 또한 피해자에 대한 범죄자의 구조의무는 자기부죄금지의 원칙에 비추어 인정되지 않는다. 예를 들어 강간치상의 범행을 저지른 자가 그 범행으로 인하여 실신상태에 있는 피해자를 구호하지 아니하고 방치하였다고 하더라도 그 행위는 포괄적으로 단일의 강간치상죄만이 성립한다(대법원 1980.6.24. 선고 80도726 판결).

그럼에도 선행의 범죄가 '계속범'의 형태로서 범죄행위가 계속되는 것으로 볼 수 있는 경우는 부작위에 의한 범죄가 성립할 수 있다. 예를 들어, 미성년자를 유인하여 포박 감금한 후 단지 그 상태를 유지하였을 뿐인데도 피감금자가 사망에 이르게 된 경우는 감금치사죄(형법 제281조 제1항)에 해당하나, 나아가서 그 감금상태가 계속된 어느 시점에서 살해의 범의가 생겨 피감금자에 대한 위험발생을 방지함이 없이 포박 감금된 피감금자를 그대로 방치함으로써 사망케 한 경우는 부작위에 의한 살인죄를 구성한다(대법원 1982.11.23. 선고 82도2024 판결).

d) 조리

작위의무는 조리에 근거해서 발생한다. 예를 들어, 사기죄(형법 제347조)에 있어서 법률상 고지의무 있는 자가 일정한 사실에 관하여 상대방이 착오에 빠져 있음을 알면서도 그 사실을 고지하지 아니한 것과 같은 부작위에 의한 기망의 성립에 있어서, 일반거래의 경험칙상 상대방이 그 사실을 알았더라면 당해 법률행위를 하지 않았을 것이 명백한 경우에는 신의칙에 비추어 그 사실을 고지할 법률상 의무가 인정된다(대법원 2007.4.12. 선고 2007도1033 판결). 인터넷 포털 사이트 내 오락채널 총괄팀장과 위 오락채널 내 만화사업의 운영 직원에게는 콘텐츠제공업체들이 게재하는 음란만화의 삭제를 요구할 조리상의 의무가 있다(대법원 2006.4.28. 선고 2003도4128 판결).

(3) 행위의 동가치성

부진정부작위범이 성립하기 위해서는 행위의 동가치성이 요구되는데, 보증인지위에 있는 자의 부작위 행위가 일반인의 작위 행위에 의한 구성요건의 실현과 동등한 것으로 평가될 수 있어야 한다는 것이다. 독일 형법 제13조에서는 명시적으로 규정된 행위의 동가치성이, 비록 형법 제18조에는 명시되어 있지 않으나, 통설과 판례는 행위의 동가치성을 요구하여 부작위가 작위에 의한 법익침해와 동등한 형법적 가치가 있는 것이어서 그 범죄의 실행행위로 평가될 만한 것일 때 부작위범을 작위에 의한 실행행위와 동일하게 처벌할 수 있다고 본다(대법원 1997.3.14. 선고 96도1639 판결).

본래 살인죄나 상해죄 같은 단순 결과범에서는 행위의 방식은 중요하지 않고 결과의 발생이 중요한 의미가 있으므로 굳이 행위의 동가치성을 검토할 필요가 없고, 사기죄나 특수상해죄 등과 같이 특정한 행위의 방식을 통해 결과가 발생된 구성요건에 있어서 행위의 동가치성의 검토가 요구되는 것이다. 다만 판례는 모든 부진정부작위범의 검토에서 행위의 동가치성을 검토하여 부작위범의 성립 여부를 판단한다.

판례가 행위의 동가치성을 긍정한 경우를 보면, ⓐ 10세의 조카를 살해할 것을 마음먹고 저수지로 데리고 가서 미끄러지기 쉬운 제방 쪽으로 유인하여 함께 걷다가 조카가 물에 빠졌는데 조카를 구호하지 아니한 채 살해의 범의로 조카의 익사를 용인하고 방관한 행위는 조카를 직접 물에 빠뜨려 익사시키는 행위와 다름없다고 형법상 평가될 만한 살인의 실행행위라고 본다(대법원 1992.2.11. 선고 91도2951 판결). ⓑ 선박의 침몰 등과 같은 조난사고로 승객이나 다른 승무원들이 스스로 생명에 대한 위협에 대처할 수 없는 급박한 상황이 발생한 때에 선박의 운항을 지배하고 있는 선장이나 선내에서 구체적인 구조행위를 지배하고 있는 선원들이 법익침해의 태양과 정도 등에 따라 요구되는 개별적 · 구체적인 구호의무를 이행함으로써 사망의 결과를 쉽게 방지할 수 있음에도 방관하여 사망의 결과를 초래하였다면, 부작위는 작위에 의한 살인행위와 동등한 형법적 가치를 가진다(대법원 2015.11.12. 선고 2015도6809 전원합의체 판결). ⓒ 등기위임장이나 근저당권설정계약서의 작성에 있어서 자신이 법무사가 아님을 밝힐 계약상 또는 조리상의 의무가 있음에도 이를 밝히지 아니한 채 법무사 행세를 하면서 등기위임장 및 근저당권설정계약서를 작성함으로써 자신이 법무사로 호칭되도록 계속 방치한 것은 작위에 의하여 법무사의 명칭을 사용한 경우와 동등한 형법적 가치가 있는 것이다(대법원 2008.2.28. 선고 2007도9354 판결).

반면 판례가 행위의 동가치성을 부정한 경우로는, ⓓ A와 토지 지상에 창고를 신축하는 데 필요한 형틀공사 계약을 체결한 후 그 공사를 완료하였음에도 A가 공사대금을 주지 않자, 공사를 위해 위 토지에 쌓아 둔 건축자재를 공자 완료 후에도 치우지 않는 방법으로 위력으로써 A의 창고 신축 공사 업무를 방해한 사안에서, 공사를 위하여 쌓아 두었던 건축자재를 공사 완료 후에 단순히 치우지 않은 행위는 위력으로써 A의 추가 공사 업무를 방해하는 업무방해죄의 실행행위로서 A의 업무에 대하여 하는 적극적인 방해행위와 동등한 형법적 가치를 가진다고 볼 수 없으므로 부작위에 의한 업무방해죄가 인정되지 않는다(대법원 2017.12.22. 선고 2017도13211 판결).

(4) 인과관계

결과범의 경우에는 행위와 결과 간에 인과관계가 존재하여야 하는데, 부작위 행위로 결과를 발생시킨 경우에도 인과관계는 요구된다. 다만 작위 행위의 경우는 적극적인 동작이라는 행위와 발생한 결과 간의 인과관계를 검토하는 것이므로 자연과학적 측면에서 인과성을 검토하고 규범적 측면에서 객관적 귀속을 검토하게 되는데, 부작위 행위의 경우는 행위자가 요구되는 행위를 하였더라면 결과가 발생하지 않았을 것이라고 전제하고 범죄의 성립을 검토하는 것이므로 자연과학적 방식으로 인과성을 검토하지 않고 규범적으로 검토하게 된다. 즉 자연법칙적 · 존재론적인 절대적 제약공식(가설적 제거공식, conditio sine qua non, but-for test)은 사용되지 않고, '요구되는 행동을 하였다면 결과 발생을 방지할 수 있었을 것'이라는 행위와 결과 간의 '**합법칙적 연관성**'이 사용된다. 이것은 '가정적 인과관계' 또는 '준인과관계'(Quasi-Kausalität)라고도 부른다.

예를 들어, ⓐ 선박의 침몰 등과 같은 조난사고로 승객이나 다른 승무원들이 스스로 생명에 대한 위협에 대처할 수 없는 급박한 상황이 발생한 경우, 선박의 운항을 지배하고 있는 선장이나 갑판 또는 선내에서 구체적인 구조행위를 지배하고 있는 선원들은 적극적인 구호활동을 통해 보호능력이 없는 승객이나 다른 승무원의 사망 결과를 방지하여야 할 작위의무가 있는데, 작위의무를 이행하였다면 결과가 발생하지 않았을 것이라는 관계가 인정될 경우라면 작위를 하지 않은 부작위와 사망의 결과 사이에 인과관계가 인정된다(대법원 2015.11.12. 선고 2015도6809 전원합의체 판결). 반면 ⓑ 치사량의 청산가리를 음독하여 이미 안색이 변하고 의식을 잃은 가족을 화장실에서 발견한 후 바로 병원으로 이송하지 않고 그대로 두어 사망하게 한 사안에서, 청산가리가 인체에 흡수되기 전에 지체없이 병원에서 위를 세척하는 등 응급 치료를 받으면 혹 소생할 가능성이 있을지 모르나 이미 이것이 혈관에 흡수된 이후에는 치료 불가능하여 결국 사망하게 되므로 유기행위와 피해자의 사망 간에는 상당인과관계가 인정되지 않는다(대법원 1967.10.31. 선고 67도1151 판결).

3. 고의

고의범 처벌의 원칙인 형법에서 고의는 객관적 구성요건에 대한 인식과 의욕을 의미하고, 객관적 구성요건요소(범죄의 사실)를 인식하지 못한 행위는 범죄가 성립하지 않는다(형법 제13조 본문). 부진정부작위범에서 행위자는 결과발생의 위험한 상황 및 결과방지의 가능성에 대한 인식뿐만 아니라 보증인지위에 대해서도 인식하고 의무의 불이행을 인식하고 의욕하여야 한다. 예를 들어, 부작위에 의한 업무상배임죄의 경우에 행위자는 부작위 당시 자신에게 주어진 임무를 위반한다는 점과 그 부작위로 인해 손해가 발생할 위험이 있다는 점을 인식해야 한다(대법원 2021.5.27. 선고 2020도15529 판결).

작위 의무자의 예견 또는 인식이 확정적인 경우는 물론 불확정적인 경우이더라도 미필적 고의로 인정될 수 있고, 이때 작위 의무자에게 고의가 있었는지는 작위의무의 발생근거, 법익침해의 태양과 위험성, 작위 의무자의 법익침해에 대한 사태지배의 정도, 요구되는 작위의무의 내용과 이행의 용이성, 부작위에 이르게 된 동기와 경위, 부작위의 형태와 결과발생 사이의 상관관계 등을 종합적으로 고려하여 작위 의무자의 심리상태를 추인하여 판단한다(대법원 2015.11.12. 선고 2015도6809 전원합의체 판결).

4. 과실

과실범은 부작위에 의해서도 성립할 수 있다. 즉 보증인지위에 있는 사람이 작위의무를 이행하지 않는 것이 주의의무위반에 해당하고 구성요건적 결과가 발생한 경우는 과실에 의한 부진정부작위범이 성립할 수 있다.

예를 들어, 수혈을 담당하는 의사는 수혈 도중에도 세심하게 환자의 반응을 주시하여 필요한 조치를 할 준비를 갖추는 등의 주의의무가 있고, 간호사로 하여금 의료행위에 관여하게 하더라도 간호사가 과오를 범하지 않도록 충분히 지도 · 감독을 하여 사고의 발생을 미연에 방지하여야 할 주의의무가 있고, 이를 소홀히 한 채 만연히 간호사를 신뢰하여 간호사에게 당해 의료행위를 일임함으로써 간호사의 과오로 환자에게 위해가 발생(간호사가 다른 환자에게 수혈할 혈액을 당해 환자에게 잘못 수혈하여 환자가 사망)하였다면 의사는 그에 대한 과실책임(업무상과실치사죄, 형법 제286조)을 면할 수 없다(대법원 1998.2.27. 선고 97도2812 판결).

5. 의무의 충돌

부작위범에서도 구성요건해당성이 인정되면 위법성은 추정되고, 위법성조각사유가 존재할 때 위법성이 배제된다. 부작위범에서는 '의무의 충돌'이라는 위법성조각사유가 특별히 다루어진다.

(1) 의의

① 개념

의무의 충돌은 다수의 법적 의무를 부담한 행위자가 그중 하나의 의무를 이행하면 다른 의무를 이행할 수 없는 상황에서 발생한다. 예를 들어, 익사 위험에 처한 두

자녀를 본 어머니가 혼신으로 한 명의 자녀를 구조하였지만, 다른 한 명의 자녀는 구조되지 못해 사망한 경우를 생각할 수 있다.[7] 위와 같이 다수의 법적 의무는 개별적으로 보면 행위자가 이행할 수 있지만, 상황의 특수성으로 인해 특정한 의무를 이행하면 다른 의무는 이행하지 못하게 된다는 점에 의무의 충돌 상황의 특징이 있다.

이와 같이 의무의 충돌 상황에서 특정한 의무를 이행하고 다른 특정한 의무를 이행하지 못한 행위는 '**긴급피난**'(형법 제22조 제1항)의 개념으로 검토할 수 있다. 법적 의무가 충돌하는 상황은 현재의 위난 상황일 수 있고, 그 상황에서 어떤 의무를 이행한 것은 위난을 피하기 위한 행위일 수 있기 때문이다.

그런데 긴급피난 이외에 의무의 충돌이 별도로 논의되는 것은, 충돌하는 의무에서 **보호하는 법익의 가치**가 **동등**한 경우에는 긴급피난이 인정되지 않기 때문이다. 이러한 상황에서 의무자가 다수의 의무 중 하나의 의무를 이행했을 때 이행하지 못한 부작위 행위의 구성요건해당성에 대해서 위법성을 부정할 수 있는지가 '의무의 충돌'이라는 개념으로 검토되는 것이다.

② 유형

의무의 충돌이 발생할 수 있는 유형으로는 부작위의무와 부작위의무가 충돌하는 경우, 부작위의무와 작위의무가 충돌하는 경우, 작위의무와 작위의무가 충돌하는 경우 등을 생각할 수 있다.

그중 부작위의무와 부작위의무가 충돌하는 경우는 의무자가 부작위하고 있으면 모든 의무를 이행하게 되므로 의무의 충돌로 검토하지 않는다. 그리고 부작위의무와 작위의무가 충돌하는 경우 역시 의무의 충돌로 검토하지 않는다. 일반적으로 구성요건의 실행행위는 본질상 그러한 금지규범에서 요구하는 부작위의무를 위반한 것을 내포하고 있으므로, 범죄행위는 본질적으로 작위와 부작위의무의 충돌이라고 할 수 있다.

따라서 부작위의무와 작위의무가 충돌하는 경우는 의무의 충돌이라는 특별한 개

---

7) 의무의 충돌 예시로서 많이 언급되는 '인공심폐기 사례'가 있다. 교통사고로 모두 치명상을 입은 두 사람이 같은 병원으로 이송되었고, 두 사람 모두 곧바로 인공심폐기의 사용이 필요한 수술을 받아야만 살 수 있는 상태이었지만, 병원에는 인공심폐기가 1대뿐이어서 의사는 인공심폐기를 그중 1명에게만 사용하였고 그 결과 다른 환자는 사망한 경우이다. 그러나 이러한 경우는 "응급의료종사자는 응급환자가 2명 이상이면 의학적 판단에 따라 더 위급한 환자부터 응급의료를 실시하여야 한다."라고 규정(응급의료법 제8조 제2항)하여 입법적으로 해결하고 있다.

념을 통해 해결하는 것이 아니라, **긴급피난**이나 **정당행위** 등 형법에 규정된 위법성 조각사유로 해결하면 된다. 예를 들어, ⓐ 감염병환자를 진단한 의사 · 치과의사 · 한의사가 보고의무를 위반하면 형사처벌을 받게 되며(감염병예방법 제79조의4, 제80조), 다른 한편으로 직무처리 중 지득한 타인의 비밀을 누설하면 업무상비밀누설죄(형법 제317조 제1항)로 형사처벌을 받게 되는데, 감염병환자를 진단한 의사가 이를 신고하여 업무상의 비밀을 누설한 사안에서, 감염병의 발생 진단은 국민 건강에 위해가 되는 감염병의 전염이 예상되는 위험 상황으로 '현재의 위난'에 해당하고 그 위난을 피하기 위해서 신고한 것이므로, 부작위의무(비밀유지)의 불이행 행위는 '긴급피난'으로 검토할 영역이다. 부차적으로는, 부작위의무(비밀유지)의 불이행 행위는 감염병예방법에 규정된 신고 의무(작위의무)에 따른 행위로서 '정당행위'로 검토할 영역이기도 하다. ⓑ 환자의 명시적인 수혈 거부 의사가 존재하여 수혈하지 아니함을 전제로 환자의 승낙(동의)을 받아 수술하였는데 수술 과정에서 수혈을 하지 않으면 생명에 위험이 발생할 수 있는 응급상태에 이른 경우에, 수혈을 거부하는 환자의 자기결정권이 생명과 대등한 가치가 있다고 평가될 것인지는 제반 사정을 종합적으로 고려하여 판단하여야 하는데, 환자의 생명과 자기결정권을 비교형량하기 어려운 특별한 사정이 있는 경우에 의사가 자신의 직업적 양심에 따라 양립할 수 없는 두 개의 가치 중 어느 하나를 존중하는 방향으로 행위를 하였다면, 이러한 행위는 처벌할 수 없다(대법원 2014.6.26. 선고 2009도14407 판결). ⓒ 의사에게는 의료법상의 진료의무와 형법상의 낙태금지의무가 부과되어 있는데, 의사가 임신의 지속이 모체의 건강을 해칠 우려가 현저하고 기형아를 출산할 가능성마저도 없지 않다고 판단한 아래 부득이 낙태 수술을 한 것(구형법에서 존재하던 낙태죄의 구성요건해당성)은 긴급피난에 해당하여 위법성이 인정되지 않는다(대법원 1976.7.13. 선고 75도1205 판결).

결국, **의무의 충돌**이 적용되는 유형은 두 개 이상의 **작위의무가 충돌**하여 어느 작위의무의 이행이 불가피하게 다른 작위의무의 불이행을 초래할 수밖에 없는 경우이다. 충돌되는 법적 의무가 그 이행이 순차적으로 가능한 상황이면, 의무의 충돌이 적용되지 않는다. 자신에게 부여된 작위의무를 동시에 모두 이행할 수 없는 상황에서, 그중 하나의 작위의무를 이행한 것이 다른 작위의무의 불이행으로 귀결되는 경우가 의무의 충돌이다.

(2) 법적 성질

의무의 충돌에 대해서는 형법에 명시적인 규정이 없다. 이에 의무의 충돌 상황에서 특정한 의무를 이행하고 다른 특정한 의무를 이행하지 못한 행위를 범죄라고 보지 않는다면, 그 근거를 어떻게 설명할 수 있는지에 대해서 견해가 대립한다.

① 학설

Ⓐ '**책임조각설**'이 있다.[8] 이 견해는 생명을 보호법익으로 하는 의무를 이행하지 않을 것을 위법하지 않다고 볼 수는 없으므로, 의무의 충돌 상황에서 의무불이행으로 인한 생명침해는 위법하다고 본다. 다만 생명을 보호법익으로 하는 다른 의무를 이행하여 불법을 현저히 감소시켰고, 현실적으로 한 가지 의무를 이행하는 것 이상을 기대할 수는 없으므로 책임이 조각된다고 본다. 이에 대해서는 동일한 행위를 (의무를 이행한 측면에서는) 적법하다고 보며 동시에 (의무를 이행하지 않은 측면에서는) 위법하다고 보는 것은 모순이며, 그렇게 보면 의무의 충돌 상황의 행위자는 어떠한 행위를 하더라도 위법할 수밖에 없게 된다는 비판을 할 수 있다.

Ⓑ '**위법성조각설**'이 있다. 이 견해는 의무 규범은 '누구나 능력 밖의 의무를 부담하지 않는다.'라는 것을 기초로 부과되고 있으므로, 개인이 해결할 수 없는 의무의 충돌 상황은 의무자에게 어떤 의무를 이행할지 선택권을 주고 그 의무를 이행하면 그것을 적법으로 인정하는 것이 해결의 방안이라고 본다. 위법성조각설은 다시 긴급피난의 경우로 보는 견해[9]와 정당행위로 보는 견해[10]로 나뉜다. 위법성조각설에 대해서는 의무를 이행하지 않아 생명의 침해라는 결과를 가져온 행위를 적법하다고 평가할 수 없다는 비판을 할 수 있다.

Ⓒ '**법에서 자유로운 영역설**'이 있다. 이 견해는 위법행위가 아니어서 금지되지는 않지만 적법행위도 아니어서 허용되지도 않는, 즉 금지되지도 않고 허용되지도 않는 적법과 위법 사이의 '법에서 자유로운 영역'이 존재한다고 본다. 반드시 적법이나 위법 중 어느 하나로 평가해야 하는 것을 포기하게 되면, 의무자는 위법한 행위를 했다

---

8) 성낙현, 512면.

9) 박상기 · 전지연, 134면; 이상돈, 157면; 이영란, 255면; 신동운, 340면; 이재상 · 장영민 · 강동범, 279면; 정영일, 232면.

10) 김일수 · 서보학, 248면; 오영근 · 노수환, 256면; 이정원 · 이석배 · 정배근, 386면; 임웅 · 김성규 · 박성민, 277면; 주호노, 501면.

는 평가를 받지 않을 수 있고, 침해자는 정당하게 희생당했다는 평가를 받지 않을 수 있다고 한다.[11] 이에 대해서는 입법자가 범죄의 전형을 규정한 구성요건을 실현한 행위라면 적법인지 위법인지를 판단하는 것이 마땅하고, 금지되지도 허용되지도 않는 영역이라고 판단하는 것은 위법하지 않다는 판단을 돌려 말하는 것에 불과하다는 비판을 할 수 있다.

② 소결(위법성조각설)

형법은 어떤 행위가 구성요건에 해당한다면 위법성이 추정되고 위법성조각사유에 해당할 때 위법하지 않다고 평가하는 범죄체계의 구조를 취하고 있으므로, 법익의 침해에 대한 구성요건해당성이 인정되는 의무의 충돌에 대해서도 위법성 여부를 판단하는 것이 타당하다. 위법성 판단에 있어서는 긴급피난과 유사한 상황이지만, 우월한 법익을 보호한 경우가 아니라면 피난행위의 상당성이 인정되지 않게 된다. 이때 과잉피난의 적용을 적용하여, 다른 의무를 이행한 정황상 형을 감경하거나 면제할 수 있고 나아가 불안한 상태에서 당황 등으로 행한 경우라면 면책이 될 수도 있다. 이처럼 의무의 충돌 상황을 **과잉피난**으로 해결하는 방법도 있다.

그러나 긴급피난의 경우는 단순히 구성요건해당성이 있는 행위를 하는데도 위법성을 부정하면서, 오히려 의무의 충돌 상황에서 법적 의무를 이행한 행위의 위법성을 인정하여 유죄로 판단하고 형만을 임의적으로 감면하는 것은 타당하지 않다. 의무의 충돌이라는 개념을 사용하지 않더라도 과잉피난의 개념을 통해 또는 기대가능성의 개념을 통해 의무의 충돌 상황을 해결할 수 있음에도, 의무의 충돌 상황에서 행한 의무이행의 행위를 책임의 검토 이전에 정당화하려는 것에 의무의 충돌을 논하는 실익이 있다. 이때 위법성조각설로 본다면, 독일 형법과 달리 한국 형법에는 정당행위(형법 제20조)가 규정되어 있으므로, 긴급피난이 검토되었으나 인정되지 않는 때에 보충적으로 일반적 위법성조각사유인 정당행위를 검토하게 된다. 의무의 충돌에서 특정한 법적 의무를 이행한 것은 법령에 의한 행위에 해당하여 **정당행위**로서 위법성이 조각되는 것이다. 즉 의무의 충돌을 정당행위의 유형으로 설명하는 것이 타당하다.

---

11) 안수길, "해결할 수 없는 의무충돌과 법으로부터 자유로운 영역", 형사정책 제33권 제4호, 2022, 286면.

(3) 요건

① 법적 의무의 충돌

의무의 충돌은 종교적 의무나 도의적 의무가 충돌한 상황이 아니라, 법적 의무 간에 충돌이 발생하는 사안에서 사용되는 개념이다. 예를 들어, 종교적인 계율에 충실한 성직자들의 행위가 실정법에 저촉되는 경우 종교적 계율이 항상 실정법에 우선하여 정당행위로 인정될 수 있는 것이 아니라면 그 행위의 적법 여부를 국가 생활질서를 벗어나서 판단하지는 않는다(대법원 1983.3.8. 선고 82도3248 판결).

② 작위의무의 충돌

의무의 충돌이 적용되는 유형은 두 개 이상의 작위의무가 충돌하여 어느 작위의무의 이행이 불가피하게 다른 작위의무의 불이행을 초래할 수밖에 없는 경우이다. 충돌되는 법적 의무가 그 이행이 순차적으로 가능한 상황이면, 의무의 충돌이 적용되지 않는다. 자신에게 부여된 작위의무를 동시에 모두 이행할 수 없는 상황에서, 그 중 하나의 작위의무를 이행한 것이 다른 작위의무의 불이행으로 귀결되는 경우가 의무의 충돌이다.

③ 의무의 선택적 이행

의무의 충돌 상황에서 의무자는 의무 중 어떤 의무를 선택하여 이행하였어야 한다. 어떠한 의무도 이행하지 않는다면, 의무의 불이행으로 발생한 모든 침해의 위법성이 인정된다.

의무를 선택하여 이행할 때 보호되는 이익의 가치와 의무의 불이행으로 침해되는 이익의 가치가 다른 경우에는 높은 가치의 의무를 선택해서 이행하여야 하고, 이것은 긴급피난으로 정당화가 가능하다. 반면 낮은 가치의 의무를 선택해서 이행한 경우는 정당화가 될 수 없다. 의무를 선택하여 이행할 때 보호되는 이익의 가치와 의무의 불이행으로 침해되는 이익의 가치가 동등하다면 의무의 충돌로서 인정되고, 정당행위로 정당화가 될 수 있다.

④ 충돌피난의사

구성요건에 해당하는 행위의 위법성을 조각하기 위해서는 위법성조각사유의 객관적 요건이 존재하는 것뿐만 아니라 주관적 요건으로 행위자가 정당화 상황에 대한 인식과 정당화사유의 행위를 할 의사가 요구된다. 의무의 충돌이 정당화되기 위해서는 행위자가 의무의 충돌을 인식하고 있어야 하고, 의무가 보호하는 법익 간의 가치 형량에 따라 의무를 선택하여야 한다.

6. 책임

부작위범에서도 형법상 책임이 인정되기 위해서는 행위자 개인에게 형사책임능력이 있어야 하고, 행위자가 자기 행위의 위법성을 인식하고 있어야 하고, 적법행위에 대한 기대가능성이 존재하여 책임을 조각하는 사유가 없어야 한다.

(1) 적법행위(요구된 행위)의 기대가능성

부작위범이 성립하기 위해서는 결과 발생의 방지에 요구되는 행위의 이행이 가능한 경우이어야 한다. 요구되는 행위는 일반적으로 이행이 가능한 행위이어야 할 뿐만 아니라 행위자의 개인적 능력으로도 이행이 가능한 행위이어야 한다.

예를 들어, ⓐ 모텔 방에 투숙하여 담배를 피운 후 재떨이에 담배를 껐으나 담뱃불이 완전히 꺼졌는지를 확인하지 않은 채 휴지를 재떨이에 버리고 잠을 잔 중과실로 담뱃불이 휴지에 옮겨붙고 큰 화재가 발생하여 모텔 투숙객의 사망이 발생한 사안에서, 부작위에 의한 현주건조물방화치사 및 현주건조물방화치상죄(형법 제164조 제2항)가 성립하기 위해서는 행위자에게 소화 의무가 인정되는 외에 소화의 가능성 및 용이성이 있었음에도 소화 의무를 위배하여 화재로 인한 사망과 상해의 결과를 발생시켜야 하는 것인데, 중대한 과실의 선행 행위로 화재가 발생한 이상 행위자에게 화재를 소화할 의무는 인정되지만, 행위자가 화재 발생 사실을 안 상태에서 모텔을 빠져나오면서도 모텔 주인이나 다른 투숙객들에게 이를 알리지 아니하였다는 사정만으로는 행위자가 화재를 용이하게 소화할 수 있었다고 보기 어려워 현주건조물방화치사 및 현주건조물방화치상죄는 인정되지 않는다(대법원 2010.1.14. 선고 2009도12109,2009감도38 판결).[12] ⓑ 근로기준법에서 규정하는 퇴직금 등의 기일 내 지급의무는 사용자가 퇴직금 지급을 위하여 최선의 노력을 다하였으나 경영 부진으로 인한 자금사정 등으로 지급기일 내에 퇴직금을 지급할 수 없었던 불가피한 사정이 있는 경우라면 퇴직금 체불의 형사책임을 물을 수 없다(대법원 1993.7.13. 선고 92도2089 판결).

12) 피고인에게는 중과실치사죄 · 중과실치상죄 · 중실화죄가 인정되었다.

범죄체계상 **기대가능성**의 **지위**와 관련해서, 작위 의무자에게 요구되는 결과 발생 방지의 기대가능성은 행위의 동가치성과 마찬가지로 구성요건으로 이해하는 견해(**구성요건설**)도 있다.[13] 구성요건으로 이해하지 않으면 극히 위험한 작위의무 이행을 만류한 친구에 대해서도 공범의 제한적 종속성에 따라 부작위범의 공범을 인정하게 되는 문제가 발생할 수 있다고 한다. 그러나 개인적으로는 작위범과 부작위범에서 적법행위에 대한 기대가능성의 범죄체계상 지위를 달리 볼 필요는 없다고 생각한다(**책임설**). 신분범에서 행위자에 대한 비난가능성이라는 측면을 구성요건으로 설명하지 않듯이, 부진정부작위범에서 행위자에게 보증인지위가 요구된다고 하여 이를 구성요건으로 설명할 필요는 없다. 그리고 극히 위험한 작위의무를 만류한 행위를 법질서에서 위법하다고 평가하기는 어려우므로, 적법행위에 대한 기대가능성을 부작위범에서 책임의 요소로 보더라도 처벌의 부당한 확대가 도출되지는 않는다.

(2) 보증의무의 착오

부진정부작위범의 성립에 있어서 요구되는 보증인지위와 관련하여 법적 의무를 위법성요소로 보는 '이원설'에 따르면, 보증의무에 대한 착오는 위법성의 착오로 보게 된다. 위법성인식의 착오는 오인에 정당한 이유가 있는 때에 효과가 인정되는데(형법 제16조), 부작위범에서 구체적인 상황에서 누구에게 무엇이 요구되는지에 대한 판단은 작위범에서 법질서에서 금지되어 있다는 판단보다는 어렵기 때문에, 부진정부작위범의 법적 의무에 대한 착오 시에 정당한 이유가 상대적으로 용인될 가능성이 높다.

III. 관련 문제

1. 죄수

부진정부작위범에 있어서 구성요건적 결과 발생의 위험이 구체화한 상황에서 부작위 한 것을 실행의 착수로 본다(대법원 2021.5.27. 선고 2020도15529 판결). 부진정부작위범에서 실행의 착수 이후 결과의 발생까지는 계속범의 형태로 볼 수 있다.

한편, 진정부작위범에서는 미수범 처벌규정이 존재하기도 하지만(퇴거불응죄, 제319조 제2항) 구성요건에 요구되는 행위의 불이행이 실행의 착수이자 기수가 성립한

---

13) 박상기 · 전지연, 176면; 신동운, 140면.

다고 보는 것(퇴거불응미수죄 부정설)이 진정부작위범의 본질에 부합한다.[14] 이러한 측면에서 잘못된 상태를 일정한 기간 내에 바로잡으라는 행정청의 지시를 이행하지 않은 것을 구성요건으로 하는 진정부작위범 형태의 범죄는 그 의무이행기간의 경과로 범행이 기수에 이름과 동시에 작위의무를 발생시킨 행정청의 지시 역시 그 기능을 다한 것으로 볼 것이므로, 2개월 이내에 작위의무를 이행하라는 행정청의 지시를 이행하지 아니한 행위와 7개월 후 다시 같은 내용의 지시를 받고 이를 이행하지 아니한 행위는 그 성립의 근거와 일시 및 이행 기간이 뚜렷이 구별되어 별개의 범죄라고 본다(대법원 1994.4.26. 선고 93도1731 판결).

2. 공동의 과실 경합

삼풍백화점 붕괴 사고나 성수대교 붕괴 사고 등과 같은 대형 사고에 있어서 공동의 목표인 건설공사에 분업적으로 참여한 다수의 사람이 사고 발생의 원인을 부분적으로 제공했을 때 공동정범의 형태로 처벌할 수 있는지가 '과실의 공동정범' 인정 문제로 논의된다.[15]

그런데 실화 등의 사고에 있어서 공동의 목표를 가지지 않은 다수의 사람이 개별적으로 주의의무를 위반하였고 발생 원인이 외부에 있지도 않은데, 다수의 주의의무위반자 중 누구의 주의의무위반이 사고의 직접적인 원인인지가 명확하지 않은 경우가 '공동의 과실 경합'이라는 개념으로 검토된다. 실화죄(형법 제170조 제1항)에 있어서, 공동의 과실이 경합되어 화재가 발생한 경우 적어도 각 과실이 화재의 발생에 대하여 하나의 조건이 된 이상은 그 공동적 원인을 제공한 사람들은 각자 실화죄의 책임을 면할 수 없다(대법원 1983. 5. 10. 선고 82도2279 판결). 두 사람이 가까운 거리에서 각자 담배를 피운 후 분리수거장 방향으로 담배꽁초를 던져 버리는 한편, 각자 본인 및 상대방이 버린 담배꽁초의 불씨가 살아 있는지를 확인하고 이를 완전히 제거하는 등 화재를 미리 방지할 주의의무가 있음에도 이를 게을리한 채 만연히 현장을 떠난 후 화재가 발생한 사안에서, 판례는 두 사람 각자의 과실이 경합하여 이 사건 화재를 일으켰다고 보아 각자의 실화죄 책임을 인정한다(대법원 2023.3.9. 선고 2022도16120 판결).

---

14) 부작위범의 미수에 대해서는 제11장 제1절 V. 4. 이하 참조.
15) 과실의 공동정범에 대해서는 제12장 제2절 Ⅲ. 2. 이하 참조.

참고 **담배꽁초를 버린 공동의 과실이 경합하여 발생한 화재에서 각자 실화죄의 성립 여부**

- 사실관계

: 甲과 乙은 경산시에 있는 ㈜○○에서 근무하는 사람들이다. 甲과 乙은 2020. 3. 19., 17:20경 근무하는 회사 공장동 건물 외벽에 설치된 재활용 박스를 모아두는 분리수거장으로부터 1m에서 3m 정도 떨어져 각자 담배를 피우게 되었다. 분리수거장에는 종이류 등 불에 쉽게 탈 수 있는 물건들이 쌓여 있었으며 바람이 분리수거장 방향으로 강하게 불고 있었다. 甲은 17:22:02경 분리수거장 인근에 담배꽁초 불씨를 손가락으로 튕긴 후 담배꽁초를 위 분리수거장 바로 옆 바닥에 놓여있던 쓰레기봉투에 던져 버렸고, 乙은 17:22:25경 분리수거장 인근에 담배꽁초 불씨를 손가락으로 튕긴 후 담배꽁초를 위 분리수거장을 향해 던져 버렸다. 당시 甲과 乙은 상호 담배꽁초를 쓰레기봉투와 분리수거장에 던져 버리는 것을 보았고, 각자 아무런 조치 없이 그곳에서 떠났다. 甲과 乙이 담배를 피우고 돌아온 후 약 3~4분 정도 지나 분리수거장 쪽에서 연기가 솟아오르기 시작하였고, 분리수거장 안에 쌓여 있던 재활용 박스 등에 불이 붙고 그 불이 공장동으로 번져 공장동이 전소되어 약 645,500,000원 상당의 피해가 발생하였다. 분리수거장이 최초 발화지점으로 추정되고, 甲과 乙이 담배를 피우고 돌아온 후 약 3~4분 사이에 제3자가 방화할 가능성은 극히 낮고, 그 밖에 전기적 · 화학적 발화원인도 없었다. CCTV 영상에 의하면 甲이 분리수거장 방향으로 손가락으로 담뱃불을 튕겨서 끄고 乙은 창고동 방향으로 담뱃불을 튕겨서 끄는 모습이 확인되기는 하나, 당시 바람이 분리수거장 방향으로 강하게 불었기 때문에 乙의 담뱃불도 분리수거장으로 날아갔을 가능성이 배제되지 않으므로, 누구의 담배꽁초에서 발화가 시작되었는지 알 수 없는 상황이다.

- 제1심(대구지방법원 2020.10.29. 선고 2020고정1089 판결)

: 검사는 형법 제30조를 적용하여 甲과 乙을 '실화죄의 공동정범'으로 기소하였으나, 제1심법원은 형법 제30조를 삭제하고 甲과 乙에 대해서 각 '단독범'으로 하여 유죄로 판단하였다.

- 제2심(대구지방법원 2022.11.18. 선고 2020노3595 판결)

: 가. 주위적 공소사실에 관한 판단[16]

과실범의 공동정범은 행위자들 사이에 공동의 목표와 의사연락이 있는 경우에 성립하는 것인바(대법원 1997.11.28. 선고 97도1740 판결 등 참조), 함께 담배를 피웠을 뿐인 이 사건의 피고인들에게는 '공동의 목표'가 있었다고 보기 어려워 위와 같은 공동정범의 법리가 적용될 수는 없다고 봄이 타당하므로, 과실범의 공동정범으로 형법 제30조를 적용한 주위적 공소사실에 관한 검사의 주장은 이유 없다.

나. 예비적 공소사실에 관한 판단

공동의 과실이 경합되어 화재가 발생한 경우에 적어도 각 과실이 화재의 발생에 대하여 하나의 조건이 된 이상은 그 공동적 원인을 제공한 각자에 대하여 실화죄의 죄책을 물어야 함이 마땅하다(대법원 1983.5.10. 선고 82도2279 판결). 살피건대, 앞서 살핀 바와 같이 누구의 행위로 인한 것인지 밝힐 수는 없지만 피고인들 중 한 명은 이 사건 화재 발생의 직접적 원인이 되는 행위를 한 과실이 있고, 적어도 다른 한 명은 위와 같이 충분히

---

16) 제2심에서 검사는 주위적 공소사실은 형법 제170조 제1항 및 제164조, 제30조로 하고, 예비적 공소사실은 형법 제30조를 삭제하는 내용의 공소장변경을 신청하였다.

예견이 가능함에도 불구하고 그 불씨가 살아있는지를 확인하고 이를 완전히 제거하는 등의 조치를 취하지 않은 채 만연히 현장을 떠난 과실이 있으며, 피고인들 각자의 과실이 경합하여 이 사건 화재를 일으켰다고 봄이 상당하므로, 예비적 공소사실에 관한 검사의 주장은 이유 있다.

- 제3심(대법원 2023.3.9. 선고 2022도16120 판결)

: 형법이 금지하고 있는 법익침해의 결과발생을 방지할 법적인 작위의무를 지고 있는 자가 그 의무를 이행함으로써 결과발생을 쉽게 방지할 수 있는데도 결과발생을 용인하고 방관한 채 의무를 이행하지 아니한 것이 범죄의 실행행위로 평가될 만한 것이라면, 부작위범으로 처벌할 수 있다(대법원 2016.4.15. 선고 2015도15227 판결 등 참조). 실화죄에 있어서 공동의 과실이 경합되어 화재가 발생한 경우 적어도 각 과실이 화재의 발생에 대하여 하나의 조건이 된 이상은 그 공동적 원인을 제공한 사람들은 각자 실화죄의 책임을 면할 수 없다(대법원 1983.5.10. 선고 82도2279 판결 등 참조). 원심은 판시와 같은 이유로 피고인들이 분리수거장 방향으로 담배꽁초를 던져 버리는 한편, 피고인들 각자 본인 및 상대방이 버린 담배꽁초 불씨가 살아 있는지를 확인하고 이를 완전히 제거하는 등 화재를 미리 방지할 주의의무가 있음에도 이를 게을리한 채 만연히 현장을 떠난 과실이 인정되고 이러한 피고인들 각자의 과실이 경합하여 이 사건 화재를 일으켰다고 보아, 피고인들 각자의 실화죄 책임을 인정하면서 피고인들에 대한 예비적 공소사실을 유죄로 판단하였다. 원심판결 이유를 관련 법리와 적법하게 채택한 증거에 비추어 살펴보면, 원심의 판단에 논리와 경험의 법칙을 위반하여 자유심증주의의 한계를 벗어나거나 실화죄에서 주의의무 위반과 상당인과관계 등에 관한 법리를 오해한 잘못이 없다.

제11장

미수

제1절 | 의의

I. 미수의 개념과 처벌의 근거

1. 미수의 개념

입법자가 형사처벌의 대상이 되는 행위를 처벌하기 위해서 성립요건을 기술한 구성요건은 객관적 구성요건과 주관적 구성요건으로 이루어진다. 형법은 객관적 구성요건과 주관적 구성요건을 모두 갖춘 기수(旣遂, Vollendung)범을 처벌하는 것을 원칙으로 하며, 구성요건의 일부 요소를 갖추지 못한 경우는 범죄가 성립하지 않아 처벌되지 않는다.

그런데 구성요건의 일부 요소를 갖추지 못한 경우에도 처벌하기 위한 개념이 존재하며, 이것이 미수(未遂, Versuch)이다. 미수는 실행행위의 착수를 통해 행위자의 범행 의사가 표출되었으나 아직 객관적 구성요건 요소의 일부가 충족되지 아니한 상태로서, 행위불법의 측면은 기수와 대등할 수 있지만 결과불법의 측면은 기수보다 낮은 경우이다. 이처럼 미수는 기수범 처벌이라는 범죄의 성립 원칙을 수정하여, 일부 구성요건이 충족되기 이전에도 범죄가 성립한 것으로 보고 형사처벌의 범위를 확장하는 개념이다. 일부 객관적 구성요건 요소를 갖추지 못한 경우도 처벌하는 것은 구성요건을 실현하려는 행위자의 범행 의사가 실행행위를 통하여 표출되었기 때문이며, 그래서 미수는 고의범에서만 인정되고 과실범에서는 인정되지 않는다.

형법은 총칙 제2장 제2절에 미수범이라는 표제 하에 5개의 조문을 규정하고 있다. 제25조에서는 미수범의 일반적 요건과 형벌(임의적 감경)을 규정하고 있으며, 제26조와 제27조에서는 미수범의 특별한 유형인 중지미수와 불능미수를 규정하고,[1] 제28조에서는 미수의 전(前)단계인 음모 · 예비행위의 처벌을 규정하고 있다. 그리고 형법은 처벌되는 미수범의 일반적인 기준을 총칙에서 제시하지 않고 각칙의 해당 죄에서 미수의 처벌 여부를 규정하도록 하고 있으므로(제29조),[2] 사안을 미수범으로 처벌할 것인지를 검토할 때는 먼저 해당 각칙의 구성요건을 검토하여 미수범처벌의 규정이 존재하는지를 확인하여야 한다.

참고 미수범의 역사[3]

미수범의 개념은 중세 말의 이탈리아 법학에서 형성되기 시작하였다. 당시 법학은 범죄를 주관적 요건과 객관적 요건으로 구분하여 주관적 요건(범의)과 객관적 요건이 일치할 때 범죄가 완성되는 것으로 보았는데, 범의가 있고 행위도 있지만 범죄가 완성되지 않은 것을 '企行(conatus)'이라고 하면서 범죄가 완성된 경우보다 경하게 처벌해야 한다고 하였다.

실행의 착수를 요건으로 하는 오늘날의 미수범 개념은 1810년 프랑스 형법에서 나타난다. 1789년 프랑스혁명 이후 죄형법정주의 정신을 구현하기 위한 다수의 형법개정을 거쳐 1810. 2. 12. 공포된 현행 프랑스 형법은 경죄의 미수는 특별한 규정이 있는 경우에 처벌하고, 중죄의 미수는 중죄 그 자체로 처벌한다고 규정하였는데, 이때 중죄의 미수에 있어서 실행의 착수(commencement d'exêcution)라는 개념이 명시되었다. 이것은 1871년 독일형법에 계수되어 실행의 착수(Anfang der Ausführung)가 명시되었다.

2. 처벌의 근거

객관적 구성요건의 일부 요소를 갖추지 못한 경우인 미수를 예외적으로 처벌하는 근거(미수범처벌의 근거), 즉 미수에서 불법의 내용이 무엇인지에 대해서 견해가 대립

1) 제26조의 표제는 '중지범'이고 제27조의 표제는 '불능범'이라고 기술되어 있지만, 모두 제2장 제2절 '미수범'의 항목에 규정된 것으로서 중지미수와 불능미수를 규정한 것이므로 중지미수와 불능미수로 호칭한다.

2) 참고로 독일은 미수범처벌에 있어서 법정형의 하한이 1년 이상의 자유형으로 규정된 범죄(중죄, Verbrechen)라고 일반적인 기준을 제시하며, 동시에 법정형의 하한이 1년 미만의 자유형인 경우(경죄, Vergehen)는 법률에 미수범처벌이 명시적으로 규정될 때 처벌하도록 한다(독일 형법 제23조 제1항).

3) 김종원(하), 33면.

한다. 이러한 논의는 미수범처벌 규정의 근거가 되며, 근거를 어떻게 이해하는지에 따라 미수범 성립의 범위와 처벌의 정도가 달라진다.

Ⓐ '**객관설**'이 있다. 이것은 결과불법의 측면을 중시하는 견해로서 보호되는 행위객체에 대한 구체적인 위험성에서 처벌의 근거를 찾는다. 예비행위나 미수, 기수 등 일련의 범죄실현의 과정에서 구성요건을 실현하려는 범행 의사는 차이가 없고, 객관적 측면에서 나타나는 구성요건 실현의 정도에 차이가 있다는 점을 강조한다. 불법의 평가에 있어서 결과불법의 측면을 중시 입장에서는 보호되는 행위객체에 대한 침해의 위험성이 있을 뿐인 미수와 이미 법익이 침해된 기수는 구별되므로, 입법론상 미수범처벌은 불필요하다고 보거나 규정되더라도 필요적으로 감경되어야 한다고 보는 것이 논리적이다.

Ⓑ '**주관설**'이 있다. 이것은 행위불법의 측면을 중시하는 견해로서 행위자의 범행 의사는 기수에서와 차이가 없다는 점에서 처벌의 근거를 찾는다. 외부에 나타난 구성요건적 결과 발생의 가능성은 우연적 요소일 뿐이고, 처벌에 있어서 중요한 것은 행위자가 내심에 가지고 있는 범행 의사라는 점을 강조한다. 불법의 평가에 있어서 행위불법의 측면을 중시 입장에서는 범행 의사의 측면에서는 기수와 미수의 차이가 없으므로, 입법론상 미수범처벌은 필요하고 미수범은 기수와 동등하게 처벌되어야 한다고 보는 것이 논리적이며, 나아가 예비행위까지도 미수로 보게 된다.

Ⓒ '**절충설**'이 있다.[4] 이것은 객관설과 주관설의 절충적인 견해로서 '**인상설**'이라고도 하는데, 행위자의 범행 의사의 실현이 일반인의 법질서에 대한 신뢰와 법적 안정감을 깨뜨린 점에서 처벌의 근거를 찾는다. 처벌의 근거를 행위자의 범행 의사를 기초로 한다는 점에서 주관설에서 출발하지만, 일반인의 법질서에 대한 신뢰와 법적 안정감의 파손이라는 객관적 기준을 추가하여 처벌의 범위를 제한한다. 이러한 입장에서는 행위불법의 측면에서는 미수와 기수는 동등하나 결과불법의 측면에서는 미수의 불법이 작으므로, 입법론상 미수범은 기수보다 경하게 처벌하여야 한다는 것이 논리적이다.

Ⓓ 생각건대, 행위불법의 측면과 결과불법의 측면을 모두 중시하는 '**인상설(절충**

---

4) 강동욱, 238면; 김혜정 · 박미숙 · 안경옥 · 원혜욱 · 이인영, 298면; 박상기 · 전지연, 208면; 박찬걸, 291면; 배종대, 337면; 오영근 · 노수환, 360면; 이영란, 379면; 이정원 · 이석배 · 정배근, 219면; 이재상 · 장영민 · 강동범, 399면; 이형국 · 김혜경, 407면; 임웅 · 김성규 · 박성민, 390면; 정성근 · 박광민, 309면; 정성근 · 정준섭, 223면; 정영일, 327면.

설)'이 타당하다. 종교나 윤리 등과 구별되는 형법에서 행위불법만을 중시하여 행위자를 처벌할 수는 없으며, 형사처벌에 있어서 형법의 의사결정규범성을 나타내는 행위불법을 무시할 수는 없기 때문이다. 미수의 일반규정인 형법 제25조도 인상설(절충설)의 입장에서 잘 설명될 수 있다. 형법 제25조는 미수범의 처벌을 규정하면서도(제1항) 그 효과를 임의적 감경으로 규정(제2항)하고 있기 때문이다. 객관설의 입장에서 입법하였다면 미수범의 처벌은 필요적으로 감면하도록 규정하였을 것이고, 주관설의 입장에서 입법하였다면 미수범의 처벌에 있어서 감경이 존재하지 않도록 규정하였을 것이다. 결국 실행행위의 착수를 통해 드러난 행위자의 범행 의사가 일반인의 법질서에 대한 신뢰와 법적 안정감을 깨뜨렸기 때문에 미수범을 처벌하는 것이고, 이것이 미수의 불법 내용이다.

II. 범죄의 실현단계

행위자가 범죄를 실현하는 과정은 시간상으로 몇 가지 단계를 거치게 된다. 일반적으로 행위자는 범죄를 결심한 후, 실행을 준비하고 나서, 범죄의 실행에 착수하게 되고, 이후 범죄의 구성요건을 충족시킨 후, 범죄를 종료한다(범죄의 결심 → 실행의 준비 → 실행의 착수 → 기수 → 범죄종료). 다만 모든 범죄가 이러한 시간상 순서에 따른 일련의 과정을 모두 거치는 것은 아니어서, 범죄실행의 준비행위 없이 바로 실행을 착수하기도 하고, 실행행위 자체만으로 구성요건이 충족(기수)되기도 하며, 기수가 되면서 바로 범죄가 종료하기도 한다.

1. 범죄의 결심(범행 의사)

범죄의 결심 혹은 범행 의사는 형법상의 범죄를 실현하려는 행위자의 의지를 의미한다. 행위자의 생각으로는 범죄의 결심이 있더라도 형법상 범죄가 아닌 것을 실현하려는 의사는 범죄의 결심이나 범행 의사라고 할 수 없으며, 범죄의 결심이나 범행 의사는 자신이 (타인을 통해서든) 범죄를 실현하려는 의사이므로 범죄 실현의 의지적 요소가 없는 단순한 범죄 실현의 환상이나 공상은 범죄의 결심이나 범행 의사라고 할 수 없다.

한편, 형법상의 범죄를 실현하려는 범행 의사가 있더라도, 이것이 외부로 표출되기 이전에는 형법이 적용되지 않는다. 윤리나 종교의 영역과 달리 형법에서는 범행 의사가 행위자의 내부에 머무르는 상태는 국가가 형벌권을 통해 보호할 법익이 존재하는 것으로 보지 않는다.

2. 실행의 준비(음모와 예비)

형법상의 범죄를 실현하려는 범죄의 결심이나 범행 의사가 외부로 표출된 첫 번째 단계가 음모와 예비이다. 음모는 2인 이상의 사람이 범죄의 실행을 합의하는 것을 말하고, 예비는 범죄를 실행하기 위한 준비행위를 의미한다.

음모와 예비는 법익침해의 위험성이 구체적으로 나타나지 않았기에 원칙적으로 처벌의 대상이 되지 않지만, 살인죄나 방화죄 등에서와 같이 보호되는 법익이 특히 중요한 범죄에 있어서는 실행행위 이전이더라도 특별한 처벌의 규정(형법 제174조, 제305조의3)을 두고 처벌한다(형법 제28조). 다만 형법 제28조에 의하면 범죄의 음모 또는 예비는 특별한 규정이 있을 때 처벌할 수 있다고 규정하고 있을 뿐 법률효과(형벌)는 규정하고 있지 않으므로, 개별 규정에서 음모 또는 예비를 처벌한다고 규정하면서 그 형벌에 관해서는 규정하지 않는다면 죄형법정주의 원칙상 음모 또는 예비를 본범이나 미수범에 준하여 처벌할 수 없으므로 결국 처벌할 수 없다(대법원 1979.12.26. 선고 78도957 판결).

3. 실행의 착수(미수)

범죄의 결심이나 범행 의사를 실현하기 위한 행위로 나아가는 것을 실행의 착수라고 하며, 실행의 착수를 통해 행위자의 범행 의사가 표출되었으나 아직 객관적 구성요건의 일부 요소가 충족되지 아니한 상태가 미수이다. 형법 제25조 제1항은 ① 범죄의 실행에 착수하였으나 행위를 종료하지 못한 경우(**착수미수**)와 ② 범죄의 실행에 착수하여 행위는 종료하였으나 결과가 발생하지 아니한 경우(**실행미수**)를 미수로 규정한다.

미수는 기수범 처벌의 원칙에 따른 범죄성립의 범위를 확장하는 수정형식으로서, 각칙에 미수범의 처벌을 규정하는 특별한 규정이 존재할 때 처벌이 가능하다(제29조). 다만 미수범에 대해서 임의적 감경이라는 법률효과(형벌)를 총칙에 규정(제25조 제2항)하고 있으므로, 미수범처벌을 규정한 개별 조문에서는 음모 · 예비와 달리 별도의 법정형을 규정하지는 않는다.

4. 구성요건의 충족(기수)

행위자가 범죄실행의 착수를 통해 구성요건의 모든 요소를 충족시킨 경우가 기수이다. 범죄의 기수는 개별적 구성요건에 따라 정해지는데, 특히 각칙의 개별 규정에 대한 해석에 따라 기수의 요건도 달라진다. 기수가 된 때에 (위법성조각사유나 면책사유가 없는 한) 범죄는 성립하고, 기수에 이른 이후에 발생한 행위는 기수에 이른 범죄의 성립 여부에 영향을 미치지 않는데, 예를 들어 정치자금법에 정하지 아니한 방법으로 정치자금을 기부받음으로써 정치자금부정수수죄가 기수에 이른 이후에 정치자금을 기부받은 자가 실제로 그 자금을 정치활동을 위하여 사용하였는지 여부는 범죄의 성립에 영향을 미치지 않는다(대법원 2011.6.9. 선고 2010도17886 판결).

5. 범행의 종료

일반적으로 기수에 이르면 형법상의 범죄를 실현하려는 행위자의 의지(범행 의사)는 실현되는데, 기수에 이르더라도 범행 의사가 실현되지 않는 경우, 즉 행위자의 법익침해 행위가 끝나지 않는 예외적인 경우가 있다. 예를 들어 감금죄(제276조 제1항)는 사람을 감금함으로써 기수가 되지만, 감금된 사람이 석방될 때까지 법익침해의 행위는 지속된다. 연속적인 구타행위도 그러하다. 이러한 경우를 기수와 구별하여, 기수 이후 범죄가 실질적으로 실현되었다는 의미에서 범행의 종료라고 한다.[5)]

기수의 개념과 범행 종료의 개념을 구분하는 이유는 기수 이후의 행위라도 기수에 이른 범죄에 형법적으로 영향을 미치는 부분이 있다는 점이다. ① 첫째, 기수 이후 종료 이전에도 공동정범과 종범의 성립이 가능하고,[6)] ② 둘째, 정당방위에 있어서

---

5) 범행의 종료라는 개념은 독일의 형법학자이자 법철학자인 벨첼(Welzel)이 구성요건의 형식적 기수(구성요건의 충족이 있으면 도달)와 실질적 기수(범행의사의 달성이 있어야 도달)를 구분한 것에서 기인한다.

6) "범인도피죄는 범인이 도피하게 함으로써 기수에 이르지만, 범인도피행위가 계속되는 동안에는 범죄행위도 계속되고 행위가 끝날 때 비로소 범죄행위가 종료된다. 따라서 공범자의 범인도피행위 도중에 그 범행을 인식하면서 그와 공동의 범의를 가지고 기왕의 범인도피상태를 이용하여 스스로 범인도피행위를 계속한 경우는 범인도피죄의 공동정범이 성립하고, 이는 공범자의 범행을 방조한 종범도 마찬가지이다." (대법원 2012.8.30. 선고 2012도6027 판결)

침해의 현재성은 침해행위가 형식적으로 기수에 이르렀는지에 따라 결정되는 것이 아니라 자기 또는 타인의 법익에 대한 침해 상황이 종료되기 전까지를 의미하고(대법원 2023.4.27. 선고 2020도6874 판결), ③ 셋째, 형법 제1조 제1항의 행위시법주의에서 행위 시점은 범죄행위의 종료 시점을 의미하며(대법원 1994.5.10. 선고 94도563 판결), ④ 넷째, 죄수 판단에 있어서 종료 시점까지 일죄라고 인정되며, ⑤ 공소시효의 기산점은 종료 시점(형사소송법 제252조)인 점에서 기수와 범행 종료의 구별 실익이 존재한다.

III. 미수의 성립 요건

제25조(미수범) ① 범죄의 실행에 착수하여 행위를 종료하지 못하였거나 결과가 발생하지 아니한 때에는 미수범으로 처벌한다.
제29조(미수범의 처벌) 미수범을 처벌할 죄는 각칙의 해당 죄에서 정한다.

형법은 3가지 유형의 미수를 규정하고 있는데, ① 첫째, '장애미수'로서 범죄의 실행에 착수하여 행위를 종료하지 못하였거나 결과가 발생하지 아니한 경우가 있고(제25조), ② 둘째, '중지미수'로서 실행에 착수한 행위를 자의로 중지하거나 그 행위로 인한 결과의 발생을 자의로 방지한 경우가 있고(제26조), ③ 셋째, '불능미수'로서 실행의 수단 또는 대상의 착오로 결과의 발생이 가능하지 않더라도 위험성이 있는 경우가 있다(제27조). 이 중 장애미수가 미수의 일반적인 형태이고, 중지미수와 불능미수는 미수의 특별한 형태로서 장애미수의 성립 요건에 추가적인 요건이 충족되는 때에 성립된다. 아래에서는 중지미수와 불능미수에도 공통으로 요구되는 장애미수의 성립 요건을 살펴본다.

1. 처벌 규정의 존재

형법 제29조는 미수범의 처벌을 각칙의 해당 죄에서 정하도록 하고 있으므로, 미수범의 처벌을 위해서는 먼저 미수범 처벌규정의 존재를 확인해야 한다. 예를 들어, 일반교통방해죄의 경우는 미수범 처벌규정이 존재(제190조)하지만, 공연음란죄(제245조)나 도박죄(제246조)의 경우는 미수범 처벌규정이 존재하지 않는다. 미수의 성립요건인 실행의 착수를 인정할 것인지를 검토하기 이전에, 미수범 처벌규정이 존재하는지를 확인하는 것이 필요하다.

2. 주관적 구성요건

미수의 행위자에게도 기수의 행위자와 동일한 고의, 즉 객관적 구성요건의 모든 요소에 대한 인식과 의욕이 있어야 한다. 기수의 고의와 구별되는 미수의 고의가 별도로 존재하는 것은 아니다. 예를 들어 처음부터 A에 대한 살인미수의 의사를 가지고 실행행위를 착수하여 A에 대한 살인미수의 결과에 도달한 경우는 A에 대한 살인미수(형법 제254조)가 성립하는 것이 아니고 상해죄(형법 제257조 제1항)가 성립하는 것이다.

다만 구성요건의 결과가 발생하지 아니한 미수에 있어서 기수의 고의를 입증하는 것이 쉽지 않으므로, 실무에서는 보충적으로 적용될 수 있는 경한 범죄의 기수로 기소하여 처벌하기도 한다. 고의는 범행 전후의 객관적인 상황을 통해 판단하게 되는데, 예를 들어 (보험)사기죄의 경우에는 구체적으로 보험계약 체결 당시에 이미 발생한 보험사고를 숨겼거나 보험사고의 구체적 발생 가능성을 예견할 만한 사정을 인식하고 있었거나 혹은 고의로 보험사고를 일으키려는 의도를 가지고 보험계약의 체결에 나아간 사실이 입증되면 사기죄의 고의를 인정할 수 있으나, 그렇지 않은 경우(보험계약 체결시 단순한 허위 사항의 고지 등)는 사기죄의 고의를 인정하기 어려운 것이다.

3. 실행의 착수

(1) 의의

범죄의 결심이나 범행 의사를 실현하기 위한 행위로 나아가는 것을 실행의 착수라고 하는데, 이것은 구성요건을 실현하는 행위를 개시하는 것을 말한다. 실행의 착수는 음모 · 예비와 미수를 구분하는 기준이 되고(제28조), 교사범의 성립도 정범의 행위가 실행에 착수하여야 가능하다(제31조 제2항, 제3항).

특히 음모 · 예비와 미수 모두 각칙에 특별한 처벌 규정이 존재하여야 성립하면서도 음모 · 예비의 처벌 규정은 미수의 처벌 규정보다 매우 적게 존재하며 존재하더라도 음모 · 예비의 처벌은 미수의 처벌보다 경하므로, 음모 · 예비와 미수를 구분하는 기준이 되는 실행의 착수는 형벌효과에 있어서 매우 중요한 의미를 함축한다. 이 점에서 실행의 착수의 판단에 대한 견해 대립의 의미가 있으며, 다수의 학설이 대립하게 된다. 이에 대해서는 항목을 바꾸어 살펴본다.

(2) 학설

Ⓐ '**형식적 객관설**'이 있다. 이 견해는 구성요건에 해당하는 행위의 일부분을 실행할 때 실행의 착수를 인정하는데, 행위 정형에 착안하여 형식적인 판단기준을 제공하여 법적 안정성의 측면에서 장점이 있다. 하지만 형식적 객관설에 따르면 미수의 인정 범위가 지나치게 좁아지는 단점이 있다.

Ⓑ '**실질적 객관설**'이 있다.[7] 이 견해는 형식적 객관설을 수정한 견해로서 구성요건이 보호하려는 법익을 중심으로 실행의 착수를 인정한다. 실질적 객관설에 따르면 구성요건에 해당하는 행위가 아니더라도 구성요건에 해당하는 행위와 밀접한 행위를 한 경우 또는 법익침해에 직접적인 위험을 일으킨 때에 실행의 착수를 인정한다. 다만 밀접한 행위나 직접적 위험을 일으킨 행위 여부의 판단이 불명확하여 판단이 자의적일 수 있다는 단점이 있다.

Ⓒ '**주관설**'이 있다. 이 견해는 범죄는 범행 의사의 표현이라는 측면을 강조하여 행위자의 범행 의사가 외부로 나타나기 시작한 때 실행의 착수를 인정한다. 그러나 주관설은 행위자의 주관적 표상(범행 의사)을 척도로 실행착수 여부를 판단하여 미수와 예비 · 음모의 구별이 모호할 뿐만 아니라, 미수범의 인정 범위가 지나치게 확장될 수 있다는 단점이 있다.

Ⓓ '**주관적 객관설**'이 있다.[8] 이 견해는 주관설과 실질적 객관설의 절충적인 견해로서, 행위자가 가지고 있는 구체적 범행 의사에 비추어서 보호법익에 대한 직접적 위험성이 있는 행위가 외부적으로 있는 때에 실행의 착수를 인정한다. 즉 행위자의 범죄계획을 기초로 하면서 외적인 실행행위의 위험성을 판단기준으로 삼는다. 독일 형법(제22조)은 이러한 시각에서 "행위자의 범행계획에 비추어 구성요건의 실현을 직

7) 정성근 · 정준섭, 227면; 주호노, 642면.

8) 김일수 · 서보학, 381면; 김종원(하), 44면; 김혜정 · 박미숙 · 안경옥 · 원혜욱 · 이인영, 303면; 박상기 · 전지연, 217면; 박상옥 · 김대휘(2), 14면; 박찬걸, 294면; 성낙현, 536면; 신동운, 522면; 오영근 · 노수환, 363면; 이상돈, 238면; 이정원 · 이석배 · 정배근, 224면; 이재상 · 장영민 · 강동범, 405면; 이형국 · 김혜경, 410면; 정성근 · 박광민, 313면; 정영일, 331면; 홍영기, 153면.

접적으로 개시한 자가 미수범이다."라고 미수의 개념을 규정하고 있다.[9)]

(3) 판례

형법 제25조에서는 음모 · 예비와 미수를 구분하는 기준이 실행의 착수라고만 규정하고 있고 그 구체적인 판단기준은 학설에 따라 해결하도록 하고 있다. 이와 관련해서 판례는 실행착수의 일관된 판단기준을 제시하지는 않고 있다.

첫째, 형식적 객관설에 따라 판단한 판례가 있다. ⓐ 강간죄의 실행의 착수는 강간의 수단으로서 폭행이나 협박을 한 사실이 있어야 하므로, 강간할 목적으로 피해자의 집에 침입하여 안방에서 누워 자는 피해자의 가슴과 엉덩이를 만진 사실만으로는 강간의 수단으로 피해자에게 폭행이나 협박을 개시하였다고 보지 않는다(대법원 1990.5.25. 선고 90도607 판결).

둘째, 실질적 객관설에 따라 판단한 다수의 판례가 있다. ⓑ 절도죄의 실행착수 시기는 재물에 대한 타인의 사실상 지배를 침해하는데 밀접한 행위가 개시된 때라 할 것이므로, 피해자 소유 자동차 안에 들어 있는 밍크코트를 절취할 생각으로 공범이 자동차 옆에서 망을 보는 사이 차량의 오른쪽 앞문을 열려고 손잡이를 잡아당기다가 발각되었다면, 절도의 실행에 착수로 본다(대법원 1986.12.23. 선고 86도2256 판결). ⓒ 범인이 매개물에 불을 켜서 붙였거나 범인의 행위로 인하여 매개물에 불이 붙게 됨으로써 연소작용이 계속될 수 있는 상태에 이르렀다면, 그것이 곧바로 진화되는 등의 사정으로 인하여 목적물인 건조물 자체에는 불이 옮겨붙지 않았더라도 방화죄의 실행의 착수로 본다(대법원 2002.3.26. 선고 2001도6641 판결). 반면, ⓓ 노상에 세워 놓은 자동차 안에 있는 물건을 훔칠 생각으로 자동차의 유리창을 통하여 그 내부를 손전등으로 비추어 본 것은, 비록 유리창을 열기 위해 면장갑을 끼고 있었고 칼을 소지하고 있었더라도 타인의 재물에 대한 지배를 침해하는데 밀접한 행위를 한 것이라고는 볼 수 없어 절취행위의 착수로 보지 않는다(대법원 1985.4.23. 선고 85도464 판결). ⓔ 필로폰을 매수하려는 자로부터 필로폰을 구해 달라는 부탁과 함께 금전을 받았더라도, 당시 피고인이 필로폰을 소지 또는 입수한 상태에 있었거나 그것이 가능한 상태였던 등 매매행위에 근접 · 밀착한 상태에서 그 대금을 받은 것이 아니라 단순히 필로폰을 구해 달라는 부탁과 함께 대금 명목으로 금전을 받은 것은 필로

---

9) "Eine Straftat versucht, wer nach seiner Vorstellung von der Tat zur Verwirklichung des Tatbestandes unmittelbar ansetzt."

폰 매매행위의 실행의 착수로 보지 않는다(대법원 2015.3.20. 선고 2014도16920 판결).

셋째, 주관설에 따라 판단한 판례도 있다. ⓕ 간첩의 목적으로 외국 또는 북한에서 국내에 침투하였다면 기밀탐지가 가능한 국내에 침투 상륙함으로써 간첩죄의 실행의 착수로 본다(대법원 1984.9.11. 선고 84도1381 판결).

넷째, 주관적 객관설에 따라 판단한 판례도 있다. ⓖ 타인의 사망을 보험사고로 하는 생명보험계약을 체결하면서 제3자가 피보험자인 것으로 가장하여 체결하는 등으로 보험계약의 유효 요건이 갖추어지지 못한 경우에도, 보험계약 체결 당시에 이미 보험사고가 발생하였음에도 이를 숨겼다거나 보험사고의 구체적 발생 가능성을 예견할 만한 사정을 인식하고 있었던 경우 또는 고의로 보험사고를 일으키려는 의도를 가지고 보험계약을 체결한 경우와 같이 보험사고의 우연성과 같은 보험의 본질을 해칠 정도라고 볼 수 있는 특별한 경우가 아닌 한, 하자 있는 보험계약을 체결한 행위만으로는 사기죄에 있어서 기망행위의 실행에 착수로 보지 않는다(대법원 2013.11.14. 선고 2013도7494 판결).[10]

이처럼 판례는 실행의 착수 판단에 대한 통일적인 기준을 제시하지 않는데, 이는 판례가 각 구성요건의 본질에 비추어 미수범처벌의 범위를 판단하는 것이라고 이해할 수 있다. 예를 들어 강간죄의 경우에는 강간과 화간의 구별이 중요하기에 실행착수를 엄격하게 판단하나, 간첩죄의 경우에는 국가보호라는 목적에서 실행착수를 쉽게 인정한다고 이해할 수도 있다. 변호인은 피고인의 실행착수가 인정되지 않는다는 논증을 각 구성요건의 본질에 비추어 다양하게 주장할 수 있다.

(4) 소결(주관적 객관설)

실행착수 여부는 개별적 구성요건과 결합하여 구체적으로 판단할 문제라고 하는 견해가 있고, 판례도 이러한 입장이라고 할 수 있다. 이것은 미수와 예비의 구분을 형법총론의 영역이 아니라 개별적 구성요건들의 해석을 통한 각론의 영역으로 보는 것이다. 물론 개별 범죄의 구성요건 해석 없이 미수를 판단할 수는 없지만, 이러한 입장

---

10) 2016년 제정되어 보험사기행위의 조사 · 방지 · 처벌에 관한 사항을 규정하고 있는 보험사기방지법에서는 '보험사기행위'를 "보험사고의 발생, 원인 또는 내용에 관하여 보험자를 기망하여 보험금을 청구하는 행위"라고 정의하고 있어(제2조 제1호), 보험금 청구 이전의 행위에 대해서 일괄적으로 보험사기에 관한 실행의 착수를 인정하기 어렵게 되었다. 이러한 처벌의 흠결을 보완하고자 2024년 개정을 통해, 보험사기행위를 알선 · 유인 · 권유 · 광고하는 행위를 처벌하는 규정(제5조의2)을 신설하였다.

에 찬동하기는 어렵다. 형사처벌을 위한 일반적인 공통 규율을 규정한 형법총칙의 논의는 총칙(總則, Allgemeiner Teil)이라는 개념 자체에서 모든 개별적 구성요건 행위와 결합하여 판단하지 않을 수 없는데, 실행착수 여부의 판단이 이러한 총칙의 범위 속에 포함되는 기타 논의들(인과관계, 고의, 정당방위 등)과 달리 특별한 경우는 아니기 때문이다. 또한 개별 구성요건의 해석으로 실행행위의 착수 여부를 판단하기 어려운 경우도 있다. 예를 들어 절도죄와 같이 구성요건에 행위수단의 규정 없이 "타인의 재물을 절취한 자"라는 결과만을 기술한 경우는 구성요건으로부터 불가벌적 예비와 가벌적 미수(제342조)의 구분에 대한 특유한 기준을 찾기도 어렵다. 따라서 실행착수 여부에 대한 일반적인 판단기준은 필요하고 그에 대한 논의의 의미를 경시할 수는 없다.[11]

개인적으로는, 형법상 불법은 행위불법과 결과불법 모두의 측면이 존재해야 하므로 행위자의 범행계획에 비추어 보호법익에 대한 직접적 위험성 있는 구성요건 실현행위가 직접 개시되면 실행의 착수를 인정하는 '주관적 객관설'이 타당하다고 본다. 주관적 객관설은 행위자의 내적 상태를 고려함이 없이 행위의 의미를 파악하기 불가능하다는 객관설의 단점과 실행의 착수 시점이 대폭 앞당겨짐으로써 미수범의 처벌 범위가 지나치게 확장된다는 주관설의 단점을 극복하고 있다. 또한 주관적 객관설은 독일 형법 제22조뿐만 아니라 한국 형법 제25조 제1항에도 반영되어 있다. 동 조항에서는 한편으로 "범죄의 실행의 착수"라는 외형적 · 상황적 측면을 명시하고 있을 뿐만 아니라, 다른 한편으로 범죄의 실행에 착수하여 행위를 종료하지 못한 '착수미수'(unbeendeter Versuch)와 범죄의 실행에 착수하였으나 결과가 발생하지 아니한 '실행미수'(beendeter Versuch)의 두 가지 형태를 규정하고 있다. 착수미수는 '범죄자의 생각에 따르면 구성요건 결과를 실현하기에 필요한 모든 것을 아직 하지 못한 미수'를 말하고, 실행미수는 '범죄자의 생각에 따르면 구성요건 결과를 실현하기에 필요한 모든 것을 행한 미수'를 말하는데, 착수미수인지 실행미수인지는 행위자의 주관적 의도를 고려하지 않고 판단할 수는 없다.

---

11) 김정환, "하자 있는 보험계약체결에 가담한 자에 대한 사기죄 실행착수여부의 판단과 방조범의 성립여부", 법조 제692호, 2014.05, 269면.

IV. 미수의 효과

제25조(미수범) ② 미수범의 형은 기수범보다 감경할 수 있다.

미수는 실행행위의 착수를 통해 행위자의 범행 의사가 표출되었으나 아직 객관적 구성요건의 일부 요소가 충족되지 아니한 상태로서 행위불법의 정도는 기수와 대등하지만, 결과불법의 정도는 기수보다 낮은 경우이다. 실행행위의 착수를 통해 드러난 행위자의 범행 의사가 일반인의 법질서에 대한 신뢰와 법적 안정감을 깨뜨렸기 때문에 미수범을 처벌하는 것이고, 이것이 미수범의 불법 내용이다(인상설).

입법자는 이처럼 행위자의 범행 의사의 실현이 일반인의 법질서에 대한 신뢰와 법적 안정감을 깨뜨린 점에서 미수의 처벌 근거를 찾아, 미수에 대한 법적 효과를 임의적 감경으로 규정하였다(제25조 제2항). 만약 결과가 발생하지 않았더라도 보호되는 법익이 특별히 중하다고 판단되어 결과불법의 측면에서 침해 위험성의 정도가 기수보다 실질적으로 낮다고 보기 어렵다면, 형의 감경이 행해지지 않을 수도 있다.

V. 관련 문제

1. 원인이 자유로운 행위의 미수

책임능력이 있는 사람이 자의로 자신의 심신장애를 유발하여 이러한 상태를 이용하여 행한 원인이 자유로운 행위(actio libera in causa)가 형법 제10조 제3항에 규정되어 있다. 이러한 경우는 형법상 책임능력이 인정되는데, 행위와 책임의 동시에 존재해야 한다는 책임원칙에 있어서 어떻게 설명할 수 있는지에 대해서 구성요건모델과 예외모델이 존재한다. 양자의 모델에 따라 실행의 착수 시기의 판단이 달라진다.

Ⓐ '구성요건모델'은 책임능력의 장애를 일으키는 원인행위를 구성요건에 해당하는 행위라고 보는 시각이다. 구성요건 실현행위를 원인행위 시까지 확장하여 인정하는 구성요건모델에 의하면 원인행위 시에 이미 실행의 착수가 인정된다.

Ⓑ '예외모델'은 책임모델이라고도 하는데, 형사처벌의 흠결을 막기 위해서 정책적으로 존재하는 원인이 자유로운 행위는 행위와 책임의 동시에 존재해야 한다는 원칙의 예외 경우라고 보는 시각이다. 예외모델은 책임능력의 문제를 원인행위와 실행

행위 간의 불가분적 연관에서 찾는 것을 제외하고 그 밖의 것은 일반적인 범죄 실행 행위와 다르지 않다고 보므로, 책임능력 결함의 상태에서 구성요건에 해당하는 행위 시에 실행의 착수가 인정된다.

2. 결과적 가중범의 미수

(1) 진정 결과적 가중범의 미수

과실범의 경우에는 미수가 인정되지 않으므로 이론적으로는 과실에 의한 중한 결과가 발생한 결과적 가중범도 미수가 인정되지 않는다. 고의의 기본범죄는 있으나 중한 결과의 발생은 없는 경우는 기본범죄가 성립할 뿐이지, 결과적 가중범의 미수를 언급할 이유가 없다. 상해치사죄(제259조)의 미수범이라는 개념을 말하지 않으며 그러한 처벌규정도 존재하지 않는다.

그런데 이처럼 기본범죄는 기수이고 중한 결과는 불발생(미수)인 경우와 달리, 고의의 기본범죄가 미수이지만 과실에 의해 중한 결과가 발생한 때에 결과적 가중범의 미수를 인정할 것인지가 논의된다. 대표적으로 형법 제342조에서 규정한 미수범 속에 강도상해 · 치상죄(제337조)와 강도살인 · 치사죄(제338조)가 포함되어 있어서, 이러한 문제가 발생하고 있다.[12)]

Ⓐ '**기수설**'이 있는데,[13)] 이 견해는 고의의 기본범죄와 직접적 연관성 속에 중한 결과가 발생한 것이 결과적 가중범의 특성이라는 점을 강조하여, 기본범죄가 미수이더라도 기본범죄로 중한 결과가 발생하면 결과적 가중범(기수)이 성립한다고 보며, 통설적인 입장이다.

Ⓑ '**미수설**'이 있는데,[14)] 이 견해는 고의의 기본범죄가 기수인지 미수인지의 여부에 따라 달리 취급하는 것이 책임원칙에 충실하다고 하여, 중한 결과가 기본범죄의 미수행위로부터 직접 발생한 것으로 인정될 때는 결과적 가중범의 미수가 성립한다고 본다.

판례는 금품을 강취할 목적으로 피해자의 목덜미를 잡고 종이를 뾰족하게 접어서

---

12) 형법 제324조의5(미수범)에서도 인질상해 · 치상죄(제324조의3)와 인질살해 · 치사죄(제324조의4)를 포함하고 있어서 같은 문제가 발생한다.

13) 강동욱, 115면; 박상기 · 전지연, 203면; 배종대, 516면; 신동운, 587면; 오영근 · 노수환, 176면; 이재상 · 장영민 · 강동범, 412면; 이형국 · 김혜경, 352면; 임웅 · 김성규 · 박성민, 585면; 정성근 · 박광민, 364면; 정성근 · 정준섭, 368면; 홍영기, 155면.

14) 김일수 · 서보학, 345면; 성낙현, 483면; 이상돈, 99면; 이용식, 69면; 정영일, 188면.

만든 종이칼을 가슴에 들이대며 협박하였으나 금품을 취득하지는 못하였고 이 과정에서 피해자의 상해에 이른 사건에서 판례는 "강도강간, 강도치상등의 죄는 강도의 계제에 강간 또는 치상의 결과가 발생하면 되는 것이지 강도의 기수나 미수를 가리지 않는다."라고 하여 **기수설**을 취하였다(대법원 1985.10.22. 선고 85도2001 판결). 결과적 가중범 중 별도의 미수범 처벌규정을 두고 있는 것은 '형이 무거워지는 요인이 되는 결과가 과실로 생긴 결과적 가중범'과 '고의로 그 결과를 일으킨 결합범'을 하나의 조문에서 규정하고 있는 입법형식에서만 찾아볼 수 있는데, 이는 입법자가 결과적 가중범에는 성질상 미수범 규정이 적용될 수 없다는 전제에서 간결하고 효율적으로 조문을 구성한 결과로 볼 수 있을 뿐, 결과적 가중범의 미수범을 인정하기 위한 입법형식이라고 할 수 없으며, 따라서 이러한 규정을 들어 결과적 가중범의 미수범을 인정하고 형을 감경할 수 있다고 해석하는 것은 입법자의 실질적 의사에 반하게 된다는 것이 판례의 입장이다(대법원 2025.3.20. 선고 2023도10405 전원합의체 판결).

진정 결과적 가중범의 미수를 인정할 것인지가 논의되는 이유는, 형법 제342조와 제324조의5가 존재하기 때문이다. 형법 제342조의 경우를 보면 강도상해 · 치상죄(제337조)나 강도살인 · 치사죄(제338조)가 포함되는데, 진정 결과적 가중범인 강도치상죄나 강도치사죄의 경우만을 전제로 하지 않고 강도상해죄나 강도살인죄도 포함하고 있다. 생각건대, 형법 제342조는 비록 문언상으로는 결과적 가중범인 강도치상죄나 강도치사죄도 포함하는 것으로 기술되어 있으나, 결과적 가중범의 본질에 비추어 형법 제342조는 강도상해죄와 강도살인죄의 경우에 제한되어 적용되는 것으로 해석하는 것이 타당하다(**기수설**). 다른 범죄들과 달리 강도의 경우에만 결과적 가중범의 미수를 규정해야 할 설득력 있는 근거를 생각하기는 어렵다.

참고 **성폭력처벌법 제8조와 제9조**

성폭력처벌법 8조에서는 강간등상해 · 치상을 규정하고 있고 제9조에서는 강간등살인 · 치사를 규정하고 있는데, 여기서는 성폭력범죄의 결과적 가중범을 규정하면서 기본범죄에 고의범뿐만 아니라 명시적으로 미수범(동법 제15조)을 포함하고 있다. 따라서 특수강도강간, 특수강간, 장애인에 대한 강간 · 강제추행 등 성폭력처벌법이 적용되는 경우는 위의 (진정) 결과적 가중범의 미수를 인정할 수 있는지에 대한 해석 논의와 무관하게 기본범죄가 미수인 경우도 결과적 가중범 형태인 강간등치상이나 강간등치사가 성립한다.
판례도 "특수강간치상죄를 정한 성폭력처벌법 제8조 제1항은 특수강간죄의 기수범(성폭력처벌법 제4조 제1항)뿐만 아니라 미수범(성폭력처벌법 제15조, 제4조 제1항)도 범행주체로 포함하고 있다. 특수강간미수죄를 범한 사람은 성폭력처벌법 제8조 제1항에서 정한 특수강간치상죄의 구성요건 중 범행주체에 관한 요건을 충족하였으므로, 특수강간의 실행행위가 완료되지 않았더라도 그로 인해 피해자가 상해를 입었다면 특수강간치상죄의 객관적 구성요건요소를 모두 충족하고, 별도로 미수범(성폭력처벌법 제15조, 제8조 제1항) 성립 여부는 문제될 여지가 없다."고 판단한다(대법원 2025.3.20. 선고 2023도10405 전원합의체 판결).

(2) 부진정 결과적 가중범의 미수

현주건조물방화치사죄(제164조 제2항)와 같이 고의에 의한 중한 결과의 발생을 포함하는 부진정 결과적 가중범에서는 중한 결과에 고의가 있었으나 중한 결과가 발생하지 않은 경우는 이론상으로 결과적 가중범의 미수가 성립할 수 있다. 그러나 현주건조물방화치사죄에 대해서는 미수범 처벌규정(제174조 참조)이 없으므로, 피해자를 살해할 생각으로 피해자가 주거로 사용하는 건조물에 방화하였으나 피해자가 사망하지 않은 경우라면 현주건조물방화치사미수는 성립하지 않고 현주건조물방화죄와 살인미수죄와 상상적 경합이 인정된다.[15)]

한편 현행법상 부진정 결과적가중범의 미수범을 처벌하는 경우는 현주건조물일수치사상죄(형법 제177조 제2항)뿐이다.

3. 공범의 미수

공동정범의 본질은 일부실행 전부책임이므로, 다수의 공동정범 중 1인이 범죄의 실행에 착수하였으면 전체 공동정범의 실행착수가 인정된다.

간접정범에서는 Ⓐ 이용자가 이용행위를 개시한 때 실행의 착수를 인정하는 견해와 Ⓑ 피이용자가 실행행위를 개시한 때 실행의 착수를 인정하는 견해가 존재한다. 생각건대 간접정범의 본질은 타인을 도구로 이용하여 자신의 범죄를 실현하는 것에 있으므로, 이용 주체인 범죄자를 중심으로 실행의 착수를 판단하는 것이 타당하다. 따라서 피이용자가 구성요건을 실현할 수 있도록 제반 영향력의 행사를 이용자가 완료한 시점에서 간접정범의 실행착수가 인정된다.

교사범에서는 교사를 받은 자가 범죄의 실행을 승낙하지 아니하거나 승낙하고 실행의 착수에 이르지 않은 경우를 교사의 미수로 규정하고 있으므로(제31조 제2항, 제3

---

15) 다만 부진정 결과적 가중범 중 현주건조물일수치사상죄(형법 제177조 제2항)에 대해서는 미수범 처벌규정이 존재한다(제182조).

항), 교사자가 피교사자에게 교사행위를 한 시점에서 교사한 범죄의 실행착수가 인정된다.[16)]

4. 부작위범의 미수

진정부작위범인 퇴거불응죄(제319조 제2항)에 미수범 처벌규정(제322조)이 존재하여, 진정부작위범의 미수가 인정될 수 있는지가 논의된다. Ⓐ '퇴거불응미수죄 긍정설'은 미수범 처벌규정이 존재하는 한, 행위자가 퇴거의 요구를 받고도 응하지 않은 것이 실행의 착수이며 퇴거에 필요한 일정한 시간이 경과할 때 기수가 된다고 본다. Ⓑ '퇴거불응미수죄 부정설'은 퇴거의 요구에 응하지 않으면 퇴거불응죄는 바로 성립하고 미수죄는 성립할 수 없다고 보고, 퇴거불응죄의 미수범 처벌규정은 입법론적으로 삭제되어야 한다고 본다. Ⓒ 생각건대, 진정부작위범은 행위자가 의무이행을 하지 않은 것이 범죄이므로, 구성요건에 요구되는 행위의 불이행이 실행의 착수이자 기수가 성립한다고 보는 것(퇴거불응미수죄 부정설)이 진정부작위범의 본질에 부합한다. 따라서 진정부작위범인 퇴거불응죄의 미수범은 적용하지 않는 것이 타당하다.[17)]

부진정부작위범의 경우는 일반적인 작위의 구성요건이 적용되는 경우이므로 미수범 처벌규정이 다수 존재한다. 다만 외적으로 나타나는 작위의 행위가 없어 실행의 착수를 판단하기 어려워 견해가 대립한다. Ⓐ 의무이행이 가능한 최초 시점설, Ⓑ 의무이행이 가능한 최후 시점설, Ⓒ 의무의 불이행으로 법익보호에 직접적인 위험을 초래하거나 증대시킨 시점설(절충설)이 존재한다.

판례는 부작위에 의한 업무상배임죄에 있어서 "부작위를 실행의 착수로 볼 수 있기 위해서는 작위의무가 이행되지 않으면 사무처리의 임무를 부여한 사람이 재산권을 행사할 수 없으리라고 객관적으로 예견되는 등으로 구성요건적 결과 발생의 위험이 구체화한 상황에서 부작위가 이루어져야 한다."라고 하여 절충설의 입장이다(대법원 2021.5.27. 선고 2020도15529 판결).

생각건대, 일반적인 작위의 구성요건을 전제로 하는 부진정부작위범에 있어서도 실행의 착수에 대한 일반적인 판단기준으로 판단하면 된다. '주관적 객관설'의 입장

16) 다만 교사한 범죄의 실행착수가 인정되어 교사의 미수가 인정되더라도, 처벌은 음모 또는 예비에 준하도록 규정되어 있다(제31조 제2항, 제3항).

17) 김혜정 · 박미숙 · 안경옥 · 원혜욱 · 이인영, 99면; 신동운, 590면.

에 따라 행위자가 자신의 이행 의무에 비추어 보호법익에 대한 직접적 위험성 있는 부작위를 한 시점에 실행의 착수를 인정하는 것이 타당하다.

제2절 ┃ 중지미수와 불능미수

I. 중지미수

1. 개념

> 제26조(중지범) 범인이 실행에 착수한 행위를 자의(自意)로 중지하거나 그 행위로 인한 결과의 발생을 자의로 방지한 경우에는 형을 감경하거나 면제한다.

중지미수는 범죄의 실행에 착수한 사람이 착수한 행위를 자의로 중지하거나 결과의 발생을 자의로 방지하여 그 범죄의 구성요건이 실현되지 않은 경우를 말한다. 형법 제26조에서는 중지범이라는 표제하에 중지미수를 규정하고 있으며, 중지미수의 법률효과로 필요적 감면을 규정하고 있다. 중지미수는 ① 범죄의 실행에 착수하였으나 실행행위를 종료하지 않은 상태에서 자의적으로 실행행위를 중지한 경우(**착수중지**)와 ② 실행행위를 종료하였으나 결과가 발생하기 전에 자의적으로 결과의 발생을 방지한 경우(**실행중지**) 2가지 유형이 존재한다.

2. 중지미수의 효과

(1) 법적 성격

미수범의 일반적 유형인 장애미수(제25조)를 규정하고 있음에도 특별한 유형인 중지미수(제26조)를 별도로 규정하고 있는데, 그 실익은 법적 효과에 있다. 즉 장애미수의 법적 효과는 임의적 감경이지만, 중지미수는 필요적으로 감경 또는 면제이다.

필요적 감면의 효과가 부여되는 중지미수는 범죄 체계론상 위법성이나 책임이 감소되거나 소멸된 경우는 아니고 범죄는 성립한다. 형의 감경이란 전제 요건인 범죄가 성립된 후에 효과인 형벌의 정도는 낮추는 것이며, 형의 면제도 유죄판결의 일종

(형사소송법 제321조 제1항, 제322조)으로서 범죄는 성립되는 것이기 때문이다. 이처럼 중지미수도 범죄는 성립하지만 양형에서 필요적으로 형을 감경 또는 면제하도록 규정한 것이다.

(2) 필요적 감면의 근거

임의적 감경의 효과만 있는 장애미수와 달리 중지미수는 형을 필요적으로 감경 또는 면제하도록 하고 있는데, 그 이유에 대해서 견해가 대립한다. 이것은 중지미수의 본질에 대한 논의이기도 하다.

Ⓐ '형사정책설'이 있다. 이 견해는 중지미수에 대해서 형을 필요적으로 감면하도록 한 것은 행위자로 하여금 범죄의 실현을 스스로 방지하도록 동기를 부여하는 것이며, 행위자를 불법성의 세계에서 적법성의 세계로 되돌아가게 하는 '황금의 다리'와 같은 형사정책적 기능을 갖는다고 설명한다.

Ⓑ '보상설'이 있다.[18] 이 견해는 범죄의 실현을 스스로 방지한 것에 대해서 보상으로 형을 감면하는 것이라고 설명한다.

Ⓒ '형벌목적설'이 있다. 자신이 착수한 범행을 스스로 방지하여 결과가 발생하지 않도록 한 사람에 대해서는 형벌의 목적 중 예방(일반 · 특별)의 측면에서 형벌의 필요성이 없어졌다고 설명한다.

Ⓓ '법률설'이 있다.[19] 이 견해는 자신이 착수한 범행을 스스로 방지하여 결과가 발생하지 않도록 한 것은 불법을 감경 · 소멸시키거나 책임을 감경 · 소멸시킨다고 설명한다.

생각건대, 중지미수에 있어서 장애미수의 본질과 핵심적인 차이는 자의성에 있는데, 미수의 자의성은 양형의 조건(형법 제51조)에서 범행의 수단과 관련된다고 할 수 있고, 중지미수의 효과가 양형에서 고려되는 것이라면 형벌목적설의 입장에서 설명하는 것이 타당하다고 생각한다.

3. 중지미수의 성립요건

미수의 특별한 형태인 중지미수는 미수의 일반적인 성립 요건에 추가적인 특유의

---

18) 박상기 · 전지연, 220면; 이형국 · 김혜경, 423면; 정성근 · 박광민, 319면; 정성근 · 정준섭, 232면.

19) 이영란, 404면.

요건이 충족되는 때에 성립된다. 따라서 미수의 일반적인 성립 요건인 ① 미수범 처벌규정이 존재하여야 하고, ② 행위자에게 기수의 고의가 존재하여야 하고, ③ 실행의 착수가 존재하여야 한다. 그리고 중지미수에 추가적인 특유의 요건으로 ④ '자의성'이 요구되며, ⑤ 착수미수와 실행미수에 따라 별도의 중지 행위가 요구된다.

(1) 자의성

중지미수는 행위자가 실행한 범행을 자의로 중지한 점이 장애미수와 구별되는 핵심이고, 장애미수와 중지미수의 구별 기준은 범행 중지의 자의성 여부가 된다. 따라서 구별 기준인 범행 중지의 자의성 판단기준에 대해서 견해가 대립하며, 장애미수와 중지미수는 임의적 감경과 필요적 감면이라는 법률효과의 차이로 인하여 구별의 실익이 크다.

① 학설

Ⓐ '**주관설**'은 행위자의 내심을 기준으로 판단하여, 후회나 동정 같은 윤리적 동기에 의하여 범행을 중지한 경우가 중지미수이고, 그 외 심리적인 강제로 인하여 범행을 중지하면 장애미수로 본다.

Ⓑ '**객관설**'은 범행을 중지하게 된 계기가 외적 요인인지 내적 요인인지에 따라 구분하여, 윤리적 동기뿐만 아니라 공포심 등 내부적 요인에 기인하여 범행을 중지하면 중지미수이고, 외부적 사정으로 중지하면 장애미수로 본다.

Ⓒ '**절충설**'은 자율적 동기에 의해서 범행을 중지한 것인지에 따라 구분하는데, 행위자가 범행 중지의 주체로서 중시 시 범행 수행이 가능한 상황이었음에도 중지하면 중지미수이고, 그 외 행위자가 어쩔 수 없는 사유로 범행을 포기한 경우는 장애미수로 본다.[20]

Ⓓ '**규범설**'은 범행을 중지한 동기가 그에 상응하는 보상(형의 감면)을 받을 만한 경우인지에 따라 구분하여, 범행을 궁극적으로 단념하면 중지미수이고, 임시로 범행을 단념한 경우는 장애미수로 본다.[21]

---

20) 강동욱, 251면; 김종원(하), 63면; 김태명, 341면; 김혜정 · 박미숙 · 안경옥 · 원혜욱 · 이인영, 314면; 배종대, 354면; 신동운, 538면; 이상돈, 247면; 이정원 · 이석배 · 정배근, 232면; 정영일, 341면; 주호노, 661면.

21) 박상기 · 전지연, 223면; 이형국 · 김혜경, 426면.

② 판례

판례는 "범죄의 실행행위에 착수하고 그 범죄가 완수되기 전에 자기의 자유로운 의사에 따라 범죄의 실행행위를 중지한 경우에 그 중지가 일반 사회통념상 범죄를 완수함에 장애가 되는 사정에 의한 것이 아니라면 이를 중지미수에 해당한다."(대법원 2011.11.10. 선고 2011도10539 판결)라고 하여 '사회통념'을 기준으로 자의성을 판단한다. 구체적으로 보면 ⓐ 피해자를 강간하려다가 피해자의 다음번에 만나 친해지면 응해 주겠다는 취지의 간곡한 부탁으로 인하여 강간하지 않은 후 피해자를 자신의 차에 태워 집에까지 데려다준 사안은 사회통념상 자의성이 인정된다고 본다(대법원 1993.10.12. 선고 93도1851 판결). ⓑ 살인의 의사로 피해자의 목과 가슴을 칼로 여러 차례 찔렀는데 피해자가 가슴에서 많은 피를 흘리는 것을 보고 겁이 나서 범행을 중단한 것은 일반 사회통념상 범죄를 완수함에 장애가 되는 사정에 해당하여 자의성이 인정되지 않는다고 본다(대법원 1999.4.13. 선고 99도640 판결). ⓒ 위조한 주식인수계약서와 통장사본을 보여주면서 이미 50억 원의 투자를 받았다고 말하며 자금의 대여를 요청한 후 50억 원의 입금 여부를 확인하기 위해 은행에 가던 중 범행이 발각될 것이 두려워 은행 입구에서 차용을 포기하고 돌아간 것은 일반 사회통념상 범죄를 완수함에 장애가 되는 사정에 해당하여 자의성이 인정되지 않는다고 본다(대법원 2011.11.10. 선고 2011도10539 판결).

한편, 판례는 종국적인 범행 중지를 요구하지는 아니하여, ⓓ 미성년자 A를 유인하여 금원을 취득할 마음을 먹고 공범으로 하여금 피해자를 유인토록 하였으나 그의 거절로 미수에 그치고, 같은 달 2차에 걸쳐 다시 A를 유인하였으나 마음이 약해져 각 실행을 중지하여 미수에 그치고, 다음 달에 A를 유인하여 살해하고 금원을 요구하는 내용의 편지를 A의 부모에게 전달하여 재물을 취득하려 한 사안에서, 당초의 범의를 철회 내지 방기하였다가 다시 범의를 일으켜 마지막의 약취유인 살해에 이른 것으로서 그간에 범의의 갱신이 있어 그간의 범행이 단일한 의사로 인한 것으로 보지 않고 각 (중지)미수죄와 기수죄의 경합범으로 보았다(대법원 1983.1.18. 선고 82도2761 판결).

③ 소결(절충설)

주관설에서처럼 법적 판단에 있어서 윤리적 동기로 기준을 삼는 것은 행위자에게 지나치게 가혹하다고 비판할 수 있고, 객관설에 대해서는 내적 요인은 외적 요인과 연결되어 유발되기에 양자의 구분이 쉽지 않다고 비판할 수 있고, 규범설에 대해서는 형법은 행위형법으로서 행위시를 기준으로 범죄의 성립을 검토하면 되기에 중지 시점을 기준으로 중지미수를 인정하고 이후 범행의 재개할 것인지는 양형요소로서 고려함이 타당하다고 비판할 수 있다. 판례가 취하는 '사회통념설'은 사회통념에 대한 구체적인 기준을 제시하지 않기에 판단자의 자의적인 판단이 우려된다고 비판할 수 있다.

개인적으로는, 자율적 동기로 범행을 중단한 것인지에 따라 자의성 여부를 판단하는 '**절충설**'이 타당하다고 본다. 범행 중단의 자의성 판단에 있어서 중요한 것은 범행 의사의 주관적 측면이지만 이러한 주관적 측면을 객관적인 측면에서 외적 행위를 통해 판단할 수 있어야 하는데, 행위자가 범행 중지의 주체로서 중지 시 범행 수행이 가능한 상황(자율적 동기의 판단)에서 중지한 것인지를 기준으로 제시하는 절충설이 이를 잘 설명한다.

(2) 착수미수와 실행미수의 중지 행위

형법 제25조 제1항에서는 범죄의 실행에 착수하였으나 실행행위를 종료하지 못한 '착수미수'(unbeendeter Versuch)와 범죄의 실행에 착수하여 실행행위는 마쳤으나 결과가 발생하지 아니한 '실행미수'(beendeter Versuch)의 두 가지 형태를 규정하고 있는데, 일반적인 (장애)미수의 경우에서보다는 중지미수의 경우에서 그 구별의 실익이 크다. 중지미수에서는 양자의 자의성 행위가 구별되기 때문이다. 착수미수의 경우에는 자신의 범행계획을 포기하고 자의적으로 더 이상의 행위를 하지 않는 것, 즉 더 이상의 행위를 그만두는 단순한 부작위만으로 중지미수(착수중지)가 인정되지만, 실행미수의 경우에는 행위로 인한 결과의 발생을 자의적으로 방지하는 적극적 기여와 노력까지 요구되기 때문이다(실행중지). 이에 착수미수와 실행미수를 구별하는 기준에 대해서 견해가 대립한다.

① 착수미수와 실행미수의 구별 기준

Ⓐ '**주관설**'이 있는데, 이 견해는 행위자의 범행 의사에 따라 착수미수와 실행미수를 구분한다.[22] 행위자가 범행을 실현하기 위해서 계획한 행위가 범행 중지 시점에 남아 있으면 착수미수이고 그렇지 않으면 실행미수로 본다. 이 견해를 '전체행위설'이라고도 한다.

Ⓑ '**객관설**'이 있는데, 이 견해는 범행 중시 시점에 존재하는 행위 자체만을 기준

22) 성낙현, 557면; 신동운, 543면; 이형국 · 김혜경, 417면; 한상훈 · 안성조, 219면.

으로 착수미수와 실행미수를 구분한다. 범행 중지 시점의 행위 자체가 구성요건을 충족시킬 수 없는 상황이면 착수미수이고 그 행위로부터 구성요건이 충족될 수 있다면 실행미수라고 본다. 이 견해를 '개별행위설'이라고도 한다.

ⓒ '**절충설**'이 있는데, 이 견해는 주관적인 행위자의 범행 의사와 객관적 상황을 종합하여 착수미수와 실행미수를 구분한다.[23] 범행 중지 시점에 객관적 상황과 행위자의 범행 의사를 종합하여 구성요건의 실현에 필요한 행위가 끝났지 않았으면 착수미수이고 끝났으면 실행미수라고 본다.

생각건대, 절충설의 입장이 타당하다. 실행미수에 있어서 중지미수(실행중지)를 인정하기 위해서는 실행행위의 중지 이후에 추가적으로 결과 발생의 방지행위까지 요구되는데, 범행이 애초의 계획과 불일치하여 진행되는 경우를 고려한다면 중지 시점에 추가적인 행위가 요구되는지는 실행행위를 착수한 시점을 기준으로 판단하는 것이 아니라 착수한 실행행위를 중단하는 시점에서 판단하여야 한다. 따라서 범행 중지 시점에 행위자의 생각으로는 구성요건을 실현하기 위해서 추가적인 행위가 더 필요함에도 범행을 자의로 중단하여 이후 구성요건이 실현되지 않았다면 착수중지로 보는 것이 타당하다.

② 착수중지의 요건

범죄의 실행에 착수하였으나 실행행위를 종료하지 못한 착수미수(unbeendeter Versuch)의 경우는 실행행위를 자의적으로 중지하고 더 이상의 행위를 하지 않는 것, 즉 단순한 부작위만으로 중지미수(착수중지)가 인정된다(제26조 전단). 물론 실행행위를 자의적으로 중지하였더라도 결과가 발생하여 구성요건이 충족되었다면 미수가 아니라 기수가 성립하는 것이므로, 더 이상의 행위를 하지 않아 결과가 발생하지 않은 경우이어야 한다. 이때 자의성 판단에 있어서 자율적 동기로 중지한 것인지를 기준으로 삼는 절충설에 따르면, 종국적인 범행 포기를 요구하지 않고 이후 범행의 재개할 의사가 있더라도 중지미수는 인정된다.

---

23) 김일수 · 서보학, 403면; 김종원(하), 60면; 김혜정 · 박미숙 · 안경옥 · 원혜욱 · 이인영, 315면; 박상옥 · 김대휘(2), 44면; 박찬걸, 313면; 배종대, 357면; 오영근 · 노수환, 379면; 이영란, 408면; 이재상 · 장영민 · 강동범, 425면; 임웅 · 김성규 · 박성민, 413면; 정성근 · 박광민, 324면; 정영일, 343면; 주호노, 648면.

③ 실행중지의 요건

범죄의 실행에 착수하여 실행행위는 마쳤으나 결과가 발생하지 아니한 실행미수(beendeter Versuch)의 경우는 단순한 부작위만으로 충분하지 않고 실행행위로 인한 결과의 발생을 적극적으로 방지하여야 중지미수(실행중지)가 인정된다(제26조 후단). 이때 결과의 불발생으로 이끈 방지행위는 행위자 자신이 하는 경우뿐만 아니라 의사에게 치료행위를 요청하는 경우처럼 타인의 도움을 통해 결과발생을 방지한 경우도 가능하다. 실행행위로 인한 결과의 발생을 적극적으로 방지하였더라도 결과가 발생하여 구성요건이 충족되었다면 미수가 아니라 기수가 성립하는 것이므로, 결과 발생을 방지하기 위한 적극적인 방지행위로 결과가 발생하지 않은 경우이어야 한다. 다만 행위자의 적극적인 방지행위에도 불구하고 행위자에게 귀속될 수 없는 다른 원인으로 결과가 발생한 경우, 예를 들어 살해의 목적으로 실행행위를 착수하였으나 피해자가 사망하기 전에 행위자가 자의로 중지하고 신고하여 병원으로 후송된 피해자가 구급차의 교통사고나 의료과실 등으로 사망한 경우는 중지미수를 인정할 수 있다.

II. 불능미수

1. 의의

(1) 개념

제27조(불능범) 실행의 수단 또는 대상의 착오로 인하여 결과의 발생이 불가능하더라도 위험성이 있는 때에는 처벌한다. 단, 형을 감경 또는 면제할 수 있다.

불능미수는 행위자의 생각과는 달리 행위의 성질상 구성요건이 실현될 수 없지만, 그 행위의 위험성 때문에 미수범으로 처벌되는 경우이다. 형법 제27조에서는 "실행의 수단 또는 대상의 착오로 인하여 결과의 발생이 불가능하더라도 위험성이 있는 경우"를 불능미수로 규정하고 있다. 예를 들어 시체를 사람으로 오인하고 살해한 경우처럼 성질상 살인죄의 구성요건을 실현하는 행위를 하지 않았으므로 살인죄 실행의 착수가 인정되지 않아 살인미수 자체가 성립되지는 않지만, 행위불법의 측면을 강조하는 관념상(객체나 수단의 요건을 모두 갖춘 경우를 가정) 실행행위가 존재하는 것으로 보고 미수의 한 형태로 규정하고 있다. 그래서 불능미수를 '관념상 미수'라고도 한다.

불능미수는 객관적으로 구성요건이 실현될 가능성이 없음에도 불구하고 행위자가 주관적으로 구성요건 실현이 가능하다고 인식하고 행위한 경우로서 사실의 착오의 한 형태이다. 다만 구성요건 착오가 적용되는 경우, 즉 객관적으로 실현된 구성요건에 대한 행위자의 인식이 없었던 경우에 적용되는 구성요건의 착오와 반대되는 형태로서 구성요건 착오의 반전 형태라고 할 수 있다. 이처럼 구성요건 착오의 반전 형태는 착오의 개념으로 해결하는 것이 아니라 불능미수의 개념으로 해결하고 있다.

한편, 불능미수는 '환상범'(환각범)과도 구별된다. 환상범은 규범에 대한 착오의 한 형태로서 위법성 인식 착오의 반전 형태인데, 예를 들어 정당방위는 생명 · 신체의 보호를 위해서만 가능할 뿐이고 재산의 보호를 위해서는 허용되지는 않는다고 생각하면서도 재물을 훔치는 도둑에게 방위행위를 한 경우가 환상범이다. 이러한 경우는 불능미수가 아니므로 불능미수의 성립 요건인 위험성 여부를 판단할 필요가 없고, 범죄가 성립되지 않는다.

또한 불능미수는 '불능범'과도 구별된다. 불능범은 성질상 구성요건이 실현될 수 없을 뿐만 아니라 그 행위의 위험성까지도 없어서 (불능)미수범으로 처벌되지 않는 경우이다. 불능미수와 구별되는 불능범은 형사처벌의 대상이 아니다.

(2) 구성요건의 흠결론

불능미수와 관련해서 '구성요건의 흠결론'(Mangel am Tatbestand)이 있는데, 이것은 객관적 구성요건 요소인 주체, 객체, 수단 등의 요소를 갖추지 못하여 처음부터 구성요건이 충족될 수 없는 경우는, 실행의 착수가 존재할 수 없으므로 개념상으로 미수범 성립의 가능하지 않다고 본다. 이에 의하면 오직 인과관계의 착오로 인하여 결과가 발생하지 않은 경우에만 불능미수가 성립할 수 있고, 주체나 객체, 수단 등의 착오로 결과가 발생하지 않은 경우는 구성요건이 흠결된 것이어서 불가벌의 경우라고 본다. 예를 들어 살아 있는 사람을 사체로 오인하여 은닉한 경우처럼 사체은닉죄(형법 제161조 제1항)의 객체를 갖추지 못한 경우는, 사체은닉죄의 불능미수는 성립할 수 없다고 한다.

생각건대 구성요건 흠결론은 구성요건해당성의 검토에 있어서 논리적인 결론을 도출하므로 입법론상으로는 충분히 생각해 볼 수 있으나, 현행 형법 제27조의 해석론상으로는 취할 수 없다. 형법 제27조에서는 실행의 수단 또는 대상의 착오로 인하여 결과가 발생하지 않은 경우도 위험성이 있다면 불능미수로 처벌하도록 규정하고 있기 때문이다.

2. 불능미수의 효과

불능미수에서는 형을 임의적으로 감경 또는 면제할 수 있다(제27조 단서). 법률효과에 있어서 임의적 감면인 불능미수는 임의적 감경인 장애미수와 필요적 감면인 중지미수의 중간 정도로 규정되어 있다. 결과발생의 가능성이 없다는 점에서 장애미수보다 불법성이 경하다고 보고 있으며, 행위자가 자의적으로 범행을 중단한 것은 아니라는 점에서 중지미수보다 불법성이 중하다고 보고 있다.

3. 불능미수의 성립요건

미수의 특별한 형태인 불능미수는 미수의 일반적인 성립 요건에 추가적인 특유의 요건이 충족되는 때에 성립된다. 따라서 ① 미수범 처벌규정이 존재하여야 하고, ② 행위자에게 기수의 고의가 존재하여야 하고, ③ 실행의 착수가 존재하여야 한다. 그 외에 불능미수에 대해서는 ④ '결과 발생의 불가능'과 ⑤ '결과 발생의 위험성'이 추가로 요구된다.

(1) 결과 발생의 불가능

불능미수가 성립하기 위해서는 행위자가 실행행위를 착수하였으나 결과가 발생할 수 없는 경우이어야 한다. 결과 발생이 불가능하다는 것은 행위자가 실행에 착수한 상황에서 의도한 구성요건이 절대적으로 실현될 수 없다는 의미이고, 이것이 일반적인 (장애)미수와 불능미수를 구별하는 기준이 된다. 따라서 행위자가 의도한 범죄의 실행에 착수한 구성요건이 실현되지 않은 사안에서는, 먼저 그것이 처음부터 불가능하였기 때문인지 외부적 장애 때문인지를 판단하여야 한다. 행위자가 의도한 범죄의 실행에 착수한 구성요건의 실현이 처음부터 불가능한 유형으로 형법 제27조에서 규정한 것은 수단의 착오의 경우와 대상의 착오의 경우 2가지이다.

① 수단의 착오

형법 제27조에서는 실행의 수단 착오로 인하여 결과의 발생이 불가능한 경우를 불능미수의 형태로 규정하고 있는데, 이것은 행위자가 의도한 행위 방법으로는 구성요건의 실현이 애초에 불가능한 경우이다.

판례를 살펴보면, ⓐ 살해하기 위해서 배춧국에 농약을 탄 다음 남편에게 먹였으나 피해자가 국물을 토한 살인미수의 사안에서 사용한 농약이 치사량에 현저히 미달한 경우(대법원 1984.2.14. 선고 83도2967 판결), ⓑ 향정신성의약품인 메스암페타민(속칭 히로뽕 또는 필로폰)을 제조하기 위해서 원료인 염산에 페트린 및 수종의 약품을 섞어 제조를 시도하였으나 약품 배합의 미숙으로 메스암페타민을 제조하지 못한 경우(대법원 1985.3.26. 선고 85도206 판결) 등이 수단의 착오에 의한 불능미수가 인정된 경우이다. 반면 ⓒ 살해하기 위해서 '초우뿌리' 또는 '부자' 달인 물을 남편에게 마시게 하였으나 피해자가 이를 토하여 미수에 그친 사안에서는, 유독성 물질을 함유한 '초우뿌리'나 '부자'는 과거 사약으로 사용된 약초로서 그 독성을 낮추지 않고 다른 약제를 혼합하지 않은 채 달인 물을 복용하면 용량 및 체질에 따라 다르나 부작용으로 사망의 발생가능성을 배제할 수 없으므로 불능미수가 아닌 장애미수를 인정하였다(대법원 2007.7.26. 선고 2007도3687 판결).

② 대상의 착오

형법 제27조에서는 대상의 착오로 인하여 결과의 발생이 애초에 불가능한 경우를 불능미수의 형태로 규정하고 있는데, 이것은 행위자가 목표한 행위 객체는 애초에 구성요건 실현의 대상이 불가능한 경우이다.

판례를 살펴보면, 대표적으로 준간강죄(제299조)에 있어서 객체의 착오로 불능미수를 인정한 경우가 있다. ⓓ 피해자가 심신상실 또는 항거불능의 상태에 있다고 인식하고 그러한 상태를 이용하여 간음할 의사로 간음을 실행하였는데, 피해자가 실제로는 심신상실 또는 항거불능의 상태에 있지 않은 사안에서 준강간죄의 불능미수가 인정되었다(대법원 2019.3.28. 선고 2018도16002 전원합의체 판결).

참고 **대법원 2019.3.28. 선고 2018도16002 전원합의체 판결에서 반대의견**

이 판결에서는 준강간죄의 객체는 '사람'인 것이지 '심신상실 또는 항거불능 상태의 사람'으로 볼 것이 아니어서 대상의 착오로 인한 불능미수의 경우가 아니라는 의미 있는 반대의견이 제시되었는데, 다음과 같다: "형법 제27조에서 '결과 발생이 불가능'하다는 것은 범죄 기수의 불가능뿐만 아니라 범죄 실현의 불가능을 포함하는 개념이다. 행위가 종료된 사후적 시점에서 판단하게 되면 형법에 규정된 모든 형태의 미수범은 결과가 발생하지 않은 사태라고 볼 수 있으므로, 만약 '결과불발생', 즉 결과가 현실적으로 발생하지 않았다는 것과 '결과발생불가능', 즉 범죄실현이 불가능하다는 것을 구분하지 않는다면 장애미수범과 불능미수범은 구별되지 않는다. … 강간죄나 준강간죄는 구성요건결과의 발생을 요건으로 하는 결과범이자 보호법익의 현실적 침해를 요하는 침해범이다. 그러므로 강간죄나 준강간죄에서 구성요건결과가 발생하였는지 여부는 간음이 이루어졌는지, 즉 그 보호법익인 개인의 성적자기결정권이 침해되었는지를 기준으로 판단하여야 한다. 다수의견은 준강간죄의 행위 객체를 '심신상실 또는 항거불능의 상태에 있는 사람'이라고 보고 있다. 그러나 형법 제299조는 "사람의 심신상실 또는 항거불능의 상태를 이용하여 간음 또는 추행을 한 자는 제297조, 제297조의2 및 제298조의 예에 의한다."라고 규정함으로써 '심신상실 또는 항거불능의 상태를 이용'하여 '사람'을 '간음 또는 추행'하는 것을 처벌하고 있다. 즉 심신상실 또는 항거불능의 상태를 이용하는 것은 범행 방법으로서 구성요건의 특별한 행위양태에 해당하고, 구성요건행위의 객체는 사람이다. 이러한 점은 "폭행 또는 협박으로 사람을 강간한 자는 3년 이상의 유기징역에 처한다."라고 정한 형법 제297조의 규정과 비교하여 보면 보다 분명하게 드러난다. 형법 제297조의 '폭행 또는 협박으로'에 대응하는 부분이 형법 제299조의 '사람의 심신상실 또는 항거불능의 상태를 이용하여'라는 부분이다. 구성요건 행위이자 구성요건 결과인 간음이 피해자가 저항할 수 없는 상태에 놓였을 때 이루어진다는 점은 강간죄나 준강간죄 모두 마찬가지이다. 다만 강간죄의 경우에는 '폭행 또는 협박으로' 항거를 불가능하게 하는 데 반하여, 준강간죄의 경우에는 이미 존재하고 있는 '항거불능의 상태를 이용'한다는 점이 다를 뿐이다. 다수의견의 견해는 형벌조항의 문언의 범위를 벗어나는 해석이다."

그 외 ⓔ 베트남에 거주하는 공범이 국내로 메스암페타민(필로폰)을 발송하면 이를 수령하여 판매하기로 공모한 후, 공범이 베트남에서 워터볼 장난감 안에 필로폰 30g을 넣고 물을 부어 용해하여 국제우편으로 발송하였으나 워터볼 안에 들어 있던 액체에 필로폰이 용해되어 있었다는 점이 입증되지 않은 사안에서, 하급심은 공범이 실제로 필로폰을 보냈다면 필로폰 수입이라는 결과가 발생할 위험성이 있었으므로 이를 수령하려 판매하려 한 행위는 필로폰 수입죄의 불능미수에 해당한다고 보았으나, 대법원은 불능미수에서 '결과의 발생이 불가능'하다는 것은 범죄행위의 성질상 어떠한 경우도 구성요건의 실현이 불가능한 것을 의미하는데, 베트남에 거주하는 공범으로부터 필로폰을 수입하기 위하여 워터볼의 액체에 필로폰을 용해하여 은닉한 다음 이를 국제우편을 통해 받는 방식으로 필로폰을 수입하고자 하는 행위는 성질상 그 실행의 수단 또는 대상의 착오로 인하여 결과의 발생이 불가능한 경우가 아니기 때문에 필로폰이 들어 있는 우편물을 발신국의 우체국 등에 제출하였다는 사실이 밝혀지지 않은 이상 甲의 행위는 향정신성의약품 수입의 예비행위라고 볼 수 있을지언정 이를 향정신성의약품 수입행위의 실행에 착수하였다고 할 수는 없어 불능미수를 부정하였다(대법원 2019.5.16. 선고 2019도97 판결).[24)]

---

24) 대법원은 '구성요건의 흠결론'에 따라 판단한 것이라 할 수 있고, 하급심은 불능미수의 개념에

③ 기타(주체의 착오)

진정신분범인 구성요건을 실현할 수 없는 비신분자가 자신이 실행행위의 주체가 될 수 있다고 생각하고 실행행위를 착수한 경우와 같이 주체의 착오로 인하여 결과의 발생이 불가능한 불능미수의 형태를 형법 제27조에서는 규정하고 있지 않다. 이러한 주체의 착오 경우에 불능미수를 인정할 것인지에 대해서 견해가 대립한다.

Ⓐ '**불능미수인정설**'이 있다.[25] 이 견해는 형법 제27조에 규정된 불능미수의 형태는 예시규정에 불과하고 불능미수의 핵심은 결과 불발생의 원인이 아니라 행위의 위험성 유무에 있으므로 어떤 형태의 착오이든 위험성이 인정되면 불능미수로 처벌하는 것이 타당하다고 본다.

Ⓑ '**불능미수부정설**'이 있다.[26] 이 견해는 형법 제27조에서는 주체의 착오를 불능미수의 유형으로 규정하지 않고 있으므로 진정신분범인 구성요건을 실현할 수 없는 비신분자가 자신이 실행행위의 주체가 될 수 있다고 생각하고 실행행위를 착수한 경우를 불능미수로 처벌할 수 없다고 본다.[27]

생각건대, 주체의 착오 경우는 불능미수를 인정하지 않는 것이 타당하다. 불능미수는 구성요건 요소인 주체, 객체, 수단 등의 요소를 갖추지 못하여 처음부터 구성요건이 충족될 수 없지만 위험성이 있는 예외적인 경우를 처벌하도록 규정한 것이므로, 예외적인 경우는 제한적으로 적용하는 것이 타당하다. 형법 제27조가 예외적인 경우를 명시적으로 수단의 착오와 대상의 착오로 제한하고 있으므로, 형법 제27조에 규정된 불능미수의 유형은 제한규정으로 해석하는 것이 타당하다. 또한 입법자가 구성요건을 진정신분범으로 규정한 경우는 그러한 신분을 가진 사람만을 처벌하겠다는 것으로 해석하는 것이 입법자의 의사에도 부합한다.

따라 판단한 것이라 할 수 있다. 형법 제27조에서 불능미수를 규정한 이상, 해석론상으로는 하급심의 해석 · 적용이 타당하다.

25) 박상기 · 전지연, 236면; 이정원 · 이석배 · 정배근, 249면.

26) 김일수 · 서보학, 390면; 김혜정 · 박미숙 · 안경옥 · 원혜욱 · 이인영, 326면; 박찬걸, 321면; 성낙현, 568면; 신동운, 565면; 오영근 · 노수환, 393면; 이재상 · 장영민 · 강동범, 440면; 이주원, 296면; 이형국 · 김혜경, 438면; 임웅 · 김성규 · 박성민, 421면; 정성근 · 박광민, 331면; 정성근 · 정준섭, 243면; 주호노, 684면.

27) 불능미수부정설에서는 진정신분범인 구성요건을 실현할 수 없는 비신분자가 자신이 실행행위의 주체가 될 수 있다고 생각하고 실행행위를 착수한 경우는 행위자가 자신에 대해 금지규범이 설정되어 있다고 오인한 경우로서 '환상범'의 경우라고 설명하기도 한다.

(2) 결과 발생의 위험성

불능미수가 성립하기 위해서는 결과 발생이 불가능한 경우(행위자가 실행행위를 착수하였으나 결과가 발생할 수 없는 경우)이어야 할 뿐만 아니라 결과 발생의 위험성이 있어야 한다.

① 의미

형법 제27조는 결과 발생의 '불가능'이라는 개념과 결과 발생의 '위험성'이라는 개념을 구분하고 있으므로, 해석론상 결과 발생의 위험성은 별개의 개념으로 볼 수 있다. 이에 양자의 개념이 여러 시각으로 구별되는데, Ⓐ 결과 발생의 불가능은 사후(事後)적 관점에서 결과 발생이 불가능한 경우이고 위험성은 사전(事前)적 관점에서 결과 발생이 가능한 경우라는 입장, Ⓑ 결과 발생의 가능성은 결과에 대한 구체적 위험성임에 반하여 위험성은 행위의 속성인 위험성(추상적 위험)이라는 입장, Ⓒ 결과 발생의 가능성은 해당 법익침해에 대한 현실적 위험성이고 위험성은 법익침해에 대한 잠재적 위험성이라는 입장, Ⓓ 결과 발생의 불가능은 사실적 · 현실적 불가능성을 의미하고 위험성은 경험적 · 규범적 판단을 의미한다는 입장 등이 있다.

위험성이라는 용어는 개념상으로 사실적 개념이 아니라 규범적 개념이다. 그렇기에 행위자의 범행 의사와 행위로부터 추론되는 형법적 가치평가로서의 위험성을 의미한다. 위에서 제시된 여러 견해 모두 이러한 측면에서 차이는 없다. 실질적으로 중요한 것은 오히려 규범적으로 평가해야 하는 위험성의 판단을 어떤 방식으로 할 것인지(위험성의 판단기준)와 관련한 아래의 논의이다.

② 학설

불능미수는 실행행위로 인한 결과 발생의 위험성이 있다는 점에서 불능범과 구별되는데, 위험성 존재의 판단기준에 대해서 견해가 대립한다.

Ⓐ '**주관설**'이 있다.[28] 이 견해는 행위자의 범행 의사가 표현된 이상 객관적으로 결과 발생이 불가능하더라도 그 자체로 위험성이 있어서 미수범으로 처벌하여야 한다고 본다. 이러한 시각에서는 성질상 구성요건이 실현될 수 없을 뿐만 아니라 그 행위의 위험성까지도 없어서 처벌될 수 없는 불능범의 개념이 인정되지 않게 된다.

---

28) 이영란, 420면.

Ⓑ '**주관적 객관설**'이 있다.[29] 이 견해는 '**추상적 위험설**'이라고 하는데, 행위 당시에 행위자가 인식한 사실을 기초하여 하여 그로부터 결과 발생의 위험성을 일반인의 시각에서 객관적으로 판단하여, 위험성이 있다면 불능미수가 성립한다고 본다.

Ⓒ '**신(新)객관설**'이 있다.[30] 이 견해는 '**구체적 위험설**'이라고 하는데, 행위 당시에 행위자가 인식한 사실과 일반인이 인식할 수 있는 사실(평균적 지식)을 기초로 하여 일반적 경험칙에 따라 객관적으로 위험성을 판단한다.

Ⓓ '**구(舊)객관설**'이 있다. 이 견해는 어떠한 경우에서도 결과의 발생이 불가능한 절대적 불능과 구체적 상황으로 인하여 결과의 발생이 불가능한, 즉 상황에 따라 결과가 발생할 수도 있는 상대적 불능을 구별하여, 상대적 불능의 경우에만 불능미수가 성립한다고 본다. 이 견해를 '절대적 불능 · 상대적 불능설'이라고도 한다.

Ⓔ '**인상설**'이 있다.[31] 이 견해는 행위자의 범행 의사의 실행을 통해 일반인의 법적 안정감을 동요시켰는지를 기준으로 판단한다. 장애미수는 행위 객체에 대한 구체적인 위험성을 나타내지만, 불능미수는 일반적 위험성을 나타낸다고 본다.

③ 판례

판례는 위험성 존재의 판단기준에 있어서 과거에는 '구객관설'의 입장에서 ⓐ 불능범(불능미수)은 범죄행위의 성질상 결과발생의 위험이 절대로 불능한 경우를 말하는 것인바 향정신성의약품인 메스암페타민(속칭 히로뽕) 제조를 위해 그 원료인 염산에 페트린 및 수종의 약품을 섞어 메스암페타민 제조를 시도하였으나 그 약품배합미숙으로 그 완제품을 제조하지 못한 경우에 성질상 결과발생의 위험성이 있다고 보았다(대법원 1985.3.26. 선고 85도206 판결).

하지만 현재는 '주관적 객관설(추상적 위험설)'의 입장에서 판단하고 있는데, ⓑ 행위자가 행위 당시에 인식한 사정을 놓고 일반인이 객관적으로 판단하여 보았을 때 준강간의 결과가 발생할 위험성이 있었다면 준강간죄의 불능미수가 성립한다고 보았다(대법원 2019.3.28. 선고 2018도16002 전원합의체 판결; 대법원 2024.4.12. 선고 2021

---

29) 강동욱, 262면; 성낙현, 574면; 임웅 · 김성규 · 박성민, 433면; 정성근 · 박광민, 336면; 정성근 · 정준섭, 247면; 정영일, 357면.

30) 김일수 · 서보학, 394면; 김종원(하), 75면; 김혜정 · 박미숙 · 안경옥 · 원혜욱 · 이인영, 330면; 박상기 · 전지연, 239면; 배종대, 368면; 신동운, 572면; 오영근 · 노수환, 399면; 이정원 · 이석배 · 정배근, 248면; 이재상 · 장영민 · 강동범, 445면; 이주원, 301면.

31) 이형국 · 김혜경, 444면.

도9043 판결). ⓒ 불능범(불능미수)의 판단기준으로서 위험성 판단은 행위자가 행위 당시에 인식한 사정을 놓고 이것이 객관적으로 일반인의 판단으로 보아 결과 발생의 가능성이 있느냐를 따져야 하고, 소송비용을 편취할 의사로 소송비용의 지급을 구하는 손해배상청구의 소를 제기하였더라도 이는 객관적으로 소송비용의 청구방법에 관한 법률적 지식이 있는 일반인의 판단으로 보면 결과 발생의 가능성이 없어 위험성이 인정되지 않는다고 보았다(대법원 2005.12.8. 선고 2005도8105 판결). ⓓ 소송사기에 있어서 피기망자인 법원의 재판은 피해자의 처분행위에 갈음하는 내용과 효력이 있는 것이어야 하므로 사망한 사람을 대상으로 법원에 제소한 경우, 사망한 사람에 대한 판결은 그 내용에 따른 효력이 생기지 아니하여 상속인에게 그 효력이 미치지 아니하여 위험성을 인정할 수 없고 사기죄를 구성하지 않는다고 보았다(대법원 2002.1.11. 선고 2000도1881 판결).

④ 소결(주관적 객관설)

생각건대 주관적 객관설(추상적 위험설)이 타당하다. 불능미수의 성립요건인 결과 발생의 위험성은 불능미수의 처벌 근거 혹은 불능미수의 본질과 연결된다. 행위자가 실행에 착수한 상황에서 의도한 구성요건이 절대적으로 실현될 수 없음에도 불구하고 처벌하는 이유는 결과 발생의 위험성이 존재하기 때문인데, 이때 결과 발생의 위험성의 판단은 행위불법의 측면에서 출발해야 한다. 불능미수도 미수의 일종이므로 구성요건을 실현하려는 행위자의 범행 의사가 실행행위를 통하여 표출되었기에 처벌되는 것이고, 그렇다면 행위 당시에 행위자의 인식을 판단의 기초로 함이 타당하다. 다만 주관적 측면인 행위자의 인식만을 기초로 하면 형사처벌의 대상이 아닌 불능범과 구분할 수 없게 되므로, 불능미수의 존재 이유를 설명하기 위해서는 주관적 측면만이 아니라 객관적 측면의 요소를 추가하여 판단하게 된다. 이것을 잘 설명하는 학설이 주관적 객관설(추상적 위험설)이며, 결국 구성요건의 실현이 객관적으로는 불가능하더라도 행위자가 인식한 상황을 전제로 할 때 일반인의 시각에서 가능한 것으로 평가되는 경우에 불능미수를 인정하게 된다.

4. 불능미수에 대한 중지미수 성립

행위자가 실행에 착수한 상황에서 의도한 구성요건이 성질상 실현될 수 없음에도 불구하고 행위자가 자의적으로 범행을 중단한 경우를 불능미수로 볼 것인지 중지미수로 볼 것인지가 논다. 이것은 불능미수에 대한 중지미수의 성립 여부의 문제로 논의되고, 중지미수에 있어서 결과 발생의 중지를 위한 행위와 결과의 불발생 사이에 요구되는 인과관계가 불능미수의 상황에서도 요구되는 것인지에 대한 논의이기도 하다.

이와 관련해서 Ⓐ '소극설'은 결과의 불발생이 행위자의 방지행위로 인한 것이 아니므로 결과의 불발생에 대한 방지행위의 인과관계가 인정되지 않아 중지미수는 성립하지 않는다고 보는데, Ⓑ '적극설'은 애초에 결과의 발생이 불가능한 경우라도 행위자가 결과의 불발생을 의도하여 중지행위를 하였고 실제로도 결과가 발생하지 않았다면 중지미수는 성립한다고 본다.

생각건대 중지미수에 있어서 결과 발생의 중지를 위한 행위와 결과의 불발생 사이에 인과관계를 요구한다면, 애초에 결과의 발생이 불가능한 불능미수의 경우에서는 행위자의 중지 행위로 결과가 발생하지 않은 것은 아니라는 이유에서 중지미수가 인정될 수 없다는 소극설이 논리적으로 타당할 수 있다. 하지만 결과방지를 위한 자의적 노력이 있고 결과도 발생하지 않았음에도 불구하고 단지 양자 간의 논리적인 인과관계의 부존재를 이유로 하여 형의 필요적 감면인 중지미수를 부정하고 형의 임의적 감면인 불능미수를 인정하는 것은 형벌의 균형상 타당하지 않다. 중지미수에 대한 필요적 감면의 근거(형사정책설, 보상설, 형벌목적설 등)를 고려해 본다면, 불능미수의 경우에서도 행위자의 자의적인 중지 행위와 결과불발생 사이에 인과관계를 엄밀하게 요구하지 않고 중지미수의 특례를 인정하는 것이 타당하다.

제3절 | 음모 · 예비죄

I. 의의

1. 개념

> 제28조(음모, 예비) 범죄의 음모 또는 예비행위가 실행의 착수에 이르지 아니한 때에는 법률에 특별한 규정이 없는 한 벌하지 아니한다.

범죄를 실현하려는 범죄의 결심이나 범행 의사가 외부로 표출된 첫 번째 단계가 음모와 예비이다. 이것은 아직 범죄의 실행에 착수하기 전의 단계로서 원칙적으로 처벌하지 않지만, 보호되는 법익이 중요한 경우에는 예외적으로 처벌의 대상이 된다. '음모'는 2인 이상의 사람이 범죄의 실행을 합의하는 것을 말하고 '예비'는 범죄를 실행하기 위한 준비행위를 의미한다. 준비행위는 물적인 것에 한정되지 아니하며 특별한 정형이 있는 것도 아니지만, 단순히 범행의 의사 또는 계획만으로는 부족하고 객관적으로 보아서 목적한 범죄의 실현에 실질적으로 기여할 수 있는 외적 행위가 요구된다(대법원 2009.10.29. 선고 2009도7150 판결).

한편, 판례는 음모가 예비에 선행하는 단계로 보는데, 밀항하려는 사람에게 밀항비를 주기로 약속한 행위는 밀항의 음모에 지나지 않고 밀항의 예비에는 이르지 아니한 것으로 보았다(대법원 1986.6.24. 선고 86도437 판결).[32] 이처럼 음모와 예비는 개념적으로는 구별되지만, 대부분의 법률 규정에서 음모와 예비를 동시에 규정하고 있어서 양자의 구별 실익은 미미하다.

음모와 예비에 대한 예외적인 처벌 규정을 입법할 때, 목적한 범죄에 대해서 '독립적 구성요건으로 규정'하는 방식과 '추상적 일반 규정으로 규정'하는 방식이 있다. 먼저 ① **독립적 구성요건으로 규정한 방식**의 대표적인 경우가 내란목적살인죄와 범죄단체조직죄이다. 내란목적살인죄(제88조)는 국가권력을 배제하거나 국헌을 문란할 목적의 전(前)단계 행위 중 살인의 행위를 처벌하며, 범죄단체조직죄(제114조)는 장기 4년 이상의 징역에 해당하는 범죄 실현 목적의 전(前)단계 행위 중 단체나 집단의 조직 · 가입 · 구성원 활동의 행위를 처벌한다.

반면 형법총칙 제2장 제2절 미수범 속에 규정된 제28조(음모, 예비)는 위와 같은 독립적 구성요건에 대한 것이 아니고, 목적이 된 범죄를 실현하려는 다양한 사전행위를 **추상적 일반규정으로 입법**한 경우이다. 예를 들어, 내란예비 · 음모죄(제90조)는 제87조(내란)의 죄를 범할 목적으로 예비 또는 음모한 자를 처벌의 대상으로 규정하고 있는데, 음모와 예비의 구체적인 형태가 기술되어 있지 않다. 추상적 일반 규정의 음모와 예비도 법률에 특별한 규정이 있는 경우에만 처벌되는데(제28조), 형법 각칙에서는 살인의 죄, 방화와 실화의 죄, 폭발물에 관한 죄 등 일부 범죄의 경우에 "제○조(예비, 음모) 제□의 죄를 범할 목적으로 예비 또는 음모한 자는 … 처한다."라는 형

32) 당시 밀항단속법 제3조 제3항에서는 "제1항의 죄를 범할 목적으로 예비를 한 자는 3년 이하의 징역에 처한다."고 하여 예비만을 처벌의 대상으로 규정하였다(2013년 밀항단속법의 개정에서 예비와 음모 모두가 처벌의 대상으로 변경되었다).

식으로 음모와 예비를 규정하고 있다. 실행의 착수에도 이르지 아니한 행위는 범죄가 실현될 가능성이 작고 실행의 착수가 없다는 점에서 위법행위의 정형성도 나타내지 못하므로, 제한적으로 규정을 두고 있다. 따라서 음모나 예비의 처벌을 위해서는 먼저 처벌 규정의 존재를 확인해야 한다.

2. 법적 성격

(1) 본질

구성요건 실행행위의 착수에 이르지 않았음에도 음모와 예비를 처벌하는 이유, 즉 음모와 예비의 본질이 무엇인지에 대해서 견해가 대립한다. 이것이 음모와 예비의 법적 성격이라고 논의되는데, 법적 성격을 어떻게 이해할 것인지에 따라 음모와 예비에 관련된 처벌의 범위(예비에서 공범의 성립, 예비에서 중지미수 준용)가 달라진다.

Ⓐ '**발현형태설**'이 있다.[33] 이 견해는 음모와 예비를 독립적인 범죄유형으로 보지 않고, 목적한 범죄인 기본범죄가 보호하고자 하는 법익을 효과적으로 보호하기 위해서 처벌 범위를 확장한 것(기본범죄의 발현 형태)이라고 본다.

Ⓑ '**독립범죄설**'이 있다.[34] 이 견해는 음모와 예비를 독립적인 범죄유형으로 보고, 음모와 예비는 목적한 범죄인 기본범죄와 독립된 구성요건이라고 본다. 음모와 예비는 기본구성요건과 거리가 있어서, 오히려 미수보다 독립성이 강하다고 본다.

판례는 발현형태설의 입장이다. 판례는 형법 제28조에서 법률에 특별한 규정이 없는 한 벌하지 아니한다고 규정하여 예비죄의 처벌이 가져올 범죄의 구성요건을 부당하게 유추 · 확장 해석하는 것을 금지하고 있으므로, 형법 각칙의 예비죄 규정을 독립된 구성요건 개념으로 보지 않는 것이 죄형법정주의의 원칙에도 합당하다고 한다(대법원 1976.5.25. 선고 75도1549 판결).

생각건대, 입법자는 음모와 예비에 대한 예외적인 처벌 규정을 형법에 입법할 때 '독립적 구성요건으로 규정'하는 방식과 '추상적 일반 규정으로 규정'하는 방식 모두

---

33) 강동욱, 266면; 김종원(하), 82면; 김혜정 · 박미숙 · 안경옥 · 원혜욱 · 이인영, 335면; 박상기 · 전지연, 210면; 신동운, 595면; 오영근 · 노수환, 403면; 이영란, 391면; 이정원 · 이석배 · 정배근, 259면; 이재상 · 장영민 · 강동범, 449면; 이형국 · 김혜경, 395면; 임웅 · 김성규 · 박성민, 394면; 정성근 · 박광민, 302면; 정영일, 363면; 주호노, 623면; 한상훈 · 안성조, 223면.

34) 김일수 · 서보학, 407면; 배종대, 372면; 성낙현, 578면.

를 사용하고 있는데, 발현형태설과 독립범죄설의 논의는 이 중 형법 제28조에 규정된 후자의 형태에 대한 법적 성격의 논의이다. 입법자의 의사를 고려하면 형법 제28조의 음모 · 예비는 목적한 범죄와 독립된 범죄유형이 아니라 목적한 기본범죄의 발현 형태를 규정한 것이라고 이해하는 '발현형태설'이 타당하다. 목적한 범죄를 실현하려는 특정한 행위를 규정하지도 않은 일반적인 음모와 예비의 규정에서는 일상생활의 행위와 범죄 목적의 음모 또는 예비행위를 구분하기가 매우 어려운 상황에서, 입법자가 "…죄를 범할 목적으로"라는 형식으로 목적한 기본범죄를 고려하여 음모와 예비의 성립을 판단하도록 한 것도 발현형태설에서 쉽게 설명된다.

(2) 실행행위성과 타인예비

Ⓐ 음모와 예비의 법적 성격을 독립범죄설로 본다면 음모와 예비행위에서도 실행행위성을 긍정하게 된다. 그리고 Ⓑ 음모와 예비의 법적 성격을 발현형태설로 볼 때는 음모와 예비행위에서 실행행위성을 부정하는 것이 논리적이지만,[35] Ⓒ 실행행위를 전제로 만들어진 형법상의 개념을 음모와 예비에서도 사용하는 것이 필요하다는 시각에서 법적 성격을 발현형태설로 보면서도 실행행위성을 긍정하는 견해도 있다.[36] 즉 형법상 기본범죄의 형태가 수정된 경우가 미수범이나 공범의 경우이고, 음모와 예비도 기본범죄의 수정형태의 한 종류로 보는 시각이 있다.

음모와 예비의 실행행위성을 긍정하는 견해(Ⓐ, Ⓒ)에서는 음모와 예비의 행위에서도 공범의 성립이 가능하고, 이에 대한 미수(예를 들어, 예비의 중지미수)도 가능하다고 본다. 또한 타인의 범죄실행을 위한 예비행위(**타인예비**)의 성립도 가능하다고 보게 된다.

하지만 음모와 예비행위에서 실행행위성을 부정하는 것이 타당하다. 일상생활의 행위와 구별하기 매우 어려움에도 불구하고 행위자가 목적하고 있는 기본범죄의 법익의 보호가 매우 중요하기 때문에 음모와 예비행위를 처벌하는 것이며, 독립적 구성요건으로 규정하는 입법 형태가 있음에도 불구하고 추상적 일반 규정으로 입법한 상황을 고려한다면, 음모와 예비의 법적 성격을 발현형태설로 보면서 실행행위성도 인정하지 않는 것이 타당하다. 구성요건 충족이라는 기본개념을 수정하여 범죄 성립

35) 정영일, 364면.
36) 이영란, 392면.

의 범위를 확장하는 미수에서도 실행행위의 착수라는 요건으로 함부로 처벌의 확장이 발생하지 않도록 하고 있는데, 미수보다도 선행단계인 음모와 예비에서 실행행위성을 인정하면서 그에 대한 미수까지 인정하려는 것은 형법의 기본구조에서 과도하게 벗어난 것이라고 할 수 있다.

또한 이러한 시각에서 **타인예비**도 **부정**하는 것이 타당하다. 형법은 "…죄를 범할 목적으로"라는 문구로 음모와 예비를 규정하고 있으므로 행위자가 목적한 기본범죄에 대해서만 음모와 예비가 가능한 것이고, 타인예비도 인정할 수 없다. 판례는 방조범(제32조)의 경우에 정범이 실행의 착수에 이르지 아니한 예비의 단계에 그친 경우에는 방조범의 성립을 부정하는데(대법원 1976.5.25. 선고 75도1549 판결), 이것은 타인의 범죄실행을 위한 예비행위(타인예비)의 성립을 부정하는 것이라 할 수 있다.

II. 성립 요건

1. 처벌 규정의 존재

음모 또는 예비행위가 처벌되기 위해서는 법률에 특별한 규정이 존재하여야 한다(제28조). 특별한 규정에는 음모 · 예비를 처벌한다는 내용뿐만 아니라 구체적인 형벌도 규정되어야 한다. 법률에서 음모나 예비를 처벌한다고만 규정하고 그에 대한 형벌을 별도로 규정하지 않은 경우는 음모와 예비를 처벌할 수 없게 된다(대법원 1977.6.28. 선고 77도251 판결). 미수의 경우에는 총칙 제25조 등에서 법률효과(형벌)를 규정하고 있으나, 음모 · 예비의 경우에는 총칙에서 법률효과(형벌)를 규정하고 있지 않기 때문이다.

형법 각칙 중 제1장 내란의 죄, 제2장 외환의 죄, 제6장 폭발물에 관한 죄, 제9장 도주와 범인은닉의 죄, 제13장 방화와 실화의 죄, 제14장 일수와 수리에 관한 죄, 제15장 교통방해의 죄, 제16장 먹는 물에 관한 죄, 제18장 통화에 관한 죄, 제19장 유가증권, 우표와 인지에 관한 죄, 제24장 살인의 죄, 제31장 약취, 유인 및 인신매매의 죄, 제32장 강간과 추행의 죄, 제38장 절도와 강도의 죄에서 음모 · 예비를 규정하고 있다.

2. 객관적 요건

음모 또는 예비행위가 처벌되기 위해서는 외적으로 드러나는 준비행위가 있어야 한다. 음모나 예비는 구성요건으로 정형화된 행위가 아니므로 행위 형태가 매우 다양하고 일상생활의 행위와 구별하기도 어렵다. 예비는 범죄를 실행하기 위한 외적 준비행위를 말하므로 음모에 비해서 상대적으로 드러나는데, 범행도구를 준비하거나 범행 전 · 후의 상황을 미리 조성하는 행위가 대표적인 경우이다.

외적 준비행위인 예비에 비해서 음모는 내적 준비행위로서 다수의 사람이 범죄의 실행을 합의하는 것인데 합의의 모습이나 구체성의 정도도 매우 다양하게 나타날 수밖에 없다. 객관적으로 볼 때 특정한 범죄의 실행을 위한 준비행위라는 것이 명백히 인식되고 그 합의에 실질적인 위험성이 인정될 때 비로소 음모죄를 인정할 수 있으므로, ⓐ 단순히 어떤 범죄를 실행하기로 막연하게 합의한 경우, ⓑ 특정한 범죄와 관련하여 단순히 의견을 교환한 경우는 음모를 인정할 수 없다. ⓒ 두 사람이 수회에 걸쳐 '총을 훔쳐 전역 후 은행이나 현금수송차량을 털어 한탕 하자'는 말을 나눈 정도만으로는 강도음모(제343조)가 인정되지 않는다(대법원 1999.11.12. 선고 99도3801 판결). 그리고 ⓓ 내란음모(제90조)가 성립하기 위해서는 개별 범죄행위에 관한 세부적인 합의까지는 없더라도 공격의 대상과 목표가 설정되어 있고 그 밖의 실행계획에 있어서 주요 사항의 윤곽을 인식할 정도의 합의가 있어야 하며, 합의는 실행행위로 나아간다는 확정적인 의미가 있는 것이어야 하고 단순히 내란에 관한 생각이나 이론을 논의한 것으로는 내란음모가 인정되지 않는다(대법원 2015.1.22. 선고 2014도10978 전원합의체 판결).

3. 주관적 요건

음모 또는 예비행위가 처벌되기 위해서는 고의가 있어야 한다. 음모 · 예비를 '독립적 구성요건으로 규정'한 경우에는 그 구성요건 자체에 대한 고의만으로 충분하지만, 형법 제28의 '추상적 일반 규정으로 규정'한 음모 · 예비의 경우에는 음모 · 예비 자체에 대한 고의와 목적한 기본범죄의 고의가 필요하다. 음모와 예비를 독립적인 범죄유형으로 보지 않고 목적한 범죄인 기본범죄가 보호하고자 하는 법익을 효과적으로 보호하기 위해서 처벌 범위를 확장한 것(기본범죄의 발현 형태)으로 보는 발현형태설에 의하면 더욱 그렇게 보게 된다.

① 음모 · 예비 자체에 대한 고의

음모 또는 예비행위가 처벌되기 위해서는 음모 또는 예비행위 자체에 대한 고의가 요구된다. 음모 또는 예비행위는 목적한 범죄의 실행착수 이전의 준비행위로서 목적한 범죄의 실행행위와 구별되므로, 행위자가 자신이 목적한 기본범죄를 실현하기 위해서 준비행위를 하고 있다는 것에 대한 고의가 요구된다. 음모 · 예비 자체에 대한 고의는 미필적 고의의 정도로도 충분하다.

② 기본범죄에 대한 고의

음모 또는 예비행위가 처벌되기 위해서는 음모 또는 예비행위 자체에 대한 고의가 필요할 뿐만 아니라, 목적한 기본범죄에 대한 확정적 고의가 필요하다. 목적한 기본범죄의 고의와 관련해서 음모 · 예비를 규정한 형법 각칙의 규정에서는 "… 죄를 범할 목적으로"라고 표현하고 있는데, 이러한 각칙의 음모 · 예비죄를 '목적범'으로 볼 것인지에 대해서 견해가 대립한다.

Ⓐ '**목적범긍정설**'은 각칙에서 규정한 음모 · 예비의 문언("… 죄를 범할 목적")에 착안하여 음모 · 예비는 목적범과 같은 유형의 범죄라고 본다.

Ⓑ '**목적범부정설**'은 각칙의 음모 · 예비의 문언에서 "… 죄를 범할 목적"이라고 표현한 것은 기본범죄로 향하는 강한 내적 의사로서 확정적 고의 이상의 정도를 의미하는 것으로서 일반적인 목적범과 다르다고 본다.[37] 일반의 목적범에서 목적에 대한 인식은 미필적 인식으로도 가능하지만, 음모 · 예비죄에서 목적에 대한 인식은 확정적이어야 한다고 본다.

판례는 목적범긍정설의 입장에서, 살인예비죄가 성립하기 위해서는 형법 제255조에서 명문으로 요구하는 살인죄를 범할 목적 외에도 살인의 준비에 관한 고의가 있어야 한다고 하며(대법원 2009.10.29. 선고 2009도7150 판결), 강도음모 · 예비죄가 성립하기 위해서는 음모 · 예비 행위자에게 미필적으로라도 '강도'를 할 목적이 있음이 인정되어야 하고 그에 이르지 않고 단순히 '준강도' 할 목적이 있을 뿐인 경우는 강도음모 · 예비죄로 처벌할 수 없다고 한다(대법원 2006.9.14. 선고 2004도6432 판결).

생각건대, 음모와 예비를 독립적인 범죄유형으로 보지 않고 목적한 범죄인 기본범죄가 보호하고자 하는 법익을 효과적으로 보호하기 위해서 처벌 범위를 확장한 것

---

37) 신동운, 597면; 이형국 · 김혜경, 397면.

으로 보는 발현형태설의 입장에서는 단순히 문언에 "목적"이라고 표현되어 있다고 하여 일반적인 범죄에서의 목적과 같이 볼 수는 없다. 막연히 범죄가 발생할 수도 있겠다는 미필적 고의의 정도로 음모 · 예비가 존재한다고 보기는 어렵다. 살인의 대상이 특정되지 아니한 한 살인예비죄의 성립을 인정할 수는 없다(대법원 1959.7.31. 선고 4292형상308 판결). 기본범죄의 실행착수 이전에 범죄 실현의 명확한 의사를 가지고 준비행위를 한 경우에 음모 · 예비는 성립할 수 있다.

III. 관련 문제

미수의 개념과 공범의 개념은 형법상 범죄의 기본 형태(단독의 작위 행위의 고의 기수범)를 수정하여 형사처벌의 범위를 확장하는 형태 중 하나인데, 음모 · 예비죄의 경우에도 이를 적용할 수 있는지가 논의된다.

1. 음모 · 예비죄와 미수

(1) 의의

미수는 목적한 범죄의 실행행위를 착수하여 행위자의 범행 의사가 표출되었으나 아직 객관적 구성요건의 일부가 충족되지 아니한 상태를 말하는데, 이처럼 시작은 하였으나 완성되지 않은 단계의 존재를 전제하는 개념을 음모 · 예비행위에는 사용하기는 어렵다. 음모 · 예비는 목적한 범죄의 실행행위 착수 전에 목적이 된 범죄를 실현하려는 다양한 사전행위를 일반적으로 규정한 것이어서, 일단 그것의 시작을 인정하면 완성을 인정하는 개념구조이기 때문이다.

또한 형법은 미수범을 처벌할 죄는 각칙의 해당 죄에서 정하도록 하고 있는데(제29조), 형법 각칙의 음모 · 예비죄에 있어서 음모 · 예비죄의 미수범을 처벌하는 규정을 둔 경우는 없다. 따라서 음모 · 예비죄의 미수범이라는 개념은 사용되지 않는다.

(2) 중지미수의 준용

음모 · 예비죄의 미수범이라는 개념이 사용될 수 없음에도 불구하고, 음모 · 예비에 있어서 형법 제26조의 중지미수를 준용할 수 있는지에 대해서 견해가 대립하고 있다. 형법에 음모 · 예비의 중지미수에 관한 규정이 존재하지 않은 상황에서,[38] 행위자가 목적한 범죄를 실행할 목적으로 준비행위를 시작한 후 실행행위 착수 이전에 자의로 중지하였다면, 중지미수의 규정을 음모 · 예비에도 적용할 것인지가 논의된다. 이것은 목적한 범죄의 실행에 착수한 이후에 자의로 중지하면 형이 필요적으로 감면되는 상황에서, 목적한 범죄를 실행할 목적으로 준비행위를 시작한 후 실행행위 착수 이전에 자의로 중지하더라도 타의로 중지한 경우와 차이가 없이 처벌되는 것, 즉 음모 · 예비의 중지가 미수의 중지보다 중하게 처벌될 수 있는 결과에 대해서 견해가 대립하는 것이다.

Ⓐ '**준용긍정설**'이 있다.[39] 이 견해는 음모 · 예비의 자의적 중지 시에 중지미수의 규정을 준용하여 형을 감경 또는 면제받을 수 있도록 한다.

Ⓑ '**준용부정설**'이 있다.[40] 이 견해는 중지미수는 범죄의 실행행위 착수 이후 중지한 경우에서 인정되는 개념이므로 실행행위 착수 이전의 단계에서는 사용할 수 없는 개념이라고 본다. 판례가 이러한 입장으로, 실행의 착수가 있기 전인 음모 · 예비의 행위를 처벌하는 경우는 중지미수의 개념을 인정할 수 없다고 한다(대법원 1991.6.25. 선고 91도436 판결).

Ⓒ '**절충설(형량비교긍정설)**'이 있다.[41] 이 견해는 음모 · 예비의 형이 중지미수의 형보다 중한 경우에는 중지미수의 규정을 준용하여 형의 균형을 맞춘다.

생각건대, 입법론상으로는 음모 · 예비보다 불법성이 높은 미수에 있어서 자의적으로 중지한 경우가 음모 · 예비의 단계에서 자의적으로 중지한 경우보다 경하게 처벌되는 것은 타당하지 않으므로, 음모 · 예비의 자의적 중지에 대한 형의 감면을 규정함이 필요하다는 의견을 제시할 수 있다. 그러나 입법자가 미수와 음모 · 예비의 개념을 구분한 후 미수에 있어서만 자의적 중지를 규정한 상황에서, 해석론상으로는 중지미수는 범죄의 실행행위 착수 이전의 단계에서는 사용할 수는 없다. 일부의 음

38) 북한 형법 제29조(범죄를 자발적으로 중지한 자에 대한 형사책임)는 "범죄를 준비하거나 저지르다가 도중에 스스로 완전히 그만둔 자에 대하여서는 형사책임을 지우지 않는다."라고 하여 예비의 중지를 명시적으로 규정하고 있다.

39) 김태명, 343면; 오영근 · 노수환, 388면; 이주원, 312면.

40) 김일수 · 서보학, 411면; 신동운, 556면; 박찬걸, 316면.

41) 김종원(하), 66면; 김혜정 · 박미숙 · 안경옥 · 원혜욱 · 이인영, 320면; 박상기 · 전지연, 233면; 서거석 · 송문호, 294면; 성낙현, 583면; 이형국 · 김혜경, 401면; 이영란, 412면; 정성근 · 박광민, 305면; 정성근 · 정준섭, 220면; 주호노, 667면.

모 · 예비의 규정에서 입법자가 자수의 특례를 규정한 것도 준용부정설의 입장을 뒷받침한다. 예를 들어, 내란음모 · 예비죄의 경우에는 "그 목적한 죄의 실행에 이르기 전에 자수한 때에는 그 형을 감경 또는 면제한다."라고 규정되어 있는데(제90조 단서), 입법자는 음모 · 예비에 있어서는 단순한 중지로 형의 감면을 인정하지 않고 수사기관에 자수할 때 형의 감면 효과를 부여하도록 규정하고 있다.

2. 음모 · 예비죄와 공범

(1) 음모 · 예비죄와 공동정범

공동정범은 2인 이상의 사람이 공동하여 범죄를 행한 경우로서 각자 정범으로 처벌되는데(제30조), 2인 이상의 사람이 특정한 범죄를 공동으로 실현하려 했으나 실행행위 착수 전의 준비 단계에 그친 경우에 음모 · 예비죄의 공동정범으로 처벌할 수 있는지가 논의된다.

이론상으로는 음모와 예비의 실행행위성을 인정하면 음모 · 예비죄의 공동정범이라는 개념을 긍정하고,[42] 반면 실행행위성을 인정하지 않는다면 음모 · 예비죄의 공동정범이라는 개념을 부정하는 것이 논리적이다. 음모 · 예비죄의 공동정범이라는 개념을 부정하는 시각[43]에서는 이러한 경우는 단순히 음모 · 예비죄의 경우라고 본다. 판례는 음모 · 예비죄의 공동정범 성립을 긍정한다(대법원 1979.5.22. 선고 79도552 판결).

생각건대 2인 이상의 사람이 범죄의 실행을 합의하는 것을 의미하는 음모의 개념상 범죄의 실행을 합의한 사람 모두는 합의한 범죄의 음모죄가 성립하게 되며, 이때 음모를 넘어 범죄실행의 준비행위까지 함께 한 사람에게 예비죄가 성립되지 않는다고 볼 수는 없다. 이러한 경우는 굳이 공동정범이라는 개념을 사용하지 않고도 음모와 예비의 개념에 포함되는 경우로 설명할 수 있을 것이다. 따라서 실행의 착수를 전제로 하는 공동정범의 개념을 음모 · 예비죄에서 사용할 필요는 없다(**부정설**).

(2) 음모 · 예비죄와 교사범

교사범은 범행 의사가 없는 타인을 교사하여 죄를 범하게 한 사람을 말하는데(제31조 제1항), 음모 · 예비행위에 대해서도 교사범이 성립할 수 있는지가 논의된다. 이

42) 배종대, 375면; 성낙현, 584면; 이영란, 396면.
43) 김종원(하), 85면; 박상기 · 전지연, 262면; 이형국 · 김혜경, 402면; 정영일, 367면.

론상으로는 음모와 예비의 실행행위성을 인정하면 음모 · 예비죄의 교사범이라는 개념을 긍정할 수 있지만, 발현형태설에 따라 실행행위성을 인정하지 않는 시각에서는 음모 · 예비죄의 교사범이라는 개념을 부정하게 된다.

다만 교사범을 규정한 제31조에서 교사의 미수를 음모 · 예비로 처벌하도록 규정하고 있으므로(제2항, 제3항), 교사의 미수의 경우, 예를 들어, 부정선거를 규탄하는 시민들에 대해서 검사장이 경찰서장에게 살상을 교사하였으나 경찰서장이 거절한 사안(대법원 1977.6.28. 선고 77도251 판결)에서 음모 · 예비에 대한 교사범의 성립이 가능하다고 설명되는 것이 일반적이다.

생각건대 교사의 미수를 음모 · 예비로 처벌하도록 규정한 형법 제31조 제2항과 제3항은 실질적인 효과를 나타내지 못하는 입법의 오류로서,[44] 피교사자가 교사된 범죄의 실행을 승낙하고 이행을 하지 않은 경우나 피교사자가 교사된 범죄의 실행을 승낙하지 않은 경우는 음모 · 예비의 전형적인 경우로 볼 수 있다. 살인을 교사하였으나 피교사자가 승낙한 후 살인의 착수를 하지 않은 상황이라면 형법 제31조 제2항과 무관하게 교사자나 피교자사 모두 살인음모죄에 해당하는 것이다. 즉 형법 제31조 제2항과 제3항의 존재가 음모 · 예비죄의 교사범을 긍정하게 하는 근거가 되는 것이 아니다. 결국 발현형태설에 따라 음모 · 예비의 실행행위성이 인정되지 않는 상황에서 교사자나 피교사자 모두를 음모 · 예비행위자로 볼 수 있으므로, 음모 · 예비죄의 교사범이라는 개념을 인정할 필요는 없다.

(3) 음모 · 예비죄와 방조범

방조범은 특정한 범행 의사가 있는 사람의 실행행위를 도와주거나 범행 의사를 강화한 사람을 말하는데(제32조 제1항), 음모 · 예비행위에 대해서도 방조범이 성립할 수 있는지를 생각해 본다.

이론상으로는 교사범과 마찬가지로 음모와 예비의 실행행위성을 인정하면 음모 · 예비죄의 방조범이라는 개념을 긍정할 수도 있지만,[45] 발현형태설에 따라 실행행위성을 인정하지 않는다면 음모 · 예비죄의 방조범이라는 개념을 부정하게 된다. 방조범의 경우는 교사범과 달리 방조의 미수를 처벌하는 규정도 존재하지 않으므로,

---

44) 이에 대해서는 제13장 제1절 참조.

45) 성낙현, 585면.

음모 · 예비죄의 방조범은 부정된다. 판례도 방조범은 정범의 실행의 착수가 있는 경우에만 가능하고 정범이 실행의 착수에 이르지 아니한 예비의 단계에 그친 경우에는 방조범의 성립을 부정한다(대법원 1976.5.25. 선고 75도1549 판결).

제12장

공범

제1절 정범과 공범

I. 다수자의 가담 형태

1. 정범의 개념

범죄성립의 출발점이 되는 구성요건은 원칙적으로 1인의 행위자가 실현하는 것을 전제한다. 예를 들어 "타인의 재물을 절취한 자"라고 규정하고 있는 절도죄(제329조)는 1인의 범죄자가 단독으로 타인의 재물을 절취하는 것을 전제로 한다. 이처럼 1인이 구성요건을 실현하였을 때 그를 '**단독정범**'이라고 부른다. 그런데 이렇게 1인의 행위자가 실현하는 것을 전제한 구성요건을 다수의 사람이 함께 실현하는 경우가 있는데,[1] 이때 구성요건의 실현에 가담한 사람을 '**공범**'(共犯)이라고 부른다.

범죄 성립의 출발점이 되는 구성요건은 원칙적으로 1인의 행위자가 실현하는 것을 전제하기 때문에, 공범을 논의함에 있어서는 논리적으로 단독정범의 개념을 확정하는 것이 필요하다. 그러나 형법은 정범의 개념을 정의하거나 정범을 규정하는 조항을 두고 있지 않으며, 타인과 함께 범죄를 실현하는 형태를 형법 제1편 제2장 제3절에서 '공범'의 개념으로 다루고 있을 뿐이다. 참고로 독일 형법 제25조에서는 정범

---

1) 범죄유형에 따라 공범의 형태로 행해지는 범죄의 비율은 다르다. 예를 들어 강도는 공범의 비중이 56.0%(성인은 44.2%, 14세~18세의 소년은 92.9%)에 달하는데, 반면 성폭력범죄는 공범의 비중이 3.7%(성인은 2.9%, 14세~18세의 소년은 9.2%)에 불과한 것으로 나타난다(대검찰청, 2024 범죄분석, 2024, 52면 · 56면).

(Täterschaft)을 규정하면서 3가지 유형(실행정범, 간접정범, 공동정범)의 정범을 정의하고 있는데, 이중 범죄를 직접 실행한 사람(wer die Straftat selbst begeht)이 실행정범으로서 정범의 기본 형태가 된다.

2. 정범 · 공범의 입법형식

범죄에 가담한 다수의 사람을 동일한 형식으로 취급할 것인지(단일 정범) 가담 형식에 따라 구별하는 형식을 취할 것인지(정범 · 공범 이원론)가 입법적으로 구분된다.

(1) 단일정범 개념(확장적 정범 개념)

단일정범의 개념은 다수의 사람이 범행에 가담하여 범죄를 행한 때에 가담한 사람 모두를 구별하지 않고 정범으로 처벌하는 방식이다. 이것은 인과관계에서 등가설을 이론적 기초로 하여 구성요건 실현에 관련된 모든 가담자는 정범이고 가담 형식의 차이는 무시한다. 정범과 공범은 인과관계에 있어서 동등하게 취급하므로 행위자의 주관적인 관점에서만 구별할 수 있고, 따라서 정범과 공범의 구별 기준은 주관설을 취하게 된다. 단일정범의 개념에서는 가담자가 범죄행위의 실행에 있어서 어떠한 역할을 담당하였는가는 단지 양형의 단계에서 의미가 있을 뿐이고, 현실에서 형법상 존재하는 공범 규정은 정범으로서의 형을 일정한 전제조건하에서 제한하는 형벌의 제한 사유로 이해하게 된다.

단일정범의 개념에 대해서는 '결과불법'만을 중시할 뿐, 각 구성요건에 특유한 '행위불법'을 경시한다는 비판이 있다. 즉 범죄에 가담한 질적 · 양적 차이를 도외시하며 행위자의 행위불법을 경시하게 되어, 예를 들어 신분범이나 자수범의 경우에 이러한 특성이 없는 사람도 정범이 될 수 있게 되어 가벌성의 부당한 확대를 초래할 수 있다고 비판된다. 또한 공범의 미수가 정범의 미수가 되어 처벌이 확대된다는 비판도 있다.

(2) 정범 · 공범 이원론(제한적 정범 개념)

정범 · 공범 이원론은 범행가담의 형태, 즉 구성요건을 실현하는 행위 내용에 따라 정범과 공범을 구별하여 처벌하는 방식이다. 구성요건을 직접 실현한 사람(엄격한 제한적 정범의 개념)이 정범이고 다른 가담자는 공범이 된다. 구성요건의 실현에 직접 가담하지 않은 공범을 처벌하기 위해서는 반드시 별도의 규정이 필요하고, 형법의 공범 규정은 형벌의 확장 사유로 이해된다. 형법은 제1편 총칙 제2장 제3절의 제목을 '공범'이라고 하면서 공동정범(제30조)·교사범(제31조)·종범(제32조)·간접정범(제34조) 등의 정범 형태를 포함한 4가지 다수 가담자의 형태를 규정하고, 종범은 "정범"을 전제로 규정되어 있다(제32조 제2항). 이처럼 형법은 정범과 공범을 구별하는 방식을 취하고 있다.

정범·공범 이원론에 대해서는 공동정범과 간접정범이 정범인 것을 설명하기 어렵다는 비판이 있다. 즉 공동정범은 구성요건의 전부를 실행하지 않은 이상 정범성이 부정되며, 간접정범은 구성요건상의 행위를 직접 실행한 자가 아니므로 정범성이 부정되어야 한다고 비판된다.

3. 필요적 공범

(1) 개념

공범은 단독정범이 실현하는 것을 전제하는 구성요건을 다수의 사람이 가담하여 실현한 경우인데, 단독정범에 의해서 실현될 수 있는 구성요건을 다수의 사람이 실현한 것이어서 '**임의적 공범**'이라고 부른다. 형법 제1편 제2장 제3절 '공범'은 임의적 공범을 전제로 한 것이다. 반면 그 실현에 있어서 반드시 2인 이상의 사람이 가담하여야 하는 구성요건이 있는데, 이를 '**필요적 공범**'이라고 한다. "사람을 매매한 사람"을 처벌하는 인신매매죄(제289조)가 필요적 공범의 대표적인 예시이다.

(2) 유형

① 집합범

필요적 공범의 형태 중 다수의 사람이 동일한 목표를 가지고 집단적 행위를 하는 형태를 집합범이라고 부른다. 예를 들어 내란죄(제87조)는 국가권력을 배제하거나 국헌을 문란하게 할 목적으로 폭동을 일으킨 경우인데 다수 사람의 집단적 행동을 전제하며, 소요죄(제115조)는 다중이 집합하여 폭행 등의 행위를 한 경우로서 다수 사람의 집단적 행동이 요구된다.

집합범 형태의 구성요건에 가담한 사람들은 집단적 형태로 각자 구성요건을 실현한 것이어서 원칙적으로 동일한 법정형이 적용된다. 다만 내란죄의 경우는 우두머리, 지휘자나 중요 임무 종사자, 단순 관여자로 구분하여 처벌하고 있다(제87조 참조).

② 합동범

한편, 집합범의 유형에 속하는 '합동범'이 있다. 합동범은 구성요건 실현의 행위태양으로서 2인 이상의 합동이 명시된 경우인데, 특수도주죄(제146조), 특수절도죄(제331조 제2항), 특수강도죄(제334조 제2항), 성폭력처벌법 위반(특수강간)죄에서 합동범의 형태가 존재한다. 합동범이 성립하기 위해서는 주관적 요건으로서 공모와 객관적 요건으로서 실행행위의 분담이 있어야 하고 그 실행행위는 **시간적**으로나 **장소적**으로나 **협동관계**에 있어야 한다(대법원 1989.3.14. 선고 88도837 판결).

형법 총칙에 존재하는 공동정범(제30조) 이외에 각칙에서 합동범의 개념을 규정하여 무겁게 처벌하는 이유와 관련하여 합동범의 본질이 논의되는데, Ⓐ 합동범의 의미를 공동정범은 물론 공모공동정범까지도 포함하는 의미로 해석하는 '**공모공동정범설**'이 있다. Ⓑ 합동범은 통상적인 공동정범의 경우와 본질적인 차이가 없지만, 집단범죄에 대한 형사정책적 대책으로서 특별히 형을 가중한 것으로 보는 '**가중적 공동정범설**'이 있다.[2] Ⓒ 합동의 의미를 시간적 · 장소적 협동을 의미한다고 보는 '**현장설**'이 있다.[3] Ⓓ 가중적 공동정범설과 현장설의 중간에서 파악하여, 합동범은 현장에서 실행행위의 분담이 필요하지만, 기능적 행위지배를 하는 배후의 거물은 기능적 행위지배의 기준에 따라 합동범의 공동정범으로 해석하는 '**현장적 공동정범설**'이 있다.[4] Ⓔ 기술의 발달로 시간과 공간의 개념이 바뀌고 있는 현대사회에서 '현장'의 의미를 물리적이고 사실적인 의미로 좁게 해석하지 않고, 사실상의 의미에서 범행현장에서 합동하여 범죄를 실행했다고 평가할 수 있을 만한 역할을 분담하여 범죄실현의 효과를 현저히 증대시킨 것까지도 합동범으로 보는 '해석학적 현장설'이 있다.[5]

판례는 **현장설**의 입장인데, 2인 이상의 범인이 범행 현장에서 합동하여 절도의 범행을 하는 경우는 그 범행이 조직적이고 대규모로 행하여져 그로 인한 피해도 더욱 커지기 쉽고, 반면 단속이나 검거는 어려워지고 범인들의 악성도 더욱 강하기 때문에 범행 현장에서 합동한 절도 행위를 통상의 단독 절도범행에 비하여 특히 무

---

2) 성낙현, 633면.

3) 강동욱, 303면; 김혜정 · 박미숙 · 안경옥 · 원혜욱 · 이인영, 382면; 박찬걸, 370면; 배종대, 424면; 서거석 · 송문호, 356면; 신동운, 781면; 오영근 · 노수환, 512면; 이주원, 360면; 이형국 · 김혜경, 494면; 임웅 · 김성규 · 박성민, 485면; 정성근 · 박광민, 455면; 정성근 · 정준섭, 294면; 정영일, 401면.

4) 김일수 · 서보학, 468면; 이영란, 451면; 홍영기, 186면.

5) 김종구, "형법이론과 대법원 판례에서 본 규범주의에 대한 고찰", 법학연구 제41집, 2011, 237면.

겁게 처벌하는 것이라고 한다(대법원 1998.5.21. 선고 98도321 전원합의체 판결). 합동범 형태의 특수절도죄(제331조 제2항 후단)가 성립하기 위해서는 주관적 요건으로서의 공모와 객관적 요건으로서 실행행위의 분담이 있어야 하고 그 실행행위는 시간적 및 장소적으로도 협동관계에 있음이 요구되는데, 공범이 절도하는 장소의 부근에서 차량 내에 대기하여 실행행위를 분담한 것도 합동범의 협동행위가 인정된다(대법원 1988.9.13. 선고 88도1197 판결).

생각건대 합동범을 공동정범보다 더 무겁게 처벌하는 것은 그 불법성이 크다고 판단하기 때문이다. 그렇다면 공동정범의 '공동'보다 '합동'을 넓게 해석하는 공모공동정범설이나, 같게 해석하는 가중적 공동정범설과 현장적 공동정범설은 타당하지 않다. 따라서 '**현장설**'에 따라 시간적 및 장소적 협동으로 다수의 사람이 범죄를 행하여 위험성이 증가하는 데에 합동범의 본질이 있다고 본다.

③ 대향범

필요적 공범의 형태 중 다수의 사람이 상호 대향의 방향에서 동일한 목표를 가지고 협력한 행위를 하는 형태를 대향범이라고 부른다. 예를 들어 인신매매죄(제289조)는 대상자를 매도한 사람의 범죄와 매수한 사람의 범죄를 전제로 하며, 타인의 사무를 처리하면서 그 임무에 관하여 부정한 청탁을 받고 재물이나 재산상 이익을 취득한 사람의 범죄(제357조 제1항, 배임수재죄)는 그러한 재물이나 재산상 이익을 공여한 사람의 범죄(제357조 제2항, 배임증재죄)를 전제로 한다.

대향범 형태의 구성요건에 가담한 사람에 대해서는 동일한 법정형이 규정된 경우와 그렇지 않은 경우가 있다. 첫째, 동일한 법정형이 규정된 경우를 보면, 아동혹사죄(제274조)에서 아동을 인도한 사람과 인도를 받은 사람, 인신매매죄(제289조)에서 매도한 사람과 매수한 사람 등이 있다.

둘째, 대향범 상호 간에 적용되는 법정형이 다른 경우를 보면, 직무에 관하여 뇌물을 수수한 공무원(수뢰죄)에 대한 법정형(제129조 제1항)이 뇌물을 공여한 사람(뇌물공여죄)에 대한 법정형(제133조 제1항)보다 무겁고, 배임수재죄를 범한 사람에 대한 법정형(제357조 제1항)이 배임증재죄를 범한 사람에 대한 법정형(제357조 제2항)보다 무겁다.

셋째, 대향범 중 일방만을 처벌하도록 규정된 경우가 있는데, 공무상비밀누설죄(제127조)는 직무상 비밀을 누설한 공무원이나 공무원이었던 사람만을 처벌할 뿐 누설을 받은 사람에 대해서는 규정하지 않고 있으며, 음화판매죄(제243조)도 음란한 문서나 도화 등을 반포, 판매, 임대, 전시, 상영한 사람만을 처벌할 뿐 대상물을 매수, 임차, 관람한 사람에 대해서는 처벌을 규정하지 않고 있으며, 촉탁 · 승낙살인죄(제252조 제1항)도 촉탁이나 승낙을 받아 살해한 사람만을 처벌할 뿐 촉탁 · 승낙한 사람에 대해서는 규정하지 않고 있으며, 자살관여죄(제252조 제2항) 역시 자살하게 한 사람만을 처벌할 뿐 자살자에 대해서는 규정하지 않고 있다. 이렇게 대향범 중 일방을 처벌하지 않도록 규정한 것은 그가 구성요건이 보호하는 법익의 향유 주체이거나 처벌이 현실적으로 불가능한 경우 등 구성요건의 입법 취지를 고려한 것이다.

(3) 효과

필요적 공범은 범죄의 실현에 있어서 반드시 2인 이상의 사람이 가담하여야 하는 것을 말하고, 이러한 범죄의 성립에는 여러 사람이 공동으로 하는 행위가 필요한 것에 불과하고 반드시 가담자 전부가 책임이 있음을 필요로 하지는 않는다. 따라서 오로지 공무원을 함정에 빠뜨릴 의사로 직무와 관련되었다는 형식을 빌려 그 공무원에게 금품을 공여하여 뇌물공여죄가 성립하지 않더라도, 공무원이 그 금품을 직무와 관련하여 수수한다는 의사를 가지고 받아들이면 뇌물수수죄가 성립한다(대법원 2008.3.13. 선고 2007도10804 판결). 또한 정치자금법은 이 법에 정하지 않은 방법으로 정치자금을 기부하거나 기부받은 자를 처벌하도록 규정하고 있는데, 정치자금을 기부하는 자의 범죄가 성립하지 않더라도 기부받는 자가 정치자금법이 정하지 않은 방법으로 정치자금을 제공받는다는 의사를 가지고 받으면 정치자금법 위반(부정수수)죄가 성립한다(대법원 2017.11.14. 선고 2017도3449 판결).

대향범 중 일방만을 처벌하도록 규정된 경우에서 처벌되지 않는 일방은 처벌되는 일방의 공범(교사 · 방조범)으로도 처벌될 수 없다. 그렇지 않으면 대향범 중 일방만을 처벌도록 규정한 구성요건의 입법취지와 본질에 반하게 된다. 따라서 공무상비밀누설죄(제127조)가 공무원 또는 공무원이었던 자가 법령에 의한 직무상 비밀을 누설하는 행위만을 처벌하고 있을 뿐 직무상 비밀을 누설 받은 상대방을 처벌하는 규정이 없는 점에 비추어, 직무상 비밀을 누설 받은 사람에게는 공범에 관한 형법총칙 규정이 적용되지 않는다(대법원 2011.4.28. 선고 2009도3642 판결). 매도 · 매수와 같이 2인 이상의 서로 대향된 행위의 존재를 필요로 하는 관계에 있어서는 공범이나 방조범에 관한 형법총칙 규정이 적용되지 않으므로, 따라서 어떠한 법률에서 매도인에게 별도의 처벌 규정이 없는 이상 매도인의 매도행위는 상대방의 매수범행에 대하여 교사범이나 방조범의 관계가 성립되지 않는다(대법원 2001.12.28. 선고 2001도5158 판결).

다만 필요적 공범으로 규정된 범위 밖의 가담자는 형법총칙의 임의적 공범이 성립할 수 있다. 예를 들어 아동을 보호하고 있는 사람에게 아동을 신체에 위험한 업무에 사용할 사람에게 인도하도록 교사한 사람은 아동혹사죄의 교사범이 성립한다. 이 때 아동을 보호하고 있는 사람과 공동으로 아동을 신체에 위험한 업무에 사용할 사람에게 인도한 공동정범도 처벌이 가능한데, 공동정범은 각자 그 죄의 정범으로 처벌하므로(제30조) 필요적 공범에 포함된 것으로 볼 수 있다.

4. 동시범(독립행위의 경합)

(1) 개념

> 제19조(독립행위의 경합) 동시 또는 이시의 독립행위가 경합한 경우에 그 결과발생의 원인된 행위가 판명되지 아니한 때에는 각 행위를 미수범으로 처벌한다.

두 사람이 독립적으로 동일한 대상에 구성요건을 실현하였다면, 누구의 행위로 인하여 발생한 결과인지를 검토한 후 그에 따라 각자에게 책임을 물으면 된다. 그러나 발생한 결과가 누구의 행위로 인한 것인지가 판명되지 않는다면, 그 결과에 대해서 누구에게 책임을 물을 것인지가 문제이다. 이처럼 2인 이상의 사람이 **상호 의사의 연락이 없이** 개별적으로 동일한 대상에 대하여 구성요건을 실현하는 범죄 형태를 '동시범' 또는 '독립행위의 경합'이라고 한다. 동시범이라고 표현하는 것은 개별 범죄가 동일한 대상에 동시적으로 일어나고 있다는 의미에서 비롯된 것이고, 독립행위라고 표현하는 것은 다수 행위자 중 어느 행위자의 행위가 다른 행위자의 행위와 연결되어 있지 않다는 의미에서 비롯된 것이다.

동시범은 행위자 간에 공동의 범행의사가 없다는 점에서 '**공동정범**'(제30조)과 구별된다. 행위자 간에 의사의 연락이 존재하지 않기 때문에 고의범뿐만 아니라 과실범에서도 동시범이 성립할 수 있다. 예를 들어, 상대방의 범행사실을 모르고 있는 甲과 乙이 상호 의사의 연락 없이 각자 A를 폭행하기 위하여 독립적으로 A를 폭행한 경우가 고의의 동시범이고, 우무가 시야를 많이 가린 도로에서 각자 승용차를 운전하던 두 운전자가 각각 주의의무를 게을리하여 도로를 횡단하던 A를 연쇄적으로 충

돌한 경우가 과실의 동시범이다.[6)]

(2) 요건과 효과

동시범이 성립되기 위해서는 ① 첫째, 2인 이상 다수자의 행위가 있어야 한다. ② 둘째, 동일한 행위 대상에 대해서 범죄가 발생하여야 한다. ③ 셋째, 행위가 동시에 일어나야 한다. 다만 시간적 · 동시성은 다수 행위의 관계를 살펴 동시범 규정의 본질에 맞게 규범적으로 판단한다. ④ 넷째, 발생한 결과에 대한 원인행위가 판명되지 않아야 한다. ⑤ 다섯째, 행위자 상호 간에 공동의 범행의사가 존재하지 않아야 한다.

동시범은 다수의 행위자가 동일한 대상에 범죄를 행하지만, 다수의 단독범이 존재하는 형태에 불과하므로 원칙적으로 각자가 자기의 행위에 대해서만 책임을 지게 된다. 개별적으로 범죄가 성립되기 위해서는 구성요건의 모든 요소를 충족해야 하므로 각자의 행위와 결과 간에 인과관계가 인정되지 않는 한 미수범으로 처벌할 수밖에 없다. 공동정범의 경우는 전체 범행과 결과 간의 인과관계를 검토하지만, 동시범의 경우는 각자의 행위와 발생된 결과 간의 인과관계를 개별적으로 검토하게 된다. 이때 인과관계가 인정되지 않으면 미수가 인정된다.

형법 제19조에서도 "동시 또는 이시의 독립행위가 경합한 경우에 그 결과발생의 원인된 행위가 판명되지 아니한 때에는 각 행위를 미수범으로 처벌한다."고 규정하고 있다. 미수범 처벌규정이 없는 과실범의 경우에 인과관계가 인정되지 않으면 무죄가 된다.

정리하자면, 2인 이상 다수의 사람이 동일한 대상에 범죄를 한 경우는 다음과 같은 순서로 사안을 검토하게 된다. 첫째, 상호 간의 공동의 의사로 범죄를 했다면 공동정범을 검토하게 되고,[7)] 상호 간에 공동의 의사가 존재하지 않는다면 동시범을 검토하게 된다. 둘째, 동시범을 검토할 때, 발생한 결과에 대한 인과관계가 증명되면 각

6) 과실의 동시범 사안은 실제로는 각자 과실범으로서 주의의무위반을 검토하여 각각의 과실범 성립 여부를 결정하게 된다.

7) "2인 이상이 상호의사의 연락이 없이 동시에 범죄구성요건에 해당하는 행위를 하였을 때에는 원칙적으로 각인에 대하여 그 죄를 논하여야 하나, 그 결과발생의 원인이 된 행위가 분명하지 아니한 때에는 각 행위자를 미수범으로 처벌하고(독립행위의 경합), 이 독립행위가 경합하여 특히 상해의 경우에는 공동정범의 예에 따라 처단(동시범)하는 것이므로, 상호의사의 연락이 있어 공동정범이 성립한다면, 독립행위경합 등의 문제는 아예 제기될 여지가 없다."(대법원 1997.11.28. 선고 97도1740 판결)

자가 자기의 행위로 인한 결과(인과관계가 있는 경우는 기수, 인과관계가 없는 경우는 미수)에 따라 책임을 진다. 셋째, 동시범을 검토하였으나 발생한 결과에 대해 어떤 행위가 원인행위인지 인과관계가 증명되지 않는다면, 형법 제19조에 따라 각 행위자를 미수범으로 처벌한다.

(3) 상해죄의 동시범 특례

① 형법 제263조(동시범)

제263조(동시범) 독립행위가 경합하여 상해의 결과를 발생하게 한 경우에 있어서 원인된 행위가 판명되지 아니한 때에는 공정정범의 예에 의한다.

동시범이 인정되는 경우는 형법 제19조에 따라 각 행위자를 미수범으로 처벌하는데, 이에 대한 예외 규정이 존재한다. 형법 각칙 제25장 '상해와 폭행의 죄'의 규정 중 제263조는 '동시범'이라는 표제 하에 "독립행위가 경합하여 상해의 결과를 발생하게 한 경우에 있어서 원인된 행위가 판명되지 아니한 때에는 공동정범의 예에 의한다."고 규정되어 있다. 동시범에 대해서는 각 행위를 미수범으로 처벌하는 것이 원칙인데(제19조), 독립행위가 경합하여 상해의 결과가 발생한 경우는 공동정범, 즉 행위자 각자를 정범(기수)으로 처벌한다는 예외가 인정되고 있다.

이러한 상해죄의 동시범 특례는 전근대적인 결과책임 사상을 기초로 한 것으로서 책임주의원칙에 반하여 폐지해야 한다고 비판을 받는데, 헌법재판소는, 신체에 대한 가해행위는 그 자체로 상해의 결과를 발생시킬 위험을 내포하고 있는데, 독립한 가행행위가 경합하여 상해가 발생한 경우에 상해의 발생에 전혀 영향을 미치지 않은 가해행위가 존재한다는 것을 상정하기 어렵고, 각 가해행위가 상해의 발생에 어느 정도 영향을 미쳤는지를 계량화할 수도 없으므로 피해자의 법익 보호와 일반예방적 효과를 높일 필요성을 고려하여 형법 제263조가 입법된 것이어서 합헌이라고 본다(헌법재판소 2018.3.29. 선고 2017헌가10 결정).[8)]

---

8) 다만 다음과 같은 재판관 5인의 반대의견이 있었다: "심판대상조항은 독립행위가 경합하여 상해의 결과가 발생한 경우에는 원인행위가 밝혀지지 아니한 불이익을 피고인이 부담하도록 함으로써 인과관계에 관한 입증책임을 피고인에게 전가하고 있다. 수사권을 가진 검사도 입증할 수 없는 상황에서 수사권도 없는 피고인에게 인과관계를 입증하여 상해의 결과에 대한 책임에서 벗어나라고 하는 것은 사실상 불가능한 것을 요구하는 것이다. 이에 따라 독립행위가 경합하여 상해의 결과가 발생하기만 하면 가해행위자는 사실상 상해의 결과에 대하여 책임을 부담

상해죄의 동시범 특례의 법적 성질에 대해서 과거에는 '공동정범의제설'도 있었지만, 현재는 '**이원설**'(거증책임전환 및 공동정범의제)[9]과 '**거증책임전환설**'[10]이 존재한다. 이중 거증책임전환설이 통설 · 판례의 입장으로 행위와 상해의 결과에 간에 인과관계 부존재의 증명을 피고인에게 부담시킨 것으로 본다. 검사는 상해의 발생을 야기할 수 있는 구체적인 위험성을 가진 가해행위의 존재만을 입증하면 된다(헌법재판소 2018.3.29. 선고 2017헌가10 결정).

② 적용 범위

상해죄의 동시범 특례의 적용에 있어서 두 가지 사항이 논의된다. 첫째, "동시 또는 이시의 독립행위"라고 규정한 제19조와 달리 제263조에서는 단순히 "독립행위"라고 규정한 차이에 비추어, 시간상 차이가 있는 행위가 경합하여 상해의 결과가 발생했을 때는 제263조는 적용될 수 없는 것인지에 대한 의문이 제기된다. 형법 제263조가 제19조의 예외 규정임을 고려한다면 엄격하게 적용하는 것이 옳겠지만, 공모하지 않은 다수의 사람이 경합하여 상해를 가한 경우에 인과관계의 증명이 매우 어렵다는 현실적인 한계를 고려하여 형법 제263조를 합헌으로 보는 시각에서는 제도의 본질을 고려하여 이시(異時)의 행위도 포함하는 것으로 해석 · 적용하게 된다. 판례에 따르면 시간적 차이가 있는 독립된 상해행위나 폭행행위가 경합하여 사망의 결과가 일어나고 그 사망의 원인이 된 행위가 판명되지 않는다면 공동정범의 예에 의하여 처벌된다(대법원 2000.7.28. 선고 2000도2466 판결).

둘째, 제263조가 상해죄의 경우에만 적용되는 것인지 상해의 결과가 발생한 모든 범죄에 적용되는 것인지에 대한 의문이 제기된다. 생각건대 제263조는 문언상 "상해의 결과"라고 규정하여 그 적용범위가 상해가 발생한 모든 범죄라고 해석할 여지가 없지는 않지만, 입법의 취지와 법률체계를 고려한다면 형법 각칙 제25장(상해와 폭행의 죄)에 규정된 상해의 결과 규정에만 적용하는 것이 타당하다. 이러한 입장에서

하게 될 위험이 있고, 이는 상해의 결과에 대해 책임이 없는 사람도 원인행위가 판명되지 않는다는 이유로 자신의 행위에 대한 책임 이상의 처벌을 받게 되는 것을 의미한다. 이러한 점을 모두 고려하여 보면, 심판대상조항은 법치주의와 헌법 제10조의 취지로부터 도출되는 책임주의 원칙에 반한다."

9) 정성근 · 정준섭, 258면.

10) 김혜정 · 박미숙 · 안경옥 · 원혜욱 · 이인영, 350면; 박상기 · 전지연, 274면; 배종대, 383면; 성낙현, 642면; 이형국 · 김혜경, 474면.

는 사망의 결과를 요건으로 하는 상해치사(제259조)와 폭행치사(제262조), 폭행을 규정한 제260조 및 제261조는 상해죄의 동시범 특례를 적용하지 않는 것이 타당하며, 또한 형법 각칙의 다른 장에 규정된 유기치상(제275조)이나 인질상해(제324조의3), 강도상해(제337조) 등과 같은 죄에도 상해죄의 동시범 특례를 적용하지 않게 된다. 다만 폭행치상(제262조)의 경우는 상해죄에 따르게 되므로 상해죄의 동시범 특례를 적용하게 된다.

판례를 보면, 두 사람의 시간적 차이가 있는 독립된 상해행위로 인하여 피해자가 6일 후에 뇌출혈을 일으켜 사망한 상해치사의 사건에서 그 원인행위가 판명되지 않았을 때 형법 제263조의 동시범을 인정하였고(대법원 1981.3.10. 선고 80도3321 판결), 시간적 차이가 있는 독립된 폭행행위가 경합하여 사망의 결과가 일어난 폭행치사의 사건에서 그 사망의 원인행위가 판명되지 않으면 형법 제263조의 동시범을 인정하여 공동정범의 예에 의하여 처벌한다(대법원 2000.7.28. 선고 2000도2466 판결). 그러나 보호법익을 달리하는 강간치상죄에는 형법 제263조의 동시범을 적용할 수 없다고 본다(대법원 1984.4.24. 선고 84도372 판결).

II. 정범과 공범의 구별

1. 공범의 개념

형법은 정범의 개념을 정의하거나 정범을 규정하는 조항을 두고 있지 않으면서, 타인의 관여하에 범죄를 실현하는 형태를 '공범'의 개념으로 다루고 있다. 형법 제1편 제2장 제3절 '공범'이라는 표제하에 공동정범(제30조), 간접정범(제34조), 교사범(제31조), 종범(제32조)이 규정되어 있는데, 이는 범행가담자의 수에 따라 정범과 공범을 구분하는 방식으로, 단독정범 이외의 경우는 모두 공범으로 보는 형태이다.

그러나 실제에서는 범행가담자의 수가 1명인지 여러 사람인지에 따라 정범과 공범을 구분하지 않고, 구성요건을 실현하는 사람을 정범으로 보고 그 외의 가담자를 공범으로 본다.[11] 즉 일반적으로 공동정범과 간접정범은 단독정범을 포함하여 '정범'

11) 이처럼 '공범'에 대한 형법상 규정과 해석론 사이에 불일치가 존재하고 있는데, 이를 일치시키는 것이 바람직하다. 정범의 개념에 관한 규정의 신설 및 표제의 변경(정범과 공범)이 입법론으로 논의된다.

으로 분류되고, 교사범과 종범이 (협의의) 공범으로 분류된다. 그렇기에 '공범'이라는 용어의 사용에 있어서 광의의 개념과 협의의 개념으로 구분이 된다. '광의의 공범'이라고 할 때는 4가지 유형(공동정범, 간접정범, 교사범, 종범) 모두를 말하고, '협의의 공범'이라고 할 때는 광의의 공범 중 교사범과 종범의 2가지 유형을 말한다. 문헌이나 판례에서 단순히 '공범'이라고 말한 경우는 일반적으로 협의의 공범을 의미하지만, 광의의 공범을 의미하는 경우도 적지 않아서 맥락 속에서 파악하는 것이 필요하다.

2. 정범과 공범의 구별 기준

범행에 가담하는 행위자의 수가 아니라 가담자가 구성요건을 실현하는 행위의 내용에 따라 정범과 공범을 구별하고 있는데, 이때 어떤 기준으로 정범과 공범을 구분할 것인지, 특히 공동정범과 방조범의 구별 및 간접정범과 교사범의 구별이 주요하게 문제 된다. 가담자가 구성요건을 실현하는 행위의 내용에 따라 정범과 공범을 구별하는 기준으로는 크게 3가지 학설이 제시된다.

Ⓐ '**객관설**'이 있다. 객관설은 위법행위의 정형인 구성요건을 매우 중요하게 생각하고 정범을 이해하는 시각으로서, 정범의 개념을 제한적으로 본다(제한적 정범개념). 객관설에는 구성요건에 해당하는 행위의 전부 또는 일부를 직접 실행한 사람만을 정범으로 보는 '형식적 객관설'이 있다. 또한 형식적 객관설을 조금 완화하여 행위 기여의 정도에 따라 구별하는 '실질적 객관설'이 있는데, 구성요건의 실현에 필연적인 행위를 하거나 실행행위 시에 동시에 협력한 사람 등을 정범으로 본다.

그러나 형식적 객관설은 정범과 공범의 구별을 마치 미수와 음모·예비의 구별처럼 판단하고 있어서 양자를 혼동하고 있다고 비판되며, 실질적 객관설은 교사범과 간접정범의 구분에 기능을 하지 못한다고 비판된다. 객관설은 형법 제34조에 존재하는 간접정범의 개념을 인정하기 어렵다는 단점도 존재한다.

Ⓑ '**주관설**'이 있다. 제한적 정범개념으로는 간접정범을 처벌할 수 없다는 결함을 보완하기 위해서 구성요건의 실현에 기여를 한 모든 사람이 정범이라는 확장적 정범개념이 등장하였는데, 여기서는 결과에 대한 모든 원인을 동등하게 취급하기 때문에 정범과 공범을 구별하기 위해서는 행위자의 주관적 의사를 기준으로 판단할 수밖에 없다고 본다(주관설). 주관설에는 정범의사(Täterwillen)로 행위에 기여를 한 사람이 정범이고 공범의사(Teilnahmerwillen)로 행위에 기여를 한 사람이 공범이라는 '고의설(의사설)'이 있고, 행위의 결과가 행위자의 이익을 위한 것이면 정범이고 타인의 이

익을 위한 것이면 공범이라는 '이익설(목적설)'이 있다.

그러나 고의설은 정범개념과 공범개념의 확정을 전제로 정범의사와 공범의사가 무엇인지를 알 수 있는 것이므로 논리가 모순이라는 비판과 극단적으로 정범이 없이 공범만 존재하는 경우가 존재한다고 비판을 받는다. 이익설은 촉탁 · 승낙살인죄(제252조 제1항), 타인을 위한 사기(제347조 제2항) 등과 같이 타인의 이익을 위한 구성요건을 설명하지 못한다는 단점이 있다.

참고 제한적 주관설의 입장인 독일판례

독일의 판례는 주관설을 다소 수정한 제한적 주관설의 입장이다. 정범과 공범은 주관적 요소를 통해서만 구별될 수 있다는 주관설을 취하면서도, 행위자가 의도하는 바는 주관적 척도뿐만 아니라 객관적 척도까지 전체적으로 평가되어야 한다고 본다. 즉 정범의사에 대한 객관적 징표인 행위자의 행위 전 · 중 · 후의 행태가 고려되어야 한다는 것이다.

예를 들어, (구)소련 KGB의 요원인 스타신스키(Bogdan Staschinski)가 소련으로부터 해외로 망명한 정치인들을 청산하는 임무를 맡고 1954년 말 서베를린으로 파견된 후, 우크라이나 민족주의 지도자였던 레프 레베트를 1957년 뮌헨에서 암살하였고, 우크라이나 이민 지도자인 스테판 반데라를 1959년 뮌헨에서 암살한 사건이 있었다. 1962년 이 사건의 재판에서 독일연방법원은 2건의 살인에 있어서 스타신스키는 정범의 의사가 아닌 공범의 의사만을 가지고 있었다고 판단하여 그를 방조범으로 처벌했고, 이 사건의 정범은 모스크바에 있는 KGB 수장이라고 판단하였다(BGHSt 18, 87).

그러나 제한적 주관설은 정범의사의 판단에 있어서 행위자와 관련된 모든 사정을 고려하도록 하고 있어서, 판사에게 광범위한 재량을 주고 자의적인 결정을 할 수 있게 하여 정범과 공범의 구별에 대해서 예측할 수 없게 만든다고 비판된다.

ⓒ '**행위지배설**'이 있다.[12] 행위지배설은 객관설과 주관설을 결합한 견해이다. 정범과 공범의 구별은 구성요건의 영역에서 이루어지는 것이므로, 행위의 형법상 의미는 구성요건의 객관적 요소와 주관적 요소가 결합된 행위지배(Tatherrschaft)라는 개념을 통해 설명하는 견해이다. 이에 따르면 행위자가 수행한 행위 분담의 정도나 성질로 정범과 공범을 구별하는데, 범행을 지배하는 자로서 전체적인 범행수행의 과정에서 자기의 의사에 따라 범행의 진행을 중단시키거나 계속할 수 있는 사람이 정범

12) 강동욱, 280면; 김일수 · 서보학, 420면; 김종원(하), 102면; 김혜정 · 박미숙 · 안경옥 · 원혜욱 · 이인영, 354면; 박상기 · 전지연, 247면; 박상옥 · 김대휘(2), 94면; 박찬걸, 340면; 배종대, 381면; 성낙현, 598면; 오영근 · 노수환, 419면; 이상돈, 259면; 이영란, 429면; 이재상 · 장영민 · 강동범, 468면; 이형국 · 김혜경, 468면; 정성근 · 박광민, 397면; 정성근 · 정준섭, 255면; 정영일, 381면.

이고, 그렇지 못한 사람이 공범이 된다.

판례도 “공동정범의 본질은 분업적 역할분담에 의한 기능적 행위지배에 있다고 할 것이므로 공동정범은 공동의사에 의한 기능적 행위지배가 있음에 반하여 종범은 그 행위지배가 없는 점에서 양자가 구별된다.”라고 하여 행위지배설에 따라 정범과 공범을 구별한다(대법원 1989.4.11. 선고 88도1247 판결).

행위지배설은 객관설과 주관설의 단점을 극복할 수 있는 합리적인 방법이라고 평가되지만, 모든 범죄 형태에서 정범성을 인정할 수 있는 기준이 되지는 못한다. ① 첫째, ‘**자수범**’의 경우는 행위지배성을 가지고 정범을 설명할 수 없다. 자신이 직접 구성요건을 실현해야 성립하는 자수범의 경우(예를 들어 제152조 위증죄)는 공동정범이나 간접정범은 인정되지 않는다. ② 둘째, ‘**신분범**’의 경우도 행위지배성을 가지고 정범을 판단할 수 없다. 특정한 신분이 있는 사람만이 범죄의 주체가 될 수 있는 신분범의 경우는 그러한 신분이 없는 사람은 정범이 될 수 없기 때문이다. 비신분자는 정범이 될 수 없으므로 비신분자가 신분자를 도구로 이용하더라도 간접정범이 될 수 없다. 다만 공동정범의 경우는 제33조 본문에서 신분의 연대성을 인정하고 있어 비신분자도 신분자와 공동으로 정범이 될 수 있다. ③ 셋째, ‘**의무범**’의 경우도 행위지배성으로 정범을 설명하지 못한다. 신분범을 포함하여 형법 외적으로 특별한 의무가 있는 사람이 범죄의 주체가 되는 의무범의 경우는 특별한 의무가 없는 사람은 정범이 될 수 없다. 의무범의 대표적인 예시는 직무유기죄(제122조)이다.

참고 독일 행위지배설의 연혁

독일에서 행위지배라는 표현은 1915년 A. Hegler가 ‘범죄의 표지’(Die Merkmale des Verbrechens)라는 논문에서 처음 사용했는데, 그는 행위지배의 개념을 정범과 공범의 구별기준으로 사용하지는 않고, 행위의 지배자(Herr der Tat)가 정범이라는 개념을 정립하였다. 이후 1939년 Hans Welzel에 의해서 행위지배의 개념이 정범요소로서 중요한 위치를 차지하게 되었다. 그는 행위지배의 개념을 행위론과 결합하여 목적적 행위지배를 가지는 사람이 정범이라고 하면서, 과실범은 고의범과 구별하여 부주의한 행위로 구성요건적 결과를 실현한 사람은 모두가 정범이라고 보아 과실범에서는 공범이 존재하지 않는다고 보았다. 이후 많은 독일 학자가 행위지배설을 발전시켰는데, 1962년 Claus Roxin이 ‘정범과 공범’(Täterschaft und Teilnahme)이라는 논문에서 범죄를 의무범(Pflichtendelikte)과 지배범(Herrschaftdelikte)으로 구분한 후, 의무범의 경우는 의무의 침해 자체를 중시하고 반면, 지배범의 경우는 행위지배(직접정범), 의사지배(간접정범), 기능적 행위지배(공동정범)라는 3가지 유형으로 구분하여 설명하였다. 그의 학설이 현재 독일과 한국에서 지배적인 견해가 되었다.

제2절 | 공동정범

I. 의의

제30조(공동정범) 2인 이상이 공동하여 죄를 범한 때에는 각자를 그 죄의 정범으로 처벌한다.

1. 개념

2인 이상이 공동하여 죄를 범한 경우가 공동정범이다(제30조). 공동정범을 규정한 이유는 단독정범과 범행 실현의 정도가 다른 정범을 인정하기 위함이다. 예를 들어, (공동정범의 규정이 없는 상황을 가정할 때) 甲과 乙이 A를 살해하기로 모의한 후, 甲과 乙 각자가 A의 명치 등 급소를 여러 차례 칼로 찔러 A가 사망하였다면 甲과 乙은 각기 형법 제250조 제1항이 바로 적용되어 살인죄가 성립할 것이다. 하지만 甲과 乙이 A를 살해하기로 모의한 후, 甲이 A를 한적한 곳으로 유인하고 망을 보는 사이 乙이 A의 명치 등 급소를 여러 차례 칼로 찔러 A가 사망하였다면 甲에게 형법 제250조 제1항을 바로 적용하여 살인죄를 인정하기 어려울 수 있다. 후자의 사안에서 甲의 경우와 같이 구성요건을 실현하는 범행의 정도가 단독정범이 될 수 없는 범행가담자라고 하더라도 정범으로 처벌할 수 있음을 규정한 것이 형법 제30조 공동정범이다.

공동정범의 핵심 개념은 '**일부실행 · 전부책임**'이라고 할 수 있다. 형법 제30조 공동정범은 개별적으로 구성요건 실현에 가담한 정도로는 정범이 될 수 없는 범행가담자를 정범으로 취급함으로써 정범성을 확장하는 기능을 하며, 타인이 행한 부분에 대해서는 책임을 지지 않는다는 자기책임의 원칙이 공동정범에서는 수정된다.

2. 공동의 본질

공동정범이 성립되기 위해서는 2인 이상이 공동하여 죄를 범해야 하는데, '공동'의 의미가 무엇인지, 즉 무엇을 공동으로 하는 것인지에 대해서 논의가 이루어지는데, 이것이 공동정범의 본질에 대한 논의이다. 이에 대해서는 2가지 학설(행위공동설, 범죄공동설)이 대립한다.

(1) 행위공동설

범죄를 행위자의 반사회적 성격의 징표로 이해한 시각에서는, 다수의 사람이 어떠한 행위를 공동으로 하여 각자의 범죄를 실현한 것이 공동정범이라고 보았다.[13] 즉 공동정범을 **전(前)구성요건적 의미의 행위**를 공동으로 하여 범죄를 실현하는 것으로 보기에 행위공동설이라고 한다. 이에 따르면 다양한 형태에서 공동정범이 성립할 수 있는데, 과실범 간의 공동정범이나 고의범과 과실범 간의 공동정범도 성립할 수 있으며, 범죄의 일부분만을 공동으로 한 경우에도 공동정범이 성립할 수 있다.

행위공동설에 대해서는 전(前)구성요건적 의미의 행위를 전제로 하여 구성요건과 무관한 행위가 공동정범으로 포섭될 수 있으며, 일상생활의 행위이더라도 결과가 발생하면 주위 사람들과 함께 처벌될 수 있다는 비판을 받는다.

(2) 범죄공동설

구성요건이 범죄 성립의 출발 개념이라는 것을 강조하여, 다수의 사람이 특정한 범죄를 공동으로 하여 각자의 범죄를 실현한 것이 공동정범이라고 보는 견해가 범죄공동설이다.[14] 범죄공동설은 구성요건별 고의를 전제로 하므로 고의범에서만 공동정범이 성립할 수 있고, 범죄의 일부분에 대해서만은 공동정범이 성립할 수 없다고 본다. 공동정범을 규정한 형법 제30조에서도 "공동하여 죄를 범한 때"라고 하고 있는데, 이것은 범죄공동설의 입장과 일치한다고 설명한다.

범죄공동설에 대해서는 공동정범의 성립 범위가 제한적이어서, 다수 사람의 주의의무 위반행위가 결합하여 발생한 대형 사고에 있어서 형사처벌의 흠결이 발생한다는 비판을 받는다.

(3) 소결(이분설)

행위공동설과 범죄공동설로 대표되는 공동의 본질에 대한 학설대립의 실익은 '과실범에서 공동정범의 성립 여부'에서 현실적으로 나타난다. 행위공동설의 입장에서는 과실의 공동정범이 인정되므로 결과 발생 이전의 사전행위에 관여된 다수의 사람

---

13) 김종원(하), 115면; 이영란, 444면; 임웅 · 김성규 · 박성민, 465면; 정성근 · 박광민, 434면; 정성근 · 정준섭, 273면; 정영일, 388면; 한상훈 · 안성조, 244면.

14) 오영근 · 노수환, 426면.

을 공동정범으로 보고 전체적으로 보아 주의의무위반이 인정되면 과실범으로 처벌할 수 있는 반면에, 범죄공동설의 입장에서는 과실범의 공동정범이 인정되지 않으므로 과실범의 성립이 검토되는 사안에서 결과 발생 이전의 사전행위에 관여된 다수의 사람 각자의 주의의무 위반행위와 발생한 결과 간의 인과관계의 존재를 밝혀야 처벌이 가능하다.

생각건대 공동의 본질을 이해함에 있어서는 고의범과 과실범의 경우를 구분할 수 있다. 고의범은 특정한 범죄에 대한 고의가 없이는 성립할 수 없으므로, 각자 정범으로 처벌되는 공동정범에서도 구성요건을 전제로 하지 않는 행위공동설을 취할 수는 없다. 그러나 과실범은 발생한 결과에 대한 주의의무 위반행위의 존재가 성립 요건인데, 주의의무 위반행위는 특정된 구성요건적 행위가 아니라 일상생활에서 요구되는 주의를 다하지 아니한 추상적 행위를 전제로 한다. 그렇기에 과실범의 경우에는 전(前)구성요건적 행위를 전제하는 행위공동설을 취할 수 있다. 이렇게 본다면 다수의 사람이 각자 주의의무를 위반하고 그 위반이 부분적 원인이 되어 발생한 대형 사고에 있어서 인과관계 증명의 어려움으로 인한 처벌의 흠결을 메울 수 있다. 결국 고의범과 과실범의 본질적 특성을 고려할 때, 공범의 본질도 이분적으로 파악하여 **고의범**에서는 **범죄공동설**로 **과실범**에서는 **행위공동설**로 이해할 수 있다.

3. 효과

공동정범이 성립하면 공동정범 **각자**는 **정범**으로 처벌하게 된다(제30조). 일부 실행을 분담한 공동정범 각자가 전체 범행의 정범으로 처벌되는 것이다. 판례는 공모한 범행을 수행하는 도중에 부수적인 다른 범죄가 파생되리라고 예상하거나 충분히 예상할 수 있는데도 이를 방지할 수 있는 합리적인 조치를 하지 아니하고 공모한 범행에 나아갔다가 예상되던 범행들이 발생하였다면, 비록 그 파생적인 범행 하나하나에 대하여 개별적인 의사의 연락이 없었더라도 공모자들에게 범행 전부에 대하여 암묵적인 공모와 기능적 행위지배가 존재한다고 본다(대법원 2010.12.23. 선고 2010도7412 판결).

공동정범은 각자 정범으로 처벌되기 때문에, 공동의 의사로 다른 공범자를 이용하여 실현하려는 행위가 자신에게는 범죄를 구성하지 않는다면 특별한 사정이 없는 한 공동정범으로 처벌되지 않는다. 예를 들어 타인으로 하여금 형사처분 또는 징계처분을 받게 할 목적으로 허위의 사실을 신고하는 것을 구성요건으로 하는 무고죄(제156조)에 있어서 자기 자신을 무고하는 행위는 무고죄의 구성요건에 해당하지 않아 무고죄가 성립하지 않으므로, 자기 자신을 무고하기로 제3자와 공모하고 이에 따라 무고행위에 가담하였더라도 무고죄의 공동정범으로 처벌되지 않는다(대법원 2017.4.26. 선고 2013도12592 판결).

범죄액수를 가중처벌의 기준으로 규정하고 있는 특별법(예를 들어 특정범죄가중법 제2조, 특정경제범죄법 제3조 등)의 적용에 있어서는 모든 공동정범의 범죄액수를 합산한 금액을 기준으로 구성요건을 적용하게 된다. 예를 들어, 사기 · 공갈 · 횡령 · 배임의 범죄가액이 5억 원 이상이라면 특정경제범죄법이 적용되어 가중 처벌되는데, 공동정범은 자신이 받은 이득액뿐만 아니라 다른 공범자가 받은 이득액에 대하여도 책임을 면할 수 없어 범죄금액을 정함에 있어서는 그 범행의 모든 공범자가 받은 이득액을 합한 금액을 기준으로 한다(대법원 1991.10.8. 선고 91도1911 판결).

II. 성립 요건

공동정범은 범죄에 가담한 다수의 사람 모두를 정범으로 취급하게 되는데, 그 이유는 가담한 사람 각자가 ① 범죄에서 자신의 역할을 분담하기로 모의하고 ② 모의에 따른 역할을 다하여 범죄를 완성한 점에 있다. 이것이 공동정범의 성립 요건(공동의 범행의사 및 공동의 범행실행)으로 나타난다. 판례는 "공동정범이 성립하기 위해서는 주관적 요건으로서 공동 가공의 의사와 객관적 요건으로서 공동 의사에 기한 기능적 행위지배를 통한 범죄의 실행 사실이 필요하다."고 표현한다(대법원 2023.1.12. 선고 2022도11245 판결).

1. 공동의 범행의사

공동정범이 성립하려면 먼저 범죄에 가담한 사람 간의 의사소통을 통한 공동의 범행의사가 있어야 한다. 범죄를 실현하는데 일부를 담당했다고 정범으로 처벌하는 것이 아니고, 상호 간에 합치된 범행의사에 따라서 범행의 일부를 담당했기 때문에 정범으로 처벌하는 것이다. 판례는 다른 가담자의 범행을 인식하고 이를 용인하는 것만으로는 공동의 범행의사를 인정할 수 없으며 공동의 의사로 특정한 범죄행위를 하기 위해 일체가 되어 “서로 다른 가담자의 행위를 이용하여 자기 의사를 실행에 옮기는 것”을 내용으로 할 때 공동의 범행의사를 인정한다(대법원 2015.10.29. 선고 2015도5355 판결). 다수의 가담자 전체가 모여 공모를 하지 않더라도 그들 간에 순차적으로 또는 암묵적으로 상통하여 의사의 합치가 이루어지면 공동의 범행의사는 인정된다(대법원 2011.12.22. 선고 2011도9721 판결).

이처럼 공동으로 범행을 분담하여 실행하려는 계획을 모의하였다는 점에 공동정범을 정범으로 취급하는 핵심 근거가 존재하며, 범죄 가담자 상호 간에 범행의사의 교환 없이 일방의 당사자만 공동실행 의사를 가진 ‘**편면적 공동정범**’의 형태는 공동정범으로 인정되지 않는다.

공동의 범행의사의 범위가 공동정범으로서 책임의 한계를 설정하게 되며, 공동정범 각자는 공동의 범행계획에서 벗어난 다른 공동정범의 범행결과에 대해서 책임을 부담하지 않는다. 상해를 공모한 후 분담하여 범죄의 실행 중 한 사람이 중한 상해를 가하여 피해자가 사망에 이르게 된 경우 나머지 공범은 원칙적으로 사망에 대한 책임을 지지 않으나, 결과적 가중범에서 공동정범의 성립이 가능하다고 볼 때 상해의 기본범죄는 같이 실행한 상황이므로 공동정범 각자가 중한 결과인 사망에 대한 예견가능성이 있다면 상해치사죄의 책임을 지게 된다(대법원 2013.4.26. 선고 2013도1222 판결).

2. 공동의 범행실행

공동정범이 성립하려면 공동의 범행계획에 따라 분담된 범죄 실현에 기능하는 역할을 실행하여야 한다. 공동정범 간에 분담한 역할이 일치해야 하는 것은 아니므로, 반드시 직접 구성요건을 실현해야 하는 것은 아니고 정신적 역할이 범행 실현을 위해서 필요적 조건이라면 공동의 범행실행으로 볼 수 있다. 다만 범행의 현실적 수행에 관여하지 아니한 자까지 공동정범이 인정되지는 않는다.

판례는 공모자 중 구성요건행위를 직접 분담하여 실행하지 않은 사람도 전체 범죄에서 차지하는 지위나 역할, 범죄 경과에 대한 지배나 장악력 등을 종합하여 범죄에 대한 본질적 기여를 통한 기능적 행위지배가 존재한다고 인정되면, 이른바 ‘**공모공동정범**’으로서의 죄책을 인정한다(대법원 2018.4.19. 선고 2017도14322 전원합의체 판결).

III. 관련 문제

1. 공모공동정범

(1) 의의

다수의 사람이 범행을 모의하고 그에 따라 일부의 사람이 범죄를 실행하고 일부는 실행행위를 담당하지 않았을 때 실행행위를 담당하지 않은 공모자를 공동정범으로 인정하는 개념이 공모공동정범이다. 공모공동정범은 19세기 말 독일에서 주장된 소수설을 일본의 판례에서 받아들인 후 일제강점기를 거쳐 한국 판례에서 사용하고 있다.

판례는 공모자 중 구성요건행위를 직접 분담하여 실행하지 않은 사람도 공동가공의 의사와 그 공동의사에 의한 기능적 행위지배를 통한 범죄실행이라는 주관적 · 객관적 요건을 충족하면 이른바 공모공동정범으로서의 죄책을 질 수 있고, 전체 범죄에서 차지하는 지위 · 역할, 범죄 경과에 대한 지배나 장악력 등을 종합하여 단순한 공모자가 아니라 범죄에 대한 본질적 기여를 통한 기능적 행위지배가 존재한다고 인정될 때 공모공동정범으로 인정된다고 한다(대법원 2018.4.19. 선고 2017도14322 전원합의체 판결).

(2) 학설

공모공동정범의 개념을 인정할 것인지에 대해서 견해가 대립한다.

① 공모공동정범의 개념을 인정하는 '**긍정설**'이 있다.[15] 판례는 긍정설의 입장인데, 공모공동정범을 인정하는 이유에 따라 공동의사주체설과 간접정범유사설, 기능적행위지배설이 있다.

'**공동의사주체설**'에 의하면 공동목적인 범죄를 달성하기 위해서 다수 사람이 일심동체를 이룬 모습에서 공모공동정범을 인정할 이유가 있다고 하는데, 이것은 마치 단체를 구성하여 범죄를 실현하는 것으로 보고 단체의 구성원 모두가 범죄에 대한 책임을 져야 한다는 것이다. 판례 중에는 공동의사주체설의 입장에 따라 "공모에 의하여 수인 간에 공동의사주체가 형성되어 범죄의 실행행위가 있으면 실행행위를 분담하지 않았다고 하더라도 공동의사주체로서 정범의 죄책을 면할 수 없다"고 본 것

15) 김종원(하), 133면; 이영란, 461면; 이재상 · 장영민 · 강동범, 513면.

이 있다(대법원 1983.3.8. 선고 82도3248 판결).

'**간접정범유사설**'에 의하면 공동의 범행의사로 일체가 된 공범이 서로 다른 사람을 이용하여 자기의 범죄를 실현하는 모습에서 공모공동정범을 인정할 이유를 제시한다. 판례 중에는 간접정범유사설의 입장에서 "공모공동정범에 있어서의 공모는, 두 사람 이상이 공동의 의사로 특정한 범죄행위를 하기 위하여 일체가 되어 서로가 다른 사람의 행위를 이용하여 각자 자기의 의사를 실행에 옮기는 것을 내용으로 하여야 하는 것"이라고 제시한 것이 있다(대법원 2006.8.25. 선고 2006도3631 판결).

'**기능적 행위지배설**'에 의하면 공동의사에 따라서 기능적 행위지배를 통한 범죄실행이 인정되는 경우라면 공모공동정범을 인정할 수 있다고 본다. 판례 중에는 기능적 행위지배설의 입장에서 "공동정범은 공동가공의 의사와 그 공동의사에 의한 기능적 행위지배를 통한 범죄실행이라는 주관적 · 객관적 요건을 충족함으로써 성립하므로, 공모자 중 구성요건행위를 직접 분담하여 실행하지 않은 사람도 위 요건의 충족 여부에 따라 이른바 공모공동정범으로서의 죄책을 질 수 있다."고 제시한 것이 있다(대법원 2018.4.19. 선고 2017도14322 전원합의체 판결).

② 공모공동정범의 개념을 인정하지 않는 '**부정설**'이 있다.[16] 부정설이 통설적인 입장이다. 공동정범의 성립 요건으로 공동의 범행의사와 그에 따른 공동의 범행실행이 요구되는데, 실행행위를 분담하지 아니한 공모자를 공동정범으로 처벌하는 것은 책임주의에 반한다고 본다. 그러한 공모자는 그 가담의 형태에 따라 교사범이나 방조범의 책임을 지게 되고, 이 경우 형법 제34조 제2항에 의하여 가중하여 처벌도 가능하다고 본다.

생각건대 공모공동정범이라는 개념을 굳이 사용할 실익이 없으므로 이 개념은 사용하지 않는 것이 타당하다(**부정설**). 행위지배설에 따라 정범을 판단할 때 행위자가 수행한 행위 분담의 정도나 성질로 정범과 공범을 구별하는데, 직접적인 실행행위를 담당하지 않았더라도 범행을 지배하는 자로서 전체적인 범행수행의 과정에서 자기의 의사에 따라 범행의 진행을 중단시키거나 계속할 수 있는 사람이면 공동정범으로 보게 된다. 즉 공모한 범죄의 구성요건상의 실행행위를 분담해야만 하는 것이 아니다. 공모공동정범 긍정설에서 공동의사의 주체이어야 한다고 하거나 기능적 행위지

16) 강동욱, 302면; 김일수 · 서보학, 455면; 김혜정 · 박미숙 · 안경옥 · 원혜욱 · 이인영, 374면; 박상기 · 전지연, 267면; 배종대, 412면; 성낙현, 617면; 오영근 · 노수환, 436면; 이형국 · 김혜경, 491면; 임웅 · 김성규 · 박성민, 477면; 정성근 · 박광민, 449면; 정성근 · 정준섭, 288면.

배를 통한 범죄실행의 요건을 갖추어야 한다는 것은 공모공동정범과 공동정범이 차이가 없다는 것을 방증한다. 판례 중에는 "공모자 중 구성요건에 해당하는 행위 일부를 직접 분담하여 실행하지 않은 사람도 전체 범죄에서 그가 차지하는 지위, 역할이나 범죄 경과에 대한 지배나 장악력 등을 종합해 볼 때, 단순한 공모자에 그치는 것이 아니라 범죄에 대한 본질적 기여를 통한 기능적 행위지배가 존재하는 것으로 인정되는 경우"가 공모공동정범이라고 하는데(대법원 2017.1.12. 선고 2016도15470 판결), 이것은 '공동정범'이 인정되는 경우이다.

2. 과실범의 공동정범

(1) 의의

2인 이상이 사람이 각자 주의의무를 위반하여 과실범의 결과를 발생하게 한 경우에 공동정범을 인정할 수 있는지가 문제이다. 삼풍백화점 붕괴 사고나 성수대교 붕괴 사고 등과 같은 대형 사고에 있어서 건설공사에 분업적으로 참여한 사람들이 사고 발생의 원인을 부분적으로 제공했을 때 공동정범의 형태로 처벌할 수 있는지가 논의된다. 앞서 공동정범에서 공동의 본질에 관한 학설로 행위공동설과 범죄공동설이 대립된 주요한 요인이기도 하다. 이러한 논의를 바탕으로 과실범의 공동정범을 인정할 수 있는지에 대해서 견해가 대립한다.

(2) 학설

① 과실범의 공동정범 '**긍정설**'이 있다.[17] 공동의 본질을 특정의 구성요건이 아니라 행위를 공동으로 할 의사로 이해하는 '행위공동설'의 입장에서는 주의의무의 위반을 공동으로 하면 공동정범을 인정할 수 있다고 본다. 대형 사고에 있어서 처벌 흠결을 형사정책적으로 보완해야 한다는 시각에서는 이러한 입장을 견지한다.

판례는 운전자와 조수석 동승자가 단속 중인 교통경찰관의 검문을 회피하다가 경찰관을 사망케 한 1960년의 사건에서 형법 제30조에 "공동하여 죄를 범한 때"의 죄는 고의범 · 과실범을 불문한다고 본 이래(대법원 1962.3.29. 선고 4294형상598 판결),

17) 김일수 · 서보학, 460면; 김종원(하), 127면; 김태명, 366면; 김혜정 · 박미숙 · 안경옥 · 원혜욱 · 이인영, 369면; 이상돈, 276면; 이재상 · 장영민 · 강동범, 507면; 정성근 · 박광민, 452면; 정성근 · 정준섭, 291면; 주호노, 762면; 한상훈 · 안성조, 255면.

과실범의 공동정범을 **긍정**한다. ⓐ 삼풍백화점 붕괴 사고의 재판에서는 건물 붕괴의 원인이 건축계획의 수립, 건축설계, 건축공사공정, 건물 완공 후의 유지관리 등에 있어서의 과실이 복합적으로 작용한 데에 있다고 보아 각 단계의 관련자들을 업무상과실치사상죄의 공동정범으로 인정했다(대법원 1996.8.23. 선고 96도1231 판결). ⓑ 성수대교 붕괴 사고의 재판에서는 교량이 그 수명을 유지하기 위해서는 건설업자의 완벽한 시공, 시공상에서 감독공무원들의 철저한 감독, 유지 · 관리를 담당하는 공무원들의 철저한 유지 · 관리라는 조건이 합치되어야 하는 것이므로, 이러한 각 단계의 과실만으로는 붕괴의 원인이 되지 못하더라도 그것이 합쳐지면 교량이 붕괴될 수 있다는 점은 쉽게 예상할 수 있으므로 각 단계에 관여한 사람이 전혀 과실이 없다거나 과실이 있다고 하여도 붕괴의 원인이 되지 않았다는 등의 특별한 사정이 있는 경우를 제외하고는 붕괴에 대한 공동책임이 있다고 보았다(대법원 1997.11.28. 선고 97도1740 판결). ⓒ 선박의 정기용선계약을 체결한 현장소장은 사고의 위험성이 높은 해상에서 철골 구조물 및 해상크레인 운반작업을 함에 있어 선적작업이 지연되어 정조 시점에 맞추어 출항할 수 없는 상황에서 출항을 연기하거나 대책을 강구하지 않고 정기용선계약이 된 선박의 선장이 한 출항연기 건의를 묵살한 채 출항을 강행하도록 지시하였고, 선장은 현장소장의 지시에 따라 사고의 위험이 큰 시점에 출항하여 해상에 강한 조류가 흐르고 있었음에도 무리하게 예인선을 운항한 결과 무동력 부선에 적재된 철골 구조물이 해상에 추락하여 해상의 선박교통을 방해한 사안에서, 업무상과실일반교통방해죄의 공동정범이 인정되었다(대법원 2009.6.11. 선고 2008도11784 판결).

참고 **가습기살균제 복합사용 피해자 사건(대법원 2024.12.26. 선고 2024도1856 판결)**

- CMIT/MIT 성분의 가습기살균제 제조, 판매 회사 등의 임직원들인 피고인들이 CMIT/MIT에 관한 안전성 검사를 실시하지 않는 등 업무상 주의의무를 위반하여, 위 피고인들의 업무상 주의의무위반이 중첩적 · 순차적으로 경합하거나, 또는 거기에 PHMG 등 성분의 가습기살균제 제조, 판매 회사 등의 임직원들(대법원 2017도12537 판결 등으로 업무상과실치사상죄 등에 관한 유죄판결이 확정되었음. 이하 '관련사건 피고인들')의 PHMG 등에 관한 안전성 검사 미실시 등 업무상 주의의무위반까지 중첩적 · 순차적으로 경합하여, CMIT/MIT 성분의 가습기살균제만을 사용한 피해자들 4명(이하 '단독사용 피해자들'), CMIT/MIT 성분의 가습기살균제와 PHMG 등 성분의 가습기살균제를 함께 사용한 피해자들 94명(이하 '복합사용 피해자들') 합계 98명의 가습기살균제 소비자를 사망 또는 상해에 이르게 하였다는 업무상과실치사상으로 기소되었다.
- 원심은, 복합사용 피해자들에 대한 업무상과실치사상 부분에 관하여, 대량 생산과 대량 소비를

특징으로 하는 현대 산업사회에서는 경쟁관계에 있는 복수의 제조업자가 동일한 유형의 제품을 제조 · 판매하고 소비자가 시중에 유통되는 여러 종류의 제품들을 사용하는 것이 당연히 예정되어 있으므로, 가습기살균제 제품의 개발 · 제조 · 판매에 관여한 사람들 모두가 공동의 주의의무와 인식 아래 업무상과실로 결함 있는 가습기살균제를 각각 제조 · 판매하였다고 보아야 하고, 그렇게 보는 것이 형사정책적 목적에서도 타당하다는 이유 등을 들어, CMIT/MIT 성분 가습기살균제의 제조 · 판매에 관여한 피고인들과 PHMG 등 성분 가습기살균제의 제조 · 판매에 관여한 관련사건 피고인들이 공동정범의 관계에 있다고 판단하였음. 또한 이를 전제로 공소시효 완성에 관한 피고인들의 주장을 배척하고, 피고인들의 업무상 주의의무위반과 피해자들의 사망 또는 상해 결과발생에 관한 인과관계를 인정하였다.

- 그러나 대법원은, 형법 제30조 소정의 '2인 이상이 공동하여 죄를 범한 때'의 '죄'에는 고의범뿐만 아니라 과실범도 포함되는 것이므로 과실범의 경우에도 공동정범이 성립할 수 있으나, 의사의 연락이나 주의의무위반에 대한 공동의 인식이 없었다면 '공동하여' 죄를 범하였다고 볼 수 없으므로, 과실범의 공동정범이 성립한다고 볼 수 없다(대법원 1982. 6. 8. 선고 82도781 판결, 대법원 1994. 3. 22. 선고 94도35 판결, 대법원 1997. 11. 28. 선고 97도1740 판결 등 참조)는 법리를 설시하면서, ① 피고인들과 관련사건 피고인들은 서로 간의 협력이나 의견교환 없이 각자가 소속된 회사 등에서 맡은 지위, 역할에 따라 그 회사 등의 가습기살균제 개발 · 출시 또는 제조 · 판매에 관여하였고, PHMG 등과 CMIT/MIT는 주원료의 성분, 체내분해성, 대사물질 등이 전혀 다르며, 어느 하나가 다른 하나를 활용하거나 응용하여 개발 · 출시되었다고 보기도 어려운 점, ② 어떠한 제품이 개발 · 출시된 후 경쟁업체가 '기존 제품과 주요 요소가 전혀 다른 대체 상품'을 독자적으로 개발 · 출시하는 것은 당연히 예정되어 있다고 보기 어려울뿐더러, 주요 요소가 전혀 다른 제품을 독자적으로 개발 · 출시한 사람들이 서로 상대방 제품에 독자적 결함 내지 하자가 존재할 수 있다는 사정이나, 자신의 제품의 결함 내지 하자와 상대방 제품의 독자적 결함 내지 하자가 누적 · 결합되어 소비자들에게 사망 또는 상해의 결과가 발생할 수 있다는 사정을 공동으로 인식할 수 있었다고 볼 여지는 없는 점, ③ 과실범의 공동정범을 인정하는 형사정책적 목적이나 취지, 소비자들이 주원료의 차이를 알고 구매하는 것이 어려웠다는 점 등 원심이 들고 있는 사정들은, 관련사건 피고인들 및 이 사건 피고인들의 인식 내지 의사와 아무런 관련이 없어 그들 사이에 공동의 인식 내지 의사의 연락이 있었음을 뒷받침할 수 있는 사정들이 아니고, 그러한 사정들만으로 과실범의 공동정범 성립을 인정한다면, 대량생산과 대량소비를 특징으로 할 뿐만 아니라 인터넷망 등을 통해서 국경을 초월한 상품의 구매 · 소비가 용이하게 이루어지는 현대사회에서 상품 제조 · 판매자들 등에 대한 과실범의 공동정범 성립범위가 무한정 확장될 수밖에 없는 점 등에 비추어 보면, 피고인들과 관련사건 피고인들 사이의 공동정범 성립을 인정하기 어렵다고 보아, 이와 달리 판단한 원심을 파기 · 환송하였다.

② 과실범의 공동정범 '**부정설**'이 있다.[18] 공동의 본질을 특정한 범죄를 공동으로 하여 각자의 범죄를 실현한 것으로 보는 범죄공동설의 입장에서는, 의사의 연락이 필요한 특정의 범죄를 행하는 것이 필요하므로 의사의 공동이 불가능한 과실범의 공동정범을 부정한다. 과실범 각자는 동시범의 형태이고, 객관적 귀속의 원리에 따라 과실의 정도에 맞게 개별적으로 형사책임의 유무 및 범위를 정하여야 한다는 것이다. 또한 정범과 공범을 구별하는 기준인 행위지배설에서 보면, 기능적 행위지배는 사전에 계획한 범죄를 공동으로 수행하는 과정에서 그 진행 상황을 통제할 수 있는 사람에게 인정되는 개념이어서, 과실범에서는 범행에 대한 행위지배가 인정되지 않는다고 본다.

③ 생각건대, 과실범의 공동정범은 긍정하는 것이 타당하다(긍정설). 특정한 범죄에 대한 고의가 없이는 성립할 수 없는 고의범과 달리, 과실범에서 주의의무 위반행위는 특정된 구성요건적 행위가 아니라 일상생활에서 요구되는 주의를 다하지 아니한 추상적 행위를 전제로 한다. 고의범과 과실범의 본질적 특성을 고려한다면 공범의 본질도 이분적으로 파악하여 고의범에서는 범죄공동설로 과실범에서는 행위공동설로 이해할 수 있다. 이때 다수의 사람이 각자 주의의무를 위반하고 그 위반이 부분적 원인이 되어 발생한 대형 사고에 있어서 인과관계 증명의 어려움으로 인한 처벌의 공백은 나타나지 않는다.

(3) 결과적 가중범의 공동정범

과실범의 일종인 결과적 가중범의 경우에 공동정범을 인정할 수 있는지도 논의된다. 공동의 범행의사에 따라 기본범죄를 분담하여 실행했는데 공범자 중 일부에 의하여 중한 결과가 발생한 때에, 다른 공범에게 중한 결과의 발생에 대해서도 공동정범을 인정할 수 있는지가 문제이다.

과실범의 공동정범에 대한 논의와 마찬가지인데, Ⓐ 행위공동설의 입장에서 과실범의 공동정범을 긍정할 때는 결과적 가중범의 공동정범도 인정하게 된다. Ⓑ 반면 범죄공동설의 입장에서 과실범의 공동정범을 부정할 때는 결과적 가중범의 공동정범도 부정하게 된다.

---

18) 강동욱, 296면; 박상기 · 전지연, 260면; 배종대, 403면; 성낙현, 627면; 오영근 · 노수환, 429면; 이영란, 457면; 이정원 · 이석배 · 정배근, 297면; 이형국 · 김혜경, 483면; 임웅 · 김성규 · 박성민, 472면; 홍영기, 182면.

판례는 과실범의 공동정범을 긍정하는 것과 같은 맥락에서 결과적 가중범의 공동정범도 긍정한다. 상해치사죄의 공동정범이 성립하는지가 문제 된 사안에서 폭행이나 기타 신체에 대한 침해행위를 공동으로 할 의사가 있으면 결과를 공동으로 할 의사가 없더라도 상해치사죄의 공동정범은 성립되고, 다수의 사람이 상해의 의사로 범행 중 한 사람이 중한 상해를 가하여 피해자가 사망에 이르게 된 경우 나머지 사람들은 사망의 결과를 예견할 수 없는 때가 아닌 한 상해치사의 죄책을 면할 수 없다고 보았다(대법원 2000.5.12. 선고 2000도745 판결). 합동범인 경우에도 결과적 가중범을 인정하는데, 특수강도를 공모한 후 분담한 역할에 따라 피해자의 주거에 들어가 피해자를 칼로 위협하여 합동범 형태로 강도의 실행행위를 착수한 공범이 피해자를 칼로 찔러 상해를 입힌 사안에서 판례는 대문 밖에서 망을 본 다른 공범이 상해를 가할 것까지 공모하지 않았더라도 상해의 결과에 대하여도 책임을 인정한다(대법원 1998.4.14. 선고 98도356 판결).

3. 승계적 공동정범

(1) 의의

범죄자 일방의 실행행위가 개시된 이후에 다른 범죄자와 범행을 공동으로 실행하기로 의사가 합치되어 그에 따라 범행을 분담하여 실행한 경우를 승계적 공동정범이라고 한다. 다른 공범자의 실행행위 이후에 범행에 가담한 공범이 자신의 가담 이전에 이루어진 범행에 대해서도 형사책임을 승계한다는 의미에서 '승계적'이라고 부른다. 예를 들어, 직원 甲이 회사에 대한 업무상배임의 행위를 3차례에 걸쳐 행해 3억 원의 재산상 이익을 취득한 후 이러한 사실을 알게 된 같은 회사의 직원 乙과 공모하여 업무상배임의 행위를 공동으로 2차례 추가하여 2억 원의 재산상 이익을 더 취득한 사안에서, 乙의 승계적 공동정범을 인정하면 乙이 업무상배임으로 취득한 재산상 이익은 5억 원으로 보게 된다.

이처럼 포괄일죄의 범행 도중에 공동정범으로 가담한 사람의 형사책임의 범위가 포괄일죄 전체에 해당하는지 가담 이후의 부분에 한정되는지가 승계적 공동정범이 논의되는 대표적인 경우이다. 승계적 공동정범을 인정할 수 있는지에 대해서 견해가 대립한다.

(2) 학설

① 승계적 공동정범 '**긍정설**'이 있다. 이 견해는 공동정범의 핵심개념이 일부실행 · 전부책임이므로, 비록 범죄자 일방의 실행행위가 개시된 이후에 공동의 범행의사가 형성되어 범행을 분담하여 실행하였더라고 가담하기 이전에 행해진 부분까지 공동정범으로 책임을 부담한다고 본다.

② 승계적 공동정범 '**부정설**'이 있다.[19] 이 견해는 공모 이전에 일방에 의해서 실현된 범행 부분에 대한 행위지배를 인정할 수 없을 뿐만 아니라 그에 대한 고의나 인과관계를 인정할 수 없으므로, 가담하기 이전에 행해진 부분에 대해서는 책임을 부담하지 않는다고 본다.

생각건대, 승계적 공동정범은 부정하는 것이 타당하다(**부정설**). 공동정범이 성립하려면 먼저 범죄에 가담한 사람 간의 의사소통을 통한 공동의 범행의사가 있어야 하는데, 이것은 고의를 의미하는 것이고 고의는 행위 시에 존재하여야 하는 것으로서 사후고의는 인정될 수 없기 때문이다. 일부실행 · 전부책임이라는 공동정범의 핵심 개념이 사후고의를 인정하는 개념은 아니다.

(3) 판례

판례는 승계적 공동정범을 인정하지 않는다. ⓐ 다수의 향정신성의약품제조행위가 포괄적으로 한 개의 구성요건에 해당하는 포괄일죄의 일부에 공동정범으로 가담한 사람은 비록 가담할 때 이미 이루어진 종전의 범행을 알았더라도 가담 이후의 범행에 대해서만 공동정범으로서 책임을 진다(대법원 1982.6.8. 선고 82도884 판결). ⓑ 회사의 직원이 다른 직원과 공모하여 회사의 업무상 임무를 위배하여 4개월간 25회에 걸쳐 총 1억 3천만 원의 재산상 이익을 취득하였으나 첫 3개월간은 다른 직원이 혼자 2회에 걸쳐 총 2백만 원 상당의 재산상 이익을 취득한 사안에서도 자신이 가담한 시점 이전에 이루어진 범행에 대해서는 공동정범으로서 책임지지 않는다(대법원 2019.8.29. 선고 2019도8357 판결).

19) 김일수 · 서보학, 451면; 김종원(하), 123면; 김태명, 381면; 박상기 · 전지연, 257면; 배종대, 398면; 서거석 · 송문호, 341면; 성낙현, 612면; 신동운, 629면; 오영근 · 노수환, 433면; 이영란, 463면; 이정원 · 이석배 · 정배근, 298면; 이재상 · 장영민 · 강동범, 503면; 이형국 · 김혜경, 485면; 임웅 · 김성규 · 박성민, 468면; 정성근 · 박광민, 438면; 정성근 · 정준섭, 277면; 정영일, 392면; 주호노, 756면; 한상훈 · 안성조, 252면.

(4) 공동정범 성립의 시간적 한계

승계적 공동정범이 인정되지 않는다고 해서, 범죄자 일방의 실행행위가 개시된 이후에 다른 범죄자와 공동의 범행의사에 따라 범행을 분담하여 실행하는 것 자체가 부정되는 것이 아니다. 이 경우는 공동의 범행의사에 따라 실행된 범행에 대해서는 공동정범으로서 형사상 책임을 진다.

이때 범죄자가 공모 없이 이미 실행을 착수한 범죄에 대해서는 그 범죄의 어느 시점까지 공동정범의 성립이 가능한지와 관련해서 범죄자가 실행을 착수한 범죄가 Ⓐ '**기수**'에 이르기 전까지만 다른 범죄자와의 공동정범이 가능하다는 견해와 Ⓑ '**종료**'에 이르기 전까지는 다른 범죄자와의 공동정범이 가능하다는 견해가 있다. 생각건대 기수 이후의 행위라도 기수에 이른 범죄에 형법적으로 영향을 미치는 부분이 있다는 점에서 기수의 개념과 종료의 개념을 구분하고 있으므로, 공동정범 성립도 이미 실행을 착수한 범죄가 종료되기 전까지는 가능하다고 보아도 무리는 없다.

판례도 타인의 범죄가 종료에 이르기 전까지는 그 범죄에 대해서 공동정범이 가능하다고 본다. 범인도피죄는 범인이 도피하게 함으로써 기수에 이르고 도피행위가 계속되는 동안에는 범죄행위도 계속되고 행위가 끝날 때 비로소 범죄행위가 종료되므로, 공범자의 범인도피행위 도중에 그 범행을 인식하면서 그와 공동의 범의를 가지고 기왕의 범인도피상태를 이용하여 범인도피행위를 계속한 경우는 범인도피죄의 공동정범이 성립한다고 보았다(대법원 2012.8.30. 선고 2012도6027 판결).

4. 공모관계의 이탈

(1) 의의

공동의 범행을 모의한 후 그에 따른 **범행 실행의 착수 이전**에 공동의 범행의사를 철회하는 것을 공모관계의 이탈이라고 한다. 판례도 공모자 중의 한 사람이 다른 공모자가 실행행위에 이르기 전에 그 공모관계에서 이탈한 때에는 그 이후의 다른 공모자의 행위에 관해서는 공동정범으로서 책임을 지지 않는다고 하여 공모관계 이탈의 개념을 인정한다(대법원 1995.7.11. 선고 95도955 판결). 공모관계 이탈이 인정된다면, 이탈한 사람은 공모한 범죄의 실행착수 이전이므로 공모한 범죄의 음모 · 예비에 대한 처벌규정이 존재하지 않는 한 형사처벌의 대상이 되지 않게 된다.

주의할 것은, 공모자 중 한 사람이 실행착수 전에 이탈하자, 다른 공모자도 공모한 범행의 실행을 착수하지 않은 때는 '공모관계의 이탈'의 개념이 사용되는 경우가 아니라는 점이다. 이 경우는 공모한 범죄의 음모 · 예비의 문제일 뿐이다. 공모관계의 이탈은 공모자가 공모 이후 실행착수 이전에 이탈하였음에도 다른 공모자가 공모했던 범죄를 실행한 부분에 대해서까지 책임을 부담해야 한다는 주장에 대해서 항변사유로 사용되는 개념이다.

(2) 요건

공모관계의 이탈을 이유로 공동정범의 책임을 부인하기 위해서는 ① 첫째, 공모한 범행의 실행착수 이전에 범행의사를 철회하여야 한다. 철회의 의사표시는 반드시 명시적이어야 하는 것은 아니다(대법원 1986.1.21. 선고 85도2371, 85감도347 판결). 공모한 다른 공모자가 이미 실행행위에 착수한 이후에 공동의 범행의사를 철회하더라도 공동정범의 책임을 면할 수 없으므로, 공모한 범죄의 실행착수 시점을 확인하는 것이 중요하다. 예를 들어, ⓐ 살인의 모의에는 가담하였으나 다른 공모자들이 실행행위에 이르기 전에 그 공모관계에서 이탈하였다면 공모관계에서 이탈한 이후의 다른 공모자의 행위에 관해서는 공동정범으로서의 책임을 지지 않는다(대법원 1986.1.21. 선고 85도2371, 85감도347 판결). 반면 ⓑ 포괄일죄의 관계에 있는 범행의 일부를 실행한 이후 공범관계에서 이탈하였고 다른 공범자에 의하여 나머지 범행이 이루어진 경우, 이탈한 공범은 관여하지 않은 나머지 범행에 대하여도 죄책을 부담한다(대법원 2011.1.13. 선고 2010도9927 판결). ⓒ 공범들과 다단계금융판매조직을 통한 사기를 공모하고 피해자들을 기망하여 그들로부터 투자금 명목으로 피해금의 대부분을 편취한 단계에서 다단계금융판매조직의 관리이사직을 사임하더라도, 사임 이후 피해자들의 계속된 기망 상태에서 납입한 나머지 투자금명목의 편취금에 대하여도 책임을 부담한다(대법원 2002.8.27. 선고 2001도513 판결).

② 둘째, 범행의사를 철회하는 공범은 그렇지 않은 공모자에게 미친 영향력을 제거하여야 한다. 공모자가 실행행위 이전에 공모관계에 이탈하더라도, 공모에 주도적으로 참여하여 다른 공모자의 실행에 영향을 미친 때에는 범행을 저지하기 위하여 적극적으로 노력하는 등 실행에 미친 영향력을 제거해야 공모관계의 이탈을 인정할 수 있다(대법원 2008.4.10. 선고 2008도1274 판결). 공모자가 공모에 주도적으로 참여하여 다른 공모자의 실행에 영향을 미친 때에는 범행을 저지하기 위하여 적극적으로 노력하는 등 실행에 미친 영향력을 제거하지 아니하는 한, 실행착수 이전에 이탈의

의사표시를 한 공모자가 별건으로 구속되었다는 등의 사유만으로 공모관계에서 이탈이 인정되지는 않는다(대법원 2010.9.9. 선고 2010도6924 판결).

5. 공동정범의 중지미수

공동정범의 핵심은 일부실행 · 전부책임에 있으므로, 공모한 범죄의 실행에 다수의 공동정범 중 1인이 착수하였으면 전체 공동정범의 실행착수가 인정된다. 미수의 개념과 규정은 공동정범에게도 적용되는데, 공동의 범행의사에 따른 범죄의 실행에 착수한 이후에 결과 발생 이전에 공동정범 중 일부가 자의로 범행을 중지하였다면 중지미수를 인정할 수 있는지가 논의된다. 독일 형법 제24조 제2항은 공범의 중지미수를 규정하고 있는데,[20] 형법에는 공범의 중지미수는 규정하지 않고 있다.

공동정범의 중지미수에 대해서는 **일부실행 · 전부책임**이라는 공동정범의 핵심 내용에 따라 해결하는 것이 타당하다. 실행행위는 존재하는 상황이므로, 결과가 발생하지 않았으면 미수이고 결과가 발생하였으면 기수로 처벌할 수 있다. 만약 실행에 착수한 후에 공동정범 모두가 자의로 범행을 중지하여 결과의 발생을 방지하였으면 모두 중지미수가 적용되고, 공동정범 중 일부가 자의로 범행을 중지하여 결과의 발생을 방지하였으면 그 일부의 공동정범에게만 중지미수가 적용된다. 그러나 실행에 착수한 후에 공동정범 모두 또는 일부가 자의로 범행을 중지하였으나 결과의 발생을 방지하지 못하였으면, 모두 발생한 결과의 공동정범이 인정된다. 판례도 다른 공범자의 범행을 중지케 한 바 없으면 자신의 범의를 철회하여도 중지미수가 될 수 없다고 본다(대법원 1969.2.25. 선고 68도1676 판결).

한편, 공모한 범행의 기수 이후에는 중지미수라는 개념은 적용될 수 없다. 따라서 합동범 형태의 특수강간을 모의하고 모의한 계획에 따라 공동정범 중 1인은 텐트 밖에서 망을 보고 다른 공동정범이 텐트 안에서 강간한 이후에 망을 보던 공동정범이 피해자를 강간하려 했으나 피해자가 강간하지 말아 달라고 사정하여 강간하지 않았더라고 이미 기수인 상황이므로 중지미수도 해당하지 않는다(대법원 2005.2.25. 선고 2004도8259 판결).

---

20) 독일 형법 제24조(중지미수, Rücktritt) 제2항: "다수의 사람이 범죄에 가담한 경우, 범죄의 종료를 자의로 방지한 사람은 미수로 처벌되지 않는다. 다만 범죄가 그가 모르게 종료되지 않거나 범죄가 그의 방지행위에 영향을 받지 않고 실행되더라도, 범행의 종료를 방지하기 위한 그의 자의적이고 진지한 노력이 있는 때는 처벌되지 않는다.

6. 부작위범의 공동정범

(1) 진정부작위범

부작위범 간의 공동정범은 성립할 수 있다. 진정부작위범에 있어서 이행가능한 공동의 작위의무를 다수의 사람이 함께 이행하지 않으면 공동정범이 성립한다.

예를 들어, ⓐ 진정부작위범인 주식 등 변경 보고의무 위반으로 인한 자본시장법 위반죄는 그 의무가 수인에게 공통으로 부여되어 있는데도 수인이 공모하여 전원이 그 의무를 이행하지 않았을 때 공동정범이 성립할 수 있다(대법원 2022.1.13. 선고 2021도11110 판결). ⓑ 진정부작위범인 확인 서류 등 수수 의무 위반으로 인한 정신보건법 위반죄는 그 의무가 수인에게 공통으로 부여되어 있는데도 수인이 공모하여 전원이 그 의무를 이행하지 않았을 때 공동정범이 성립할 수 있는데, 확인 서류 등의 수수 의무는 '정신의료기관 등의 장'에게만 부여되어 있고 그곳에 근무하고 있을 뿐인 정신건강의학과 전문의에게는 부여되어 있지 않으므로, 정신건강의학과 전문의에게 정신보건법 위반죄의 공동정범은 성립할 수 없다(대법원 2021.5.7. 선고 2018도12973 판결). ⓒ '공중위생영업을 하고자 하는 자'에게 부여된 신고의무 위반으로 인한 공중위생관리법 위반죄는 진정부작위범에 해당하는데, '영업을 하는 자'라 함은 영업으로 인한 권리의무의 귀속 주체가 되는 자를 의미하고 영업자의 직원이나 보조자는 이에 포함되지 않으므로, 직원이나 보조자에게 신고의무 위반으로 인한 공중위생관리법 위반죄의 공동정범은 성립할 수 없다(대법원 2008.3.27. 선고 2008도89 판결).

(2) 부진정부작위범

부진정부작위범의 경우에 작위범에서 마찬가지 기준으로 정범과 공범을 구분할 수 있는지, 즉 부작위 형태의 가담행위를 한 사람에 대해서도 공동정범을 인정할 수 있는지의 문제가 제기된다.

Ⓐ 부작위에 의한 공동정범이 가능하다고 보는 견해가 있다.[21] 부진정부작위범에서 결과발생을 방지할 보증인으로서 정범성을 갖춘 경우는 정범을 인정하고, 정범의 범죄를 방지할 보증인의 지위에 있는 자가 공동의 범행의사 등의 공동정범의 성립요건을 갖추지 못한 경우는 방조범을 인정한다.

21) 강동욱, 134면; 김혜정 · 박미숙 · 안경옥 · 원혜욱 · 이인영, 378면; 박상옥 · 김대휘(2), 144면.

Ⓑ 부작위에 의한 공동정범은 성립할 수 없고, 부작위 형태의 가담행위로는 방조범만 성립한다는 견해가 있다. 행위지배설에 따라 정범과 공범을 구분할 때, 부작위에 의한 행위지배는 인정되지 않는다고 본다.

판례는 진정부작위범 사이의 공동정범은 다수의 부작위범에게 공통된 의무가 부여되어 있고 그 의무를 공통으로 이행할 수 있을 때만 성립한다고 보아(대법원 2008.3.27. 선고 2008도89 판결), 부작위에 의한 진정부작위범의 공동정범 성립을 긍정하는데, 부진정부작위범의 경우에서도 마찬가지로 긍정할 것으로 판단된다.

생각건대, 부작위에 의한 공동정범의 성립을 굳이 부정할 이유는 없다. 진정부작위범의 경우에 다수의 사람이 공동의 범행의사에 따라 공동으로 부작위를 하여 범행을 실행한 경우라면 당연히 모두 부작위범 형태의 범죄를 범한 것으로 보게 된다. 부진정부작위범의 경우에서도 작위범의 공동정범 성립 요건에 보증인지위와 행위의 동가치성이 추가되면 작위범과 동일한 효과를 부여하게 되므로, 정범과 공범의 구분기준도 작위범의 경우와 달리 볼 필요는 없다. 다만 작위로 행해지는 범행에 부작위 행위로 가담한 공범의 행위는 행위지배가 인정되지 않는 경우가 일반적일 것이다.

예를 들어 백화점에서 특정매장에 관한 상품관리 및 고객들의 불만사항 확인 등의 업무를 담당하는 직원은 자신이 관리하는 특정매장의 점포에 가짜 상표가 새겨진 상품이 진열 · 판매되고 있는 사실을 발견하였다면 상급자에게 보고하여 이를 시정하도록 할 근로계약상 · 조리상의 의무가 있는데, 이러한 사실을 알고서도 점주 등에게 시정조치를 요구하거나 상급자에게 이를 보고하지 아니하여 점포주가 가짜 상표가 새겨진 상품들을 고객들에게 계속 판매하도록 방치한 경우는 점포주의 작위에 의한 상표법위반 및 부정경쟁방지법위반 행위에 대한 방조가 인정된다(대법원 1997.3.14. 선고 96도1639 판결).

한편, 판례는 **과실범**에 있어서도 **부작위의 공동정범**을 긍정한다. 공동의 과실이 경합되어 화재가 발생한 경우에 적어도 각 과실이 화재의 발생에 대하여 하나의 조건이 된 이상은 그 공동적 원인을 제공한 각자는 실화죄의 책임을 부담한다(대법원 1983.5.10. 선고 82도2279 판결).

7. 합동범의 공동정범

특수도주죄(제146조), 특수절도죄(제331조 제2항), 특수강도죄(제334조 제2항), 성폭력처벌법 위반(특수강간)죄와 같이 구성요건 실현의 행위태양에 2인 이상의 합동이 명시된 합동범은 필요적 공범의 한 유형인데, 필요적 공범 간에는 공동정범이나 방조범에 관한 형법총칙 규정이 적용되지 않는다. 다만 필요적 공범으로 규정된 범위 밖의 가담자는 형법총칙의 임의적 공범이 성립할 수 있다.

합동범이 성립하기 위해서는 공동정범과 마찬가지로 주관적 요건으로서 공모와 객관적 요건으로서 실행행위의 분담이 있어야 하고, 나아가 그 실행행위는 시간적 · 장소적 협동관계에 있어야 한다(**현장설**). 현장설에 의하면 범행 현장에 있지 않은 공동정범은 합동범의 요건을 갖추지 못하므로 합동범으로 처벌할 수 없다. 그런데 범행 현장에 있지 않은 공동정범이 범행을 주도하고 나머지 다수의 공동정범이 범행 현장에서 합동범 형태의 구성요건을 실행한 경우, 범행 현장에 있지 않은 공동정범을 어떻게 처벌해야 하는지에 대해서 견해가 대립한다.

Ⓐ 합동범의 공동정범 **'부정설'**이 있다.[22] 공동정범은 각자 정범으로 처벌되는데, 범행 현장에 있지 않은 공범을 합동범의 공동정범으로 인정하면 현장에 없는 범죄자를 합동범으로 인정하게 된다. 이것은 합동범의 본질을 현장설로 파악하는 것과 모순되므로, 범행 현장에 있지 않은 공범은 합동범에 대한 교사 또는 방조만이 가능하다고 본다.

Ⓑ 합동범의 공동정범 **'긍정설'**이 있다.[23] 합동범의 공동정범을 부정하면 범행 현장에서 실행한 범죄자는 합동범으로 무겁게 처벌되고 범행 현장에 있지 않으면서 범행을 주도한 공동정범은 정범이 아니라 교사 또는 방조로 처벌되는데, 이러한 처벌의 불균형을 막기 위해서는 합동범의 공동정범을 인정할 수 있다고 한다. 그리고 현장적 공동정범설의 입장도 현장 밖에서 전체 합동범관계를 주도적으로 지배한 경우는 공동정범을 인정하여 합동범의 공동정범을 긍정한다.[24]

Ⓒ **'제한적 긍정설'**이 있다. 판례의 입장이다. 판례는 법감정과 처벌의 균형성을 고려하여, "3인 이상의 범인이 합동절도의 범행을 공모한 후 적어도 2인 이상의 범인이 범행 현장에서 시간적, 장소적으로 협동관계를 이루어 절도의 실행행위를 분담하여 절도 범행을 한 경우에, 그 공모에는 참여하였으나 현장에서 절도의 실행행위를 직접 분담하지 아니한 다른 범인에 대하여도 그가 현장에서 절도 범행을 실행한

---

22) 김혜정 · 박미숙 · 안경옥 · 원혜욱 · 이인영, 383면; 배종대, 426면; 신동운, 783면; 임웅 · 김성규 · 박성민, 486면; 정성근 · 정준섭, 294면; 정영일, 402면.

23) 성낙현, 636면.

24) 김일수 · 서보학, 470면.

위 2인 이상의 범인의 행위를 자기 의사의 수단으로 하여 합동절도의 범행을 하였다고 평가할 수 있는 정범성의 표지를 갖추고 있는 한 공동정범의 일반 이론에 비추어 그 다른 범인에 대하여 합동절도의 공동정범으로 인정할 수 있다"라고 본다(대법원 1998.5.21. 선고 98도321 전원합의체 판결).

생각건대 '**현장설**'에 따라 시간적 및 장소적 협동으로 다수의 사람이 범죄를 행하여 위험성이 증가하는 데에 합동범의 본질이 있다고 본다면, 합동범의 공동정범은 부정하는 것이 타당하다. 합동범의 본질을 갖추지 못한 공범을 현장성이라는 공동정범으로 보아 합동범을 인정하는 것은 타당하지 않을 뿐만 아니라, 필요적 공범으로 규정된 범위 밖의 가담자에게는 형법총칙의 임의적 공범이 성립할 수 있는 것이므로 합동범의 교사범으로 볼 수 있기 때문이다. 교사범은 실행한 사람과 동일한 형으로 처벌되므로(제31조 제1항) 처벌의 불균형도 발생하지는 않는다.

제3절 | 간접정범

I. 의의

1. 개념

제34조(간접정범, 특수한 교사, 방조에 대한 형의 가중) ① 어느 행위로 인하여 처벌되지 아니하는 자 또는 과실범으로 처벌되는 자를 교사 또는 방조하여 범죄행위의 결과를 발생하게 한 자는 교사 또는 방조의 예에 의하여 처벌한다.
② 자기의 지휘, 감독을 받는 자를 교사 또는 방조하여 전항의 결과를 발생하게 한 자는 교사인 때에는 정범에 정한 형의 장기 또는 다액에 그 2분의 1까지 가중하고 방조인 때에는 정범의 형으로 처벌한다.

타인을 마치 도구처럼 이용하여 자신의 범죄를 실현하는 사람을 간접정범이라고 한다. 간접정범은 스스로 자신의 범죄를 직접 실행하는 직접정범에 대응하는 개념이고, 범죄의 실행행위를 직접 하지 않는 공범 중 교사범과 방조범의 범주로 포섭하기 어려운 경우에 대응한 개념이다. 역사적으로도 공범의 형태 중 가장 늦게 인정한 개념이 간접정범이다.

참고 간접정범의 역사[25)]

18세기 말 자연법이론의 영향을 받은 형식 · 객관주의 형법이론이 정범과 공범을 구분하기 시작하였고, 이때 인과성 사고에 기초하여 두 가지의 범죄주체, 즉 창안자(Urheber)와 방조자(Gehilfe)가 구분되었다. 창안자는 범죄에 특유의 원인을 제공한 행위자를 의미하였고, 오늘날의 교사범도 창안자에 속했다. 그러나 당시의 창안자와 방조자의 구분이 처벌의 차이까지 규정하지는 않았고 처벌은 개별사례에서 범죄에 대한 인과성에 따라 행해졌다.

19세기에 명확성의 원칙에 기초하여 형벌조항까지도 명확하게 규정하려는 경향이 일어나, 독일 학계에서는 창안자의 개념을 육체적 창안자(physischer Urheber)와 지적(知的) 창안자(intellektueller Urheber)로 구분하였다. 지적 창안자는 육체적 작성자와 동일한 불법성이 있다고 보았는데, 지적 창안자란 위법한 범행을 유발하도록 타인의 의지를 지배하는 자를 의미했다. 그 후 육체적 창안자는 정범으로, 지적 창안자는 교사범으로 표현되었다. 이러한 학계의 구분이 입법에 반영되어 1851년 프로이센 형법 제34조에 공범(Teilnahme)이 규정되었다.

19세기 중엽 독일 형법학계에서는 범행에 대한 인간의 자유의지를 중시했던 Hegel의 영향을 받아, 공범은 정범의 자유로운 의사에 기한 행위를 전제로 한다는 인식이 강조되면서, 오늘날 간접정범의 형태를 공범에서 분리하여 가식교사범(scheinbarer Anstifter)이라고 표현하기 시작하였다. 그럼에도 1871년 독일제국형법은 교사범만을 규정하고 간접정범은 규정하지 않았지만, 이후 판례와 학설에서 간접정범의 개념이 사용되었고 입법의 논의도 이루어졌다. 이후 독일 형법전에는 1975년에 비로소 간접정범이 정범의 개념 속에 규정되었다.

한국 형법에는 독일보다 빠른 1953년 제정 시부터 간접정범이 규정되었다. 1953년 형법의 제정에 있어서 1931년(총칙 부분)과 1940년(각칙 부분)의 일본 형법개정가안(18년 6개월에 걸친 개정작업의 결과물이었지만 1940년 2차 세계대전의 전쟁 준비의 여파로 입법으로 연결되지 못했음)을 많이 참조하였는데, 이 개정안에 1925년 독일형법개정가안, 1935년 나치스독일 형법 개정작업 등의 내용이 참조되어 있었기에 한국의 입법자들은 독일에서 교사범과 간접정범을 구별하려던 입법 논의를 참조하여 입법할 수 있었다.

형법 제34조는 '간접정범'이라는 표제를 가지고 제1항에서 "어느 행위로 인하여 처벌되지 아니하는 자 또는 과실범으로 처벌되는 자를 교사 또는 방조하여 범죄행위의 결과를 발생하게 한 자는 교사 또는 방조의 예에 의하여 처벌한다."고 규정하고 있다.

2. 본질

간접정범을 공범(교사범, 방조범)으로 볼 것인지 정범으로 볼 것인지에 대한 견해가 대립한다. 특히 간접정범을 규정한 제34조 제1항이 표제는 "간접정범"으로 하면

25) 김정환, "형법 제31조 제1항 '교사'의 해석", 형사법연구 제26호, 2006, 267~268면.

서도 행위태양을 “교사 또는 방조”라고 표현하고 있어서 더욱 논란이 된다.

Ⓐ ‘**공범설**’은 제34조에 규정한 간접정범은 정범이 아닌 공범의 일종이라고 보는 견해이다.[26] 형법 제34조는 “처벌되지 아니하는 자 또는 과실범으로 처벌되는 자”라는 문구를 사용하고 있는데, 이것은 공범종속형식 중 극단적 종속형식을 따를 때 협의의 공범처벌에 있어 불비점이 발생하는 것을 방지하기 위한 보완책으로 규정한 것이라고 한다. 또한 행위태양을 “교사 또는 방조하여”라고 규정하고 법률 효과를 “교사 또는 방조의 예에 의하여 처벌한다.”고 명시하는 점도 공범설을 뒷받침한다고 한다.

Ⓑ ‘**정범설**’은 제34조에 규정한 간접정범은 정범의 일종이라고 보는 견해이다.[27] 공범설은 형법 제34조 제1항의 문구에 대한 지나친 문리해석이라고 비판한다. 형법 제34조 제1항을 문리해석하자면, 우선 표제가 ‘간접정범’으로 되어 있으며, 또한 행위태양도 단순히 “교사 또는 방조하여”라고 표현하는 것이 아니라 “교사 또는 방조하여 범죄행위의 결과를 발생하게 한”이라고 규정하고 있으므로 정범으로 볼 수 있다고 한다. 이에 문리해석만을 기준으로 본질을 파악할 것이 아니라, 정범과 공범의 구분 기준을 통해 간접정범을 살펴보면 행위지배를 인정할 수 있으므로 정범으로 본다.

생각건대, 제34조에 규정한 간접정범은 협의의 공범이 아닌 정범으로 보는 **정범설**이 타당하다. 문언상으로 보면 제34조에 규정한 간접정범은 정범으로 볼 수도 있고 공범으로 볼 수도 있다. 하지만 협의의 공범은 교사나 방조하여 타인의 죄를 범한 자임에 반하여 간접정범은 교사나 방조하여 자신의 죄를 범한 자라는 점에 핵심적 차이가 있다. 교사범이나 방조범은 정범의 성립을 전제로 하지만, 간접정범은 범죄가 성립되지 않아 처벌되지 않거나 과실범으로 처벌되는 자를 전제로 하고 있다. 또한 정범과 공범의 구분 기준에 따라 행위지배의 여부로 판단하더라도 도구처럼 이용당하는 사람에게 행위지배를 인정할 수는 없고 그러한 사람을 이용하는 사람에게 행위지배를 인정할 수밖에 없다.

---

26) 김태명, 403면; 신동운, 715면.

27) 강동욱, 309면; 김일수 · 서보학, 431면; 김혜정 · 박미숙 · 안경옥 · 원혜욱 · 이인영, 387면; 박상기 · 전지연, 275면; 배종대, 435면; 성낙현, 645면; 이영란, 470면; 이상돈, 265면; 이용식, 96면; 이정원 · 이석배 · 정배근, 278면; 이재상 · 장영민 · 강동범, 477면; 이주원, 367면; 이형국 · 김혜경, 499면; 임웅 · 김성규 · 박성민, 492면; 정성근 · 박광민, 416면; 정영일, 434면; 한상훈 · 안성조, 257면.

3. 간접정범의 특성

이와 같이 간접정범은 정범의 일종이다. 직접정범은 자신의 범죄를 스스로 실행하는 데 반해, 간접정범은 우월한 인식과 의사에 의해 범행 전체에 대하여 피이용자의 행위를 지배하고 이를 이용하여 자신의 범행을 실현한다.

한편, 간접정범과 교사범은 타인의 실행행위를 이용하여 범죄에 가담하는 점에서 유사하고, 모두 발생한 범죄에 대한 지적(知的) 창안자(intellektueller Urheber)라고 할 수 있다. 하지만 타인에게 실행행위를 하도록 한 창안자의 역할을 범행의 전체적인 맥락 속에서 그 기능(행위지배)에 따라 정범으로 볼 것인지 공범으로 볼 것인지가 구별된다. 직접 범죄를 행한 사람이 자신의 자유로운 의사에 기초하여 행위를 하였는지에 따라 간접정범과 교사범은 구분하게 된다.

II. 성립 요건

1. 피이용자의 범위

(1) 형법 제34조 제1항

간접정범이 자신의 범죄를 실현하기 위해서 마치 도구처럼 이용한 사람을 '피이용자'라고 부르는데, 피이용자는 발생한 범죄에 대해서 행위지배를 하지 못한 사람이다. 형법 제34조 제1항에서는 피이용자를 "어느 행위로 인하여 처벌되지 아니하는 자 또는 과실범으로 처벌되는 자"라고 규정하고 있다.

판례는 피이용자에 대해서 "책임무능력자, 범죄사실의 인식이 없는 자, 의사의 자유를 억압당하고 있는 자, 목적범, 신분범인 경우 그 목적 또는 신분이 없는 자 위법성이 조각되는 자 등을 마치 도구나 손발과 같이 이용하여 간접으로 죄의 구성요소를 실행한 자를 간접정범으로 처벌하는 것"이라고 한다(대법원 1983.6.14. 선고 83도515 전원합의체 판결).

(2) 객관적 구성요건에 해당하지 않는 경우

① 피이용자가 범죄의 주체가 될 수 없는 경우

자살행위는 구성요건이 존재하지 않는데, 기망이나 협박 등을 당해 자살을 한 경우라면 피이용자에 대한 간접정범이 성립한다. 예를 들어, ⓐ 7세, 3세 남짓 된 어린 자식들에 대하여 함께 죽자고 권유하여 물속에 따라 들어오게 하여 결국 익사하게 한 경우는 자살의 의미를 이해할 능력이 없고 무엇이나 복종하는 어린 자식들을 권유하여 익사하게 한 것으로서 살인죄의 범의가 인정되고 (간접)정범이 성립한다(대법원 1987.1.20. 선고 86도2395 판결). ⓑ 자기 자신에 대한 강제추행은 강제추행죄의 대상이 아닌데, 강제추행에 관한 간접정범의 의사를 실현하는 도구로서의 타인에는 피해자도 포함될 수 있으므로, 피해자를 도구로 삼아 피해자의 신체를 이용하여 추행한 경우는 강제추행죄의 간접정범에 해당한다(대법원 2018.2.8. 선고 2016도17733 판결). ⓒ 종중총회 회의록을 임의로 작성한 후 종중원들을 찾아다니면서 회의록을 내용 등에 대해서 제대로 알려 주지 아니한 채, 단지 임야에 관하여 문중 명의로 소유권이전등기를 하는 데 필요하다는 정도로만 얘기하면서 명의인의 서명, 날인을 받은 경우는, 서명 · 날인이 정당히 성립된 경우에도 기망자는 명의인을 이용하여 서명 날인자의 의사에 반하는 문서를 작성케 하는 것이므로 사문서위조죄가 성립한다(대법원 2000.6.13. 선고 2000도778 판결).

② 진정신분범에서 피이용자에게 신분이 없는 경우

진정신분범에서 신분자가 신분이 없는 피이용자를 통해 범죄를 실현한 때도 간접정범이 성립한다. 대표적으로 공무원이 비공무원인 가족을 이용해서 뇌물을 수수한 경우를 들 수 있다.

다만 주의할 점은 이러한 경우는 공동정범이 성립할 수도 있으므로 피이용자에게 행위지배를 인정할 수 있는지를 판단하는 것이 필요하다. 만약 신분이 없는 피이용자가 신분이 있는 이용자와 공모한 후 진정신분범 형태의 범죄를 실현하였다면, 피이용자는 형법 제33조 본문에 의해 신분의 연대성이 인정되므로 실현된 범죄의 공동정범으로 처벌된다.

(3) 주관적 구성요건에 해당하지 않는 경우

① 피이용자에게 고의가 없는 경우

이용자가 실현하려는 범죄에 대한 고의가 피이용자에게 없는 경우(과실범으로 처벌되는 경우 포함)가 대표적인 간접정범의 경우이다. 예를 들어 튀김용 기름 제조의 허가도 없이 튀김용 기름을 제조할 고의 하에 식용유 제조의 고의가 없는 사람을 이용하여 튀김용 기름을 제조케 한 사람은 처벌되지 아니하는 행위를 이용한 무허가 제조행위로서 식품위생법 위반죄의 간접정범에 해당한다(대법원 1983.5.24. 선고 83도200 판결).

한편, 형법 제228조의 공정증서원본부실기재죄는 고의 없이 부실 등재하는 공무원의 행위를 이용하여 죄를 범하는 점에서 형법 제34조 간접정범에 대한 특별규정이라고 할 수 있다.[28]

② 피이용자에게 목적이 없는 경우

목적범에서 이용자가 구성요건에 대한 고의는 있으나 목적이 없는 피이용자를 통해 범죄를 실현한 때도 간접정범이 성립한다. 사용 목적이 없는 사람을 이용하여 화폐를 위조하거나 불법영득의 의사가 없는 사람을 이용하여 절도하는 경우가 대표적이다. 국헌문란의 목적을 가진 사람이 그러한 목적이 없는 사람을 이용하여 내란죄를 실행할 수 있다(대법원 1997.4.17. 선고 96도3376 전원합의체 판결). 다만 피이용자에게 구성요건에서 요구되는 목적은 없지만 고의가 존재하는 경우는, 피이용자가 행위상황 전반을 파악하고 있으므로 피이용자가 이용자의 도구로서 행위지배를 당하고 있는 요소를 판단하여야 한다.

(4) 위법성이 조각되거나 책임이 없는 경우

피이용자가 행한 구성요건해당성 있는 행위에 대해서 위법성이 없거나 책임이 없는 경우도 이용자는 간접정범이 성립한다. 예를 들어, 타인을 비방할 목적으로 신문기자에게 기사의 재료로 허위 사실을 설명하고 보도자료를 교부하여 그 내용을 진실한 것으로 오인한 신문기자가 신문에 허위기사를 게재한 경우에, 비방의 목적도 없고 허위에 대한 인식도 없는 신문기자에게는 사실적시명예훼손죄(제307조 제1항)의 구성요건해당성이 있더라도 제310조의 위법성의 조각에 해당되는데, 기자에게 허위

---

28) "형법은 소위 무형위조에 관하여서는 공문서에 관하여서만 이를 처벌하고 일반 사문서의 무형위조를 인정하지 아니할 뿐 아니라(다만 형법 제233조의 경우는 예외) 공문서의 무형위조에 관하여서도 동법 제227조 이외에 특히 공무원에 대하여 허위의 신고를 하고 공정증서 원본 면허장 감찰 또는 여권에 사실 아닌 기재를 하게 할 때에 한하여 동법 제228조의 경우의 처벌규정을 만들고 더구나 제227조의 경우의 형벌보다 현저히 가볍게 벌하고 있음에 지나지 아니하는 점으로 보면 공무원이 아닌 자가 허위공문서위조의 간접정범이 되는 때에는 동법 제228조의 경우 이외에는 이를 처벌하지 아니하는 취지로 해석함을 상당하다."(대법원 1961.12.14. 선고 4292형상645 판결)

사실을 설명하고 보도자료를 교부한 사람은 출판물에의한명예훼손죄가 성립한다(대법원 1994.4.12. 선고 93도3535 판결).

다만 피이용자가 책임이 없는 경우는 공범의 종속성 정도에 있어서 제한적 종속형식을 취할 경우는 교사범이나 방조범의 성립도 가능하다. 이때 만약 피이용자에게 불법행위에 대한 행위지배를 인정할 수 있다면 피이용자가 정범이 되고 이용자는 교사범이나 공동정범이 성립하게 되며, 피이용자에게 행위지배를 인정할 수 없는 경우에 이용자는 간접정범이 성립하게 된다.

2. 이용행위(교사 · 방조)

(1) 의미

형법 제34조 제1항에서는 간접정범의 행위태양을 “교사 또는 방조하여 범죄행위의 결과를 발생하게 한” 것이라고 표현한다. 여기서 교사나 방조는 교사범(제31조)과 방조범(제32조)의 의미가 아니라, 피이용자에게 특정한 행위를 ‘사주’하거나 그의 특정한 행위를 ‘이용’한다는 의미이다. 판례는 “타인의 행위를 적극적으로 유발하고 이를 이용하여 자신의 범죄를 실현”하는 것이고 “타인의 의사를 부당하게 억압하여야만 간접정범에 해당하게 되는 것은 아니다.”라고 한다(대법원 2008.9.11. 선고 2007도7204 판결).

간접정범의 본질은 타인을 도구로 이용하여 자신의 범죄를 실현하는 것에 있으므로, 간접정범의 실행착수 시점은 간접정범이 피이용자를 사주하거나 이용하는 행위를 개시한 때가 된다.

(2) 부작위에 의한 간접정범

간접정범은 부작위 형태의 이용행위로 성립할 수 없다. 자신이 도구로 이용하는 사람의 행위를 방지할 보증인지위에 있는 사람이 보증의무를 이행하지 않았다면, 피이용자의 범죄행위에 대한 부작위의 간접정범으로 보는 것이 아니라, 발생한 범죄에 대한 부작위의 직접정범으로 보게 된다.

따라서 부작위에 의한 공범의 가담은 공동정범이나 방조범의 형태로만 가능하고, 일반적으로 부작위에 의한 행위지배를 인정하기는 어려우므로 부작위에 의한 공범은 일반적으로 부작위의 방조범이라고 볼 수 있다.

(3) 피이용자에 대한 범죄의 성립

한편, 간접정범이 피이용자를 이용한 행위 자체에 대해서 피이용자에 대한 별도의 범죄가 성립하는지가 논의된다. 예를 들어, 피해자에 대한 사기를 실현하기 위해서 피이용자를 속여서 피이용자를 피해자로부터 편취한 재물이나 재산상 이익을 전달하는 도구로서 이용했을 때 피용자에 대한 별도의 범죄가 성립하는지의 문제이다. 판례는 편취된 재물이나 재산상 이익의 피해자에 대한 사기죄가 성립할 뿐이고, 도구로 이용된 피이용자에 대한 사기죄가 별도로 성립하지는 않는다고 본다(대법원 2017.5.31. 선고 2017도3894 판결).

다만 이와 달리 피이용자를 통해 기망을 당한 피해자로부터 재물이나 재산상 이익을 취득했을 뿐만 아니라 기망을 통해 도구로 이용한 피이용자로부터도 재물이나 재산상 이익을 취득했다면, 피이용자에 대한 사기죄도 성립할 수 있다.

(4) 범죄행위의 결과 발생

형법 제34조 제1항에서는 "교사 또는 방조하여 범죄행위의 결과를 발생하게 한" 것이라고 표현하고 있는데, 이것은 간접정범이 의도한 구성요건의 실현을 의미한다. 간접정범의 이용행위와 피이용자의 범죄행위 간에는 인과관계가 인정되어야 하며, 피이용자의 범죄행위가 결과범인 경우는 피이용자의 행위로 인한 결과의 발생이 필요하고, 거동범인 경우는 피이용자의 실행행위만 있으면 된다.

3. 고의와 착오

(1) 고의

간접정범은 타인(피이용자)을 도구로 이용하여 자신의 범죄를 실현하는 것이므로, 피이용자가 실행한 범죄에 대한 고의가 요구되고 나아가 타인을 도구로 이용한다는 것에 대한 고의도 요구된다.

주의의무를 위반하여 타인을 도구로 이용하여 범죄의 결과가 발생한 경우처럼 과실에 의한 간접정범이 가능한지를 생각해 볼 수 있는데, 이 경우는 과실범의 간접정범이 아니라 단순히 과실범으로 이해하는 것이 타당하다. 과실로 타인의 의사를 지배한다는 것은 상정하기 어렵기 때문이다.

(2) 간접정범의 착오

간접정범의 고의와 관련해서 간접정범의 착오가 논의된다. 첫 번째 유형으로 **피이용자의 구성요건 착오**가 간접정범에게 어떤 영향을 미치는지가 문제이다. ① 피이용자에게 구성요건의 착오 중 '방법의 착오'가 발생한 경우는 이용자인 간접정범도 방법의 착오에 해당하고, 구체적 부합설 혹은 법정적 부합설에 따라 해결하면 된다. ② 피이용자에게 구성요건의 착오 중 '객체의 착오'가 발생한 경우는 이용자인 간접정범에게는 방법의 착오에 해당한다. 이에 대해서 피이용자의 객체의 착오는 이용자에게도 객체의 착오에 해당한다고 보는 견해도 있지만, 사람을 도구로 이용하는 간접정범에 있어서 도구인 피이용자에게 구성요건의 착오가 발생한 것은 사용한 정범에게는 도구가 다른 객체에 효과를 나타낸 형태이므로 방법의 착오로 이해하는 것이 타당하다. 특히 이용자인 간접정범은 피이용자의 실행행위로 발생한 결과의 대상에 대해서 인식한 바가 없으므로 객체의 착오로 볼 수는 없다.

두 번째 유형으로 이용자에게 **피이용자에 대한 착오**가 있는 경우이다. ① 이용자가 피이용자에게 고의나 책임능력이 있다고 생각하고 이용행위를 했는데 실제로는 피이용자에게 고의나 책임능력이 없는 경우라면, 이용자에게는 타인을 도구로 이용한다는 고의가 존재하지 않으므로 간접정범을 인정할 수는 없다. 이때는 인식한 내용에 맞추어 교사범이 성립된다고 할 수 있다. 반대로 ② 이용자가 피이용자에게 고의나 책임능력이 없다고 생각하고 이용행위를 했는데 실제로는 피이용자에게 고의나 책임능력이 있는 경우라면, 이용자가 피이용자에 대해서 행위지배를 하지 못한 상황이므로 간접정범을 인정할 수 없고 교사범이 성립된다고 보는 것이 타당하다.

세 번째 유형으로 피이용자가 간접정범이 가지고 있는 **고의의 범위를 넘어서 실행**하였을 때 그 결과에 대해서 책임을 부담하는지가 문제이다. 간접정범도 자신의 고의 범위 내에서 책임을 부담하므로, 고의 범위를 넘는 결과에 대해서는 원칙적으로 책임지지 않는다. 다만 피이용자를 이용하여 상해죄를 실현하려고 있는데 피이용자가 상해치사죄를 범한 경우와 같이 피이용자가 범한 결과적 가중범에 대해서는, 이용자는 기본범죄의 고의가 있는 정범이므로 중한 결과에 대한 예견가능성이 있다면 결과적 가중범에 대한 책임을 부담하게 된다.

4. 특수교사 · 방조

형법 제34조 제2항에는 “자기의 지휘, 감독을 받는 자를 교사 또는 방조하여 전항의 결과를 발생하게 한 자는 교사인 때에는 정범에 정한 형의 장기 또는 다액에 그 2분의 1까지 가중하고 방조인 때에는 정범의 형으로 처벌한다.”라고 하여 특수한 교사 · 방조에 대한 형의 가중을 규정하고 있다.

이 규정의 적용 범위와 관련해서 간접정범만을 포함한다고 보는 견해, 교사범과 방조범만을 포함한다고 보는 견해, 간접정범뿐만 아니라 교사범과 방조범 모두를 포함한다고 보는 견해가 있다. 생각건대 간접정범을 규정한 형법 제34조 제1항에서 규정한 대상(처벌되지 아니하는 자 또는 과실범으로 처벌되는 자)과 달리 제2항에서는 단순히 “자기의 지휘, 감독을 받는 자”라고 규정하고 있으므로 교사범과 방조범을 포함한다고 볼 수 있으며, 조문의 체계적 위치가 간접정범을 규정한 형법 제34조 제1항에 이어져 제2항에서 규정되어 있으므로 간접정범도 포함된다고 볼 수 있다.

특수교사 · 방조를 가중 처벌하는 취지는 지휘 · 감독자가 범죄를 행함에 있어서 자신의 지위를 남용하였다는 점에 있고, 이때 지휘 · 감독의 근거는 법령 · 계약상은 물론 관습 등 사실상의 지휘 · 감독의 지위에 있는 경우도 포함된다.

III. 처벌

형법 제34조 제1항에서는 간접정범을 “교사 또는 방조의 예에 의하여 처벌”하도록 규정하고 있다. 교사는 정범의 형과 동일한 형으로 처벌되고(제31조 제1항), 방조는 정범의 형보다 감경되어 처벌된다(제32조 제2항). 이때 정범인 간접정범이 방조와 같이 형을 필요적으로 감경하는 것이 타당한 것인지에 대해서 의문이 제기되며, 간접정범의 본질을 공범으로 보는 근거로 사용되기도 한다.

그러나 간접정범을 교사 또는 방조의 예에 따라 처벌한다는 의미는 직접정범과 간접정범 간에 불법성의 차이를 고려한 입법이라고 볼 수 있다. 실행행위를 직접적으로 하지 않는 범죄자는 비록 그가 정범이라고 할지라도 직접 실행하는 범죄자보다 불법성이 높지 않고 오히려 같거나 낮다고 평가한 것이라고 할 수 있다. 결국 간접정범의 처벌은 임의적 감경의 형태로 입법된 것이라고 할 수 있다. 다만 행위지배가 없는 교사범을 정범과 동일한 형으로 처벌하면서 행위지배가 있는 간접정범을 임의적 감경하는 것은 타당할 수 없으므로, 입법론상으로는 간접정범의 처벌을 정범으로 처벌하도록 개정하는 것이 바람직하다.

IV. 간접정범의 공동정범

이용자들 간에는 공동정범이 성립하고 이용자와 피이용자 간에는 간접정범이 성립하는 경우가 간접정범의 공동정범 형태이다. 예를 들어, 다수의 사람이 타인을 이용하여 범죄를 범할 것을 공모하였고 공동으로 그 타인을 이용하여 범죄를 범하는 경우가 있고, 다수의 사람이 공동으로 범죄를 행하기로 공모하였는데 그중 한 사람이 타인을 이용하여 그의 분담 부분을 행하는 것에 대해서 다른 공동정범들도 수인한 경우가 있고, 공동으로 범죄를 행하기로 공모한 다수의 사람이 공모에 따라 모두 각자 타인을 이용하여 분담 부분을 실행하는 경우가 있다. 이와 같은 간접정범의 공동정범 인정 문제에 있어서, 형법은 공동정범과 간접정범의 개념을 모두 규정하고 있으므로 두 가지 속성을 동시에 가진 경우는 정범으로 인정된다.

다만 간접정범도 정범이므로 타인을 이용하는 행하는 범죄가 신분범인 경우에 있어서 주체의 적격이 없는 사람은 간접정범의 형태로도 범죄의 주체가 될 수 없다. 다만 판례는 신분범인 범죄에 있어서 간접정범이 공동정범의 성립을 인정한 경우가 있다. 공문서의 작성권한이 있는 공무원의 직무를 보좌하는 자가 그 직위를 이용하여 행사할 목적으로 허위의 내용이 기재된 문서 초안을 그 정을 모르는 상사(작성권한자)에게 제출하여 결재하도록 하는 등의 방법으로 작성권한이 있는 공무원이 허위의 공문서를 작성하도록 만들었을 때 허위공문서작성죄의 간접정범이 인정되고, 그와 공모한 공무원 신분이 없는 사람은 간접정범의 공동정범이 성립한다(대법원 1992.1.17. 선고 91도2837 판결).

V. 간접정범의 한계

1. 신분범

행위주체에 대해서 일정한 신분을 요구하는 범죄의 유형을 신분범이라고 하는데, 간접정범도 정범이므로 주체의 적격이 없는 사람은 간접정범의 형태로도 범죄의 주체가 될 수 없다. 형법 제33조에 있는 공범과 신분의 규정은 간접정범(형법 제34조)에는 적용되지 않는다.

판례는 신분범인 범죄에 있어서 신분이 없는 사람에게 간접정범의 성립을 부정한 사안도 있고 인정한 사안도 있다. 예를 들어, ⓐ 부정수표단속법 위반(허위신고)죄는 행위주체가 수표의 발행인으로 제한되는데 발행인 아닌 사람은 허위신고죄의 주체가 될 수 없으며 허위신고의 고의가 없는 발행인을 이용하여 간접정범의 형태로 허위신고죄를 범할 수도 없다(대법원 1992.11.10. 선고 92도1342 판결). ⓑ 공무원 아닌 자가 공무원을 기망하여 허위 내용의 증명서를 작성케 한 후 행사하였다고 하더라도 허위공문서작성 및 동행사죄는 성립되지 않는다(대법원 1976.8.24. 선고 76도151 판결).

반면 신분범인 범죄에 있어서 신분이 없는 사람에게 간접정범을 인정한 예외적인 판례도 존재한다. ⓒ 공문서의 작성권한이 있는 공무원의 직무를 보좌하는 자가 그 직위를 이용하여 행사할 목적으로 허위의 내용이 기재된 문서 초안을 그 정을 모르는 상사(작성권한자)에게 제출하여 결재하도록 하는 등의 방법으로 작성권한이 있는 공무원으로 하여금 허위의 공문서를 작성하게 한 경우에는 간접정범이 성립을 긍정했다(대법원 1992.1.17. 선고 91도2837 판결). ⓓ 부동산소유권 이전등기 등에 관한 특별조치법에서 허위보증서작성죄의 주체는 작성명의인인 보증인에 한정됨에도 보증인 아닌 사람이 허위 보증서 작성에 대한 고의가 없는 보증인들로 하여금 허위의 보증서를 작성하게 한 경우에 간접정범의 성립을 긍정했다(대법원 2009.12.24. 선고 2009도7815 판결).

2. 자수범

① 의의

자수범(自手犯)은 구성요건을 직접 실행한 경우에만 범죄가 성립되는 유형으로, 대표적으로 위증죄(제152조)를 들 수 있다. 피이용자를 이용하여 범죄를 실행하는 간접정범은 자수범에서 인정될 수 없다. 예를 들어, 농업협동조합법의 호별방문죄는 임원이 되고자 하는 자가 범죄주체로서 신분범이면서 신분자가 스스로 호별방문을 한 경우만을 처벌하는 자수범인데, 비록 신분자가 비신분자와 통모하였거나 신분자가 비신분자를 시켜 방문케 하였다고 하더라도 비신분자만이 호별방문을 한 경우에는 신분자는 물론 비신분자도 호별방문죄로 처벌할 수 없다(대법원 2003.6.13. 선고

2003도889 판결). 그러나 강제추행죄는 정범 자신이 직접 범죄를 실행하여야 성립하는 자수범이 아니므로, 처벌되지 아니하는 타인을 도구로 삼아 피해자를 강제로 추행하는 간접정범의 형태로도 범할 수 있으며 피해자를 도구로 삼아 피해자의 신체를 이용하여 추행행위를 한 경우에도 강제추행죄의 간접정범에 해당할 수 있다(대법원 2018.2.8. 선고 2016도17733 판결).

② 자수범 부정설 vs. 긍정설

간접정범 성립의 한계가 되는 자수범의 개념을 부정하는 견해가 존재한다. 먼저 Ⓐ 다수의 사람이 범행에 가담하여 범죄를 행한 때에 가담한 사람 모두를 구별하지 않고 정범이라고 보는 '**단일정범 개념**' 혹은 '**확장적 정범 개념**'에서는 자수범의 개념이 존재하지 않게 된다. 그러나 한국 형법은 '정범 · 공범 이원론' 혹은 '제한적 정범 개념'을 취하고 있다. 형법은 제1편 총칙 제2장 제3절의 제목을 '공범'이라고 하면서 공동정범(제30조) · 교사범(제31조) · 종범(제32조) · 간접정범(제34조) 등의 정범 형태를 포함한 4가지 다수 가담자의 형태를 규정하고, 종범은 "정범"을 전제로 규정되어 있다(제32조 제2항).

다음으로 Ⓑ 공범과 신분을 규정한 형법 제33조는 교사범과 방조범에 적용되고 간접정범을 규정한 형법 제34조 제1항에서는 "교사 또는 방조의 예에 의하여 처벌한다."라고 규정하고 있으므로, 이용자에게 신분이 없더라도 피이용자에게 신분이 있으면 간접정범이 성립할 수 있다고 보는 견해가 있다. 그러나 범죄에 관한 특별한 인적 표지로서 '행위자'의 특수한 성질, 지위 또는 상태를 말하는 '신분'과, 구성요건 실행행위를 직접 실현하는 '행위'의 특성을 나타내는 '자수'의 본질은 구별된다.

반면 Ⓒ 일반적인 견해는 자수범의 개념을 긍정한다(**긍정설**).[29] 위증죄(형법 제152조)와 같이 일부 특별한 구성요건에서는 행위자가 직접 범행을 실행할 것을 전제하거나 행위자의 인격적 특성이 표출될 것을 전제하고 있으므로, 그러한 구성요건의 적용에 있어서는 법률의 해석상 자수범을 인정할 수밖에 없게 된다.

판례도 자수범 개념을 긍정하여, 공직선거법에서 공무원이 선거운동의 기획에 참여하거나 그 기획의 실시에 관여하는 행위는 당연히 타인의 선거운동을 전제로 하는

---

29) 강동욱, 326면; 김종원(하), 233면; 배종대, 448면; 성낙현, 658면; 오영근 · 노수환, 484면; 이형국 · 김혜경, 91면; 임웅 · 김성규 · 박성민, 506면; 정성근 · 박광민, 428면; 정성근 · 정준섭, 330면.

것이고, 그 공무원 자신이 직접 실행하는 자수범과 유사한 형태이므로 그 이외의 사람은 교사범이나 방조범이 될 수 있을 뿐 공동정범이나 간접정범이 될 수 없다고 본다(서울고등법원 2007.4.26. 선고 2007노497 판결).

③ 유형

자수범으로 해석되는 범죄는 3가지 유형이 있는데, 첫째는, 행위자의 신체가 직접 구성요건의 실현에 사용되어야 하는 구성요건인 경우이다. 도주죄(형법 제145조 제1항), 공연음란죄(형법 제245조), 피감호자간음죄(형법 제303조 제2항), 음주운전죄(도로교통법 제148조의2 제3항) 등이 여기에 해당한다.

둘째, 행위자의 일신적 행위나 인격적 태도의 표출이 구성요건 실현의 핵심인 경우이다. 명예훼손죄(형법 제307조), 모욕죄(형법 제311조), 업무상비밀누설죄(형법 제317조) 등이 여기에 해당한다.

셋째, 전제되는 다른 법령의 요건으로 인해 행위자의 직접적인 행위가 요구되는 구성요건이 있다. 위증죄(형법 제152조 제1항), 허위감정죄(형법 제154조) 등이 여기에 해당한다.

3. 정범 배후의 정범

(1) 의의

피이용자가 정범으로 처벌되는 경우라도 피이용자를 배후에서 이용하는 사람을 간접정범으로 처벌하는 것이 '정범 배후의 정범'(Täter hinter dem Täter)이다. 형법 제34조 제1항에서는 간접정범은 처벌되지 않는 자를 이용하는 것을 전제하고 있으므로 피이용자가 처벌되는 경우는 이용자를 정범으로 처벌할 수 없는 상황에서, 독일 형법학계에서 사용되는 정범 배후의 정범을 도입하여 조직범죄 등에 사용하려는 논의가 있다.

참고 독일에서 정범 배후의 정범(Täter hinter dem Täter)

독일 형법 제25조에서는 정범을 규정하고 있는데, 제1항에서는 "범죄를 스스로 행하거나 타인을 통해 행한 사람을 정범으로 처벌한다."라고 규정하고 있으며, 제2항에서는 "다수의 사람이 공동으로 범죄를 행한 경우는 각자 정범으로 처벌된다(공동정범)."라고 규정하고 있다.
독일 형법 제25조 제1항 후단의 '타인을 통해 행한 사람'이 간접정범을 규정한 것인데 타인의 불처벌을 요건으로 하지 않고 있어서, 문언상 피용자가 정범으로 처벌되는 경우도 교사범뿐만 아니라 간접정범으로 처벌할 수 있는 여지가 있다. 이에 독일에서는 피이용자 스스로 구성요건에 해당하고 위법하고 유책하게 한 행위로 처벌되는 경우도 정범 배후의 정범이라는 개념을 통해 예외적 형태의 간접정범을 인정한다.

독일의 형법 교재들을 보면 독일의 정범 배후의 정범은 배후자의 실질적인 조종력에 근거한 경우들에서 사용되는데, 그 경우는 ① 첫째, 조직지배(Organisationsherrschaft)의 형태이다. 국가사회주의(나치스) 정부나 동독 정부와 같은 조직화 된 정권유지기구를 이용한 간접적인 범행의 처벌에 있어서 의미 있다고 한다. ② 둘째, 회피가 가능한 (즉, 오인에 정당한 이유가 없는) 금지착오를 야기한 경우이다. 대표적인 경우가 독일에서 1986년 발생한 살인미수 사건(속칭 고양이 왕 사건, Katzenkönigfall)이다. 고양이 왕의 존재와 환상을 믿으며 단체생활을 해 오던 R이 함께 단체생활을 하면서 R에게 미신을 믿게 만든 H와 P로부터 N(H의 전 남친의 부인)의 희생을 통해 수백만 명을 구원하라는 살인의 교사를 받았다. R은 고민 끝에 P가 준 칼로 N에 대한 살인을 시도했으나 살인미수로 끝났다. 이 사건에서 독일연방대법원은 R에게 금지착오를 인정하지 않고 살인미수로 징역 9년과 정신병원 수용을, H와 P에게 살인미수의 간접정범으로 무기징역을 선고하였다(BGHSt 35, 347). ③ 피이용자에게 객체의 착오가 있는 경우이다. ④ 피이용자에게 불법의 정도(예를 들어 절취되는 대상물의 가치)나 범행동기에 대해서 기망을 한 경우이다.

(2) 학설

독일 형법학계의 논의를 바탕으로 한국에서도 정범의 배후정범의 개념을 사용할 것인지에 대해서 견해가 대립한다. Ⓐ '**긍정설**'은 원칙적으로 피이용자가 처벌되는 경우라면 간접정범은 성립할 수 없지만, 이용자에 의해 정범에 대한 의사지배가 인정될 수 있는 예외적 상황에서는 간접정범이 인정된다고 본다.[30] Ⓑ '**부정설**'은 형법 제34조의 문언에 따르면 고의범으로 처벌되는 피이용자를 이용한 간접정범은 성립할 수 없다고 본다.[31]

판례는 정범의 배후정범이라는 개념을 사용하지는 않는다. 다만 공모한 후 실행행위 시 배후에서 머무르며 실행행위를 분담하지 않는 경우를 '공모공동정범'이라는 개념을 사용하고 있다.

생각건대, **부정설**이 타당하다. 정범과 공범의 구분을 행위지배설에 따를 때, 직접 실행한 피이용자에게 행위지배를 인정하기 어렵고 배후의 이용자에게 행위지배

30) 정영일, 449면.

31) 김혜정 · 박미숙 · 안경옥 · 원혜욱 · 이인영, 391면; 성낙현, 652면; 박상옥 · 김대휘(2), 237면; 배종대, 440면; 오영근 · 노수환, 479면; 이정원 · 이석배 · 정배근, 286면; 이형국 · 김혜경, 507면; 정성근 · 정준섭, 326면.

가 인정되는 경우라면 피이용자의 처벌 여부와 관계없이 이용자를 간접정범으로 보는 것이 타당하다고 생각할 수 있다. 그러나 이와 같은 결론은 이용자와 피용자 모두 정범으로 전제하는 것인데, 이는 행위지배설의 근본 취지에 부합되지 않는다. 행위지배설은 공동정범, 간접정범, 교사범, 방조범이라는 공범 형태를 전제로 하여 다수의 사람이 범죄에 가담한 때에 정범과 공범을 구분하기 위한 것인데, 이용자와 피이용자 모두를 정범으로 보는 것은 공동정범에 해당하게 된다. 따라서 이용자와 피이용자 모두에게 행위지배가 인정된다면 공동정범으로 보면 되는 것이고, 피이용자의 행위지배만을 인정하는 것이 타당하다면 이용자는 교사범으로 보면 되는 것이다. 또한 형법 제34조에서 "처벌되지 아니하는 자 또는 과실범으로 처벌되는 자"라고 명시한 상황에서 정범으로 처벌되는 자를 전제로 간접정범을 인정하는 것도 무리한 해석이라고 생각한다.

제13장

협의의 공범

제1절 | 공범의 본질

I. 공범의 개념

형법은 정범과 공범을 구별하는 방식(정범 · 공범 이원론)을 취하면서 공동정범(제30조) · 간접정범(제34조) · 교사범(제31조) · 종범(제32조) 등의 4가지 유형의 다수 가담자의 형태를 규정하고 있다. 이러한 4가지 유형의 다수 가담자 형태를 아우를 때 '**광의의 공범**'이라고 하며, 이중 정범으로 분류되는 2가지(공동정범, 간접정범)를 제외한 교사범과 종범(방조범)만을 '**협의의 공범**'이라고 한다.

즉 협의의 공범이란 정범의 행위에 가담하여 범행을 실현하는 사람으로서 교사범과 방조범을 말하는데, 문헌이나 판례에서 단순히 '공범'이라고 말한 경우는 일반적으로 협의의 공범을 의미한다. 하지만 문헌이나 판례에서 광의의 공범을 '공범'이라고 기술하는 경우도 많아서 맥락 속에서 파악하는 것이 필요하다. 본 장(제13장)에서 공범이라고 기술한 것은 협의의 공범을 의미한다.

II. 공범의 종속성

공범은 구성요건에 해당하는 행위를 직접 실행하지 않고 정범의 구성요건 실행행위를 통해서 실행한다. 이때 정범과 공범의 관계를 어떻게 이해할 것인지, 즉 공범의 정범 행위에 대한 종속성을 인정할 것인지에 대해서 견해가 대립한다.

1. 공범독립성설과 공범종속성설

공범은 독자적인 범죄 형태로서, 교사범과 방조범도 교사 또는 방조 행위로 사회적 반가치성이 나타나면 정범의 성립 여부와 관계없이 성립한다고 보는 견해가 **공범독립성설**이다. 주관주의 범죄이론에 입각한 견해로서, 공범은 타인의 행위를 이용하여 자기의 범죄를 행하는 단독정범으로 본다. 공범독립성설에서는 공범의 미수도 미수범으로 처벌하며, 교사범과 간접정범은 구별되지 않는다.

반면 공범은 정범을 예정한 개념이며 범죄의 실행행위가 정범에 의하여 행하여지고 공범은 여기에 가담하는 것에 불과하므로, 공범은 정범의 행위에 종속되어 정범이 성립하는 경우에만 성립한다고 보는 견해가 **공범종속성설**이다.[1] 객관주의 범죄이론에 입각한 견해로서, 공범에게는 정범 처벌의 종속성이 아니라, 정범 성립의 종속성이 요구된다고 본다. 공범종속성설에서는 미수범의 공범과 달리 공범의 미수는 존재할 수 없으며, 공범과 간접정범은 구별된다.

생각건대, 공범의 종속성을 인정하는 것이 타당하다(**공범종속성설**). 각칙의 구성요건을 전제로 할 경우에만 교사범과 방조범의 성립 근거와 한계가 명확히 정해지며, 죄형법정주의에 부합한다. 또한 형법 제31조 제1항("타인을 교사하여 죄를 범하게 한 자")과 제32조 제1항("타인의 범죄를 방조한 자")도 정범의 성립을 전제로 하고 있다. 판례도 "교사범이 성립하려면 교사자의 교사행위와 정범의 실행행위가 있어야 하므로, 정범의 성립은 교사범 구성요건의 일부이고 교사범이 성립하려면 정범의 범죄행위가 인정되어야 한다."고 본다(대법원 2022.9.15. 선고 2022도5827 판결).

2. 종속성의 정도

공범의 종속성을 인정한다면, 정범이 범죄성립의 단계 중 어느 정도까지 요건을 갖추어야 하는지가 논의된다. 이와 관련해서 Ⓐ 최소한 종속(정범의 행위가 구성요건에 해당하면 공범은 성립 가능), Ⓑ 제한적 종속(정범의 행위가 구성요건에 해당하고 위법하면

---

1) 강동욱, 283면; 김종원(하), 104면; 김혜정 · 박미숙 · 안경옥 · 원혜욱 · 이인영, 355면; 박상기 · 전지연, 249면; 박상옥 · 김대휘(2), 97면; 박찬걸, 341면; 배종대, 389면; 서거석 · 송문호, 326면; 성낙현, 666면; 이상돈, 263면; 이영란, 435면; 이용식, 79면; 이재상 · 장영민 · 강동범, 470면; 이주원, 321면; 이형국 · 김혜경, 457면; 임웅 · 김성규 · 박성민, 453면; 정성근 · 박광민, 409면; 정성근 · 정준섭, 265면; 정영일, 383면.

공범은 성립 가능),[2] Ⓒ 극단적 종속(정범의 행위가 구성요건에 해당하고 위법하고 유책할 때 공범은 성립 가능),[3] Ⓓ 확장적 종속(정범의 행위가 구성요건에 해당하고 위법하고 유책할 뿐만 아니라 가벌성의 모든 조건을 갖출 때 공범은 성립 가능)을 생각해 볼 수 있다.

이중 행위의 불법성을 기준으로 공범의 성립 여부를 판단하는 것이 타당하며 행위자 개인의 측면에 관련된 유책성 유무는 공범 행위의 불법성을 판단하는 기준이 될 수 없다는 '**제한적 종속**' 형식이 통설의 입장이다. 판례도 범인도피죄(제151조 제1항)의 교사를 인정할 때 정범이 친족간의 특례(동조 제2항)에 해당하여 책임이 없더라도 범인도피죄의 교사는 성립한다고 보는데(대법원 2006.12.7. 선고 2005도3707 판결), 이는 제한적 종속의 형식에 해당한다.

개인적으로도 정범의 행위가 구성요건에 해당하고 위법하면 공범은 성립 가능하다는 '**제한적 종속**'의 형식이 타당하다고 생각한다. 공범의 종속성은 정범의 처벌을 전제로 하는 것이 아니고, 정범의 범죄 성립을 전제로 하는 것이다. 그리고 공범의 처벌 근거를 혼합적야기설의 입장에서 공범도 자신의 범죄를 범하는 것이지만 스스로 구성요건에 해당하는 행위를 하지 않고 다른 사람의 정범으로서의 행위에 가담함으로써 구성요건에 의하여 보호된 법익을 간접적으로 침해하는 것이라고 보면, 정범의 불법행위만이 요구될 뿐 정범의 유책성까지 요구되지는 않는다. 또한 제한적 종속의 형식은 자기책임의 원칙 중 책임개별화의 원칙에도 부합한다.

III. 공범의 처벌 근거(불법 내용)

범죄의 실현에 가담한 사람 모두를 구별하지 않고 정범으로 보는 확장적 정범개념과 달리 범죄의 실현에 밀접한 행위를 한 사람만을 정범으로 보는 제한적 정범개념을 취하는 정범 · 공범 이원론에서 공범은 형벌의 확장 사유이다. 제한적 정범개념에서 공범을 처벌하려면 형벌확장의 근거가 필요한데, 이것이 공범의 처벌 근거에 대한 논의이다. 공범의 처벌 근거는 역으로 공범의 불법 내용에 대한 논의이기도 하

---

2) 강동욱, 284면; 김일수 · 서보학, 478면; 김종원(하), 106면; 김혜정 · 박미숙 · 안경옥 · 원혜욱 · 이인영, 356면; 박상기 · 전지연, 250면; 박상옥 · 김대휘(2), 99면; 배종대, 390면; 서거석 · 송문호, 330면; 성낙현, 668면; 이영란, 436면; 이용식, 96면; 이재상 · 장영민 · 강동범, 475면; 이주원, 322면; 이형국 · 김혜경, 459면; 임웅 · 김성규 · 박성민, 455면; 정성근 · 박광민, 411면; 정성근 · 정준섭, 267면; 정영일, 385면; 한상훈 · 안성조, 239면.

3) 김태명, 362면; 오영근 · 노수환, 447면.

며, 공범의 본질에 대한 논의이기도 하다. 공범의 처벌(불법) 근거가 무엇이냐에 따라 공범론에서 발생하는 문제들, 예를 들어 공범 행위의 정범 행위에의 종속성 유무, 함정수사의 불처벌, 교사의 해석, 공범(교사범)관계의 이탈, 방조범의 인과관계 필요성 여부 등이 설명될 수 있다.

1. 학설

(1) 책임가담설

책임가담설은 공범이 정범의 행위에 가담하여 정범이 유책한 행위를 하게 만든 것에 공범의 불법성이 있다고 보는 견해이다. 공범은 정범을 통해 피해자의 보호법익을 침해하였기에 처벌되는 것이 아니라, 공범의 행위가 정범에 대한 침해가 되어서 처벌받는다고 본다. 즉 정범이 한 살인 행위로 인하여 공범이 처벌되는 것이 아니라, 정범을 살인범으로 만들었기 때문에 공범을 처벌한다는 시각이다. 책임가담설은 종속성의 정도에 있어서 제한적 종속의 형식을 취하는 것과 조화될 수 없으며, 책임가담설은 교사범의 처벌 근거로는 가능할 수 있으나 방조범의 처벌 근거로서 부적합하다는 비판을 받는다.

(2) 불법가담설

불법가담설은 책임가담설과 유사하게 공범의 정범에 대한 영향에 주목하는데, 다만 정범의 유책한 행위가 아니라 정범의 불법행위를 창출한 점에 공범의 불법성이 있다고 보는 견해이다. 불법가담설도 책임가담설과 마찬가지로 교사범의 처벌 근거로는 가능하나, 방조범의 처벌 근거로서 부적합하다는 비판을 받는다.

(3) (순수)야기설

(순수)야기설은 공범은 불법적인 타인의 행위를 창출한 것이 아니라, 타인의 행위에 불법하게 가담하여 자신의 불법을 창출한 것이라고 보는 견해이다. 정범만 법익을 침해하고 공범은 이에 가담하는 것이 아니라, 공범 스스로 법익을 침해한 것이며 공범의 반가치는 정범 행위에 대한 법익침해의 방향을 제시하는 데 있다고 본다. (순수)야기설은 공범의 독자적인 불법 요소를 명확히 하려고 한 견해이지만, 공범의 종속성을 인정하고 있는 형법 규정에는 부합하지 않으며, 행위반가치만을 강조하여 공

범을 처벌할 수 있다고 함으로써 결과반가치를 경시한다는 비판을 받는다.

(4) 종속적야기설

공범은 정범 행위를 야기 또는 촉진했기 때문에 처벌되는 것으로 보면서도 공범 행위의 독자성을 인정하지 않고 정범 행위를 통해서 불법을 실현했다고 보는 견해이다.[4] 그 때문에 공범의 불법은 그 근거와 정도에 있어 있어서 정범의 불법 근거와 정도에 종속된다고 보게 된다. 종속적야기설은 교사의 미수(특히 실패한 교사)를 처벌하는 것을 설명할 수 없다는 비판을 받는다.

(5) 혼합적야기설

혼합적야기설은 공범도 자신의 범죄를 행하는 것인데, 다만 스스로 구성요건에 해당하는 행위를 하지 않고 다른 사람의 정범으로서의 행위에 가담함으로써 구성요건에 의하여 보호된 법익을 간접적으로 침해한 것이라고 보는 견해이다.[5] (순수)야기설과 종속적야기설을 결합한 것으로 공범의 불법에 있어서 행위불법의 측면과 결과불법의 측면 모두를 강조하는데, 공범행위의 측면에서 행위불법을 그리고 정범행위에 의한 구성요건 실현의 측면에서 결과불법을 강조한다. 혼합적야기설은 공범의 불법 중 일부는 정범의 행위로부터(종속적 야기설) 일부는 공범의 독자적인 법익침해에서(순수야기설) 도출된다고 보기 때문에, 공범은 종속적이지만 동시에 독립된 법익침해성을 내포하고 있다고 본다.

이러한 5가지 학설을 아래의 그림과 같이 정리할 수 있다.

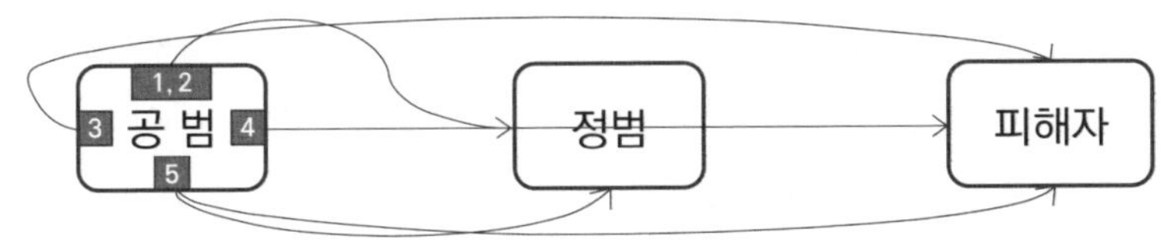

4) 김종원(하), 110면; 박상기 · 전지연, 252면; 이용식, 82면; 이형국 · 김혜경, 461면; 정영일, 378면; 한상훈 · 안성조, 273면.

5) 강동욱, 286면; 김일수 · 서보학, 477면; 성낙현, 664면; 이영란, 438면; 이주원, 325면; 정성근 · 박광민, 414면; 주호노, 729면.

2. 판례

판례는 '**종속적야기설**'의 입장이라고 할 수 있다. 판례는 교사범의 개념을 "정범인 피교사자로 하여금 범죄를 결의하게 하여 그 죄를 범하게 한 때에 성립하는 것"이라고 하면서 처벌의 근거를 "교사범이 피교사자로 하여금 범죄 실행을 결의하게 하였다는 데에 있다."고 한다(대법원 2012.11.15. 선고 2012도7407 판결). 즉 판례는 한편으로 교사범의 개념에서 공범의 종속성을 전제하면서 다른 한편으로 정범의 범행결의 야기에서 처벌의 근거를 구하고 있다. 이것은 공범은 정범의 행위를 야기 또는 촉진했기 때문에 처벌받는 것이며, 그 때문에 공범의 불법은 그 근거와 정도에 있어 있어서 정범의 불법 근거와 정도에 종속된다는 '종속적야기설'에 부합한다.

3. 소결(혼합적 야기설)

공범의 처벌 근거에 대한 논의의 핵심은 공범 행위의 불법이 정범 행위에 종속적인지 독립적인지이다. 공범의 처벌 목적이 정범의 보호에 있다고 보는 책임가담설이나 불법가담설 및 공범의 처벌 근거가 단지 정범에 의해 침해되는 피해 객체의 보호에 있다고 보는 순수야기설은 모두 공범 행위를 독자적인 불법행위라고 보지만, 종속적 야기설과 혼합적 야기설은 공범 행위의 종속성을 인정한다.

생각건대 공범 행위의 **종속성**은 인정된다. 첫째, 형법에서 "타인을 교사하여 죄를 범하게 한 자"(제31조 제1항), "타인의 범죄를 방조한 자"(제32조 제1항)라고 표현한 것에서 알 수 있듯이, 형법은 공범의 규정에서 타인(정범)의 (범)죄를 전제로 하고 있기 때문이다. 둘째, 형법의 보장 기능을 고려할 때 공범 행위의 종속성은 필요하다. 정범의 행위는 각칙에 명확하게 규정되어 있으나 공범의 행위는 그렇지 않은 상황에서, 공범의 행위를 만약 정범의 행위로부터 독립시켜 생각한다면 공범 행위는 각칙의 구성요건에서 떨어진 범위까지 무한히 확대 적용될 수 있다. 이러한 위험성에 대하여 종속성은 공범처벌의 가능성을 논증하는 동시에 제한하는 기능을 가진다. 즉 한편으로 공범 행위가 정범의 행위에 연결되지 않으면 죄형법정주의의 명확성의 원칙에 반하여 그 처벌의 정당성을 가질 수 없고, 다른 한편으로 종속성은 법익침해에 대한 인과적인 모든 행위로부터 정범의 행위를 통한 행위만을 처벌하는 여과의 기능을 가진다.

다음으로 공범 행위는 정범 행위에 대한 종속성 이외에 그 자체의 '**독자성**'도 가지고 있어야 한다. 형법의 목적을 법익의 보호라고 한다면, 범죄를 직접 실행하는 정범을 보호하는 것이 아니라 정범에 의해서 침해되는 최종의 피해를 보호하기 위해서 공범 행위는 처벌되는 것이다. 공범 행위는 이러한 법익을 침해하는 하나의 수단인 것이다. 즉 정범은 보호법익을 전면에서 공범은 후면에서 침해하는 것이고, 정범의 실행 결과는 정범과 공범의 공동 결과물이라고 할 수 있다.

결국 공범은 보호법익에 대한 고유한 침해, 그러나 동시에 정범을 통해서 수행되는 간접적인 침해를 하므로 처벌되는 것이다. 이러한 전제에서 공범은 자신에게 귀속될 고유한 침해를 정범의 범행을 야기하여 간접적으로 실행하는 것에 본질이 있다(**혼합적 야기설**).[6)]

제2절 | 교사범

I. 의의

1. 개념

> 제31조(교사범) ① 타인을 교사하여 죄를 범하게 한 자는 죄를 실행한 자와 동일한 형으로 처벌한다.
> ② 교사를 받은 자가 범죄의 실행을 승낙하고 실행의 착수에 이르지 아니한 때에는 교사자와 피교사자를 음모 또는 예비에 준하여 처벌한다.
> ③ 교사를 받은 자가 범죄의 실행을 승낙하지 아니한 때에도 교사자에 대하여는 전항과 같다.

교사범이란 범행 의사가 없는 타인에게 범죄의 실행을 결의하여 그 죄를 실행하게 한 사람을 말하는데, 대표적으로 청부폭력을 의뢰한 사람의 경우가 그에 따라 실행된 범죄의 교사범이다. 형법 제31조 제1항에서는 "타인을 교사하여 죄를 범하게 한 자"라고 교사범을 규정하고 있다.

교사범은 타인이 실행한 범행에 대해서 행위지배가 없다는 점에서 **간접정범**과 구별되며, 직접 범행을 분담하여 실행하지는 않는다는 점에서 **공동정범**과도 구별된다. 교사범은 정범과 상호 간의 의사소통을 통해 정범에게 결정적인 범행 이유나 동기를 제시하여 정범으로 하여금 범행을 결의하고 실행하게 하므로 정범의 범행계획단계

---

6) 김정환, "형법 제31조 제1항 '교사'의 해석", 형사법연구 제26호, 2006, 270면.

를 지배한다고 볼 수 있지만, 정범의 실행단계를 지배하지 못하는 점에서 공동정범이나 간접정범과 구별된다.

교사범은 정범의 불법행위를 전제로 한다는 점에서 **방조범**과 유사하지만, 이미 정범의 범행 결의가 존재하는지에 따라 구별하는 것이 일반적이다. 하지만 개인적으로는 교사범은 정범이 실행한 범죄에 대한 인과성이 방조범의 경우보다 매우 크다는 측면에서 방조범과 구별된다고 본다. 단순한 인과성의 유무만으로는 교사와 방조를 구분할 경우는 통설과 같이 정범에게 이미 범행 결의가 존재하였는지가 교사와 방조의 구분 기준으로 사용되는데, 이때는 기존의 범행 결의가 없는 사람에게는 단순히 범행 결의를 유발하더라도 교사에 해당할 수 있게 되는데, 이것은 교사범의 인정 범위가 부당하게 확대될 위험이 있으며 정범자와 동일한 형의 적용을 둔 것에 부합하는 해석일 수 없다. 교사범과 방조범의 구분은 '인과성의 유무'보다는 '인과성의 정도'가 기준이 된다.[7]

참고 독일 교사범의 역사

교사범은 중세 말까지 원칙적으로 처벌의 대상이 아니었다. 자유로운 개인은 자신의 범죄에 대해서 스스로 책임을 지게 되므로 배후자가 타인의 범죄에 대해서 책임지지 않으며, 범행에 대한 책임은 외형적인 범행 결과로부터 도출한다는 사고에 기초하여 정범만이 처벌되었다. 이후 16 · 17세기에 이탈리아의 공범론이 독일에 영향을 미쳐, 1507년 밤베르크 형법(Constitutio Criminalis Bambergensis)에 공범 규정이 비로소 입법되었다. 그러나 이 당시에는 일반화된 총칙에 규정된 것이 아니라, 각칙의 구성요건 속에 규정되었을 뿐이었다.

18세기 말에 자연법이론의 영향을 받은 형식 · 객관주의 이론이 정범과 공범을 총칙에서 구분하였는데, 인과성 사고에 기초하여 두 가지의 범죄 주체, 즉 창안자(Urheber)와 방조범(Gehilfe)을 구분하였다. 창안자는 범죄에 특유의 원인을 제공한 행위자를 나타내었고, 교사범도 창안자에 속했다. 그러나 당시의 창안자와 방조범의 구분은 처벌의 차이까지 규정하지는 않았고, 처벌은 개별사례에서 범죄에 대한 인과성에 따라 행해졌다.

19세기에 명확성의 원칙에 기초하여 세밀한 범죄요건을 규정함과 아울러 처벌 조항까지도 명확하게 규정하려는 경향이 일어나, 학계에서는 일반적으로 창안자의 개념을 육체적 창안자(physischer Urheber)와 지적(知的) 창안자(intellektueller Urheber)로 구분하였으며, 방조범의 불법성은 창안자의 불법성보다 작다고 본 반면에, 지적(知的) 창안자의 불법성은 육체적 창안자의 불법성과 대등하다고 보았다. 이때 지적(知的) 창안자란 위법한 범행을 유발하도록 타인의 의사를 지배하는 사람을 의미했는데, 점차 육체적 창안자는 '정범'으로 지적 창안자는 '교사범'으로 표현되었다.

---

7) 김정환, "형법 제31조 제1항 '교사'의 해석", 형사법연구 제26호, 2006, 273면.

학계에서 논의된 이러한 정범과 교사범의 구분이 입법에 반영되어 1851년 프로이센 형법 제34조에 공범(Teilnahme)이 규정되었고, 간접정범의 형태가 공범에서 분리되어 가식교사범(scheinbarer Anstifter)이라는 표현이 등장하여 논의되다가 1975년에 이르러 독일 형법전에 간접정범이 교사범에서 분리되어 규정되었다.

2. 처벌

형법은 교사범을 정범과 동일한 형으로 처벌하도록 하고 있다(제31조 제1항). 한편 자기의 지휘 · 감독을 받는 사람을 교사한 특수한 교사의 경우는 정범에 정한 형의 장기 또는 다액의 ½까지 가중하여 처벌된다(제34조 제2항).

자신이 범행을 직접 실행하지 않음에도 불구하고 타인의 범행을 유발한 사람을 직접 실행한 사람과 법정형이 동일하게 규정하였다는 것은, 입법자가 교사범의 불법(반가치) 내용이 정범의 불법(반가치) 내용과 동등하다고 평가한 것이다.[8]

II. 성립 요건

공범의 종속성으로부터 교사범의 객관적 구성요건(타인을 범행으로 유인하는 행위와 유인된 타인의 범죄실행 행위) 및 주관적 구성요건(2중의 고의)이 도출된다. 교사범의 유인행위는 목적된 법익침해의 과정으로서 '중간결과'이며, 피교사자의 범죄행위는 본래의 목적된 법익침해로서 '최종 결과'이다. 이와 같은 2중의 결과가 요구되므로 교사범은 중간결과에 대해서 뿐만 아니라, 최종 결과에 대해서도 고의가 있어야 한다(이중의 고의).

1. 정범의 성립

교사범은 정범의 불법에 종속하여 성립되므로(제한적 종속), 정범의 구성요건에 해당하고 위법한 불법행위가 존재하여야 한다. 즉 정범의 성립은 교사범 구성요건의 일부를 형성하므로 교사범이 성립하기 위해서는 정범의 범죄행위가 인정되어야 한

8) 북한 형법 제21조(단순형태의 공범자들에 대한 형사책임) 제2항에서는 "추긴자는 실행자와 같거나 무겁게, 방조자는 실행자보다 가볍게 처벌한다."라고 하여, 교사범(추긴자)의 처벌을 피교사자인 정범의 처벌보다 무겁게 규정한다.

다(대법원 1998.2.24. 선고 97도183 판결). 예를 들어, 권리행사방해죄(제323조)는 타인의 점유 또는 권리의 목적이 된 자기의 물건을 취거, 은닉 또는 손괴하여 타인의 권리행사를 방해함으로써 성립하므로 취거, 은닉 또는 손괴한 물건이 자기의 물건이 아니라면 권리행사방해죄가 성립할 수 없는데, 피교사자가 물건의 소유자가 아니어서 권리행사방해죄가 인정되지 않는 이상 이를 행하도록 유발한 사람에게 권리행사방해교사죄가 성립할 수 없다(대법원 2022.9.15. 선고 2022도5827 판결).

한편 교사범의 공소장에 공소사실을 기재함에 있어서도 교사범의 전제가 되는 정범의 범죄구성요건을 충족하는 구체적 사실을 기재하게 된다(대법원 2001.12.28. 선고 2001도5158 판결).

2. 교사행위

(1) 개념

교사행위는 타인에게 일정한 범행을 결의하게 하는 것을 말한다. 교사행위가 피교사자의 범행 결의에 원인이 되어야 하므로, 교사행위와 피교사자의 범행 결의 간에 '**인과관계**'가 존재하여야 한다. 피교사자의 범행 결의가 교사범의 교사행위에 의하여 생긴 것인지는 제반 사정을 종합적으로 고려하여 사건의 전체적 경과를 객관적으로 판단하는데, 피교사자가 교사범의 교사행위 당시에는 일응 범행을 승낙하지 아니한 것처럼 보이더라도 이후 그 교사행위에 의하여 범행을 결의한 것으로 인정되는 이상 교사범의 성립에는 영향이 없다(대법원 2013.9.12. 선고 2012도2744 판결).

또한 피교사자가 다시 다른 사람에게 교사하여 범죄를 실행시키는 '**연쇄교사**'(재교사, 간접교사)의 형태도 가능하고,[9] 2인 이상의 다수의 사람이 공동으로 교사하는 '**공동교사**'의 형태도 가능하다. 판례도 丙에게 범죄를 실행하도록 요청하는 甲의 부탁을 받고 甲의 요청을 丙에게 전달하여 丙의 범의를 초래한 乙의 행위는 교사에 해당한다고 본다(대법원 1974.1.29. 선고 73도3104 판결).

다만 교사행위가 정범이 범죄를 행한 유일한 조건일 필요는 없고, 교사행위에 의하여 정범이 실행을 결의하게 된 이상 비록 정범에게 존재하는 범죄의 습벽과 함께 교사행위가 원인이 되어 정범이 범죄를 실행한 경우에서도 교사범의 성립에는 영향

9) 일본 형법 제61조(교사) 제2항에서는 "교사자를 교사한 자에 대하여도 전항과 같다."라고 하여 연쇄교사(간접교사)를 명시적으로 규정하고 있다.

이 없다(대법원 1991.5.14. 선고 91도542 판결). 그러나 타인이 이미 범행을 결의하고 있는 경우(omnimodo facturus)에는 그에 대한 교사범의 성립이 가능하지 않고, 단지 교사의 미수(실패한 교사)나 방조범이 성립할 수 있다.

(2) 수단과 정도

공범의 처벌 근거를 책임가담설이나 불법가담설과 같이 정범을 범행하도록 한 것에서 찾는다면, 단순한 범행의 유발 행위도 정범을 범행하도록 한 것이기에 교사로 인정하게 된다. 그러나 공범은 보호법익에 대한 고유한 침해이면서 동시에 정범을 통해서 수행되는 간접적인 침해를 실행하는 것이므로(혼합적 야기설), 정범의 범행을 유발할 수 있는 단순한 상황의 조성과 같은 행위는 교사라고 볼 수 없다. 또한 교사범은 피교사자인 정범과 동일한 형으로 처벌되는데, 그것은 양자의 불법성이 대등하게 평가되기 때문이다. 그렇다면 비록 행위지배는 정범에게 있지만 다른 측면에서 정범의 직접적인 실행행위와 대등한 정도의 불법성이 있다고 평가할 수 있는 행위를 한 경우에 교사범으로 처벌해야 할 것이다. 따라서 단순히 정범자의 범행에 대한 인과적인 행위를 교사로 볼 수는 없고, 교사범과 종범의 구분에 있어서 배후자의 행위와 정범자의 실행행위 간의 인과관계의 '유무'가 아니라 인과관계의 '정도와 형태'가 기준이 된다.[10)]

이처럼 교사범은 정범과 동일한 형으로 처벌된다는 점을 고려하면, 교사행위의 불법성은 정범의 불법성과 어느 정도 균형을 이루어야 한다. 이에 교사행위는 피교사자의 정신적 의사형성에 영향력을 미칠 정도이어야 하고, 피교사자가 타인이 자신에게 범행을 교사하였음을 모르는 '**편면적 교사**'는 인정되지 않는다. 예를 들어, 설득, 부탁, 유혹, 사례 약속 등의 형태로 범행을 유발하는 경우는 교사행위로 인정되지만, 단순히 범행 유발의 상황을 조성한 것만으로는 교사행위로 보기 어렵다.

그리고 교사행위의 방법이나 수단에는 제한이 없지만, 부작위에 의한 교사는 인정되지 않는다. '**부작위**'에 의한 방법으로는 피교사자의 정신적 의사형성에 영향력을 미쳐 범행 결의를 유발한 것으로 평가하기 어렵기 때문이다.

---

10) 김정환, "교사자고의의 구체성", 형사법연구 제19권 제3호, 2007, 634면.

3. 교사범의 고의

(1) 2중의 고의

교사범이 성립하기 위해서는 고의가 필요한데, 이때 피교사자에게 범죄의 결의를 갖게 하겠다는 '교사행위 자체에 대한 고의'(교사의 고의)와 '정범을 통한 범죄실현의 고의'(정범의 고의)가 필요하다(**2중의 고의**). 공범의 처벌 근거(불법 내용)와 관련해서 공범의 종속성을 인정할 때 2중의 고의가 도출된다. 즉 공범의 종속성을 인정하면 교사범의 객관적 요건으로서 교사행위 이외에 정범의 불법행위(제한적 종속)가 요구되고, 객관적 구성요건에 대한 인식을 의미하는 고의는 교사행위 이외에 정범의 불법행위에 대해서고 인식을 요구하게 된다. 만약 공범은 정범의 실행행위와 상관없이 독자적으로 공범의 가벌성이 인정된다는 '공범독립성설'을 취한다면, 교사범에게 2중의 고의를 요구하지는 않게 된다.

먼저 '**교사의 고의**'는 교사범이 피교사자에게 교사를 한다는 교사행위 자체에 대한 고의를 말하는데, 교사의 고의가 요구되므로 과실에 의해서는 교사행위가 성립되지 않는다. 다음으로 '**정범의 고의**'는 피교사자인 정범을 통해서 실현되는 범죄에 대한 고의를 말하는데, 이것은 정범의 고의와 내용상으로 일치하여야 한다(**기수의 고의**). 마약범죄 등의 수사에서 수사기관이 신분을 숨긴 채 범죄를 교사한 후 그 실행을 기다려 범인을 체포하고 증거를 수집하는 '**함정수사**'에 있어서 피유인자의 미수를 의도한 수사기관은 정범의 고의가 없기에 피유인자가 행한 범죄의 교사범이 성립하지 않는다.[11]

(2) 특정성

교사범은 정범의 범행에 대한 단순한 인과적 행위가 아니라, 정범의 범행에 결정적인 영향을 주는 행위를 한 사람이다. 그렇기에 정범을 통한 범죄에 대하여 교사범에게는 구체적 인식이 필요하다. 자신의 행위지배로 범행을 실행하는 사람에게 범행을 유발하도록 결정적인 영향을 주기 위해서는, 그에게 범행에 대한 추상적 제시만

---

11) 이처럼 미수의 고의는 교사자 고의로서 불충분하므로 함정수사는 처벌되지 않는다고 설명되는데, 하지만 근본적으로 공범의 처벌 근거를 고려하여 함정수사의 불처벌이 설명될 수도 있다. 함정수사는 보호법익을 침해하는 것이 아니라, 그 침해를 막으려는 것이므로 불처벌이라고 설명할 수 있다.

으로는 충분하지 않다. 교사범은 구체적 사건의 제시를 통해서 그러한 영향을 줄 수 있고, 이때 교사범은 정범의 실행행위에 대해서도 구체적으로 인식해야 한다. 다만 정범의 실행행위에서 시간적 · 공간적으로 떨어져 있는 교사범의 범죄 인식의 정도는 정범과 어느 정도 차이가 존재할 수밖에 없으므로, 교사범은 최소한 일정한 범죄 객체의 범주를 인식해야 하지만 범죄 시간과 장소, 범행방식에 대한 구체적인 인식은 교사한 범죄의 형태에 따라 차별된다. 예를 들어, 일반적으로는 범죄의 일시와 장소 등에 대한 인식은 요구되지 않지만, 범죄의 일시와 장소 등이 구성요건인 범죄의 경우에는 이에 대한 인식도 교사범에게 요구된다. 판례는 범행의 일시, 장소, 방법 등의 세부적인 사항까지를 특정하여 교사할 필요는 없고, 정범에게 '일정한 범죄'의 실행을 결의할 정도에 이르게 하면 교사를 인정한다(대법원 1991.5.14. 선고 91도542 판결).

교사의 고의 중 '교사의 고의'와 관련해서 보면, 피교사자는 한 사람일 필요는 없으나 구체적인 인물이어야 한다. 대중을 상대로 하는 '선동'은 교사로 볼 수 없다. 선동은 불특정 · 다수의 사람에게 감정적 자극을 주어 판단을 흐리게 하여 선동자가 의도하는 방향으로 의사를 결시하게 하거나 결심을 강화하도록 하는 것을 말하는데, 내란죄에 있어서 음모 · 예비와 함께 규정되어 있다(제90조).

교사의 고의 중 '정범의 고의'와 관련해서 보면, 막연히 '범죄를 하라'와 같은 것은 교사행위라고 할 수 없고, 구체적인 범죄와 관련된 교사행위이어야 한다. 판례는, ⓐ 연소자에게 밥값을 구하여 오라고 말한 것을 절도의 교사로 보지 않는다(대법원 1984.5.15. 선고 84도418 판결). 반면 ⓑ 甲, 乙, 丙이 절취 하여 온 장물을 상습으로 19회에 걸쳐 시가의 ⅓에서 ¼의 가격으로 매수하여 취득하여 오다가, 甲과 乙에게 드라이버 1개를 사주면서 "丙이 구속되어 도망 다니려면 돈도 필요할 텐데 열심히 일을 하라"고 말하였다면, 그 취지는 종전에 丙과 같이하던 범위의 절도를 다시 계속하면 그 장물은 매수하여 주겠다는 것으로서 절도의 교사라고 본다(대법원 1991.5.14. 선고 91도542 판결).

(3) 미수의 교사

교사범이 피교사자의 범행을 미수 단계에 그치게 할 의도를 가지고서 교사하는 것을 미수의 교사라고 한다. 교사범에게 요구되는 2중의 고의 중 정범의 고의는 기수의 고의를 의미하기 때문에, 미수의 교사인 경우는 교사범으로 처벌하지 않는다.

미수의 교사는 특히 마약수사 등에서 사용되는 '**함정수사**'(타인을 교사하여 범행을 유발케 하고 범행이 기수에 이르기 전에 그를 범행 현장에서 체포하는 방법)와 관련하여 검토되는데, 함정수사를 한 사람에게는 교사의 고의(정범의 고의)가 없으므로 정범이 실행한 범죄의 교사범이 성립하지 않는다. 이때 교사범의 예상과 달리 정범의 실행행위가 기수에 도달한 때에 있어서 교사범의 주의의무위반이 있다면 과실범에 해당한다는 견해와 방조범에 해당한다는 견해가 대립하는데, 방조범도 정범의 고의가 필요하므로 발생한 결과에 대한 주의의무위반을 검토하여 과실범 성립 여부를 판단하는 것이 타당하다.

III. 교사의 미수

교사를 하였으나 피교사자가 범죄의 실행으로 나아가지 않은 것을 교사의 미수 또는 기도된 교사라고 한다. 이것은 피교사자의 범행을 미수 단계에 그치게 할 의도를 가지고서 교사한 '미수의 교사'와 구별되며, 피교사자가 범죄의 실행에 착수하였으나 미수에 그쳐 교사범에게 '○○미수교사'가 성립하는 것과 구별된다. 형법 제31조 제2항 제3항에서는 2가지 유형의 교사의 미수(실패한 교사, 효과 없는 교사)를 규정하고 있다.

참고 독일에서 교사 미수의 입법 배경

독일 형법 제30조에서 교사의 미수를 의도한 범죄의 미수로 처벌하도록 규정한 것은 이론적 배경이 아니라 사회 · 정치적 배경에 기인한다. 교사 미수의 규정은 독일 제국의 초대 총리로 1871년 독일 통일을 완성한 비스마르크(Otto Eduard Leopold von Bismarck)와 가톨릭교회의 문화투쟁(Kulturkampf)이 계기가 되었다. 개신교도이었던 비스마르크가 1871년 7월 프로이센 문화부 내의 가톨릭 국을 폐쇄하고 동년 11월에는 성직자들이 설교 중 정치에 관한 견해를 발표하지 못하도록 하는 등 정책을 집행하자 독일 외의 지역까지 가톨릭교도의 반감이 높아졌다. 벨기에의 가톨릭교도였던 Duchesne가 1873년 파리(Paris) 대주교에게 60,000프랑을 지급할 것이니 비스마르크를 죽이라는 세 통의 편지를 보냈는데, 파리 대주교인 D'Affre는 이 제안을 명백히 거부했다. 이 사건을 알게 된 독일 정부는 범죄의 제안 행위를 처벌할 수 있도록 형법을 보완할 것을 벨기에 정부에 요구했고, 벨기에 입법부는 이러한 요구에 따라 중범죄 예비행위를 처벌하는 법률규정을 1875. 7. 8. 이행했다.

한편 당시 프로이센 형법(Preußisches Strafgesetzbuch von 1851)에는 예비 · 음모에 대한 형법총칙의 일반규정은 존재하지 않았고, 극히 일부의 범죄의 경우에 예비 · 음모에 대한 처벌 규정이 존재하였는데 살인죄 경우도 예비 · 음모의 처벌 규정은 존재하지 않았다. 내란죄의 경우는 프로이센 형법 제63조에 내란음모죄(Verabredung zum Hochverrat)가 존재하였으나, 국왕의 암살 · 헌법질서의 폭력적 변경 등이 내란의 개념에 포함되었을 뿐 총리와 같은 정치인의 암살은 내란에 포함되지 않았으므로(프로이센 형법 제61조), 비스마르크에 대한 살인교사미수에 대해서는 처벌할 수 없었다.
이러한 배경에서 벨기에 법률의 개정에 뒤따라 독일 제국의회에서 소위 Duchesne조항이 논의 후에 1876년 독일 형법전에 교사미수의 처벌이 입법되었다. 현재의 독일 형법에는 프로이센 형법과 마찬가지로 예비 · 음모에 관한 총칙 규정은 존재하지 않고, 살인죄의 경우는 예비 · 음모 처벌규정이 존재하지 않는 등 매우 소수의 범죄에 대해서 예비 · 음모를 처벌하고 있는 상황에서, 독일 형법 제30조에서 교사의 미수를 의도한 범죄의 미수로 처벌하도록 규정하면서 필요적으로 감경하도록 하고 있다.

1. 효과 없는 교사

피교사자가 범행을 승낙하였으나 실행에 착수하지는 않은 경우를 '**효과 없는 교사**'라고 하는데, 이 경우에 있어서 형법은 교사자와 피교사자를 함께 음모 · 예비에 준하여 처벌하도록 규정하고 있다(제31조 제2항). 따라서 효과 없는 교사의 경우는 교사한 범죄의 음모 · 예비행위를 처벌하는 규정이 있는 경우에만 처벌이 된다(제28조).

(구)형법은 교사의 미수를 규정하지 않았다. 다만 교사의 미수를 규정하지 않았던 (구)형법의 해석 · 적용에 있어서 공범종속성설에 따라 처벌할 수 없다는 견해와 공범독립성설에 따라 교사의 미수를 처벌해야 한다는 견해가 대립하였다. 공범의 성립은 정범의 실행행위에 종속한다고 보는 '공범종속성설'에 의하면 공범의 성립은 정범에 의존하고 따라서 정범의 행위가 최소한 범죄의 실행에 착수하여 처벌이 가능한 미수에 이르러야 교사범이 성립한다고 보고, 공범은 독립한 범죄이고 정범에 종속하지 않는다고 보는 '공범독립성설'에 의하면 공범은 정범의 성립과 관계없이 독자적으로 성립하므로 교사를 받은 정범이 범죄의 실행에 착수하지 않더라도 당연히 교사의 미수로서 교사한 범죄의 미수로 처벌된다고 본다.

형법 제31조 제2항과 제3항은 (구)형법 당시 공범을 둘러싸고 전개되던 공범종속성설과 공범독립성설의 대립을 조화하는 방향에서 입법된 것이다. 즉 교사의 미수를 처벌하는 것 자체는 공범독립성설이 반영된 것이지만, 법적 효과(처벌)를 미수범이 아니라 예비 또는 음모에 따르게 한 점은 공범종속성설이 반영된 것이라고 할 수 있다.

그러나 형법 제31조 제2항이 없더라도 효과 없는 교사는 피교사된 범행의 음모 또는 예비행위로 볼 수 있고 범행의 음모 또는 예비가 처벌되는 특별한 규정이 있는 경우에는 처벌할 수 있다. 따라서 형법 제31조 제2항은 사건의 해결에 있어서 실질적인 존재의 의미를 찾기 어렵다.[12)] 예를 들어, 甲은 경제적 형편에 맞지 않게 수년 전부터 남편인 A 명의로 종신보험을 다수 가입하였고 거액의 종신보험금을 받기 위해서 내연관계의 乙에게 7,200만 원을 주면서 A의 살인을 청부하였고, 이를 진정으로 승낙한 乙이 돈을 받은 후에도 살인을 실행하지 않고 있다면, 甲과 乙의 죄책은 어떻게 되는지를 생각해 보자(서울고등법원 2007.4.19. 선고 2007노78 판결 참조). 한편으로 甲과 乙은 형법 제31조 제2항에 근거하여 살인교사미수에 해당하는데 형법 제255조는 살인죄의 음모 · 예비를 처벌하고 있으므로 甲과 乙은 살인죄의 음모 · 예비로 처벌된다고 설명할 수 있다. 하지만 다른 한편으로 형법 제255조는 살인죄의 음모 · 예비를 처벌하고 있는데 甲이 乙에게 금전을 주면서 A의 살인을 청부하고 乙이 이를 진정으로 승낙한 것은 바로 A에 대한 甲과 乙의 살인음모에 해당한다고 설명할 수 있다.[13)]

2. 실패한 교사

교사를 하였으나 상대방이 범죄실행을 거절하거나 이미 범행을 결심하고 있는 경우를 '실패한 교사'라고 하는데, 이 경우에 있어서 형법은 교사자를 음모 · 예비에 준하여 처벌하도록 규정하고 있다(제31조 제3항). 실패한 교사의 경우도 교사한 범죄의 음모 · 예비행위를 처벌하는 규정이 있는 경우에만 처벌이 된다(제28조). 효과 없는 교사에서 설명된 입법의 배경과 그에 대한 비판은 실패한 교사에도 마찬가지이다.

IV. 관련 문제

1. 교사의 착오

피교사자가 교사를 받은 범죄를 실행하면서 교사한 내용과 다른 결과를 발생시킨 경우를 교사의 착오라고 하고, 이때 교사범에게 어떠한 효과가 발생하는지가 논의된다. 교사범은 정범의 불법에 종속하여 성립되고(제한적 종속), 자신의 고의 범위 내에서 책임을 지는 것이 원칙이다.

---

12) 김정환, "형법 제31조 제2항 및 제3항에 대한 검토", 법학연구 제17권 제1호, 2007, 132면.

13) 김정환, "사실확정을 전제하는 형법이론과 사실미확정을 전제하는 형사절차의 조화", 「연세법학, 또 다른 백 년」, 2021, 48면.

(1) 피교사자의 객체의 착오

범행하기로 교사가 된 객체와 관련하여 피교사자의 **방법의 착오**는 교사범에게도 방법의 착오라고 본다. 그런데 피교사자가 행위 객체의 동일성에 대해서 착오를 일으킨 경우, 즉 피교사자의 **객체의 착오**가 교사범에게 어떻게 귀책되는지가 논의된다. 예를 들어, A를 상해하라고 교사하였는데 피교사자가 B를 A라고 오인하고 B를 상해한 경우와 같이 피교사자가 행위 객체를 혼동하여 교사자가 교사한 내용과 다른 객체에 결과가 발생한 경우가 피교사자의 객체의 착오 형태이다. 이에 대해서 견해가 대립한다.

Ⓐ '**객체의 착오설**'이 있다.[14] 이 견해는 피교사자인 정범의 객체의 착오는 교사범에게도 일어날 수 있는 착오이므로, 피교사자의 객체의 착오를 교사자에게도 귀속시켜야 한다고 본다.

Ⓑ '**방법의 착오설**'이 있다.[15] 이 견해는 피교사자인 정범의 객체의 착오는, 교사범에게는 피교사자를 통한 행위 방법이 잘못되어 결과가 예상과 다르게 발생한 것이어서 방법의 착오가 된다고 본다.

Ⓒ '**인과관계의 착오설**'이 있다. 이 견해는 교사범의 범죄 실현의 과정 예상과 다르게 다른 진행 과정을 거쳐 발생한 것이어서 인과관계의 착오라고 본다.

생각건대, 교사범의 고의와 관련된 구성요건의 착오는 교사범의 측면에서 판단하는 것이 타당하고, 그렇다면 피교사자의 객체의 착오는 교사범에게는 '**방법의 착오**'라고 볼 수 있다(방법의 착오설). 교사범이 인식했던 객체에 범죄가 발생한 것이 아니어서 인과관계의 착오라고 볼 수 없고, 교사범이 객체를 혼동하지는 않아서 객체의 착오로 보기도 어렵다.

(2) 피교사자의 초과 행위

교사범이 교사한 내용보다 피교사자가 초과하여 실행한 경우, 즉 피교사자의 초과 행위가 교사범에게 어떻게 귀책되는지가 양적 초과와 질적 초과로 구분하여 논의된다.

---

14) 김종원(하), 145면; 김혜정 · 박미숙 · 안경옥 · 원혜욱 · 이인영, 405면.

15) 김일수 · 서보학, 488면; 박상기 · 전지연, 292면; 성낙현, 689면; 오영근 · 노수환, 462면; 이정원 · 이석배 · 정배근, 321면.

① 양적 초과

교사한 범행보다 중한 동종의 범죄를 피교사자가 실행한 경우, 예를 들어 상해를 교사했는데 피교사자가 특수상해를 실행하거나 상해치사를 실행한 경우가 있다. 이러한 경우에 있어서 교사범에게는 정범이 행한 초과 부분에 대해서는 고의가 없으므로 책임을 부담하지 않고, 교사한 범죄에 대해서만 책임을 부담한다.

다만 결과 때문에 형이 무거워지는 죄에 있어서는 결과의 발생을 예견할 수 있었을 때는 무거운 죄로 벌하게 된다(제15조 제2항). 과실범에 있어서 교사 · 방조는 불가능하지만, 결과적 가중범에 대한 교사 · 방조는 피교사자의 양적 착오의 문제로 다루어 가능할 수 있다. 예를 들어 교사범이 피교사자에 대하여 상해 또는 중상해를 교사하였는데 피교사자가 이를 넘어 살인을 실행한 경우라면 일반적으로 교사자는 상해죄 또는 중상해죄의 죄책을 지게 되는 것이지만, 이 경우에 교사자에게 피해자의 사망이라는 결과에 대하여 과실 혹은 예견가능성이 있는 때에는 상해치사죄의 죄책을 부담한다(대법원 2002.10.25. 선고 2002도4089 판결).

한편, 기본범죄를 결의하고 있는 사람에게 가중적 범죄를 실행하도록 교사한 '**가중적 교사**'의 개념이 논의되는데, 이것은 교사의 착오 형태는 아니다. 이러한 경우는 교사의 요건(정범의 성립, 교사행위, 교사범의 고의)에 따라 판단하면 된다. 예를 들어 ⓐ 상해의 고의를 가진 사람에게 상해치사를 교사한다는 개념은 존재할 수 없는데, 치사라는 과실의 부분에 대한 교사는 존재할 수 없기 때문이다. 이러한 경우는 상해의 방조에 해당하고 중한 결과(치사)에 대한 예견가능성이 있으면 상해치사죄의 방조범이 성립하게 된다. 또한 ⓑ 절도의 고의를 가진 사람에게 강도를 교사하여 피교사자가 강도를 실행하였다면, 공범의 종속성 및 교사범의 고의에 따라 정범의 강도죄가 성립되고 강도죄에 대한 고의가 존재하므로 강도죄의 교사범이 성립하게 된다.

② 질적 초과

교사한 범행과 전혀 무관한 이질적인 범죄를 피교사자가 실행한 경우, 예를 들어 절도를 교사했는데 피교사자가 방화를 실행한 경우가 있다. 이러한 경우에 있어서 교사범에게는 정범이 실행한 범죄에 대하여 고의가 없으므로 교사자로서 책임이 없고, 다만 교사한 범죄에 대한 효과 없는 교사(제31조 제2항)에 해당한다.

(3) 피교사자의 미달 행위

피교사자가 범행하기로 한 범죄의 실행에 착수하였으나 적게 실행한 경우, 예를 들어 공갈의 교사를 받은 후 공갈미수를 실행한 경우는 공범의 종속성에 따라 피교사자가 실행한 범죄에 대한 교사범이 성립한다.

다만 강도죄와 같이 범죄의 음모 · 예비를 처벌하는 규정이 존재하는 범죄의 교사를 받은 후 피교사자가 불법성이 작은 구성요건인 절도를 실행한 경우는 Ⓐ 교사한 범죄(강도죄)의 음모 · 예비와 실행된 범죄(절도죄)의 교사범이 성립하고 양 죄는 상상적 경합의 관계로 보는 견해와 Ⓑ 교사한 범죄(강도죄)의 음모 · 예비만 성립한다고 보는 견해가 존재한다. 생각건대 강도의 음모 · 예비에 대한 처벌 규정(제343조, 7년 이하의 징역)이 존재하고 이를 충족하는 행위를 절도죄(제329조, 6년 이하의 징역)의 교사범이 성립한다고 볼 이유는 없다.

(4) 피교사자에 대한 착오

① 피교사자의 책임능력에 대한 착오

교사범이 피교사자의 책임능력에 대해서 착오한 경우가 피교사자에 대한 착오로서 논의된다. 피교사자를 책임능력자로 오인하고 교사한 경우나 반대로 피교사자를 책임무능력자로 오인하고 교사한 경우가 이에 해당한다.

먼저 피교사자를 책임능력자로 오인하고 교사하였으나 피교사자가 책임무능력자인 경우는, 제한적 종속 형식을 따른다면 정범의 불법행위는 존재하므로 교사범의 성립에는 영향이 없다. 다음으로 피교사자를 책임무능력자로 오인하고 교사하였으나 피교사자가 책임능력자인 경우도 정범의 불법행위는 존재하므로 교사범의 성립에는 영향이 없다.

② 피교사자의 고의에 대한 착오

교사범이 피교사자에게 실행하는 범죄에 대한 고의가 없는 것으로 오인했으나 피교사자가 고의가 있었던 경우는 교사범에게 정범의 행위에 대한 행위지배를 인정하기 어렵고 정범의 불법행위는 존재하므로 교사범이 성립한다고 볼 수 있다.

반대로 교사범이 피교사자에게 실행하는 범죄에 대해서 인식하고 있다고 오인했으나 피교사자에게 고의가 없었던 경우는 교사범에게 범죄에 대해서 행위지배를 인정할 수 있으므로 간접정범이 성립한다고 볼 수 있다.

2. 공범 관계의 이탈

(1) 의의

범행의 교사를 받은 피교사자가 교사받은 범죄의 실행에 착수하기 이전에 교사범이 범행의 중단을 요청했음에도 피교사자가 교사를 받은 범죄를 실행한 경우, 교사범에게 정범의 범행에 대한 책임을 부담시켜야 하는지의 논의가 '**공범 관계의 이탈**'이다. 교사범을 처벌하는 이유는 피교사자에게 범행을 결의하여 범죄를 실행하도록 하였다는 데에 있으므로, 교사범이 피교사자가 범죄의 실행행위에 나아가기 전에 교사범에 의하여 형성된 피교사자의 범행 결의를 해소한다면, 피교사자가 이전에 교사받았던 범죄를 실행하였더라도 그것은 교사범의 독자적인 범죄이므로 교사범은 실행한 범죄에 대해서 책임을 부담하지 않게 된다. 즉 공범 관계의 이탈이 인정되면 교사범은 교사의 미수에 해당하지만, 공범 관계의 이탈이 인정되지 않으면 실행된 범죄의 교사범이 성립한다.

공범 관계의 이탈은 교사행위 후 **피교사자의 실행착수 이전**에 가능한 개념으로서, 만약 피교사자가 교사받은 범죄의 실행에 착수한 이후에 교사범이 범행 중단을 요청한 경우라면 피교사자의 실행한 부분(미수 또는 기수)에 대한 교사범이 성립하게 된다. 그리고 피교사자가 교사받은 범죄의 실행에 착수하기 이전에 교사범이 범행 중단을 요청하여 피교사자가 교사를 받은 범죄를 실행하지 아니하면 교사의 미수에 해당한다.

(2) 요건

공범 관계의 이탈이 인정되기 위해서는 ① 첫째, 피교사자가 교사받은 범죄의 실행에 착수하기 이전에 교사범이 범행 중단을 요청해야 한다. ② 둘째, 교사범의 범행 중단의 요청에도 불구하고 피교사자가 교사받은 범죄의 실행에 착수하여야 한다. ③ 셋째, 교사자의 범행 중단의 요구는 피교사자의 범행 결의를 제거하기 위한 적극적인 행위이어야 한다. 이러한 요건이 충족될 때 교사행위에 의하여 형성된 피교사자의 범행 결의가 더 이상 유지되지 않는 것으로 평가할 수 있다.

판례도 교사범이 공범 관계로부터 이탈하기 위해서는 피교사자가 범죄의 실행행위에 나아가기 전에 교사범에 의하여 형성된 피교사자의 범행 결의를 해소하는 것이 필요하고, 이때 교사범이 피교사자에게 교사행위를 철회한다는 의사를 표시하고 이에 피교사자도 그 의사에 따르기로 하거나 교사범이 명시적으로 교사행위를 철회함과 아울러 피교사자의 범죄실행을 방지하기 위한 진지한 노력을 다하여 피교사자가 범죄를 결의하게 된 사정을 제거하는 등으로 교사행위에 의하여 형성된 피교사자의 범행 결의가 더 이상 유지되지 않는 것으로 볼 수 있다면, 그 후 피교사자가 범죄를 저지르더라도 이는 새로운 범죄실행의 결의에 따른 것이므로 교사자는 형법 제31조 제2항에 의한 죄책을 부담함은 별론으로 하고 형법 제31조 제1항에 의한 교사범으로서의 죄책을 부담하지는 않는다고 본다(대법원 2012.11.15. 선고 2012도7407 판결). 다만 판례는 공범 관계 이탈의 인정을 매우 엄격하게 제한하여, 공갈을 교사한 후 공갈의 실행착수 이전에 피교사자에게 여러 차례 전화하면서 수고비로 500만 원 또는 1,000만 원을 줄 테니 공갈 행위로 나아가지 말라고 만류한 교사범에게 공범 관계의 이탈을 인정하지 않았는데(대법원 2012.11.15. 선고 2012도7407 판결), 이것은 교사의 미수를 음모 · 예비로 처벌하도록 규정(제31조 제2항)하였기에 많은 범죄에서 음모 · 예비에 대한 처벌이 존재하지 않는 상황에서 공범 관계의 이탈이 인정되면 교사범이 무죄로 되는 것을 고려한 것으로 추정된다.[16)]

제3절 | 방조범

I. 의의

1. 개념

> 제32조(종범) ① 타인의 범죄를 방조한 자는 종범으로 처벌한다.
> ② 종범의 형은 정범의 형보다 감경한다.

방조범(幇助犯, Beihilfe)이란 정범의 실행행위를 도와주는 사람으로서 '**종범**'(從犯)이라고도 하는데, 대표적으로 불특정 다수의 피해자를 상대로 계획적 · 조직적으로 이루어지는 보이스피싱 조직의 사기 범행에 현금수거책으로 가담한 행위가 사기방

---

16) 김정환, "교사범의 공범관계이탈과 관련한 대법원의 판단에 대한 비판", 서울법학 제22권 제1호, 2014, 124면 이하 참조.

조에 해당한다.

형법 제32조는 '종범'이라는 표제하에 "타인의 범죄를 방조한 자"라고 방조범을 규정하고 있으며, 판례는 방조를 "정범의 구체적인 범행준비나 범행사실을 알고 그 실행행위를 가능·촉진·용이하게 하는 지원행위 또는 정범의 범죄행위가 종료하기 전에 정범에 의한 법익침해를 강화·증대시키는 행위로서, 정범의 범죄 실현과 밀접한 관련이 있는 행위"라고 해석한다(대법원 2023.6.29. 선고 2017도9835 판결).

방조범은 타인이 실행한 범행에 대해서 행위지배가 없다는 점에서 **공동정범**과 구별된다. 그리고 정범의 불법행위를 전제로 한다는 점에서 **교사범**과 유사하지만, 정범이 실행한 범죄에 대한 영향력이 교사범의 경우보다 매우 작다는 측면에서 교사범과 구별된다.

교사와 방조는 정범에게 이미 범행 결의가 존재하는지에 따라서 구분하는 것이 일반적 견해이다. 이러한 구분 기준은 공범 행위 자체의 모습이 아니라, 정범의 심리 내적인 범행결의의 존재 여부로 보고 아직 범행 결의가 없는 경우에 방조범이 성립한다고 본다. 그러나 공범 행위 자체를 기준으로 교사와 방조의 구분 기준을 제시하는 것, 즉 공범자가 어떠한 행위를 정범에게 한 경우에 교사범 또는 방조범이 성립되는지를 생각해 본다면, 방조범은 교사범과 같이 정범에게 결정적인 범행동기나 이유를 제시하여 정범의 범행 결의에 직접적으로 가담하지는 않지만, 정범 행위를 용이하게 하여 결과 발생을 가능하게 하거나 추가적인 결과를 창출하기에 정범의 결과불법은 귀속되는 것이다. 방조범의 경우는 정범의 범죄실행으로의 자극 부여의 정도가 교사범에 비하여 약한 것이다.[17)]

2. 처벌

형법은 방조범을 정범의 형보다 감경하여 처벌하도록 한다(제31조 제2항). 교사범과 달리 방조범의 경우는 정범의 형보다 감경하도록 규정하였다는 것은, 입법자가 방조범의 불법(반가치) 내용이 정범의 불법(반가치) 내용보다 낮다고 평가한 것이다.

예외적으로 방조범을 정범과 동일한 형으로 처벌하는 경우가 있는데, 자기의 지휘나 감독을 받는 사람을 방조한 경우가 그러하다(제34조 제2항). 또한 밀수출입이나 관세포탈 등과 같은 관세법 위반행위의 방조도 정범의 형으로 처벌하고(관세법 제271조

17) 김정환, "정범행위에 대한 방조자의 고의", 형사법연구 제19권 제2호, 2007, 156면.

제1항), 경범죄처벌법 위반행위의 방조도 정범의 형으로 처벌한다(경범죄처벌법 제4조).

그 외 형법 총칙 공범규정의 적용을 배제하는 경우가 있는데, 담배사업법 위반죄(담배사업법 제31조) 및 한국 선박의 사칭 또는 선박국적증서 등을 갖추지 않은 선박법 위반죄(선박법 제39조)는 형법 제32조가 적용되지 않는다.

한편, 방조의 형태를 독립적 구성요건으로 규정한 경우가 있는데, 간첩방조죄(제98조 제1항)와 자살방조죄(제252조 제2항)가 대표적이다. 이 경우에는 방조범에 대한 필요적 감경이 적용되지 않고, 독자적으로 미수범 처벌규정이 존재한다(제100조, 제254조).

II. 성립 요건

교사범과 마찬가지로 공범의 종속성으로부터 핵심적인 두 가지 객관적 구성요건(즉 타인의 범행을 방조하는 행위와 방조된 타인의 범죄실행 행위)이 도출된다. 이와 같은 2가지 요건이 요구되므로 방조범은 타인을 방조하는 것뿐만 아니라, 타인의 범죄실행에 대해서도 고의가 있어야 한다(**이중의 고의**).

1. 정범의 성립

방조범은 정범의 불법에 종속하여 성립되므로(제한적 종속), 정범의 구성요건에 해당하고 위법한 불법행위가 존재하여야 한다. 정범의 성립은 방조범의 구성요건 일부를 형성하고 방조범이 성립함에는 먼저 정범의 범죄행위가 인정되어야 하므로, 공소장의 기재에 있어서 방조범의 사실 적시는 정범의 범죄 구성요건이 되는 사실 전부를 적시하여야 한다(대법원 1981.11.24. 선고 81도2422 판결).

형법 제32조 제1항에서 '**타인의 범죄**'란 정범이 범죄의 실행에 착수한 경우를 의미한다. 예비죄의 실행행위는 무정형 · 무한정한 행위이고 방조범의 행위도 무정형 · 무한정한 상황에서 정범의 행위가 범죄실행의 예비단계에 그친 경우까지 방조범으로 처벌할 수는 없다(대법원 1976.5.25. 선고 75도1549 판결).

2. 방조행위

(1) 개념

방조란 독일어로 'Beihilfe(영어로 aid)'이고 한자로 '幇(도울 방)助(도울 조)'로서, 문자 그대로 **정범의 범죄실행을 돕는 행위**를 말한다. 정범의 실행행위를 돕는 수단이나 방식에는 제한이 없어서, 유형적 · 물질적인 행위뿐만 아니라 정범에게 범행의 결의를 강화하도록 하는 것과 같은 무형적 · 정신적 행위까지도 포함하여 정범의 실행행위를 용이하게 하는 직 · 간접의 모든 행위가 방조에 해당한다(대법원 2008.3.13. 선고 2006도3615 판결). 판례는 불법 시위현장을 사진으로 찍어 사후에 일반대중이 볼 수 있도록 게시하려고 시위가 예정된 장소에서 미리 기다리고 있다가 불법적인 시위가 시작된 후 시위현장의 사진을 찍은 행위는 폭력행위, 시위, 공용물건손상 등 범행의 방조로 본다(대법원 1997.1.24. 선고 96도2427 판결).

(2) 부작위에 의한 방조

① 보증인적 지위와 행위의 동가치성

방조의 수단이나 방식에는 제한이 없어서 **부작위**에 의한 방조도 **가능**하다. 부작위범이 인정되기 위해서는 형법이 금지하고 있는 법익침해의 결과 발생을 방지할 법적인 작위의무를 지고 있는 사람이 그 의무를 이행함으로써 결과 발생을 쉽게 방지할 수 있었음에도 그 결과의 발생을 용인하고 이를 방관한 채 그 의무를 이행하지 아니하고(보증인지위), 그 부작위가 작위에 의한 법익침해와 동등한 형법적 가치가 있는 것이어서 그 범죄의 실행행위로 평가될 만한 것이어야 하므로(대법원 1996.9.6. 선고 95도2551 판결), 부작위에 의한 방조가 성립하기 위해서도 방조범에게 정범의 행위를 방지할 **보증인지위** 및 **행위의 동가치성**이 필요하다.

예를 들어, ⓐ 은행지점장이 정범인 부하직원들의 범행을 인식하면서도 그들의 은행에 대한 배임행위를 방치하였다면 업무상배임죄의 방조범이 성립된다(대법원 1984.11.27. 선고 84도1906 판결). ⓑ 백화점에서 특정 매장에 관한 상품관리 및 고객들의 불만사항 확인 등의 업무를 담당하는 직원은 자신이 관리하는 매장의 점포에 가짜 상표가 새겨진 상품이 진열 · 판매되고 있는 사실을 발견하였다면 이를 방치하여서는 아니 되고 점주나 그 종업원에게 즉시 그 시정을 요구하고 상급자에게 보고하여 이를 시정하도록 할 근로계약상 · 조리상의 의무가 있는데, 담당 직원이 이러한 사실을 알고서도 점주 등에게 시정조치를 요구하거나 상급자에게 이를 보고하지 아니하여 점주가 가짜 상표가 새겨진 상품들을 계속 판매하도록 방치한 것은 점주의 상표법위반 및 부정경쟁방지법위반 행위의 실행을 용이하게 하는 경우와 동등한 형법적 가치가 있는 것으로 볼 수 있으므로, 점주의 상표법 위반 및 부정경쟁방지법 위반죄의 부작위에 의한 방조범이 성립한다(대법원 1997.3.14. 선고 96도1639 판결).

② 온라인서비스제공자의 방조

한편, 부작위에 의한 방조와 관련하여 '**온라인서비스제공자의 방조**'의 문제도 논의된다. 이용자들에게 온라인 플랫폼을 제공하는 온라인서비스제공자(Online Service Provider)가 플랫폼에서 일어난 저작권침해 등의 위법행위에 대해 적절한 조치를 하지 아니한 행위가 부작위범으로서 방조의 책임을 구성할 수 있는지가 논의된다.

이에 관한 판례의 변화가 흥미롭다. ⓐ 2007년 '소리바다 사건'에서는, P2P 프로그램을 이용하여 음악파일을 공유하는 행위가 대부분 정당한 허락 없는 음악파일의 복제임을 예견하면서도, MP3 파일 공유를 위한 P2P 프로그램인 소리바다 프로그램을 개발하여 이를 무료로 널리 제공하여 이용자들이 용이하게 음악 MP3 파일을 다운받아 자신의 컴퓨터 공유폴더에 담아 둘 수 있게 하고, 소리바다 서비스가 저작권법에 위배 된다는 경고와 서비스 중단 요청을 받고도 서비스 제공을 계속한 소리바다 서비스 운영자의 행위는 저작권법상 복제권 침해행위의 방조에 해당한다고 보았다(대법원 2007.12.14. 선고 2005도872 판결).

이러한 판례의 입장은 2015년 '인터넷 링크 사건'에서 변화하였다. ⓑ 인터넷 링크(Internet link)를 하는 행위 자체는 인터넷에서 링크하고자 하는 웹페이지 등의 위치 정보나 경로를 나타낸 것에 불과하여, 인터넷 이용자가 링크 부분을 클릭함으로써 저작권자로부터 이용 허락을 받지 아니한 저작물을 게시하거나 인터넷 이용자에게 그러한 저작물을 송신하는 등의 방법으로 저작권자의 복제권이나 공중송신권을 침해하는 웹페이지 등에 직접 연결된다고 하더라도 그 침해행위의 실행 자체를 용이하게 하는 것으로 볼 수 없으므로, 링크 행위만으로는 저작재산권 침해행위의 방조에 해당하지 않는다고 보았다(대법원 2015.3.12. 선고 2012도13748 판결).

2021년 대법원은 전원합의체 판결을 통해 다시 입장을 변경하여 '인터넷 링크 사이트' 운영자가 일정한 요건 하에서 방조범이 성립할 수 있다고 본다. ⓒ 링크 자체는 연결 통로의 역할로서 중립적 기술이라고 할지라도 링크가 제공되는 환경, 링크의 게시 목적과 방법 등의 여러 사정을 고려하면 전송의 방법으로 저작재산권을 침해하는 정범의 범죄 실현에 조력하는 행위가 될 수 있다고 보고, 정범이 공중송신권을 침해한다는 사실을 충분히 인식하면서 그러한 침해 게시물 등에 연결되는 링크를 인터넷 사이트에 영리적 · 계속적으로 게시하는 등으로 공중의 구성원이 개별적으로 선택한 시간과 장소에서 침해 게시물에 쉽게 접근할 수 있도록 하는 정도의 링크행위를 한 경우에는 침해 게시물을 공중의 이용에 제공하는 정범의 범죄를 용이하게 한 것이어서 공중송신권 침해의 방조범이 성립한다고 보았다(대법원 2021.9.9. 선고 2017도19025 전원합의체 판결).

(3) 방조의 시기(時期)

① 시기(始期)

정범의 실행행위 중에 이를 방조하는 경우뿐만 아니라, 정범의 **범죄실행 착수 전**에 장래의 실행행위를 예상하고 이를 용이하게 하는 경우도 방조가 성립한다(대법원 2004.6.24. 선고 2002도995 판결). 정범이 실행에 착수하기 이전의 준비 단계에서 방조하고 실행 중에는 더 이상의 방조를 하지 않더라도, 정범이 방조한 범죄의 실행을 착수하면 방조범은 성립한다. 예를 들어, 타인의 사망을 보험사고로 하는 생명보험계약 체결 당시에 이미 보험사고가 발생하였음에도 이를 숨겼다거나 보험사고의 구체적 발생 가능성을 예견할 만한 사정을 인식하고 있었던 경우 또는 고의로 보험사고를 일으키려는 의도를 가지고 보험계약을 체결한 경우와 같이 보험사고의 우연성과 같은 보험의 본질을 해칠 정도라고 볼 수 있는 특별한 사정이 있다면, 피보험자 본인임을 가장하는 등으로 보험계약을 체결한 행위는 장차의 보험금 편취를 위한 예비행위에 해당하고 이 과정에서 정범의 장래 실행행위를 미필적으로나마 예상하고 이를 방조한 후 정범이 실행행위에 나아갔다면 사기죄의 방조범이 성립할 수 있다(대법원 2013.11.14. 선고 2013도7494 판결).

정범이 실행에 착수하기 이전의 준비 단계에서부터 방조가 인정되는 이유는 방조의 본질에서 찾을 수 있다. 방조범을 포함한 공범의 처벌 근거를 살펴보면, 정범에게 영향을 끼쳤는지 아니면 정범의 범행에 영향을 끼쳤는지 등과 관련하여 구체적으로 견해가 대립하고 있을 뿐, 공범이 정범이나 정범의 범행에 영향을 끼쳤다는 점에서 공통적이다. 어떤 견해에 의하든 정범의 실행의 착수 이전에 정범이나 정범의 범행에 영향을 끼치는 공범의 행위를 긍정하게 된다.

다만 공범의 종속성으로 인해서 정범의 실행착수를 공범처벌의 성립 요건으로 인정하게 되므로, 준비 단계에서 방조한 정범이 실행의 착수를 하지 않은 경우는 공범의 성립을 부정하게 된다.

② 종기(終期)

정범의 범죄실행이 기수에 이른 후라도 종료되기 전 단계에서 방조범이 성립 가능한지에 대해서 견해가 대립한다.

Ⓐ '**기수시설**'은 종료라는 개념을 매개로 방조범의 성립 범위를 확장하는 것에 반대하여, 정범의 구성요건 행위가 더 이상 불가능하며 구성요건해당성의 결과 발생도 더 이상 불가능한 시점에는 방조범 성립이 불가능하다는 견해이다. 방조는 정범의 범행 결과에 대하여 인과관계가 요구되므로, 구성요건에 해당하는 결과의 발생(기수)까지만 방조가 가능하다고 본다.

Ⓑ '**종료시설**'은 정범의 행위가 기수에 도달한 이후에도 종료되기 전에는 방조범 성립이 가능하다는 견해이다.[18] 절도범이 기수에 이른 후 도주하는데 도품을 맡아주거나 추격을 막는 등 도와주는 행위를 한 사람에게는 절도죄의 방조범이 성립하고, 계속범인 감금죄에 있어서 기수 이후에 도와주는 사람에게는 감금죄의 방조범이 성립한다고 본다. 이처럼 정범의 범행이 기수에 이른 후 종료되기 이전에 방조한 경우를 '**승계적 종범**'이라고 한다.

판례는 '**종료시설**'의 입장에서 ⓐ 정범이 침해 게시물을 인터넷 웹사이트 서버 등에 업로드하여 공중의 구성원이 개별적으로 선택한 시간과 장소에서 접근할 수 있도록 이용에 제공하면 공중송신권 침해는 기수에 이르고 정범이 침해 게시물을 서버에서 삭제하는 등으로 게시를 철회하지 않으면 공중송신권 침해의 범죄행위가 종료되지 않는데, 업로드 후 철회 사이의 인터넷 웹사이트 운영 행위는 방조의 대상이 될 수 있다고 본다(대법원 2021.9.9. 선고 2017도19025 전원합의체 판결). ⓑ 범인도피죄(제151조)는 범인이 도피하게 함으로써 기수에 이르고 범인도피행위가 계속되는 동안에는 범죄행위도 계속되고 행위가 끝날 때 비로소 범죄행위가 종료되는데, 공범자의 범인도피행위의 도중에 그 범행을 인식하면서 그와 공동의 범의를 가지고 기왕의 범

---

18) 김일수 · 서보학, 493면; 김종원(하), 155면; 김태명, 400면; 김혜정 · 박미숙 · 안경옥 · 원혜욱 · 이인영, 411면; 박찬걸, 387면; 배종대, 460면; 성낙현, 694면; 이상돈, 299면; 이정원 · 이석배 · 정배근, 327면; 이주원, 395면; 이형국 · 김혜경, 526면; 임웅 · 김성규 · 박성민, 525면; 정성근 · 박광민, 473면; 정영일, 428면; 한상훈 · 안성조, 283면.

인도피상태를 이용하여 스스로 범인도피행위를 계속한 경우는 범인도피죄의 공동정범이 성립하며, 공범자의 범행을 방조한 경우도 마찬가지이다(대법원 2012.8.30. 선고 2012도6027 판결). ⓒ 정범의 미성년자 약취 · 유인행위에는 가담한 바 없더라도 사후에 그 사실을 알면서 약취 · 유인한 미성년자를 부모 기타 그 미성년자의 안전을 염려하는 자의 우려를 이용하여 재물이나 재산상 이익을 취득하거나 요구하는 정범에 가담하여 방조한 사람은 단순히 재물 등 요구행위의 방조범이 아니라 특정범죄가중법 제5조의2 제2항 제1호 위반죄의 방조범에 해당한다(대법원 1982.11.23. 선고 82도2024 판결).

한편, 정범의 범죄가 종료한 이후에는 방조가 불가능하다. 정범의 범죄종료 후의 이른바 '**사후방조**'는 방조범으로 볼 수 없다(대법원 2022.4.14. 선고 2022도649 판결).

참고 도주원조죄(제147조)

도주죄(제145조 제1항)는 즉시범으로서 범인이 간수자의 실력적 지배를 이탈한 상태에 이르면 기수가 되어 도주 행위가 종료한다. 따라서 도주죄에 있어서 범인의 도주행위를 야기시키거나 이를 용이하게 하는 등 그와 공범관계에 있는 행위를 독립한 구성요건으로 하는 도주원조죄의 경우는, 도주죄의 범인이 도주하여 기수에 이른 이후에 범인의 도피를 도와주는 행위는 범인도피죄(제151조 제1항)에 해당할 수 있을 뿐 도주원조죄에는 해당하지 아니한다(대법원 1991.10.11. 선고 91도1656 판결).

(4) 간접방조

방조범을 방조하는 간접방조의 경우도 정범에 대한 방조라고 볼 수 있는데, 그 이유는 방조의 본질에서 찾을 수 있다. 방조행위를 처벌하는 이유는 정범의 실행을 용이하게 하는 점에 있으므로 방조행위가 정범의 실행에 대하여 간접적이거나 직접적이거나를 가리지 아니하고, 정범이 범죄를 실행한다는 점을 알면서 그 실행행위를 용이하게 한 이상 방조범으로 처벌함이 마땅하다(대법원 1977.9.28. 선고 76도4133 판결).

방조를 방조하는 것 이외에 교사범을 방조하거나 방조를 교사하는 것도 간접방조에 해당하여, 정범의 실행에 대해서 방조범이 성립한다.

3. 방조행위의 인과관계

정범이 행한 범죄와 방조 행위 간에 인과관계가 필요한 것인지에 대해서 견해가 대립한다. 정범의 실행행위를 용이하게 하는 모든 행위가 방조에 해당할 수 있어서, 방조 행위의 범위가 너무 넓게 인정되는 문제에 대한 대응의 논의라고 할 수 있다.

Ⓐ '**인과관계 불요설**'은 구성요건을 실현하는 정범의 행위가 종료되기 전의 어느 시점에서건 방조 행위를 통하여 정범의 범행을 촉진하면 충분하고, 방조 행위가 반드시 정범이 행한 결과의 발생에 인과관계일 필요는 없다고 본다. 공범의 처벌 근거를 책임가담설이나 불법가담설로 이해할 경우는 정범이 행한 결과의 발생에 대한 방조 행위의 인과관계를 요구하지 않는다.

Ⓑ '**인과관계 필요설**'은 방조 행위와 정범이 행한 결과 간에 인과관계가 존재하여야 한다는 견해로서,[19] 공범의 처벌 근거를 종속적야기설이나 혼합적야기설로 이해할 경우는 정범이 행한 결과의 발생에 대한 방조 행위의 인과관계가 요구된다. 방조범의 성립에 있어서 인과관계를 요구하지 않으면 방조의 미수도 방조가 성립될 수 있다고 인과관계 불요설을 비판한다.

Ⓒ '**현실적 기여설**'은 정범의 범죄 실현에 대한 방조 행위의 현실적인 기여가 필요하다는 견해로서,[20] 인과관계 필요설의 일종(완화된 인과관계)이고 판례의 입장이다. 판례에 따르면 "방조범은 정범에 종속하여 성립하는 범죄이므로 방조 행위와 정범의 범죄 실현 사이에는 인과관계가 필요하다. 방조범이 성립하려면 방조 행위가 정범의 범죄 실현과 밀접한 관련이 있고 정범으로 하여금 구체적 위험을 실현시키거나 범죄 결과를 발생시킬 기회를 높이는 등으로 정범의 범죄 실현에 현실적인 기여를 하였다고 평가할 수 있어야 한다. 정범의 범죄실현과 밀접한 관련이 없는 행위를 도와준 데 지나지 않는 경우는 방조범이 성립하지 않는다."라고 한다(대법원 2021.9.16. 선고 2015도1263 판결). 예를 들어, 철도노조 조합원 2인이 한국철도공사의 방침에 반대하고자 높이 15m가량의 조명탑 중간 대기 장소에 올라가 이를 점거하자 한국철도공사가 그 조합원들의 안전을 위해 조명탑의 전원을 차단하게 되어 위력으로 한국철도공사의 야간 업무를 방해한 경우, 그 조합원들의 농성을 지지하고자 조명탑 아래 천막을 설치하고 지지 집회를 개최하고 음식물 등 물품을 제공한 행위

---

19) 강동욱, 346면; 김일수 · 서보학, 493면; 김종원(하), 156면; 박상기 · 전지연, 307면; 박찬걸, 388면; 배종대, 461면; 성낙현, 695면; 신동운, 707면; 오영근 · 노수환, 468면; 이정원 · 이석배 · 정배근, 324면; 이주원, 399면; 이형국 · 김혜경, 527면; 정영일, 425면; 주호노, 799면.

20) 김태명, 398면; 박상옥 · 김대휘(2), 182면; 정성근 · 박광민, 475면; 정성근 · 정준섭, 313면; 한상훈 · 안성조, 285면.

는 비록 전체적으로 조명탑 점거에 일부 도움이 된 측면이 있더라도 농성자들의 업무방해 범죄 실현과 밀접한 관련이 있는 행위로 보기 어려워 업무방해방조죄가 부정된다(대법원 2023.6.29. 선고 2017도9835 판결).

생각건대, 방조 행위와 정범이 행한 범죄의 결과 간에 인과관계가 필요하다는 '**인과관계 필요설**'이 타당하다. 공범의 처벌 근거를 혼합적 야기설의 입장에서, 공범은 보호법익에 대한 고유한 침해를 그러나 동시에 정범을 통해서 수행되는 간접적인 침해를 하기에 처벌된다고 보면, 논리 필연적으로 인과관계 필요설을 취하게 된다. 이처럼 방조 행위와 정범이 행한 범죄의 결과 간에 인과관계를 요구할 때, 일상생활의 영역까지 방조의 성립 범위가 확장될 수 있는 위험을 방지할 수 있게 된다.

4. 정범의 방조행위 인식

정범이 방조 행위를 인식하지 못한 상태에서 행해진 방조 행위를 '**편면적 방조**'라고 하는데, 편면적 방조의 경우도 방조범이 성립하는지가 논의된다. 편면적 공동정범이나 편면적 교사범이 인정되지 않는 것과는 달리, 편면적 방조의 성립을 긍정하는 것이 통설이다.

정범의 실행행위를 용이하게 하는 모든 행위가 방조에 해당할 수 있고, 방조범은 정범의 형보다 필요적으로 감경하여 처벌한다는 점을 고려하여, 정범이 방조범의 방조 행위를 인식하고 있지 않은 편면적 방조도 정범이 행한 범행 결과에 인과관계가 인정된다면 방조에 해당할 수 있다.

5. 방조범의 고의(이중의 고의)

(1) 2중의 고의

형법상 고의라는 개념은 그 기능론적 측면에서 보면, 객관적 구성요건의 적용 범위를 제한하는 역할을 한다. 방조범은 정범의 실행행위를 용이하게 하는 모든 유형의 행위가 객관적 구성요건인 방조에 해당하지만, 교사범과 마찬가지로 2중의 고의를 요구함으로써 그 성립 범위가 제한된다. 공범의 처벌 근거(불법 내용)와 관련해서 공범의 종속성을 인정할 때 2중의 고의가 도출된다. 판례도 방조가 성립되기 위해서는 방조범은 정범의 실행을 방조한다는 '방조의 고의'와 정범의 행위가 구성요건에 해당한다는 점에 대한 '정범의 고의'가 있어야 한다고 본다(대법원 2003.4.8. 선고 2003도382 판결).

예를 들어 정범의 마약거래방지법상 '불법수익 등의 은닉 및 가장' 범행의 방조범 성립에 요구되는 고의에 관하여 보면, 마약 매도인으로부터 마약 매수인이 매수하면서 매도인의 요구로 차명계좌에 제3자 명의로 마약 매매대금을 입금하면서 그 행위가 정범인 마약 매도인의 범행 실행(불법수익 등의 은닉 및 가장)을 방조하는 것으로 불법성이 있다는 것을 인식해야 정범의 범행에 대한 방조범이 성립한다(대법원 2022.6.30. 선고 2020도7866 판결).

한편, 독살을 결의하고 있는 사람에게 부주의로 독약을 판매한 경우와 같이 주의의무를 위반해서 정범의 실행을 용이하게 하는 '**과실에 의한 방조**'는 처벌의 대상이 되지 않는다.

(2) 특정성

방조범에게 요구되는 정범 등의 고의는 정범에 의하여 실현되는 범죄의 구체적 내용을 인식해야 하는 것은 아니고 미필적 인식이나 예견으로 충분하다(대법원 2022.10.27. 선고 2020도12563 판결). 예를 들어 방조범에게는 정범에 의하여 실행되는 복제권 침해행위에 대한 미필적 고의가 있는 것으로 충분하고 정범의 복제권 침해행위가 실행되는 일시, 장소, 객체 등을 구체적으로 인식할 필요가 없으며, 나아가 정범이 누구인지 확정적으로 인식할 필요도 없다(대법원 2007.12.14. 선고 2005도872 판결). 방조범은 교사범과 달리 이미 존재하는 정범의 범행 결의를 발견하는 것이며 방조범의 행위가 정범에 대한 조종적 행위가 아니라 보조적 행위에 불과하다는 측면에서, 방조범에서 정범의 고의는 단순한 구성요건의 인식으로 충분할 수 있다.[21] 방조범은 이미 구체적 범행 결의를 가진 정범을 만나 그 구체적 범행에 대하여 영향을 주고, 법익침해로의 자극 부여의 정도가 교사에 비하여 약한 것이다.

다만 미필적 고의의 형태로 정범 행위에 대한 인식만으로 방조범으로 처벌되는 경우는 드물 것이다. 예를 들어, 공구상이 손님에게 드라이버를 판매할 때 손님이 그 드라이버를 가지고서 타인의 주거를 침입할 것을 확정적으로 알지는 못하였더라도 그 손님을 수상히 여겨서 주거침입의 가능성을 고려하고 받아들였다면, 공구상에게

---

21) 김정환, "정범행위에 대한 방조자의 고의", 형사법연구 제19권 제2호, 2007, 153면.

방조의 미필적 고의를 인정할 수 있을 것이지만, 이때 방조의 인과관계를 검토하면서 타인은 고의적인 범죄를 행하지는 않는다는 것을 신뢰할 수 있다는 '신뢰원칙'에 기초한 '허용된 위험'에 따라 객관적 귀속이 부정될 수 있기 때문이다. 즉 미필적 고의를 논거로 다루는 경우는 많은 경우 객관적 귀속이 부정되므로 고의의 검토 이전에 처벌의 대상에서 제외될 수 있다.

(3) 목적의 인식

범죄가 목적범인 경우에 정범에게는 목적에 대한 인식이 필요한데, 방조범에게도 목적에 대한 인식이 요구되는지가 문제된다. 방조범에게는 정범의 행위가 구성요건에 해당한다는 점에 대한 '정범의 고의'가 요구되므로, 구성요건에서 목적을 요구하는 이상 방조범도 그 목적을 인식하는 것이 필요하다.

예를 들어, 방조범이 '탈법행위의 목적'을 성립 요건으로 하는 금융실명법 위반죄의 방조범(정범이 등록 환전영업을 하기 위하여 타인 명의로 금융 거래한다는 것을 인식하였음에도 이를 돕기 위하여 자신 명의의 금융계좌 정보를 정범에게 제공)에게 정범이 탈법행위를 목적으로 타인 실명 금융거래를 한다는 점에 관한 고의가 있어야 하나, 그 목적의 구체적인 내용까지 인식할 것을 요구하지는 않는다. 피고인이 정범인 성명불상자가 목적으로 삼은 탈법행위의 구체적인 내용이 어떤 것인지를 정확히 인식하지 못하였다고 하더라도 범죄의 성립에는 영향을 미치지 않는다(대법원 2022.10.27. 선고 2020도12563 판결).

III. 관련 문제

1. 방조의 미수

정범의 범행 준비 단계에서 방조하였음에도 정범이 범죄의 실행으로 나아가지 않은 것을 방조의 미수 또는 기도된 방조라고 한다. 교사범과 달리 방조의 미수에 대해서는 형법에 처벌을 규정하지 않고 있어서, 방조의 미수는 처벌이 되지 않는다.

2. 방조의 착오

정범이 방조범의 도움을 받은 범죄를 실행하면서 방조된 내용과 다른 결과를 발생시킨 경우를 방조의 착오라고 하는데, 원칙적으로 교사범의 경우와 마찬가지이다. 방조범은 정범의 불법에 종속하여 성립(제한적 종속)되고, 자신의 고의 범위 내에서 책임을 지는 것이 원칙이다.

즉 방조범의 인식과 정범의 실행 간에 착오가 있고 양자의 구성요건이 다른 경우는 원칙적으로 방조자의 고의는 조각되고, 다만 구성요건이 중첩되는 부분이 있는 경우에는 그 중복되는 한도 내에서는 방조범의 죄책을 부담한다(대법원 1985.2.26. 선고 84도2987 판결). 예를 들어, 취중에 타인의 자동차를 손괴하고도 상급자에게 무례한 행동을 하는 A에 대해서 정범이 폭행하려는 것을 제지한 이후에 정범이 A를 교육한다는 정도로 가볍게 생각하고 각목을 정범에게 건네주고 그 후에도 A와 정범 사이에서 폭행을 제지하려고 노력하였으나 A가 정범의 폭행으로 사망한 사안에서, 방조범은 A가 정범의 폭행으로 사망할 것으로 예견할 수 없었으므로 특수폭행치사방조는 인정되지 않고 특수폭행의 방조만이 성립한다(대법원 1998.9.4. 선고 98도2061 판결).

제4절 | 공범과 신분

I. 신분범

1. 신분의 개념

신분이란 범죄에 관한 특별한 인적 표지로서 범인의 특수한 성질, 지위 또는 상태를 말한다. 구체적으로 보면, 범인의 ① '인적 성질'은 성별 · 연령 · 심신장애 등 사람의 정신적 · 육체적 · 법적 특성을 말하고, ② '인적 지위'는 공무원, 의사, 친족관계 등과 같은 사람의 사회적 지위나 관계를 말하고, ③ '인적 상태'는 인적 성질이나 지위에 해당하지 않는 범인의 특별한 표지로서 업무성 · 상습성과 같은 것을 의미한다. 판례도 남녀의 성별, 내 · 외국인의 구별, 친족관계, 공무원 자격과 같은 관계뿐만 아니라 널리 일정한 범죄행위에 관련된 범인의 인적 관계인 특수한 지위 또는 상태를 형법 제33조의 신분이라고 칭한다(대법원 1994.12.23. 선고 93도1002 판결). 일부 구성요건에서는 이러한 신분을 가진 사람만이 행위의 주체가 될 수 있도록 규정하고 있는데, 이것을 '**신분범**'이라고 한다.

이처럼 신분은 '행위자' 관련 요소로서 객관적 요소이어야 하는데, 판례는 예외적으로 '모해위증죄'의 경우에 있어서 행위 관련 요소인 목적을 신분에 해당한다고 본다. 판례는 "형법 제152조 제1항과 제2항은 위증을 한 범인이 형사사건의 피고인 등을 '모해할 목적'을 가지고 있었는가 아니면 그러한 목적이 없었는가 하는 범인의 특수한 상태의 차이에 따라 범인에게 과할 형의 경중을 구별하고 있으므로, 이는 바로 형법 제33조 단서 소정의 '신분관계로 인하여 형의 경중이 있는 경우'에 해당한다." 고 본다(대법원 1994.12.23. 선고 93도1002 판결).

2. 신분의 종류

신분의 효과와 관련해서 구성적 신분, 가감적 신분, 소극적 신분으로 구분할 수 있다.

(1) 구성적 신분

구성적 신분은 행위자에게 일정한 신분이 있어야 범죄가 성립하는 경우이다. 가벌성을 근거 짓는 인적 요소가 구성적 신분이며, 구성적 신분이 있어야 성립하는 범죄를 '**진정신분범**'이라고 한다. 예를 들어, 수뢰죄의 공무원 또는 중재인(제129조), 위증죄의 법률에 의하여 선서한 증인(제152조), 업무상비밀누설죄의 의사, 한의사, 치과의사 등(제317조), 횡령죄의 타인의 재물을 보관하는 자(제355조 제1항) 등이 구성적 신분이다.

(2) 가감적 신분

행위자에게 일정한 신분이 없어도 범죄는 성립하지만, 신분이 있음으로써 형이 가중되거나 감경되는 경우의 신분이 가감적 신분이다. 가감적 신분을 내용으로 하는 범죄를 '**부진정신분범**'이라고 한다. 예를 들어, 존속살해죄의 직계비속(제250조 제2항), 업무상횡령죄의 업무자(제356조) 등이 가감적 신분이다.

(3) 소극적 신분

행위자에게 일정한 신분이 있으면 범죄가 성립하지 않거나 형벌이 조각되는 경우의 신분이 소극적 신분이다. 소극적 신분에는 불구성적 신분인 경우, 면책적 신분인 경우, 형벌면제 신분인 경우가 포함된다. 예를 들어 의료법위반(무면허의료행위)의 의사, 변호사법 위반행위의 변호사 등은 불구성적 신분의 경우이고, 형사미성년자(제9조), 친족의 범인은닉 · 증거인멸(제151조 제2항), 친족의 정치자금부정수수(정치자금법 제45조 제1항 단서) 등은 면책적 신분이다.

II. 형법 제33조

1. 의의

> **제33조(공범과 신분)** 신분이 있어야 성립되는 범죄에 신분 없는 사람이 가담한 경우에는 그 신분 없는 사람에게도 제30조부터 제32조까지의 규정을 적용한다. 다만, 신분 때문에 형의 경중이 달라지는 경우에 신분이 없는 사람은 무거운 형으로 벌하지 아니한다.

신분이 범죄의 성립(진정신분범)이나 형의 경중(부진정신분범)에 영향을 미칠 경우, 신분 있는 자와 신분이 없는 자가 공범 관계에 있을 때 신분 없는 자에게 신분을 인정하여 범죄의 성립을 인정할 것인지가 논의된다. '**신분범**'의 전형인 진정신분범은 행위자에게 일정한 신분이 있어야만 범죄의 성립을 인정하므로 범죄의 성립 범위를 **제한**하는 개념인 반면, '**공범**'은 구성요건을 충족함에 필요한 전체의 실행행위를 자신이 하지 않더라도 범죄의 성립을 인정함으로써 범죄의 성립 범위를 **확장**하는 개념이다. 이처럼 범죄성립 범위의 제한과 확장이라는 상반되는 성질을 내포하는 신분범과 공범의 개념을 조화시키는 방안을 형법 제33조(공범과 신분)가 규정하고 있다.

형법 제33조는 본문과 단서로 이루어져 있는데, 본문에서는 "신분이 있어야 성립되는 범죄에 신분 없는 사람이 가담한 경우에는 그 신분 없는 사람에게도 제30조부터 제32조까지의 규정을 적용한다."라고 하고 있으며, 단서에서는 "다만, 신분 때문에 형의 경중이 달라지는 경우에 신분이 없는 사람은 무거운 형으로 벌하지 아니한다."라고 하고 있다. 비신분자는 단독으로 신분범의 구성요건을 충족시키지 못하여 처벌되지 않지만, 공범의 형태로는 신분범인 범죄로 처벌될 수 있는 근거가 형법 제33조이다.

형법 제33조의 입법은 공범의 성질을 종속적으로 볼 것인지 독립적으로 볼 것인지와도 연결되는데, 공범종속성설에 따르면 비신분자도 신분범에서 공범으로 처벌이 가능하지만, 공범독립성설에 따르면 비신분자는 신분범에 있어서 공범의 성립이 가능하지 않다. 형법 제33조는 본문에서 범죄의 성립 범위를 확장하는 공범의 성질을 받아들이면서, 단서에서 범죄의 성립 범위를 제한하는 신분범의 성질을 받아들이고 있다. 공범의 종속성을 신분범에 그대로 적용하면 정범이 신분자인 경우는 비신분자인 공범의 경우에도 신분범인 범죄의 공범이 성립한다고 보아야 할 것이지만, 형법 제33조는 본문에서 공범의 종속성을 인정하여 성립 범위를 확장하면서도 단서에서는 이에 대한 예외를 규정하고 있다.

2. 본문과 단서의 구분

형법 제33조는 본문과 단서로 이루어져 있는데, 양자의 구분 기준, 즉 본문의 적용 범위와 단서의 적용 범위에 대해서 견해가 대립한다.

(1) 본문은 진정신분범 단서는 부진정신분범으로 보는 견해

형법 제33조 본문은 "신분이 있어야 성립되는 범죄" 즉 진정신분범에 대해서 규정한 것이고, 단서는 "신분 때문에 형의 경중이 달라지는 경우" 즉 부진정신분범에 대해서 규정한 것으로 보는 견해가 통설이라고 할 수 있다.[22] 형법 제33조는 신분의 연대와 개별화의 복잡한 문제를 진정신분범과 부진정신분범이라는 구분 기준을 통해 간명한 방법으로 해결한 것이라고 평가하면서, 형법 제33조는 진정신분범과 부진정신분범을 본문과 단서로 구분한 후, 진정신분범에서는 종속성을 확인하고 부진정신분범에서는 책임개별화원칙을 확인한 것이라고 본다.

이 견해에 따르면, 공무원인 남편과 공무원이 아닌 부인이 공동으로 직무에 관하여 뇌물을 수수한 때에는 신분이 연대하여 적용되어 공무원이 아닌 부인도 수뢰죄(제129조 제1항)가 성립하지만, 부인이 아들과 공동으로 남편을 살해한 때에는 신분이 개별적으로 적용되어 아들은 존속살해죄(제250조 제2항)가 부인은 살인죄(제250조 제1항)가 성립한다.

---

22) 김혜정 · 박미숙 · 안경옥 · 원혜욱 · 이인영, 428면; 박상기 · 전지연, 316면; 박찬걸, 396면; 배종대, 472면; 성낙현, 712면; 이상돈, 309면; 이영란, 501면; 이재상 · 장영민 · 강동범, 548면; 이형국 · 김혜경, 536면; 정성근 · 박광민, 489면; 정영일, 455면; 한상훈 · 안성조, 294면.

(2) 단서는 부진정신분범의 처벌만으로 보는 견해

형법 제33조 단서의 문구를 중시하여, 제33조 단서는 부진정신분범의 과형에 관한 규정일 뿐이며 본문은 진정 · 부진정신분범을 포함한 공범의 성립에 관한 규정이라고 보는 견해가 있는데,[23] 판례의 입장이기도 하다. 형법 제33조 본문에서는 "제30조부터 제32조까지의 규정을 적용한다."고 규정되어 있는데, 제30조 · 제31조 · 제32조에는 범죄성립의 요건과 법률효과(처벌)까지 규정하고 있다. 반면 형법 제33조 단서에서는 "무거운 형으로 벌하지 아니한다."고 규정되어 있는데, 이것은 부진정신분범의 법률효과(처벌)만을 규정하고 있을 뿐이지 범죄성립의 요건은 규정하지 않고 있다. 즉 형법 제33조에서는 부진정신분범의 범죄성립에 대해서 흠결이 있는데, 이 경우 흠결된 부분은 원칙 규정인 본문에 따라 해석하는 것이 타당하므로 부진정신분범에 가담한 비신분자도 부진정신분범의 범죄가 성립하는 것으로 보면서, 다만 제33조 단서에 따라 무거운 형으로 처벌되지 않을 뿐이라는 것이다.

예를 들어, ⓐ 업무상배임죄(제356조)는 타인의 사무를 처리하는 지위라는 점에서 보면 신분 관계로 인하여 성립될 범죄이고(진정신분범), 업무상 타인의 사무를 처리하는 지위라는 점에서 보면 단순배임죄에 대한 가중 규정으로서 신분 관계로 인하여 형의 경중이 있는 경우(부진정신분범)라고 할 것이므로(이중적 신분범), 그와 같은 신분이 없는 사람이 그러한 신분이 있는 사람과 공모하여 업무상배임죄를 범하였다면 그러한 신분이 없는 사람은 (업무상배임죄가 성립하지만) 형법 제33조 단서에 의하여 단순배임죄에 정한 형으로 처단한다(대법원 1999.4.27. 선고 99도883 판결). ⓑ 상호신용금고의 발기인 · 임원 · 관리인 · 청산인 · 지배인 기타 상호신용금고의 영업에 관한 어느 종류 또는 특정한 사항의 위임을 받은 사용인이 업무를 위배한 배임행위를 하여 성립하는 상호신용금고법 위반죄는 형법상의 배임죄 또는 업무상배임죄의 가중처벌 규정이어서, 그러한 신분이 없는 사람이 그러한 신분이 있는 사람과 공모하여 상호신용금고법 위반죄를 범하였다면 신분이 없는 사람에 대해서는 일단 업무상배임으로 인한 상호신용금고법 제39조 제1항 제2호 위반죄가 성립한 다음 형법 제33조 단서에 의하여 중한 형이 아닌 형법 제355조 제2항(배임죄)에 정한 형으로 처벌된다(대법원 1997.12.26. 선고 97도2609 판결).

---

23) 김태명, 429면; 이주원, 412면.

(3) 소결(본문은 진정신분범 단서는 부진정신분범)

형법 제33조 단서가 부진정신분범의 성립과 처벌을 규정한 것인지 단지 부진정신분범의 처벌만을 규정한 것인지에 대한 견해 대립의 실익은, 부진정신분범에 가담한 공범에게 적용되는 형이 같더라도 죄명이 달라진다는 점에 있다. **죄명**이 달라지면 두 가지 점에서 효과가 달라지는데, 첫째, '**공소시효**'는 법정형을 기준으로 기간을 계산하기 때문에(형사소송법 제251조), 죄명이 달라지면 공소시효도 달라질 수 있다. 둘째, '**일반사면**'은 죄를 기준으로 하므로(사면법 제3조 제1호), 죄명이 달라지면 일반사면의 적용도 달라질 수 있다.

만약 판례의 입장과 같이 부진정신분범에 가담한 비신분자도 부진정신분범의 범죄가 성립하지만 제33조 단서에 따라 무거운 형으로 처벌되지 않을 뿐이라는 견해에 따르면, 공소시효와 일반사면은 부진정신분범의 구성요건에 따라 행해지게 된다. 그런데 판례는 공소시효의 적용에 있어서 부진정신분범에 가담한 비신분자의 범죄에 대한 공소시효의 적용에 있어서 부진정신분범의 구성요건을 기준으로 하지 않고 비신분자가 처벌되는 형의 구성요건을 기준으로 하고 있어서 모순적이다. 판례는 회계관계직원이라는 지위에 따라 횡령죄 또는 업무상횡령죄에 대한 가중처벌을 규정한 특정범죄가중법 위반(국고등손실)죄에 있어서 회계관계직원의 범행에 가담(방조)한 회계관계직원이 아닌 공범에 대하여 공소시효 기간의 기준이 되는 법정형은 공범에게 적용되는 특정범죄가중법 위반(국고등손실)죄의 법정형이 아니라, 공범에 대한 과형의 기준이 되는 횡령죄의 법정형이라고 본다(대법원 2020.11.5. 선고 2019도12284 판결).

생각건대, 공범과 신분을 규정한 형법 제33조의 본문은 진정신분범의 성립과 처벌을, 단서는 부진정신분범의 성립과 처벌을 규정한 것으로 이해할 수 있다. 범죄의 성립 범위를 확장하는 개념인 공범과 범죄의 성립 범위를 제한하는 개념인 신분범이 함께 작용할 때의 조화를 형법 제33조에서 추구한 것인데, 조화를 추구하면서 입법자는 신분범의 유형인 진정신분범과 부진정신분범의 개념에 착안하여 구분한 후 각자의 특성에 맞게 규정한 것이라고 이해할 수 있다. 신분이 범죄성립의 유무를 좌우하는 진정신분범에서는 비신분자에 대한 처벌의 흠결을 막기 위해서 공범의 특성을 강조하여 신분의 연대를 규정한 것이고, 신분이 처벌의 정도를 좌우하는 부진정신분범에서는 처벌의 흠결은 없으므로 신분의 특성을 강조하여 개별화를 규정한 것이라고 할 수 있다.

또한 형법 제33조 단서는 부진정신분범을 언급하고 그 처벌에 관해서만 규정하였다는 문언의 의미도 부진정신분범의 성립과 처벌을 규정한 것으로 이해할 수 있다. 범죄의 성립은 형사처벌의 당연한 전제이므로, 개념(부진정신분범)을 언급하고 처벌(책임개별화)을 언급했다면 처벌의 전제인 범죄의 성립도 포함되었다고 보는 것이 자연스러운 해석이다.

3. 형법 제33조 단서의 성격

형법 제33조 단서는 "신분 때문에 형의 경중이 달라지는 경우에 신분이 없는 사람은 무거운 형으로 벌하지 아니한다."라고 '**부진정신분범**'의 공범에 대해서 규정하고 있다. 이 규정이 부진정신분범에 있어서 공범의 독립성을 인정하여 책임개별화를 규정한 것인지에 대해서 견해가 대립한다.

Ⓐ '**책임개별화 긍정설**'은 부진정신분범에 가담한 비신분자를 중한 형으로 벌하지 않는다는 제33조 단서는 형사책임은 각자가 행한 범위 내에서만 부담한다는 책임개별화 원칙을 규정한 것이라는 보는데, 통설의 입장이다.[24] 이에 따르면 부진정신분범에 있어서는 각자 자기의 신분에 따라 책임을 부담하게 된다. 예를 들어, 아버지를 살해하는 아들의 범행에 가담한 어머니는 자신의 신분에 따른 범위 내에서만 책임을 부담하게 되므로 존속살해죄의 공동정범 · 교사범 · 방조범이 아니라 살인죄의 공동정범 · 교사범 · 방조범이 성립한다.

Ⓑ '**책임개별화 부정설**'은 형법 제33조 단서에서는 단지 경한 처벌만을 규정했을 뿐이지 책임개별화 원칙을 명문으로 규정하지 않았다는 견해이다.[25] 이에 따르면 부진정신분범에 가담한 사람은 신분과 관계없이 항상 경한 형으로 처벌받게 된다. 예를 들어 아버지를 살해하는 아들의 범행에 가담한 어머니는 살인죄의 형이 경하므로, 존속살해죄의 공동정범 · 교사범 · 방조범이 아니라 살인죄의 공동정범 · 교사범 · 방조범으로 처벌된다.

생각건대 형법 제33조 단서에서 책임개별화 원칙을 인정할 것인지의 논의 실익은 (이례적으로 존재하는) 감경적 신분인 부진정신분범에 있어서 존재하였다. 예를 들

24) 강동욱, 356면; 김혜정 · 박미숙 · 안경옥 · 원혜욱 · 이인영, 428면; 박상기 · 전지연, 317면; 성낙현, 715면; 이영란, 502면; 이상돈, 313면; 이정원 · 이석배 · 정배근, 337면; 이재상 · 장영민 · 강동범, 548면; 이형국 · 김혜경, 538면; 정성근 · 박광민, 490면; 한상훈 · 안성조, 295면.

25) 김태명, 432면; 오영근 · 노수환, 499면.

어, (구)형법에 존재하던 영아살해죄(제251조)[26]에 있어서 직계존속과 (직계존속이 아닌) 제3자가 치욕을 은폐하기 위한 동기 등으로 분만 직후의 영아를 공동으로 살해하는 경우, 책임개별화 부정설은 직계존속뿐만 아니라 제3자도 영아살해죄의 형으로 처벌해야 한다는 것에서 법률효과의 차이가 존재하였다. 하지만 직계존속이라는 신분뿐만 아니라 특별한 동기까지 요구되는 영아살해죄에서 (직계존속이 아닌) 제3자에게 직계존속과 같은 특별한 동기까지 인정하기는 쉽지 않을뿐더러, 기본적 구성요건과 감경적 구성요건의 입법형식은 매우 예외적이다. 형법 제33조는 기본적 구성요건과 가중적 구성요건이라는 일반적 입법방식을 전제로 하여 부진정신분범의 공범에 대해서 규정한 것이라고 보는 것이 타당하다(**책임개별화 긍정설**). 특히 책임개별화 부정설이 논의의 실익이 있는 경우로 제시하던 영아살해죄가 저항 능력이 없거나 현저히 부족한 사회적 약자인 영아를 범죄로부터 두텁게 보호하기 위한 목적에서 2023년에 폐지되었다. 결국 형법 제33조 단서는 부진정신분범에 있어서 각자 자기 신분에 따라 형사책임을 부담하는 것으로 해석함이 타당하다.

4. 적용 범위의 관련 문제

(1) 간접정범

형법 제34조 제1항은 간접정범에는 적용되지 않는다. 형법 제34조 제1항은 간접정범을 정범이 아니라 교사범이나 방조범으로 규정한 것으로 보는 전제에서 형법 제33조를 간접정범(제34조)에서도 적용할 수 있다는 견해가 있으나, 형법 제33조는 "제30조부터 제32조까지의 규정"이라고 명시하고 있으므로 형법 제34조에 규정된 간접정범의 경우는 적용되지 않는다.

(2) 신분자가 비신분자의 범행에 가담한 경우

① 의의

형법 제33조는 신분범인 범죄를 신분이 있는 사람이 직접 실행하였을 때 이에 비신분자가 공범으로 가담한 사안에 대하여 마련된 규정이다. 그런데 반대의 경우, 즉

---

26) (구)형법 제251조(영아살해) 직계존속이 치욕을 은폐하기 위하거나 양육할 수 없음을 예상하거나 특히 참작할 만한 동기로 인하여 분만중 또는 분만직후의 영아를 살해한 때에는 10년 이하의 징역에 처한다. (2023.8.8. 삭제)

신분범인 범죄를 비신분자가 직접 실행하였을 때 이에 신분자가 공범으로 가담한 사안에서도 형법 제33조가 적용되는 것인지가 논의된다.

다만 첫째, 공동정범의 경우에는 비신분자가 신분자의 범죄에 가담한 경우나 신분자가 비신분자의 범죄에 가담한 경우가 차이가 없으므로 형법 제33조가 적용되며, 둘째, 진정신분범인 범죄에 있어서 비신분자가 직접 실행하였을 때는 범죄 자체가 성립하지 않으므로 이에 가담한 공범(교사범 · 방조범)도 성립하지 않는다. 예를 들어, 농업협동조합법의 호별방문죄는 "임원이 되고자 하는 자"라는 신분자가 스스로 호별방문을 한 경우만을 처벌하는데, 비록 신분자가 비신분자를 시켜 방문케 하였더라도 비신분자만이 호별방문을 한 경우에는 신분자는 물론 비신분자도 호별방문죄로 처벌할 수 없다(대법원 2003.6.13. 선고 2003도889 판결).

따라서 신분자가 비신분자의 범행에 가담한 경우의 논의는 부진정신분범인 범죄를 신분자가 비신분자를 교사 또는 방조한 사안에서 제33조 단서를 적용할 수 있는지의 논의이고, 이에 대해서 견해가 대립한다.

② 학설

Ⓐ 적용긍정설

적용긍정설은 신분자가 비신분자를 교사하거나 방조하는 사안도 넓은 의미에서 부진정신분범의 사안으로 보고, 부진정신분범에 적용되는 제33조 단서가 적용된다고 본다.[27] 형법 제33조 단서는 공범 종속성의 원칙이 아니라 책임개별화의 원칙을 적용하도록 규정하므로, 신분자가 비신분자를 교사하거나 방조할 때 신분자인 교사범이나 방조범은 부진정신분범의 교사범이나 방조범으로 처벌받게 된다.

Ⓑ 적용부정설

적용부정설은 신분자가 비신분자를 교사하거나 방조하는 사안에서 형법 제33조 단서의 적용을 부정하고 간접정범으로 해결하거나[28] 공범 종속성의 원칙에 따라 문제를 해결한다. 공범 종속성의 원칙은 공범 체계를 관통하는 대원칙으로서 최대한 존중되어야 하고, 이에 대한 예외는 법률에 명시적으로 규정이 있는 경우에만 가능하다고 본다. 따라서 신분자가 비신분자를 교사하거나 방조한 사안에서 형법 제33조

27) 김혜정 · 박미숙 · 안경옥 · 원혜욱 · 이인영, 429면; 성낙현, 715면.

28) 박찬걸, 398면; 오영근 · 노수환, 500면; 이정원 · 이석배 · 정배근, 336면; 이재상 · 장영민 · 강동범, 546면; 정성근 · 박광민, 488면.

단서를 적용할 수 없고, 다만 교사한 신분자는 실패한 교사와 마찬가지로 가중적 구성요건의 예비 · 음모죄가 성립할 뿐이라고 한다.

③ 판례

판례는 적용긍정설의 입장에서, 신분 관계로 인하여 형의 경중이 있는 경우에 신분이 있는 자가 신분이 없는 자를 교사하여 죄를 범하게 한 때에는 형법 제33조 단서(책임개별화)가 형법 제31조 제1항(공범종속성)에 우선하여 적용됨으로써 신분이 있는 교사범이 신분이 없는 정범보다 중하게 처벌된다고 본다(대법원 1994.12.23. 선고 93도1002 판결). 예를 들어 ⓐ 상습도박죄에서 상습성은 행위의 속성이 아니라 행위자의 속성으로서 신분인데, 도박의 습벽이 있는 사람이 도박의 습벽이 없는 타인의 도박을 방조하면 상습도박방조의 죄에 해당한다고 본다(대법원 1984.4.24. 선고 84도195 판결).

④ 소결(적용부정설)

형법 제33조는 신분범인 범죄를 비신분자가 공범으로 가담한 사안에 대하여 마련된 규정으로서, 진정신분범인 경우는 공범의 종속성을 우선하고 부진정신분범의 경우는 책임개별화 원칙을 우선하고 있다. 그런데 형법 제33조가 예상하지 않은 사안에 있어서 어떻게 해결할 것인지와 관련해서 단순히 규정이 없으므로 형법 제33조의 경우와 반대로 해석하는 방식은 논리적으로 바람직하지 않다. 형법 제33조 본문이 적용되는 진정신분범은 제외하고 단서가 적용되는 부진정신분범의 경우에서만 반대로 해석하는 것은 타당하지 않기 때문이다. 이것은 부진정신분범에 있어서 적용되는 기본원리에서 해결책을 찾는 것이 바람직하다.

책임개별화의 원칙이나 공범 종속성의 원칙은 형법의 기본원칙으로서 입법에 있어서 기본원리가 될 뿐만 아니라 해석에서도 기본원리가 된다. 부진정신분범인 범죄를 신분자가 비신분자를 교사 또는 방조한 사안의 해결에 있어서는 두 가지 기본원칙 중 어떤 원칙이 작용한다고 볼 것인지의 판단 문제이다. 공범 종속성의 원칙을 우선시한다면 비신분자의 범죄에 대한 교사범 또는 방조범이 성립한다고 보게 될 것이고 책임개별화의 원칙을 우선시한다면 부진정신분범의 교사범 또는 방조범이 성립한다고 보게 될 것이다. 생각건대 자기책임의 원칙에 따른 책임개별화 원칙은 모든 범죄에 적용되는 원칙이지만, 공범 종속성의 원칙은 공범(교사범 · 방조범)에 있어서 적용되는 원칙으로서 공범에 있어서는 후자가 특별 원칙이라고 할 수 있다. 따라서 명시적으로 공범 종속성의 원칙을 배제하는 규정(형법 제33조 단서)이 없는 경우는 공범 종속성을 우선하는 것이 타당하다.

(3) 소극적 신분

① 의의

소극적 신분은 행위자에게 일정한 신분이 있으면 범죄가 성립하지 않거나 형벌이 조각되는 신분을 말하는데, 형법 제33조에서는 소극적 신분에 대해서는 명시적으로 규정을 두고 있지 않다. 이에 소극적 신분범의 범죄에 가담한 비신분자의 형사처벌에 있어서 형법 제33조를 적용할 것인지에 대해서 견해가 대립한다.

② 학설

Ⓐ 적용긍정설

형법 제33조의 신분에는 소극적 신분도 포함된다는 견해가 있다.[29] 형법 제33조의 문구에는 구성적 신분이나 가감적 신분이라고 표현하지 않고 "신분이 있어야 성립되는 범죄", "신분 때문에 형의 경중이 달리지는 경우"라고만 기술하고 있어서, 소극적 신분도 적용 가능하다고 본다.

Ⓑ 적용부정설

소극적 신분은 형법 제33조에서 규정된 신분이 아니라고 보는 견해가 통설이다.[30] 형법 제33조는 범죄의 성립이나 처벌에 있어서 일정한 신분의 존재가 영향을 미치는 경우(적극적 신분)를 전제로 한 것이라고 본다. 범죄가 성립하기 위해서 신분이 존재하지 않아야 하는 소극적 신분범은 일반범죄의 형태로서, 이에 가담한 공범은 공범 종속성에 따라서 해결한다.

③ 판례

형법 제33조는 소극적 신분범의 경우에는 적용되지 않는다는 **적용부정설**이 판례

---

29) 이상돈, 309면.

30) 김혜정 · 박미숙 · 안경옥 · 원혜욱 · 이인영, 430면; 박상기 · 전지연, 319면; 서거석 · 송문호, 404면; 이재상 · 장영민 · 강동범, 550면; 정정성근 · 박광민, 490면; 정성근 · 정준섭, 343면; 정영일, 458면; 한상훈 · 안성조, 296면.

의 입장이다. 다만 소극적 신분이 불법행위(구성요건·위법성)에 작용하는 경우와 책임에 작용하는 경우를 구분하여, 불법행위에 있어서 소극적 신분이 작용하는 범죄에 가담한 공범에게는 공범 종속성에 따라 해결하고, 책임에 있어서 소극적 신분이 작용하는 범죄에 가담한 공범에게는 책임개별화 원칙에 따라 해결한다.[31)]

첫째, 불법조각적인 소극적 신분에 가담한 경우를 보면, ⓐ 의료인일지라도 의료인 아닌 자의 의료행위에 공모하여 가공하면 의료법상 무면허의료행위의 공동정범으로 책임을 진다(대법원 1986.2.11. 선고 85도448 판결). ⓑ 치과의사가 환자의 대량유치를 위해 치과기공사들에게 환자들에게 진료행위를 하도록 지시하여 그들이 각 단독으로 무면허 의료행위를 하였다면, 치과의사는 무면허의료행위의 교사범에 해당한다(대법원 1986.7.8. 선고 86도749 판결). ⓒ 저작권법에서는 저작자 아닌 자를 저작자로 하여 실명·이명을 표시하여 저작물을 공표한 자를 형사 처벌하는 데 사회 일반의 신뢰가 손상되지 않는다고 인정되는 특별한 사정이 있는 경우가 아닌 한 그러한 공표에 실제 저작자의 동의가 있었더라도 달리 보지는 않으며(대법원 2017.10.26. 선고 2016도16031 판결), 이때 실제 저작자가 저작자 아닌 자를 저작자로 표시하여 저작물을 공표하는 범행에 가담하였다면 저작권법 위반죄의 공범에 해당한다(대법원 2021.7.15. 선고 2018도144 판결).

다만 불법조각적인 소극적 신분에 가담한 경우라도 판례가 불법의 연대를 인정하지 않는 경우가 있다. 예를 들어 ⓓ 변호사 아닌 자가 법률사무소를 개설·운영하는 변호사법 위반죄에 있어서 변호사 아닌 자에게 고용되어 법률사무소의 개설·운영에 관여한 변호사의 형사책임에 있어서, 변호사 아닌 자는 변호사를 고용하고 변호사는 변호사 아닌 자에게 고용된다는 서로 대향적인 행위의 존재가 필요한 필요적 공범이고 이때 고용된 변호사를 처벌하는 규정이 없어서, 고용된 변호사를 변호사 아닌 자의 공범으로 처벌하지 않는다(대법원 2004.10.28. 선고 2004도3994 판결). ⓔ 타인으로 하여금 형사처분 또는 징계처분을 받게 할 목적으로 허위의 사실을 신고하는 것을 구성요건으로 하는 무고죄(제156조)에 있어서 자기 자신을 무고하는 행위는 무고죄의 구성요건에 해당하지 않아 무고죄가 성립하지 않으므로, 자기 자신을 무고하기로 제3자와 공모하고 이에 따라 무고행위에 가담하였더라도 이는 자기 자신에게는 무고죄의 구성요건에 해당하지 않아 범죄가 성립할 수 없는 행위를 실현하고자 한 것

---

31) 동일한 입장으로는 성낙현, 717면.

에 지나지 않아 무고죄의 공동정범으로 처벌하지 않는다(대법원 2017.4.26. 선고 2013도12592 판결).

둘째, 책임조각적인 소극적 신분에 가담한 경우를 보면, ⓕ 정치자금법에서는 정치자금부정수수죄를 규정하면서 "정치자금을 기부하거나 기부받은 자의 관계가 「민법」 제777조(친족의 범위)의 규정에 의한 친족인 경우에는 그러하지 아니하다."라고 규정하고 있는데(정치자금법 제45조 제1항 단서), 이것은 기대가능성이 없음을 이유로 친족관계에 있는 자의 책임이 조각되는 규정으로서 친족관계에 있는 자가 그러한 친족관계 없는 자와 공모하여 정치자금법에 정하지 아니한 방법으로 정치자금을 기부하였더라도 형법 제33조 본문에서 말하는 '신분관계로 인하여 성립될 범죄에 가공한 행위'에 해당한다고 볼 수 없어 친족관계에 있는 자의 책임은 조각된다(대법원 2007.11.29. 선고 2007도7062 판결).

④ 소결[32)]

형법 제33조가 소극적 신분범에도 적용되는지에 대한 논의에 의미를 부여할 수 있는지에 대해서 의문이다. 적용긍정설 혹은 적용부정설을 취하는지에 따라 실제 사례에 적용되는 결과가 달라질 때 학설 논의의 실질적 의미가 있는데, 우선 형법 제33조가 소극적 신분범에도 적용되는지에 대한 견해의 대립은 공범(교사범 · 방조범)에서는 서로 다른 결과를 가져오지 않는다. 소극적 신분으로 인하여 범죄가 불성립하거나 형이 면제되는 소극적 신분범은 신분 관계로 인하여 성립될 범죄에 대한 형법 제33조 본문과는 관련이 있지만, 신분 관계로 형의 경중이 있는 경우에 대한 형법 제33조 단서와는 관련되지 않는다. 그리고 소극적 신분과 관련성이 있는 형법 제33조 본문은 공범의 종속성을 명문으로 규정하고 있으므로, '적용긍정설'에 의하면 소극적 신분범에 가담한 공범도 공범의 종속성이 인정된다. 한편 '적용부정설'에 따라 소극적 신분범에 형법 제33조를 적용하지 않는 경우도 공범의 종속성이라는 일반원칙에 따라 사안을 해결하므로, 결국 공범(교사범 · 방조범)의 경우에는 적용 긍정설이든 부정설이든 같은 결과를 가져온다.

다음으로 '공동정범'의 경우를 보면, '적용부정설'에 의하면, 공동정범의 경우 소극적 신분자와 비신분자에게는 공동정범 형태의 범죄가 성립할 수 없다고 한다. 이

---

32) 김정환, "소극적 신분과 공동정범에서 불법조각신분과 책임조각신분의 구별", 형사법연구 제24권 제3호, 2012, 328~331면.

를 소극적 신분자의 경우 처음부터 정범 적격을 가지고 있지 않으므로 당해 범죄의 공동정범도 될 수 없다고 설명하기도 한다. 반면 '적용긍정설'에 의하면, 소극적 신분자와 비신분자의 공동정범이 성립할 것이라고 본다. 그런데 제33조 본문은 (적극적) 신분이 없는 사람도 (적극적) 신분이 있는 사람과 공동정범의 형태라면 정범이 성립될 수 있는 규정이다. 그렇다면 소극적 신분이 없는 사람이라도 소극적 신분자와 공동정범의 형태로 범죄를 하는 경우, 소극적 신분이 없는 사람에게 소극적 신분이 인정되는 것으로 해석하여 소극적 신분자와 비신분자 모두에게 범죄가 성립되지 않는다고 볼 수도 있다. 그렇기에 '적용긍정설'의 입장에서도 소극적 신분자가 비신분자와 공동으로 행위를 한 경우에는 "누가 누구에게 가공하였느냐에 따라 결정해야 한다."라는 입장이 도출되기도 한다. 따라서 공동정범의 경우 '적용긍정설'이나 '적용부정설'에 따라 나타나는 논리적 결과가 다르다고 단정할 수는 없다.

결국 형법 제33조가 소극적 신분범에도 적용되는지의 논의는 소극적 신분범과 공범(공동정범 포함)의 문제해결에 있어 실익이 있는 논의라고 보기는 어렵다. 오히려 소극적 신분은 제33조에 명시적으로 포함되지 않은 상황에서는, 범죄체계론의 의미에 부합하게 불법(조각)신분과 책임(조각)신분으로 구분하고 불법과 책임의 의미에 맞게 해결하는 것이 중요하다. 불법조각신분이 문제가 된 경우에는 소극적 신분자와 비신분자의 연대성이 인정하여 양자에게 공동정범을 인정하고, 책임조각신분이 문제가 된 경우에는 개별책임에 따라 공동정범 각자의 신분에 따라 책임을 인정하는 것이다.

제14장

죄수

제1절 | 일반론

I. 의의

1. 개념과 기능

어떤 사람의 행위가 구성요건에 해당하고 위법하고 유책하면 범죄가 성립하고, 그에 상응한 법적 효과로서 형벌이 발생한다. 행위자가 한 개의 행위 또는 여러 개의 행위로 여러 개의 구성요건을 실현한다면 구성요건별로 형벌이 발생하는 것이 원칙이다. 한 사람이 여러 개의 범죄로 형벌을 발생시켰을 때, 발생한 각각의 형벌을 단순히 합산하여 행위자에 대한 형벌을 결정할 것인가, 아니면 단순 합산 이외의 다른 계산법을 사용하여 형벌의 효과를 가져올 수 있는지에 대해서 고민하게 된다. 이와 같이 한 사람이 한 개의 행위 또는 여러 개의 행위로 다수의 범죄를 실현하였을 때, 성립된 범죄 상호 간의 관계를 고려하여 형벌을 산정하는 기준을 '**죄수론**'이라 한다. 범죄의 수가 하나인지 여러 개인지가 중요한 기준이어서 죄수론(罪數論)이라고 칭한다.[1] 형법 제37조 이하에서는 다수의 범죄가 경합하는 경우를 처리하는 규정이라는 의미에서 '경합범(競合犯)'이라고 표현하고 있다.

---

1) '죄수론'의 개념과 '경합론'의 개념을 구분하는 견해도 있는데, 이에 의하면 죄수론은 경합론 이전의 단계로서 사안이 일죄인지 수죄인지를 판단하는 것이고, 경합론은 죄수의 판단 결과 수죄가 성립한 경우에서 과형의 문제를 판단하는 것이라고 한다. 본서에서는 일죄인지 수죄인지를 판단하는 것과 수죄의 경우에서 과형의 문제까지 모두 포함하여 죄수론으로 다룬다.

성립된 범죄 상호 간의 관계를 고려하여 형벌을 산정하는 기준인 죄수론은 형법의 체계에서 범죄론과 형벌론의 연결기능, 즉 범죄와 그에 대한 형벌의 적용을 연결하는 역할을 한다. 범죄론과 형벌론을 연결하는 죄수론은 형법전 내에서 범죄론의 뒷부분 혹은 형벌론의 앞부분에 위치할 수 있는데, 입법자는 범죄론의 맨 뒤인 총칙의 제2장 죄의 마지막 절(제5절)에서 경합범이라는 제목으로 제37조부터 제40조까지 형벌을 산정하는 기준을 규정하고 있다.[2] 한국 형법에서 죄수론은 형벌을 정하는 양형이 아니라 범죄의 성립 여부를 정하는 범죄론에 위치하므로, 죄수의 판단은 재량에 따라 판단되는 것이 아니라 규정에 따라 엄격하게 판단되는 영역이어야 하는데, 실무상으로는 양형론의 일환으로 처리되는 모습이다.

2. 입법방식

(1) 단일형원칙

행위자의 전체 범행에 대하여 행위가 단수인지 복수인지 구별을 하지 않고, 처음부터 병과 · 가중 · 흡수의 방법 가운데 하나를 택하여 하나의 형만을 선고하는 방식이다. 오스트리아나 스위스가 이러한 입법방식을 취하고 있다. 단일형원칙은 행위가 하나인가 여러 개인가를 결정해야 하는 어려움을 피할 수 있는 장점이 있으나, 형의 산정이 행위 중심이 아니라 행위자 중심으로 결정되는 시각을 전제하여 책임형법의 취지를 무시한다는 단점이 있다. 또한 행위형법의 경우에는 구성요건이 실현된 각각의 행위에 대한 평가가 구체적으로 명시되는 것이 필요하다고 비판을 받는다.

(2) 전체형원칙

행위자의 전체 범행을 행위별로 각각의 행위에 대한 범죄와 형을 확정한 후, 일죄(一罪)와 수죄(數罪)로 구분하여 형을 다시 병과 · 가중 · 흡수의 방법에 따라 전체로서 하나의 형을 확정하는 방식이다. 한국과 독일이 이러한 입법방식을 취하고 있다. 전체형원칙은 **행위형법**을 전제하는 형법에 부합하는 방식이지만, 각각의 행위별로 구

2) 독일 형법은 죄수론을 형벌론의 앞부분에 위치시켜, 총칙 제3장 범죄에 대한 법적 효과(Rechtsfolgen der Tat) 제3절 다수의 구성요건 침해에 있어서 형의 양정(Strafbemessung bei mehreren Gesetzesverletzungen)이라는 제목으로 제52조부터 제55조까지 죄수론을 규정하고 있다.

분하는 판단이 쉽지 않다는 단점이 있다.

II. 죄수 판단의 기준

1. 죄수 판단의 실익

원칙적으로 하나의 죄에 대해서는 하나의 형벌이 다수의 죄에 대해서는 다수의 형벌이 가해진다. (단순일죄를 포함하여) 하나의 죄로 보는 '법조경합'과 '포괄일죄'의 경우는 하나의 죄(일죄)로서 하나의 형벌이 가해진다. 반면 다수의 죄(수죄)로 보는 '상상적 경합'과 '실체적 경합'은 다수의 형벌이 가해져야 한다. 그러나 다수의 죄 중에서 상상적 경합은 상상 속에서 다수의 죄가 경합하는 것으로서 다수의 형벌이 적용되지 않는다. 즉 행위자형법이 아닌 행위형법에 있어서는 하나의 행위가 있는 경우에는 하나의 벌이 가해져야 하므로, 다수의 죄라도 하나의 행위에 의한 경우는 하나의 형벌이 가해진다. 이처럼 일죄(법조경합, 포괄일죄)와 수죄 중 상상적 경합의 경우는 하나의 형벌이 적용되는 반면, 다수의 형벌이 적용되는 것은 수죄 중 실체적 경합의 경우이다.

결국 죄수의 판단을 어떤 기준으로 할 것인지가 논의되는 **실체법적 실익**은, 수죄 중에서 다수의 형벌이 적용되는 실체적 경합의 경우를 가려내는 것에 있다. 다음으로 일죄와 수죄(특히 상상적 경합)를 구별하는 것에도 **소송법적**으로 논의의 **실익**이 있다. 비록 상상적 경합의 경우는 하나의 형벌이 적용되지만, 일죄가 아니라 수죄이므로 판결이유에 모든 범죄사실과 그 적용법조를 기재해야 하고 공소시효와 친고죄의 고소도 범죄별로 논해야 하는 등 일죄와의 차이가 존재하기 때문이다.

2. 학설

이와 같이 죄수를 구별할 실익이 있다면, 어떠한 기준으로 구별할 것인지를 생각해 보아야 한다. 예를 들어, 甲이 A의 가슴을 주먹으로 때리고 5분가량 이야기한 후 다시 발로 A의 정강이를 걷어찼다면, A에 대한 甲의 폭행죄는 몇 개인가? 甲이 여러 개의 돌멩이를 A와 B를 향해 한 번에 던져 A와 B를 모두 맞혔다면, 甲의 폭행죄는 몇 개인가? 이러한 경우에 전체형원칙의 입법하에서 어떠한 기준으로 행위의 개수, 즉 죄의 개수를 판단할 것인지에 대해서 견해가 대립한다.

Ⓐ '**행위표준설**'이 있다. 이 견해는 자연적 의미의 행위의 수를 기준으로 범죄의 수를 판단하는 견해로서, 자연적 의미에서 행위가 1개이면 범죄도 1개이고 행위가 다수이면 범죄도 다수라고 본다. 판례는 행위표준설에 따라 판단하기도 하는데, 예를 들어 강제추행죄는 특별한 사정이 없는 한 행위마다 1개의 범죄가 성립하고 문제가 되는 행위마다 폭행 또는 협박 외에 추행행위 및 그에 대한 범의가 인정되어야 한다고 보며(대법원 2024.8.1. 선고 2024도3061 판결), 1개의 행위가 수 개의 죄에 해당하는 경우를 나타내는 상상적 경합(제40조)에서 1개의 행위란 법적 평가를 떠나 사회관념상 행위가 사물자연의 상태로서 1개로 평가되는 것이라고 한다(대법원 2023.12.28. 선고 2023도12316 판결). 그러나 행위표준설은 야간주거침입절도죄(제330조)나 인질강도죄(제336조) 등과 같이 하나의 범죄가 다수의 행위를 전제로 하는 경우가 존재한다는 비판을 받는다.

Ⓑ '**법익표준설**'이 있다. 이 견해는 범죄행위로 인하여 침해되는 보호법익의 수를 기준으로 범죄의 수를 판단하는 견해로서, 다수의 행위가 있더라도 1개의 법익을 침해하였다면 범죄도 1개이고 1개의 행위라도 다수의 법익을 침해하였다면 범죄도 다수라고 본다. 판례는 법익표준설에 따라 판단하기도 하는데, 예를 들어 1개의 기망행위로 다수의 피해자로부터 각각 재물을 편취한 경우는 재산의 피해자별로 다수의 사기죄가 성립한다고 본다(대법원 2011.1.13. 선고 2010도9330 판결). 그러나 법익침해설은 인질강도죄(제336조) 등과 같이 다수의 보호법익을 전제로 하는 범죄가 존재한다는 비판을 받는다.

Ⓒ '**의사표준설**'이 있다. 이 견해는 범죄를 행하려는 의사(意思)의 수를 기준으로 범죄의 수를 판단하는 견해로서, 범죄 의사가 1개이면 범죄도 1개이고 범죄 의사가 다수이면 범죄도 다수라고 본다. 판례는 의사표준설에 따라 판단하기도 하는데, 예를 들어 동일인으로부터 7회에 걸쳐 각종 등기를 접수받아 처리하면서 같은 명목으로 합계 828,000원을 교부받아 수수한 것은 뇌물수수의 단일한 범의의 계속하에 일정 기간 동종행위를 반복한 것으로 수뢰의 포괄일죄가 성립한다고 본다(대법원 1982.10.26. 선고 81도1409 판결). 그러나 범죄의 수는 기본적으로 위법행위의 정형인 구성요건의 실현을 전제로 하는 것인데, 의사표준설은 범죄성립의 정형성을 무시한다는 비판을 받는다.

Ⓓ '**구성요건표준설**'이 있다.[3] 이 견해는 구성요건의 실현 횟수를 기준으로 범죄의 수를 판단하는 견해로서, 구성요건이 1회 충족되면 범죄도 1개이고 수회 충족되면 범죄도 여러 개라고 본다. 판례는 의사표준설에 따라 판단하기도 하는데, 예를 들어 관세는 납부 의무자가 수입물의 수입신고를 할 때마다 1개의 납세의무가 확정되므로 수입물의 수입신고를 하면서 과세가격 또는 관세율 등을 허위로 신고하여 수입하는 경우는 각각의 허위 수입신고 시마다 1개의 관세포탈죄가 성립한다고 본다(대법원 2000.11.10. 선고 99도782 판결). 그러나 구성요건표준설은 강도죄(제333조) 등과 같이 다른 구성요건(폭행죄, 협박죄)을 품고 있는 범죄가 존재한다는 비판을 받는다.

Ⓔ '**종합고려설**'이 있다.[4] 이 견해는 모든 범죄의 죄수를 앞에서 제시된 어느 하나의 기준만으로 해결할 수는 없으므로, 이들을 종합적으로 고려하여 죄수를 판단하는 견해이다. 개별적 특성이 다른 범죄의 성립을 특정한 하나의 기준으로 확정하기는 불가능하다고 본다. 판례는 종합고려설에 따라 판단하기도 하는데, 예를 들어 범의의 단일성과 계속성이 인정되지 아니하거나 범행 방법이 동일하지 않은 때에 각 범행은 수죄인 실체적 경합범이라고 보며(대법원 2018.11.29. 선고 2018도10779 판결), 1죄인가 또는 수죄인가는 구성요건적 평가와 보호법익의 측면에서 판단하여야 한다고 본다(대법원 2020.7.9. 선고 2019도17405 판결). 그러나 종합고려설은 다수의 기준을 나열함에 그칠 뿐, 죄수를 판단할 수 있는 실질적 기준을 제시하지 못한다는 비판을 받는다.

3. 소결(죄수 판단의 순서에 따른 판단)

죄수 판단의 기준에 대해서 여러 가지 학설들이 제시되는데, 이러한 기준 제시의 논리적 출발점은 어떤 일반적 기준이 제시되고 그에 따르면 죄수(일죄, 수죄)를 구별해 줄 수 있다는 것이다. 그러나 종합설이 존재하듯이, 모든 범죄에 통일적인 기준으로 죄수를 구별할 수 있는 설득력 있는 결론을 제시할 수는 없다. 현실적인 해결 방안은, 현재 인정되는 **죄수의 존재 형식에 맞추어 논리적으로 검토의 우선순위를 정하고 순차적으로 검토**하는 것이며, 각 **검토 단계에서 그에 맞는 기준을 적용**하는 것이다.

---

3) 강동욱, 364면; 김종원(하), 257면; 이재상 · 장영민 · 강동범, 558면; 이주원, 430면; 이형국 · 김혜경, 549면; 정성근 · 박광민, 501면; 정성근 · 정준섭, 394면; 한상훈 · 안성조, 309면.

4) 김혜정 · 박미숙 · 안경옥 · 원혜욱 · 이인영, 437면; 박상옥 · 김대휘(2), 279면; 성낙현, 725면; 이영란, 514면; 정영일, 463면.

죄를 검토함에 있어서는 먼저, 가벼운 형벌효과를 가져오는 **일죄(법조경합이나 포괄일죄)에 해당하는지를 검토**한다. 일죄에 해당하는지는 해당 사안에서 적용되는 **구성요건의 의미를 해석**하여 판단하는데, 자연적 관점에서 다수의 행위이더라도 규범적으로 하나의 행위로 평가하는 것이 구성요건의 의미라면 하나의 행위로 보고 일죄로 취급하는 것이다. 이때 구성요건의 의미를 해석함에 있어서는 구성요건의 문언 자체뿐만 아니라 구성요건이 추구하는 보호법익, 입법취지 등이 고려된다. 즉 일죄인가 수죄인가는 구성요건적 평가와 보호법익의 측면에서 고찰하여 판단한다(대법원 2002.7.18. 선고 2002도669 전원합의체 판결).

다음으로, 일죄에 해당하는지를 검토한 후 일죄가 아니라고 판단되는 경우라면 수죄에 해당한다. 이때 **수죄 중 상상적 경합의 관계인지 실체적 경합의 관계인지를 구별**하면 되는데, 입법자는 이것을 **행위의 단일성 여부를 기준**으로 판단하라고 규정하고 있다(제40조). 일죄의 판단을 위해서 구성요건 자체의 의미를 이미 규범적으로 판단한 이후이므로, 수죄 중 상상적 경합과 실체적 경합을 구분함에 있어서는 자연적 의미에 따라 하나의 행위인지 다수의 행위인지를 판단하면 된다. 즉 상상적 경합(제40조)에서 1개의 행위란 법적 평가를 떠나 사회관념상 행위가 사물자연의 상태로서 1개로 평가되는 행위이다(대법원 2023.12.28. 선고 2023도12316 판결).

결국 죄수론은 형식적으로 다수의 행위가 있고 다수의 범죄가 성립하더라도 이를 구성요건의 의미에 맞게 내용적 단일성이라는 관점에서 단일행위로 보고 하나의 범죄로 처벌하는 것을 일차적 목표로 하는 것이며, 죄수론의 많은 부분은 형사정책적 결단의 문제라고 할 수 있다.

제2절 | 일죄

I. 단순일죄

한 명의 사람이 행한 범죄의 개수가 한 개인 경우를 일죄(一罪)라고 하는데, 일죄에는 '단순일죄'와 '법조경합', '포괄일죄'의 형태가 있다. 이 중 甲이 A를 칼로 1차례 찔러 상해를 입힌 경우처럼, 1개의 구성요건이 실현되어 1개의 죄가 성립하는 경우를 '**단순일죄**'라고 한다. 감금죄(제276조)나 직무유기죄(제122조)와 같은 '계속범', 즉 구성요건의 실현으로 범행이 종결되는 것이 아니라 행위자의 지속되는 범행 의사에 의해 구성요건의 실현이 계속되는 범행도 단순일죄에 해당한다. 단순일죄의 경우는 죄수의 판단 문제는 검토되지 않는다.

일죄 중 단순일죄 이외에 한 사람이 행한 범죄가 다수의 구성요건에 해당하는 것처럼 보이는 법조경합과 포괄일죄의 경우를 살펴본다.

II. 법조경합

1. 의의

(1) 개념

한 사람이 행한 행위가 다수의 구성요건에 해당하여 구성요건이 경합하는 것처럼 보이지만, 2중평가금지 원칙에 따른 **구성요건 간의 논리적 배제 관계**로 인하여 실제로는 1개의 구성요건에만 해당하여 1개의 죄가 성립하는 경우를 '**법조경합**'이라고 한다. 즉 법조경합은 실제 사건에서 행위자의 구체적인 행위를 중심으로 죄수를 판단하는 것이 아니라, 그 행위에 적용될 구성요건 자체를 중심으로 하여 죄수를 판단하는 것이다.

예를 들어, 甲이 A를 협박하여 강간한 경우는 구성요건의 문언상 협박죄(제283조 제1항)와 강간죄(제297조)의 구성요건에 해당하는 것처럼 보이지만 강간죄에는 협박죄에 대한 평가가 포함되어 있으므로 실제로는 강간죄만 성립한다. 판례는 "1개의 행위가 외관상 수 개의 죄의 구성요건에 해당하는 것처럼 보이나 실질적으로 1죄만을 구성하는 경우"가 법조경합이라고 표현하면서 "실질적으로 1죄인가 또는 수죄인가는 구성요건적 평가와 보호법익의 측면에서 고찰하여 판단"한다(대법원 2025.5.15. 선고 2024도16239 판결).

개별 구성요건의 문언만으로 보면 구체적인 행위에 적용될 구성요건이 다수인 것처럼 보이더라도, 적용될 것으로 보이는 구성요건 간의 관계를 구성요건의 본질에 따라 정리하여 처리하는 것이다. 법조경합의 여부는 구성요건 자체를 기준으로 결정하게 된다. 따라서 여러 개의 행위가 개별적으로는 독립된 범죄의 구성요건에 해당하지만, 이들이 결합하여 1개의 구성요건을 이루는 경우, 예를 들어, 폭행죄나 협박죄와 절도죄가 결합한 강도죄(제333조), 강도죄와 살인죄가 결합한 강도살인죄(제338

조) 등의 '**결합범**'은 결합범 형태의 범죄 1개만 성립한다.

(2) 인정 근거

법조경합의 경우는 이처럼 외관상으로 적용할 수 있어 보이는 다수의 구성요건 중 일부는 적용이 배제되고 일부만 적용되는데, 살인죄(제250조 제1항)와 존속살해죄(제250조 제2항)처럼 적용이 배제되는 구성요건(살인죄)의 목적을 적용되는 구성요건(존속살해죄)에 의해서도 달성할 수 있는 경우이거나 살인죄(제250조 제1항)와 촉탁 · 승낙살인죄(제252조 제1항)처럼 적용이 배제되는 구성요건(살인죄)을 적용하면 적용되는 구성요건(촉탁 · 승낙살인죄)의 목적을 달성할 수 없는 경우에 법조경합의 개념을 인정한다.

이러한 배경에는 '**2중평가금지 원칙**'이 작용한다. 2중평가금지 원칙은 구성요건의 요소로 규정되어 있어 범죄성립의 검토에서 고려된 요소를 양형의 검토에서 재차 고려하지 못하도록 하는 것을 말한다. 예를 들어 존속살해죄(제250조 제2항)가 적용되는 사안에 있어서 피해자가 직계존속이라는 것은 범죄성립에 있어서 고려된 요소이므로 형벌 가중의 양형요소로 재차 사용될 수 없다. 독일 형법 제46조 제3항에는 명시적으로 규정되어 있는 2중평가금지 원칙을, 한국 형법에는 비록 명시적 규정이 없더라도 합리적인 양형을 추구하기 위하여 당연히 적용되는 것으로 받아들인다. 2중평가금지 원칙은 입법과 사법의 분업적 사고를 바탕으로 한 것으로, 입법자는 불법과 책임의 요소를 고려하여 구성요건을 정립하고 그에 상응하는 법정형을 확정함에 반하여, 법관은 구체적인 행위자를 대상으로 하여 양형을 판단하는 것이다.[5]

(3) 판단 방법과 효과

2중평가금지 원칙을 배경으로 하고 구성요건 자체의 의미를 고려하여 인정되는 개념인 법조경합의 관계는 구성요건의 해석을 통하여 결정하게 된다. 구체적 사안에 있어서 ① 사실관계를 포섭하여 적용될 수 있는 구성요건을 찾은 후 ② 사안에 적용이 가능한 다수의 구성요건 상호관계를 비교하여 ③ 하나의 구성요건이 다른 구성요건을 논리적으로 배제하는 것인지를 검토하게 된다. 즉 법조경합으로서 1개의 죄인가는 구성요건적 평가와 보호법익의 측면을 고찰하여 판단하게 된다(대법원

---

5) 김정환, "위험운전치사상죄와 음주운전죄의 관계", 형사법연구 제21권 제2호, 2009, 311면.

2020.7.9. 선고 2019도17405 판결).

법조경합으로 배제되는 구성요건은 형사처벌의 근거가 되지 않으므로 공소장이나 판결문에 기재되지 않는다. 다만 배제되는 구성요건에 대해서 공범은 성립할 수 있다.

2. 유형

아래와 같이 법조경합의 유형을 설명하는 것은 예시된 사안들이 법조경합의 경우임을 쉽게 설명하기 위한 것이지, 특정한 경우가 특별 · 보충 · 흡수 · 택일관계 중 어디에 속하는지 구별하는 것 자체가 목적은 아니다.

(1) 특별관계

특별관계는 법조경합의 가장 기본적인 유형으로서 어떠한 구성요건이 다른 구성요건의 모든 요소를 포함하고 추가적인 특별한 표지까지 포함하는 경우를 말한다. 예를 들어 존속살해죄(제250조 제2항)는 살인죄(제250조 제1항)의 모든 요소를 포함하고 나아가 객체가 '자기 또는 배우자의 직계존속'인 사람이라는 특별한 표지를 포함한다. 이처럼 구성요건 간에 특별관계인 경우는 '특별법 우선의 원칙'에 따라 특별 구성요건만이 적용된다. 특별 구성요건은 기본 구성요건에 대해서 형벌이 무거울 수도 있고 가벼울 수도 있다. 촉탁 · 승낙살인죄(제252조 제1항)와 살인죄(제250조 제1항)의 경우가 특별 구성요건의 형벌이 가벼운 경우이다.

대표적인 판례들을 살펴보면, ⓐ 형법상 통화에 관한 죄는 문서에 관한 죄에 대하여 특별관계에 있으므로 통화에 관한 죄가 성립하는 때에는 문서에 관한 죄는 별도로 성립하지 않는데, 다만 강제통용력이 없고 국내에서 사실상 거래 대가의 지급수단이 되지 않은 위조된 외국의 화폐, 지폐 또는 은행권은 내국에서 유통하는 통화 혹은 외국에서 통용하는 통화가 아니어서 그것을 행사하더라도 위조통화행사죄(제207조 제4항)에 해당이 되지 않고 위조사문서행사죄 또는 위조사도화행사죄(제234조)가 성립한다(대법원 2013.12.12. 선고 2012도2249 판결). 반면 ⓑ (구)정치자금법 제13조 제3호[6]는 누구든지 공무원이 담당 · 처리하는 사무에 관하여 청탁 또는 알선하는 일

---

6) 제13조(특정행위와 관련한 기부의 제한) 누구든지 다음 각호의 1에 해당하는 행위와 관련하여 정치자금을 기부하거나 받을 수 없다. 3. 공무원이 담당 · 처리하는 사무에 관하여 청탁 또는 알선

과 관련하여 정치자금을 기부하거나 받는 것을 금지하고 있는데, 알선수뢰죄(제132조)는 공무원이 그 지위를 이용하는 것을 구성요건으로 하고 나아가 뇌물을 수수한 경우뿐만 아니라 요구 · 약속한 경우를 포함하는 규정으로서 행위 주체, 행위의 내용 및 방법 등 구체적인 구성요건에 있어서 (구)정치자금법 위반죄와 많은 차이가 있으므로 (구)정치자금법 위반죄가 알선수뢰죄에 대하여 특별관계라고 보지 않는다(대법원 2005.2.17. 선고 2004도6940 판결).

(2) 보충관계

① 의미

보충관계는 법조경합 중 특별관계가 성립하지 않을 때 가능한 형태로서, 어떤 구성요건이 적용되지 않을 때 보충적으로 적용되는 다른 구성요건이 존재하는 상황에서 양자의 관계를 말한다.[7] '보충법에 대한 기본법 우선'의 원칙에 따라 기본법이 적용되고 보충법은 적용이 배제된다.[8]

형법에 규정된 '**명시적 보충관계**'는 대표적으로 방화죄에서 찾아볼 수 있다. 일반물건방화죄(제167조 제1항)는 일반건조물방화죄(제166조 제1항)에 대해서 보충관계로서 적용이 배제되고, 일반건조물방화죄는 공용건조물방화죄(제165조)에 대해서 보충관계로서 적용이 배제되고 공용건조물방화죄는 현주건조물방화죄(제164조 제1항)에 대해서 보충관계로서 적용이 배제된다.

형법에 명시적으로 규정되지는 않았지만 '**묵시적 보충관계**'로 인정되는 경우가 있는데, 음모 · 예비는 미수에 대해서 보충관계로서 적용이 배제되고, 미수는 기수에 대해서 보충관계로서 적용이 배제된다. 이와 같이 (특별관계를 포함하여) 보충관계

하는 일

7) 참고로 Günther Jakobs, Strafrecht Allgemeiner Teil, 2. Aufl., Walter de Gruyter, 1993, 31.Abschn. Rn. 26을 인용하여 같은 법익에 대한 침해에 있어서 무거운 침해방법과 가벼운 침해방법(예컨대 방조범은 교사범과 정범에 대하여, 교사범은 정범에 대하여, 부작위범은 작위범에 대하여) 범죄에의 관여 정도나 결과 정도에 의한 특별관계라고 설명되기도 하는데(박재윤 편, 주석형법 총칙(2), 2011, 한국사법행정학회, 361면), Günther Jakobs의 견해는 법조경합에 있어서 특별관계를 상위개념으로 상정하고 모든 법조경합의 유형을 그 아래의 유형으로 보충관계(Subsidiarität)과 흡수관계(Konsumption)를 설명하는 것으로서 법조경합의 보충관계를 인정하는 일반적인 설명과 실질적인 차이점이 존재하지 않는다(Günther Jakobs, 앞의 책, 31.Abschn. Rn. 19 이하 참조).

8) 이형국, 형법총론연구Ⅱ, 1986, 법문사, 720면.

에 있어 적용이 배제되는 구성요건은 공소제기에서도 배제되는데, 공소제기 후 공판절차에서 공소장변경의 절차를 거치지 않더라도 배제된 구성요건으로 공소장을 변경할 수 있다. 특별관계나 보충관계로 인하여 배제된 구성요건의 내용은 공소제기된 구성요건 속에 이미 포함되어 있어서, 공소장변경의 절차를 거치지 않더라도 피고인의 이익(방어권 보장)에 반하지 않기 때문이다.

② 택일관계와 구별

한편, 다수의 책에서 '**공범과 정범의 관계**', '**과실범과 고의범의 관계**', '**부작위범과 작위범의 관계**'가 묵시적 보충관계로 설명되는데, 정범이 적용되지 않을 때 공범이 적용되고, 고의범이 적용되지 않을 때 과실범이 적용되고, 작위범이 적용되지 않을 때 부작위범이 적용된다는 측면에서는 보충관계라고 볼 수도 있다.

하지만 이들은 '**택일관계**'로 보는 것이 타당하다.[9] 그 이유는 ① 첫째, 이들은 특별관계나 음모 · 예비, 미수, 기수의 관계와 달리 한 쪽이 다른 쪽의 불법내용을 모두 포섭하는 형태가 아니며, ② 둘째, 양자를 구분하기 위한 기준의 정립을 위한 깊은 논의가 존재하며(정범과 공범의 구별기준, 미필적 고의의 인정기준, 작위와 부작위의 구별기준), ③ 셋째, 우선 적용되는 범죄에 해당하지 않을 때 배제되는 범죄가 바로 성립하는 것이 아니라 배제되는 범죄의 성립을 위한 고유한 요건을 갖추어야 한다. 예를 들어 협의의 공범(교사범, 방조범)은 각자의 성립 요건을 별도로 가지고 있으므로, 정범(공동정범)이 성립하지 않는다고 바로 보충적으로 방조범이 성립된다고 볼 수는 없으며,[10] 고의범이 성립하지 않는다고 주의의무 위반의 검토도 없이 바로 과실범이 성립하는 것이 아니며, 작위범이 성립하지 않는다고 보증인지위나 행위동가치성의 검토 없이 바로 부작위범이 성립하는 것은 아니다.

따라서 '공범과 정범의 관계', '과실범과 고의범의 관계', '부작위범과 작위범의 관계'는 택일관계로 보는 것이 타당하다. 다만 양자의 관계를 보충관계로 볼 것인지 택

9) 김정환, "공동정범과 방조범의 구별을 전제로 한 공동정범의 방조범으로 공소장변경의 필요성", 법조 제672호, 2012, 217면 이하 참조.

10) "공동정범으로 공소가 제기된 피고인에 대하여 법원이 공소장변경 없이 직권으로 방조범으로 인정하여 처벌하기 위해서는, 정범의 범행에 대한 공동가공의 의사나 기능적 행위지배의 점에 대한 증명이 부족하지만 그 의심이 있다는 정도로는 부족하고 방조의 고의와 행위가 있었다는 점에 대한 적극적인 증명이 있어야 하고, 나아가 그 점에 대하여 피고인에게 방어의 기회가 제공되는 등 심리의 경과에 비추어 피고인의 방어에 실질적인 불이익을 주지 아니한 경우라야 가능할 것이다."(대법원 2011.11.24. 선고 2009도7166 판결)

일관계로 볼 것인지를 결정하는 것이 중요한 것이 아니고, 다수의 견해처럼 양자의 관계를 보충관계라고 보는 시각을 취하더라도 보충적 형태가 성립하기 위한 고유의 요건이 갖추어져야 그것이 성립한다는 것을 주의하여야 한다.

(3) 흡수관계

① 의미

흡수관계는 어느 구성요건의 불법성이 다른 구성요건의 불법성을 포함하는 상황에서 양자의 관계를 말한다. '전부법은 부분법을 폐지한다.'라는 원칙에 의하여 흡수하는 법만 적용되고 흡수되는 법은 배제된다. 특별관계의 경우에는 일반적인 구성요건의 표지가 반드시 다른 구성요건 속에 전부 포함되어 있으나, 흡수관계의 경우는 그렇지 않은 경우도 존재한다. 예를 들어 甲이 A를 칼로 찔러 살해한 사건에서 살인죄(제250조 제1항)의 불법성 속에 피해자 옷에 대한 재물손괴죄(제366조)의 불법성이 포함되어 있으므로 살인죄가 재물손괴죄를 흡수하는 것으로 본다.

② 불가벌적 수반행위

흡수관계의 형태로 언급되는 유형이 불가벌적 수반행위와 불가벌적 사후행위이다. 불가벌적 수반행위는 어떠한 구성요건을 실현할 때 **통상적으로 수반되는 다른 구성요건의 실현행위**를 말한다. 행위자가 특정한 죄를 범하면 비록 논리 필연적이지는 않지만, 일반적 · 전형적으로 다른 구성요건을 충족하고 이때 그 구성요건의 불법이나 책임 내용이 주된 범죄에 비하여 경미하므로 별도의 처벌이 고려되지 않는 경우를 말한다(대법원 2012.10.11. 선고 2012도1895 판결). 주된 행위와의 관계에서 볼 때, 보호되는 법익이 동일하고 필수적 · 우연적인 범행의 중간단계가 주된 행위보다 보호법익을 덜 침해하는 상황에서 불가벌적 수반행위가 인정된다.

예를 들어 자동차 절취행위와 자동차 속의 휘발유 절취행위, 방화행위와 방화대상물에 대한 손괴행위, 위조문서를 행사할 때 수반된 위조인장의 행사 등이 불가벌적 수반행위에 해당한다. 또한 협박 행위가 상해행위와 같은 시간 같은 장소에서 동일한 피해자에게 가해진 경우는 특별한 사정이 없는 한 협박은 상해의 단일범의 하에서 이루어진 하나의 폭언에 불과하여 상해죄에 포함되는 행위라고 본다(대법원 1976.12.14. 선고 76도3375 판결).

반면 업무방해죄(제314조)와 폭행죄(제260조 제1항)는 구성요건과 보호법익을 달리하고, 업무방해죄의 성립에 일반적 · 전형적으로 사람에 대한 폭행행위를 수반하는 것은 아니며, 폭행죄가 업무방해죄에 비하여 별도로 고려되지 않을 만큼 가볍다고 할 수도 없으므로, 피해자에 대한 폭행행위가 동일한 피해자에 대한 업무방해죄의 수단이 되었더라도 폭행행위가 업무방해행위에 대하여 불가벌적 수반행위로 보지 않는다(대법원 2012.10.11. 선고 2012도1895 판결).

③ 불가벌적 사후행위

흡수관계의 형태로 언급되는 다른 한 가지가 불가벌적 사후행위이다. 불가벌적 사후행위는 **선행행위에 적용된 구성요건의 평가 속에 이후의 행위에 대한 법적 평가가 포함**되어 있으므로 이후의 행위는 범죄가 성립하지 않는 것으로 보는 것을 말한다. 보충관계는 법률 규정이나 개념 자체에 의한 주종의 관계인 반면, 불가벌적 사후행위는 주된 범죄에 대한 기능적 종속성에서 비롯된 것이라고 할 수 있다.

불가벌적 사후행위가 인정되기 위해서는 새로운 법익의 침해가 없이 본래의 범행으로 침해된 법익이 재차 침해되는 경우이어야 하고, 제3자의 법익을 침해하여서는 안 된다. 절도나 강도와 같은 영득죄의 기수 후에 그 재산에 대한 지속적 침해행위가 손괴죄와 같은 구성요건에 해당하더라도 별도로 처벌 대상이 되지 않는 경우가 대표적인 불가벌적 사후행위이다.

불가벌적 사후행위가 **인정**된 구체적인 예를 보면, ⓐ 금융기관 발행의 자기앞수표는 그 액면금을 즉시 지급받을 수 있는 점에서 현금에 대신하는 기능을 가지고 있어서 장물인 자기앞수표를 취득한 후 이를 현금 대신 교부한 행위는 장물취득에 대한 가벌적 평가에 당연히 포함되는 불가벌적 사후행위로서 별도의 범죄를 구성하지 않는다(대법원 1993.11.23. 선고 93도213 판결). ⓑ 미등기 건물의 관리를 위임받아 보관하고 있는 사람이 임의로 건물에 대하여 자신의 명의로 보존등기를 하거나 동시에 근저당권 설정등기를 마칠 때 이미 횡령죄는 완성되므로, 횡령행위 이후 근저당권 설정등기를 한 행위는 피해자에 대한 새로운 법익의 침해를 수반하지 않는 불가벌적 사후행위로서 별도의 횡령죄를 구성하지 않는다(대법원 1993.3.9. 선고 92도2999 판결). ⓒ 절도범으로부터 장물보관 의뢰를 받은 자가 그 정을 알면서 이를 인도받아 보관하고 있다가 임의 처분하여도 장물보관죄가 성립하는 때에는 이미 그 소유자의 소유물 추구권을 침해하였으므로 그 후의 횡령행위는 불가벌적 사후행위에 불과하여 별도로 횡령죄가 성립하지 않는다(대법원 2004.4.9. 선고 2003도8219 판결). ⓓ 피해자를 기망하여 약속어음을 교부받은 경우는 그 교부받은 즉시 사기죄가 성립하고 그 후 이를 피해자에 대한 채권의 변제에 충당하였더라도 불가벌적 사후행위가 될 뿐, 별도로 횡령죄가 성립하지 않는다(대법원 1983.4.26. 선고 82도3079 판결). ⓔ 전기통신금융사기(보이스피싱 범죄)의 범인이 피해자를 기망하여 피해자의 자금을 사기이용계좌로 송금 · 이체받으면 사기죄는 기수에 이르고, 그 후 범인이 사기이용계좌에서 현금을 인출한 것은 이미 성립한 사기범행이 예정하고 있던 행위에 지나지 아니하여 새로운 법익을 침해한다고 보기도 어려우므로, 위와 같은 인출행위는 사기의 피해자에 대하여 별도의 횡령죄를 구성하지 아니한다. 이러한 법리는 사기범행에 이용되리라는 사정을 알고서 자신 명의 계좌의 접근매체를 양도함으로써 사기범행을 방조한 방조범이 사기이용계좌로 송금된 피해자의 자금을 임의로 인출한 경우에도 마찬가지이다(대법원 2017.5.31. 선고 2017도3894 판결).

반면 판례가 불가벌적 사후행위를 **부정**한 경우를 보면, ⓕ 절도범이 절취한 장물을 마치 자기의 것처럼 제3자를 기망하여 그로부터 금전을 편취한 경우는 장물을 소비 또는 손괴하는 경우와는 달리 사기당하는 제3자에게는 새로운 법익의 침해가 있으므로 절도죄 외에 사기죄가 성립한다(대법원 1980.11.25. 선고 80도2310 판결). ⓖ 사람을 살해한 다음 범죄의 흔적을 은폐하기 위하여 시체를 다른 장소로 옮겨 유기하였을 때는 사체유기를 불가벌적 사후행위로 볼 수 없고 살인죄와 사체유기죄의 경합범이 성립한다(대법원 1984.11.27. 선고 84도2263 판결). ⓗ 타인의 부동산을 보관 중인 자가 불법영득의사를 가지고 부동산에 근저당권 설정등기를 경료하여 일단 횡령죄가 성립하였더라도, 이후 같은 부동산에 별개의 근저당권을 설정하여 새로운 법익침해의 위험을 추가함으로써 법익침해의 위험을 증가시키거나 해당 부동산을 매각함으로써 기존의 근저당권과 관계없이 법익침해의 결과를 발생시켰다면, 이는 당초의 근저당권 실행을 위한 임의경매에 의한 매각 등 그 근저당권으로 인해 당연히 예상될 수 있는 범위를 넘어 새로운 법익침해의 위험을 추가시키거나 법익침해의 결과를 발생시킨 것이므로 별도로 횡령죄가 성립한다(대법원 2015.1.29. 선고 2014도12022 판결). ⓘ 부정한 이익을 얻거나 기업에 손해를 입힐 목적으로 기업에 유용한 영업비밀이 담겨 있는 타인의 재물을 절취한 후 그 영업비밀을 사용하는 경우, 영업비밀의 부정사용행위는 새로운 법익의 침해로 보아야 하므로 부정사용행위가 절도범행의 불가벌적 사후행위가 되는 것은 아니다(대법원 2008.9.11. 선고 2008도5364 판결). ⓙ 신용카드를 절취한 후 이를 사용한 신용카드의 부정사용행위는 새로운 법익의 침해로 보아야 하고 그 법익침해가 절도범행보다 큰 것이 대부분이므로 신용카드의 부정사용행위가 절도범행의 불가벌적 사후행위가 되는 것은 아니다(대법원 1996.7.12. 선고 96도1181 판결).

(4) 택일관계

① 의미

택일관계는 구성요건 간에 상호 배척관계에 있어서 하나의 구성요건만 성립할 수 있는 경우를 말한다. 예를 들어 횡령죄(제355조 제1항)와 배임죄(제355조 제2항)의 경우가 그러한데, 행위의 객체가 재물이면 횡령죄이고 재산상 이익이면 배임죄에 해당한다. 절도죄(제329조)와 횡령죄(제355조 제1항)의 경우도 구성요건 간에 상호 배척관계인데, 타인이 소유한 재물의 점유자가 타인이면 절도죄이고 점유자가 행위자이면 횡령죄이다.

② 법조경합의 인정 여부

택일관계를 법조경합의 한 유형으로 볼 것인지에 대해서 견해가 대립하는데, Ⓐ '부정설'은 택일관계의 경우는 구성요건 중 어느 하나에 해당하는 것이므로, 같은 행위가 수 개의 구성요건에 해당하는 것으로 나타나는 법조경합으로 볼 수 없다고 본다. Ⓑ '긍정설'은 택일관계의 유형도 검토가 되는 구성요건들이 성립될 여지가 있다고 보이는 경우로서 법조경합의 경우처럼 다수의 구성요건에 해당하는 것으로 보이는 상황이라고 한다.

판례는 "외형상으로는 공소사실의 기초가 되는 피고인의 일련의 행위가 여러 개의 범죄에 해당되는 것 같지만 합쳐져서 하나의 사회적 사실관계를 구성하는 경우에 그에 대한 법률적 평가는 하나밖에 성립되지 않는 관계, 즉 일방의 범죄가 성립되는 때에는 타방의 범죄는 성립할 수 없고, 일방의 범죄가 무죄로 될 경우에만 타방의 범죄가 성립할 수 있는 비양립적인 관계가 있을 수 있다."고 하여 택일적 관계를 긍정한다(대법원 2011.5.13. 선고 2011도1442 판결).

생각건대 법조경합은 다수의 구성요건 중 어느 하나에만 해당하는 것으로 최소한 검토되는 구성요건의 부분적인 중첩을 전제로 하는 것인데, 택일관계는 그렇지 않으므로 부정설이 타당하다. 다만 택일관계를 법조경합의 한 유형으로 인정하는지 아닌지보다는, 사안에 적용될 수 있는 구성요건 중 구성요건의 해석을 통해 사안에 적합한 구성요건을 선택하여 이에 사안을 포섭하는 것이 중요한데, 이러한 측면에서는 택일관계는 법조경합과 같은 기능을 하고 있다.

참고 택일적 확정(Wahlfeststellung)

택일관계와 구별할 개념으로 '택일적 확정'(Wahlfeststellung)이라는 개념이 있다. 고의 확정의 어려움을 극복하기 위해 독일에서 사용하는 개념이 택일적 확정인데, 범죄자가 하나의 특정한 구성요건을 명확히 인식하지 않고 단지 행위 결과에 대해서만 구체적으로 인식한 상태에서 다수의 구성요건에 해당하는 행위를 한 경우에, 다수의 구성요건 중 하나의 구성요건을 선택적으로 적용하는 것이다. 예를 들어 사체유기죄와 살인죄 중 어느 하나의 범죄를 범한 것은 분명하지만, 합리적 의심의 여지가 없을 정도로 두 죄 가운데 하나의 죄로 사실을 확정하지 못한 경우(피해자가 행위 당시 이미 사망한 상태였는지 살아있었는지에 대해서 사실이 확정되지 않는 경우) 또는 범죄자의 트렁크에 타인의 재물이 보관되어 있는데 절도죄인지 장물죄인지가 명백하게 확인되지 않는 경우 등에 있어서 가벼운 처벌이 규정된 구성요건의 범죄(앞의 상황에서 사체유기죄 · 장물취득죄)의 성립을 인정하는 것이 택일적 확정 또는 택일적 사실인정이다.

택일적 사실인정은 독일에서 강력한 국내 치안유지를 행했던 국가사회주의(나치) 시대인 1935년 독일 신형법 제2의b조와 형사소송법 제267의b조에서 규정되었다가, 2차 대전 후인 1946년 삭제되었다. 삭제된 이후에도 독일의 다수설과 판례는 '의심스러운 때에는 피고인의 이익으로(in dubio pro reo)' 원칙의 예외로서 택일적 확정을 인정하고 있는데, 그것은 사실관계의 확정에 대한 인간의 인식능력의 한계에서 기인한다. 한국의 판례에서는 명시적으로 택일적 사실확정을 인정한 경우는 없지만, 현실의 재판에서는 실제로 숨겨진 택일적 사실확정을 인정하면서도 하나의 사실에 대하여 자유심증으로 확신하는 사안도 존재하리라 추측해 볼 수 있다. 만약 그렇다면 공개적으로 택일적 사실확정의 개념을 인정하여 사실관계 확정의 어려움을 극복하는 것이, 오히려 자유심증주의의 실질적인 투명성을 보장할 것이라는 견해도 제시된다.

생각건대 선택적 확정의 개념을 도입하고자 입법론으로 논의하는 것은 가능하고 의미 있지만, 현행 한국의 법률체계에서 해석론으로 그 개념을 인정하기는 어렵다. 우선 유죄판결에서 범죄사실을 명시할 것이 요구되며(형사소송법 제323조) 법원의 심판 범위도 공소장에 기재된 공소사실에 제한하고 있기 때문이다. 또한 죄형법정주의를 기본원리로 하는 형법의 해석론으로도 택일적 확정의 개념을 인정하기는 어렵다. 죄형법정주의에 의하면, 국가형벌권이 정당화되기 위해서는 명확한 범죄행위가 확정되어야 하는 것이다. 실질적 정의의 필요성을 고려해 국가형벌권의 적용 범위를 상대화하는 것은 허용될 수 없다. 구성요건은 단순히 형식적인 의미에서 이해되는 것이 아니고, 입법자가 동일한 불법과 상이한 불법을 판단하여 구성요건의 체계 속에 규정한 것이기 때문에, 각 구성요건 속에 내포된 행위에는 상이한 행위에 상응하는 상이한 불법이 존재하는 것을 입법자가 밝힌 것이다. 법률집행자가 자신의 평가를 입법자의 의사에 우선하는 것은 허용될 수 없다.[11)]

11) 김정환, "교사범과 착오에 관한 연구", 법학논총 제22권 제2호, 2010, 182면.

III. 포괄일죄

1. 의의

(1) 개념

한 사람이 행한 **다수의 행위**가 포괄적으로 한 개의 구성요건에 해당하여 단순히 **하나의 죄**를 구성하는 경우를 포괄일죄라고 한다. 판례의 표현에 의하면 “수 개의 행위가 결합하여 하나의 범죄를 구성하든가 수 개의 동종의 행위가 동일한 의사에 의하여 반복되든가 또는 하나의 동일한 법익에 대하여 수 개의 행위가 불가분적으로 접속, 연속하여 행하여지는 것”이 포괄일죄이고, 이는 “구성요건에 해당하는 수 개의 행위가 근원적으로 동종의 행위로서 그 구성요건을 같이함을 전제로 하는 것”이다(대법원 1985.9.24. 선고 85도1686 판결).

포괄일죄와 법조경합은 모두 일죄에 해당하는데, 법조경합은 하나의 행위가 외견상으로 다수의 구성요건에 해당하여 구성요건이 성립하는 것처럼 보이는 경우이지만, 포괄일죄는 외견상으로 다수의 행위가 동일한 구성요건을 중첩적으로 해당하여 다수의 범죄가 성립하는 것으로 오인되는 경우이다. 법조경합은 적용될 것으로 보이는 구성요건 간의 관계를 구성요건의 해석을 통해 정리하여 처리하는데, 포괄일죄 역시 적용되는 구성요건의 해석을 통해 다수의 행위를 일죄로 취급하는 것이다.

예를 들어, 13:00경 거주지 앞 도로에서 기사식당까지 무면허운전을 한 후 기사식당에서 친구를 만나 점심 식사를 마친 후 같은 날 15:17경 기사식당에서 거주지까지 다시 무면허운전을 한 행위는 단일하고 계속된 범의 아래 같은 날 근접하여 이루어진 일련의 행위에 해당하고 그 피해법익도 동일하여 도로교통법상 무면허운전죄의 포괄일죄에 해당한다(대법원 2022.2.24. 선고 2021도17110 판결). 다수의 피해자에 대하여 각각 기망행위를 하여 각 피해자로부터 재물을 편취하면 범행 의사가 단일하고 범행 방법이 동일하더라도 각 피해자의 피해법익이 독립하므로 피해자별로 독립한 사기죄가 성립하지만, 부부인 피해자들을 기망하여 피해자별로 계약서를 작성하고 피해자별 명의 각 계좌로부터 돈을 송금받아 편취한 경우는 피해자들의 피해법익이 동일하다고 볼 수 있으므로 이들에 대한 사기죄를 포괄일죄로 본다(대법원 2023.12.21. 선고 2023도13514 판결).

(2) 요건

포괄일죄가 성립하기 위해서는 구성요건에 해당하는 다수의 행위가 동종의 행위로서 적용되는 구성요건을 같이 함을 전제로 한다. 판례의 표현에 의하면 "동일 죄명에 해당하는 수개의 행위 혹은 연속된 행위를 단일하고 계속된 범의하에 일정 기간 계속하여 행하고 그 피해법익도 동일한 경우"에 포괄일죄가 성립하고, 범의의 단일성과 계속성이 인정되지 아니하거나 범행 방법이 동일하지 않은 각 범행은 실체적 경합범의 관계이다(대법원 2005.9.30. 선고 2005도4051 판결).

즉 포괄일죄가 성립하기 위해서는 ① 첫째, 포괄일죄인 범죄의 구성요건에 각각 해당하는 **다수의 행위**가 있어야 한다. 예를 들어 군 장교가 불법선거운동의 일환으로 1,100회에 이르는 트윗글 및 리트윗글을 게시하였다는 공직선거법 위반의 혐의로 공소가 제기된 경우, 각각의 트윗글 및 리트윗글의 게시 행위 모두가 행위자의 주관적인 의사만으로 불법선거운동에 해당하는 것이라고 단정할 수는 없고 불법선거운동에 해당하는지를 객관적으로 살펴보아야 한다(대법원 2015.12.23. 선고 2013도15113 판결).

② 둘째, 다수 행위의 **범행 방법이 동일**해야 한다. 예를 들어 비의료인이 의료기관을 개설하여 운영하였고 이후 개설자 명의를 다른 의료인 등으로 변경하여 의료법 위반의 혐의로 기소된 사안에서, 공법상 법률관계에서 중요한 의미가 있는 의료기관의 개설자 명의는 의료기관을 특정하고 동일성을 식별하는 데에 중요한 표지가 되므로, 비의료인이 의료기관을 개설하여 운영하는 도중 개설자 명의를 다른 의료인 등으로 변경한 경우는 범행 방법이 동일하다고 보기 어려워 개설자 명의별로 별개의 범죄가 성립하고 각 죄는 실체적 경합범의 관계로 본다(대법원 2018.11.29. 선고 2018도10779 판결).

③ 셋째, **범의의 단일성과 계속성이 존재**해야 한다. 예를 들어 공무원이 뇌물을 여러 차례에 걸쳐 수수함으로써 그 행위가 여러 개이더라도 그것이 단일하고 계속적 범의에 의하여 이루어지고 동일 법익을 침해한 때에는 수뢰죄의 포괄일죄로 처벌한다(대법원 1999.1.29. 선고 98도3584 판결). 하나의 사건에 관하여 한 번 선서한 증인이 같은 기일에 여러 가지 사실에 관하여 기억에 반하는 허위의 진술을 한 경우는 하나의 범죄 의사에 의하여 계속하여 허위의 진술한 것으로서 포괄하여 1개의 위증죄를 구성하는 것이고 진술마다 위증죄를 구성하지는 않는다(대법원 2007.3.15. 선고 2006도9463 판결). 반면 정보통신망을 통하여 음란한 영상을 공연히 전시한 정보통신망법

위반의 행위와 관련해서 음란 동영상이 저장되어 있던 서버 컴퓨터 2대를 압수당한 이후 새로운 장비와 프로그램을 갖추어 다시 범행을 재개한 경우는 범의의 갱신이 있었다고 볼 수 있고 각 죄는 실체적 경합의 관계로 본다(대법원 2005.9.30. 선고 2005도4051 판결).

(3) 효과

① 실체법적 효과

실체법적 측면에서 하나의 죄로 평가되는 포괄일죄는 행위가 일정 기간 지속된다는 특성이 있다. 이에 포괄일죄로 포섭될 수 있는 다수의 행위 사이에 적용되는 구성요건이 신설되는 경우가 있을 수 있는데, 이때 애초에 죄가 되지 않던 행위가 구성요건의 신설로 포괄일죄의 처벌 대상으로 되는 경우는 신설된 포괄일죄 규정이 시행되기 이전의 행위에 대해서는 신설된 규정을 적용할 수 없으므로(제1조 제1항) 시행된 이후의 행위 부분에 대해서만 포괄일죄로 포섭되는데,[12] 신설된 규정이 상습범의 규정인 경우에도 마찬가지이다(대법원 2022.12.29. 선고 2022도10660 판결).

그리고 포괄일죄의 일부 범행이 누범기간 내에 행해졌다면 나머지 범행이 누범기간 경과 후에 행해졌더라도 그 범행 전부가 누범에 해당한다(대법원 2012.3.29. 선고 2011도14135 판결). 공범 중 1인이 포괄일죄의 관계에 있는 범행의 일부를 실행한 후에는 공범관계에서 이탈하였더라도, 다른 공범자에 의하여 나머지 범행이 이루어지면 이탈한 공범이 관여하지 않은 부분에 대하여도 죄책을 부담한다(대법원 2017.1.12. 선고 2016도16340 판결).

② 소송법적 효과

포괄일죄는 실체법적 측면에서 하나의 죄로 평가되는데, 이에 따라 소송법적으로도 포괄일죄로 묶이는 전체의 행위에 대해서 **일사부재리의 효과**가 인정된다. 동일한

---

12) 예를 들어, 2008. 12. 26. 개정 · 시행된 특정범죄가중법 제2조 제2항에서 "형법 제129조, 제130조 또는 제132조에 규정된 죄를 범한 자는 그 죄에 대하여 정한 형에 수뢰액의 2배 이상 5배 이하의 벌금을 병과(倂科)한다."라고 규정하여 뇌물수수죄 등에 대하여 종전에 없던 벌금형을 필요적으로 병과하고 있는데, … 포괄일죄인 뇌물수수 범행이 신설 규정의 시행 전후에 걸쳐 행해진 경우는 특정범죄가중법 제2조 제2항에 규정된 벌금형 산정 기준이 되는 수뢰액은 위 규정이 신설된 2008. 12. 26. 이후에 수수한 금액으로 한정된다(대법원 2011.6.10. 선고 2011도4260 판결).

범죄에 대해서는 형사재판이 확정되면 거듭 처벌할 수 없고, 확정판결이 있는 사건과 동일 사건에 대하여 공소의 제기가 있는 경우에는 판결로써 면소의 선고를 하게 된다(형사소송법 제326조 제1항). 만약 포괄일죄의 관계에 있는 범행 일부에 대하여 판결이 확정된 경우는 사실심 판결선고 시를 기준으로 그 이전에 이루어진 범행에 대해서는 확정판결의 기판력이 미쳐 면소의 판결을 선고하여야 한다(대법원 2006.5.11. 선고 2006도1252 판결).

예를 들어 상습범으로서 포괄일죄의 관계에 있는 다수의 범죄사실 중 일부에 대하여 상습범의 유죄판결이 확정되었다면, 확정판결의 사실심(항소심)판결 선고 전에 저질러진 나머지 범죄에 대하여 새로 공소가 제기되더라도 그 새로운 공소는 확정판결이 있었던 사건과 동일한 사건에 대하여 다시 공소가 제기된 것이므로 이에 대해서는 면소판결을 하게 되는데, 다만 이때 이전의 확정판결에서 피고인이 상습범이 아닌 기본 구성요건의 범죄로 유죄판결이 확정된 경우라면 후에 기소된 사건에서 새로 저질러진 범죄사실과 전의 판결에서 이미 유죄로 확정된 범죄사실 등을 종합하여 모두가 상습범으로서 포괄일죄에 해당하는 것으로 판단되더라도 이전의 확정판결을 상습범의 일부에 대한 확정판결로서 그 기판력이 나머지 범죄에 미친다고 보지는 않는다(대법원 2004.9.16. 선고 2001도3206 전원합의체 판결).

한편, 공소를 제기함에는 공소장에 공소사실을 기재해야 하는데, 이때 공소사실은 범죄의 시일, 장소와 방법을 명시하여 사실을 특정할 수 있도록 기재하여야 한다(형사소송법 제254조 제3항). 포괄일죄로 공소를 제기할 때도 공소사실에 범죄구성요건을 충족하는 구체적 사실은 기재되어야 하므로, 포괄일죄의 행위 중 대표적인 특정 범죄사실 또는 당해 범죄의 구체적인 범행 방법 등을 예시한 다음 전체 범행의 시기와 종기, 범행 횟수 또는 피해액의 합계 및 피해자나 상대방 등을 명시하면 포괄일죄의 범죄사실은 특정된다(대법원 2009.7.23. 선고 2008도5930 판결).

2. 유형

(1) 접속범

1인의 행위자가 동일한 법익 또는 (개인의 재산상 이익과 같은) 동종의 법익에 대하여 여러 개의 독립적인 구성요건해당행위를 불가분적으로 접속하여 행하는 것이 포괄일죄 중 접속범의 형태이다. 접속범이 성립되기 위해서는 ① 단일의 일관된 고의하에서 ② 동종의 법익에 대한 침해행위가 ③ **시간적 · 장소적으로 접속**하여야 한다. 접속범의 개념은 앞서 설명된 죄수판단의 기준에 관한 논의와 연결되는데, 일죄에 해당하는지는 해당 사안에서 검토되는 '**구성요건의 의미**'를 해석하여 판단하는데, 자연적 관점에서 다수의 행위이더라도 규범적으로 하나의 행위로 평가하는 것이 구성요건의 의미라면 하나의 행위로 보고 일죄로 취급하는 것이다.

예를 들어 절취한 신용카드를 가지고 약 2시간 20분 동안에 걸쳐 같은 지역에 있는 카드가맹점 7곳에서 합계 2백여만 원 상당의 물품을 구매하고 그 대금을 절취한 신용카드로 각각 결제한 행위는 신용카드부정사용의 포괄일죄에 해당한다(대법원 1996.7.12. 선고 96도1181 판결). 음주 운전으로 제1차 사고를 내고 이후 제2차 사고에 이르기까지 20여 분간 단일하고 계속된 범의하에 동일한 차량을 계속하여 음주 운전을 한 경우는 도로교통법 위반(음주운전)죄의 포괄일죄에 해당한다(대법원 2007.7.26. 선고 2007도4404 판결).

그러나 보호법익이 매우 중한 살인죄의 경우는 접속범이 인정되지 않는데, 단일한 범의로 동일한 장소에서 동일한 방법으로 시간상 접착된 상황에서 휴대하고 있던 권총에 실탄 6발을 장전하여 처와 자식들의 머리에 각기 1발씩 순차적으로 발사하여 살해한 사안에서 피해자들의 수에 따라 다수의 살인죄가 성립하고 각 죄는 경합범으로 인정된다(대법원 1991.8.27. 선고 91도1637 판결).

참고 구성요건 자체가 접속범 형태인 경우

구성요건 자체가 접속범 형태인 경우가 있다. 공직선거법 제255조(부정선거운동죄) 제1항 제17조에서는 "제106조(戶別訪問의 제한)제1항 또는 제3항의 규정에 위반하여 호별로 방문하거나 하게 한 자"에 대해서 형사처벌을 규정하고 있고, 농업협동조합법 제172조 제1항 제2호에서는 "… 위반하여 호별(戶別) 방문을 하거나 특정 장소에 모이게 한 자"에 대해서 형사처벌을 규정하고 있는데, 이러한 호별방문죄는 연속적으로 두 호 이상을 방문함으로써 성립하는 범죄이다. 호별방문죄가 성립하기 위해서는 각호를 중단 없이 방문하여야 하거나 동일한 일시 및 기회에 방문하여야 하는 것은 아니고 각 방문행위 사이에 어느 정도의 시간적 근접성이 있으면 되는데, 해당 선거의 시점과 법정 선거운동기간, 호별방문의 경위와 장소, 시간, 거주자와의 관계 등 제반 사정을 종합하여 단일한 선거운동의 목적으로 둘 이상 조합원의 호를 계속해서 방문한 것으로 볼 수 있으면 그 성립이 인정되고, 이와 같이 연속성이 인정되는 각 호별방문행위는 그 전체가 포괄일죄의 관계에 있게 된다(대법원 2010.7.8. 선고 2009도14558 판결).

(2) 연속범

① 개념

1인의 행위자가 시간적 · 장소적으로 접속하지는 않았으나 **어느 정도의 시간적 연속성** 속에서 동일한 고의를 가지고 동일한 법익 또는 동종의 법익에 대하여 동일한 범행 방법으로 동일한 구성요건을 연속하여 실현한 경우가 연속범의 형태이다. 연속범은 실체적 경합범의 적용을 배제하기 위한 현실적 필요성에서 독일 판례에 의해 정립된 개념으로,[13] 행위 간에 시간적 · 장소적 긴밀성이 떨어진다는 점에서 접속범과 구별된다. 연속범의 개념은 범죄액수를 가중처벌의 기준으로 규정하고 있는 특별법(예를 들어 특정범죄가중법 제2조, 특정경제범죄법 제3조 등)의 적용에 있어서 많이 사용된다.

연속범 형태를 포괄일죄로 보게 되면 법관에게 복잡한 양형의 부담에서 벗어나게 해 주고 피고인에게도 경합범이 아닌 하나의 범죄만 인정한다는 법적 효과를 줄 수 있다. 그런데 연속범 형태를 포괄일죄로 인정하는 것은 범죄자에게 특혜를 준다는 비판도 제기되며, 반대로 범죄 액수로 인해 가중 처벌하는 규정의 적용에 있어서 연속범을 인정하는 경우는, 가액을 합산하지 않고 단순일죄의 경합범으로 처벌하는 경우보다 범죄자가 중하게 처벌된다는 비판도 있다. 가액을 합산하여 가중 처벌하는 규정을 적용하는 경우는 중한 법정형이 적용되어 공소시효도 길어진다.

② 요건

연속범 형태를 인정하기 위해서는 동일 죄명에 해당하는 다수의 행위 혹은 연속된 행위를 단일하고 계속된 범의하에 일정 기간 계속하여 행하고 그 피해법익도 동일한 경우이어야 하고, 만약 범의의 단일성과 계속성이 인정되지 아니하거나 범행방법이 동일하지 않은 경우의 각 범행은 실체적 경합범의 관계이다(대법원 2005.9.30. 선고 2005도4051 판결).

즉 시간적 · 장소적으로 접속하지는 않았으나 어느 정도의 시간적 연속성 속에서 행해진 행위들을 연속범의 포괄일죄로 보기 위해서는 첫째, **침해되는 법익이 동일**해

13) 독일 판례는 "각 범죄를 구성하는 여러 행위를 하나의 연속적인 행위로 결합함에 있어서는 실현된 불법과 책임을 적절하게 파악하기 위해서 불가피한 경우를 전제로 하며, 근친상간죄 · 피보호자 성적남용죄 · 아동 성적남용죄 · 사기죄에서는 연속범이 인정되지 않는다."고 하여 연속범을 제한적으로 적용한다(BGHSt 40, 138; NJW 1994, 1663).

야 하고, 둘째, **범행 방법이 동일**하여야 하고, 셋째, **고의가 동일**해야 한다. 연속범의 동일한 고의와 관련해서는 전체 고의설과 반복적 고의설이 대립하는데, 전자는 범행의 착수 시점부터 전체적인 범행을 인식하고 이를 단계적으로 실현하겠다는 고의가 있어야 한다는 견해이고, 후자는 전체 고의를 요구하면 치밀하게 계획을 세운 범인에게만 특혜를 주게 되므로 후발 행위의 고의가 앞의 행위와 심리적인 연장선에 있는 것으로 충분하다는 견해이다.

연속범으로 포괄일죄를 인정한 판례를 보면, 무면허운전으로 인한 도로교통법 위반죄에 있어서는 어느 날에 운전을 시작하여 다음 날까지 동일한 기회에 일련의 과정에서 계속 운전을 한 경우 등 특별한 경우를 제외하고는 사회통념상 운전한 날을 기준으로 운전한 날마다 무면허운전으로 인한 도로교통법 위반의 1죄가 성립한다고 본다(대법원 2002.7.23. 선고 2001도6281 판결 참조).

③ 연속범 개념의 인정 여부

연속범의 형태를 포괄일죄로 볼 것인지 경합범으로 볼 것인지에 대해서 견해가 대립한다. Ⓐ '**포괄일죄설**'은 동종의 고의로 연속하여 행해진 행위를 일죄로 처리하는 것이 이를 경합범으로 처리하는 것보다 소송경제적 측면에서 합리적이라고 본다.[14] Ⓑ '**경합범설**'은 연속범이라는 개념을 인정하여 연속된 행위를 전체 고의라는 개념으로 묶는 것은 옳지 않고 연속범 인정 여부가 자의적으로 판단될 위험이 있다고 본다.[15]

판례는 연속범의 개념을 긍정한다(포괄일죄설). 예를 들어 공무원이 동일한 납품업자로부터 신속한 검수와 납품 물건의 하자를 눈감아 달라는 명목으로 1년 5개월간 17회에 걸쳐 정기적으로 금전을 교부받은 경우, 공무원이 직무에 관하여 뇌물을 수수한다는 단일한 범의 아래 계속하여 일정 기간 동종행위를 반복한 뇌물수수의 포괄일죄로 보아 특정범죄가중법을 적용한다(대법원 1990.9.25. 선고 90도1588 판결). 사기죄에 있어서 동일한 피해자에 대하여 수회에 걸쳐 기망행위를 하여 금전을 편취한 경우, 그 범의가 단일하고 범행 방법이 동일하다면 사기죄의 포괄일죄만 성립한다고

---

14) 강동욱, 374면; 원칙적으로 527면; 김종원(하), 269면; 김혜정 · 박미숙 · 안경옥 · 원혜욱 · 이인영, 448면; 박찬걸, 427면; 배종대, 549면; 성낙현, 742면; 오영근 · 노수환, 539면; 이재상 · 장영민 · 강동범, 571면; 임웅 · 김성규 · 박성민, 635면; 주호노, 864면.

15) 박상기 · 전지연, 331면; 이정원 · 이석배 · 정배근, 407면; 이형국 · 김혜경, 568면; 정성근 · 박광민, 518면; 정영일, 478면.

본다(대법원 2015.10.29. 선고 2015도10948 판결).

반면 피해자를 1회 강간하여 상처를 입힌 후 약 1시간 후에 장소를 옮겨 동일한 피해자를 다시 1회 강간한 경우는 범행 시간과 장소를 달리하고 별개의 범의에서 이루어진 행위로서 실체적 경합범으로 본다(대법원 1987.5.12. 선고 87도694 판결). 스크린 경마 게임장에서 사행성 게임기를 설치하고 취득한 점수에 따라 고객에게 경품으로 상품권을 지급한 범행으로 인한 영업정지처분으로 40일 정도 영업을 하지 못한 후 게임장에 다시 게임기를 설치하고 취득한 점수에 따라 고객에게 경품으로 상품권을 지급한 경우는 영업을 재개할 때마다 범의의 갱신이 있고 별개의 범죄가 성립한다고 본다(대법원 2010.11.11. 선고 2007도8645 판결).

생각건대 접속범의 개념 이외에 연속범의 개념을 독립적으로 사용할 필요는 없고, 접속범의 개념을 구성요건의 본질에 맞게 사용하면 충분하다. 접속범과 연속범은 개별 행위의 시간적 접속성에서 차이가 있을 뿐 그 외 사항은 본질적으로 유사한데, 범행 방법이 동일하다고 하여 시간상 많이 떨어진 행위를 포괄일죄로 인정할 수는 없으므로 연속범의 개념을 별도로 사용하는 것은 바람직하지 않다. 앞에서 설명된 죄수판단의 기준에 관한 논의를 생각해 보면, 단순히 행위자가 동일한 범행 방법으로 동일한 구성요건을 다수 실현하였다고 해서 모든 범죄에서 포괄일죄로 처리하는 것은 타당하지 않다.

중요한 것은 연속범이라는 개념 자체의 인정 여부가 아니라 **전체적으로 하나의 행위로 개괄할 수 있는 경우인지를 판단**하는 것이다. 예를 들어 공무원이 동일한 납품업자로부터 신속한 검수와 납품 물건의 하자를 눈감아 달라는 명목으로 1년 5개월간 17회에 걸쳐 정기적으로 금원을 교부받은 경우를 뇌물수수의 포괄일죄로 보아 특정범죄가중법을 적용한 사안(대법원 1990.9.25. 선고 90도1588 판결)은 연속범의 개념이 없더라도 접속범의 개념으로 포섭할 수 있다. 접속범에서 시간적 장소적 접속을 실질적으로 적용하면, 굳이 연속범이라는 개념을 사용할 필요는 없게 된다.

상습범이나 영업범으로 규정된 경우는 그 개념에 따라 포괄일죄를 인정하면 되고, 특정범죄가중법이나 특정경제범죄법 등과 같이 특별법에서 액수를 기준으로 구성요건을 규정한 경우는 개별 구성요건의 입법취지에 맞게 포괄일죄를 인정하면 될 것이다. 판례도 범죄 의사의 단일성과 계속성은 개별 범행의 방법과 태양, 범행의 동기, 각 범행 사이의 시간적 간격, 그리고 동일한 기회 또는 관계를 이용하는 상황이 지속되는 가운데 후속 범행이 있었는지, 즉 범죄 의사의 단절이나 갱신이 있었다고 볼 만한 사정이 있는지 등을 세밀하게 살펴 논리와 경험칙에 근거하여 합리적으로 판단하고 있다(대법원 2016.10.27. 선고 2016도11318 판결).

(3) 집합범

다수의 동종행위가 **상습성, 영업성, 직업성**과 같은 경향에 따라 반복될 것이 예상되는 범죄가 포괄일죄 중 집합범의 형태이다. 그러나 상습범은 행위책임이 아니라 행위자책임을 기반으로 한 것이므로 폐지하여야 한다는 비판이 있으며,[16] 영업범이나 직업범, 상습범은 구성요건의 성질상 동종행위가 반복될 것을 전제하는 범죄이므로 동일한 구성요건에 대한 다수의 실현을 전제로 하는 포괄일죄의 본질과는 맞지 않다는 비판이 존재한다.

① 상습범

행위자에게 있는 습벽으로 일정한 범죄가 반복하여 행하여진 경우가 상습범이다. 입법자는 상습범을 특별한 범죄유형으로 입법하여 가중처벌하고 있는데, 예를 들어 제246조 제2항의 상습도박, 제264조의 상습상해 · 상습폭행, 제332조의 상습절도, 제351조의 상습사기 등 다수의 상습범 규정이 존재한다. 상습성을 갖춘 사람이 여러 개의 죄를 반복하여 저지른 경우는 모두를 포괄하여 상습범이라고 하는 하나의 죄로 처벌하는 것이 상습범의 본질 또는 상습범 가중처벌 규정의 입법취지이다(대법원 2004.9.16. 선고 2001도3206 전원합의체 판결).[17]

상습범은 각칙에 특별한 처벌 규정이 존재하는 경우에만 성립하므로, 상습성이 발현되어 같은 종류의 죄를 반복하여 저질렀더라도 상습범 처벌의 규정이 없다면 접

---

16) 독일 형법은 1969년 개정(1970.4.1. 시행)에서 상습범의 일반규정인 제20의a조를 삭제하였고, 각칙에 상습범 규정으로 제292조 제2항 제1호의 영업밀렵죄 · 상습밀렵죄만을 두고 있다.

17) [전원합의체 별개의견] "원래 상습성이란 행위자의 속성이라는 점에는 학설 · 판례상 이론이 없고 다수의견도 이를 받아들이고 있는바, 이는 곧 단 한 번 저질러진 범행이라도 그것이 상습성의 발현에 의한 것이라면 상습범이 된다는 것이어서 상습범이 성립하기 위해서는 반드시 수 개의 범행이 반복될 것을 그 구성요건요소로 하거나 예정하고 있는 것은 아니므로 상습성이 발현된 수 개의 범행이 있는 경우에 각개의 범행 상호 간에 보호법익이나 행위의 태양과 방법, 의사의 단일 또는 갱신 여부, 시간적 · 장소적 근접성 등 일반의 포괄일죄 인정의 기준이 되는 요소들을 전혀 고려함이 없이 오로지 상습성이라는 하나의 표지만으로 곧 모든 범행을 하나로 묶어 포괄하여 일죄라고 할 수는 없으므로 수 개의 상습사기 범행은 원칙으로 수 개의 죄로 보아야 한다."

속범 등으로 볼 수 있는 등 특별한 경우 이외에 각 죄는 별개의 범죄로서 실체적 경합범으로 보게 된다. 예를 들어 저작권법은 저작재산권 침해로 인한 죄를 친고죄로 규정(구 제136조 제1항)하면서 영리를 위하여 상습적으로 위와 같은 범행을 한 경우에는 고소가 없어도 공소를 제기할 수 있다고 규정(구 제140조 단서 제1호)하고 있으나 저작재산권 침해로 인한 죄를 상습으로 저지른 경우를 가중 처벌한다는 규정은 따로 두고 있지 않으므로, 상습성의 발현에 따라 수회에 걸쳐 저작재산권 침해로 인한 죄(구 제136조 제1항의 죄)를 범한 경우는 상습범으로 볼 수 없고 경합범으로 보게 된다(대법원 2012.5.10. 선고 2011도12131 판결).

② 영업범 · 직업범

영업범은 영리를 목적으로 하여 일련의 행위를 계속적 · 반복적으로 행하는 범죄유형을 말하고, 직업범은 업(業)으로서 일련의 행위를 계속적 · 반복적으로 행하는 범죄유형을 말한다. 직업범은 반드시 영리적 목적으로 할 필요가 없다는 점에서 영업범과 구별된다고 보기도 하고, 양자는 구별의 실익이 없으므로 모두 영업범이라고 설명하기도 한다.

참고 영업범과 직업범

영업범과 직업범의 개념은 독일 형법에서 계수한 것이다. 독일의 통설과 판례는 '영업성'(Gewerbsmäßigkeit)의 개념을 '직업성'(Geschäftsmäßigkeit)의 개념과 구분함을 전제로 하여, 영업성은 경영활동(Gewerblichkeit)과 동일한 의미가 아니며 시장을 통한 이윤추구를 전제하지 아니한다고 한다. 직업성이란 행위자가 범행을 동일한 방식으로 반복하려고 하는 의도와 그것을 통해 범행을 '지속적이거나 적어도 한번은 반복되는 자신의 경제적 혹은 직업적 활동의 부분을 만들려고 의도함'이라고 한다. 이러한 의도가 존재하는 경우는 영업적 행위와 마찬가지로 첫 번째 행위부터 직업성의 표지를 충족시키며, 직업성의 해석에서는 재산상의 이익을 창출하려는 의도가 존재할 필요는 없다고 한다. 저작재산권 침해의 경우에 비록 저작권 침해 결과물의 시장거래를 통하여 이윤을 획득하였거나 하려고 한 것일 필요는 없으나, 자신의 소득으로 만들려는 의도(최소한 소극적인 소득 창출 등)가 있어야 영업성이 인정되고, 직업성은 이러한 의도가 없어도 직업적 활동의 일부로서 한다는 의도만 있으면 성립한다.[18)]

판례를 보면, 영업범이란 "집합범의 일종으로 구성요건의 성질에서 이미 동종행위가 반복될 것으로 당연히 예상되는 범죄"를 가리키는 것이므로, '사기'의 경우는 비

18) 김정환, "저작권 침해행위의 '영리성' 해석", 산업재산권 제24호, 2007, 51면.

록 행위자가 동종의 행위를 반복한 것이더라도 구성요건의 성질상 동종행위가 반복될 것이 예상되는 범죄라고 볼 수는 없어 영업범이라고 할 수는 없으므로 행위자의 사기 범행을 포괄일죄로 보지 아니한다(대법원 2004.7.22. 선고 2004도2390 판결). 반면 무면허 의료행위는 그 범죄구성요건의 성질상 동종 범죄의 반복이 예상되는 것이므로, 영리를 목적으로 무면허 의료행위를 업으로 하는 자가 반복적으로 여러 개의 무면허 의료행위를 단일하고 계속된 범의 아래 일정 기간 계속하여 행하고 그 피해법익도 동일한 경우라면 이들 각 행위를 통틀어 포괄일죄로 본다(대법원 2014. 1. 16. 선고 2013도11649 판결). 또한 영업신고를 하지 아니하고 일정 기간 'OO분식'이라는 상호로 떡볶이, 김밥, 라면 등을 조리 · 판매하여 휴게음식점 영업행위를 한 경우는 식품위생법위반의 영업범으로서 포괄일죄로 본다(대법원 2017.4.28. 선고 2016도21342 판결).

제3절 | 수죄

죄수 판단은 현재 인정되는 죄수의 존재 형식을 논리적 출발점으로 하여 검토의 우선순위를 정하여 순차적으로 검토하고, 각 검토 단계에서 그에 맞는 기준을 적용하는 것이다. 이에 먼저 해당 사안에서 검토되는 '구성요건의 의미'를 해석하여 가벼운 형벌효과를 가져오는 일죄(법조경합이나 포괄일죄)에 해당하는지를 검토하고, 그 후 일죄가 아니라고 판단되는 경우는 수죄 중 한 개의 행위인지를 기준으로 상상적 경합과 실체적 경합을 구별한다.

I. 상상적 경합

1. 개념

제40조(상상적 경합) 한 개의 행위가 여러 개의 죄에 해당하는 경우에는 가장 무거운 죄에 대하여 정한 형으로 처벌한다.

한 사람이 행한 **하나의 행위**가 여러 개의 동종 또는 이종의 구성요건에 해당하는 경우가 상상적 경합이다. 1개의 행위가 존재하면 1개의 범죄가 성립하고 다수의 행위가 존재하면 다수의 범죄가 존재하는 것이 원칙인데, **다수의 죄가 성립**함에도 **하나의 죄로만 처벌**되어서 상상 속의 경합, 즉 상상적(想像的) 경합(Idealkonkurrenz) 혹은 관념적 경합이라고 부른다.

형법 제40조에서는 상상적 경합이라는 표제하에 "한 개의 행위가 여러 개의 죄에 해당하는 경우"라고 정의되어 있다. 법조경합은 1개의 행위가 외관상 수 개의 죄의 구성요건에 해당하는 것처럼 보이나 실질적으로 1죄만을 구성하는 경우를 말하나 상상적 경합은 1개의 행위가 실질적으로 수 개의 구성요건을 충족하는 경우를 말하며, 실질적으로 일죄인가 수죄인가는 구성요건적 평가와 보호법익의 측면에서 고찰하여 판단한다(대법원 2002.7.18. 선고 2002도669 전원합의체 판결).

예를 들어 동종 구성요건의 경우(**동종의 상상적 경합**)를 보면, 동일한 공무를 집행하는 여럿의 공무원에 대하여 폭행 · 협박 행위를 한 경우에는 공무를 집행하는 공무원의 수에 따라 다수의 공무집행방해죄가 성립하고, 이러한 폭행 · 협박 행위가 동일한 장소에서 동일한 기회에 이루어진 것으로서 1개의 행위로 평가되는 경우는 다수의 공무집행방해죄는 상상적 경합의 관계에 있다(대법원 2009.6.25. 선고 2009도3505 판결). 이종 구성요건의 경우(**이종의 상상적 경합**)를 보면, 음주 또는 약물의 영향으로 정상적인 운전이 곤란한 상태에서 자동차를 운전하여 사람을 상해에 이르게 함과 동시에 다른 사람의 재물을 손괴한 때에는 특정범죄가중법 위반(위험운전치상)죄 외에 도로교통법 위반(업무상과실 재물손괴)죄가 성립하고, 두 죄는 1개의 운전 행위로 인한 것으로서 상상적 경합의 관계이다(대법원 2010.1.14. 선고 2009도10845 판결).

2. 효과

(1) 실체법적 효과

상상적 경합의 경우는 여러 개의 죄 중 가장 무거운 죄에 대하여 정한 형으로 처벌한다(제40조). 상상적 경합의 경우는 실질적으로는 여러 개의 죄가 성립하므로 각 죄에 대해서 유죄판결을 하고 형벌을 선고하게 된다고 오인할 수 있는데, 성립하는 범죄의 형벌 중 가장 중한 1개의 형으로만 처벌한다. 그래서 상상적 경합은 '**과형상 일죄**'라고 불린다. 특히 형사소송절차에서는 상상적 경합이라고 칭하지 않고 과형상

일죄라고 칭한다. 수죄의 종류 중 실체적 경합의 경우는 각 범죄의 형을 병과하거나 가중함에 반하여, 상상적 경합은 수죄임에도 가장 중한 1개의 죄의 형으로만 처벌하는 이유는, 행위가 하나이기 때문이다. 상상적 경합에는 **행위형법**의 특성이 반영되어 있다.

상상적 경합에서 "가장 무거운 죄에 대하여 정한 형으로 처벌한다"란, 여러 개의 죄명 중 가장 중한 법정형을 규정한 법조에 의하여 처단한다는 의미이고, 나아가 각 법조의 상한과 하한을 모두 중한 형의 범위 내에서 처단한다(전체적 대조주의)는 의미이다(대법원 2008.12.24. 선고 2008도9169 판결).

(2) 소송법적 효과

상상적 경합 관계의 경우에는 다수의 죄가 성립하나 1개의 죄로 처벌하므로, 상상적 경합 관계의 경우 중 1죄에 대한 공소제기나 상소의 효과, 확정판결의 기판력은 다른 죄에 대하여도 미친다(대법원 2017.9.21. 선고 2017도11687 판결). 그리고 상상적 경합 관계에 있는 공소사실 중 일부가 먼저 기소된 후 나머지 공소사실이 추가기소 되고 이들 공소사실이 상상적 경합의 관계에 있음이 밝혀진 경우는, 추가기소로 공소장변경이 이루어진 것으로 보아 전후에 기소된 공소사실 전부에 대하여 실체 판단을 하여야 하고 추가기소에 대하여 별도의 공소기각판결을 할 필요는 없다(대법원 2012.6.28. 선고 2012도2087 판결).

다만 상상적 경합은 과형상으로 1개의 죄로 처리하는 것일 뿐 가벼운 범죄는 무죄가 아니다. 형사절차에서는 1개의 죄로 처리하기 위해서 1개의 사건으로 처리하여 모든 범죄가 심판의 대상이 되며, 유죄판결에서도 상상적 경합 관계인 각 범죄사실을 구체적으로 명시하여야 한다. 따라서 상상적 경합 관계인 죄가 친고죄나 반의사불벌죄인 경우도 다른 범죄와 별개의 범죄이므로, 그 범죄에 대한 고소나 고소취소는 다른 범죄에 영향을 미치지 않는다(대법원 1983.4.26. 선고 83도323 판결). 그리고 공소시효도 상상적 경합 관계인 죄별로 각각 산정하는데, 예를 들어 공무원이 취급하는 사건에 관하여 청탁 또는 알선할 의사와 능력이 없음에도 청탁 또는 알선한다고 기망하여 금품을 교부받을 때 성립하는 사기죄와 변호사법 위반죄는 각 범죄의 구성요건적 평가와 보호법익의 측면에서 1개의 죄로 볼 수는 없으며 1개의 행위에 의한 것이어서 상상적 경합의 관계에 해당하는데(대법원 2006.1.27. 선고 2005도8704 판결), 변호사법 위반죄의 공소시효가 완성되었다고 하여 그 죄와 상상적 경합의 관계에 있는 사기죄의 공소시효까지 완성되지는 않는다(대법원 2006.12.8. 선고 2006도6356 판결).

3. 요건

상상적 경합을 인정하기 위해서는 ① 동종 또는 이종의 구성요건을 다수 실현하여야 하고(다수의 죄), ② 다수의 죄 간에 법조경합의 관계가 아니어야 하고, ③ 다수의 죄를 하나의 행위로 범하여야 한다.

수죄 중 **상상적 경합과 실체적 경합을 구분하는 기준**은 '**행위의 단일성**'이다(제40조 참조). 행위의 단일성은 부작위범 간에도 인정될 수 있지만, 작위와 부작위 간에는 실행행위의 동일성이 인정되지 않으므로 상상적 경합의 관계가 인정되지 않는다.

행위의 단일성 판단의 기준으로 Ⓐ 자연적 의미를 기준으로 하는 견해와 Ⓑ 법적으로 구성요건을 기준으로 하는 견해가 대립한다. 후자는 행위의 단일성은 객관적인 실행행위가 단일하다는 의미로서 '1개의 행위'란 수죄를 구성하는 각각의 구성요건 실행행위가 전부 또는 일부 중첩된다는 의미라고 보아, 실행행위가 부분적으로 일치할 경우도 행위의 단일성을 인정한다.

판례는 상상적 경합(제40조)에서 1개의 행위란 법적 평가를 떠나 사회관념상 행위가 사물자연의 상태로서 1개로 평가되는 것이라고 하여(대법원 2023.12.28. 선고 2023도12316 판결), 법적 평가가 아닌 사회관념상 자연적 의미에 따른다. 예를 들어, 무면허인 사람이 술에 취한 상태에서 오토바이를 운전한 것은 사회관념상 1개의 운전 행위이므로 이 행위로 인해 성립하는 도로교통법 위반의 두 죄(무면허운전죄 및 음주운전죄)는 상상적 경합의 관계로 본다(대법원 1987.2.24. 선고 86도2731 판결). 또한 □주식회사의 대표이사로서 경영책임자이자 안전보건총괄책임자인 사람이, 산업재해 예방에 필요한 주의의무를 게을리하고 안전조치를 하지 아니하여 □주식회사와 도급계약을 체결한 ○사업체 소속 근로자가 □주식회사의 야외작업장에서 방열판 보수 작업을 하던 중 크레인 섬유벨트가 끊어지고 방열판이 낙하하면서 ○사업체 소속 근로자를 덮쳐 사망에 이른 경우에 중대재해처벌법 위반(산업재해치사)죄와 근로자 사망으로 인한 산업안전보건법 위반죄 및 업무상과실치사죄는 상호 간 사회관념상 1개의 행위가 수 개의 죄에 해당하는 경우로서 상상적 경합의 관계로 본다(대법원 2023.12.28. 선고 2023도12316 판결).

생각건대 **자연적 의미를 기준으로 행위의 단일성을 판단**하여 상상적 경합과 실체적 경합을 구분하는 것이 타당하다. 죄수의 검토에 있어서는 해당 사안에서 검토되는 '구성요건의 의미'를 해석하여 가벼운 형벌효과를 가져오는 일죄(법조경합이나 포괄일죄)에 해당하는지를 검토한 후, 일죄가 아니라고 판단되는 때에 비로소 수죄인 상상적 경합과 실체적 경합의 구분을 검토하는 것이기 때문이다. 보호법익과 구성요건의 의미를 고려하여 판단하는 것은 일죄인지 수죄인지를 판단함에 있어서이다. 상상적 경합과 실체적 경합을 구분함에 있어서도 보호법익과 구성요건의 의미를 고려하여 판단한다면 일죄와 수죄를 구분하는 것과 수죄 내의 상상적 경합과 실체적 경합을 구분하는 것이 모호하게 된다. 한 개의 행위로 수 개의 죄를 범한 때에 수 개의 죄간에 실행행위의 전부가 아니라 일부가 일치하더라도 자연적 의미에서 행위의 단일성을 부정해야 할 이유도 없다.

참고 일죄와 수죄의 구분 기준을 근거로 실체적 경합범을 인정하는 판례

수죄 중 상상적 경합과 실체적 경합은 행위의 단일성을 기준으로 구분해야 함에도, 구성요건적 평가와 보호법익을 근거로 수죄이면 바로 실체적 경합을 인정하는 판례를 볼 수 있다. 예를 들어 ⓐ 음주로 인한 특정범죄가중법 위반(위험운전치사상)죄와 도로교통법 위반(음주운전)죄는 입법취지와 보호법익 및 적용 영역을 달리하는 별개의 범죄로서 양 죄가 모두 성립하는 경우 두 죄를 실체적 경합의 관계로 본다(대법원 2008.11.13. 선고 2008도7143 판결). ⓑ 절취한 신용카드를 부정 사용하여 사기죄의 구성요건에도 해당할 때 여신전문업법 위반(신용카드부정사용)죄와 사기죄는 보호법익이나 행위의 태양이 전혀 달라 실체적 경합의 관계로 본다(대법원 1996.7.12. 선고 96도1181 판결). ⓒ 공기호부정사용죄(제238조 제1항)는 인장 · 서명 · 기명 · 기호 등의 진정에 대한 공공의 신용, 즉 거래상의 신용과 안정을 그 보호법익으로 하는데, 반면 자동차관리법의 입법취지는 자동차를 효율적으로 관리하고 자동차의 성능과 안정을 확보함으로써 공공의 복리를 증진함을 그 목적으로 하고 있어 그 보호법익을 달리하고 있을 뿐만 아니라, 공기호부정사용죄는 주관적 구성요건으로서 고의와 더불어 '행사할 목적'을 요구하는데, 반면 자동차관리법은 '행사할 목적'을 주관적 구성요건으로 하지 아니하고 있는 점에 비추어 보면, 자동차관리법 위반죄가 공기호부정사용죄의 특별법 관계에 있다고는 볼 수 없으므로 두 죄의 실체적 경합의 관계로 본다(대법원 1997.6.27. 선고 97도1085 판결).

이와 같이 행위의 단일성에 대한 검토 없이 일죄와 수죄의 구분 기준이 되는 구성요건 자체의 본질을 논거로 하여 바로 수죄 중 실체적 경합을 인정하는 판례들을 볼 수 있다. 이것은 행위의 단일성을 검토하게 되면 실체적 경합의 관계를 논증하기 어려운 상황을 모면하기 위한 것으로서 부적절하다고 생각한다. 구체적 타당성을 중시하는 판례의 입장에서는 행위자에게 무거운 처벌(상상적 경합 대신 실체적 경합을 인정하여 형을 가중)이 필요하다고 판단할 때 이렇게 하는 것으로 보이는데, 이 때문에 마치 상상적 경합과 실체적 경합의 구분 기준도 일죄와 수죄의 구분 기준을 구성요건 자체의 본질로 오해하는 사람들이 발생한다. 하지만 형법에서는 명확하게 상상적 경합과 실체적 경합의 구분 기준을 '한 개의 행위'라고 규정하고 있다.

4. 연결효과에 의한 상상적 경합

다수의 행위로 범해져 서로 상상적 경합의 관계가 아닌 다수의 죄가 있는 경우에서 다수의 죄 각 구성요건이 합하여져 새로운 제3의 범죄를 실현하였을 때, 다수의 범죄 개별과 제3의 범죄 간에 행위의 부분적 단일성이 인정된다면 다수의 범죄와 제3의 범죄 간에 전체적으로 상상적 경합을 인정하는 것이 연결효과에 의한 상상적 경합이다. 연결효과에 의한 상상적 경합의 개념을 인정할 것인지에 대해서 견해가 대립한다.

Ⓐ '**긍정설**'에 의하면,[19] 연결효과를 부정하면 실체적 경합의 관계에 있는 각 범죄와 제3의 범죄는 각각 상상적 경합의 관계를 인정하고 이후 각 무거운 범죄의 실체적 경합을 하게 되는데, 이것은 제3의 범죄를 이중으로 평가하게 되어 타당하지 않다고 한다.

Ⓑ '**부정설**'에 의하면,[20] 실체적 경합의 관계인 두 개의 범죄 이외에 제3의 범죄가 성립되어 불법성이 가중됨에도 불구하고, 제3의 범죄로 인하여 세 개의 범죄가 상상적 경합으로 처벌이 가벼워지는 것은 불합리하다고 한다.

판례는 긍정설의 입장이다. 예를 들어, ⓐ **수뢰후부정처사죄**(제131조 제1항)에 있어서 공무원이 수뢰 후 행한 부정행위가 공도화변조 및 동행사죄와 같이 보호법익을 달리하는 별개 범죄의 구성요건을 충족하는 경우는 수뢰후부정처사죄 외에 별도로 공도화변조 및 동행사죄가 성립하고 이들 죄와 수뢰후부정처사죄는 각각 상상적 경합 관계에 있으므로, 공도화변조죄와 동행사죄 상호 간에 실체적 경합범의 관계라고 할지라도 공도화변조죄와 동행사죄가 수뢰후부정처사죄와 각각 상상적 경합범 관계에 있을 때는 상상적 경합범 관계에 있는 수뢰후부정처사죄와 대비하여 가장 무거운 죄에 정한 형으로 처벌한다(대법원 2001.2.9. 선고 2000도1216 판결). 또한 ⓑ 수뢰후부정처사죄(제131조 제1항)에 있어서 공무원이 수뢰 후 행한 부정행위가 허위공문서작성 및 동행사죄인 경우에도 마찬가지 이어서, 허위공문서작성죄와 동행사죄가 수

---

19) 김태명, 485면; 박상옥 · 김대휘(2), 364면; 배종대, 558면; 이영란, 535면; 이정원 · 이석배 · 정배근, 411면; 이형국 · 김혜경, 583면; 임웅 · 김성규 · 박성민, 643면; 정성근 · 박광민, 523면; 정성근 · 정준섭, 412면; 한상훈 · 안성조, 323면.

20) 김종원(하), 296면; 김혜정 · 박미숙 · 안경옥 · 원혜욱 · 이인영, 463면; 박상기 · 전지연, 335면; 성낙현, 754면; 오영근 · 노수환, 556면; 이재상 · 장영민 · 강동범, 583면; 정영일, 486면; 주호노, 871면.

뢰후부정처사죄와 각각 상상적 경합범의 관계에 있을 때는 허위공문서작성죄와 동행사죄 상호 간은 실체적 경합범의 관계에 있다고 할지라도 상상적 경합범 관계에 있는 수뢰후부정처사죄와 대비하여 가장 무거운 죄에 정한 형으로 처벌한다(대법원 1983.7.26. 선고 83도1378 판결).

생각건대, 연결효과에 의한 상상적 경합을 인정할지는 상상적 경합과 실체적 경합의 구분을 위한 요건인 1개의 행위를 자연적 의미로 판단할 것인지 법적 의미로 판단할 것인지에 따른다고 할 수 있다. 수 개의 죄를 범한 행위가 하나의 행위인지를 자연적 의미로 판단한다면, 일부의 범죄가 이미 실체적 경합의 관계로 판단된 이상 전체 범죄는 다수의 행위로 이루어진 것이므로 상상적 경합의 관계를 인정할 수 없게 된다. 하지만 1개의 행위를 규범적 의미로 판단한다면 다른 범죄를 포괄하는 범죄(수뢰후부정처사죄)를 고려할 때 전체 범죄를 1개의 행위로 이루어진 것으로 볼 수 있게 된다. 앞의 설명처럼 상상적 경합과 실체적 경합의 구분 기준이 되는 행위의 단일성을 자연적 의미에서 판단한다면 연결효과에 의한 상상적 경합의 경우는 실체적 경합의 경우라고 보아야 하고(**부정설**), 그렇게 될 때 실체적 경합의 관계에 있는 다수의 범죄를 행한 사람이 제3의 구성요건 실현으로 오히려 양형상 이익을 보게 되는 부당한 결과도 발생하지 않는다.

II. 실체적 경합

1. 개념

> **제37조(경합범)** 판결이 확정되지 아니한 수개의 죄 또는 금고 이상의 형에 처한 판결이 확정된 죄와 그 판결확정전에 범한 죄를 경합범으로 한다.

한 사람이 행한 다수의 행위가 여러 개의 동종 또는 이종의 구성요건에 해당할 때 법조경합(불가벌적 사전·사후행위)이나 포괄일죄에 해당하지 않는 경우가 실체적 경합이다. **다수의 범죄가 성립**하고 **다수의 형벌이 적용**되므로 실체적(實體的) 경합(Realkonkurrenz)이라고 부른다. 실체적 경합의 관계에 있는 다수의 죄를 '**경합범**'이라고 칭한다. 형법 제37조에서는 '경합범'이라는 표제 하에 "판결이 확정되지 아니한 수개의 죄 또는 금고 이상의 형에 처한 판결이 확정된 죄와 그 판결확정전에 범한 죄"라고 정의하여, 2가지 유형의 경합범, 즉 동시적 경합범(제37조 전단)과 사후적 경합범(제37조 후단)을 규정하고 있다.

포괄일죄도 다수의 행위가 존재하고 외관상 다수의 범죄가 존재하는 점에서 실체적 경합과 유사하지만, 전체적으로 범의의 단일성과 계속성이 인정되고 범행 방법이 동일한 점에서 실체적 경합과 구별된다. 예를 들어 예금통장을 강취하고 예금자 명의의 예금청구서를 위조한 다음 이를 은행원에게 제출하여 예금인출금 명목의 금전을 교부받았다면 강도죄, 사문서위조죄, 위조사문서행사죄, 사기죄가 성립하고 이 범죄들은 범행 방법이 동일하지 않아서 포괄일죄로 묶을 수 없는 실체적 경합의 관계이다(대법원 1991.9.10. 선고 91도1722 판결).

2. 동시적 경합범

(1) 요건

실체적 경합의 관계를 규정한 형법 제37조 전단에서는 '**판결이 확정되지 아니한 수개의 죄**'를 경합범의 첫 번째 유형으로 규정하고 있다. 이것은 상상적 경합을 규정한 제40조와의 체계적 해석상 다수의 죄가 다수의 행위로 인해서 실현된 것임을 전제로 하는 것이다. 다수의 구성요건 의미를 해석할 때 일죄(법조경합이나 포괄일죄)로 볼 수 없고, 다음으로 수죄에 있어서 행위의 단일성이 인정되지 않고 행위의 다수성이 인정될 때 다수의 죄는 실체적 경합의 관계에 해당한다. 그중 판결이 확정되지 않은 다수의 죄가 동시에 재판할 수 있으므로 '동시적 경합범'이라고 부른다.

1인이 범한 다수의 죄는 **관련사건**으로 처리되는데(형사소송법 제11조 제1호), 이때 다수의 죄란 과형상 일죄인 상상적 경합을 제외한 경합범을 의미한다. 관련사건이 인정되면 고유의 관할권이 없는 법원도 관할권이 인정되어 관련사건에 대해서 병합관할이 인정되고 병합심리가 허용되는데, 이와 같이 주관적 관련을 인정하여 1인이 범한 수 개의 죄를 관련사건으로 처리하는 것은 피고인이 분리심판으로 인하여 불이익을 받지 않도록 하기 위한 목적이다.[21]

실체적 경합범을 인정한 판례를 보면, ⓐ 사기죄에 있어서 수인의 피해자에 대하

21) 참고로 공직선거법 제18조에서는 선출직 공무원이 재임 중 범한 뇌물죄의 재판에서 심리에 다른 범죄가 작용하지 못하도록 뇌물범죄와 다른 범죄는 분리하여 선고하도록 하여 형법 제38조(경합범)에 대한 특례를 규정하고 있다.

여 개별로 기망행위를 하여 각각 재물을 편취한 경우는 범의가 단일하고 범행 방법이 동일하더라도 포괄일죄가 아니라 피해자별로 1개씩의 죄가 성립한다고 본다(대법원 1995.8.22. 선고 95도594 판결).[22] ⓑ 절도범이 절취한 장물을 자기 것처럼 제3자에게 기망행위를 하여 금전을 편취한 경우는 절도죄 외에 사기죄의 성립을 인정한다(대법원 1980.11.25. 선고 80도2310 판결). ⓒ 휴대전화 신규 가입신청서를 위조한 후 이를 스캔한 이미지 파일을 제3자에게 이메일로 전송한 경우는 비록 이미지 파일 자체는 문서에 관한 죄의 '문서'에 해당하지 않더라도 이미지 파일을 전송하여 컴퓨터 화면상으로 보게 한 행위는 이미 위조한 가입신청서를 행사한 것에 해당하므로 사문서위조죄와 위조사문서행사죄가 성립한다(대법원 2008.10.23. 선고 2008도5200 판결). ⓓ 일정한 기간 내에 잘못된 상태를 바로잡으라는 행정청의 지시를 이행하지 않는 것을 구성요건으로 하는 범죄는 진정부작위범으로서 그 의무이행기간이 만료될 때 범행이 기수에 도달하고 동시에 작위의무를 발생시킨 행정청의 지시 역시 그 기능을 다한 것이므로, 2개월 이내에 작위의무를 이행하라는 행정청의 지시를 이행하지 아니한 행위와 7개월 후 다시 같은 내용의 지시를 받고 이를 이행하지 아니한 행위는 별개의 범죄가 성립한다(대법원 1994.4.26. 선고 93도1731 판결).

그 외 목적과 수단의 관계에 있는 범죄는 법조경합의 관계가 아닌 한 실체적 경합의 관계로 본다. 예를 들어 ⓔ (형법 제330조의 야간주거침입절도죄 및 제331조 제1항의 손괴특수절도죄를 제외하고) 일반적으로 주거침입은 절도죄의 구성요건이 아니므로, 절도범이 절취의 수단으로 주거침입을 한 경우에 주거침입행위는 절도죄에 흡수되지 아니하고 별개로 주거침입죄를 구성하여 절도죄와는 실체적 경합의 관계에 있다(대법원 2008.11.27. 선고 2008도7820 판결).

(2) 효과

제38조(경합범과 처벌례) ① 경합범을 동시에 판결할 때에는 다음 각 호의 구분에 따라 처벌한다.
1. 가장 무거운 죄에 대하여 정한 형이 사형, 무기징역, 무기금고인 경우에는 가장 무거운 죄에 대하여 정한 형으로 처벌한다.

---

22) 반면 자산관리위탁계약서상의 약정 및 계약금 지급의 유예 사실을 숨기고 분양 계약금이 입금된 것처럼 가장하여 저축은행들로부터 10여 일의 기간에 수백 회에 걸쳐 중도금 대출 명목으로 금전을 편취한 범죄자에게는 피해 저축은행별로 사기죄의 포괄일죄를 인정하였다(대법원 2006.2.23. 선고 2005도8645 판결).

2. 각 죄에 대하여 정한 형이 사형, 무기징역, 무기금고 외의 같은 종류의 형인 경우에는 가장 무거운 죄에 대하여 정한 형의 장기 또는 다액(多額)에 그 2분의 1까지 가중하되 각 죄에 대하여 정한 형의 장기 또는 다액을 합산한 형기 또는 액수를 초과할 수 없다. 다만, 과료와 과료, 몰수와 몰수는 병과(倂科)할 수 있다.
3. 각 죄에 대하여 정한 형이 무기징역, 무기금고 외의 다른 종류의 형인 경우에는 병과한다.
② 제1항 각 호의 경우에 징역과 금고는 같은 종류의 형으로 보아 징역형으로 처벌한다.

다수의 행위로 인한 수 개의 죄가 경합할 때는 각 죄의 형을 과하면 되므로, 죄별로 형을 선고하고 선고한 형을 합산하여 집행하면 간단하다. 그러나 단순히 형을 합산할 때 실제 집행할 수 없는 비현실적인 형벌(예를 들어 단순히 합산한 징역형의 기간이 1만 년)을 선고할 수도 있으며,[23] 가벼운 범죄를 여러 번 저지른 사람이 살인과 같은 무거운 범죄를 저지른 사람보다 무거운 처벌을 받게 될 수도 있다. 또한 단순히 형을 합산할 때는 수형인이 느끼는 처벌은 형벌의 종류와 정도에 따라 상대적으로 차이가 크다. 예를 들어 5년의 징역형과 500만 원의 벌금형을 단순히 합산하여 집행하는 것과 5년의 징역형과 5년의 징역형을 단순히 합산하여 집행하는 것이 같은 의미라고 여겨지지는 않는다. 이에 형법 제38조에서는 동시적 경합범의 형벌 부과 방식을 다양하게 규정하고 있다.

① 가중주의

각 범죄의 형벌 중 **가장 중한 형을 기준**으로 하여 이에 **다른 범죄의 형을 어느 정도 가중**하는 방식이 가중주의이고, 동시적 경합범의 가장 대표적인 형벌 부과의 방식이다. 형법 제38조 제1항 제2호 본문에서 이러한 방식을 규정하고 있는데, "각 죄에 대하여 정한 형이 사형, 무기징역, 무기금고 외의 같은 종류의 형인 경우에는 가장 무거운 죄에 대하여 정한 형의 장기 또는 다액(多額)에 그 2분의 1까지 가중하되 각 죄에 대하여 정한 형의 장기 또는 다액을 합산한 형기 또는 액수를 초과할 수 없다."

대표적인 경합범의 처벌 방식을 가중주의로 한 배경에는 법률 위반에 대한 제재에는 한계효용체감이 작용하여 일정한 한계점을 넘어선 제재는 오히려 법규범의 효

---

23) 2010.9.28.자 중앙일보에는 '딸을 성폭행한 아버지, 1만4400년 징역형'이라는 기사가 실렸다: "1년간에 걸쳐 자신의 딸을 거의 매일 성폭행한 아버지에게 1만4천400년의 징역형이 내려졌다. 필리핀에서 인력거를 모는 이 남자는 아내가 해외로 일하러 간 1년 동안 딸에게 저지른 비정한 범죄로 사형이 선고됐었으나 마닐라의 항소법원은 성폭행 1건당 40년의 징역으로 감형 판결을 내렸다."

력을 발휘하지 못한다는 점이 작용하고 있다. 푸코가 말한 '징벌의 경제'나 심리학에서 말하는 '웨버의 법칙'이 죄수론에 나타난 형태이다.[24)]

한편, 형법 제38조 제1항 제2호 본문의 가중주의는 가장 중한 죄에 정한 형벌의 장기 · 다액만을 가중하도록 규정하고 있을 뿐 단기에 대해서는 언급하지 않고 있어, 처단형의 범위 중 상한만이 높아지고 하한은 그대로인 문제점이 있다. 그래서 실체적 경합범이 인정되더라도 개별 범죄에 대해서 동종의 형벌을 선택한 뒤 가장 무거운 죄에 대하여 정한 형의 단기 · 소액을 기준으로 처단할 수 있게 되는 문제점이 존재한다. 예를 들어 행사할 목적으로 2007년 12월 중순부터 2008년 11월 말경까지 1만 원권 화폐 총 976장을 위조하고 2007년 12월 중순부터 2008년 12월 초순까지 위조된 1만 원권 화폐 총 976장을 행사한 사안에서, 위조에 대한 (구)특정범죄가중법 위반(통화위조)죄[25)] 및 행사에 대한 (구)특정범죄가중법 위반(위조통화행사)죄의 실체적 경합범이 인정되었음에도 법정형이 동일한 두 범죄 중 하나인 (구)특정범죄가중법 위반(통화위조)죄의 단기(5년의 징역)를 선정하고 이에 작량감경이 행해져 결국 징역 2년 6월의 형이 선고된 경우도 있다(서울남부지방법원 2009.2.19. 선고 2008고합540 판결).

비록 판례는 가장 무거운 죄가 아닌 죄에 정한 형의 단기가 가장 무거운 죄에 정한 형의 단기보다 무거운 때에는 규정의 취지에 비추어 무거운 죄가 아닌 죄에 정한 형의 단기를 하한으로 한다고 전체적 대조주의를 가미하지만(대법원 1985.4.23. 선고 84도2890 판결), 형의 단기나 소액의 가중이 없이는 경합범의 효과를 나타내기가 어려우므로 입법적 개선이 필요하다.

② 흡수주의

각 범죄의 형벌 중 가장 무거운 형을 기준으로 하고 이에 다른 범죄의 형을 이에 흡수시키는 방식이 흡수주의이고, 형법 제38조 제1항 제1호에서 이러한 방식을 규정하여 가장 무거운 죄에 대하여 정한 형이 사형, 무기징역, 무기금고인 경우는 가장 무거운 죄에 대하여 정한 형으로 처벌한다.

---

24) 미셸 푸코 저/오생근 역, 「감시와 처벌」, 나남출판, 2006, 126면; 레오 카츠 저/이주만 역, 「법은 왜 부조리한가」, 와이즈베리, 2012, 282~285면.

25) 현재는 삭제된 관련 규정은 다음과 같다: (구)특정범죄가중법 제10조(통화위조의 가중처벌) 형법 제207조에 규정된 죄를 범한 자는 사형 · 무기 또는 5년 이상의 징역에 처한다.

③ 병과주의

각 범죄의 형벌을 단순히 합산시키는 방식이 병과주의이고, 형법 제38조 제1항 제3호 및 제2호 단서에서 이러한 방식을 규정하고 있다. 각 죄에 대하여 정한 형이 무기징역, 무기금고 이외의 다른 종류의 형벌인 경우는 병과하며, 각 죄에 대하여 정한 형이 과료와 과료, 몰수와 몰수인 경우도 병과할 수 있다.

참고 양형위원회의 양형기준에서 다수범죄 처리기준

대법원 양형위원회의 양형기준에서는 형법 제37조 전단의 경합범에 대한 처단형 산출과정과 다른 양형기준을 정하고, 명칭도 구별하여 '다수범죄 처리기준'이라고 한다. 경합범 규정은 경합범에 대한 가능한 형량범위의 한계를 정한다는 목적에서 규정된 것이나, 반면에 양형기준(다수범죄 처리기준)에서 경합범의 처리는 적정하다고 판단되는 형량범위를 제시하기 위한 목적에서 제시되었기 때문이라고 한다. 그 내용은 아래와 같은데, 양형위원회는 형법상 경합범 규정이 형법총칙 제2장 '죄'에 규정되어 있음에도 마치 제3장 '형'에 규정된 것으로 여기고 처리기준을 산정한 것으로 생각된다.

형법 제56조에서는 '법정형 선택 → 누범가중 → 법률상 감경 → 경합범 가중 → 정상참작감경'을 하도록 하고 있지만, 양형기준에서는 단일범을 기준으로 범죄유형의 결정 → 법률상 모든 필요적 및 임의적 가중 · 감경사유의 반영 → 다수범죄 처리기준 적용 → 선고형 결정의 방식을 취한다. 다수범죄 처리기준은 원칙적으로 양형기준이 설정된 범죄 간의 동시적 경합범(제37조 전단)의 경우에 적용되고, 형종 선택 및 법률상 가중 · 감경한 후 가장 무거운 범죄를 기본범죄로 하고, 2개의 다수 범죄인 경우는 기본범죄의 형량범위 상한에 다른 범죄의 형량범위 상한의 ½을 합산하며, 3개 이상의 다수 범죄인 경우는 기본범죄의 형량범위 상한에 다른 범죄 중 형량범위 상한이 가장 높은 범죄의 형량범위 상한의 ½과 두 번째로 높은 범죄의 형량범위 상한의 ⅓을 합산한다.

3. 사후적 경합범

(1) 의의

실체적 경합의 관계를 규정한 형법 제37조 후단에서는 '**금고 이상의 형에 처한 판결이 확정된 죄와 그 판결확정 전에 범한 죄**'를 경합범의 두 번째 유형으로 규정하고 있다. 확정판결이 된 범죄와 사후적 경합이 인정되는 범죄는 확정판결 후 발생한 범죄가 아니라 확정판결 전에 발생했으나 판결 후 기소된 범죄이다. 다수의 범죄 중 일부의 범죄에 대한 확정판결 이후에 경합범이 확인되었기에 '사후적 경합범'이라고 부른다. 동시적 경합범은 피고인이 분리된 심판으로 불이익을 받지 않도록 관련사건으로 처리되어 병합하여 심리되고 1개의 형이 선고되는데, 경합범 관계인 다수의 범죄 중 일부가 기소되어 확정판결이 된 이후 나머지 일부 범죄가 기소되어 2개의 형이 선고더라도 피고인이 불이익을 받지 않도록 사후적 경합범이 규정되어 있다.

(2) 요건

다수의 행위로 인한 수 개의 죄가 경합할 때 사후적 경합범이 적용되기 위해서는 다음의 요건이 필요하다.

① 첫째, 독립된 다수의 죄 중 **일부가 금고 이상의 형으로 확정판결**이 되어 있어야 한다. 통상의 불복방법으로 더 이상 다툴 수 없게 되어 내용이 확정된 재판을 확정재판이라고 하는데, 사후적 경합범이 적용되기 위해서는 금고 이상의 형이 선고된 유죄판결이 확정되어 있어야 한다. 따라서 벌금형을 선고한 판결이나 약식명령이 확정된 죄는 사후적 경합범이 될 수 없으며(대법원 2017.7.11. 선고 2017도7287 판결), 무죄판결이나 면소판결이 확정된 죄 역시 사후적 경합범이 적용될 수 없는 경우이다.

사후적 경합범에서 '판결이 확정된 죄'는 독립된 다수의 죄 중에서 확정판결이라는 사실 자체가 있었던 어느 죄를 의미하고 그 확정판결이 있은 죄의 형 집행을 종료하였는지 여부 또는 형의 집행유예가 실효되었는지는 묻지 않으므로, 집행유예 기간의 경과로 집행유예를 선고한 확정판결에 의한 형의 선고가 효력을 잃었더라도(형법 제65조) 확정판결을 받은 죄의 존재가 소멸되지 않는 이상 형법 제37조 후단의 판결이 확정된 죄에 해당한다(대법원 2025.5.15. 선고 2025도470 판결).

② 둘째, 독립된 다수의 죄 중 금고 이상의 형으로 **확정판결이 된 범죄 이전에 행한 범죄**가 있어야 한다. 판례는 확정판결 전에 종료된 범죄만을 확정판결 전에 행한 범죄로 보는데(대법원 2007.1.25. 선고 2004도45 판결), 이것은 판결이 확정된 죄와 동시에 판결할 수 있었던 범죄에 대해서만 경합범을 인정하기 위해서이다.

아직 판결받지 아니한 죄가 이미 판결이 확정된 죄와 동시에 판결할 수 없었던 경우는 사후적 경합범 관계가 성립할 수 없다. 예를 들어, 선행범죄로 유죄의 확정판결을 받은 사람이 이후 후행범죄를 저질렀는데 유죄의 확정판결에 대하여 재심이 개시된 경우는 후행범죄가 재심대상판결에 대한 재심판결 확정 전에 범하여졌더라도 후행범죄와 선행범죄는 동시에 판결할 수 없었던 경우이므로 아직 판결받지 않은 후행범죄와 재심판결이 확정된 선행범죄 사이에는 사후적 경합범이 성립하지 않는다(대법원 2019.6.20. 선고 2018도20698 전원합의체 판결).

(3) 효과

> **제39조(판결을 받지 아니한 경합범, 수개의 판결과 경합범, 형의 집행과 경합범)** ① 경합범 중 판결을 받지 아니한 죄가 있는 때에는 그 죄와 판결이 확정된 죄를 동시에 판결할 경우와 형평을 고려하여 그 죄에 대하여 형을 선고한다. 이 경우 그 형을 감경 또는 면제할 수 있다.
> ② 삭제
> ③ 경합범에 의한 판결의 선고를 받은 자가 경합범 중의 어떤 죄에 대하여 사면 또는 형의 집행이 면제된 때에는 다른 죄에 대하여 다시 형을 정한다.
> ④ 전 3항의 형의 집행에 있어서는 이미 집행한 형기를 통산한다.

법원의 확정판결이 있는 경우는 일사부재리 효력이 발생하고 확정판결에 다루어진 사실에 대해서 다시 다룰 수 없게 되므로, 경합범으로 다루어져 가중주의 형태로 형벌이 가볍게 선고될 수 있었던 사안이 그렇게 되지 못한 경우를 배려하기 위해서 사후적 경합범의 규정이 존재한다. 즉 사후적 경합범은 동시적 경합범으로 심판할 수 있었으나 그렇지 못한 경우에 동시적 경합범의 효과를 주기 위한 제도이다.

사후적 경합범의 효과에 대해서는 판결을 받지 않은 죄와 판결이 확정된 죄를 **동시에 판결할 경우와 형평을 고려해서 판결받지 않은 죄에 대하여 형을 선고**하며, 이때 형을 감경 또는 면제할 수 있도록 하고 있다(제39조 제1항). 여기서 동시에 판결할 경우와 형평을 고려해서 형을 선고하라는 것은 판결이 확정된 죄의 선고형과 사후적 경합범으로 인정되는 죄의 선고형의 총합이 두 죄에 대하여 형법 제38조를 적용하여 산출한 처단형의 범위 내에 속하도록 사후적 경합범으로 인정되는 죄에 대한 형을 정하여야 한다는 의미는 아니다(대법원 2008.9.11. 선고 2006도8376 판결). 그렇게 되면 먼저 판결을 받은 죄에 대한 형이 확정됨에 따라 뒤에 판결을 선고받는 사후적 경합범에 대하여 선고할 수 있는 형의 범위가 지나치게 제한되어 책임에 상응하는 합리적이고 적절한 선고형의 결정이 불가능하거나 현저히 곤란하게 될 우려가 있기 때문이다. 예를 들어 무기징역에 처하는 판결이 확정된 상황에서 그 죄와 사후적 경합범의 관계에 있는 죄에 대하여 공소가 제기된 경우, 법원은 동시적 경합범 중 가장 중한 죄에 대한 처단형이 무기징역이면 흡수주의를 취하게 된다고 하여 뒤에 공소 제기된 사후적 경합범에 대한 형을 필요적으로 면제하여야 하는 것이 아니고, 동시에 판결한다면 판결이 확정된 죄나 사후적 경합범의 관계에 있는 죄의 법정형 중 사형을 선택하여 선고하는 것이 책임에 상응하는 양형으로 평가되는 때에는 합리적이고 적절한 선고형(사형)을 결정할 수 있도록 유연한 입법 형식을 취한 것이다(대법원 2008.9.11. 선고 2006도8376 판결).

한편, 사후적 경합범에 대해서 형을 감경함에 있어서는, 작량감경 외에 법률의 여러 조항에서 정하고 있는 감경은 모두 법률상 감경이고 형법 제39조 제1항 후문에서 정한 감경도 법률상 감경에 해당하므로 법률상 감경에 관한 형법 제55조 제1항이 적용되어 유기징역을 감경할 때는 그 형기의 2분의 1 미만으로는 감경할 수 없다(대법원 2019.4.18. 선고 2017도14609 전원합의체 판결).

제15장

형벌

제1절 | 형벌관(刑罰觀)

I. 의의

인간의 사회적 실존의 조건인 법적 이익(법익)의 보호에 이바지하기 위해서 존재하는 형법은 범죄행위와 그에 대한 형벌로 이루어져 있다. 형벌은 범죄에 대한 제재로서 그 본질은 법질서에 의해 부정적으로 평가된 행위에 대한 비난이다(헌법재판소 2009.7.30. 선고 2008헌가16 결정). 형벌은 법질서 유지 · 수호와 법익 보호를 위한 사회통제 수단 중 구체적이고도 강력한 효력이 있으며, 공동체의 공익 침해에 대하여 국가가 형벌권을 행사하는 국가의 권력작용이다. 즉 범죄행위(형벌의 전제조건)에 대한 사회적 · 공적 반가치 판단이 형벌이다. 형법 제41조에는 9가지 종류의 형벌이 규정되어 있는데, 중한 형벌부터 차례로 나열하면 ① 사형, ② 징역, ③ 금고, ④ 자격상실, ⑤ 자격정지, ⑥ 벌금, ⑦ 구류, ⑧ 과료, ⑨ 몰수가 있다.[1)]

---

1) 국가가 위법한 행위를 한 국민에게 부과한다는 측면에서 형벌, 특히 벌금과 유사하지만, 형사재판을 통해서만 부과되고 전과가 남는 형벌과는 구분되는 개념이 있다. 첫째, '**과태료**'이다. 과태료는 법원이 아니라 행정기관이 규범 위반자에게 가하는 금전적 제재이다. 과태료는 행정상의 제재로서 전과가 남지는 않으나, 과태료를 납부하더라도 위반행위에 대한 형사재판까지 면제되는 것이 아니다. 둘째, '**범칙금**'이다. 범칙금은 행정기관이 규범 위반자에게 통고처분을 하여 납부를 하게 한 금전이다. 대표적인 예로는 주 · 정차 위반과 같은 도로교통법 위반행위에 대하여 경찰서장이 범칙금 납부통고서로 범칙금을 낼 것을 통고하는 경우이다. 과태료와 달리 범칙금을 납부하면 형사절차를 종료한 것과 같이 취급되어 그 규범 위반행위(범칙행위)에 대해서는 형사재판이 면제된다(일사부재리 효력 발생, 도로교통법 제164조 제3항 참조).

국가가 국민의 특정 행위(범죄)에 대해서 가하는 형벌이 수행하는 이유(국민이 범죄를 하면 국가는 왜 벌하는가?)에 관한 시각을 형벌이론 또는 형벌관이라고 하는데, 국가형벌이 지향하는 목표의 기초이다. 이에 관해서는 크게 2가지 형벌이론이 있는데, 형벌의 임무를 과거에서 찾는 절대적 형벌론인 '응보이론'과 미래에서 찾는 상대적 형벌론인 '예방이론'이 있다.

참고 정의의 개념과 형벌관

전래적으로 정의를 자연적 정의와 법률적 정의로 구별해 왔는데, 아리스토텔레스가 처음으로 양자를 실제로도 분리할 수 있다고 이해함으로써 '법률적 불법'의 가능성을 인식했다. 정의의 핵심은 평등인데, 아리스토텔레스는 정의를 두 가지 방식의 평등성을 나타내는 형식, 즉 평균적 정의(iustitia commutativa)와 배분적 정의(iustitia distributiva)로 구분했다. 양자를 구분하는 관건은 형식적 또는 수적 평등이 아니라 비율적 또는 기하학적 평등, 즉 가치(Würdigkeit)가 기준이 되고 이에 따른 상응(Analogie)이다.

'평균적 정의'는, 법에 의하여 평등하게 하는 것으로서 급부와 반대급부(상품과 가격, 손해와 배상)에 대한 절대적 평등성을 의미한다. 반면 **'배분적 정의'**는 다수의 개인을 전제로 하는 관계합치적 평등을 말한다. 여기서는 배분적 정의가 정의의 원형이라고 한다. 왜냐하면 사법(私法)상의 평균적 정의는 배분적 정의라는 공적 작용, 예를 들어 법률행위능력과 같은 일정한 신분의 부여와 법률거래에 참여한 법률주체의 동등한 취급(차별적 취급, 예컨대 어린이, 미성년자, 성년자를 다르게 취급하나, 그들 각각은 그 자체를 물론 다시금 동일시 취급한다)을 전제로 하기 때문이다.

'절대적 형벌론'의 의미에서 형벌을 응보(책임의 균등)로 파악할 때의 정의는 '평균적 정의'에 관한 것이 되고, 형벌의 본질을 재사회화에 두고 있는 **'상대적 형벌론'**의 의미에서의 정의는 '배분적 정의'에 관한 것이 된다.

II. 절대적 형벌론

1. 의의

응보이론에서 '응보'(應報)란 범죄자에게 죄값을 치르도록 한다는 의미이다. 형벌은 죄를 범하였기 때문에 부과되는 것이지, 다른 이유는 없다는 것이 응보이론이다. 이처럼 응보이론은 형벌 자체를 자기 목적적으로 파악하기에 **'절대적 형벌론'**이라고 한다. '자신이 상대방으로부터 입은 피해만큼 상대방에게도 똑같이 피해를 준다.'는 고대의 탈리오 법칙(lex talionis)이 응보이론의 예시로 언급되며, 구약성경에도 절대적 형벌론의 시각이 나타난다.[2] 응보적 형벌에 대해서는 보복적 욕구에 기반한 것으로서 응보는 고통을 전가하려는 감정이고 공격성의 대체에 불과할 뿐이며, 대안을 발전시키려는 노력을 가로막게 된다는 비판을 받는다.

회고적 성격의 응보이론은 단순한 반작용으로서의 응보, 죄의 균형을 의도하는 응보 등의 시각을 거쳐 국가형벌권의 윤리적 근거를 '**속죄**'에서 찾으려는 시각으로 발전하였다. 국가는 형벌을 부과함으로써 자신의 행위가 불법임을 깨닫게 하여 행위자로 하여금 그에게 부과된 형벌을 그의 범죄에 뒤따르는 정당하고 필연적인 효과로 받아들이게 한다는 것이다. 오늘날 응보적 의미에서의 형벌이란 범죄자에 대해 증오감을 가진 사회에 의한 복수의 의미가 아니라, 균형 있는 형벌 기준의 원칙에 따른 사회적 대응이라는 의미이다(책임주의원칙). 응보와 속죄의 판단 척도는 불법과 책임이 된다. 다만 이와 같은 절대적 형벌론인 응보이론이 정당화되기 위해서는 범죄자에 대한 사회공동체의 도덕적 우위성이 있어야 하고, 책임의 정도와 이에 대한 형벌량의 균형성이 있어야 한다.

2. 인간 존중의 사상과 절대적 형벌론

근대 이후 계몽주의 법사상가들은 가혹한 형벌을 반대하면서 범죄와 형벌의 균형성을 주장하는 절대적 형벌론을 취하였다. 인간이 자율적으로 행동한다는 것은 천성이나 사회적 관습에 따라서가 아니라 내가 나에게 부여한 법칙에 따라 행동하는 것인데, 자유로운 행동은 주어진 목적에 걸맞은 최선의 수단을 선택하는 것이 아니라 목적 그 자체를 선택하는 것이며 이러한 선택은 인간만이 할 수 있다고 보았던 Kant가 대표적인 절대적 형벌론자이다. Kant는 형벌을 통한 사회적 목적(예를 들어, 범죄예방)의 추구는 이성적이며 존엄성을 지닌 인간을 목적 그 자체로서가 아니라 목적을 위한 수단(마치 수레를 끄는 말과 같은 동물)으로 취급하는 것을 의미하므로, 형벌은 어떠한 목적을 위해서가 아니라 정의의 요구에 따라 과해지는 것으로서 그 자체로서 정당한 것이라고 보았다. Kant의 응보주의 사조는 엄벌주의 기조의 성장에 기반으로 작용한다.

그 외 부정의 부정에 의한 변증법적 통합을 주장한 Hegel은 범죄행위는 법(正)을 부정한 것(反)이며 응보적인 형벌을 통하여 범죄행위를 부정함으로써 무너진 법을 다

2) 출애굽기 제21장 12절~14절, 레위기 제25장 20절 등.

시 세우는 것(合)이라고 보았는데, 이것도 절대적 형벌론의 입장이다.

III. 상대적 형벌론

1. 의의

응보이론은 과거 회귀적으로 고찰하여 이미 발생한 범죄에 대하여 이를 상쇄할 만한 해악(형벌)을 부과하자는 것인데, 형벌을 장래의 범죄행위 방지를 위한 조치로서 파악하는 시각이 **예방이론**이다. 범죄가 있었기에 형벌을 가하는 것이 아니라 전망적으로 범죄를 예방(豫防)하기 위해서 형벌을 가하는 것이라고 보는 예방이론은, 형벌의 목적을 형벌 자체 이외의 개념인 예방에서 찾기에 '**상대적 형벌론**'이라고 한다. 형벌은 한편으로 범죄로 인하여 파괴된 법질서를 회복하고 일반인의 법의식을 충족시키며, 다른 한편, 범죄자에게 대가를 치르고 속죄하도록 함으로써 다시 사회의 구성원으로 돌아올 수 있도록 기회를 부여하는 것이라고 본다.

다만 상대적 형벌론인 예방이론이 정당화되기 위해서는 인간의 장래 행위에 대하여 예견이 확실히 가능하고, 형벌로 범죄의 발생을 효과적으로 저지할 수 있어야 한다.

2. 유형

예방이론에서는 형벌의 종류와 정도가 범죄의 정도에 의해서 결정되는 것이 아니라 예방의 구체적 목적에 의해서 결정되는데, 누구를 대상으로 하여 범죄의 예방을 도모하는지에 따라 구분된다. 사회구성원 일반을 대상으로 범죄의 예방을 도모하는 '**일반예방론**'과 범죄자 개개인을 대상으로 범죄의 예방을 도모하는 '**특별예방론**'이 있다.

(1) 일반예방

사회구성원 일반을 대상으로 범죄의 예방을 도모하는 일반예방론은 다시 구분되어, 형벌을 예고함으로써 일반인의 범죄 유발을 심리적으로 억제한다는 '소극적 일반예방론'과 형벌을 통하여 일반인의 규범의식을 적극적으로 강화한다는 '적극적 일반예방론'의 형태가 있다. 폭력행위처벌법과 같은 형가중적 특별법은 특정 범죄행위를 기존의 형량보다 중한 형으로 처벌하는데, 이는 범죄로부터 일반 사회인을 보호하고 아울러 일반인을 위하(威嚇)시킴으로써 그러한 범죄를 예방하려는 소극적 일반예방의 목적에서 비롯된 것이라고 할 수 있다.

이때 특정 범죄행위에 대한 처벌의 필요성이 아무리 높고 범죄행위에 대한 사회적 반감이 고조된 상태라 하더라도, 형법의 기본원칙인 죄형의 균형성을 무시하면서까지 형량을 높이는 것은 바람직하지 않다. 형벌이 지나치게 가혹하거나 잔인하면 일시적으로는 범죄 억지력을 발휘할지 모르지만 결국에는 중벌에 대해 면역성과 무감각이 생기게 될 뿐이고, 나아가 범죄예방과 법질서 수호로 이어지는 것이 아니라 법의 권위를 실추시키고 법질서의 영속성과 안정을 저해하는 요인이 될 뿐이다(헌법재판소 2004.12.16. 선고 2003헌가12 결정).

(2) 특별예방

범죄자 개개인을 대상으로 범죄의 예방을 도모하는 특별예방론은 행위자의 개선·교육에 형벌의 목적이 있다고 보는데, 범죄자에게 다시는 범죄를 저지르지 못하도록 공포심을 갖게 한다는 '소극적 특별예방론'과 범죄는 범죄자의 성향과 주변환경의 복합체라고 보고 형벌을 통한 범죄자의 재사회화를 중시하는 '적극적 특별예방론'이 있다. 특별예방론은 형사제재 중 보안처분에 있어서 강조되는데, 형사정책적·특별예방적 견지에서 다양하고 효과적인 내용의 사회봉사명령 및 특별준수사항이 개발 시행되는 것은 바람직하지만, 이것은 필연적으로 범죄인의 권리와 법익에 대한 제한과 침해를 수반하게 되므로, 그 요건과 절차 등에 관한 사항은 가능한 한 구체적으로 법률에서 정해져야 하고 적법절차의 원리에 따른 것이어야 하며 범죄인에게 불리하게 해석 운용되어서는 안 된다(대법원 2008.4.24. 선고 2007도8116 판결).

IV. 결합론

1. 의의

현재는 응보(절대적 형벌론)와 예방(상대적 형벌론)을 모두 형벌의 이유로 포괄하는 결합론이 재배적인 시각이다. 절대적 형벌론과 상대적 형벌론의 타당성을 경험적으로 확인하기 어려운 상황에서 어느 하나만으로 형벌의 임무를 단정할 수 없다는 것이 결합론이다. 이에 따라 형벌은 '응보'라는 인간적 현실을 인정해야 하지만, 응보는 이성적으로 지향하는 것이 아니라 인간적 현실 그 자체일 뿐임을 또한 인정해야 한다고 본다. 고대의 탈리오 법칙과 같이 동해보복적 응보 개념은 고수할 수 없지만, 기본적으로 형벌이 응보 또는 속죄라는 원리만은 이념적으로 고수되어야 하는 것이며 이와 연결되어 있는 일반인에 대한 위하(일반예방)의 관점도 필수적인 형사정책적 원리로서 배제될 수 없고 범죄자에 대한 교육과 갱생(특별예방)의 관점도 포기할 수 없다고 본다.

다만 일반예방 측면의 위하와 특별예방 측면의 교육을 핵심으로 하는 예방은 형벌의 1차적인 원리가 될 수 없다. 예를 들어 가족을 죽인 원수를 살해하는 경우와 같이 일회성 범죄의 경우는 특별예방의 목적에서만 보면 형벌을 부과할 이유가 없게 되는데, 이러한 경우에도 형벌을 부과하지 않을 수 없다. 따라서 결합론은 응보이론의 관점에서 형벌 부과의 근거를 일차적으로 마련한 다음 예방의 관점을 고려하는데, 절대적 형벌론에서 강조하는 책임주의 원칙이 형벌 부과의 근거와 한계를 마련하고, 이 범위 내에서 예방적 시각이 작용하여 구체적인 형벌을 정한다.

2. 현행 제도

현재 형법의 제도들은 응보이론(절대적 형벌론)과 예방이론(상대적 형벌론)을 종합적으로 고려한 것, 즉 '결합이론'에 따른 것이라고 할 수 있다. 응보이론에 의한 책임에 부합하는 정도가 형벌의 한계가 되고, 그 한계 내에서 예방의 목적을 고려하여 형을 집행하도록 하고 있다.

누범을 가중하여 처벌하는 것도 범죄자가 전범(前犯)에 대한 형벌에 의하여 주어진 기왕의 경고에 따르지 아니하고 다시 범죄를 저질렀다는 잘못된 범인의 생활 태도 때문에 책임이 가중되는 것이고, 범인이 전범에 대한 형벌의 경고기능을 무시하고 다시 범죄를 저지름으로써 범죄추진력이 새로이 강화되었기 때문에 행위책임이 가중되어야 한다는 데 있으며 또한 재범예방이라는 형사정책이 배려된 것이다(헌법재판소 1995.2.23. 선고 93헌바43 결정). 형을 선고하면서 그 집행만을 일정 기간 유예하기로 하는 법원의 유죄판결인 형의 집행유예제도(형법 제62조)나 징역이나 금고의 집행 중인 사람을 형기만료 전에 석방하고, 일정 기간이 경과할 때 형의 집행이 종료된 것으로 보는 가석방제도(형법 제72조) 등도 결합이론에 의하여 설명될 수 있다.

판례는 아동·청소년을 대상으로 하는 성폭력범죄 등을 효과적으로 예방하고 그 범죄로부터 아동 · 청소년을 보호함을 목적으로 하는 공개명령 및 고지명령 제도는 일종의 보안처분으로서 그 목적과 성격, 운영에 관한 법률의 규정 내용 및 취지 등을 비추어 범죄행위를 한 자에 대한 응보 등을 목적으로 그 책임을 추궁하는 사후적 처분인 형벌과 구별되며 그 본질을 달리한다고 보는데(대법원 2012.5.24. 선고 2012도2763 판결), 형벌에 있어서는 상대적으로 응보를 강조하고 보안처분에 있어서는 예방을 강조하는 시각이라고 할 수 있다.

제2절 | 형벌

I. 형벌의 종류

1. 개관

(1) 형의 종류

제41조(형의 종류) 형의 종류는 다음과 같다.
1. 사형
2. 징역
3. 금고
4. 자격상실
5. 자격정지
6. 벌금
7. 구류
8. 과료
9. 몰수

형벌의 종류나 집행 방식도 시대에 따라 변화하였는데, 인간적이며 합리적인 방향으로 발전되었다. 형의 종류는 형법 제41조에 9가지(사형, 징역, 금고, 자격상실, 자격정지, 벌금, 구류, 과료, 몰수)가 규정되어 있는데, 형벌로 박탈되는 법익의 유형에 따라 4가지로 구분해 볼 수 있다.

첫째, 생명형이 있는데, 사형이 이에 해당한다.

둘째, 자유형이 있는데, 징역과 금고 및 구류가 이에 해당한다.

셋째, 재산형이 있는데, 벌금과 구류 및 몰수가 이에 해당한다.

넷째, 명예형이 있는데, 자격상실과 자격정지가 이에 해당한다.

한편, 형벌은 주형과 부과형으로 구분할 수 있는데, 독자적으로 부과할 수 있는 형벌이 주형이고 몰수를 제외한 8가지 유형의 형벌이 주형에 해당한다. 반면 몰수는 다른 주형에 부과하여서만 부과되는 부가형에 해당한다.

(2) 형의 경중

제50조(형의 경중) ① 형의 경중은 제41조 각 호의 순서에 따른다. 다만, 무기금고와 유기징역은 무기금고를 무거운 것으로 하고 유기금고의 장기가 유기징역의 장기를 초과하는 때에는 유기금고를 무거운 것으로 한다.
② 같은 종류의 형은 장기가 긴 것과 다액이 많은 것을 무거운 것으로 하고 장기 또는 다액이 같은 경우에는 단기가 긴 것과 소액이 많은 것을 무거운 것으로 한다.
③ 제1항 및 제2항을 제외하고는 죄질과 범정(犯情)을 고려하여 경중을 정한다.

형의 경중의 비교는 법정형을 표준으로 하는데, 법정형 중 병과형 또는 선택형이 있을 때는 이 중 가장 무거운 형을 기준으로 하여 다른 형과 경중을 정한다(대법원 1992.11.13. 선고 92도2194 판결).

형의 경중의 비교는 형사절차 중 상소에서 불이익변경 금지의 원칙에서 많이 활용되는데, 형법 제41조는 형의 종류를 사형, 징역, 금고, 자격상실, 자격정지, 벌금, 구류, 과료, 몰수의 순서로 기재하고 있으므로, 구류형은 벌금형보다 가벼운 형이어서, 벌금형을 선고한 즉결심판에 대하여 벌금형의 환형유치기간보다 더 긴 구류형을 선고하더라도 불이익변경금지 원칙에 반하지 않는다(대법원 2002.5.28. 선고 2001도5131 판결).

2. 사형

제66조(사형) 사형은 교정시설 안에서 교수(絞首)하여 집행한다.

수형자의 생명을 박탈하는 '사형'은 형벌 중 가장 무거운 형벌이다. 사형의 집행은 교정시설 안에서 교수(絞首)하여 집행한다(형법 제66조). 사형은 법무부장관의 명령으로 집행하는데(형사소송법 제463조), 1997년 말 사형을 집행한 이후 현재까지 사형의 집행은 행해지지 않고 있다. 사형의 선고를 받아 그 형이 확정되어 교정시설에 수용된 사람을 '사형확정자'라고 말한다(형집행법 제2조 제4호).

현재 재판에서 사형의 선고 여부를 결정함에 있어서는 범인의 연령, 직업과 경력, 성행, 지능, 교육정도, 성장과정, 가족관계, 전과의 유무, 피해자와의 관계, 범행의 동기, 사전계획의 유무, 준비의 정도, 수단과 방법, 잔인하고 포악한 정도, 결과의 중대성, 피해자의 수와 피해감정, 범행 후의 심정과 태도, 반성과 가책의 유무, 피해회복의 정도, 재범의 우려 등 양형의 조건이 되는 모든 사항을 철저히 심리하여, 모든 양형의 조건들을 엄격하고도 철저히 심리하여 의문의 여지가 없을 정도로 사형의 선고가 정당화될 수 있을 때 비로소 사형이 선고된다(대법원 2016.2.19. 선고 2015도12980 판결).

사형제도의 위헌성 여부와 관련하여 헌법재판소는, "사형은 일반국민에 대한 심리적 위하를 통하여 범죄의 발생을 예방하며 극악한 범죄에 대한 정당한 응보를 통하여 정의를 실현하고, 당해 범죄인의 재범 가능성을 영구히 차단함으로써 사회를 방어하려는 것으로 그 입법목적은 정당하고, 가장 무거운 형벌인 사형은 입법목적의 달성을 위한 적합한 수단이다."라고 보고 있다(헌법재판소 2010.2.25. 선고 2008헌가23 결정). 합헌의 근거로는 극악한 범죄의 경우에는 무기징역형 등의 선고만으로는 범죄자의 책임에 미치지 못하게 될 뿐만 아니라 피해자 가족이나 일반 국민의 정의 관념에 부합하지 못하며, 오판가능성은 사법제도의 숙명적 한계이지 사형이라는 형벌제도 자체의 문제로 볼 수 없으며, 사형제도에 의하여 달성되는 범죄예방을 통한 무고한 일반 국민의 생명 보호 등 중대한 공익의 보호와 정의의 실현 및 사회방위라는 공익은 사형제도로 발생하는 극악한 범죄를 저지른 자의 생명권이라는 사익보다 결코 작다고 볼 수 없다는 점 등이 제시된다.

3. 자유형

제42조(징역 또는 금고의 기간) 징역 또는 금고는 무기 또는 유기로 하고 유기는 1개월 이상 30년 이하로 한다. 단, 유기징역 또는 유기금고에 대하여 형을 가중하는 때에는 50년까지로 한다.

제43조(형의 선고와 자격상실, 자격정지) ① 사형, 무기징역 또는 무기금고의 판결을 받은 자는 다음에 기재한 자격을 상실한다.

1. 공무원이 되는 자격
2. 공법상의 선거권과 피선거권

3. 법률로 요건을 정한 공법상의 업무에 관한 자격
4. 법인의 이사, 감사 또는 지배인 기타 법인의 업무에 관한 검사역이나 재산관리인이 되는 자격

② 유기징역 또는 유기금고의 판결을 받은 자는 그 형의 집행이 종료하거나 면제될 때까지 전항 제1호 내지 제3호에 기재된 자격이 정지된다. 다만, 다른 법률에 특별한 규정이 있는 경우에는 그 법률에 따른다

제46조(구류) 구류는 1일 이상 30일 미만으로 한다.
제67조(징역) 징역은 교정시설에 수용하여 집행하며, 정해진 노역(勞役)에 복무하게 한다.
제68조(금고와 구류) 금고와 구류는 교정시설에 수용하여 집행한다.

징역형 · 금고형 또는 구류형 등 자유형의 선고를 받아 그 형이 확정되어 교정시설에 수용된 '**수형자**'(형집행법 제2조 제2호)[3]의 자유를 빼앗는 것은, 첫째, 모든 사람에게 동일한 가치를 갖는다는 점에서 평등주의적인 형벌이라는 측면, 둘째, 사회에서 활동할 시간을 빼앗는 배상의 역할을 행한다는 경제적 논리성을 갖춘 형벌이라는 측면, 셋째, 개인들을 변모시키는 도구로서의 역할이라는 규율성을 갖춘 형벌이라고 평가된다.[4]

대표적인 자유형인 '**징역**'은 수형자를 교정시설에 수용하여 정해진 노역(정역)에 복무하게 하는 형벌이다(형법 제67조). 징역형은 유기와 무기로 나뉘는데, 유기징역형은 1개월 이상 30년 이하의 기간이며 가중하는 경우는 최장 50년까지 가능하다(형법 제42조). 유기징역의 판결을 받은 사람은 그 형의 집행이 종료하거나 면제될 때까지 공무원이 되는 자격, 공법상의 선거권과 피선거권, 법률로 요건을 정한 공법상의 업무에 관한 자격에 기재된 자격이 정지된다(형법 제43조 제2항).

'**금고**'는 정해진 노역(정역)에 복무하지 않는다는 점에서 징역과 다를 뿐이고, 교정시설에 수용하여 집행하고 집행 기간 및 자격정지 등도 징역과 동일하다. 다만 금고형의 집행 중인 사람이 작업을 신청하면 작업이 부과될 수 있다(형집행법 제67조).

'**구류**'는 1일 이상 30일 미만 교정시설 내에 수용되는데, 금고와 마찬가지로 정해진 노역(정역)에 복무하지 않으나 구류형의 집행 중인 사람이 작업을 신청하면 작업이 부과될 수 있다(형집행법 제67조).

---

3) '미결수용자'란 형사피의자 또는 형사피고인으로서 체포되거나 구속영장의 집행을 받아 교정시설에 수용된 사람을 말하며, 사형확정자 · 수형자 · 미결수용자를 모두 포괄하는 개념을 '수용자'라고 한다(형집행법 제2조).

4) 미셸 푸코 저/오생근 역, 「감시와 처벌」, 2006, 353~354면.

이와 같이 자유형에 징역 · 금고 · 구류의 3가지 형태가 존재하는 것은, 일본이 독일 형벌을 계수하는 과정에서 19세기 말 독일제국형법에서 자유형을 3가지로 구분하던 것을 받아들인 이후 한국 형법에서도 받아들인 것이다. 입법론상으로 징역형과 금고형의 통합 문제가 논의된다.

참고 1871년 독일제국형법의 자유형

일본 형법의 토대가 되었던 독일제국형법에서 자유형으로는 원칙적으로 징역(Zuchthaus), 금옥(Gefängnis), 구류(Haft)의 3가지가 있었다. 징역형, 금옥형, 구류형의 분류는 범죄의 형태를 3가지로 구분한 것에 관련 있는데, 중죄(Verbrechen)에 대해서는 징역에 처하는 형벌을, 경죄(Vergehen)에 대해서는 금옥에 구금하는 형벌을, 그리고 경미한 위법행위(Übertretungen)에 대해서는 구류에 처하도록 하였다. 징역형은 종신형과 유기형이 존재하였고 징역이 선고된 수형자에게는 수용시설 밖에서도 강제로 작업을 하도록 명할 수 있었다. 금옥형은 1일 이상 5년 이하의 유기형이었고, 금옥이 선고된 수형자는 수용시설 내에서 작업을 하는 것이 원칙이었고, 수용시설 밖의 작업에는 강제로 동원될 수는 없었고 단지 수형자 본인이 원하는 경우에만 예외적으로 허용되었다. 구류형은 오직 자유만을 박탈하는 단순 구금형태의 자유형으로서 형기는 1일 이상 6주 이하이었다. 독일제국형법이 금옥을 다른 자유형과 구별했던 것은, 정치범을 일반감옥이 아닌 특별한 곳, 즉 성채에 수용했던 역사적 배경에 바탕을 두고 있었으며, 정치범의 명예를 어느 정도 고려해 주어야 하는 측면과 일반 범죄자와 함께 수용된 정치범을 통한 수용시설 내 재소자들의 동요를 고려한 것이라고 설명된다.[5]

2차 세계대전 이후 정치범에 대한 특별 배려의 필요성과 당위성이 사라지면서, 1969년 독일 형법개정을 통해 여러 가지 형태의 자유형을 하나의 자유형(Freiheitsstrafe)으로 통합하였다.

4. 재산형

제45조(벌금) 벌금은 5만원 이상으로 한다. 다만, 감경하는 경우에는 5만원 미만으로 할 수 있다.

제47조(과료) 과료는 2천원 이상 5만원 미만으로 한다.

제69조(벌금과 과료) ① 벌금과 과료는 판결확정일로부터 30일내에 납입하여야 한다. 단, 벌금을 선고할 때에는 동시에 그 금액을 완납할 때까지 노역장에 유치할 것을 명할 수 있다.
② 벌금을 납입하지 아니한 자는 1일 이상 3년 이하, 과료를 납입하지 아니한 자는 1일 이상 30일 미만의 기간 노역장에 유치하여 작업에 복무하게 한다.

제70조(노역장 유치) ① 벌금이나 과료를 선고할 때에는 이를 납입하지 아니하는 경우의 노역장 유치기간을 정하여 동시에 선고하여야 한다.

---

5) 한영수, "拘留刑의 문제점", 비교형사법연구 제4권 제2호, 2002, 204면 이하.

② 선고하는 벌금이 1억원 이상 5억원 미만인 경우에는 300일 이상, 5억원 이상 50억원 미만인 경우에는 500일 이상, 50억원 이상인 경우에는 1천일 이상의 노역장 유치기간을 정하여야 한다.

제71조(유치일수의 공제) 벌금이나 과료의 선고를 받은 사람이 그 금액의 일부를 납입한 경우에는 벌금 또는 과료액과 노역장 유치기간의 일수(日數)에 비례하여 납입금액에 해당하는 일수를 뺀다.

재산형은 수형기관의 과밀화와 이로 인한 경비의 증가를 줄이고 범죄자의 사회활동 기회를 높일 수 있는, 즉 자유형으로 인한 각종 폐단을 줄이는 중요한 형벌이며, 상대적 형벌이론이 등장하면서 재산형은 확대되었다. 현재 형사판결에서 가장 많이 선고되는 형벌이 '**벌금**'인데, 벌금은 5만 원 이상이고(형법 제45조), 상한(**총액벌금형제도**)은 개별 구성요건에서 설정되어 있다. 감경하는 경우는 5만 미만도 가능하다(형법 제45조 단서).

참고 **일수벌금형제도**

형법은 개별 구성요건에 벌금액의 상한을 규정하고 법원은 이 범위 안에서 일정 금액의 벌금형을 선고하는 '총액벌금형제도'를 취하고 있다. 반면 독일 등에서 취하고 있는 '일수벌금형제도'는 〈범행의 경중에 따라 일수 × 피고인의 수입상황을 고려하여 일수당 액수〉의 방식으로 벌금액을 산정한다. 이것은 피고인의 경제적 사정에 따른 벌금형의 불평등성을 시정하기 위한 목적에서 시행되고 있다. 벌금형을 선고하는 독일의 판결문을 보면, 〈"피고인을 벌금 ○○일에 처한다."〉라고 적시된다.

독일이 유죄판결을 받은 사람의 상이한 경제적인 상황 등에 유연하게 적응할 수 있도록 일수벌금형제도를 도입(1969.7.4.개정, 1975.1.1.시행)한 이후 1980년대부터 일수벌금형제도를 도입하자는 논의가 계속되고 있으나, 희생평등의 차원에서 역차별의 문제와 피고인의 경제적 사정에 대한 조사의 어려움 등을 이유로 한 신중론이 입법론상으로 유지되어 오고 있다. 이러한 상황에서 벌금형의 환형처분인 노역장유치의 문제점 등이 지적되면서 500만 원 이하의 벌금형에 대한 사회봉사명령의 대체 및 집행유예가 도입되었다. 하지만 일수벌금형제도의 도입 없이, 이에 대한 차선책으로 도입한 벌금형에 대한 사회봉사명령의 대체나 집행유예의 실효성은 높지 않은 상황이다.

벌금은 판결확정일로부터 30일 내 납입하여야 하고, 벌금을 납입하지 않으면 1일 이상 3년 이하의 기간 노역장에 유치하여 작업에 복무하게 된다(형법 제69조). 벌금 미납으로 인한 노역장유치를 '**환형처분**'이라고 하는데, 환형처분의 유치기간은 벌금형의 선고와 동시에 판결로 선고한다(형법 제70조 제1항, 형사소송법 제321조 제2항).

벌금형을 선고하는 판결문의 주문에서는, 예를 들어 "피고인을 벌금 200만 원에 처한다. 피고인이 위 벌금을 납입하지 아니하는 경우 금 10만 원을 1일로 환산한 기간 피고인을 노역장에 유치한다. 위 벌금에 상당한 금액의 가납을 명한다."라는 형식으로 적시된다.

그런데 벌금형의 환형처분인 노역장유치는 실질이 신체의 자유를 박탈하는 것으로서 징역형과 유사한 형벌적 성격을 가지므로, 징역형의 폐해를 시정하기 위한 벌금형의 본질에 어긋난다는 비판이 제기되었다. 이에 2009년 벌금미납자법이 제정되어 대통령령으로 정한 금액(500만 원) 범위 내의 벌금형이 확정된 벌금 미납자는 검사의 납부명령일부터 30일 이내에 주거지를 관할하는 지방검찰청의 검사에게 사회봉사를 신청할 수 있으며(벌금미납자법 제4조 제1항), 2016년 벌금형에 대한 집행유예가 신설되어 500만 원 이하의 벌금형을 선고할 경우는 형법 제51조의 사항을 참작하여 그 정상에 참작할 만한 사유가 있는 때에는 1년 이상 5년 이하의 기간 형의 집행을 유예할 수 있다(형법 제62조 제1항). 또한 벌금형에 대해서는 선고유예도 가능하다(형법 제59조 제1항).

재산형에는 '**과료**'도 포함되는데, 과료는 2천 원 이상 5만원 미만의 금액이다(형법 제47조). 과료를 납입하지 않은 경우는 1일 이상 30일 미만의 기간 노역장에 유치하여 작업에 복무하게 되며(형법 제69조 제2항), 과료를 선고할 때는 이를 납입하지 아니하는 경우의 노역장 유치기간을 정하여 동시에 선고한다(형법 제70조 제1항).

참고 벌금형에 대한 비판과 개선

범죄자가 가족과 사회로부터 단절되지 않는다는 벌금형의 장점이 범죄에 대한 응보와 범죄의 예방이라는 형벌의 목적에 있어서는 단점이기도 하다. 벌금형의 단점은 크게 세 가지 측면에서 언급된다.[6] 첫째, 형벌의 효과, 특히 예방적 효과가 낮다는 점이 지적된다. 범죄자가 벌금 납입을 가족 등 타인에게 전가하기도 하고 범죄자가 사회로부터 격리되지 않기 때문에 범죄자에 대한 통제도 어렵고 범죄자가 형벌을 경하게 생각하기 쉽다는 것이다. 둘째, 범죄자의 경제적 빈부 차에 따른 상대적 불평등의 문제점이 지적된다. 동일한 액수의 벌금형이라도 개인의 경제적 상황에 따라 형벌의 효과가 다르다는 것이 지적되며, 이에 현재의 총액벌금형제도 대신에 일수벌금형제도를 도입하자는 논의가 지속되고 있다. 셋째, 벌금 미납의 문제로서 벌금의 집행율이 매우 낮다는 점과 벌금 미납시 노역장유치로 인한 폐해가 지적된다.

이와 같은 문제점들에 대한 개선의 논의가 지속하여 있어 왔다. 논의는 크게 벌금형의 부과의 측

---

6) 김정환, "벌금형 집행유예의 도입과 보완", 보호관찰 제16권 1호, 2016, 49면.

면과 집행의 측면에서 이루어지는데, 근래 벌금형 집행의 측면에서 수형인의 경제적 빈부 차에 따른 상대적 불평등의 문제를 해결하기 위한 입법이 되었다. 먼저 **벌금미납자법**이 2009. 3. 25. 제정되어 2009. 6. 26.부터 시행되고 있다. 노역장유치의 환형처분을 사회봉사로 대체할 수 있게 하는 벌금미납자법의 도입으로 노역장유치의 문제점이 상당히 개선되리라, 특히 경제적 어려움으로 벌금을 납입하지 못하는 수형인을 구제할 것이라고 기대하였지만, 기대한 효과가 예상에 못미쳤다. 벌금대체 사회봉사제도에 대하여, 신청인원이 예상에 훨씬 못 미쳤고, 신청한 인원도 벌금대체 사회봉사의 완전집행율이 높지 않았다. 다음으로 2016. 1. 6.에는 **형법의 개정**을 통해 벌금형의 집행유예제도가 도입되어 2018. 1. 7.부터 시행되었다. 벌금을 납입하지 못하여 노역장에 유치되면 자유형에 대하여 집행유예를 선고받은 경우보다 불리하게 되는 상대적으로 경한 벌금형과 중한 자유형 간에 있어서 불합리가 개선된 점에서 벌금형 집행유예 도입의 의미를 찾을 수 있다. 또한 보호관찰 · 사회봉사명령 · 수강명령을 부과할 수 있는 벌금형집행유예가 도입되면서 노역장유치가 벌금납입의 유일한 대체 · 강제수단이라는 비판에서 벗어날 수 있게 되었다.

5. 명예형

제43조(형의 선고와 자격상실, 자격정지) ① 사형, 무기징역 또는 무기금고의 판결을 받은 자는 다음에 기재한 자격을 상실한다.

1. 공무원이 되는 자격
2. 공법상의 선거권과 피선거권
3. 법률로 요건을 정한 공법상의 업무에 관한 자격
4. 법인의 이사, 감사 또는 지배인 기타 법인의 업무에 관한 검사역이나 재산관리인이 되는 자격

② 유기징역 또는 유기금고의 판결을 받은 자는 그 형의 집행이 종료하거나 면제될 때까지 전항 제1호 내지 제3호에 기재된 자격이 정지된다. 다만, 다른 법률에 특별한 규정이 있는 경우에는 그 법률에 따른다.

제44조(자격정지) ① 전조에 기재한 자격의 전부 또는 일부에 대한 정지는 1년 이상 15년 이하로 한다.

② 유기징역 또는 유기금고에 자격정지를 병과한 때에는 징역 또는 금고의 집행을 종료하거나 면제된 날로부터 정지기간을 기산한다.

범죄자의 일정한 권리나 법적 능력을 상실 또는 정지시키는 것을 명예형 혹은 자격형이라고 하는데, 형법에는 자격상실과 자격정지 두 가지가 존재한다. 입법자는 재산형보다 무거운 형벌로서 자격상실과 자격정지를 위치시켰다.

'**자격상실**'은 무기징역이나 무기금고, 사형의 선고를 받은 사람은 ① 공무원이 되는 자격, ② 공법상의 선거권과 피선거권, ③ 법률로 요건을 정한 공법상의 업무에 관

한 자격, ④ 법인의 이사, 감사 또는 지배인 기타 법인의 업무에 관한 검사역이나 재산관리인이 되는 자격이 기한 없이 상실된다(형법 제43조 제1항). 이때 피고인이 사면이나 가석방이 되더라도 자격상실의 효력은 별도의 복권 조치가 없으면 지속되는데, 입법론상 개정이 필요하다는 비판이 제기된다. 자격상실은 주형의 일종으로 규정되어 있지만, 개별 형법 규정에서 자격상실이 독자적인 법정형으로 규정되어 있지는 않으며 사실상 무기징역이나 무기금고, 사형에 있어서 부가형의 형태로 사용되고 있다.

'**자격정지**'는 일정한 기간 일정한 자격의 일부 또는 전부를 정지시키는 형벌인데, 자격정지로 정지되는 자격은 자격상실의 경우와 동일하다. 자격정지는 자격상실과 달리 형법 각칙에 선택형이나 병과형으로 규정되어 있는데, 예를 들어 국기에 관한 죄에서는 자격정지가 선택형으로 규정되어 있고(형법 제105조, 제106조), 통화에 관한 죄에서는 자격정지가 병과형으로 규정되어 있다(형법 제209조).

자격정지는 일정한 유죄판결을 받으면 당연히 자격이 정지되는 당연정지와 판결의 선고로 자격이 정지되는 선고정지의 2가지 형태가 존재한다. '**선고정지**'는 판결로써 유기징역이나 유기금고에 대상 자격의 전부 또는 일부에 대한 정지를 병과하는 것으로, 기간은 1년 이상 15년 이하이며 정지의 기간은 징역이나 금고의 집행을 종료하거나 면제된 날로부터 기산된다(형법 제44조). '**당연정지**'는 유기징역이나 금고 이상의 형의 집행 중인 수형자의 일정한 자격이 집행이 종료되거나 면제될 때까지 당연히 정지되는 것인데, 다만 법인의 이사, 감사 또는 지배인 기타 법인의 업무에 관한 검사역이나 재산관리인이 되는 자격은 정지되지 않는다(형법 제43조 제2항).

6. 몰수(부가형)

제48조(몰수의 대상과 추징) ① 범인 외의 자의 소유에 속하지 아니하거나 범죄 후 범인 외의 자가 사정을 알면서 취득한 다음 각 호의 물건은 전부 또는 일부를 몰수할 수 있다.
1. 범죄행위에 제공하였거나 제공하려고 한 물건
2. 범죄행위로 인하여 생겼거나 취득한 물건
3. 제1호 또는 제2호의 대가로 취득한 물건
② 제1항 각 호의 물건을 몰수할 수 없을 때에는 그 가액(價額)을 추징한다.
③ 문서, 도화(圖畵), 전자기록(電磁記錄) 등 특수매체기록 또는 유가증권의 일부가 몰수의 대상이 된 경우에는 그 부분을 폐기한다.
제49조(몰수의 부가성) 몰수는 타형에 부가하여 과한다. 단, 행위자에게 유죄의 재판을 아니할 때에도 몰수의 요건이 있는 때에는 몰수만을 선고할 수 있다.

(1) 의의

몰수는 범죄의 반복을 막거나 범죄로부터 이득을 얻지 못하게 할 목적으로 범죄행위와 관련된 물건의 소유권을 박탈하는 재산형이다. 몰수가 선고된 물건의 소유권은 국가에 강제로 귀속된다.

몰수는 형법에 형벌의 일종으로 규정되어 있지만(형법 제41조), 몰수가 제3자의 소유물에 대해서 과해지는 경우는 보안처분으로 이해되고 행위자에게 유죄의 재판을 하지 않는 경우도 몰수만을 선고할 수 있도록 규정(형법 제49조 단서)한 것은 재범의 위험성을 예방 또는 차단하기 위한 보안처분으로서의 성격도 있으므로, 몰수의 **법적 성격**은 **형벌**의 성격뿐만 아니라 **보안처분**의 성격도 함께 갖는다고 이해하는 것이 일반적이다(병합설).

(2) 몰수의 종류

① 임의적 몰수(원칙)

몰수는 임의적 몰수와 필요적 몰수가 존재하는데, 형법은 '**임의적 몰수**'를 원칙으로 한다(형법 제48조 제1항). 따라서 몰수의 요건에 해당하는 물건이라도 이를 몰수할 것인지의 여부는 형벌 일반에 적용되는 비례의 원칙에 의한 제한을 받는 외에는 법원의 재량에 맡겨져 있다(대법원 2013.5.24. 선고 2012도15805 판결).

몰수 대상 물건이 범죄 실행에 사용된 정도와 범위 및 범행에서의 중요성, 물건의 소유자가 범죄 실행에서 차지하는 역할과 책임의 정도, 범죄 실행으로 인한 법익 침해의 정도, 범죄 실행의 동기, 범죄로 얻은 수익, 물건 중 범죄 실행에 관련된 부분의 별도 분리 가능성, 물건의 실질적 가치와 범죄와의 상관성 및 균형성, 행위자에게 필요불가결한 물건인지 여부, 물건이 몰수되지 않는다면 행위자가 그 물건을 이용하여 다시 동종 범죄를 실행할 위험성 유무 및 그 정도 등 제반 사정이 고려된다(대법원 2013.5.23. 선고 2012도11586 판결). 예를 들어, 마약 등의 수수 및 흡연(투약) 혐의의 사건에서 피고인이 일상적인 생활도구로 사용하던 핸드폰을 혐의 사실과 관련하여 상대방과의 연락 수단으로 일시적으로 이용한 것일 뿐이고 다수의 개인정보와 전자정보가 저장된 장치로서 피고인에게는 일상생활과 경제활동 등에 필수불가결한 경우는 피고인의 핸드폰이 몰수 요건에 형식적으로 해당한다고 볼 수 있었더라도 몰수로 인하여 피고인에게 미치는 불이익의 정도가 지나치게 큰 편이라는 점에서 몰수가 제한되는 경우로 볼 여지가 많다(대법원 2024.1.4. 선고 2021도5723 판결).

② 필요적 몰수

한편, 마약류관리법 제67조, 특정경제범죄법 제10조, 관세법 제282조, 밀항단속법 제4조의2 등 각종 특별법과 형법의 뇌물범죄(형법 제134조), 배임수증재죄(형법 제357조 제3항) 등에 필요적 몰수가 규정되어 있다.

형법상 몰수는 원칙적으로 임의적이고 범죄의 반복을 막거나 범죄행위로 인한 부정한 이득의 박탈에 목적을 두고 있는데, 반면 특별법상 필요적으로 규정된 몰수는 위반자에 대한 징벌적 제재의 성질을 지니는 '**징벌적 성격**'으로 이해된다. 징벌적 성격이 인정되는 경우는 민법상 다수 당사자의 채권 관계에 인정되는 분할의 원칙이 몰수에 적용되지 않으며, 범죄자에게 이득이 없더라도 몰수를 할 수 있다는 점에서 형법상의 일반적 몰수와 차이점이 있다.

판례를 보면, ⓐ 특정경제범죄법의 몰수·추징은 범죄로 인한 이득의 박탈을 목적으로 한 형법상의 몰수·추징과는 달리 재산국외도피 사범에 대한 징벌의 정도를 강화하여 범행 대상인 재산을 필요적으로 몰수하고 그 몰수가 불가능한 경우는 그 가액을 납부하게 하는 소위 징벌적 성격의 처분이라고 보는 것이 상당하므로, 그 도피재산이 피고인들이 아닌 회사의 소유라거나 피고인들이 이를 점유하고 그로 인하여 이득을 취한 바가 없다고 하더라도 피고인들 모두에 대하여 그 도피재산의 가액 전부의 추징을 명하여야 한다(대법원 2005.4.29. 선고 2002도7262 판결). ⓑ 마약류관리법의 몰수나 추징은 범죄행위로 인한 이득의 박탈을 목적으로 하는 것이 아니라 징벌적 성질의 처분이므로, 그 범행으로 인하여 이득을 취득한 바 없다 하더라도 법원은 그 가액의 추징을 명하여야 하고, 그 추징의 범위에 관하여는 죄를 범한 자가 여러 사람일 때에는 각자에 대하여 그가 취급한 범위 내에서 의약품 가액 전액의 추징을 명하여야 한다(대법원 2001.12.28. 선고 2001도5158 판결). ⓒ 밀항단속법상의 몰수와 추징은 일반 형법의 경우와 달리 범죄사실에 대한 징벌적 제재의 성격을 띠고 있으므로, 여러 사람이 공모하여 죄를 범하고도 몰수대상인 수수 또는 약속한 보수를 몰수할 수 없을 때는 공범자 전원에게 그 보수액 전부의 추징을 명하여야 한다(대법원 2008.10.9. 선고 2008도7034 판결). ⓓ 관세법상 추징은 일반 형법에서의 추징과는 달리 징벌적 성격을 띠고 있어 여러 사람이 공모하여 관세를 포탈하거나 관세장물을 알선, 운반, 취득한 경우는 범칙자의 1인이 그 물품을 소유하거나 점유하였다면 그 물품의 범칙 당시의 국내도매가격 상당의 가액 전액을 그 물품의 소유 또는 점유사실의 유무를 불문하고 범칙자 전원으로부터 각각 추징할 수 있다(대법원 2007.12.28. 선고 2007도8401 판결).

(3) 대물적 요건(대상)

몰수의 대상은 범죄행위와 **관련성**이 있는 물건이어야 하는데(대법원 2016.12.15. 선고 2016도16170 판결), 형사절차에서 압수된 물건에 제한되지 않는다. 형법 제48조는 몰수의 대상을 '**물건**'으로 한정하고 있는데. 민법상 물건은 "유체물 및 전기 기타 관리할 수 있는 자연력"이라고 정의한다(민법 제98조). 몰수에 있어서 형법은 민법이 정의한 '물건'과 다른 내용으로 '물건'의 개념을 정의하고 있다고 볼만한 사정도 존재하지 아니하므로, 피고인이 범죄행위에 이용한 '웹사이트'는 몰수의 대상으로 정한 물건에 해당하지 않는다(대법원 2021.10.14. 선고 2021도7168 판결). 범죄행위와 관련성 있는 물건 중 아래에서 설명되는 대물적 요건과 대인적 요건 모두를 갖추어야 몰수가 가능하다.

① 첫째, 범죄행위에 제공하였거나 제공하려고 한 물건이다.

살인에 사용된 독극물이나 뇌물로 제공한 금품 등이 대표적인 '**범죄행위에 제공한 물건**'이다. 예를 들어, 피해자로 하여금 사기도박에 참여하도록 유인하기 위하여 고액의 수표를 제시해 보인 경우, 이 수표가 직접적으로 도박자금으로 사용되지 아니하였더라도 수표가 피해자로 하여금 사기도박에 참여하도록 만들기 위한 수단으로 사용되었으므로 이를 몰수할 수 있다(대법원 2002.9.24. 선고 2002도3589). 그리고 범죄행위에 제공한 물건은 범죄의 실행행위 자체에 사용한 물건에만 한정되는 것이 아니며, 상습적으로 가전제품을 절취하는 행위에 사용된 피고인의 승용차와 같이 실행행위의 착수 전의 행위 또는 실행행위의 종료 후의 행위에 사용한 물건이더라도 그것이 범죄행위의 수행에 실질적으로 기여했다면 제공한 물건에 포함된다(대법원 2006.9.14. 선고 2006도4075 판결).

'**범죄행위에 제공하려고 한 물건**'은 범죄행위에 사용하려고 준비하였으나 실제 사용하지 못한 물건을 의미하는데, 형법상의 몰수가 공소사실에 대하여 형사재판을 받는 피고인에 대한 유죄판결에서 다른 형에 부가하여 선고되는 형벌이므로 유죄로 인정되는 당해 범죄행위에 제공하려고 한 물건임이 인정되어야 한다. 예를 들어, 체포될 당시에 미처 송금하지 못하고 소지하고 있던 자기앞수표나 현금은 장차 실행하려고 한 외국환거래법 위반의 범행에 제공하려는 물건일 뿐, 그 이전에 범해진 외국환거래법 위반의 범죄행위에 제공하려고 한 물건으로는 볼 수 없으므로 몰수할 수 없다(대법원 2008.2.14. 선고 2007도10034 판결).

한편 범죄행위에 제공된 물건을 제공자에게 반환한 때에는 물건을 제공자로부터 몰수하여야 하나, 제공된 물건을 그대로 반환하지 않고 제공된 물건과 같은 액수의 금전을 반환한 때에는 반환받은 제공자로부터 몰수할 수 없다(대법원 2017.5.17. 선고 2016도11941 판결).

② 둘째, 범죄행위로 인하여 생겼거나 취득한 물건이다.

문서위조 행위로 작성된 문서나 도박으로 취득한 금품이 대표적인 '**범죄행위로 인하여 생겼거나 취득한 물건**'이다. 판례는 '전자기록'을 저장매체에 전자방식이나 자기방식에 의하여 저장된 기록으로서 저장매체를 매개로 존재하는 물건으로 보고 몰수의 대상으로 인정하는데, 예를 들어 휴대전화의 동영상 촬영기능을 이용하여 성폭력범죄처벌법위반(카메라등이용촬영)의 죄를 범한 사안에서 휴대전화는 '범죄행위에 제공된 물건'이며 촬영되어 저장된 동영상은 휴대전화에 저장된 전자기록으로서 '범죄행위로 인하여 생긴 물건'에 각각 해당하는데, 이때 법원은 휴대전화를 몰수하지 않고 동영상만을 몰수하는 것도 가능하다(대법원 2017.10.23. 선고 2017도5905 판결).

③ 셋째, 앞의 두 가지 물건(범죄행위에 제공하였거나 제공하려고 한 물건; 범죄행위로 인하여 생겼거나 취득한 물건)의 대가로 취득한 물건이다.

재산범죄로 취득한 장물을 매각하여 취득한 금전이 대표적인 '**대가물건**'인데, 몰수 대상의 물건을 범죄자가 처분하여 제3자가 선의취득 등의 방법으로 취득한 것처럼 국가가 몰수 대상의 물건을 취득할 수 없는 경우를 대비한 것이다.

참고 **특별법상 몰수 대상의 확대**

형법상 몰수는 '**물건**'을 대상으로 한정하므로, 재산상 이익에 대해서는 몰수 및 추징을 할 수 없다. 이러한 흠결을 보완하기 위해서 '범죄수익은닉규제법', '공무원범죄몰수법', '마약거래방지법' 등에서는 재물과 재산상의 이익의 총체인 '**재산**' 자체를 몰수의 객체로 규정하고 있으며, 추징의 시효도 연장하고 있다.

범죄수익은닉규제법은 "중대범죄에 해당하는 범죄행위에 의하여 생긴 재산 또는 그 범죄행위의 보수로 얻은 재산"을 범죄수익으로 규정하고, 범죄수익을 몰수할 수 있다고 규정한다(제8조 제1항 제1호). 그리고 범죄수익은닉규제법의 입법 취지 및 법률 규정의 내용을 종합하여 보면, 범죄수익은닉규제법에 정한 중대범죄에 해당하는 범죄행위에 의하여 취득한 것으로 재산적 가치가 인정되는 무형재산도 몰수할 수 있다. 예를 들어, 피고인이 음란물유포 인터넷사이트를 운영하면서 정보통신망법위반(음란물유포)죄와 도박개장방조죄에 의하여 비트코인(Bitcoin)을 취득한 사안에서, 피고인의 정보통신망법 위반(음란물유포)죄와 도박개장방조죄는 범죄수익은닉규제법에 정한 중대범죄에 해당하며, 비트코인은 비트코인은 재산적 가치가 있는 무형의 재산이라고 보아야 하고, 피고인이 취득한 비트코인을 몰수할 수 있다(대법원 2018.5.30. 선고 2018도3619 판결).

(4) 대인적 요건

몰수의 대상이 되는 물건은 앞서 설명된 대물적 요건을 갖출 뿐만 아니라, 범인 외의 자의 소유에 속하지 아니하거나 범죄 후 범인 외의 자가 사정을 알면서 취득한 경우이어야 한다.

① 첫째, 범인 외의 자의 소유에 속하지 아니한 물건이다.

범인 외 사람의 소유에 속하지 아니한 경우는 범죄자의 소유물뿐만 아니라 소유자가 없는 무주물을 포함한다. 금괴의 밀수 중 인도받는 순간에 금괴를 바닷물 속에 던져 인도받지 못한 경우는 아직 피고인들이 소유 또는 점유하는 물건이라고 볼 수 없으므로 몰수 · 추징의 대상이 되지 않는다(대법원 1978.11.14. 선고 78도2078). 이때 범인에는 공범자도 포함되는데, 공동정범, 교사범, 방조범은 물론 필요적 공범도 포함하여 모든 공범의 소유물도 공범의 기소 여부와 관계없이 몰수할 수 있다(대법원 2006.11.23. 선고 2006도5586 판결). 판례는 더 나아가 형법 제48조 제1항의 '범인'에 해당하는 공범자는 유죄의 죄책을 지는 공범으로 제한되는 것이 아니라 공범에 해당하는 행위를 한 자이면 충분하다고 본다(대법원 2006.11.23. 선고 2006도5586 판결).

② 둘째, 범죄 후 범인 외의 자가 사정을 알면서 취득한 물건이다.

범죄행위와 관련성 있는 물건의 위험성을 미래지향적으로 제거하기 위해서 몰수가 필요할 수 있으므로, 범인 이외의 자에게 속하는 물건에 대해서도 몰수할 수 있도록 규정하였다(형법 제48조 제1항). 다만 피고인 이외의 제3자 소유에 속하는 물건에 대하여 몰수를 선고한 판결의 효력은 원칙적으로 몰수의 원인이 된 사실에 관하여 유죄의 판결을 받은 피고인에 대한 관계에서 그 물건을 소지하지 못하게 하는 데 그치고, 그 제3자의 소유권에 어떤 영향을 미치지는 않는다(대법원 1999.5.11. 선고 99다

12161 판결).

(5) 추징

① 법적 성격

추징은 몰수 대상인 물건을 몰수할 수 없을 때는 몰수에 갈음하여 물건의 가액의 납부를 명하는 처분이다(형법 제48조 제2항). 추징은 형벌의 종류를 규정한 형법 제41조에 규정되어 있지 않으나, 몰수에 준하여 법적 성질이나 요건 등을 취급한다. 판례도 몰수를 갈음하는 추징은 공소사실에 관하여 형사재판을 받는 피고인에 대한 유죄의 판결에서 선고되는 부수처분으로서 **형벌적 성격**을 가진다고 본다(대법원 2024.6.13. 선고 2023도17596 판결).

② 요건

몰수할 수 없는 경우란 몰수의 요건이 충족되었으나 법률상 · 사실상의 장애로 몰수할 수 없는 경우를 말하는데, 몰수대상물이 소비 · 훼손 · 가공 등으로 인하여 동일성이 상실된 경우나 소재지가 외국 등이어서 몰수할 수 없는 경우이다. 예를 들어, 자기앞수표를 뇌물로 받아 이를 생활비로 소비한 후 자기앞수표 상당액을 증뢰자에게 반환하였더라도 뇌물 그 자체를 반환한 것은 아니므로 이를 몰수할 수 없고 그 가액을 추징하여야 한다(대법원 1983.4.12. 선고 82도2462 판결).

몰수의 취지가 범죄에 의한 이득의 박탈이고 추징도 이러한 몰수의 취지를 관철하기 위한 것이라면, 몰수하기 불능한 때에 추징하여야 할 가액은 범인이 그 물건을 보유하고 있다가 몰수의 선고를 받았더라면 잃었을 이득상당액을 의미하고, 그 가액산정은 재판선고시의 가격을 기준으로 한다(대법원 2008.10.9. 선고 2008도6944 판결).

(6) 부가성

몰수와 추징은 **부가형**으로서 다른 형벌이 주형으로 선고될 때 부가하여 과해지는 것이 원칙이다(형법 제49조 본문). 따라서 주형에 대하여 선고를 유예하는 경우는 그 부가할 추징에 대하여도 선고를 유예할 수 있으나, 그 주형에 대하여 선고를 유예하지 아니하면서 이에 부가할 추징에 대하여서만 선고를 유예할 수는 없다(대법원 1979.4.10. 선고 78도2098 판결). 그리고 형의 선고유예는 유죄판결의 일종이므로(형사소송법 제322조), 피고인에 대한 징역형의 선고를 유예하면서 몰수를 선고하거나(대법원 1973.12.11. 선고 73도1133 전원합의체 판결) 추징을 선고하는 것도 가능하다(대법원 1990.4.27. 선고 89도2291 판결).

한편, 예외적으로 행위자에게 유죄의 재판을 아니할 경우도 몰수의 요건이 있는 때에는 몰수만을 선고할 수 있다(형법 제49조 단서). 그런데 형법 제49조에 근거하여 몰수를 선고하려면 몰수의 요건이 공소가 제기된 공소사실에 관련이 있어야 하므로, 공소제기 없이 별도로 몰수만을 선고할 수 있는 제도가 마련되어 있지 않은 상황에서 공소가 제기되지 아니한 별개의 범죄사실을 법원이 인정하여 그에 관하여 몰수를 선고하는 것은 불고불리의 원칙에 반하여 허용되지 않는다(대법원 2022.12.29. 선고 2022도8592 판결). 현재로서는 유죄판결의 일종으로 주형의 형이 면제되면서 부가형인 몰수만이 과해지는 경우가 존재할 수 있을 뿐이다.

제3절 | 양형

I. 의의

1. 개념

특정한 범죄자에게 특정한 형을 선고하는 것이 '**형의 적용**'이고, 특정한 형을 선정하는 과정을 '**형의 양정**'이라고 한다. 양형이란 형(刑)의 양정(量定)을 줄인 말로서 '법률적 양형'과 '법원의 양형'을 포괄하는 개념이다. 입법자와 법원의 공동 작업인 양형에 있어서, 입법자가 입법의 단계에서 담당하는 '법률적 양형'과 법원이 법률적 양형의 범위 내에서 구체적인 형벌을 확정하는 '법원의 양형'으로 구분된다. 양자는 개별 행위에 대한 국가의 최종 판단을 목표로 지향해 가는 유기적 연속선상에 있으며, 어떤 범죄에 대한 법정형은 법원이 구체적 사건의 정상에 따라 행위자의 책임에 상응하는 적정한 선고형을 도출할 수 있게끔 과도하게 넓지 않은 범위에서 되도록 그 폭을 넓게 규정하는 것이 바람직하지만, 입법자가 법정형 책정에 관한 여러 가지 요소를 종합적으로 고려하여 법률 그 자체로 법원에 의한 양형 재량의 범위를 좁혀 놓았더라도, 그것이 당해 범죄의 보호법익과 죄질에 비추어 범죄와 형벌 간의 비례원칙상 수긍할 수 있는 정도의 합리성이 있다면 위헌이라고 할 수는 없다(헌법재판소

2011. 11. 24. 선고 2011헌바54 결정).

이와 같이 양형은 법률적 양형과 법원의 양형을 포함하는 개념이지만, 형법에서 논의되는 양형은 주로 법원의 양형만을 의미한다. 이러한 의미에서 양형은 법원이 기소된 범죄에 대하여 유죄라고 인정하면, 그 범죄의 법정형에 법률상의 가중·감경 또는 재판상 감경을 하고 그러한 처단형의 범위 내에서 구체적으로 선고할 형을 정하는 것을 의미한다. 즉 개별 구성요건에 규정된 형벌이 '**법정형**'인데, 법정형에 규정되어 있는 여러 종류의 형벌 가운데 어느 하나를 선택하여 특정된 형벌이 '**선택형**'이고, 이후 법률상 및 재판상의 가중·감경을 한 형벌이 '**처단형**'이고, 법원이 처단형의 범위에서 양형조건(형법 제51조)을 고려하여 선고한 형이 '**선고형**'이다. 양형은 법정형 확인, 처단형 확정, 선고형 결정 등의 단계로 이루어진다.

2. 2중평가금지 원칙

2중평가금지의 원칙은 범죄의 구성요건에 포함된 사정을 구체적인 양형의 과정에서 다시 고려하는 것이 금지된다는 의미이다. 2중평가금지의 근거는 입법자와 법관 사이의 책임분배에 있는데, 입법자가 구성요건 속에 이미 규정해 놓은 사유를 법관이 구체적 양형에서 다시 고려해서는 안 된다는 것이다. 예를 들어, 존속살해죄(형법 제250조 제2항)의 양형에 있어서는 이미 구성요건에 반영된 행위자와 피해자 간의 존비속관계가 양형의 참작사유로 재차 고려되어서는 안 된다는 것이다. 2중평가금지의 원칙은 형법에 명문으로 규정되어 있지는 않지만, 합리적인 양형을 위하여 당연히 적용되는 원칙이다.

2중평가금지 원칙의 적용 범위에 대하여 일치된 견해는 없으나, 구성요건표지들뿐만 아니라 형사정책적 사고와 입법자의 의도 그리고 모든 불법 및 책임근거표지들까지 그 적용 대상이라고 보는 견해에 의하면 2중평가금지는 구성요건에만 관련되는 것이 아니라 일정한 범죄를 기초하는 모든 요소들과도 관련된다.[7)]

3. 양형이론

법원의 양형에 있어서 바람직한 판단 기준을 정립하는 것에 대한 논의인 양형이론은 형벌관의 논의에서 핵심 개념인 책임과 예방 간의 관계 정립에 대한 시각과 연

---

7) 김정환, "업무방해범죄 양형기준안에 대한 발전적 건의", 법조 제64권 제3호, 2015, 22면.

결된다.

첫째, '**유일형 이론**'이 있다.[8] 이것은 책임을 강조하는 시각에 연결되는데, 책임의 크기는 하나의 고정되고 정해진 것이므로 책임에 상응하는 정당한 형벌도 하나뿐이라고 본다. 다만 인간 능력의 불완전성으로 인해 책임에 상응하는 하나의 형벌을 정확히 확인할 수 없다고 한다. 이러한 유일형 이론에 대해서는, 형벌을 정확히 확인하는 것이 불가능하다면 책임에 상응하는 정당한 형벌도 허구에 불과할 뿐이고 실제로 책임에 적합한 형벌을 측정하고 추론할 수 있는 어떠한 방법도 제시할 수 없다면 공허한 이론에 불과하다는 비판이 제기된다.

둘째, '**단계 이론**'이 있다. 이것은 양형의 단계를 분리하여 단계별로 다른 형벌이념을 배치하는데, 책임과 예방을 분리하여 책임에 따른 형벌의 양을 먼저 결정한 후 위험성이라는 기준을 통하여 형벌의 종류와 형의 유예 여부를 결정한다. 이러한 단계 이론에 대해서는, 형의 종류를 선택하고 정도를 결정함에도 예방뿐만 아니라 책임 역시 중요하므로 책임과 예방을 구분하여 단계별로 독자적으로 고려하는 것은 부적절하다는 비판이 제기된다.

셋째, '**범위 이론**'이 있다.[9] 책임범위이론 또는 판단여지이론이라고도 하는데, 응보(절대적 형벌론)와 예방(상대적 형벌론)을 결합한 결합론의 시각과 연결된다. 적용이 가능한 법정형의 범위 내에서 개별 사건과 연관된 책임의 범위가 발견되며, 이 범위 내에서 책임에 적합한 형벌의 크기가 있다고 본다. 일차적 기준인 책임의 범위 내에서 법원은 이차적으로 특별예방과 일반예방을 고려하여 형을 결정하여야 한다고 본다.

생각건대, 양형은 형벌의 목적을 달성하기 위한 수단일 뿐이지 그 자체가 목적이 될 수 없으므로, 형벌의 이유와 대한 형벌관이 양형의 기준이 된다. 형벌관의 논의에서 핵심 개념으로 제시되는 책임과 예방의 관점을 개별적인 양형에 적용함에 있어서는 원칙적으로 책임의 관점을 일차적인 기준으로 하는데, 이때 그 책임은 일정한 폭의 형태로 확인될 뿐이므로 구체적 사건에 적용될 형벌의 종류와 양은 처단형의 범위 안에서 상한선과 하한선이 정해진다. 형벌은 우선 책임 요소에 따라 그 폭이 정하여지고 예방적 관점에서는 그 형벌의 상한선이나 하한선의 한계를 넘지 않는 범위 안에서 고려하는 것이 타당하다(**범위 이론**).

---

8) 이영란, 581면.

9) 정성근 · 박광민, 554면.

II. 양형의 조건

1. 근거 규정

(1) 형법 제51조

제51조(양형의 조건) 형을 정함에 있어서는 다음 사항을 참작하여야 한다.
1. 범인의 연령, 성행, 지능과 환경
2. 피해자에 대한 관계
3. 범행의 동기, 수단과 결과
4. 범행 후의 정황

자의적인 양형을 막기 위해서는 합리적인 양형의 기준이 필요하다. 그렇지만 죄의 양태는 다양하고 행위자의 사정이나 피해자의 사정 등도 천차만별이기 때문에, 양형 판단에 있어서 유연성이 인정된다. 선고형 결정 과정에 있어서는 선택형 선정, 임의적 감경, 정상참작감경, 집행유예 등 많은 부분이 법관의 재량에 맡겨진다. 이처럼 법치국가원리에 따라 예측이 가능하고 통제할 수 있도록 양형의 합리화가 이루어져야 한다는 이상과 양형에서는 고려해야 할 요인들이 너무 다양해서 체계화하기가 어렵다는 현실 간의 간격을 좁히기가 쉽지 않다.

형법에서는 양형을 책임주의에 기반을 둘 것인지 특별예방에 기반을 둘 것인지 등의 원칙이나 기준을 밝히고 있지 않고, 참작사유의 관계나 비중 등에 관하여도 규정하지 않으면서 양형에서 고려되는 대표적인 참작사유(양형인자)만을 형법 제51조(양형의 조건)에 나열하고 있다. 참작사유를 규정한 형법 제51조는 제한적 열거규정이 아니라 예시적 열거규정으로 이해되는데, 행위 관련적 측면에서 범행의 수단과 결과, 범행 후의 정황을 열거하고 있고, 행위자 관련적 측면에서 범인의 연령, 성행, 지능과 환경, 범행의 동기를 열거하고 있으며, 피해자 관련적 측면에서 피해자에 대한 관계를 참작사유로 열거하고 있다. 형사소송법에서는 부당한 양형을 상소이유로 인정하고 있다(형사소송법 제361조의5 제15호, 제383조 제3호).

참고 독일 형법 제46조 양형의 기초

① 행위자의 책임은 양형의 기초이다. 행위자의 장래 사회생활에 형벌로 인하여 예측될 수 있는 효과가 고려되어야 한다.

② 양정에 있어서 법원은 행위자에게 유리한 상황과 불리한 상황을 상호 형량한다. 이때 특히 다음의 사항을 고려한다:

- 행위자의 동기와 목적, 특히 특히 인종 차별, 외국인 혐오, 반유대주의, 성적 취향이나 기타 비인도적인 동기와 목적
- 범행을 통해 표출된 성향과 범행에 사용된 의지
- 의무위반의 정도
- 실행 방식과 유책한 결과
- 행위자의 전력, 행위자의 개인적 · 경제적 상황, 행위자의 범행 후의 태도, 특히 피해를 보상하려는 노력과 피해자와 합의에 도달하려는 노력

③ 이미 구성요건표지인 요소는 고려되어서는 안 된다.

(2) 양형위원회의 양형기준

양형은 범죄자와 피해자 및 국민 일반에게도 영향을 줄 뿐만 아니라 법관에게도 그 판단의 어려움으로 인하여 정신적 부담이 되어왔다. 오래전부터 양형의 합리적인 한계설정이 필요하다는 논의가 이루어졌고, 2005년 11월 사법제도개혁추진위원회는 제8차 회의에서 양형제도 개선안을 의결하였고, 2007. 1. 26. 법원조직법의 개정(제8편 제81조의2 이하)을 통해 대법원에 양형위원회가 설치되었다. 양형과정에 국민의 건전한 상식을 반영함으로써 국민이 신뢰할 수 있는 공정하고 객관적인 양형을 실현하는 것을 목표로 하여 2007년 5월 대법원 양형위원회가 설립되어, 양형기준을 설정해 오고 있다(법원조직법 제81조의6 제1항).

양형위원회는 모든 범죄에 적용되는 통일적 양형기준이 아니라 범죄군별로 구별하여 독립적인 양형기준을 설정하기로 하여, 순차적으로 양형기준을 설정하고 있다. 비록 양형위원회가 설정한 양형기준은 구속력이 없으나, 법관이 양형위원회의 양형기준을 따르지 않을 때는 판결문에 양형이유를 기재하도록 하여 합리적 사유 없이 양형기준을 위반하지 못하도록 하고 있다. 양형위원회의 양형기준은 양형에서 고려해야 할 다양한 양형인자를 발굴하여 제시하는 양형기준이 제시되어 전국 법원에 통일적인 양형기준이 적용됨으로써 과거보다 양형의 객관성이 확보되어 양형에 대한 예측이 가능해졌다고 평가된다.

양형위원회가 양형기준을 설정할 때는 ① 범죄의 죄질과 범죄가 이루어진 정황, 피고인의 책임의 정도를 반영할 것, ② 범죄의 일반예방 및 피고인의 재범 방지와 사회복귀를 고려할 것, ③ 동종 또는 유사한 범죄에 대하여는 고려하여야 할 양형요소

에 차이가 없는 한 양형에 있어 상이하게 취급하지 아니할 것, ④ 피고인의 국적 · 종교 및 양심 · 사회적 신분 등을 이유로 양형상 차별을 하지 아니할 것 등 4가지 원칙을 준수하여야 한다(법원조직법 제81조의6 제2항). 양형위원회는 개별 범죄별로 범죄의 특성을 반영할 수 있는 별도의 양형기준을 만들고 있는데, 범죄의 발생빈도가 높거나 사회적으로 중요한 범죄의 양형기준을 우선 설정하고 점진적으로 양형기준 설정 범위를 확대하고 있다.

2. 구체적 참작사유

불법에 대한 행위자의 책임이라는 의미에서의 '행위책임'이 양형 책임의 기본이 되며, '행상책임'은 부가적이고 제한적으로만 수용될 수 있다. 이러한 행위책임에 기초한 양형책임의 요소들이 형법 제51조에서 열거된 양형조건과 직결되어 있는데, 양형조건은 '책임요소'에 해당하는 것과 '예방요소'에 해당하는 것으로 구분할 수 있다.

(1) 범인의 연령, 성행, 지능과 환경

형법 제51조 제1호에 나열된 '범인의 연령, 성행, 지능과 환경'은 **행위자** 관련적 요소인데, 사회복귀의 여부를 판단할 때 의미를 가지는 특별예방적 요소이다. 형법 제51조에는 행위에 관련된 사유들과 함께 행위자에 관련된 사유들이 더 많이 열거되어 있다는 점은 양형의 심리 · 판단 단계에서 주목되어야 할 측면이다(대법원 2002.10.25. 선고 2002도4298 판결).

'**연령**'과 관련해서, 행위자가 14세 이상이더라도 범행 당시 나이가 어린 경우는 행위자에게 유리하게 적용되는 양형조건이며, 19세 미만의 소년이나 70세 이상 고령자에 대해서는 형벌감수성을 고려하여 형벌이나 형의 집행에 관해 특례가 규정되어 있다(소년법 제59조, 형사소송법 제471조). 다만 초고령화시대에 들어선 현재 상황에서는 고령자에 대한 자유형의 선고에 있어서 형식적인 나이가 기준이 되는 것보다는 고령자에게 남아있는 삶의 가치를 고려하여 개별적으로 판단하는 것이 필요한 상황이라고 생각한다.

'**성행**'과 관련해서는, 행위자의 법적대적 · 법경시적인 심성이 범죄행위에 나타난다면, 범죄실행 의지가 높은 것으로 판단되어 책임요소 중 행위불법의 측면에서 불리한 양형조건이 된다. 전과는 행위자의 법적대적 · 법경시적인 심성이 범죄행위에 나타난 것으로 추론할 수 있는 근거가 되고, 초범은 유리한 양형조건으로 작용하고 있다.

'**지능**'과 관련해서는, 형법 제10조의 심신장애의 사유에 해당하지 않는 상황을 전제로 하여 지능이 의사판단의 하자를 유발하거나 형벌적응력이 떨어지는 경우는 유리한 양형조건이 될 수 있다. 행위자가 자신의 높은 지능을 범행에 이용한 경우는 범죄를 달성하려는 강한 의지가 있음을 추론할 수 있는 근거가 된다.

'**환경**'과 관련해서는, 직업이나 신분상 의무가 부과되어 있어 더욱 강한 책임의식이 요구되는 사람이 그러한 의무에 상충하는 범죄를 행한 경우는 형벌 가중적 요인으로 작용한다. 특정경제범죄법에 규정(제14조)된 취업제한은 이러한 측면이 고려되어 입법된 법률상 가중처벌이라고 할 수 있다. 독일 형법에서 '행위자의 전력, 개인적 · 경제적 사정'이라고 구체적으로 표현되어 있는데, 일수(日數)벌금형을 택하고 있는 독일에서는 벌금형의 액수를 정함에 있어서는 행위자의 경제적 상태가 양형조건으로 고려된다.

(2) 피해자에 대한 관계

피해자에 대한 관계가 형법 제51조 제2호로 나열되어 있는데, 이때 피해자는 구성요건의 직접적인 보호법익을 영위하는 사람뿐만 아니라 범죄로 인하여 법률상 불이익을 받게 되는 자까지 포함한다. 국가 · 사회적 법익(보편적 법익)이 침해된 경우는 사회 일반이 피해자가 된다.

보호법익의 침해 · 위태화에 그 본질이 있는 '결과불법'의 영역에서는 법익침해의 정도는 법익주체인 피해자의 침해 · 위태화를 판단하는 기준이 된다. 예를 들어, 피해자의 특성 중 경제적 사정은 재산범죄에 있어서 의미가 있는데, 재산범죄의 행위자가 피해자의 경제적 빈곤을 알고 있었다는 것은 양형에서 불리하게 작용하게 된다.

행위방식에 그 본질이 있는 '행위불법'의 영역에서는 비난할 수 있는 행위자의 행태가 기준이 되는데, 피해자에게 종속적이거나 그와 신뢰관계에 있으면서 이를 악용하여 범죄를 행한 행위자는 양형에서 불리하게 작용하게 된다. 피해자에 대한 관계는 행위자의 직업 특성과 연결되는 경우도 많다. 한편, 범죄의 결과에 대해서 피해자에게도 공동의 책임이 있는 때는 결과불법 또는 행위불법이 감소되기 때문에, 양형에서 행위자에게 유리하게 작용하게 된다.

(3) 범행의 동기, 수단과 결과

범행의 동기, 수단과 결과가 형법 제51조 제3호로 나열되어 있는데, 이것은 행위 관련 요소이자 동시에 행위자 관련 요소이다.

① 동기

고의는 행위 자체에 대한 인식이지만, 범죄의 계기나 원인이 되는 **동기**는 행위를 통해 얻을 것에 대한 인식을 의미한다. 동기의 일종인 '목적'은 목적범에 있어서 구성요건으로 정형화되어 있지만, 일반범에서 '동기'는 범죄성립의 요건에는 포함되지 않고 그 내용도 매우 다양하다. 그래서 동기의 증명은 고의를 증명하는 것보다 훨씬 어렵다. 동기에 대한 증명은 행위자의 삶에 대한 정보가 폭넓게 수집되어야 가능할 수 있다.

동기는 양형단계에서 범죄행위에 대한 비난가능성의 판단에 있어서 폭넓게 활용되는데, 결과불법의 측면보다는 **행위불법**의 측면에서 비난의 정도를 결정하는 중요한 양형조건이다. 예를 들어, 범행이 우발적으로 행해진 경우나 기본적인 생계 · 치료비를 위한 경우는 유리한 양형조건이 되고, 재산상 권리행사 목적으로 행해진 협박은 공갈죄(형법 제350조)에 있어서 유리한 양형조건이 된다. 반면 범행이 보복, 원한, 증오감 등에 기인한 경우는 불리한 양형조건이 된다. 한편, 확고한 신념에 바탕을 두고 범행이 이루어졌다는 것은 사안에 따라 유리한 또는 불리한 양형조건이 될 수 있다. 업무상횡령 · 배임죄(형법 제356조)에 있어서 업무자가 계열사의 도산 등을 막기 위해서 계열사를 부당하게 지원하는 것처럼 오로지 회사의 이익을 위한다는 확고한 신념은 유리한 양형조건이 된다.

② 수단

'**수단**'은 행위불법의 정도를 판단하는 전형적인 양형조건이면서 결과불법과도 연결되는데, 보호법익에 대한 침해 · 위태화와 관련된 수단이 양형에서 고려된다. 이때 수단은 피해자에게 구체적인 위험을 초래하는 경우(예를 들어, 치밀한 준비를 거쳐 범죄가 행해졌거나 한 번 실패한 후 다시 행하는 경우)뿐만 아니라, 피해자에게 구체적인 위험은 발생하지 않았더라도 추상적인 위험이 존재하는 경우(예를 들어, 다수인이 범행한 경우)도 불리한 양형조건이 된다. 범행의 일시와 장소도 범죄실행의 가능성을 높일 수 있는데, 범행이 주간에 공개된 장소에서 행해진 경우도 범죄실행의 강한 의지가 확인되므로 불리한 양형조건이 된다. 강간범이 피해자를 유인하기 위해서 기망행위까지 한 경우와 같이 구성요건에 적시된 수단 이외에 다른 수단이 함께 사용된 경우도 불리한 양형조건이 된다.

③ 결과

'**결과**'는 결과불법의 정도를 판단하는 가장 중요한 양형조건이 되며, 양형 요소 중 가장 중시된다. 결과는 구성요건에 포함된 결과와 구성요건 밖의 결과가 있는데, 전자는 구성요건해당성의 결정뿐만 아니라 양형에서도 기능한다. 재산범죄의 경우는 피해 결과의 종류(재물인지 재산상 이익인지)와 정도(피해금액이 특정금액 이상인지) 등이 구성요건해당성 자체에도 중요한 기준이 되며, 피해금액이 이례적으로 크거나 피해자에게 중대한 결과를 초래한 경우는 불리한 양형조건이 된다.

한편, 구성요건에 적시된 요소 이외에 발생한 법익침해의 결과도 양형 조건으로 참작할 수 있는지가 다투어지는데, 사기 피해자의 파산 등과 같이 범죄자가 예견할 수 있었던 결과는 불리한 양형조건으로 고려되지만 그렇지 않은 결과(피해자의 자살 등)는 양형조건으로 고려되기 어렵다.

(4) 범행 후의 정황

범행의 종료 시점에 불법과 책임이 확정되지만, 효과적인 피해자의 보호라는 시각에서 범행 종료 후의 피해의 정도를 양형에서 고려하고 있다. 형법 제51조 제4호에 나열된 '범행 후의 정황'은 범행의 결과를 제외한 범행 후 행위자 요소, 즉 범죄행위자의 범행 후 태도를 의미한다. 구체적으로 피해자와의 원만한 합의 등 피해회복을 위한 행위자의 노력, 범죄자의 형사소송절차에서의 태도, 범행 후 피해를 심화시켰는지 여부, 범행 후 사회적 생활관계의 안정화 여부 등을 나타내는데, 독일 형법은 피해를 보상하려는 노력과 피해자와 합의에 도달하려는 노력이라고 구체적으로 표현하고 있다.

먼저 피해자와의 합의를 통한 피해의 회복 등과 같이 범죄 피해의 일부 또는 전부에 대한 원상회복이 행해진 경우는 적극적 일반예방의 측면에서 유리한 양형조건으로 작용한다.[10] 그리고 형사소송절차에서 자신의 범죄사실 전부 또는 일부를 인정하는 자백은 행위불법의 측면에서 비난가능성을 감소시켜 유리한 양형조건으로 작용하지

10) 형법 제51조의 양형조건은 형사절차에서 기소유예의 기준으로도 작용하므로(형사소송법 제247조), 피해자와의 합의는 검사의 기소유예 처분에서도 중요한 판단 요소가 된다.

만, 그렇다고 하여 모든 국민에게는 형사상 자기에게 불리한 진술을 강요당하지 아니할 권리(헌법 제12조 제2항)가 보장되어 있으므로 형사소송절차에서 피고인이 진술을 거부하거나 범죄사실을 부인하는 것이 불리한 양형조건으로 고려될 수는 없다. 다만 판례는 진술 객관적이고 명백한 증거가 있음에도 진실의 발견을 적극적으로 숨기거나 법원을 오도하려는 시도에 기인한 진술거부나 허위진술은 불리한 양형조건으로 참작될 수 있다고 본다(대법원 2001.3.9. 선고 2001도192 판결). 그 외에 범행 후에도 불법이득을 계속 보유하고 피해회복을 의도적으로 방해하거나 의도적으로 증거인멸이 행해지는 것은 불리한 양형조건으로 작용하고, 반면 범행의 수단이 되었던 업무를 폐업하거나 정상적인 사회생활을 영위하는 등의 노력은 유리한 양형조건으로 작용한다.

III. 형의 가중과 감경

개별 구성요건에 규정된 법정형에 규정되어 있는 여러 종류의 형벌 가운데 어느 하나를 선택한 이후 법률상 및 재판상의 가중 · 감경을 하게 되는데(처단형), 법정형에 가중하거나 감경하는 사유는 다음과 같다.

1. 형의 가중

(1) 의의

법정형에 대한 형의 가중에는 '법률상의 가중'만이 인정되고, 법원이 재량에 의한 재판상의 가중은 허용되지 않는다. 법률상의 가중은 법률에 규정되어 있는 가중 사유를 의미하는데, 형법상의 가중은 모두 필요적 가중형태로 규정되어 있다.

한편, 법률상의 가중은 모든 범죄에 적용되도록 형법 총칙에 규정된 일반 가중사유와 특정 범죄에 적용되도록 형법 각칙에 규정된 특별 가중사유로 구분된다. 형법 총칙상의 일반 가중사유로는 누범가중(형법 제35조, 제36조), 경합범 가중(형법 제37조부터 제40조), 특수교사 · 방조의 가중(형법 제34조 제2항)이 있으며, 형법 각상의 특별 가중사유로는 상습범 가중(형법 제203조, 제264조, 제279조, 제285조, 제305조의2, 제332조, 제341조, 제351조, 제363조), 공무원의 직무상 범죄(형법 제135조) 등이 있다.

(2) 누범

> **제35조(누범)** ① 금고(禁錮) 이상의 형을 선고받아 그 집행이 종료되거나 면제된 후 3년 내에 금고 이상에 해당하는 죄를 지은 사람은 누범(累犯)으로 처벌한다.
> ② 누범의 형은 그 죄에 대하여 정한 형의 장기(長期)의 2배까지 가중한다.
> **제36조(판결선고후의 누범발각)** 판결선고후 누범인 것이 발각된 때에는 그 선고한 형을 통산하여 다시 형을 정할 수 있다. 단, 선고한 형의 집행을 종료하거나 그 집행이 면제된 후에는 예외로 한다.

① 개념

법률상의 가중 사유 중 **누범**(累犯)은, 범죄를 범하여 형을 집행 받은 사람이 다시 범죄를 행한 경우를 말하는데, 그중에서 형법은 "금고(禁錮) 이상의 형을 선고받아 그 집행이 종료되거나 면제된 후 3년 내에 금고 이상에 해당하는 죄"를 범한 경우를 누범으로 규정하고 있다(형법 제35조 제1항). 이러한 누범은 그 죄에 정한 형의 2배까지 가중된다(형법 제35조 제2항).

누범과 구별되는 개념으로 '**상습범**'이 있는데, 반복된 범죄에 나타나 있는 일정한 특정한 '범죄에의 경향'(습벽)으로 동종의 범죄를 행한 경우를 말하고, 형법 각칙에 개별적으로 규정되어 있다.

누범은 일정 기간 내의 '범죄행위의 반복'이 핵심인데, 상습범은 반복된 범죄에 나타나 있는 일정한 특정한 '범죄에의 경향'이 본질이다. 누범은 이미 형의 집행을 받은 사람이 개전(改悛)하지 않고 재범한 때에는 책임이 가중되고 행위자의 반사회적 위험성도 크다는 것, 즉 전(前) 판결에서 선고된 형벌의 충격을 강화된 범죄에너지로 극복하여 후범(後犯)을 행하였다는 점에서 '행위책임'이 가중된 것으로 보지만, 반면 상습범은 성격적으로 형성된 일정한 습벽으로 범행했다는 점에서 '행위자책임'을 기반으로 한다. 누범의 경우에는 전과(前科)의 존재를 전제로 하지만, 상습범의 경우는 전과의 유무를 불문한다.

이처럼 상습범과 누범은 서로 다른 개념으로서 누범에 해당한다고 반드시 상습범이 되는 것이 아니며, 반대로 상습범에 해당한다고 반드시 누범이 되는 것도 아니다. 행위자책임에 형벌가중의 본질이 있는 상습범과 행위책임에 형벌가중의 본질이 있는 누범을 단지 평면적으로 비교하여 그 경중을 가릴 수는 없고, 사안에 따라서는 (구)폭력행위처벌법 제3조 제4항에 정한 누범의 책임이 상습범의 경우보다 오히려 더 무거운 경우도 있을 수 있다(대법원 2007.8.23. 선고 2007도4913 판결).

참고 상습범

- **상습의 판단**: 범죄의 상습이란 범죄자의 어떤 버릇, 범죄의 경향을 의미하는 것으로서 행위의 본질을 이루는 성질이 아니고, '행위자'의 특성을 이루는 성질을 의미하는 것이므로, 상습성의 유무는 범죄자의 연령 · 성격 · 직업 · 환경 · 전과사실, 범행의 동기 · 수단 · 방법 및 장소, 전에 범한 범죄와의 시간적 간격, 그 범행의 내용과 유사성 등 여러 사정을 종합하여 판단하여야 한다. 행위자가 처인 피해자에게 빈번히 폭력을 행사함으로써 여러 차례 반복하여 상해를 가한 사정만으로는 행위자의 폭력행사가 폭력습벽의 발현이라고 단정되지는 않는다(대법원 2006.5.11. 선고 2004도6176 판결). 행위자에게 폭행 범행을 반복하여 저지르는 습벽이 있고 이러한 습벽에 의하여 단순폭행, 존속폭행 범행을 저지른 사실이 인정된다면 단순폭행, 존속폭행의 각각 죄별로 상습성을 판단할 것이 아니라 포괄하여 그중 법정형이 가장 중한 상습존속폭행죄만 성립한다고 본다(대법원 2018.4.24. 선고 2017도10956 판결)
- **상습범의 가중**: 상습범은 그 죄에 정한 형의 ½까지 가중하는데, 상습으로 제258조의2의 죄를 범한 때에는 그 죄에 정한 형의 2분의 1까지 가중한다고 규정되어 있고(형법 제264조), 위험한 물건을 휴대하여 상해죄를 범한 때에는 1년 이상 10년 이하의 징역에 처한다고 규정되어 있다(형법 제258조의2 제1항). 형법 각 규정의 문언, 형의 장기만을 가중하는 형법 규정에서 그 죄에 정한 형의 장기를 가중한다고 명시하고 있는 점, 형법 제264조에서 상습범을 가중처벌하는 입법취지 등을 종합하면, 상습특수상해죄(형법 제264조)를 범한 때에 형법 제258조의2 제1항에서 정한 법정형의 단기와 장기를 모두 가중하여 1년 6개월 이상 15년 이하의 징역에 처한다(대법원 2017.6.29. 선고 2016도18194 판결).

② 누범가중의 위헌성

전범(前犯)의 형사처벌을 근거로 후범(後犯)의 형사처벌을 가중하는 것은 일사부재리 원칙이나 평등의 원칙에 반하는 것은 아닌지가 논란이 된다. 헌법재판소는 일사부재리 원칙의 위반 여부에 있어서 "누범을 가중처벌하는 것은 전범(前犯)에 대하여 형벌을 받았음에도 다시 범행을 하였다는 데 있는 것이지, 전범(前犯)에 대하여 처벌을 받았음에도 다시 범행을 하는 경우에는 전범(前犯)도 후범(後犯)과 일괄하여 다시 처벌한다는 것은 아님이 명백"하여 누범에 대하여 형을 가중하는 것이 일사부재리 원칙에 반하지 않는다고 본다(헌법재판소 1995.2.23. 선고 93헌바43 결정). 또한 평등의 원칙에 있어서 "누범을 가중하여 처벌하는 것은 사회방위, 범죄의 특별예방 및 일반예방, 더 나아가 사회의 질서유지의 목적을 달성하기 위한 하나의 수단이기도 하는 것이므로 이는 합리적 근거 있는 차별"이어서 평등의 원칙에 반하지 않는다고 본다(헌법재판소 1995.2.23. 선고 93헌바43 결정).

생각건대, 누범에 대한 가중처벌은 타당하다. 범죄에 대한 국가의 형벌 집행을 통한 강력한 경고를 무시고 다시 범죄를 행한 것에 대하여 누범을 가중 처벌하는 것이므로, 후범에 대한 행위자의 비난가능성이 높다는 측면에서 정당성이 인정된다. 그리고 누범의 가중도 후범의 법정형 하한까지 가중하는 것이 아니라 상한만을 가중하고 있으므로, 사안에 따라 적절한 가중이 가능할 수 있다.

③ 법적 성질

누범의 법적 성질을 범죄론의 죄수 규정으로 볼 것인지, 형벌론의 양형 규정으로 볼 것인지에 대해서 견해가 대립한다. Ⓐ '**죄수규정설**'이 있는데,[11] 누범규정이 죄수론의 경합범 규정 앞인 형법 총칙 중 제2장 제4절에 위치한 법조문 체계상 양형의 규정이 아니라 죄수 규정의 일종이라고 보는 견해이다. 형벌을 과해야 할 범죄에 다른 범죄들이 어떤 관계를 맺고 있는가도 죄수론의 대상이 될 수 있다고 본다. Ⓑ '**양형규정설**'이 일반적인 견해이다.[12] 형법에서는 누범을 죄수론의 경합범과 다른 절에서 규정하고 있으며, 죄수론은 심판의 대상이 되는 범죄의 수와 이에 대한 처벌을 다루는 것인데, 누범의 경우에 전범(前犯)은 심판의 대상이 아니고 후범(後犯)만이 심판의 대상이 되므로 죄수론의 일종으로 볼 수 없다고 한다.

판례는 누범을 양형의 일종으로 본다(양형규정설). "법원은 검사의 공소사실의 범위를 넘어서 범죄사실을 인정할 수는 없으나, 누범가중의 사유가 되는 피고인의 전과사실은 범죄사실에 해당하는 것이 아니라 양형사유에 불과한 것이므로, … 공소장에 기재되어 있지 아니한 누범가중의 사유가 되는 전과사실을 인정하고 피고인을 누범으로 처벌하였다 하여도 거기에 어떤 위법 사유가 있다고 할 수 없는 것"이라고 본다(대법원 1971.12.21. 선고 71도2004 판결).

생각건대 해석론상으로 누범을 죄수의 일종으로 보기는 어렵다. 전범의 범죄사실이 심판이 대상이 되지 않기 때문이다. 따라서 누범은 본질상으로 형을 정하는 양형의 일종이라고 보게 되다. 입법론상으로는 누범의 본질에 맞게 형법총칙 제2장 죄가

---

11) 오영근 · 노수환, 543면; 이영란, 527면.

12) 강동욱, 427면; 김종원(하), 238면; 김혜정 · 박미숙 · 안경옥 · 원혜욱 · 이인영, 504면; 박상기 · 전지연, 364면; 박상옥 · 김대휘(2), 248면; 성낙현, 781면; 이정원 · 이석배 · 정배근, 443면; 이재상 · 장영민 · 강동범, 630면.

아니라 제3장 형에 규정하도록 개정하는 것이 필요하다.

④ 요건

1) 전범의 선고

누범이 성립하기 위해서는 전범의 선고형이 '금고' 이상의 형이어야 한다. 전범은 고의범이든 과실범이든 불문하나, 전범의 법정형 중에서 벌금형이 선택되어 선고된 경우는 누범가중을 할 수 없다.

누범이 적용되기 위해서는 전범에 대한 금고 이상 형의 선고는 유효해야 한다. 따라서 전범이 '일반사면'으로 형 선고의 효력이 상실된 경우는 후범을 누범으로 가중 처벌할 수 없으며(대법원 1964.3.31. 선고 64도34 판결), 형실효법에 따라 형이 실효되면 형의 선고에 의한 법적 효과가 장래에 향하여 소멸되므로, 형이 실효된 후에는 그 전과를 누범가중의 징역형이 선고된 경우로 볼 수 없다(대법원 2002.10.22. 선고 2002감도39 판결). 또한 '형의 집행유예'의 판결은 소정 유예기간을 특별한 사유 없이 경과한 때에는 그 형 선고의 효력이 상실되므로, 전범에 대한 형의 집행유예가 기간이 경과한 경우도 후범을 누범으로 가중 처벌할 수 없다. 반면 특별사면은 형 선고의 효력이 상실되는 것은 아니므로, 후범을 누범으로 가중 처벌할 수 있다(대법원 1986.11.11. 선고 86도2004 판결).

2) 전범의 집행

전범에 선고된 금고 이상의 형은 '**집행이 종료**'되거나 '면제'되어야 한다. 전범에 대한 형의 집행유예 기간 중 이거나 가석방 중인 경우는 형 집행의 종료라고 볼 수 없으므로, 집행유예 기간 중 후범을 범한 경우는 누범가중의 요건에 해당하지 않고(대법원 1983.8.23. 선고 83도1600 판결), 가석방 기간 중 후범을 행한 경우도 누범가중의 요건에 해당하지 않는다(대법원 1976.9.14. 선고 76도2071 판결).

'**형의 면제**'는 유죄판결의 일종으로서 형의 면제가 선고되는데(형사소송법 제322조), 유죄의 선고는 있는 것이므로 전범에 대해서 형의 면제를 받은 경우도 누범가중이 가능하다(형법 제35조 제1항). 형의 면제가 규정된 사항으로는 과잉방위(형법 제21조 제2항), 과잉긴급피난(형법 제22조 제3항), 과잉자구행위(형법 제23조 제2항), 중지미수(형법 제26조), 불능미수(형법 제27조), 자수 · 자복(형법 제52조) 등이 있다.

3) 후범의 범위

누범이 성립하기 위해서는 전범의 집행종료나 면제 후 3년 이내에 금고 이상의 형에 해당하는 범행이 있어야 한다. 전범과 후범 사이의 시간적 간격은 3년 이내인데, 전범의 형의 집행을 종료한 날 또는 형 집행의 면제를 받은 날이 3년의 기산점이고 후범의 실행착수 시가 금고 이상에 해당하는 죄를 범한 시기가 된다.

후범은 "금고 이상의 형에 해당하는 죄"라고 규정되어 있는데(형법 제35조 제1항), 이것은 문언상 후범의 범행에 대한 법정형 중 금고 이상의 형이 규정된 것으로 보이나, 일반적인 견해는 누범가중의 적용 범위를 제한하고자 후범의 '선고형'이 금고 이상의 형인 경우로 해석한다. 판례도 이를 유기금고형이나 유기징역형으로 처단하는 경우이고 후범에 정한 형 중 벌금형을 선택한 경우는 누범가중의 대상이 되지 않는다고 본다(대법원 1982.7.27. 선고 82도1018 판결).

한편 후범에 대해서 무기징역형을 선고하는 때도 문언상으로는 누범으로 가중할 수 있지만, 무기형에 대해서 누범을 가중하는 실익이 없으므로 판례는 무기징역형을 선고하는 경우 경합범 가중이나 누범가중을 할 수 없다고 본다(대법원 1992.10.13. 선고 92도1428 전원합의체 판결).

⑤ 효과

누범이 인정될 때, 후범의 형은 '장기'의 2배까지 가중된다. 금고 이상의 형이 선고될 때 누범가중이 적용되므로, 선고되는 징역형이나 금고형은 50년까지 가능하다(형법 제42조 단서). 다만 누범이 인정되더라도 '단기'는 가중되지 않는다.

한편, 피고인이 후범에 대한 재판에서 자신의 전범에 대한 형사처벌을 은폐하여 누범가중을 면하는 것을 방지하기 위해서, 후범에 대한 판결선고 후에 누범이 발각된 경우는 선고한 형을 통산하여 다시 형을 정할 수 있도록 하고 있다(형법 제36조). 다만 확정판결 후 동일한 범죄에 대하여 새로운 사정을 이유로 가중형을 추가하는 것에 대해서 위헌의 문제가 제기되므로, 후범에 대하여 선고한 형의 집행이 종료되거나 면제된 후에 누범이 발각된 경우는 더 이상 누범가중이 불가능하다(형법 제36조 단서).

2. 형의 감경

(1) 법률상 감경

법정형에 대한 형의 감경에는 '법률상의 감경'뿐만 아니라, 법원이 재량에 의한 '재판상의 감경'도 인정된다. 법률에 규정되어 있는 감경 사유를 의미하는 법률상의 감경은, 입법자가 범죄의 성립 및 처벌에 관련된 중요한 사항들을 법률상 감경의 요건으로 정한 뒤 해당 요건이 범죄의 성립 또는 처벌 범위의 결정에 일반적으로 미치는 영향이나 중요성을 종합적으로 고려하여 필요적 감경과 임의적 감경으로 구별하여 규정하였다.

필요적인 재판상 감면(감경과 면제)까지 규정한 경우는 중지미수(형법 제26조), 내란예비 · 음모의 자수(형법 제90조 제1항 단서), 위증죄의 자백 · 자수(형법 제153조), 무고죄의 자백 · 자수(형법 제157조), 방화예비 · 음모죄의 자수(형법 제175조 단서) 등이 있다. 그 외 한정책임능력(형법 제10조 제2항), 청각 및 언어 장애인(형법 제11조), 방조범(형법 제32조)은 필요적인 감경만을 규정하고 있다.

한편, 임의적인 재판상 감경 중 감경만을 규정한 경우는 장애미수(형법 제25조)이고, 그 외 과잉방위(형법 제21조 제2항), 불능미수(형법 제27조), 자수 · 자복(제52조 제1항)은 감경과 면제까지 규정하고 있다.

(2) 재판상 감경(정상참작감경)

> **제53조(정상참작감경)** 범죄의 정상(情狀)에 참작할 만한 사유가 있는 경우에는 그 형을 감경할 수 있다.
> **제54조(선택형과 정상참작감경)** 한 개의 죄에 정한 형이 여러 종류인 때에는 먼저 적용할 형을 정하고 그 형을 감경한다.

① 의의

법원의 재량에 의한 '재판상의 감경'은 임의적인 경우인데, 형법 제53조에서는 "범죄의 정상(情狀)에 참작할 만한 사유가 있는 경우에는 그 형을 감경할 수 있다."라고 재판상의 감경을 규정하고 있다. (구)형법에서 '**작량감경**'이라고 하던 것을 '**정상참작감경**'으로 명칭을 변경하였다. 법률상의 감경은 사유가 한정되어 있고 대부분 행위 자체의 성질에 관련된 것으로서 행위자의 특성을 충분하게 반영하지 못한다는 점에서, 개별 사안의 적정한 양형을 위해서 재판상 감경(정상참작감경)이 입법된 것이다. 다만 법정형을 유연하게 적용하여 구체적 타당성을 추구하는 보완적 수단으로 재판상 감경이 입법되었으나, 양형상의 관대화 · 불균등 등을 초래하여 형사재판의 신뢰도를 하락시킨다는 비판을 받는다.

② 요건

정상참작감경은 감경사유가 정형화되어 있지 않다는 점에서 법률상 감경과 그 성격을 달리하는데, 법률상 감경의 사유가 없는 경우에도 정상에 참작할 만한 사유가 있는 때는 법원이 그 형을 감경할 수 있도록 규정한 것이다. 양형의 조건을 규정한 형법 제51의 각 사유를 심리하여 정상에 참작할 만한 사유가 있는지를 판단한다(대법원 2002.10.25. 선고 2002도4298 판결). 즉 "범죄의 정상(情狀)에 참작할 만한 사유"는 범죄행위 자체에 직접 관련된 요소뿐만 아니라 행위자의 요소 및 범죄행위 전후의 사정 등을 포괄한다.

③ 법률상 감경과의 관계

법률상 형을 가중 또는 감경한 때에도 다시 정상참작감경을 할 수 있다(형법 제56조 제6호). 법률상 감경사유가 있을 때는 정상참작감경보다 우선하여야 하고, 법률상 감경을 다 하고도 그 처단형보다 낮은 형을 선고하고자 할 때에 정상참작감경을 하는 것이 타당하다.

다만 법원이 법률상 임의적 감경의 사유를 받아들이지 않고 그 외의 다른 사유로 재판상 감경하는 것을 위법하다고 보기는 어렵다. 판례는 법원이 임의적 감경 사유인 자수에 대해서 감경하지 않으면서 정상참작감경을 하는 것도 가능하다고 본다(대법원 1994.3.8. 선고 93도3608 판결).

④ 적용 순서

한 개의 죄에 정한 형이 여러 종류인 경우는 먼저 적용할 형의 종류를 정하고 재판상 감경을 한다(형법 제54조). 법원이 재판상 감경을 할 때, 하나의 죄에 대하여 징역형과 벌금형을 병과하여야 할 경우에 특별한 규정이 없는 한 징역형에만 재판상 감경을 하고 벌금형에는 하지 않는 것은 위법하다(대법원 2011.5.26. 선고 2011도3161 판결).

(3) 감경의 정도

> **제55조(법률상의 감경)** ① 법률상의 감경은 다음과 같다.
> 1. 사형을 감경할 때에는 무기 또는 20년 이상 50년 이하의 징역 또는 금고로 한다.
> 2. 무기징역 또는 무기금고를 감경할 때에는 10년 이상 50년 이하의 징역 또는 금고로 한다.
> 3. 유기징역 또는 유기금고를 감경할 때에는 그 형기의 2분의 1로 한다.
> 4. 자격상실을 감경할 때에는 7년 이상의 자격정지로 한다.
> 5. 자격정지를 감경할 때에는 그 형기의 2분의 1로 한다.
> 6. 벌금을 감경할 때에는 그 다액의 2분의 1로 한다.
> 7. 구류를 감경할 때에는 그 장기의 2분의 1로 한다.
> 8. 과료를 감경할 때에는 그 다액의 2분의 1로 한다.
>
> ② 법률상 감경할 사유가 수개있는 때에는 거듭 감경할 수 있다.

법률상 감경의 정도에 대해서는 다음과 같다(형법 제55조 제1항). 법률상 감경 중 임의적 감경의 경우도 임의적 감경을 인정하는 이상 아래의 기준을 따르게 된다(대법원 2021.1.21. 선고 2018도5475 전원합의체 판결). 그리고 재판상 감경(정상참작감경)의 경우는 감경의 정도와 방법에 대해서 형법에 직접적인 규정이 없지만, 임의적인 정상참작감경을 통하여 최소한의 형벌로 감경할 수 있다고 해석하면 사실상 입법적으로 정한 법정형의 의미를 부정하게 되므로, 정상참작감경의 경우도 법률상 감경의 기준에 따르게 된다(대법원 1992.10.13. 선고 92도1428 전원합의체 판결).

- 사형의 감경은 무기 또는 20년 이상 50년 이하의 징역이나 금고
- 무기징역이나 무기금고는 10년 이상 50년 이하의 징역이나 금고
- 유기징역이나 유기금고는 형기의 ½이고, 구류는 장기의 ½
- 자격상실은 7년 이하의 자격정지이고, 자격정지는 형기의 ½
- 벌금은 다액의 ½이고, 과료는 다액의 ½

감경에 있어서 주의할 점은 유기징역이나 유기금고는 '형기'를 기준으로 감경하는데, 이때 형기는 장기와 단기를 모두 포함한다. 유기징역형에 대한 법률상 감경을 하면서 형법 제55조 제1항 제3호에서 정한 것과 같이 장기와 단기를 모두 ½로 감경하는 것이 아닌 장기 또는 단기 중 어느 하나만을 ½로 감경하는 방식이나 ½보다 넓은 범위의 감경을 하는 방식 등은 죄형법정주의 원칙상 허용되지 않는다(대법원 2021.1.21. 선고 2018도5475 전원합의체 판결). 실무상으로 처단형의 하한을 낮출 필요가 없다고 판단될 때는 임의적 감경을 하지 않게 된다.

반면 벌금은 '다액'을 기준으로 감경하므로, 문언상으로는 벌금의 상한만을 감경하는 것이라고 해석할 수 있으나 판례는 다액을 '금액'으로 해석하여 벌금의 상한과 함께 하한도 ½로 감경되는 것으로 해석한다(대법원 1978.4.25. 선고 78도246 전원합의체 판결).

법률상 감경 사유가 복수인 경우는 거듭하여 감경이 가능하고(형법 제55조 제2항), 법률상 감경에 추가하여 재판상 감경도 가능하다. 다만 재판상 감경인 정상참작감경은 거듭하여 적용할 수는 없다. 이처럼 중복 감경이 가능하여 감경이 폭이 지나치게 커진다는 비판을 받는다. 예를 들어, 강도죄(형법 제333조)의 법정형은 3년 이상 30년 이하의 징역인데 법률상 감경 사유가 2개가 있는 경우 거듭 감경하면 9개월에서 7년 6개월 이하로 감경된다.

(4) 자수와 자복

> **제52조(자수, 자복)** ① 죄를 지은 후 수사기관에 자수한 경우에는 형을 감경하거나 면제할 수 있다.
> ② 피해자의 의사에 반하여 처벌할 수 없는 범죄의 경우에는 피해자에게 죄를 자복(自服)하였을 때에도 형을 감경하거나 면제할 수 있다.

법률상 감경 사유인 자수는 범죄자가 자발적으로 수사기관에 범죄사실을 신고하여 처벌을 희망하는 의사표시를 하는 것인데, 자수한 경우는 형을 임의적으로 감경하거나 면제할 수 있다(형법 제52조 제1항). 자수를 형의 감경 사유로 규정한 것은 범죄자가 범죄를 뉘우치고 개전의 정을 표시하는 것으로 보아 비난가능성 약하고, 자수하면 수사가 용이하게 되고 형벌권을 정확하게 행사할 수 있어 죄 없는 자에 대한 처벌을 방지할 수 있기 때문이다(대법원 1997.3.20. 선고 96도1167 전원합의체 판결). 한편 자수에 대한 효과는 형의 임의적 감경 · 면제로서 법원의 재량판단이므로, 법원이 자수에 대해서 감경하지 아니하거나 자수감경 주장에 대하여 판단하지 않더라도 위법한 것은 아니다(대법원 2011.12.22. 선고 2011도12041 판결).

한편, 자수를 형의 감경 사유로 삼는 주된 이유는 범인이 그 죄를 뉘우치고 있다는 점에 있으므로, 범죄사실을 부인하거나 죄의 뉘우침이 없는 자수는 진정한 자수라고는 할 수 없어서 법률상 감경 사유인 자수로 인정되지 않는다(대법원 1994.10.14. 선고 94도2130). 수사기관에의 신고가 자발적이라고 하더라도 그 신고의 내용이 자기의 범행을 명백히 부인하는 등일 경우에는 자수는 성립하지 않고, 일단 자수가 성립하지 아니한 이상 그 이후의 수사과정이나 재판과정에서 범행을 시인하였더라도 새롭게 자수가 성립할 여지는 없으며, 수사기관의 직무상의 질문 또는 조사에 응하여 범죄사실을 진술하는 것은 자백일 뿐 자수로는 되지 않는다(대법원 2004.10.14. 선고 2003도3133 판결). 반면 수사기관에 자진 출석하여 범행을 사실대로 진술하여 자수가 성립되었다면, 그 후 법정에서 범행 사실을 부인한다고 하여 뉘우침이 없는 자수라거나, 이미 발생한 자수의 효력이 없어지지는 않는다(대법원 2005.4.29. 선고 2002도7262 판결).

자복은 반의사불벌죄에서 범죄자가 피해자에게 범죄사실을 고백하고 용서를 구하는 의사표시인데, 자복의 경우도 자수와 마찬가지로 형을 임의적으로 감경하거나 면제할 수 있다(형법 제52조 제2항). 자복의 실익은 자복을 받은 피해자가 처벌불원의 의사표시를 하지 않은 때에 있다.

3. 형의 가중 · 감경 순서

제56조(가중 · 감경의 순서) 형을 가중 · 감경할 사유가 경합하는 경우에는 다음 각 호의 순서에 따른다.
1. 각칙 조문에 따른 가중
2. 제34조제2항에 따른 가중
3. 누범 가중
4. 법률상 감경
5. 경합범 가중
6. 정상참작감경

가중 · 감경할 사유가 경합하는 경우는 각칙 본조에 의한 가중, 형법 제34조 제2항의 가중, 누범가중, 법률상 감경, 경합범 가중, 정상참작감경의 순서에 따른다(형법 제56조). 좀 더 구체적으로 상상적 경합의 처리까지 고려하여 실무상으로 가중 · 감경하는 순서는 다음과 같다.

① 첫째, 구성요건 및 법정형을 표시하는 규정의 적용이다.

② 둘째, 각칙 본조에 의한 가중이다. 대표적으로 상습범 가중의 경우이다. 상습으로 특수상해죄(형법 제258조의2)를 범한 경우는 특수상해죄에 정한 형(1년 이상 10년 이하의 징역)의 ½까지 가중하는데(형법 제264조), 이때는 형법 제258조의2 제1항에서

정한 법정형의 단기와 장기를 모두 가중하여 1년 6개월 이상 15년 이하의 징역에 처하게 된다(대법원 2017.6.29. 선고 2016도18194 판결).

③ 셋째, 형법 제34조 제2항의 가중이다. 이것은 교사범과 방조범에 대한 특칙으로, 자기의 지휘, 감독을 받는 자에게 교사한 경우는 정범에 정한 형의 장기 또는 다액에 ½까지 가중하고 방조한 경우는 정범의 형으로 처벌한다.

④ 넷째, 상상적 경합이다. 상상적 경합은 가장 무거운 죄에 정한 형으로 적용하는데(형법 제40조), 수 개의 죄에 있어서 각각 상한과 하한이 중한 형으로 결정된다.

⑤ 다섯째, 형 종류의 선택이다. 상상적 경합까지 하여 형의 종류가 정해지면, 특정한 형의 종류를 선택하게 된다.

⑥ 여섯째, 누범가중이다. 누범에 해당하는 경우는 그 죄에 정한 형의 장기의 2배까지 가중한다(형법 제35조 제2항). 다만 단기는 가중되지 않는다.

⑦ 일곱째, 법률상 감경이다. 법률상 감경의 사유는 형법 총칙과 각칙에 다수 존재하는데, 다수의 감경 사유가 존재할 때는 거듭 감경할 수 있다(형법 제55조 제2항).

⑧ 여덟째, 경합범 가중이다. 다수의 행위에 의한 다수의 죄가 경합하여 하나의 형사절차에서 심판되는 경우는 가장 무거운 죄에 대하여 정한 형이 사형, 무기징역, 무기금고인 경우에는 가장 무거운 죄에 대하여 정한 형으로 처벌하고, 각 죄에 대하여 정한 형이 무기징역, 무기금고 외의 다른 종류의 형이면 병과하고, 각 죄에 대하여 정한 형이 사형, 무기징역, 무기금고 외의 같은 종류의 형이면 가장 무거운 죄에 대하여 정한 형의 장기 또는 다액(多額)에 그 2분의 1까지 가중한다(형법 제38조 제1항).

⑨ 아홉째, 정상참작감경이다. 재판상 감경은 법률상 감경과 가중이 행해진 후에 이루어지는데, 감경의 정도는 법률상 감경의 예에 의한다.

⑩ 마지막으로 선고형의 결정 순이다. 형을 선고할 때, 판결선고 전의 구금일수 전부를 유기징역, 유기금고, 벌금이나 과료에 관한 유치 또는 구류에 산입한다(형법 제57조 제1항).

제16장

형의 유예와 보안처분

제1절 | 형의 유예

I. 형의 선고

1. 유죄판결

> **[형사소송법]**
> **제321조(형선고와 동시에 선고될 사항)** ① 피고사건에 대하여 범죄의 증명이 있는 때에는 형의 면제 또는 선고유예의 경우 외에는 판결로써 형을 선고하여야 한다.
> ② 형의 집행유예, 판결 전 구금의 산입일수, 노역장의 유치기간은 형의 선고와 동시에 판결로써 선고하여야 한다.
> **제322조(형면제 또는 형의 선고유예의 판결)** 피고사건에 대하여 형의 면제 또는 선고유예를 하는 때에는 판결로써 선고하여야 한다.
> **제325조(무죄의 판결)** 피고사건이 범죄로 되지 아니하거나 범죄사실의 증명이 없는 때에는 판결로써 무죄를 선고하여야 한다.

재판의 내용에 따라 실체재판과 형식재판으로 구분되는데, 사건의 실체적 법률관계를 판단하는 실체재판에는 유죄판결과 무죄판결이 존재한다. 이중 유죄판결은 법원이 피고사건에 대하여 범죄의 증명이 있는 경우에 선고하는 재판인데, 공소장에 특정되어 있는 범죄사실에 대하여 공판정에서 조사한 적법한 증거에 의하여 법관이 범죄사실의 존재에 대해서 합리적인 의심이 없는 정도의 확신을 가진 경우에 유죄판결이 선고된다.

유죄판결에서는 일반적으로 법원이 범죄의 성립을 인정하는 '유죄의 선고'와 함께 이에 근거하여 범죄의 법적 효과로서 형을 공식적으로 선언하는 '형의 선고'가 이루어진다. 그런데 유죄가 인정되더라도 형의 면제나 선고유예의 경우는 형의 선고가 없게 된다. 즉, 유죄판결에는 형 선고의 판결, 형 면제의 판결 그리고 형의 선고유예의 판결 등 3가지 유형이 존재한다. 형의 집행유예 판결은 형을 선고하면서 그 집행만을 일정 기간 유예하는 것으로서 형 선고의 판결에 속한다.

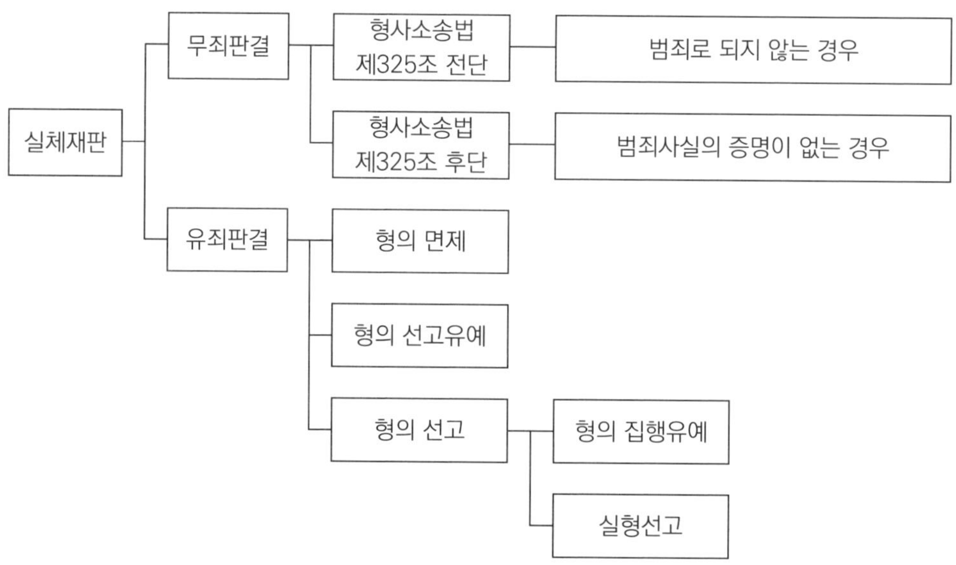

2. 판결공시

제58조(판결의 공시) ① 피해자의 이익을 위하여 필요하다고 인정할 때에는 피해자의 청구가 있는 경우에 한하여 피고인의 부담으로 판결공시의 취지를 선고할 수 있다.
② 피고사건에 대하여 무죄의 판결을 선고하는 경우에는 무죄판결공시의 취지를 선고하여야 한다. 다만, 무죄판결을 받은 피고인이 무죄판결공시 취지의 선고에 동의하지 아니하거나 피고인의 동의를 받을 수 없는 경우에는 그러하지 아니하다.
③ 피고사건에 대하여 면소의 판결을 선고하는 경우에는 면소판결공시의 취지를 선고할 수 있다.

유무죄의 실체재판의 선고와 함께 피해자의 이익이나 피고인의 이익을 위해 판결공시제도가 존재한다. 대한민국 법원 사이트의 대국민서비스 공고란에 무죄판결공

시에 접속하면 지역별로 무죄판결의 공시를 확인할 수 있다.[1)]

먼저 피해자의 이익을 위해서 피해자의 청구가 있는 경우라면 피고인의 부담으로 판결공시의 취지를 선고할 수 있다(형법 제58조 제1항). 피고인의 이익(명예회복)을 위해서, 무죄판결을 받은 피고인이 무죄판결 공시 취지의 선고에 동의하지 아니하거나 피고인의 동의를 받을 수 없는 경우가 아니라면, 무죄의 판결을 선고하는 경우는 무죄판결 공시의 취지를 선고하여야 한다(형법 제58조 제2항). 이것은 범죄혐의와 신상정보가 노출된 피고인에게 무죄판결 후 명예를 회복시켜 주기 위해 규정된 것이다. 그 외 법원은 면소의 판결을 선고할 때도 면소판결공시의 취지를 선고할 수 있다(형법 제58조 제3항).

II. 형의 유예

1. 형의 선고유예

(1) 의의

범죄가 증명되어 유죄의 선고가 행해지는 때는 형의 선고가 행해지는 것이 원칙이나, 법원이 내부적으로 선고할 형을 미리 결정해 두고 일정 기간 그 형의 선고를 유예하고 유예기간 동안 법질서를 준수하면 면소된 것으로 간주하는 것이 '**형의 선고유예**'이다. 선고유예는 단기자유형의 집행으로 인한 범죄자의 사회복귀 장애를 해소하고 범죄자의 자발적 개선과 갱생을 촉진하고자 하는 제도인데(헌법재판소 2011.6.30. 선고 2009헌바428 결정), 사실상 범정이 경미한 초범자에 대하여 형을 부과하지 않고 자발적인 개선과 갱생을 촉진하는 제도라고 할 수 있다(대법원 2003.2.20. 선고 2001도6138 전원합의체 판결).

(2) 요건

제59조(선고유예의 요건) ① 1년 이하의 징역이나 금고, 자격정지 또는 벌금의 형을 선고할 경우에 제51조의 사항을 고려하여 뉘우치는 정상이 뚜렷할 때에는 그 형의 선고를 유예할 수 있다. 다만, 자격정지 이상의 형을 받은 전과가 있는 사람에 대해서는 예외로 한다.
② 형을 병과할 경우에도 형의 전부 또는 일부에 대하여 선고를 유예할 수 있다.

1) https://www.scourt.go.kr/portal/notice/innocence/innocence.jsp.

① 자격정지 이상의 형을 받은 전과가 없을 것

선고유예를 하기 위해서는 피고인에게 자격정지 이상의 형의 전과가 없어야 한다. 판례는 선고유예가 주로 법정이 경미한 초범자에 대하여 형을 부과하지 않고 자발적인 개선과 갱생을 촉진시키고자 하는 제도라는 점을 고려하여, 선고유예의 요건 중 전과의 부존재에 대해서 엄격하게 해석한다. 먼저 '자격정지 이상의 형을 받은 전과'는 자격정지 이상의 형을 선고받은 범죄경력 자체를 의미하는 것이고, 그 형의 효력이 상실된 여부는 묻지 않는 것으로 해석한다(대법원 2003.12.26. 선고 2003도3768 판결). 따라서 형의 집행유예를 선고받은 자가 유예기간을 무사히 경과하여 형의 선고가 효력을 잃게 되었더라도, 형의 선고가 있었다는 기왕의 사실 자체까지 없어지는 것은 아니어서 선고유예 결격사유인 '자격정지 이상의 형을 받은 전과가 있는 자'에 해당한다(대법원 2003.12.26. 선고 2003도3768 판결). 나아가 일단 자격정지 이상의 형을 선고받은 이상 그 후 그 형이 형실효법에 의거하여 추후 실효되었더라도 '자격정지 이상의 형을 받은 전과가 있는 경우'라고 본다(대법원 2004.10.15. 선고 2004도4869 판결). 그리고 사후적 경합범(형법 제37조 후단)에 있어서 판결을 받지 아니한 죄에 대하여 형을 선고할 때 금고 이상의 형에 처한 판결이 확정된 죄의 형도 '자격정지 이상의 형을 받은 전과'에 포함되어 선고유예의 결격사유라고 본다(대법원 2010.7.8. 선고 2010도931 판결).

다만 자격정지의 형보다 가벼운 벌금형의 전과가 있는 경우는 선고유예가 가능하다.

② 1년 이하의 징역이나 금고, 자격정지 또는 벌금의 형을 선고할 경우

선고유예는 1년 이하의 징역이나 금고, 자격정지 또는 벌금의 형을 선고할 경우에 가능하다. 형을 병과할 경우는 형의 전부 또는 일부에 대하여 선고를 유예할 수 있다.

한편 벌금의 형보다 가벼운 구류 · 과료에 대하여 선고유예가 가능한 것인지가 논란이 되는데, 판례는 문언상으로 형의 선고를 유예할 수 있는 경우는 선고할 형이 1년 이하의 징역이나 금고, 자격정지 또는 벌금의 형인 경우에 한하므로, 구류형에 대해서는 선고를 유예할 수 없다고 본다(대법원 1993.6.22. 선고 93오1 판결). 다만 몰수는 선고유예의 대상으로 규정되어 있지 아니하더라도 부가형이므로 그 주형에 대하여 선고를 유예하는 경우는 그 부가할 몰수나 추징에 대하여도 선고를 유예할 수 있으나, 그 주형에 대하여 선고를 유예하지 아니하면서 이에 부가할 몰수 추징에 대하여서만 선고를 유예할 수는 없다(대법원 1988.6.21. 선고 88도551 판결).

③ 제51조(양형의 조건)의 사항을 참작하여 뉘우치는 정상이 뚜렷할 것

"뉘우치는 정상이 뚜렷할 때"는 도덕적인 측면에서 피고인의 진지한 반성을 요구하는 것이 아니라, 형의 선고가 없더라도 **재범의 위험성**이 존재하지 않는 경우를 의미한다. 판례도 "반성의 정도를 포함하여 널리 형법 제51조가 규정하는 양형의 조건을 종합적으로 참작하여 볼 때 형을 선고하지 않더라도 피고인이 다시 범행을 저지르지 않으리라는 사정이 현저하게 기대되는 경우를 가리킨다고 해석할 것"이라고 하면서 "반드시 피고인이 죄를 깊이 뉘우치는 경우만을 뜻하는 것으로 제한하여 해석" 할 것은 아니며, "피고인이 범죄사실을 자백하지 않고 부인할 경우는 언제나 선고유예를 할 수 없다고 해석할 것은 아니"라고 본다(대법원 2003.2.20. 선고 2001도6138 전원합의체 판결).

(3) 보호관찰의 병과

> 제59조의2(보호관찰) ① 형의 선고를 유예하는 경우에 재범방지를 위하여 지도 및 원호가 필요한 때에는 보호관찰을 받을 것을 명할 수 있다.
> ② 제1항의 규정에 의한 보호관찰의 기간은 1년으로 한다.

법원은 형의 선고를 유예할 때 재범방지를 위하여 지도 및 원호가 필요한 때에는 **보호관찰**을 받을 것을 명할 수 있는데(형법 제59조의2 제1항), 보호관찰의 기간은 법률에 1년으로 정해져 있다(형법 제59조의2 제1항). 법원이 형의 선고유예를 하면서 임의적으로 보호관찰을 명하면, 보호관찰 대상자는 보호관찰관의 지도 · 감독을 받으며 준수사항[2)]을 지키고 스스로 건전한 사회인이 되도록 노력하여야 한다(보호관찰법 제32조).

---

2) 1. 주거지에 상주(常住)하고 생업에 종사할 것, 2. 범죄로 이어지기 쉬운 나쁜 습관을 버리고 선행(善行)을 하며 범죄를 저지를 염려가 있는 사람들과 교제하거나 어울리지 말 것, 3. 보호관찰관의 지도 · 감독에 따르고 방문하면 응대할 것, 4. 주거를 이전(移轉)하거나 1개월 이상 국내외 여행을 할 때에는 미리 보호관찰관에게 신고할 것.

(4) 효과

> **제60조(선고유예의 효과)** 형의 선고유예를 받은 날로부터 2년을 경과한 때에는 면소된 것으로 간주한다.

법원이 형의 선고를 유예하는 판결을 할 경우에도 선고가 유예된 형에 대한 판단을 하여야 하는데, 선고유예 판결에서도 그 판결이유에서는 선고형(선고할 형의 종류와 양)을 정해 놓아야 하고 그 선고를 유예하는 형이 벌금형일 경우에는 그 벌금액뿐만 아니라 환형유치 처분까지 해 두어야 한다(대법원 1988.1.19. 선고 86도2654 판결).

형의 선고유예를 받은 날로부터 2년이 경과하면 **면소**된 것으로 간주한다(형법 제60조). 선고유예의 기간은 법원이 정할 수 없이 법률에 2년으로 규정되어 있으며, 면소된 것으로 간주한다는 것은 동일한 사건에 대하여 법원이 다시 판단하지 못한다는 의미이다.

(5) 실효

> **제61조(선고유예의 실효)** ① 형의 선고유예를 받은 자가 유예기간 중 자격정지 이상의 형에 처한 판결이 확정되거나 자격정지 이상의 형에 처한 전과가 발견된 때에는 유예한 형을 선고한다.
> ② 제59조의2의 규정에 의하여 보호관찰을 명한 선고유예를 받은 자가 보호관찰기간중에 준수사항을 위반하고 그 정도가 무거운 때에는 유예한 형을 선고할 수 있다.

① 실효 사유

선고할 형을 결정해 놓은 상태에서 형의 선고만을 미룬 선고유예에 있어서는 취소가 규정되어 있지 않고 실효만이 존재한다. 실효에는 필요적 실효와 임의적 실효가 있는데, 필요적 실효의 사유는 유예기간에 ① 자격정지 이상의 형선고 판결의 확정, 또는 ② 자격정지 이상 형의 전과 발견된 경우이며, 임의적 실효는 ③ 보호관찰 준수사항의 중한 위반이 있는 경우이다(형법 제61조).

형의 선고유예를 받은 자가 유예기간에 자격정지 이상의 형에 처한 판결이 확정되거나 자격정지 이상의 형에 처한 전과가 발견된 경우를 실효의 사유(형법 제61조 제1항)로 규정한 것은 선고유예 이전에 자격정지 이상의 형에 처할 범죄를 범하여 판결이 확정된 때에는 선고유예를 할 수 없는 것(형법 제59조 제1항 단서)과의 불균형을 방지하기 위한 것이다.

실효 사유 중 "형의 선고유예를 받은 자가 자격정지 이상의 형에 처한 전과가 발견된 때"란 형의 선고유예의 판결이 확정된 후에 비로소 자격정이 이상의 전과가 발견된 경우를 말하는 것이므로, 그 판결확정 전에 이러한 전과가 발견된 경우는 선고유예를 취소할 수 없는데, 이때 검사가 명확하게 그 전과의 결격사유를 안 경우뿐만 아니라 당연히 그 결격사유를 알 수 있는 객관적 상황이 존재함에도 부주의로 알지 못한 경우도 포함한다(대법원 2008.2.14.자 2007모845 결정).

② 실효 절차

선고유예의 실효 사유가 있을 때는 검사의 실효 청구로 법원에서 실효의 결정으로 비로소 선고유예가 실효되는데, 이것은 형의 선고유예를 받은 자가 유예기간 중 자격정지 이상의 형에 처한 판결을 선고받아 그 판결이 확정된 경우에도 마찬가지이다(대법원 2007.6.28.자 2007모348 결정). 선고유예가 실효되면, 법원은 유예되었던 형을 다시 선고하게 된다.

그러나 형의 선고유예 판결이 확정된 후 2년을 경과하면 면소된 것으로 간주하므로, 그 이후에는 실효의 대상이 되는 선고유예의 판결이 존재하지 않아 선고유예 실효의 결정을 할 수 없다. 이것은 선고유예 실효의 결정에 대한 집행정지의 효력이 있는 즉시항고 또는 재항고로 인하여 아직 선고유예 실효 결정의 효력이 발생하기 전 상태에서 상소심 절차 진행 중에 선고유예 기간이 그대로 경과한 경우도 마찬가지이다(대법원 2018.2.6.자 2017모3459 결정).

2. 형의 집행유예

(1) 의의

범죄가 증명되어 유죄의 선고와 함께 형을 선고하는 유죄판결이 확정되면, 선고된 형은 집행된다. 그러나 법원이 형을 선고하면서 일정기간 형의 집행을 유예하는 의사표시를 할 수 있는데, 이것이 '**형의 집행유예**'이다. 형의 집행유예는 형의 선고와 동시에 판결로서 선고하는데(형사소송법 제321조 제2항), 집행유예 없이 형이 선고되는 경우를 일상적으로 실형(實刑)의 선고라고 한다.

형의 선고유예가 사실상 범정이 경미한 초범에 있어서 단기 자유형의 집행으로 인한 범죄자의 사회복귀 장애를 해소하기 위한 제도인데, 반면 3년 이하 징역형을 선고할 때도 집행유예는 가능하다. 형의 집행유예는 자유형의 집행이 가지고 있는 부작용(악성의 감염)을 방지하여 수형인의 용이한 사회복귀를 위한 제도이다.

(2) 요건

> **제62조(집행유예의 요건)** ① 3년 이하의 징역이나 금고 또는 500만원 이하의 벌금의 형을 선고할 경우에 제51조의 사항을 참작하여 그 정상에 참작할 만한 사유가 있는 때에는 1년 이상 5년 이하의 기간 형의 집행을 유예할 수 있다. 다만, 금고 이상의 형을 선고한 판결이 확정된 때부터 그 집행을 종료하거나 면제된 후 3년까지의 기간에 범한 죄에 대하여 형을 선고하는 경우에는 그러하지 아니하다.
> ② 형을 병과할 경우에는 그 형의 일부에 대하여 집행을 유예할 수 있다.

① 금고 이상의 형이 확정된 때부터 그 집행을 종료하거나 면제된 후 3년이 경과

집행유예는 피고인이 전범(前犯)으로 금고 이상의 형이 확정된 때부터 그 집행을 종료하거나 면제된 후 **3년**이 경과한 후에 행한 범죄에 대해서 가능하다(형법 제62조 제1항 단서). 집행유예가 불가능한 3년의 결격기간은 전범의 형이 **확정**된 시점부터 기산되므로 전범의 형이 확정되기 이전에 행해진 범죄에 대해서는 집행유예의 선고가 가능하다. (구) 형법에서는 "금고 이상의 형의 선고를 받어 집행을 종료한 후 또는 집행이 면제된 후로부터 5년을 경과하지 아니한 자에 대하여는 예외로 한다."라고 규정되어 있어, 후범(後犯)이 행해진 시기와 관계없이 금고 이상의 전과가 있으면 집행유예의 선고가 불가능하다는 비판을 고려하여, 2005년 형법 개정에서 "금고 이상의 형을 선고한 판결이 확정된 때"라고 후범이 행해진 시점을 명확하게 하고 결격기간도 3년으로 단축하였다. 집행의 종료는 형기 만기로 출소하거나 가석방 기간이 무사히 경과한 경우이고, 집행의 면제는 재판확정 후 법률의 변경으로 그 행위가 범죄를 구성하지 아니하거나(형법 제1조 제3항) 형의 시효가 완성되거나(형법 제77조) 특별사면된 경우를 말한다(사면법 제5조 제1항 제2호).

한편, 형법 제62조 제1항 단서에서는 집행유예의 결격사유로 '형의 집행을 종료'한 경우와 '형의 집행이 면제'된 경우만을 규정하고 있는데, 전범에 대한 형의 집행유예 기간 중 행한 범죄에 대해서도 집행유예의 선고가 가능한지, '**집행유예 기간 중의 집행유예**'가 가능한지가 견해가 대립된다.

Ⓐ '실형선고설'이라고도 하는 '**긍정설**'이 있는데, 금고 이상의 형은 실형의 경우만을 의미하는 것이라고 본다. 반면 Ⓑ '단순전과설'이라고도 하는 '**부정설**'이 있는데, 금고 이상의 형은 집행유예의 경우도 포함한다고 본다.

판례는 전범에 대한 형의 집행유예 기간 중 행한 범죄는 전범의 집행유예 기간이 경과한 후라면 집행유예의 선고가 가능하다는 '절충적인 입장'이다. 형법 제62조 제1항 단서는 "실형을 선고받고 집행종료나 집행면제 후 3년이 지나지 않은 시점에서 범한 죄에 대하여 형을 선고하는 경우뿐만 아니라, 집행유예 기간 중에 범한 죄에 대하여 형을 선고할 때 이미 집행유예가 실효 또는 취소된 경우와 그 선고 시점에 집행유예 기간이 지나지 않아 형 선고의 효력이 실효되지 않은 채로 남아 있는 경우도 포함한다."고 본다(대법원 2019.1.17. 선고 2018도17589 판결). 그러나 "집행유예가 실효 또는 취소됨이 없이 유예기간을 경과한 때에는, 형의 선고가 이미 그 효력을 잃게 되어 '금고 이상의 형을 선고'한 경우에 해당한다고 보기 어려울 뿐 아니라, 집행의 가능성이 더 이상 존재하지 아니하여 집행종료나 집행면제의 개념도 상정하기 어려우므로 … 집행유예 기간 중에 범한 범죄라고 할지라도 집행유예가 실효 취소됨이 없이 그 유예기간이 재판도중 경과한 경우에는 이에 대해 다시 집행유예의 선고가 가능하다."고 본다(대법원 2007.2.8. 선고 2006도6196 판결).

생각건대, 집행유예의 결격사유로 금고 이상의 형의 전과는 실형이 선고된 경우만으로 해석하는 집행유예 중의 집행유예 긍정설이 타당하다. 2005년 형법 개정을 통해 집행유예의 적용범위가 축소되지 않도록 개정된 형법 제62조의 단서의 취지 및 형의 집행종료나 형의 집행 면제라고 표현된 문언은 실형의 선고를 전제로 하는 것이지 집행유예를 전제로 하는 개념이 아니기 때문이다. 집행유예 기간 중에 범한 범죄에 대해서는 집행유예의 선고 가능성을 인정하고 양형시 판단하면 될 것이다.

② 3년 이하의 징역, 금고 또는 500만 원 이하의 벌금형을 선고할 경우

선고유예는 3년 이하의 징역, 금고 또는 500만 원 이하의 벌금형을 선고할 경우에 가능하다. (구) 형법에서는 벌금형에 대한 집행유예를 인정하지 않았는데, 2018년 형법 개정을 통해 벌금형에 대한 집행유예도 가능하게 되었다. 징역형에 대해 인정되는 집행유예가 징역형보다 상대적으로 가벼운 형벌인 벌금형에는 인정되지 않아 합리적이지 않다는 비판이 제기되어 왔고, 벌금 납부능력이 부족한 서민의 경우 벌금형을 선고받아 벌금을 납부하지 못할 시 노역장 유치되는 것을 우려하여 징역형의 집행유예 판결을 구하는 예가 빈번히 나타나는 등 형벌의 부조화 현상을 방지하고 서민의 경제적 어려움을 덜어주기 위해 500만 원 이하의 벌금형에 대한 집행유예를 도입하였다.

징역형과 벌금형을 병과하여 선고하는 경우와 같이, 형을 병과할 경우는 일부에 대하여 집행유예가 가능하다(형법 제62조 제2항). 그러나 형법 제62조 제2항이 그 형의 '일부'에 대하여 집행을 유예할 수 있는 때를 형을 '병과'할 경우로 한정하고 있으므로, 문언상 하나의 형의 전부에 대한 집행유예에 관한 규정이라 할 것이어서 하나의 자유형 중 일부에 대해서는 실형을, 나머지에 대해서는 집행유예를 선고하는 것은 허용되지 않는다(대법원 2007.2.22. 선고 2006도8555 판결). 따라서 징역 3년의 형을 선고할 때, 실형 1년과 집행유예 2년을 선고하는 것과 같이 형의 일부에 대한 집행유예는 허용되지 않는다.

③ 정상에 참작할 만한 사유가 있을 것

형법 제51조의 양형 조건이 집행유예를 위한 정상 참작사유로서 작용하여, 집행유예는 형법 제51조의 사항을 참작하여 그 정상에 참작할 만한 사유가 있는 때에 가능하다. 정상에 참작할 만한 사유는 일반적으로 피고인에게 '재범의 위험성'이 크지 않아서 형의 집행 없이 선고만으로도 형벌의 효과가 충분한 경우라고 설명된다.

참고 집행유예에 관한 양형위원회의 양형기준

양형위원회의 양형기준에서는 책임단계와 예방단계를 구별하는 전제에서 별도로 집행유예의 기준을 두고 있다. 집행유예 기준을 설정한 취지를 살리기 위해서는 순수하게 재범의 위험성만으로 집행유예 여부를 결정하도록 하는 방안도 검토해 볼 수 있으나, 재범의 위험성에 관한 연구와 통계분석이 상대적으로 충분하지 않고 재범의 위험성에 대한 예측이 객관적으로 가능한지에 대해서 논란이 있을 수 있기에 집행유예 참작사유를 재범의 위험성 관련 요소로 한정하지는 않는다.
양형위원회의 양형기준에서 집행유예 참작사유는 일반적인 양형 참작사유와는 구별된다. 집행유예 또는 실형이라는 양자 선택의 여지밖에 없는 특성이 있기 때문이다. 집행유예 여부의 판단에 있어서 주요참작사유는 일반참작사유보다 중하게 고려함을 원칙으로 하되, 주요긍정사유만 2개 이상 존재하거나 주요긍정사유가 주요부정사유보다 2개 이상 많을 경우는 집행유예를 권고한다. 반면 주요부정사유만 2개 이상 존재하거나 주요부정사유가 주요긍정사유보다 2개 이상 많을 경우에는 실형을 권고한다. 그 외의 경우에는 집행유예 참작사유를 종합적으로 비교 · 평가하여 집행유예 여부를 결정한다.

(3) 보안처분의 병과

> **제62조의2(보호관찰, 사회봉사 · 수강명령)** ① 형의 집행을 유예하는 경우에는 보호관찰을 받을 것을 명하거나 사회봉사 또는 수강을 명할 수 있다.
> ② 제1항의 규정에 의한 보호관찰의 기간은 집행을 유예한 기간으로 한다. 다만, 법원은 유예기간의 범위내에서 보호관찰기간을 정할 수 있다.
> ③ 사회봉사명령 또는 수강명령은 집행유예기간내에 이를 집행한다.

법원은 형의 집행유예를 선고하면서 보호관찰을 받을 것을 명하거나 사회봉사 또는 수강을 명할 수 있다(형법 제62조의2 제1항). 이때 보호관찰과 사회봉사 등을 병과할 수 있는지가 논란이 되는데, 형법상 보호관찰과 사회봉사를 명하는 경우와 소년법 등에서는 보호관찰과 사회봉사를 동시에 명할 수 있도록 하는 것과 특별히 달리 취급할 이유가 없으며, 범죄자에 대한 사회복귀를 촉진하고 효율적인 범죄예방을 위하여 양자를 병과할 필요성이 있는 점 등에 비추어, 집행예유를 선고하면서 보호관찰과 사회봉사 또는 수강을 동시에 명할 수 있다고 해석된다(대법원 1998.4.24. 선고 98도98 판결). 법원은 보호관찰 · 사회봉사 · 수강명령을 둘 이상 '**병과**'할 수 있으며, 보호관찰과 병과하여 사회봉사 · 수강명령이 부과되면 보호관찰의 기간 내에 이를 집행하여야 한다(형사소송규칙 제1472조의2 제4항, 제5항).

① 보호관찰

보호관찰은 대상자의 특성, 그가 저지른 범죄의 내용과 종류 등을 구체적 · 개별적으로 고려하여 일정 기간 보호관찰 대상자의 자유를 제한하는 내용의 준수사항을 부과함으로써 대상자의 교화 · 개선을 통해 범죄를 예방하고 재범을 방지하려는 데에 그 제도적 의의가 있다(대법원 2010.9.30. 선고 2010도6403 판결). 판례는 형의 집행유예에 부과되는 보호관찰의 법적 성격을 과거의 불법에 대한 책임에 기초하고 있는 제재가 아니라 장래의 위험성으로부터 행위자를 보호하고 사회를 방위하기 위한 합목적 조치로서 '**보안처분**'으로 보고, 형벌불소급의 원칙이 적용되지 않아 재판시의 규정에 의하여 보호관찰을 받을 것을 명할 수 있다고 본다(대법원 1997.6.13. 선고 97도703 판결).

보호관찰이 부과되면 대상자는 보호관찰관의 지도 · 감독을 받으며 준수사항을 지키고 스스로 건전한 사회인이 되도록 노력하여야 한다(보호관찰법 제32조 제1항). 구체적으로 대상자는 주거지에 상주(常住)하고 생업에 종사하고, 범죄로 이어지기 쉬운 나쁜 습관을 버리고 선행(善行)을 하며 범죄를 저지를 염려가 있는 사람들과 교제하거나 어울리지 말아야 하고, 보호관찰관의 지도 · 감독에 따르고 방문하면 응대하여야 하고, 주거를 이전(移轉)하거나 1개월 이상 국내외 여행을 할 때에는 미리 보호관찰관에게 신고하여야 한다(보호관찰법 제32조 제2항).

법원이 집행유예에 부과한 보호관찰의 기간은 원칙적으로 집행유예의 기간으로 하지만, 법원이 예외적으로 유예기간 내에서 보호관찰기간을 정할 수 있다(형법 제62조의2 제2항).

② 사회봉사명령

사회봉사명령은 범죄인에게 일정 시간 사회를 위해 무보수로 **근로의 봉사활동**을 할 것을 명하는 제도인데, 법원이 형의 집행유예에 따른 사회봉사를 명할 때는 500시간의 범위에서 그 기간을 정하여야 한다(보호관찰법 제59조 제1항). 법원은 사회봉사 대상자가 사회봉사를 할 분야와 장소 등을 지정할 수 있다(보호관찰법 제59조 제2항).

그런데 집행유예를 선고하면서 사회봉사명령으로서 일정액의 금전 출연을 주된 내용으로 하는 사회공헌계획의 성실한 이행을 명하는 것은, 시간 단위로 부과될 수 있는 일 또는 근로활동이 아닌 것을 명하는 것이어서 허용될 수 없고, 준법경영을 주제로 하는 강연과 기고를 명하는 것은 헌법상 양심의 자유 등에 대한 심각하고 중대한 침해가능성 등의 문제가 있어 허용되지 않는다(대법원 2008.4.11. 선고 2007도8373 판결).

보호관찰 명령은 보호관찰기간 동안 바른 생활을 영위할 것을 요구하는 추상적 조건의 부과이거나 악행을 하지 말 것을 요구하는 소극적인 부작위 조건의 부과인데, 반면 사회봉사명령이나 수강명령은 특정 시간 동안의 적극적인 작위의무를 부과하는 데 그 특징이 있다. 따라서 사회봉사명령이나 수강명령 대상자에 대한 특별준수사항은 보호관찰 대상자에 대한 특별준수사항과 같을 수 없으므로, 보호관찰 대상자에 대한 특별준수사항을 사회봉사명령 · 수강명령 대상자에게 그대로 적용하는 것은 적합하지 않다(대법원 2009.3.30.자 2008모1116 결정). 예를 들어 보호관찰법에서 보호관찰 대상자에게 과할 수 있는 특별준수사항으로 정한 “범죄행위로 인한 손해를 회복하기 위하여 노력할 것” 등의 사항(보호관찰법 제32조 제3항)은 보호관찰대상자에만 부과할 수 있을 뿐, 사회봉사명령 · 수강명령 대상자에 대해서는 부과할 수 없다(대법원 2020.11.5. 선고 2017도18291 판결).

③ 수강명령

수강명령은 일정 시간 지정된 장소에서 강의, 훈련 등의 교육을 받게 하는 제도인데, 법원이 형의 집행유예에 따른 수강을 명할 때는 200시간의 범위에서 그 기간을 정하여야 한다(보호관찰법 제59조 제1항). 법원은 수강명령 대상자가 수강할 분야와 장소 등을 지정할 수 있다(보호관찰법 제59조 제2항).

> **참고 이수명령**
>
> 수강명령과 유사한 제도로 이수명령이 존재한다. 이수명령은 법원이 성폭력범죄의 유죄판결(선고유예 제외) 시에 수강명령과 선택하여 의무적으로 부과하는 보안처분이다. 성폭력처벌법 및 청소년성보호법에서는 법원이 성폭력범죄의 집행유예를 선고할 경우는 의무적으로 500시간의 범위에서 재범예방에 필요한 수강명령을 병과하도록 하고, 벌금 이상의 형을 선고할 경우는 의무적으로 500시간의 범위에서 재범예방에 필요한 '성폭력 치료프로그램의 이수명령'을 병과하도록 규정하고 있다(성폭력처벌법 제16조 제2항, 제3항 및 청소년성보호법 제21조 제2항, 제3항). 수강명령 또는 이수명령의 내용은 동일한데, 일탈적 이상행동의 진단 · 상담, 성에 대한 건전한 이해를 위한 교육, 그 밖에 성폭력범죄를 범한 사람의 재범예방을 위하여 필요한 사항이다(성폭력처벌법 제16조 제7항, 청소년성보호법 제21조 제7항).

(4) 실효와 취소

> **제63조(집행유예의 실효)** 집행유예의 선고를 받은 자가 유예기간 중 고의로 범한 죄로 금고 이상의 실형을 선고받아 그 판결이 확정된 때에는 집행유예의 선고는 효력을 잃는다.
> **제64조(집행유예의 취소)** ① 집행유예의 선고를 받은 후 제62조 단행의 사유가 발각된 때에는 집행유예의 선고를 취소한다.
> ② 제62조의2의 규정에 의하여 보호관찰이나 사회봉사 또는 수강을 명한 집행유예를 받은 자가 준수사항이나 명령을 위반하고 그 정도가 무거운 때에는 집행유예의 선고를 취소할 수 있다.

① 실효

재범의 위험성이 크지 않다고 판단되어 형의 집행유예의 선고를 받고 사회 내에서 생활하더라도, 유예기간 중에 범죄를 범하는 경우가 발생한다. 이때 바로 집행유예와 함께 선고되었던 형이 집행되는 것인지와 관련해서, 형법은 "유예기간 중 고의로 범한 죄로 금고 이상의 실형을 선고받아 그 판결이 확정된 때" 집행유예의 선고가 효력을 잃는다고 규정하고 있다(형법 제63조). 집행유예가 실효되면 집행유예가 부가

되어 선고되었던 형이 집행된다.

(구) 형법에서는 집행유예의 실효 요건을 "금고 이상의 형의 선고를 받아 그 판결이 확정된 때"라고 규정하였던 것을, 2005년 형법 개정에서 **고의범**으로 제한하였고 나아가 **실형**의 선고로 제한하였다. 따라서 집행유예의 기간 중 범한 죄에 대해서 집행유예가 선고되는 경우는 전범(前犯)에 대해서 선고된 집행유예도 실효되지 않는다.

② 취소

집행유예의 취소는 필요적 취소와 임의적 취소의 2가지 유형이 존재한다. 먼저 집행유예의 선고를 받은 후 집행유예의 결격사유(전범에 대해서 금고 이상의 형을 선고한 판결이 확정된 때부터 그 집행을 종료하거나 면제된 후 3년 이내)가 발각된 경우는 집행유예가 필요적으로 취소된다(형법 제64조 제1항). 이것은 집행유예 선고의 판결이 확정된 후에 비로소 결격사유가 발각된 경우를 말하고 그 판결확정 전에 결격사유가 발각된 경우에는 이를 취소할 수 없으며, 이때 판결확정 전에 발각되었다고 함은 검사가 명확하게 그 결격사유를 안 경우만을 말하는 것이 아니라 당연히 그 결격사유를 알 수 있는 객관적 상황이 존재함에도 부주의로 알지 못한 경우도 포함된다(대법원 2001.6.27.자 2001모135 결정).

다음으로 법원은 보호관찰이나 사회봉사 또는 수강을 명한 집행유예를 받은 자가 준수사항이나 명령을 위반하고 그 정도가 무거운 때에는 집행유예의 선고를 임의적으로 취소할 수 있다(형법 제64조 제1항).

집행유예를 취소는 검사가 피고인의 현재지 또는 최후의 거주지를 관할하는 법원에 청구하는데(형사소송법 제335조 제1항), 임의적 취소의 경우는 검사가 보호관찰소장의 신청을 받아 법원에 청구한다(보호관찰법 제47조 제1항). 그런데 임의적 취소의 경우에 있어서 검사가 보호관찰소장의 신청에 따라 집행유예의 취소를 청구하여 법원에서 취소의 심리 도중 집행유예 기간이 경과하면, 형의 선고는 효력을 잃기 때문에 더 이상 집행유예의 선고를 취소할 수 없고 취소청구를 기각할 수밖에 없다(대법원 2023.6.29.자 2023모1007 결정). 따라서 집행유예의 선고 취소는 '집행유예 기간 중'에만 가능하다.

(5) 효과

제65조(집행유예의 효과) 집행유예의 선고를 받은 후 그 선고의 실효 또는 취소됨이 없이 유예기간을 경과한 때에는 형의 선고는 효력을 잃는다.

집행유예의 요건이 충족되면 법원은 형의 집행을 1년 이상 5년 이하의 기간 유예할 수 있는데(형법 제62조 제1항), 형의 선고와 동시에 형의 집행유예를 선고한다(형사소송법 제321조 제1항). 재판은 확정한 후에 집행되므로(형사소송법 제459조), 집행유예 기간의 시기(始期)는 집행유예를 선고한 판결의 확정일이다(대법원 2019.2.28. 선고 2018도13382 판결).

집행유예의 선고 후 선고의 실효나 취소 없이 그 기간이 경과하면, 형의 선고는 효력을 잃는다(형법 제65조). "형의 선고가 효력을 잃는다."는 것은 형의 선고에 의한 법적 효과가 장래를 향하여 소멸한다는 의미이다. 따라서 집행유예 기간이 경과하여 형의 선고가 효력을 잃은 경우는 폭력행위처벌법 제2조 제3항의 누범 요건인 징역형을 받은 경우로 보지 않는다(대법원 2016.6.23. 선고 2016도5032 판결).

다만 형의 선고가 있었다는 기왕의 사실까지 없어지지는 않는다. 따라서 선고유예 결격사유인 '자격정지 이상의 형을 받은 전과가 있는 자'에는 해당한다(대법원 2003.12.26. 선고 2003도3768 판결).

3. 가석방

(1) 의의

가석방은 징역 또는 금고의 집행 중인 수형자가 행상이 양호하여 뉘우침이 뚜렷한 경우에 형기만료 전에 석방하고, 일정 기간이 경과한 때에 형의 집행이 종료된 것으로 보는 제도이다. 범행을 뉘우치고 있는 수형자에게 불필요한 구금 기간을 단축하여 사회복귀를 돕는 특별예방적 목표를 가지고 있다. 가석방은 형의 선고유예나 집행유예와 달리 법원의 판단을 거치지 않는 법무부장관의 허가처분 사항이다.

가석방 제도의 본질에 대해서는 ① 모범적인 수형자에게 국가가 내리는 시혜적인 조치라고 보는 '은사 · 포상설'의 시각, ② 사회적응 가능성이 인정되는 수형자에 대해 행정처분으로 조기에 출소시켜 사회복귀를 촉진한다는 '행정처분설'의 시각,[3]

3) 김일수 · 서보학, 611면; 박상기 · 전지연, 374면; 박상옥 · 김대휘(2), 650면; 이영란, 605면;

③ 수형자의 원만한 사회복귀를 위해서 존재하는 자유형 자체의 탄력적 집행의 특성이라는 '행형제도설'의 시각이 있다.[4] 그리고 ④ 이러한 성격 모두를 포함한다는 '종합설'의 시각도 존재한다. 가석방의 본질을 은사 · 포상으로 보는 견해는 19세기 중반 입헌군주국가의 배경에서 성립된 특별권력관계이론의 시각에서 주장되었고 특별권력관계인 수형자에게 가석방심사의 신청권을 인정할 수 없다고 보지만, 가석방을 자유형 자체에 내재가 된 것으로 보는 행형제도설의 시각에서는 수형자에게 사회복귀를 위한 가석방심사의 신청권을 인정할 수 있다고 본다.

생각건대, 가석방 제도에 대한 해석론과 입법론은 구별되어야 한다. 해석상으로 보면, 문언에서 가석방을 행정처분으로 명시하고 있고(형법 제72조 제1항) 보호관찰의 부과 여부를 행정기관의 재량에 맡기고 있으므로(형법 제73조의2 제2항 단서), 가석방 제도는 행정처분으로 이해되며 수형자에게 가석방심사 신청권 등의 권한을 인정하기는 어렵다.

(2) 요건

제72조(가석방의 요건) ① 징역이나 금고의 집행 중에 있는 사람이 행상(行狀)이 양호하여 뉘우침이 뚜렷한 때에는 무기형은 20년, 유기형은 형기의 3분의 1이 지난 후 행정처분으로 가석방을 할 수 있다.
② 제1항의 경우에 벌금이나 과료가 병과되어 있는 때에는 그 금액을 완납하여야 한다.

형법 제72조에서는 3가지 가석방 요건을 규정하고 있다. 첫째, 징역 또는 금고의 집행 중인 수형자가 행상(行狀)이 양호하여 뉘우침이 뚜렷하여야 한다. 둘째, 무기의 징역 또는 금고의 형인 경우는 20년, 유기에서는 형기의 ⅓ 경과하여야 한다. 셋째, 벌금 또는 과료의 병과가 있는 때에는 그 금액을 완납하여야 한다.

형법 제72조 제1항에서는 유기형의 집행 중인 수형자에 대한 가석방의 요건을 "형기의 3분의 1을 경과한 후"라고 규정하고 있는데, 이때 형기는 법정형이 아니라 선고형을 의미하고 사면 등에 의하여 감형된 때에는 감형된 형을 형기로 본다. 그런데 형기와 관련하여 1개의 판결에서 다수의 형이 선고되는 경우 형기의 해석 · 적용

이형국 · 김혜경, 648면.

4) 김종원(하), 413면; 오영근 · 노수환, 620면; 이재상 · 장영민 · 강동범, 656면; 이주원, 529면; 임웅 · 김성규 · 박성민, 721면; 정영일, 570면; 정성근 · 박광민, 573면; 정성근 · 정준섭, 469면; 주호노, 959면.

을 어떻게 할 것인지, 즉 다수의 형을 종합하여 판단할 것인지, 각 형을 분리하여 판단할 것인지, 최종적으로 집행되는 형을 기준으로 판단할 것인지가 논란이 된다.

이에 대해서 헌법재판소는 "형법 제72조 제1항에서의 '형기'라 함은 1개의 판결로 수개의 형이 확정된 수형자의 경우에도 '각형의 형기를 합산한 형기'나 '최종적으로 집행되는 형의 형기'를 의미하는 것이 아니라 언제나 '각형의 형기'를 의미하고, 그 당연한 귀결로서 수개의 형이 확정된 수형자에 대하여는 각형의 형기를 모두 3분의 1 이상씩 경과한 후가 아니면 가석방이 불가능하게 되는 것"이라고 판단하였다(헌법재판소 1995.3.23. 선고 93헌마12 결정). 헌법재판소 입장은 형 집행의 순서를 규정한 형사소송법 제462조에서 형 집행은 확정된 각 형을 기준으로 하고 있다는 점을 근거로 하고 있다. 헌법재판소는 형사소송법 제462조 단서에 따라 검사가 형 집행의 순서를 변경하는 경우 종합한 형기의 ⅓이 경과한 시점에서 각 형에 대하여 동시에 가석방할 수 있으므로 다수의 형을 선고받은 수형자가 1개의 형을 선고받은 수형자에 비해서 불이익하지 않다고 본다. 이처럼 1개의 판결에서 다수의 범죄사실에 대해서 다수의 형이 선고된 경우는 각 형의 형기가 ⅓ 이상씩 경과한 후에 가석방의 요건이 충족되는 것으로 해석된다면, 먼저 집행되는 형의 형기 중 ⅓이 경과되면 바로 다음 형의 집행이 이루어질 수 있게 하는 것이 수형자의 가석방에 있어서 실질적으로 중요하다.[5)]

(3) 절차

가석방의 절차는 형집행법에 규정되어 있다. 교정시설의 소장이 형법 제72조 제1항의 기간이 지난 수형자에 대해서 법무부의 가석방심사위원회에 가석방 적격심사를 신청하면(형집행법 제121조 제1항), 가석방심사위원회에서 가석방 적격 여부를 결정하고(형집행법 제121조 제2항), 적격 결정을 한 경우는 5일 이내에 법무부장관에게 가석방 허가를 신청한다(형집행법 제122조 제1항). 법무부장관은 가석방심사위원회의 가석방 허가신청이 적정하다고 인정할 경우 가석방을 허가할 수 있다(형집행법 제122조 제2항). 교정시설의 소장은 가석방 허가 서류가 교정시설에 도달한 후 12시간 이내 가석방을 하여야 한다(형집행법 제124조 제1항).

---

5) 김정환, "1개의 판결에서 다수의 범죄사실에 대하여 다수의 형이 확정된 사안에서 가석방의 요건을 정한 형법 제72조 제1항의 해석", 「교정판례백선」, 2024, 400면.

(4) 가석방의 기간 및 실효 · 취소

제73조의2(가석방의 기간 및 보호관찰) ① 가석방의 기간은 무기형에 있어서는 10년으로 하고, 유기형에 있어서는 남은 형기로 하되, 그 기간은 10년을 초과할 수 없다.
② 가석방된 자는 가석방기간중 보호관찰을 받는다. 다만, 가석방을 허가한 행정관청이 필요가 없다고 인정한 때에는 그러하지 아니하다.
제74조(가석방의 실효) 가석방 기간 중 고의로 지은 죄로 금고 이상의 형을 선고받아 그 판결이 확정된 경우에 가석방 처분은 효력을 잃는다.
제75조(가석방의 취소) 가석방의 처분을 받은 자가 감시에 관한 규칙을 위배하거나, 보호관찰의 준수사항을 위반하고 그 정도가 무거운 때에는 가석방처분을 취소할 수 있다.

① 가석방의 기간과 보호관찰

가석방의 기간은 무기형에 있어서는 10년, 유기형에 있어서는 최장 10년 이내의 남은 형기이다. 가석방된 사람은 가석방 기간 중 원칙적으로 **보호관찰**을 받으며, 예외적으로 행정관청의 재량으로 하지 않을 수 있다.

특히 성폭력범죄, 미성년자 대상 유괴범죄, 살인범죄, 강도범죄 및 스토킹범죄를 범한 수형자가 가석방된 경우는 가석방되는 날부터 보호관찰명령이 집행되는데(전자장치부착법 제21조의5), 이러한 범죄의 수형자 중 법원의 위치추적 전자장치 부착명령의 판결을 선고받지 아니하고 형의 집행 중 가석방되어 보호관찰을 받게 되는 사람에 대해서는 보호관찰명령의 준수사항 이행 여부 확인 등을 위하여 가석방기간 동안 위치추적 전자장치를 부착하여야 한다(전자장치부착법 제22조 제1항).

② 가석방의 실효와 취소

가석방된 사람이 가석방 기간 중 위법한 행위를 하거나 준수사항을 위반한 경우는 가석방이 실효되거나 취소된다. 먼저 가석방의 **실효**를 보면, 가석방된 사람이 가석방 기간 중 고의로 지은 죄로 금고 이상의 형을 선고받아 그 판결이 확정되면 가석방 처분은 효력을 잃는다(형법 제74조).

다음으로 가석방의 **취소**를 보면, 가석방된 사람이 가석방 기간 중 감시에 관한 규칙을 위배하거나, 보호관찰 준수사항을 위반의 정도가 무거운 때에는 가석방 처분이 취소될 수 있다(형법 제75조). 실효와 달리 취소는 임의적이다. 수형자를 가석방한 소장 또는 가석방자를 수용하고 있는 소장은 가석방 취소사유에 해당하는 사실이 있음을 알게 되거나 관할 경찰서장으로부터 그 사실을 통보받으면 가석방심사위원회에 가석방 취소심사를 신청하여야 하고(형집행법 시행규칙 제261조 제1항), 가석방심사위원회는 가석방을 취소하는 것이 타당하다고 결정하면 법무부장관에게 가석방의 취소를 신청하게 된다(형집행법 시행규칙 제261조 제2항). 만약 수형자를 가석방한 소장 또는 가석방자를 수용하고 있는 소장은 긴급한 사유가 있을 때는 가석방심사위원회의 취소심사를 거치지 아니하고 법무부장관에게 가석방의 취소를 신청할 수 있다(형집행법 시행규칙 제261조 제3항).

(5) 효과

> **제76조(가석방의 효과)** ① 가석방의 처분을 받은 후 그 처분이 실효 또는 취소되지 아니하고 가석방기간을 경과한 때에는 형의 집행을 종료한 것으로 본다.
> ② 전2조의 경우에는 가석방중의 일수는 형기에 산입하지 아니한다.

가석방의 처분을 받은 후 그 처분이 실효 또는 취소되지 아니하고 가석방 기간이 경과되면 형의 집행을 종료한 것으로 본다(형법 제76조 제1항). 가석방 중인 사람이 가석방 기간 중 범한 범죄에 대해서는 형법 35조에서 말하는 형집행 종료 후에 죄를 범한 경우라고 볼 수 없으므로 누범가중을 할 수 없다(대법원 1976.9.14. 선고 76도2071 판결).

4. 형의 시효

> **제77조(형의 시효의 효과)** 형(사형은 제외한다)을 선고받은 자에 대해서는 시효가 완성되면 그 집행이 면제된다.
> **제78조(형의 시효의 기간)** 시효는 형을 선고하는 재판이 확정된 후 그 집행을 받지 아니하고 다음 각 호의 구분에 따른 기간이 지나면 완성된다.
> 1. 삭제
> 2. 무기의 징역 또는 금고: 20년
> 3. 10년 이상의 징역 또는 금고: 15년
> 4. 3년 이상의 징역이나 금고 또는 10년 이상의 자격정지: 10년
> 5. 3년 미만의 징역이나 금고 또는 5년 이상의 자격정지: 7년
> 6. 5년 미만의 자격정지, 벌금, 몰수 또는 추징: 5년
> 7. 구류 또는 과료: 1년
>
> **제79조(형의 시효의 정지)** ① 시효는 형의 집행의 유예나 정지 또는 가석방 기타 집행할 수 없는 기간은 진행되지 아니한다.

> ② 시효는 형이 확정된 후 그 형의 집행을 받지 아니한 사람이 형의 집행을 면할 목적으로 국외에 있는 기간 동안은 진행되지 아니한다.
> **제80조(형의 시효의 중단)** 시효는 징역, 금고 및 구류의 경우에는 수형자를 체포한 때, 벌금, 과료, 몰수 및 추징의 경우에는 강제처분을 개시한 때에 중단된다.

(1) 의의

형의 시효는 형의 선고를 받고 재판이 확정된 수형인의 형벌 집행이 일정 기간 이루어지지 않을 때 국가의 형벌집행권을 상실시키는 제도이다. 예를 들어, 벌금형이 선고된 재판이 확정되었더라도 5년 내 형의 집행이 이루어지지 못하면 국가는 벌금형의 집행을 할 수 없게 된다. 형의 집행 없이 일정 기간이 경과하면서 생성된 상태를 존중하고 유지하기 위한 목적에서 존재하는 형의 시효가 완성되면 **형의 집행이 면제**된다(형법 제77조). 형의 집행이 면제되더라도 '형의 선고' 자체에 따르는 전과는 남게 된다.

(2) 시효기간

시효기간은 형벌의 종류에 따라 구별되는데, 무기징역 · 금고는 20년, 10년 이상의 징역 · 금고는 15년, 3년 이상의 징역 · 금고나 10년 이상의 자격정지는 10년, 3년 미만의 징역 · 금고나 5년 이상의 자격정지는 7년, 벌금 · 몰수 · 추징 · 5년 미만의 자격정지는 5년, 구류 · 과료는 1년이다(형법 제78조). (구) 형법에서는 사형의 시효가 30년으로 규정되어 있었는데, 2023년 형법 개정에서 사형에 대한 형의 시효는 폐지되었다.

(3) 시효정지

형의 시효에는 정지와 중단의 제도가 존재하는데, 정지사유가 있는 동안 시효의 진행 멈추는 '**정지**'는 이미 진행된 시효기간에는 영향이 없으며, 정지사유가 소멸하면 다시 잔여시효 기간이 진행하게 된다. 시효정지의 사유로는 ① 형의 집행유예, ② 형의 집행정지(형사소송법 제470조, 제471조), ③ 가석방, ④ 형의 집행을 면할 목적의 해외 체류 기간, ⑤ 기타 집행할 수 없는 기간이 있다(형법 제79조). 이때 기타 집행할 수 없는 기간을 천재지변이나 기타 사변으로 형을 집행할 수 없는 기간을 의미한다.

(4) 시효중단

시효의 '**중단**'은 중단의 사유가 발생하면 이미 경과한 시효가 소급하여 상실되고 처음부터 다시 시효가 진행하게 된다. 징역 · 금고 · 구류의 경우는 수형자를 체포한 때 형의 시효가 중단되고, 벌금 · 과료 · 몰수 · 추징의 경우에는 강제처분을 개시한 때 중단된다.

예를 들어, 벌금의 일부를 납부한 경우는 집행행위가 개시된 것으로서 벌금형의 시효가 중단되는데, 이것은 벌금의 일부를 수형인 본인 또는 그 대리인이나 사자가 수형인의 의사에 따라 납부한 경우를 말하는 것이지, 수형인의 의사와는 무관하게 제3자가 이를 납부한 경우는 포함되지 않는다(대법원 2001.8.23.자 2001모91 결정). 한편 추징형의 집행을 채권에 대한 강제집행의 방법으로 하는 경우는 검사가 집행명령서에 기하여 법원에 채권압류명령을 신청하는 때에 강제처분인 집행행위의 개시가 있으므로 특별한 사정이 없는 한 그때 시효중단의 효력이 발생하고, 피압류채권이 존재하지 않거나 압류채권을 환가하여도 집행비용 외에 잉여가 없다는 이유로 집행불능이 되었다고 하더라도 이미 발생한 시효중단의 효력이 소멸하지는 않으며(대법원 2009.6.25.자 2008모1396 결정), 채권압류가 집행된 후 해당 채권에 대한 압류가 취소되더라도 이미 발생한 시효중단의 효력은 소멸하지 않는다(대법원 2017.7.12.자 2017모648 결정). 한편 피압류채권이 법률상 압류금지채권에 해당하더라도 재판으로서 압류명령이 당연무효는 아니므로 즉시항고에 의하여 취소되기 전까지는 역시 추징형의 집행이 계속되고 있는 것으로 본다(대법원 2023.2.23.자 2021모3227 결정).

5. 형의 소멸

(1) 의의

유죄판결이 확정되면 선고된 형을 집행하고(형사소송법 제459조), 피고인의 명칭은 '수형인'(형법 제41조에 규정된 형을 받은 자)이 된다(형실효법 제2조 제1호). 유죄판결 중 형의 면제와 형의 선고유예의 경우를 제외하고 형의 선고(실형선고, 집행예유)에 기하여 형의 집행권이 발생하는데, 재판의 집행은 검사가 지휘한다(형사소송법 제460조 제1항). 형의 집행권은 ① 형 집행의 종료(가석방기간 경과 포함), ② 형 집행의 면제[법률변경으로 인한 범죄불성립(형법 제1조 제3항), 형의 시효 완성(형법 제77조), 특별사면(사면법 제5조 제1항 제2호)], ③ 형의 선고유예 기간 · 형의 집행유예 기간의 경과, ④ 수형인의 사망, ⑤ 일반사면의 경우에 소멸한다. 이처럼 확정된 유죄판결에 따라 발생한 형의 집행권이 소멸하는 것을 '**형의 소멸**'이라고 한다.

(2) 전과

형의 소멸이 있더라도 형이 선고되었다는 사실은 그대로 존재하게 되는데, 이처럼 어느 사람에 대하여 확정판결로 '유죄의 선고' 또는 '형의 선고'가 내려졌다는 사실을 **전과**(前科)라고 한다. 일반적으로 유죄가 선고되면 형의 선고가 따르는 것이지만 형의 선고가 면제되거나 유예될 수 있고, '형의 면제'나 '형의 선고유예'도 전과의 대상에 포함된다.

범죄의 경력을 나타내는 전과기록은 수형인명부, 수형인명표 및 범죄경력자료를 말하는데(형실효법 제2조 제7호), '수형인명부'는 자격정지 이상의 형을 받은 수형인을 기재한 명부로서 검찰청 및 군검찰부에서 관리하고, '수형인명표'는 자격정지 이상의 형을 받은 수형인을 기재한 명표로서 수형인의 본적지 시 · 구 · 읍 · 면사무소에서 관리하고, '범죄경력자료'는 벌금 이상의 형의 선고 · 면제 및 선고유예, 보호감호, 치료감호, 보호관찰 등의 사항에 관한 자료로서 경찰청에서 관리한다(형실효법 제2조).

전과는 국가공무원의 임용자격제한(국가공무원법 제33조), 경찰공무원의 임용자격제한(경찰공무원법 제8조), 선거권 · 피선거권의 제한(공직선거법 제18조, 제19조), 누범가중(형법 제35조), 선고유예의 제한(형법 제59조 제1항 단서), 집행유예의 제한(형법 제62조 제1항 단서) 등의 불이익의 효과를 발생시킨다. 소년법 제67조에서는 소년이었을 때 범한 죄에 의하여 형의 선고 등을 받은 자에 대하여 형의 집행을 종료하거나 면제받은 경우, 형의 선고유예나 집행유예가 선고된 때에 있어서 자격에 관한 법령을 적용할 경우는 장래에 향하여 형의 선고를 받지 아니한 것으로 본다고 규정하고 있지만, 판례는 이 규정이 전과까지 소멸한다는 의미는 아니라고 보고 누범 등에서 요구되는 과거 전과로서의 징역형에는 소년으로서 처벌받은 징역형도 포함된다고 본다(대법원 2010.4.29. 선고 2010도973 판결).

(3) 형의 실효와 복권

제81조(형의 실효) 징역 또는 금고의 집행을 종료하거나 집행이 면제된 자가 피해자의 손해를 보상하고 자격정지 이상의 형을 받음이 없이 7년을 경과한 때에는 본인 또는 검사의 신청에 의하여 그 재판의 실효를 선고할 수 있다.

제82조(복권) 자격정지의 선고를 받은 자가 피해자의 손해를 보상하고 자격정지 이상의 형을 받음이 없이 정지기간의 2분의 1을 경과한 때에는 본인 또는 검사의 신청에 의하여 자격의 회복을 선고할 수 있다.

형실효법 제7조(형의 실효) ① 수형인이 자격정지 이상의 형을 받지 아니하고 형의 집행을 종료하거나 그 집행이 면제된 날부터 다음 각 호의 구분에 따른 기간이 경과한 때에 그 형은 실효된다. 다만, 구류(拘留)와 과료(科料)는 형의 집행을 종료하거나 그 집행이 면제된 때에 그 형이 실효된다.

1. 3년을 초과하는 징역 · 금고: 10년
2. 3년 이하의 징역 · 금고: 5년
3. 벌금: 2년

② 하나의 판결로 여러 개의 형이 선고된 경우에는 각 형의 집행을 종료하거나 그 집행이 면제된 날부터 가장 무거운 형에 대한 제1항의 기간이 경과한 때에 형의 선고는 효력을 잃는다. 다만, 제1항제1호 및 제2호를 적용할 때 징역과 금고는 같은 종류의 형으로 보고 각 형기(刑期)를 합산한다.

형의 집행권이 소멸한 후에도 존재하는 형 선고의 효과, 즉 전과로 인한 불이익을 말소시키는 제도가 '형의 실효'와 '복권'이다. 형의 실효와 복권은, 형의 선고에 따른 형의 집행을 받았음에도 계속 불이익을 받게 되면 수형인의 사회복귀에 지장이 발생하므로, 이러한 문제점을 해소하기 위하여 형의 선고가 있었다는 사실에 따르는 불이익을 소멸시키는 제도이다. 형의 선고에 따른 부수적 효력이 일정한 요건 하에서 일률적으로 해소될 수 있도록 신청에 의한 재판상의 실효와 복권, 그리고 신청 없이도 법률상 당연한 형의 실효가 존재한다.

재판상의 실효는 징역 · 금고의 집행을 종료하거나 집행이 면제된 자가 피해자의 손해를 보상하고 자격정지 이상의 형을 받음이 없이 7년을 경과한 때 본인 또는 검사의 신청으로 재판에서 선고할 수 있다(형법 제81조). 형의 실효 선고는 형의 선고에 기한 법적 효과가 장래에 향하여 소멸한다는 취지이고, 형의 선고가 있었다는 사실 그 자체까지 없어진다는 뜻은 아니며 소급하여 자격을 회복하는 것도 아니다(대법원 1974.5.14. 선고 74누2 판결).

복권은 자격정지의 선고를 받은 자가 피해자의 손해를 보상하고 자격정지 이상의 형을 받음이 없이 자격정지 기간의 ½을 경과한 때 본인 또는 검사의 신청으로 재판에서 자격의 회복을 선고할 수 있다(형법 제82조).

형법 제81조와 제82조에 규정된 형의 실효와 복권은 당사자의 신청을 전제로 법원이 재판으로 선고해야 효력이 발생하는데, 당사자의 신청과 관계없이 일정 기간의 경과로 당연히 형의 실효가 발생하도록 하는 '형실효법'이 존재한다. 이를 '**법률상의 실효**'라고 하는데, 3년 초과의 징역이나 금고의 경우는 자격정지 이상의 형을 받지 아니하고 형의 집행을 종료하거나 그 집행이 면제된 날부터 10년, 3년 이하의 징역 · 금고는 5년, 벌금은 2년이 경과한 때 그 형은 당연히 실효된다(형실효법 제7조 제1항 본문). 구류와 과료는 형의 집행이 종료되거나 면제된 때 바로 형이 실효된다(형실효법 제7조 제1항 단서).

제2절 | 보안처분

I. 의의

1. 개념

보안처분이란 범죄자에게 형벌로서 형벌의 목적(특히 예방)을 달성하기 어렵거나 형벌이 허용되지 않는 경우에 있어서 형벌 이외에 부과되는 형사제재이다. 헌법 제12조 제1항에는 "법률과 적법한 절차에 의하지 아니하고는 처벌 · 보안처분 또는 강제노역을 받지 아니한다."라고 하여 보안처분 법정주의가 규정되어 있다.[6)]

범죄자에 부과되는 보안처분은 재범의 위험성이 있는 사람으로부터 사회를 방위하고, 재범의 위험성이 있는 사람을 교육 · 개선 · 치료함으로써 그 사람의 사회복귀를 촉진하는 처분이라는 양면성(사회방위조치의 측면 및 개선처분의 측면)을 가지고 있다. 형벌은 책임주의에 근거하여 제한되는데, 보안처분은 **비례성원칙**으로 제한이 된다. 보안처분을 규정한 개별 법률에서 간접적으로 비례성원칙을 규정하고 있는데, 예를 들어 "보호관찰, 사회봉사, 수강 또는 갱생보호는 해당 대상자의 교화, 개선 및 범죄예방을 위하여 필요하고도 적절한 한도 내에서 이루어져야" 한다고 규정되어 있다(보호관찰법 제4조). 독일 형법 제62조에서는 "범죄자에 의해 행해진 범행과 예견되

6) 한국에서는 1972년 유신헌법에서 헌법상 보안처분에 관한 근거가 처음으로 규정된 이후 1975년 사회안전법이 제정되어 반국가사범에 대한 무제한적인 감금이 보안감호라고 하여 부과되었고, 1980년 사회보호법에서 보안처분의 대상이 일반범죄인까지 확대되었다.

는 범행의 의미 그리고 범죄자에게서 예견되는 위험의 정도에 비례하지 않는 보안처분은 명해질 수 없다."라고 비례성원칙(Grundsatz der Verhältnismäßigkeit)을 규정하고 있다.

2. 형벌과의 관계

형사제재로서 형벌과 보안처분이 존재하는데, 보안처분을 형벌의 일종으로 볼 것인지 아니면 형벌과 별개로 볼 것인지에 대해서 견해가 대립한다. 이러한 대립은 양자의 집행 순서, 죄형법정주의의 적용 범위 등에 있어서 논의의 실익이 나타난다.

(1) 견해의 대립

① '**이원주의**'가 존재하는데, 형벌과 보안처분은 본질적으로 다르다는 시각이다.[7) 형벌은 책임원칙을 근거로 하여 부과되지만, 보안처분은 행위자의 장래 위험성을 근거로 하여 사회방위 및 범죄인개선에 필요한 한도(비례의 원칙)로 부과되는 것이라고 본다. 이러한 시각에서는 보안처분은 형벌에 대해서 보충적이라고 보고, 유죄인 경우에 있어서 형벌과 보안처분을 동시에 선고하되 형벌의 집행 후 보안처분을 집행하게 된다. 이원주의에 대해서는, 형벌과 유사한 보안처분이 존재할 경우는 양자가 이중으로 집행되면서 책임의 한계를 넘는 처벌이 부과될 수 있다는 비판이 제기된다.

② '**일원주의**'가 존재하는데, 형벌과 보안처분의 본질은 동일하다는 시각이다. 유죄인 경우에 있어서 형벌과 보안처분 가운데 택하여 필요한 것을, 즉 형벌의 집행이 부적절한 경우는 보안처분만 부과하면 된다고 본다. 일원주의에 대해서는, 책임과 장래 위험성의 구분이 모호해지게 되는데, 책임을 포기한 '보안처분 일원주의'는 형법의 기본원리인 책임주의와 근본적으로 부합하기 힘들고 '형벌 일원주의'는 형벌에 지나치게 예방적 필요성까지 부담시키는 문제가 발생한다는 비판이 제기된다.

③ '**대체주의**'가 존재하는데,[8)] 형벌과 보안처분은 사회방위라는 공통의 목표를 가지고 있으면서도 다만 목표 달성을 위한 방법(수단)에서 차이가 있을 뿐이라는 시각이다. 이러한 시각에서는 형벌과 보안처분의 상환가능성이 인정되는데, 유죄인 경

---

7) 원칙적으로 622면; 신동운, 945면; 이재상 · 장영민 · 강동범, 663면; 정성근 · 정준섭, 478면.

8) 강동욱, 455면; 김혜정 · 박미숙 · 안경옥 · 원혜욱 · 이인영, 529면; 성낙현, 802면; 이영란, 618면; 이형국 · 김혜경, 657면; 임웅 · 김성규 · 박성민, 732면; 정영일, 589면.

우에 있어서 형벌과 보안처분을 동시에 선고하고, 순차적으로 집행하는 것이 아니라 보안처분으로 형벌을 대체할 수 있도록 한다. 즉 형벌과 보안처분을 동시에 선고하되, 집행은 보안처분을 형벌보다 먼저 집행하고, 그 기간을 형의 집행 기간에 산입한다. 대체주의에 대하여는 형벌과 보안처분이 동시에 선고된 경우가 형벌만을 선고된 경우보다 유리하게 된다는 비판이 제기된다.

(2) 한국 형법

한국 형법은 원칙적으로 형벌 이외에 보안처분을 별도로 인정하는 '**이원주의**'이다. 1953년 형법 제정 당시는 형사제재에 있어서 형벌만이 존재하여 일원주의 형사제재를 채택하였으나, 1980년 사회보호법[9]을 통해 일련의 보안처분으로 보호감호와 치료감호 및 보호관찰이 도입되었는데, 형법전에는 형벌만을 규정하고 보안처분은 특별법의 형태로 규정하고 있다. 형의 집행유예에서 부과되는 보호관찰은 형벌이 아닌 보안처분의 성격으로서, 과거의 불법에 대한 책임에 기초하고 있는 제재가 아니라 장래의 위험성으로부터 행위자를 보호하고 사회를 방위하기 위한 합목적 조치이다(대법원 2010.9.30. 선고 2010도6403 판결).

이원주의에서는 형법의 임무가 책임의 상쇄와 규범력의 강화 외에 존재한다는 것이 전제되어, 책임 및 책임의 정도에 연계되지 않는 예방적 조치들이 사용된다. 형법의 목적은 범죄로부터 침해된 질서의 확보와 통제된 회복에 있기에, 범죄에 대한 대응은 형법을 통해 보호되는 법익들을 광범위한 침해로부터 방어해야 한다고 보는 것이다. 즉 형법의 임무를 예방적 법익보호까지 보게 되므로, 과거의 범죄행위에 상응하는 책임 내에서의 형벌만으로는 이러한 임무를 충족할 수 없게 된다. 범죄자가 미래에 그 이상의 위법한 범죄행위를 범할 것이라고 인정된다면, 그러한 범죄행위를 효과적으로 막을 수 있는 제재수단이 필요하고, 입법자는 형벌 이외에 독자적인 형사제재로서 다양한 보안처분을 도입하게 된다.

예를 들어, 검사는 성폭력범죄를 저지른 성도착증 환자로서 성폭력범죄를 다시

---

9) 사회보호법상의 보호감호처분 등은 피감호자에게는 이중처벌적인 기능을 하고 있을 뿐만 아니라 그 집행 실태도 형벌과 다름없이 시행되고 있어 국민의 기본권을 침해하고 있고, 사회보호법 자체도 지난 권위주의시대에 사회방위라는 목적으로 제정한 것으로 위험한 전과자를 사회로부터 격리하는 것을 위주로 하는 보안처분에 치중하고 있어 위헌적인 소지가 있었기에 2005. 8. 4. 사회보호법은 폐지되었고, 대체입법으로 치료감호법이 신설되었다.

범할 위험성이 있다고 인정되는 19세 이상의 사람에 대하여 성충동약물치료명령을 법원에 청구할 수 있거(성충동약물치료법 제4조 제1항), 법원이 성충동약물치료명령의 청구가 이유 있다고 인정하는 때에는 15년의 범위에서 판결로 성충동약물치료명령을 선고한다(성충동약물치료법 제8조 제1항). 그 외 검사는 성폭력범죄를 다시 범할 위험성이 있다고 인정되는 사람에 대하여 위치추적 전자장치의 부착명령을 법원에 청구할 수 있고(전자장치부착법 제5조 제1항), 법원은 부착명령 청구가 이유 있다고 인정하는 때에는 부착기간을 정하여 판결로 부착명령을 선고한다(전자장치부착법 제9조 제1항).

형법은 이처럼 **원칙적**으로 **이원주의** 형사제재의 체계를 취하고 있는데, '치료감호'와 관련해서는 '**대체주의**'가 **추가**되어 있다. 심신장애 상태, 마약류 · 알코올이나 그 밖의 약물중독 상태, 정신성적(精神性的) 장애가 있는 상태 등에서 범죄행위를 한 사람이 치료감호시설에서 치료받을 필요가 있고 재범의 위험성이 있는 경우는 그를 치료감호시설에 수용하여 치료하는 것이 치료감호인데(치료감호법 제2조), 치료감호와 형벌이 병과된 경우는 치료감호를 먼저 집행하고, 이때 치료감호의 집행 기간은 형 집행 기간에 포함된다(치료감호법 제18조).

참고 독일 형법의 보안처분

독일 형법은 '대체주의'를 취하고 있는데, 독일 형법전에는 제1편 총칙 제3장 범죄에 대한 효과의 편제 속에 제1절에서 형벌(Strafen)이 제6절에서 보안처분(Maßregeln der Besserung und Sicherung)이 모두 규정되어 있다. 보안처분은 6가지 종류가 규정되어 있는데, 정신병원수용(Unterbringung in einem psychiatrischen Krankenhaus), 금단시설수용(Unterbringung in einer Entziehungsanstalt), 보안감호수용(Unterbringung in der Sicherungsverwahrung), 보호관찰(Führungsaufsicht), 운전면허취소(Entziehung der Fahrerlaubnis), 직업금지(Berufsverbot)가 존재한다(독일 형법 제61조). 이중 정신병원수용, 금단시설수용, 보안감호수용은 자유박탈적 보안처분(Freiheitsentziehende Maßregeln)인데, 정신병원수용(독일 형법 제63조) 또는 금단시설수용(독일 형법 제64조)에 의한 감호가 자유형에 부가되어 선고된 경우는 감호부터 집행하도록 하고 있다(독일 형법 제67조 제1항). 자유박탈적 보안처분이 자유형에 앞서 전부 또는 일부 집행된 경우는 자유형의 ⅔까지 자유형 집행에 포함된다(독일 형법 제67조 제4항).

3. 종류

보안처분의 대상에 따라 대물적 보안처분과 대인적 보안처분으로 구분할 수 있다.

(1) 대물적 보안처분

대물적 보안처분으로는 몰수, 영업소 폐쇄, 법인의 해산 등이 언급된다. '**몰수**'는 형벌의 일종으로 존재하지만(형법 제41조), 보안처분의 성격도 가지고 있다. 판례도 몰수가 형식적으로는 일종의 형벌이지만 실질적으로는 범죄반복의 위험성을 예방하고 범인이 범죄로부터 부당한 이득을 취하지 못하도록 하는 것을 목적으로 하는 대물적 보안처분의 성격을 가진다고 본다(헌법재판소 2004.3.25. 선고 2001헌바89 결정).

그러나 현행법상 '**영업소 폐쇄**'는 범죄를 전제로 하는 보안처분으로 규정되지 않고, 행정처분으로 규정되어 있다. 예를 들어, 식품위생법 제79조 제1항에서는 무허가, 무신고, 무등록의 영업행위에 대해서 영업소 폐쇄를 규정하고 있다. '**법인의 해산 명령**' 역시 보안처분의 일종으로 규정되어 있지는 않다. 법원은 회사의 설립 목적이 불법하거나, 회사가 정당한 사유 없이 설립 후 1년 내에 영업을 개시하지 아니하거나 1년 이상 영업을 휴지하거나, 회사의 업무자가 법령 또는 정관에 위반하여 회사의 존속을 허용할 수 없는 행위를 한 경우 이해관계인이나 검사의 청구 또는 직권으로 회사의 해산을 명할 수 있다(상법 제176조 제1항).

(2) 대인적 보안처분

범죄자 자체에 대한 보안처분인 대인적 보안처분은 다시 개인의 침해 정도에 따라 자유박탈적 보안처분과 자유제한적 보안처분으로 구분할 수 있다. '**자유박탈적 보안처분**'은 범죄자를 일정한 시설에 수용하여 재범의 방지를 추구하는데, 치료감호법상의 치료감호나 소년법상의 소년원송치처분 등이 존재한다.

'**자유제한적 보안처분**'은 범죄자를 사회 내에서 생활하게 하면서 재범의 방지를 추구하는데, 보호관찰 · 수강명령 · 사회봉사명령이나 위치추적 전자장치 부착, 청소년성보호법상의 취업제한, 소년법상의 감호위탁 등이 존재한다. 예를 들어, 마약류관리법은 중독성으로 인해 재범 가능성이 높은 사람들에 대한 치료 및 교육을 통하여 그들이 건강한 사회구성원으로 복귀할 수 있도록 지원하려는 취지에서(대법원 2024.9.12. 선고 2024도5033 판결), 마약류사범에 대하여 선고유예 외의 유죄판결을 선고하거나 약식명령을 고지할 때 수강명령이나 이수명령을 원칙적으로 병과하도록 규정하고 있다(제40조의2 제2항). 대상의 착오로 다른 향정신성의약품을 투약하여 마약류관리법 위반(향정)죄의 불능미수가 성립하는 경우에서도 재범 가능성을 고려한 수강명령이나 이수명령의 필요성 측면에서는 마약류관리법 위반(향정)죄의 기수범과 차이는 없다(대법원 2025.5.29. 선고 2025도2199 판결).

II. 보호관찰

1. 개념

보호관찰은 대표적인 자유제한적 보안처분으로서, 범죄자가 재범의 위험성이 있는 경우에 사회 내에서 생활하면서 지도 · 감독을 받으며 준수사항을 지키도록 하는 보안처분이다. 보호관찰의 주체, 내용, 집행절차 등을 규정하기 위한 법률로 '**보호관찰법**'이 존재한다.

보호관찰의 대표적인 **대상**은 ① 보호관찰을 조건으로 형의 선고유예를 받은 사람(형법 제59조의2 제1항), ② 보호관찰을 조건으로 형의 집행유예를 선고받은 사람(형법 제62조의2 제1항), ③ 가석방된 사람(형법 제73조의2 제2항), ④ 소년법상 보호관찰처분을 받은 사람이다(보호관찰법 제3조 제1항). 그 외 ⑤ 피치료감호자의 가종료 등의 보호관찰(치료감호법 제32조 제1항), ⑥ 위치추적 전자장치 부착에 따른 보호관찰(전자장치부착법 제9조 제3항) 등이 있다.

2. 법적 성격

보호관찰의 법적 성격에 대해서 견해가 대립하는데, 법적 성격에 대한 논의는 소급효금지 원칙의 적용에 있어서 실익이 발생한다. 형벌과 구별되는 보안처분으로 보는 견해에 따르면 죄형법정주의가 적용되지 않게 되기 때문이다.

Ⓐ 보호관찰을 보안처분으로 보는 '**보안처분설**'이 있는데,[10] 형벌로는 달성하기 어려운 범죄예방의 목표를 위해 부과되는 점에서 형벌과 구별되고, 선고유예나 집행유예에 부수적으로 부과되는 보호관찰도 형벌대체적 성격을 부인하기 어렵다고 본다.

Ⓑ 보호관찰을 형벌에 준하는 것으로 보는 '독자적 형사제재설'이 있는데, 보호관찰은 형벌을 대체하는 것이 아니라 형벌을 보완할 뿐이기 때문에 보안처분으로 볼 수 없고 제3의 독자적 형사제재라고 본다.

---

10) 박상기 · 전지연, 384면.

ⓒ 보호관찰을 규정한 개별 법률의 입법취지에 따라 판단하는 '**구체적 판단설**'이 있는데, 재범의 위험성을 기초로 사회방위에 중점을 둔 경우, 예를 들어 치료감호법의 보호관찰은 보안처분으로 볼 수 있지만, 범죄인의 재사회화를 위한 지도와 원조에 중점을 둔 경우, 예를 들어 선고유예나 집행유예에 부과되는 보호관찰은 행위시법주의가 적용되어야 한다고 본다.

판례는 '보안처분설'의 입장이다. 집행유예에 부과된 보호관찰은 형벌이 아니라 보안처분의 성격으로서, 과거의 불법에 대한 책임에 기초하고 있는 제재가 아니라 장래의 위험성으로부터 행위자를 보호하고 사회를 방위하기 위한 합목적적 조치라고 보고, 보호관찰이 반드시 행위 이전에 규정되어 있어야 하는 것은 아니며, 재판시 규정에 의하여 보호관찰을 명할 수 있다고 본다(대법원 1997.6.13. 선고 97도703 판결). 한편, 판례는 가정폭력처벌법상 사회봉사명령은 가정폭력범죄를 범한 자에 대하여 환경의 조정과 성행의 교정을 목적으로 하는 것으로서 형벌이 아니라 보안처분의 성격을 가지는 것이지만, 가정폭력범죄행위에 대하여 형사처벌 대신 부과되는 것이고 실질적으로는 신체적 자유를 제한하게 되므로, 이에 대해서는 원칙적으로 형벌불소급의 원칙에 따라 행위시법을 적용함이 상당하다고 본다(대법원 2008.7.24.자 2008어4 결정).

생각건대, 보호관찰은 형벌과 구별되는 보안처분이라고 보는 것이 타당하다(**보안처분설**). 형벌의 핵심은 '과거의 범죄행위'를 기준으로 책임의 한계 내에서 부과되는 것이고, 보안처분의 핵심은 '재범의 위험성'을 기준으로 비례성원칙의 한계 내에서 부과되는 것이다. 선고유예나 집행유예시 보호관찰이 의무적으로 부과되는 것이 아니라 재범방지를 위하여 필요한 경우에 부과되는데, 이것은 보호관찰이 형벌과 본질을 달리하면서도 부차적인 보안처분임을 나타낸다.

3. 내용

보호관찰은 보호관찰 대상자의 주거지를 관할하는 보호관찰소 소속 보호관찰관이 담당하는데(보호관찰법 제31조), 보호관찰 대상자는 보호관찰관의 지도 · 감독을 받으며 준수사항을 지키고 스스로 건전한 사회인이 되도록 노력하여야 한다(보호관찰법 제32조 제1항).

보호관찰 대상자는 주거지에 상주하고 생업에 종사해야 하며, 범죄로 이어지기 쉬운 나쁜 습관을 버리고 선행을 하며 범죄를 저지를 염려가 있는 사람들과 교제하거나 어울리지 말아야 하며, 보호관찰관의 지도 · 감독에 따르고 방문하면 응대하여야 하며, 주거를 이전하거나 1개월 이상 국내외 여행을 할 때에는 미리 보호관찰관에게 신고하여야 한다(보호관찰법 제32조 제2항). 나아가 특별히 준수해야 할 사항이 부과될 수 있는데, 야간 등 재범의 기회나 충동을 줄 수 있는 특정 시간대의 외출 제한, 재범의 기회나 충동을 줄 수 있는 특정 지역 · 장소의 출입 금지, 피해자 등 재범의 대상이 될 우려가 있는 특정인에 대한 접근 금지, 범죄행위로 인한 손해를 회복하기 위하여 노력할 것, 일정한 주거가 없는 자에 대한 거주장소 제한, 사행행위에 빠지지 아니할 것, 일정량 이상의 음주를 하지 말 것, 마약 등 중독성 있는 물질을 사용하지 아니할 것, 마약류 투약 · 흡연 · 섭취 여부에 관한 검사에 따를 것 등이다(보호관찰법 제32조 제3항).

한편, 보호관찰관은 보호관찰 대상자가 자조(自助)의 노력을 할 때에는 그의 개선과 자립을 위하여 필요하다고 인정되는 적절한 원호(援護)를 하는데(보호관찰법 제34조 제1항), 원호의 방법은 숙소 및 취업의 알선, 직업훈련 기회의 제공, 환경의 개선, 보호관찰 대상자의 건전한 사회복귀에 필요한 원조의 제공이다(보호관찰법 제34조 제2항).

III. 치료감호

1. 의의

심신장애인의 범행에 대해서는 처벌할 수 없거나 형이 감경되는데(형법 제10조 제1항, 제2항), 범죄로부터 사회의 보호라는 측면에서는 그에 대한 적절한 대책이 요구된다. 그러한 대책이 치료감호이다. 치료감호는 심신장애나 약물중독 등의 상태에서 범죄를 범한 사람에게 재범의 위험성이 있는 경우에 범죄자를 치료감호시설에 수용하여 치료 조치하는 보안처분으로서, 책임능력의 결함으로 인하여 형벌의 효과를 기대하기 어렵거나 재범의 우려가 있는 자를 일정 기간 정신병동 등 일정한 시설에 수용하여 치료 · 개선하는 한편, 사회의 안전을 도모하는 조치로서 "대인적 자유박탈적 보안처분"에 속한다(헌법재판소 2010.4.29. 선고 2008헌마622 결정).

치료감호의 주체, 대상, 집행절차 등을 규정하기 위한 법률로 '**치료감호법**'이 존재한다. 치료감호법은 2005년 사회보호법 폐지에 따른 대체입법으로 신설되었는데,

“심신장애 상태, 마약류 · 알코올이나 그 밖의 약물중독 상태, 정신성적(精神性的) 장애가 있는 상태 등에서 범죄행위를 한 자로서 재범의 위험성이 있고 특수한 교육 · 개선 및 치료가 필요하다고 인정되는 자에 대하여 적절한 보호와 치료를 함으로써 재범을 방지하고 사회복귀를 촉진하는 것을 목적”으로 한다(치료감호법 제1조).

2. 대상자

치료감호 대상자는 ① 형법 제10조 제1항에 따라 벌하지 아니하거나 같은 조 제2항에 따라 형을 감경할 수 있는 심신장애인으로서 금고 이상의 형에 해당하는 죄를 지은 자, ② 마약 · 향정신성의약품 · 대마, 그 밖에 남용되거나 해독(害毒)을 끼칠 우려가 있는 물질이나 알코올을 식음(食飮) · 섭취 · 흡입 · 흡연 또는 주입받는 습벽이 있거나 그에 중독된 자로서 금고 이상의 형에 해당하는 죄를 지은 자, ③ 소아성기호증(小兒性嗜好症), 성적가학증(性的加虐症) 등 성적 성벽(性癖)이 있는 정신성적 장애인으로서 금고 이상의 형에 해당하는 성폭력범죄를 지은 자로서 치료감호시설에서 치료받을 필요가 있고 재범의 위험성이 있는 사람이다(치료감호법 제2조 제1항).

치료감호의 요건이 되는 ‘**재범의 위험성**’은 대상자가 장래에 다시 심신장애의 상태에서 범행을 실행할 상당한 개연성이 있는 경우를 말하는데, 그 위험성 유무는 당해 범행의 내용과 판결선고 당시의 심신장애 정도, 심신장애의 원인이 될 질환의 성격과 치료의 난이도, 향후 치료를 계속 받을 수 있는 환경의 구비 여부, 대상자 자신의 재범예방 의지의 유무 등 제반 사정을 종합적으로 평가하여 객관적으로 판단한다(대법원 2000.7.4. 선고 2000도1908, 2000감도62 판결).

3. 재판 절차

(1) 청구

검사는 치료감호 대상자가 치료감호를 받을 필요가 있는 경우 관할 법원에 치료감호를 청구할 수 있는데(치료감호법 제4조 제1항), 공소제기한 사건의 경우는 항소심 변론종결 시까지 치료감호를 청구할 수 있다(동법 제4조 제5항). 검사는 피의자가 형법 제10조 제1항에 해당하여 벌할 수 없는 경우, 고소 · 고발이 있어야 논할 수 있는 죄에서 그 고소 · 고발이 없거나 취소된 경우, 반의사불벌죄에서 피해자가 처벌을 원하지 아니한다는 의사표시를 하거나 처벌을 원한다는 의사표시를 철회한 경우, 또는 피의자에 대하여 기소유예 결정을 하는 경우는 공소를 제기하지 아니하고 치료감호만을 독립하여 청구할 수 있다(동법 제7조).

한편, 법원도 공소제기된 사건의 심리 결과 치료감호를 할 필요가 있다고 인정할 때는 검사에게 치료감호 청구를 요구할 수 있다(동법 제4조 제7항). 치료감호 청구에 대한 검사의 독점에 따라 나타날 수 있는 폐해를 보완하고 치료감호 대상자의 재범 방지를 위한 실질적인 조치가 가능할 수 있도록 직권주의적 요소를 가미하여 법원에 치료감호 청구 요구를 규정한 것이고, 치료감호 청구 요구 여부는 법관의 재량에 맡겨져 있다. 다만 법원의 치료감호 청구 요구 여부도 치료감호법의 목적에 따른 재량의 내재적 한계가 있으므로, 사건의 심리 결과 피고인의 재범 가능성과 감호 상태에서 치료받아야 할 필요성에 관한 구체적인 사정이 명백하게 확인되었는데도 그러한 권한의 불행사는 재량의 한계를 현저하게 벗어난 것으로 위법하다(대법원 2024.12.26. 선고 2024도9537 판결).

(2) 선고

법원은 치료감호사건을 심리하여 그 청구가 이유 있다고 인정할 때는 판결로써 치료감호를 선고하여야 하는데(치료감호법 제12조 제1항), 치료감호사건의 판결은 피고사건의 판결과 동시에 선고하여야 한다(동법 제12조 제2항).

4. 집행 절차

피치료감호자를 치료감호시설에 수용하는 기간은 최장 15년을 초과할 수 없다(치료감호법 제16조 제2항). 치료감호시설로는 충남 공주에 있는 국립법무병원 및 지정법무병원(법무부장관이 지정한 국립정신의료기관)이 있고(동법 제16조의2 제1항), 치료감호의 집행은 검사가 지휘한다(동법 제17조 제1항).

치료감호와 형이 병과된 경우는 치료감호를 먼저 집행하는데, 이 경우 치료감호의 집행기간은 형 집행기간에 포함한다(동법 제18조).

판례색인

사항색인

ㅅ

ㅇ

ㅈ

저자 소개

김정환(金政桓)

연세대학교 법학전문대학원 교수 · 부교수(2014~현재)
서울시립대학교 법학전문대학원 부교수 · 조교수(2010~2014)
국민대학교 법과대학 조교수 · 전임강사(2007~2010)
연세대학교 법학연구원장(2024~현재), 인권센터장(2022~현재)
연세대학교 우수업적교수상, 연세대학교 법학전문대학원 우수교육자상 · 우수강의교수상
서울시립대학교 강의우수교수상
한국형사법학회 정암형사법학술상, 한국보호관찰학회 학술상, 연세법학회 학술장려상
한국형사법학회 · 한국비교형사법학회 등 상임이사
대법원 사법행정자문회의 재판제도분과위원회 위원 · 양형위원회 자문위원
법무부 특정경제사범 관리위원회 위원 · 남북법령연구 특별분과위원회 위원
대검찰청 검찰과거사 진상조사단 조사단원
경찰청 사기방지자문위원회 위원, 서울경찰청 경찰수사심의위원회 위원
괴팅겐대학교 한국동문회장(2024~현재)
독일 괴팅겐대학교 법학박사 · 법학석사(2002~2006)
연세대학교 법학석사 · 법학사(1991~2001)

┃ 주요 저서

북한형법 주석(5인 공저), 법무부, 2025.
인공지능과 법(5인 공저), 연세대학교 출판문화원, 2023.
형사특별법(제2판)(김정환 · 김슬기), 박영사, 2022.
연세법학, 또 다른 백년(9인 공저), 연세대학교 출판문화원, 2021.
형사보상론, 박영사, 2020.

┃ 주요 논문

"과잉방위의 법률효과 인정 요건인 '정황'의 불법 요건으로서 해석", 저스티스 제208호, 2025.
"북한 형법의 여성상 - 성범죄를 중심으로 -", 법학연구 제34권 제1호, 2024.
"조건부 구속의 도입론", 연세법학 제42호, 2023.
"감염형법의 시대 - 국가는 코로나19의 전염행위를 처벌하는가, 보건행정의무의 위반행위를 처벌하는가? -", 법학연구 제31권 제4호, 2021.
"적법한 공무집행에 대해 오인한 저항행위에 있어서 오상방위 적용의 전제로서 정당방위상황의 판단기준", 인권과정의 제500호, 2021.

형법총론

초판발행 2025년 8월 20일

지은이 김정환
펴낸이 안종만·안상준

편 집 이수연
기획/마케팅 장규식
표지디자인 BEN STORY
제 작 고철민·김원표

펴낸곳 (주) 박영사
서울특별시 금천구 가산디지털2로 53, 210호(가산동, 한라시그마밸리)
등록 1959.3.11. 제300-1959-1호(倫)
전 화 02)733-6771
f a x 02)736-4818
e-mail pys@pybook.co.kr
homepage www.pybook.co.kr
ISBN 979-11-303-2452-4 93360

정 가 35,000원